*Evaluation Report of Accounting-based Investor Protection of China's Listed Companies* 2015

# 中国上市公司会计投资者保护评价报告 2015

谢志华 张宏亮 王峰娟 穆林娟 等/著

中国财经出版传媒集团
经济科学出版社
Economic Science Press

本书系北京市教委创新团队项目“投资者保护的会计实现机制及其效果研究（IDHT20140503）”、北京工商大学国有资产管理协同创新中心项目（GZ20130801）、国家社会科学基金项目（11CGL025）的阶段性成果。同时得到北京市科技成果转化和产业化项目（市属高校创新能力提升计划项目）（PXM2013_014213_000099）、国家社科基金重大项目（14ZDA027）、国家社科基金重点项目（14AJY005）、国家社会科学面上项目（11BGL022）、教育部人文社科项目（11YJA630080、12YJC630124）、北京市社科基金项目（13JGB056）、财政部会计名家培养工程支持项目（财会［2014］25号）、北京市属高等学校青年拔尖人才培育计划（CIT&TCD201404013）等的资助，在此表示衷心的感谢。

**北京工商大学**

**投资者保护研究中心（http：//bhzx. btbu. edu. cn）**

**“会计与投资者保护”创新团队**

# 前　言

本书是我们连续第6次发布中国上市公司会计投资者保护指数（AIPI）。

投资者保护是资本市场发展的基础，也是资本市场监管的重心。2014年，国企改革稳步推进，混合所有制改革积极试点，股票发行注册制呼之欲出，而这一切都离不开高透明的会计信息、有效的公司治理与内部控制的基础性作用，也需要公司切实提高其管理控制能力和财务决策质量，以保护投资者利益。投资者保护既需要法律保护，也需要社会规范与市场机制保护。法律的存在和实施是投资者保护的底线，除《公司法》、《证券法》、《会计法》等法律保障外，会计准则（我国体现为规章）的制定和实施质量是会计投资者保护的重要方面。在投资者保护中，更需要让市场机制和社会规范机制充分发挥作用。高质量（治理、内控、管控和财务等）公司会充分保障投资者的知情权、决策权和收益权，能够保护投资者利益，这些公司在资本市场中会受到投资者的青睐和追捧（而不是盲目炒作），它们会有更强的融资能力、更低的融资成本，而低质量公司会受到市场的惩罚（股价下跌、高融资成本、高管更换等），这会提升公司进行投资者保护的动力，避免出现投资者保护中的"囚徒困境"和"劣币排斥良币"现象，让市场机制充分发挥作用，而会计透明度是其基础。通过法律和市场的作用，形成资本市场的诚信体系、信托精神和投资者保护文化，会形成投资者保护的内在动力和自动运行体系。公司层面的投资者保护，会体现到中观市场层面的资源配置效率、资本市场的"经济晴雨表"能力等方面，进一步提升宏观经济发展的动力和活力。

基于以上思想，我们建立了包括五个构成要素、三个价值目标、三个实现机制、三个作用路径的会计投资者保护理论框架，并建立了中国上市公司会计投资者保护体系。通过对公司的会计质量评价，揭示公司会计投资者保护能力和水平，提升公司会计投资者保护透明度，让市场机制发挥决定性作用，并逐渐形成会计投资者保护的社会规范。会计体系在法律法规、社会规范和市场机制的协同作用下，通过事前逆向选择规避、事中决策与控制、事后背德惩戒，在不同层面上保护公司价值、股东价值与中小股东价值，并最终保障投资者的投资价值（北京工商大学"会计与投资者保护"项目组，2014）。

判断一套指标优劣的重要标准是其信度与效度，及其运行过程中的反馈价值与预测价值。通过对过去5年指数结果的总结与分析，我们发现AIPI具有较高的信度与效度，以及较好的反馈与预测价值。从个股层面来看，过去5年，我们成功地预测出紫鑫药业、绿大地、万福生科、振东制药、国恒铁路、华昌达、海龙科技、鲁北化工等多家上市公司的信息操纵、内部控制、公司治理等问题。从行业和地区来看，指数与行业走势息息相关，能够比较准确地反映行业和地区层面的投资者保护水平。例如，我们的指数比较稳定地反映出金融业较高的投资者保护水平和农林渔业较低的投资者保护水平，以及北京、浙江等经济发达地区较高的保护水平和宁夏、西藏等欠发达地区较低的保护水平，这与现实基本吻合。从宏观层面来看，AIPI的高低也与整个宏观经济趋势保持了一致。

指数不但具有个体评价、排名与预测能力，还具有市场层面的投资指导能力。我们以指数结果作为解释变量，看指数对股东市场收益的解释能力，发现在控制相关因素的基础上，上年指数对下一年度的会计收益和市场收益都具有显著的解释能力（能够解释其收益的6%以上）。另外，我们以上市公司中排名最好的100家公司进行组合，组成会计投资者保护100指数，发现其市场走势明显强于大盘（平均要高3~5个百分点）。不但如此，投资者保护指数还能显著解释公司的违规可能性，投资者保护指数越低，其违规的可能性越高。

上述结果显示了本套指数的强大的生命力所在，也是项目组不懈探索的动力所在。我们将持续努力，为推进中国投资者保护理论研究与实践开展贡献我们的微薄之力。

本指数的完成凝聚了“会计与投资者保护”创新团队的大量心血。团队负责人谢志华教授提出总体思路、总体框架和总体方法，并对指标和数据进行仔细审核；学科带头人杨有红教授提供了重要的理论支持和技术指导；团队核心人员王峰娟、穆林娟教授，张宏亮、杜海霞、孙玥璠、刘婷、马建威、张继德、王简、王欣冬、刘红晔、支春红副教授，以及牛红军、杨克智、刘恋、粟立钟、史国英、彭红星、柯剑博士参与了指数编制工作，北京工商大学的硕士生进行了数据采集与处理。本书的最终面世归功于超过70人在4 500个小时的全心投入，在此难以一一列举，特向他们致以深深的谢意。

我们的工作得到了北京工商大学商学院院长王国顺教授、党委书记欧阳爱平教授的大力支持与鼓励，以及商学院毛新述副院长的指导与协助，在此一并致以诚挚的谢意。

欢迎广大读者提出宝贵的意见和建议，意见和建议可反馈至bhzx@th.btbu.edu.cn，投资者保护指数电子版可以在投资者保护中心网站下载（http://bhzx.btbu.edu.cn）。

# 目录

# 会计投资者保护指数系统

## 一、会计与投资者保护：内涵及外延

资本市场在一国经济发展中扮演着越来越重要的作用，而投资者保护是影响与促进资本市场发展最为重要的因素。投资者保护机制已由最初单纯对法律保护的强调，发展为对多种机制的综合开发利用，其中信息不对称问题是投资者保护机制实施的最大障碍。我国资本市场投资者保护体系是在政府主导下发展起来的，当前投资者保护已经成为我国资本市场立法与监管的核心价值取向，国外行之有效的投资者保护机制被不断引入，投资者保护受到空前重视。然而，我国上市公司侵犯股东权益的案例频频发生，尤其是侵犯中小股东权益的现象屡禁不止。分析现有的投资者保护机制，我们发现会计在投资者保护中的应有作用并没有引起足够的重视，会计对投资者保护作用的评价及其相关信息对于投资者保护体系的完善具有不可替代的作用。会计的投资者保护的作用主要表现为：通过定价功能，使得投资者能够正确投资，从而取得应有的投资报酬；通过治理功能保证这些应有的报酬不被管理层或者大股东所侵占。在我们看来，促进投资者保护的会计系统，既包括会计信息本身，也包括对会计信息起保证与鉴证作用的外部审计体系、对会计信息与企业经营活动起控制作用的内部控制体系及对企业成长与增值起支持作用的财务运行体系，离开这些会计及其衍生体系，单纯从法律角度研究投资者保护问题，是难以从机制上建立完善的投资者保护体系的。

我们认为，会计及其衍生体系通过其功能，可以缓解两权分离下委托人与受托人之间的信息不对称而带来的利益冲突，提高企业运营效率，保证投资者的知情权、决策权与收益权，并最终保障投资者的投资价值。

会计在发挥其投资者保护功能的过程中，会计信息、内部控制、外部审计、管理控制与财务运行是相辅相成的五个要素。

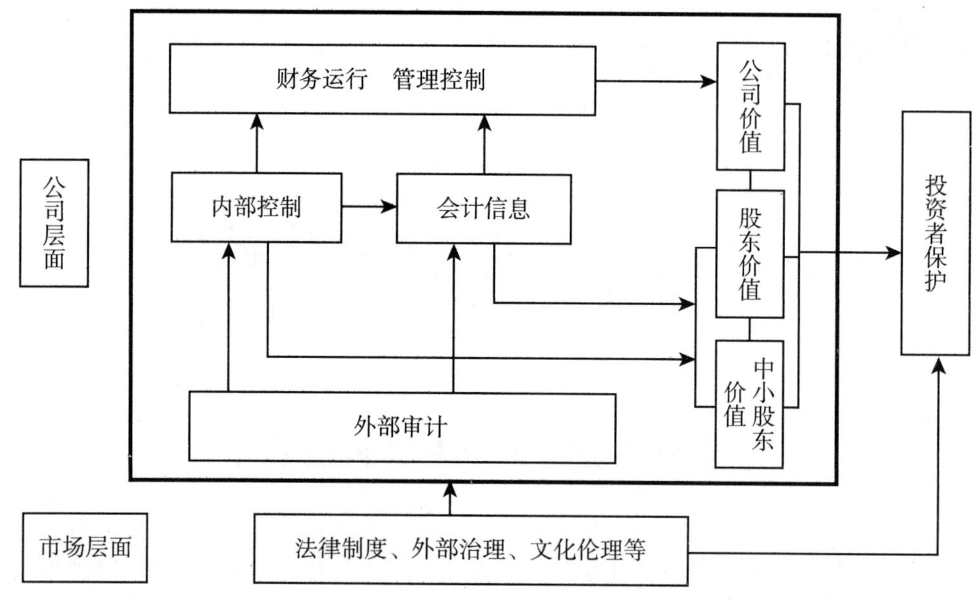


**图1－1　会计与投资者保护要素体系框架**

会计及其相关体系，在法律规范机制、社会规范机制和市场机制的协同作用下，通过事前逆向选择规避、事中决策与控制、事后背德惩戒，在不同层面上保护公司价值、股东价值与中小股东价值，并最终保障投资者的投资价值。

## （一）会计投资者保护的五个构成要素

投资者保护的完整会计体系，既包括会计信息本身，也包括会计的相关体系，即外部审计、内部控制、管理控制和财务运行。会计信息是投资者投资决策所依赖的基本信息，也是不同利益相关者博弈的必备要素。外部审计在一定程度上保证了会计信息的可靠性，强化了其基础性信息与基础性制度的功能。内部控制体系既是高质量会计信息生成过程的控制要素，又是企业经营活动中应对风险冲击的重要屏障，管理控制与财务运行体系对企业成长与增值起支持作用，是企业价值增值的重要的保障。这五个方面相辅相成，在不同层面发挥投资者保护作用，财务活动与管理控制（决策）是企业价值的直接提升要素，也会间接提升投资者的投资价值。会计信息一方面提升投资者对公司定价的有效性；另一方面也提升了投资者对经理层监督与评价的效率，是投资者的直接保护要素。内部控制一方面会提升会计信息质量；另一方面会提升管理控制与财务决策的有效性。这五个方面在不同层面与角度保护投资者最终投资价值的实现。

### （二）会计投资者保护“三层价值”目标

投资者的投资价值不是抽象的、普适的，而是在特定语境、特定时间与空间下的具体价值。从中国企业与资本市场发展来看，我们所要保护的投资者的投资价值是有层次、有侧重的。相应的，会计投资者保护的价值目标也是一个具体的、分层的体系。从保护的价值享有主体来看，表现为企业价值、股东价值与中小股东价值，这三个价值具有不同的内涵，体现其背后价值享有主体的矛盾与统一。企业价值是基础，是投资者保护的第一层价值。但是在两权分离的环境下，会出现第一级代理关系，即股东与经理两个利益层的委托代理关系（Jensen and Meckling，1976），并出现堑壕效应（entrenchment effects）（Morck et al.，1988），经理层为了自身利益的最大化可能损害股东价值，因而在第一级代理关系存在的情况下，会出现企业价值保护与股东价值保护不一致现象，进而引出投资者保护的第二层价值——股东价值。在资本市场与股东分散化条件下，主要的代理问题转化为大股东与中小股东间的利益冲突，大股东通过“掏空”侵害中小股东利益（La Porta et al.，2002；Dyck and Zingales，2004；Cheung，2006），因而保护股东价值的主要问题是中小股东价值保护问题，从而出现第二级代理关系，大股东与中小股东，所以控制权分散的资本市场条件下投资者保护的焦点是中小股东价值，即投资者保护的第三层价值。

### （三）会计的投资者保护功能的实现机制及路径

会计通过法律机制、市场机制与社会规范机制保护股东价值，有三个基本路径：事前逆向选择规避、事中决策与控制、事后背德惩戒。

从事前来看，会计的投资者保护功能体现为逆向选择规避与市场资源配置。在两权分离条件下，外部投资者与企业之间形成一个柠檬市场，从上市公司来看，存在股东与管理层、大股东与小股东、大机构与中小投资者之间的信息不对称，包括信息源不对称、信息的时间不对称和信息的数量不对称（蓝文永，2009），这种信息不对称引发的“逆向选择”将会导致市场失败（Akerlof，1970）。从投资者角度来看，会计能够降低信息不对称，提高投资者对公司价值与风险估计的精度，降低其投资失误的概率。这是会计降低事前代理成本，而起到投资者保护功能的最基本表现。从市场层面来看，在外部审计与内部控制作用下所产生的高质量的会计信息能缓解市场的信息不对称，将公司内部信息转化为外部信息以控制可能的逆向选择（Scott，2003），防止出现“劣币驱逐良币”的现象，促进资源的合理配置及投资者与企业间的良性互动。会计在其中既是一个法律（法规）工具，同时更多体现的是市场机制的作用。

从事中来看，在于会计及其衍生体系的决策与控制价值。企业的决策有管理控制决策（如全面预算管理、价值链管理、业绩评价与考核、成本管理等）与财务决策（如投资决策、筹资决策与运营决策）。管理会计与财务运行本身是决策的工具，会计信息是决策的基础，内部控制是强化这些决策、提高过程质量的手段。企业的本质是一种市场配置要素资源的替代，是短期契约的长期化，是平等要素提供主体的层级化与权威化（Coase，1937），这个契约表现为不完备契约（Cheung，1983）和隐性契约（陈冬华等，2008）。基于管理层经验、偏好与个人价值的管理控制决策与财务决策更多体现了隐性契约与不完备契约的特点。这种不完备契约的执行可以填补正式契约的不足，但也会形成对契约双方原定契约目标的偏离与扭曲。决策效率的高低一方面依赖于制度设计与目标导向，但更多依赖于社会规范、价值观、文化制约下各方默认的一致隐性预期，这种预期的无偏性、稳定性、强度与弹性，更多取决于所处环境中的文化、伦理、价值观等非正式契约或者社会规范，取决于藏而不露、心领神会的“无形之手”。在企业管理决策实践中，这种基于隐性契约与社会规范的决策与运行机制表现出强大的生命力，如联想集团以“事为先，人为重”原则展开集团的经营，变“齿轮文化”为“发动机文化”（柳传志，2007），宝钢集团的“异层级”思想与行为（王凤彬，2009），强调的不是决策的统一性与制度化，而是以非正式制度为核心的决策的效率性问题。

内部控制也是一个重要的投资者保护的过程要素，其目标被设定为合理保证企业合法合规、资产安全、财务报告及相关信息真实完整，提高经营效率和效果（《企业内部控制基本规范》，2008）。内部控制的本质表现为企业组织体系中各相关的平等利益主体之间的相互制衡和各科层权力主体依上而下的监督（谢志华，2009）。从监督来看，会存在监督权力外溢现象（陈冬华等，2008），组织内部会通过声誉机制、组织压力、自律机制和非正式沟通实现对正式监督制度的替代；从制衡来看，其发挥作用的条件是具有同一平行层次的不同主体，它们分别有各自的利益诉求，一个主体的不作为或非组织目标行为会损害另一主体的利益。制衡的运行更多基于平等主体的利益冲突、基于“三个和尚没水吃”的行为效应及非正式组织的社会规范效应。

从事后来看，会计体系存在或创造一种市场化的管理层或大股东背德的声誉机制与惩戒机制（Dyck and Zingales，2004；向凯和陈胜蓝，2007；崔学刚，2011），表现在资本市场、经理人市场与产品市场。透明而高质量的会计信息、有效的内部控制、高效的管理控制决策与财务决策能够降低外部投资者的信息风险与投资风险，并降低公司的股权与债务融资成本；失败的投资与运营、低下的经营业绩更可能引起高管的更换；高质量的审计师会提升公司股票的价值相关性，选择四大事务所能显著提高公司价值（Fan and Wong，2005），等等。这些机制又会进一步反馈到事前与事中机制上来，强化了会计的投资者保护功能。

根据以上分析，我们建立了会计投资者保护的一般理论框架（见图1－2）。

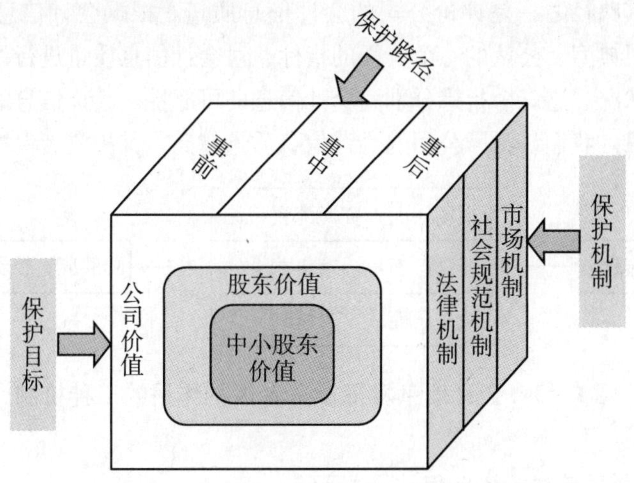


**图1－2　会计投资者保护的理论框架**

## （四）基于会计的投资者保护的评价体系的建立

我们认为，基于投资者保护的目标、路径和机制的理论框架，可以从会计视角，设立指标，评价一家公司投资者保护状况的好坏和程度。这里的会计是大会计概念，既包括起到信息披露与报告的财务会计，也包括对会计信息质量起保证作用的外部审计，以及保证会计信息质量和保证决策运营质量的内部控制，还包括体现公司价值创造能力与风险控制水平的财务运行。

### 1. 会计信息质量与投资者保护

在资本市场日益发展及股权日益分散化的条件下，信息质量尤其是会计信息质量作为投资者保护工具的作用越来越重要，其投资者保护功能通过会计信息的资源配置、治理与定价机制实现。在资本市场条件下，会计信息可以通过三种机制发挥投资者保护作用。一是高质量的会计信息能够减少股票市场中由于信息不对称产生"逆向选择"而带来的市场失败问题（Akerlof，1970），从而在市场层面提升资源配置效率，纠正"劣币排斥良币"的市场扭曲现象。二是高质量的会计信息能够提升公司的契约效率（如激励、投资决策、股利分配），降低代理成本（如降低管理层与大股东侵占、降低堑壕效应），从而在公司层面提升其治理的有效性，保护投资者。三是高质量的会计信息能够提升投资者层面的估值有效性，有效识别公司风险，产生合理的风险定价效应，减少投资者决策失误，保护投资者利益。

根据以上论述，我们可以建立投资者保护的会计实现机制框架（见图1－3）。会计信息质量的高低关乎投资者的决策和利益，因此，从会计视角评价一家公司的投资程度状况，其路径之一是评价公司的会计信息质量。根据会计信息质量的经典研究，我们选择了典型、公认的三个方面的指标，对会计信息质量进行评价，进而评价其投资者保护状况。这三个指标分别为会计信息的可靠性、会计信息的相关性和公司的信息披露质量。我们认为，公司的会计信息质量越高，其投资者保护状况越好。

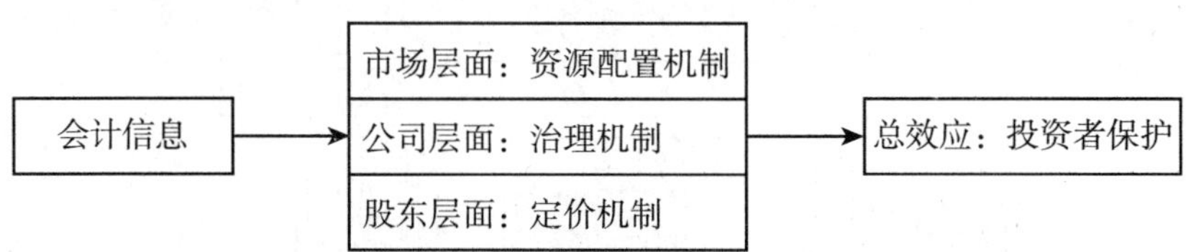


**图1－3　会计信息发挥投资者保护作用的三种机制**

### 2. 内部控制质量与投资者保护

资本市场中投资者保护的核心问题是解决信息不对称问题和代理问题（Healy and Palepu，2001）。我们认为，投资者保护要实现对股东收益权、决策权和知情权的保护，保障投资者的投资价值。内部控制对股东的保护有直接和间接两个途径：一方面，内部控制通过体系建立和运行，促进公司决策的有效性，控制公司层面与业务层面的风险，保障股东的收益权和决策权在公司层面得以落实；另一方面，内部控制质量与会计盈余质量水平正相关，内部控制通过保障会计信息的真实可靠性，保护股东的知情权。

已有研究发现，内部控制具有重要的投资者保护作用。表现在，改善财务报告质量和盈余质量，强化投资者利益保护（杨有红、毛新述，2011；雷英等，2013）；抑制盈余管理（方红星、金玉娜，2013）及非效率投资（方红星、金玉娜，2013；张会丽、吴有红，2014），提升投资决策质量（张继勋等，2011）；促进公司的投资者管理水平（李志斌，2013）；高的内部控制质量最终有利于促进公司的价值（肖华、张国清，2013）。因此，无论从理论还是实证方面，内部控制质量都是投资者保护的重要因素，因此，评价一家公司的内部控制质量，可以直接或间接地评价一家公司的投资者保护程度。

根据COSO和我国内部控制规范，内部控制质量主要体现在内部控制运行、内部控制信息披露和内部控制外部监督三个层面，我们从这三个方面设立指标，查找数据，并对上市公司基于内部控制视角的投资者保护质量进行评价。

### 3. 外部审计质量与投资者保护

外部审计的根本功能是为投资者提供保护（王艳艳、于李胜，2006），外部审计从其定位、角色和功能方面都具有投资者保护作用。首先，外部审计是会计监督体系的重要组成部分，是保证会计信息真实、完整的必不可少的工具，是保证高质量会计信息生成的最后一个环节；其次，外部审计是公司治理的重要工具，是公司决策、执行和监督所形成的治理体系的重要组成部分，尤其对于上市公司来说，其监督权的落实既有赖于内部的监事会和董事会中的独立董事，更有赖于独立的外部审计；最后，从外部的功能来看，外部审计具有监督、鉴证、评价和控制四大职能（蔡春等，2006），通过此四大职能的发挥，抑制内部人控制和内部人损害行为，是有效的“监控工具”。从实证结论来看，也支持外部审计质量的投资者保护作用，如外部审计具有投资者保护作用，并可以在一定程度上作为法律的替代机制保护投资者（王艳艳、于李胜，2006）；外部审计质量越高，公司的过度投资越能得到改善（李青原，2009）；审计监督越强，越有利于抑制管理层的利益侵占行为（赵国宇、唐红，2012）；审计能缓解代理冲突，提升公司价值（雷光勇等，2015），等等。因此，评价一家公司的外部审计质量，可以从外部审计视角评价上市公司投资者保护的程度。

根据已有文献和中国外部审计的具体状况，我们选择了外部审计的独立性、执业质量和保障性三个指标，对上市公司的外部审计质量进行评价。

#### 4. 财务运行质量和投资者保护

根据本课题所建立的理论框架，投资者保护的核心在于保障外部投资者的知情权、决策权和收益权，最终保障投资者投资价值。投资者投资价值取得或实现的根本是公司价值这个大“蛋糕”，当然，公司价值转化为股东价值或中小股东价值也需要一定的条件，这些条件已经蕴含在前面三类指标之中。没有公司价值，投资者价值就是无源之水、无本之木，追求没有公司价值作为支撑的股东价值会陷入对壳的追捧和概念的炒作。如何实现公司价值呢？关键在于提升公司投资质量、筹资质量和资金运营质量，当然，股利分配直接关系到投资者利益的实现与取得，是投资者保护的直接度量指标。截至目前，有大量的文献研究了投资数量（过度投资）、投资结构、筹资成本、营运效率与股东价值或公司价值的关系。我们认为，基于公司财务运行角度，评价一家公司的财务运行质量，可以从投资质量、筹资质量、资金运营质量和股利分配质量四个方面进行评价。

## 二、会计与投资者保护：评价指标体系

会计具有投资者保护功能，这一功能的发挥具有复杂的机制与路径，如何通过会计来评价一个公司的投资者保护程度，是一个难点问题。从会计体系构成要素出

发，分析要素中体现保护机制、遵循保护路径并可以实现保护目标的子要素与具体指标，可以实现对公司投资者保护程度的评价。基于此，我们从这些要素的运行质量出发，建立评价指标体系，并对上市公司展开评价。

## （一）会计信息与投资者保护指标

会计信息与投资者保护方面设置了以下三个方面的指标。

### 1. 可靠性

可靠性主要通过盈余管理和盈余稳健性来衡量。具体分析如下：

（1）盈余管理（ACCU）。

我们使用应计利润分离法以测试盈余管理，把应计总额分解为操控性应计利润和非操控性应计利润，并假定非操控性应计利润随经济环境的变化而变化。分行业估计并且采用线下项目前总应计利润作为因变量估计特征参数的基本 Jones 模型和 KS 模型最能有效揭示出盈余管理，考虑到模型的普通适用性，我们采用基本的 Jones 模型来测度上市公司的盈余管理程度。

（2）盈余稳健性（CONS）。

大量文献认为，稳健的财务报告是高质量的，或者说高质量的财务报告应当是稳健的（Ball，Robin and Wu，2003；Ball and Shivakumar，2005，et al.），稳健性会计质量有助于通过降低信息不对称、提高公司治理水平而发挥投资者保护作用。

本指数以改进的公司层面的 Basu 模型（Khan and Watts，2009）作为稳健性的基本测度方法。同时，在稳健性测度中，考虑了年报审计意见及年报重述对稳健性的影响。

### 2. 相关性

按照 FASB 和 IASB 的观点，财务报告的主要目标是向会计信息使用者提供与决策相关的信息，从投资者保护观点出发，财务报告能够为投资者提供决策相关的信息，可以促进外部投资者的投资决策，以维护其投资利益。

我们使用以下两个指标来测度公司层面的会计信息的相关性：

（1）年报盈余的信息含量（INFO）。

计算公司年报的 $CAR(+1,\ +5)$，我们以年报公布日为第 1 日，若该股票当日停牌，则以年报公布次日为第 1 日。$CAR$ 的计算使用市场模型，即：

$$CAR_j = \sum_{d=1}^{5}[R_{j,d} - E(R_{j,d})] = \sum_{d=1}^{5}(R_{j,d} - \hat{\beta}_j \cdot R_{m,d})$$

其中，$R_{j,d}$为考虑现金分红再投资的个别日收益率，$R_{m,d}$为第 $d$ 日考虑现金分红再投资流通市值加权的 A 股市场平均收益，$\hat{\beta}_j$ 为公司 $j$ 在上市公司 2014 年年报公布前 180 天以市场数据估计的 $\beta$ 系数。

以 $CAR$ 与公司的未预期盈余（$UE_j$，$UE_j = EPS_{j,t} - EPS_{j,t-1}$）相对比率作为公司年报信息含量的测试指标，即：

$$INFO_j = \frac{CAR_j}{UE_j / P_{t-1}}$$

其中，$P_{t-1}$ 为公司上年末股票收盘价。

（2）年报盈余的价值相关性（REVE）。

我们以公司当年未预期回报（$UR$）与未预期盈余（$UE$）的比率作为年报盈余的价值相关性代理指标。

$$REVE_j = \frac{UR_j}{UE_j / P_{t-1}}$$

其中：

$$UR_j = R_{j,t} - \hat{\beta}_j \cdot R_{m,t}$$

$R_{j,t}$ 为会计年末前 8 个月到年末 4 个月（ -8， +4）的股票考虑现金分红再投资的收益率；$R_{m,t}$ 为会计年末前 8 个月到年末 4 个月（ -8， +4）的股票考虑现金分红再投资的 A 股市场收益率（流通市值加权）。

**3. 信息披露**

我们从非财务信息披露和财务信息披露两个方面评价上市公司信息披露状况。非财务信息披露指标主要从投资者保护、股东、董事会及董事、激励与约束、监事会、审计机制、披露及时性七个方面分 36 个具体条目对上市公司信息披露状况进行评价。财务信息披露通过分析上市公司是否披露报表项目明细和部分重大事项说明披露状况来评价其财务信息披露的质量，财务信息披露共有 12 个具体条目。非财务信息披露和财务信息披露指标共设 48 个条目，满分 48 分，披露得 1 分，未披露得 0 分。

## （二）内部控制与投资者保护指标

内部控制评价指标主要基于内部控制运行、内部控制信息披露和内部控制外部监督三个层面进行构建。在三个层面中，内部控制运行层面评价最为关键，内部控制信息披露层面评价和外部监督层面评价是对内部控制运行层面评价的补充。一方面，内部控制信息披露和外部监督都是为了保障内部控制能够良性有效运行，从而最终实现投资者的目标；另一方面，由于指标数据全部来源于上市公司公开信息，致使内部控制运行层面诸多关键数据无法取得，所以将内部控制信息披露和外部监督层面的指标作为替代和补充指标，对内部控制运行进行评价。同时，外部监督层面的会计师事务所和政府监管机构更加了解上市公司内部控制运行情况，评价相对独立和公正。

内部控制运行层面指标包括：人文环境、治理结构和业务控制；内部控制信息披露层面主要以内部控制“信息披露”指标来衡量；内部控制外部监督层面构建了“外部监督”指标进行评价。所以，内部控制构建了由人文环境、治理结构、业务控制、信息披露和外部监督五个指标构建的指标体系。针对每一指标，根据重要性、相关性、可行性等原则又分别设置了数目不等的下一级子指标，构建了内部控制与投资者保护的相关指标体系。

**1. 内部控制运行层面指标分析**

内部控制是否健康良性运行直接决定了内部控制质量的高低。人文环境、治理结构和业务控制这三大类指标体系能够完成对内部控制运行体系的评价过程。人文环境、治理结构和业务控制三个指标具有内在的逻辑关系，它们以授权为核心设置，并体现了内部监督与内部信息沟通的过程。

内部控制的核心是授权，人文环境、治理结构和业务控制三大类指标以授权为核心而设置。从授权方式上来看，人文环境是价值导向授权，治理结构是组织机构授权，业务控制是业务执行授权。价值导向授权是一种软授权，它通过意识形态、价值观念的引导，保障其他两类授权的有效实施；组织机构授权是一种纵向授权，相对静态，治理结构一旦确定，授权方式由此确定；业务执行授权是一种横向授权，在组织机构授权的基础上确定，嵌于企业具体业务活动流程中，具有一定动态性和灵活性。

人文环境从企业文化、人力资源和社会责任三个方面进行评价。治理结构从股东大会、董事会、监事会、审计委员会、内审部门、内部控制部门和经理层七个方面进行评价，这七个子指标不仅评价机构本身设置的健全性（静态授权），还要评价其运行有效性（授权得以有效行使）。业务控制评价指标的选取有两个标准：一是指标的可获得性；二是指标应能反映内部控制在业务层面的运行质量。业务控制从以下六个方面进行评价：全面预算、资金管理、业务管理、重大事项授权审批、重大诉讼与仲裁、反舞弊。

**2. 内部控制信息披露层面指标分析**

上市公司关于内部控制信息的披露，有两大类内容：内部控制运行信息披露和内部控制自我评价报告披露。内部控制信息披露的评价首先要评价其是否符合法律规则要求，然后评价其对投资者的有用性。所以，信息披露指标应从内部控制运行信息披露和内部控制自我评价报告披露两个方面进行评价。

2010 年 4 月 26 日，财政部、证监会、审计署、银监会、保监会联合发布了《企业内部控制配套指引》，该指引要求执行内控体系的企业必须对本企业内部控制的有效性进行自我评价，披露年度自我评价报告，并且聘请会计师事务所对其财务报告内部控制的有效性进行审计，出具审计报告。为了保证内部控制的稳步实施，财政部等五部门规定该指引自 2011 年 1 月 1 日起在境内外同时上市的公司执行，2012 年 1 月 1 日起在上交所、深交所主板上市公司执行，同时鼓励非上市大中型企业提前执行。这意味着自 2012 年度起，我国上市公司内部控制的自我评估与审计已进入了强制阶段。所以，自 2012 年度起，对于内部控制信息披露质量的评估应更着重于信息披露质量。

在对内部控制信息披露质量进行评估时，主要评估信息披露的详细程度，即借此评估上市公司内部控制的健全性，然后，根据上市公司的业务，评估内部控制制度与公司规模的匹配性及适应性，即内部控制运行的有效性。

#### 3. 内部控制外部监督层面指标分析

内部控制外部监督层面下设两个指标：内部控制审计和政府监管机构监督。相比于中小投资者，政府监管机构和会计师事务所更加了解上市公司内部控制运行情况。会计师事务所独立于上市公司，他们出具的内部控制审计报告相比于公司披露的内部控制信息而言，更具可靠性。政府监管机构对于上市公司负有监管责任，他们的通告和处理决定更具权威性。

（1）内部控制审计。

上市公司是否在年报中披露审计鉴证意见也可以作为衡量内部控制质量的标准。但是，如前所述，从制度上内部控制审计已进入强制执行阶段，所以，内部控制审计意见是评估的重点。对于已出具内部控制审计报告的公司，其内部控制审计报告的内容（如依据、措辞不同）也会影响内部控制审计报告对于投资者的信息含量。会计师事务所的质量也会影响其出具的内部控制审计报告的质量。但是，由于在“审计与投资者保护”中已将会计师事务所质量纳入评价体系，而且上市公司财务报表审计与内部控制审计通常为同一家会计师事务所完成，所以，不再将其纳入内部控制审计指标体系中。

（2）政府监管机构监督。

政府监管机构主要包括证监会、上海证券交易所、深圳证券交易所和财政部。在内部控制信息披露和内部控制审计均处于弱强制或自愿的情形下，政府机构的监管是有效的替代补偿机制。如果公司或其高管受到处罚，可以反证该公司内部控制制度的有效性存在问题。所以，我们将政府监管机构对上市公司及其高管的处罚作为内部控制质量得分的减项，以弥补公司内部控制运行层面数据的不足。

## （三）外部审计与投资者保护指标

我们将外部审计的指标分为三大类：一是审计独立性指标；二是审计质量指标；三是审计保障指标。

### 1. 审计独立性指标

关于审计独立性的指标，本项目组采用了客户的重要性、审计收费的合理性和审计任期等子指标来测度。

（1）客户的重要性。客户重要性是指会计师事务所对某鉴证客户的经济依赖，通常以从客户收取的总费用占事务所收入总额的比率来度量。上市公司审计费用取自公司年报中公布的审计费用，会计师事务所全年审计收入取自中国注册会计师协会发布的2014年会计师事务所综合评价前百家信息中的审计收入，非百强会计师事务所审计收入则通过其网站查询。

（2）审计收费合理性。审计收费过高影响注册会计的独立性，过低影响注册会计师的质量，因此，审计费用合理性是指会计师事务所在提供审计服务后向被审计单位收取合理的费用，用于弥补在审计过程的实际成本和获取正常利润。在衡量审计收费合理性时，我们根据西穆尼克（Simunic，1980）、克里希纳·戈帕尔和戴维（Krishna-gopal and David，2001）的计量审计收费模型以及韩厚军和周生春（2003）、刘斌、叶建中和廖莹毅（2003）、耿建新和房巧玲（2006）的理论，构建审计收费模型如下：

$$\begin{aligned}\ln Audfee = {} & \beta_0 + \beta_1 \ln Asset + \beta_2 Sqsub + \beta_3 Inratio + \beta_4 Reratio \\ & + \beta_5 Lev + \beta_6 Opinion + \beta_7 Roe + \beta_8 Loss + \beta_9 Big4 + \beta_{10} Tenu \\ & + \beta_{11} D_1 + \beta_{12} D_2 + \beta_{13} D_3 + \beta_{14} D_4 + \xi\end{aligned}$$

通过该模型的残差来衡量审计收费的合理性，上市公司审计收费的残差大于0，说明收费过高，残差小于0，则说明审计收费过低。审计收费过高或过低都会影响审计质量。所以，我们取残差的绝对值，该绝对值为0，则该公司审计收费合理性分数为100，残差绝对值最大的公司审计收费合理性分数为0分，利用插值法得出其他公司该指标相应的分值。

（3）审计任期。审计任期是公司所聘任的事务所为其提供连续审计服务的累计年数。研究表明，审计质量与审计任期之间呈倒“U”型关系，审计任期初期，由于会计师事务所对被审计单位的了解逐步深入，审计质量会逐步提高，但是，随着审计任期的增长，会计师事务所与被审计单位之间的交往也会越来越密切，容易产生独立性威胁。

### 2. 审计质量指标

（1）审计师的行业专长。审计师行业专长是指审计师拥有的对某一行业的专有知识和专业技能。我们采用泽弗和福萨姆（Zeff and Fossum，1967）的方法来衡量审计师的行业专长：

$$MSR_{ik} = \sum_{j=1}^{J} REV_{ikj} / \sum_{i=1}^{I} \sum_{j=1}^{J} REV_{ikj}$$

其中：$MSR_{ik}$为审计师 $i$ 在行业 $k$ 中的市场份额，即审计师 $i$ 在行业 $k$ 中获得的审计收费占行业 $k$ 中的总审计收费的比重，$REV_{ikj}$为 $k$ 行业中 $i$ 会计师事务所收取的 $j$ 公司的审计费用。

（2）行业评价。借鉴国际通行做法，以上一个营业年度的“年业务收入”作为事务所排名的主要依据，按业务收入递减原则进行。该指标是反映事务所专业胜任能力的重要依据。

### 3. 审计保障指标

审计服务需求的保险动因（也即审计的保障功能或保险功能）来源于审计能给投资者的投资损失提供某种形式的补偿。然而，此动因的存在有两个必要条件：一是法律制度允许投资者可以从审计事务所获得一定程度的投资损失赔偿；二是审计事务所和审计师拥有足够的资本补偿投资者的投资损失。所以，保险功能可以具体分为：

（1）法律保护程度。审计师面临的法律责任包括民事责任、行政责任和刑事责任。对于投资者来讲，只有在审计师承担民事责任的情况下，才能获得真正的经济补偿。民事法律制度的建立，能起到威慑和弥补作用，在一定程度上审计师可以弥补投资者的部分损失，而这正是审计保险需求的动因。法律对投资者的保护既包括法律制度本身的完善程度，也包括当地执法者执法的力度和效果。根据夏立军和方轶强（2005）的研究，我们用下面的模型来计量法律保护程度：

$$INVPRO = -9.271 + 1.683 \times \ln GDP$$

其中，$INVPRO$ 表示法律对投资者的保护程度，$\ln GDP$ 为各省 GDP 的自然对数（单位：亿元）。

（2）审计事务所的资产规模。我们用会计师事务所注册资本的自然对数来表示事务所的资产规模，会计师事务所注册资本取自中国注册会计师事务所网站中的会计师事务所信息。为了消除极端数值对结果的影响，我们对客户的重要性指标在1%和99%分位数处做了WINSORIZE处理。

## （四）管理控制质量与投资者保护指标

### 1. 流程管理

流程管理分析包括研发、生产、销售和信息系统四部分指标，具体分析如下。

（1）研发阶段指标。

• 研发投入强度（可取数）

研发投入强度是指研发费用投入数量在主营业务收入中所占的比重。本研究中，为保证较强的可比性，应考虑企业间的个体差异，分行业进行比较。

（2）生产阶段分析。

生产成本控制效率 = 成本的增长幅度/销售收入的增长幅度（可取数）

（3）销售阶段分析。

• 销售费用耗用比率（可取数）

销售费用耗用比率 = 销售费用/销售收入

（4）管理活动。

管理活动控制效率 = 管理费用增幅/资产增长增幅

（5）信息系统运用情况（0－1 指标）。

本研究主要在于考察企业是否采用信息系统加速流程改进，具体方法如下：采取 0－1 指标的形式，存在信息系统，则打 1 分，反之，则为 0 分。

### 2. 市场竞争力

（1）相对市场份额。

本研究指标旨在关注企业的竞争地位和盈利能力，具体指标计算公式如下：

相对市场份额 = 主营业务收入/该行业的龙头企业同期主营业务收入

解析说明：

由于各企业经营产业状况不同，且多是跨行业多元化经营，选用某一家企业或是选取某一项宏观指标（如工业增加值等）作为对比，都不具有很强的匹配性，因此对营业收入采用绝对值作为衡量标准，并且绝对值指标比相对指标更能反映出企业的规模。

考虑到企业除去经营主业外还可能从事投资金融类产品等分散风险，为突出企业经营产品的市场情况，因而在营业收入之外另设主营业务收入指标。并且为了较好表现市场占有比例情况，在主营业务收入指标中，引入该行业龙头企业同期主营业务收入作为对比。另外，由于我国龙头企业的注册地或证券上市地可能均未在中国境内，因而在判断龙头企业时不能仅以 A 股、H 股进行判断。

打分标准：

主营业务标准按照比例高低、营业收入按照绝对值高低打分，一律打正分。因为数值越大越不容易实现，所以应采用不等距极差打分，如 5 万 ~ 50 万为 2 分，50 万 ~ 80 万为 3 分（注：此处数据仅为解释说明问题）。具体的打分标准可以在收集一定数据后根据统计分布再行设定。

（2）核心产品竞争力。

- 主营业务收入/营业收入；
- 主营业务毛利率。

### （五）财务运行与投资者保护指标

财务运行质量评价指数由四个方面构成，每一方面又包括若干指标。

#### 1. 投资质量

（1）投资效率。

以实际投资偏离预期投资（最优投资的替代变量）的差值即回归方程的残差度量上市公司的非效率投资程度。本研究借鉴理查森（Richardson，2006）模型设计理论模型如下：

$$Invest_{it} = \alpha_0 + \alpha_1 Q_{it-1} + \alpha_2 Lev_{it-1} + \alpha_3 Cash_{it-1} + \alpha_4 Age_{it-1} + \alpha_5 Size_{it-1} + \alpha_6 Roa_{it-1} + \alpha_7 Invest_{it-1} + \sum Yeardummy + \sum Industrydummy + \xi_{it}$$

其中：$Invest_{it}$为预期投资，$Q_{it-1}$为投资机会，$Lev_{it-1}$为期初杠杆，$Cash_{it-1}$为期初现金存量，$Age_{it-1}$为企业年龄，$Size_{it-1}$为期初规模，$Roa_{it-1}$为上一年度资产报酬率，$Invest_{it-1}$为上一年度投资，*Yeardummy* 为年度虚拟变量，*Industrydummy* 为行业虚拟变量。

式中，$\xi_{it}$为残差，$\xi_{it}$为正，表明投资过度，$\xi_{it}$为负，表示投资不足，$\xi_{it}$为 0 时投资最有效。

（2）投资结构。

本研究以多元化程度反映投资构成。考虑到研究目标和数据的可获得性，本研究采用了基于 SIC 体系的熵指数公式计算的多元化程度指标 *DT* 度量上市公司投资结构质量的优劣，其具体计算公式如下：

$$DT = \sum_{i=1}^{n} P_i \ln(1/P_i)$$

其中：$P_i$ 为第 $i$ 个产业的销售占总销售额的比重，$n$ 为企业经营的产业数。多元化系数越大，表示企业的多元化程度越高。

### 2. 资金运营质量

（1）现金周期。

本研究选用现金周期（CCC）指标衡量资金运营效率，计算公式如下：

$$CCC = DSO + DIO - DPO$$

其中：

$DSO$（应收账款周转期）=（应收账款 + 应收票据）/（销售净收入/365）

$DIO$（存货周转期）= 存货/（净销售收入/365）

$DPO$（应付账款周转期）=（应付账款 + 应付票据）/（净销售收入/365）

（2）经营性流动资产比重。

衡量资金运营效率除了使用现金周期外，还应包括反映流动资产质量的指标——经营性流动资产比重（Operating Current Assets Ratio，OCAR），该指标的计算公式如下：

经营性流动资产比重（OCAR）= 经营性流动资产/流动资产

式中，经营性流动资产包括现金、应收账款、应收票据和存货。该指标越大，表明公司流动资产质量越高。

（3）流动比率。

本书采用流动比率衡量资金运营的安全性。流动比率的计算公式如下：

流动比率（LR）= 流动资产/流动负债

流动比率越大，表明企业偿付短期债务的能力越强，但流动比率并不是越大越好，因为流动比率过大，表明公司流动资产的变现力过剩，流动负债使用不足，会降低企业盈利能力。

### 3. 筹资质量

（1）资本结构。

本研究采用非流动负债/所有者权益衡量资本结构。

资本结构 = 非流动负债（期末数）/所有者权益（期末合并数）

（2）股权资本成本。

本研究选用资本资产定价模型（CAPM）计量股权资本成本（Equity Capital Cost）。

对于一个给定的资产 $i$，它的期望收益率和市场投资组合的期望收益率之间的关系可以表示为：

$$E(r_i) = r_f + \beta_{im}[E(r_m) - r_f]$$

其中，$E(r_i)$ 是资产 $i$ 的期望收益率；$r_f$ 是无风险收益率；$\beta_{im}$（Beta）是资产 $i$ 的系统风险；$E(r_m)$ 是市场投资组合 $m$ 的期望收益率。

$E(r_i)$ 即股权资本成本 $R_e$。

（3）担保程度

本研究采用"担保金额/所有者权益"衡量担保程度，计算公式如下：

担保程度＝担保金额/所有者权益

**4. 股利分配质量**

（1）成长性。

成长性（Growth）是影响公司股利政策的关键因素，一般来说，高成长的公司不发或少发股利。本研究采用营业收入增长率衡量公司成长性。

营业收入增长率＝（本年营业收入－上年营业收入）/上年营业收入

（2）股利支付率。

股利支付率（Dividend payment rates）的计算公式如下：

股利支付率＝股利支付总额/净利润

（3）股利支付的稳定性。

股利支付的稳定性（Dividend payment Stability）的计算公式如下：

$$DS = \frac{\sqrt{\sum_{t=1}^{n}(D_t - \bar{D})}}{\bar{D}}$$

式中，$D$ 为股利支付率。

根据以上分析，本评价系统的指标体系如表 1－1 所示。

**表 1－1　　　　会计与投资者保护评价指标体系**

| 一级指标 | 二级指标 | 三级指标 | 四级以下（略） |
|---|---|---|---|
| 投资者保护质量 | 会计信息质量 | 可靠性 | |
| | | 相关性 | |
| | | 信息披露 | |
| | 内部控制质量 | 人文环境 | |
| | | 治理结构 | |
| | | 业务控制 | |
| | | 信息披露 | |
| | | 外部监督 | |

续表

| 一级指标 | 二级指标 | 三级指标 | 四级以下（略） |
|---|---|---|---|
| 投资者保护质量 | 外部审计质量 | 独立性<br>审计质量<br>保障性 | |
| | 管理控制质量 | 流程管理<br>市场竞争力 | |
| | 财务运行质量 | 投资质量<br>筹资质量<br>资金运营质量<br>股利分配 | |

## 三、评价指标权重的确定

我们选择使用 AHP 方法确定评价指标体系的权重。在经济、管理、环境、社会等学科的评价与评估研究中，特别在对目标对象进行综合评价过程中，常常需要确定指标体系中各指标的权重，AHP 方法是常用的权重确定方法之一。

美国运筹学家、匹兹堡大学教授萨迪（T. L. Seaty）提出了著名的层次分析法（The Analytic Hierarchy Process，AHP）。这是一种定性和定量相结合、系统化、层次化的分析方法。AHP 从本质上讲是一种思维方式。它把复杂问题分解成各个组成因素，又将这些因素按支配关系分组形成递进层次结构，通过两两比较的方式确定各个因素的相对重要性，然后综合决策者的判断，确定决策方案相对重要性的总排序（权重）。

在投资者保护评价过程中，所使用的指标是一个多层次的体系。因而，在不经过多轮修正的情况下，对于这种多层次、多指标的评价体系来说，AHP 方法具有独特的优点，能够得到比较理想和科学的指标权重。

为了完成相关专家意见的汇总，需要采用专家调查问卷形式进行调查。调查对象为会计、审计、内部控制及财务方面的专家，既有理论研究学者，也有实务人员。我们选取了来自中国人民大学、北京大学、南开大学等高校的学者及来自审计署、会计师事务所、金融机构及企业的实务界人士。调查发放专家调查问卷 20 份，回收 20 份，有效问卷 18 份，有效率 90%。考虑到第一次调查实务界尤其是投资银行、保险公司与基金公司方面的专家代表性不足，2014 年我们又专门针对这些实务投资机构的经理进行了补充调查，共发放调查问卷6份，收回6份，有效率100%。

对以上24位专家的AHP问卷逐一进行计算及随机一致性检验（CR），得到每一位专家对以上指标体系的权重赋值。对这些专家的权重进行简单平均，可以得到总体的指标体系权重（见表1-2）。

**表1-2 会计与投资者保护评价指标权重**

| 一级指标（%） | 二级指标 | 权重（%） | 三级指标 | 权重（%） | 四级以下（略） |
|---|---|---|---|---|---|
| 投资者保护质量100 | 会计信息质量 | 24.60 | 可靠性 | 42.46 | |
| | | | 相关性 | 26.75 | |
| | | | 信息披露 | 30.79 | |
| | 内部控制质量 | 24.04 | 人文环境 | 16.71 | |
| | | | 治理结构 | 29.02 | |
| | | | 业务控制 | 18.02 | |
| | | | 信息披露 | 18.40 | |
| | | | 外部监督 | 17.85 | |
| | 外部审计质量 | 16.90 | 审计独立性 | 42.44 | |
| | | | 审计质量 | 36.52 | |
| | | | 审计保障性 | 21.04 | |
| | 管理控制质量 | 13.60 | 成本控制及创新 | 56.81 | |
| | | | 核心竞争力 | 43.19 | |
| | 财务运行质量 | 20.86 | 投资质量 | 30.39 | |
| | | | 筹资质量 | 19.44 | |
| | | | 资金运营质量 | 29.51 | |
| | | | 股利分配 | 20.66 | |

我们使用上述指标体系对2014年度的中国上市公司的会计投资者保护状况进行了评价。由于数据截至2015年4月30日，因而在本书中我们称其为2015年度的评价。

# 中国上市公司总体状况评价

## 一、公司来源及选取

### （一）中国上市公司的基本情况

本次编制中国上市公司会计与投资者保护的公司来源于截至2015年4月30日公布的公开信息（公司网站、巨潮资讯网、中国证监会、沪深交易所网站、上市公司网站等）以及国泰安CSMAR数据库、万德（Wind）、北京色诺芬CCER数据库。本年度我们对所有A股上市公司进行了评价，包括主板、中小企业板和创业板上市公司，共2 621家。中国上市公司的上市类型、行业、省份、控制人类型及第一大股东持股比例构成分别如表2－1至表2－5所示。

**表2－1　　中国上市公司上市类型构成**

| 上市类型 | 公司数 | 比例（%） |
|---|---|---|
| 深市主板 | 468 | 17.86 |
| 中小板 | 739 | 28.20 |
| 创业板 | 416 | 15.87 |
| 沪市主板 | 998 | 38.08 |
| **合计** | **2 621** | **100.00** |

中国上市公司主板数量占55.93%，其中深市主板468家，沪市主板998家。与2014年相比，中小板和创业板公司增加较多，分别增加22家和37家。

我们以中国证监会发布的《上市公司行业分类指引（2012年修订）》为基本依据，进行行业比较和分析，这与2014年及之前报告所采用的分类标准（2002版）有所不同，故本书在分析时，由于行业对比口径的变化，其结果仅具有参考性意义。由于部分行业数量较少（不足 10 家），在分析时合并到其他相近的行业中。

从证监会 2012 版的行业构成来看（见表 2－2），制造业公司最多，达 1 668 家，占到近 64% 以上，相对 2014 年上升了 4 个百分点，说明我国上市公司以制造业为主体的基本格局没有变化，且有加强趋势。批发和零售业上市公司的数量居第二位，占 5.73%，软件和信息技术服务业和房地产业上市公司的占比也都超过 5%，其他行业公司比例均在 5% 以下，公司总量均没有超过 100 家。需要指出的是，由于制造业上市公司数量较多，我们在分析时细化到其三级代码（如农副食品加工业的行业代码为 C13）。

**表 2－2　　中国上市公司行业构成（2012 版行业分类）**

| 行业名称 | 公司数量 | 比例（%） |
| --- | --- | --- |
| 农、林、牧、渔业 | 40 | 1.53 |
| 采矿业 | 72 | 2.75 |
| 制造业 | 1 668 | 63.64 |
| 其中：农副食品加工业 | 38 | 1.45 |
| 食品制造业 | 28 | 1.07 |
| 酒、饮料和精制茶业 | 36 | 1.37 |
| 纺织业 | 40 | 1.53 |
| 服装、服饰、皮毛和制鞋业 | 37 | 1.41 |
| 木材加工和家具制造业 | 15 | 0.57 |
| 造纸和印刷业 | 33 | 1.26 |
| 文化娱乐用品制造业 | 11 | 0.42 |
| 石油加工、炼焦业 | 19 | 0.72 |
| 化学原料和化学制品制造业 | 180 | 6.87 |
| 医药制造业 | 149 | 5.68 |
| 化学纤维制造业 | 23 | 0.88 |
| 橡胶和塑料制品业 | 51 | 1.95 |
| 非金属矿物制品业 | 79 | 3.01 |
| 黑色金属冶炼和加工业 | 31 | 1.18 |
| 有色金属冶炼和加工业 | 57 | 2.17 |
| 金属制品业 | 41 | 1.56 |
| 通用设备制造业 | 101 | 3.85 |

续表

| 行业名称 | 公司数量 | 比例（%） |
| --- | --- | --- |
| 专用设备制造业 | 142 | 5.42 |
| 汽车制造业 | 87 | 3.32 |
| 铁路和其他交通运输设备制造业 | 33 | 1.26 |
| 电气机械和器材制造业 | 168 | 6.41 |
| 计算机和其他电子设备制造业 | 220 | 8.39 |
| 仪器仪表制造业 | 31 | 1.18 |
| 其他制造业 | 18 | 0.69 |
| 电、热、气、水的生产和供应业 | 85 | 3.24 |
| 建筑业 | 66 | 2.52 |
| 批发和零售业 | 150 | 5.72 |
| 交通运输、仓储和邮政业 | 82 | 3.13 |
| 住宿和餐饮业 | 11 | 0.42 |
| 软件和信息技术服务业 | 139 | 5.30 |
| 金融业 | 46 | 1.76 |
| 房地产业 | 132 | 5.04 |
| 商务租赁和服务业 | 24 | 0.92 |
| 科研和技术服务业 | 18 | 0.69 |
| 水利、环境和公共设施管理业 | 28 | 1.07 |
| 文化、体育和娱乐业 | 32 | 1.22 |
| 综合类 | 28 | 1.07 |
| **合计** | **2 621** | **100.00** |

同时，为了分析不同地区的投资者保护状况，我们以省（市、自治区、直辖市，以下简称“省份”）为对象，进行了地区分类。

**表 2－3　　　　中国上市公司省份构成**

| 省份 | 公司数量 | 比例（%） |
| --- | --- | --- |
| 安徽 | 80 | 3.05 |
| 北京 | 232 | 8.85 |
| 福建 | 99 | 3.78 |

续表

| 省份 | 公司数量 | 比例（%） |
| --- | --- | --- |
| 甘肃 | 26 | 0.99 |
| 广东 | 389 | 14.84 |
| 广西 | 32 | 1.22 |
| 贵州 | 22 | 0.84 |
| 海南 | 30 | 1.14 |
| 河北 | 51 | 1.95 |
| 河南 | 66 | 2.52 |
| 黑龙江 | 32 | 1.22 |
| 湖北 | 84 | 3.20 |
| 湖南 | 77 | 2.94 |
| 吉林 | 43 | 1.64 |
| 江苏 | 256 | 9.77 |
| 江西 | 34 | 1.30 |
| 辽宁 | 76 | 2.90 |
| 内蒙古 | 23 | 0.88 |
| 宁夏 | 12 | 0.46 |
| 青海 | 10 | 0.38 |
| 山东 | 151 | 5.76 |
| 山西 | 31 | 1.18 |
| 陕西 | 41 | 1.56 |
| 上海 | 201 | 7.67 |
| 四川 | 98 | 3.74 |
| 天津 | 42 | 1.60 |
| 西藏 | 10 | 0.38 |
| 新疆 | 41 | 1.56 |
| 云南 | 30 | 1.14 |
| 浙江 | 260 | 9.92 |
| 重庆 | 42 | 1.60 |
| **合计** | **2 621** | **100** |

从中国上市公司的地域构成来看，发达地区所占比例较大，前三名分别是广东（389 家，占 14.84%）、浙江（260 家，占 9.92%）和江苏（256 家，占 9.77%），都超过 200 家，西藏、青海和宁夏的上市公司所占比例最少，分别只有 10 家、

10 家和 12 家，都没有超过 1%。

表 2 – 4　　中国上市公司按最终控制人类型的构成

| 最终控制人类型 | 公司数 | 比例（%） |
|---|---|---|
| 国有企业 | 962 | 36.70 |
| 民营企业 | 1 398 | 53.34 |
| 外资企业 | 95 | 3.62 |
| 无控制人企业 | 118 | 4.50 |
| 其他企业 | 48 | 1.83 |
| **合计** | **2 621** | **100** |

从最终控制人的构成来看，国有企业与民营企业占较大的比例，合计占到 90% 以上。由于国家“大众创业、万众创新”的兴起，近几年民营上市公司的数量明显增多，民营上市公司数量目前已经远远超过国有上市公司。其他控制人类型控股的公司数量较少，只有 48 家。

对于国有企业，我们进行了进一步分析。中央国企与地方国企由于其最终控制人性质、企业与政府关系、政府干预等方面的差别，其投资者保护存在一定的差异性。因此，我们首先对国有企业分中央与地方两个类别进行分析。

樊纲等（2011）认为，就产业部门而言，制造业、建筑业、商业等竞争性部门的市场化程度较高，而资源性和涉及资源的产业（如石油、天然气、采矿业）、具有天然垄断属性的产业（如电力、电信、铁路等部门）市场化程度较低。借鉴其思路，我们认为所有产业可以按资源依赖与否、政府干预程度、市场竞争程度分为两大类：（1）功能型国企，即高政府干预、高资源依赖和低市场竞争企业；（2）竞争型国企，即低政府干预、低资源依赖和高市场竞争企业。根据中国证监会的行业分类（其中制造业按细类），我们把这些行业中农林牧渔业、采矿业、石油化学塑胶塑料纤维制造业、金属冶炼和加工业、电热气水的生产和供应业、铁路和其他交通运输设备制造业归于第（1）类，剩余产业划归第（2）类，并进行了统计描述（结果见表 2 – 5）。

表 2 – 5　　国有企业细类构成

| 国有企业分类 | 公司数 | 比例（%） |
|---|---|---|
| 中央国企 | 329 | 34.20 |
| 地方国企 | 633 | 65.80 |
| 功能型国企 | 302 | 31.39 |
| 竞争型国企 | 660 | 68.61 |
| **国有企业合计** | **962** | **100.00** |

从表2-5来看，中央国企约占1/3多一些，地方国企约占不到2/3，功能型国企占31%，竞争型国企业占近70%。从国有企业的分类来看，大部分上市国企业属于竞争性行业。

从第一大股东持股比例来看，大部分公司分布在20%~60%之间（合计超过75%），持股比例在60%以上和20%以下的公司数量都没有超过25%。相对于2014年，持股比例小于20%的公司有较大增长，增长了2.46个百分点，持股比例在20%~40%之间的公司数量略有增长，增长了0.99个百分点，而持股比例在40%~60%之间的公司以及大于60%的公司比2014年有所减少，这表明第一大股东的持股比例呈下降趋势，具体见表2-6。

**表2-6　　中国上市公司按第一大股东持股比例的构成**

| 持股比例 | 公司数 | 比例（%） |
|---|---|---|
| 持股比例<20% | 469 | 17.89 |
| 20%≤持股比例<40% | 1 241 | 47.35 |
| 40%≤持股比例<60% | 743 | 28.35 |
| 持股比例≥60% | 169 | 6.45 |
| **合计** | **2 621** | **100** |

## （二）中国上市公司投资者保护总体状况描述

从总体上来看，中国上市公司2015年度的投资者保护指数得分的均值为54.54分，最大值（65.88分）与最小值（34.22）相差31.66分，其中外部审计的保护力度最强（57.10分），管理控制的保护力度较弱（48.38分），详见表2-7。可见，中国上市公司外部治理的环境在逐渐改善，而内部会计信息质量、内部控制质量和管理决策质量需要进一步加强。

**表2-7　　中国上市公司会计投资者保护状况描述（2015）**

| 各级指数 | 平均 | 中位数 | 最小值 | 最大值 | 标准差 |
|---|---|---|---|---|---|
| 投资者保护指数 | 54.54 | 54.80 | 34.22 | 65.88 | 3.79 |
| ——会计信息指数 | 56.42 | 56.85 | 25.40 | 74.20 | 5.22 |
| ——内部控制指数 | 56.80 | 57.05 | 17.71 | 73.51 | 5.87 |
| ——外部审计指数 | 57.10 | 56.36 | 43.35 | 78.29 | 4.82 |
| ——管理控制指数 | 48.38 | 48.29 | 3.35 | 87.23 | 12.60 |
| ——财务运行指数 | 51.67 | 52.60 | 0 | 77.11 | 9.23 |

从总体上看，中国上市公司的投资者保护得分大部分分布在 45 ~ 65 之间，其分布形式基本上呈正态分布（峰度为 1.37，偏度为 -0.60），中国上市公司呈尖峰且略左偏分布状态（见图 2 - 1），与 2014 年相比，峰度有较大上升，偏度基本保持不变。

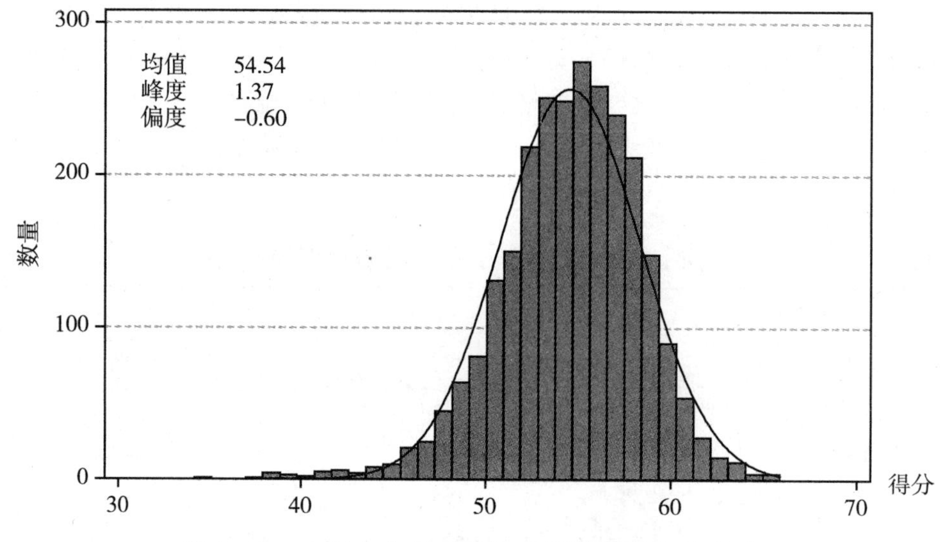


**图 2 - 1　中国上市公司投资者保护指数总体分布**

与 2014 年相比，2015 年中国上市公司会计投资者保护程度略有上升，其中外部审计指数与财务运行指数得分提高，而会计信息指数、内部控制指数与管理控制指数的得分都出现了下降。这说明，中国上市公司由于国企改革、简政放权、外部治理建设的推进，企业财务运行状况得到改善，更重视企业的内涵式发展，但是会计信息质量不高现象依然存在，内部控制运行形式化问题突出，管理控制能力薄弱情况亟待改善。

从离散程度来看，2015 年的投资者保护总体上出现了集中趋势，主要原因是会计信息、内部控制和外部审计的集中趋势加大，而管理控制则出现了分散化态势。由此可见，我国上市公司的投资者保护出现了“保护趋同”的态势。

从近三年的情况来看，投资者保护指数总体呈逐渐上升状态，但会计投资者保护形式不容乐观。从分值来看，外部审计质量呈稳定上升趋势，而管理控制质量呈逐年下降趋势（见表 2 - 8）。出现以上态势有深刻的公司内外部原因。从外部来看，党的十八届三中全会和四中全会分别提出了深化改革的若干重要战略举措以及依法治国的方针和措施，国企反腐拉开序幕，简政放权简化审批、发挥市场机制作用、进行负面清单管理等成为促进政府管理方式转变的手段，国务院国资委、财政部、中国证监会等部门着力落实中央改革方针，国资授权经营体系改革、混合所有制改革、注册制改革等箭在弦上，形成企业良好的外部发展环境。这一良好外部发展环境的直接表现是外部审计质量的提升，即注册会计师执业能力、执业水平、审计质量明显提升，以及企业财务运行质量的改善，即企业投资效率、筹资便利性、运营效率及股利分配的积极性都有所提升。

表 2－8　　中国上市公司会计投资者保护状况（2013～2015 年）

| 各级指数 | 2015 年 | 2014 年 | 2013 年 |
| --- | --- | --- | --- |
| 投资者保护指数 | 54.54 | 54.45 | 54.06 |
| ——会计信息指数 | 56.42 | 56.50 | 55.23 |
| ——内部控制指数 | 56.80 | 56.96 | 56.48 |
| ——外部审计指数 | 57.10 | 56.73 | 55.39 |
| ——管理控制指数 | 48.38 | 49.16 | 49.42 |
| ——财务运行指数 | 51.67 | 50.77 | 51.55 |

同时，也应看到，我国经济进入下行周期，企业面临的外部经济环境有所恶化，投资不振、内需下降、出口低迷，表现为企业经济效益的下降，为了满足股东收益期望及国资委的考核要求，上市公司仍然具有一定的盈余平滑、盈余管理的动机与行为，表现在企业会计信息质量不高，甚至比上年有所降低。由于外部经济环境的恶化，虽然企业的成本控制和创新能力有所提升，但由于企业市场竞争力的下降，总体上管理控制能力呈下降态势。

自 2012 年开始，内部控制自我评价报告和审计报告强制披露范围扩大到未参加内部控制规范试点的所有主板上市公司。因此，内部控制在 2013 年和 2014 年质量都有一定的提升，但由于内部控制的外部强制性特点和企业内部控制过关化思想的影响，2015 年企业内部控制建设有所放松，出现重形式而不重实际效果的状况，内部控制形式化问题突出，这是值得关注的一个问题。

从过去 6 年的指数总体变动趋势来看，中国上市公司会计投资者保护指数（AIPI）基本上呈“V”型反转态势，从 2010 年开始逐年下降，在 2013 年度达到最低点后，近两年开始企稳回升（见图 2－2）。

可见，自后金融危机以来，中国上市公司的投资者保护出现了快速下降、而后企稳回升的过程。在 2013 年投资者保护达到最低的 54.06 后，在 2014 年和 2015 年出现缓慢上升，但总体依然不高，说明我国上市公司的投资者保护建设与监管任重而道远。

在 2 621 家公司中，没有一家公司的投资者保护总分数超过 70 分，9 家公司得分在 40 分以下，在 50～60 分之间的公司占 84.28%，表现出较强的投资者保护趋同现象（见表 2－9）。

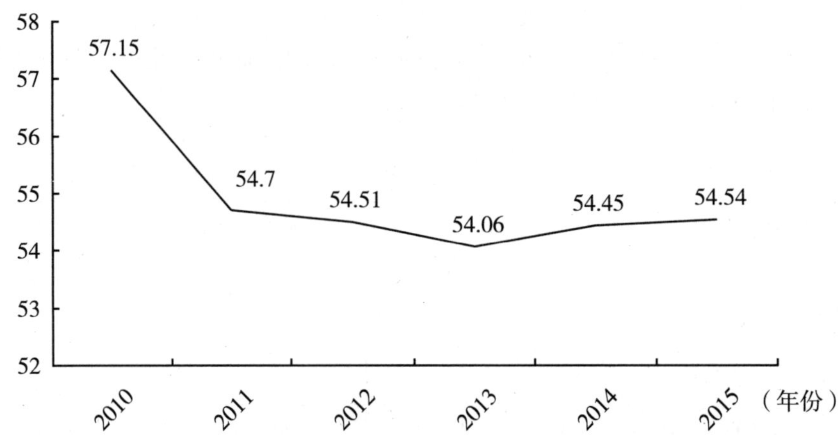


**图 2-2　中国上市公司投资者保护指数（AIPI）年度走势**

**表 2-9　　　　中国上市公司投资者保护指数的分数分布**

| 得分 | 公司数 | 比例（%） |
|---|---|---|
| 40 分以下 | 9 | 0. 34 |
| 40~50 分 | 269 | 10. 26 |
| 50~60 分 | 2 209 | 84. 28 |
| 60~70 分 | 134 | 5. 11 |
| 70 分以上 | 0 | 0. 00 |
| **合计** | **2 621** | **100** |

与 2014 年相比，40~50 分之间的公司比例有一定的下降（下降了 7. 51 个百分比），50~60 分之间的公司比例上升幅度比较大（上升了 17. 48 个百分点），60~70 分之间的公司比例由 14. 19% 下降到了 5. 11%，其他区间公司比例变化不大，投资者保护指数分布与上年相比出现集中趋势。

## 二、按行业分类的投资者保护状况评价

本节按照中国证监会 2012 年的行业分类标准，对上市公司所处的 16 个行业门类进行分析（其中教育、卫生和社会工作两个行业由于上市公司数量较少，合并到综合类之中报告和分析），同时对制造业按 25 行业细类进行分析。接下来，我们对中国上市公司的投资者保护状况进行行业对比分析。

## （一）总体描述

从均值来看，投资者保护程度最高的三个行业分别为科研和技术服务业（57.00分）、商务租赁和服务业（56.18）及服装、服饰、皮毛和制鞋业（56.08分）。投资者保护最差的三个行业分别为铁路和其他交通运输设备制造业（51.65）、黑色金属冶炼和加工业（51.84分）及石油加工、炼焦业（52.16分），全部为制造业企业（见表2-10）。

表2-10　　中国上市公司不同行业的投资者保护得分

| 行业名称 | 均值 | 最大值 | 最小值 | 标准差 |
|---|---|---|---|---|
| 科研和技术服务业 | 57.00 | 63.44 | 49.02 | 2.98 |
| 商务租赁和服务业 | 56.18 | 63.65 | 48.59 | 3.54 |
| 服装、服饰、皮毛和制鞋业 | 56.08 | 60.06 | 50.68 | 2.69 |
| 文化、体育和娱乐业 | 56.05 | 62.19 | 45.61 | 4.32 |
| 医药制造业 | 55.87 | 63.86 | 43.91 | 3.39 |
| 金融业 | 55.77 | 61.64 | 47.35 | 3.71 |
| 软件和信息技术服务业 | 55.73 | 65.01 | 40.2 | 3.65 |
| 房地产业 | 55.68 | 65.88 | 38.7 | 4.15 |
| 文化娱乐用品制造业 | 55.41 | 62.02 | 50.64 | 3.55 |
| 仪器仪表制造业 | 55.4 | 62.69 | 48.47 | 3.39 |
| 水利、环境和公共设施管理业 | 55.39 | 61.37 | 48.41 | 3.4 |
| 住宿和餐饮业 | 55.34 | 63.45 | 41.01 | 7.65 |
| 食品制造业 | 55.27 | 62.02 | 46.89 | 3.67 |
| 综合类 | 55.26 | 61.81 | 46.12 | 3.85 |
| 木材加工和家具制造业 | 55.14 | 61.38 | 50.85 | 3.06 |
| 通用设备制造业 | 55.09 | 61.52 | 46.06 | 3.05 |
| 农、林、牧、渔业 | 54.99 | 62.8 | 45.77 | 3.53 |
| 电、热、气、水生产和供应业 | 54.95 | 65.48 | 44.56 | 3.97 |
| 酒、饮料和精制茶业 | 54.92 | 62.83 | 41.92 | 3.99 |
| 化学纤维制造业 | 54.72 | 59.97 | 48.08 | 3.24 |

续表

| 行业名称 | 均值 | 最大值 | 最小值 | 标准差 |
|---|---|---|---|---|
| 电气机械和器材制造业 | 54. 72 | 61. 2 | 43. 54 | 2. 95 |
| 金属制品业 | 54. 49 | 60. 99 | 50. 19 | 2. 95 |
| 农副食品加工业 | 54. 44 | 62. 15 | 44. 11 | 4. 04 |
| 专用设备制造业 | 54. 33 | 61. 48 | 46. 09 | 2. 9 |
| 批发和零售业 | 54. 33 | 64. 23 | 38. 24 | 4. 39 |
| 制造业 | 54. 31 | 63. 86 | 34. 22 | 3. 59 |
| 非金属矿物制品业 | 54. 27 | 60. 84 | 38. 4 | 4. 37 |
| 汽车制造业 | 54. 27 | 60. 52 | 47. 92 | 3 |
| 交通运输、仓储和邮政业 | 54. 26 | 64. 03 | 41. 88 | 4. 12 |
| 橡胶和塑料制品业 | 54. 17 | 59. 59 | 39. 63 | 3. 65 |
| 建筑业 | 54. 05 | 63. 04 | 43. 59 | 3. 82 |
| 计算机和其他电子设备制造业 | 53. 92 | 61. 8 | 34. 22 | 3. 77 |
| 造纸和印刷业 | 53. 71 | 59. 01 | 46. 92 | 3. 37 |
| 化学原料和化学制品制造业 | 53. 55 | 61. 7 | 37. 61 | 3. 53 |
| 有色金属冶炼和加工业 | 53. 43 | 61. 03 | 45. 09 | 3. 52 |
| 纺织业 | 53. 09 | 62. 63 | 38. 3 | 4. 91 |
| 其他制造业 | 53. 06 | 58. 99 | 45. 45 | 4. 51 |
| 采矿业 | 52. 73 | 59. 9 | 42. 09 | 3. 83 |
| 石油加工、炼焦业 | 52. 16 | 59. 26 | 46. 23 | 3. 25 |
| 黑色金属冶炼和加工业 | 51. 84 | 57. 76 | 41. 92 | 3. 96 |
| 铁路和其他交通运输设备制造业 | 51. 65 | 59. 33 | 40. 85 | 3. 93 |
| **合计** | **54. 54** | **65. 88** | **34. 22** | **3. 79** |

注：前面带空格的行业为证监会行业分类中制造业下的二级行业分类。

### （二）2015 年与 2014 年指数比较分析

由于 2015 年与 2014 年行业分类的变化，使得这两年的指数得分及排名的可比性下降。我们仅对比 2015 年与 2014 年前 6 名与后 6 名的得分及行业构成情况，如表 2 – 11 所示。

表 2－11　　2015 年相对于 2014 年各行业得分及名次变化情况

| 排名 | 2015 年 | | 2014 年 | |
|---|---|---|---|---|
| | 行业 | 平均得分 | 行业 | 平均得分 |
| 前6名 | 科研和技术服务业 | 57.00 | 金融业 | 57.93 |
| | 商务租赁和服务业 | 56.18 | 电力、煤气及水的生产和供应业 | 56.60 |
| | 服装、服饰、皮毛和制鞋业 | 56.08 | 传播与文化产业 | 55.91 |
| | 文化、体育和娱乐业 | 56.05 | 建筑业 | 55.88 |
| | 医药制造业 | 55.87 | 房地产业 | 55.65 |
| | 金融业 | 55.77 | 综合类 | 55.52 |
| 略 | …… | …… | …… | …… |
| 后6名 | 纺织业 | 53.09 | 交通运输仓储业 | 53.67 |
| | 其他制造业 | 53.06 | 采掘业 | 53.39 |
| | 采矿业 | 52.73 | 信息技术业 | 53.38 |
| | 石油加工、炼焦业 | 52.16 | 其他制造业 | 53.32 |
| | 黑色金属冶炼和加工业 | 51.84 | 农、林、牧、渔业 | 53.2 |
| | 铁路和其他交通运输设备制造业 | 51.65 | 石油、化学、塑胶、塑料 | 52.25 |

## 三、按地区分类的投资者保护状况评价

我们将 2015 年的 2 621 家被评价公司，按照注册地的不同分组为 31 个省（直辖市、自治区），分析不同地区的中国上市公司治理指数的分布特征，比较中国上市公司投资者保护的地区差异。

### （一）总体分析

从地域来看，各省份的平均得分均在 50 ~ 60 分之间，前三名分别为北京（55.81 分）、广东（55.59 分）和浙江（55.47 分）。西部地区投资者保护指数得分较低，后三名分别为青海（50.33 分）、宁夏（51.53 分）和内蒙古（52.04 分）。宁夏和青海上市公司的会计投资者保护的波动性较大，其标准差分别为 6.28 和 5.63（见表 2－12）。

表 2－12　　按地区分类的中国上市公司投资者保护指数描述性统计

| 省份 | 均值 | 最大值 | 最小值 | 标准差 |
| --- | --- | --- | --- | --- |
| 北京 | 55.81 | 65.88 | 45.06 | 3.63 |
| 广东 | 55.59 | 65.51 | 41.01 | 3.51 |
| 浙江 | 55.47 | 64.23 | 43.54 | 3.14 |
| 上海 | 55.13 | 63.77 | 40.96 | 3.91 |
| 贵州 | 55.01 | 60.99 | 49.5 | 3.27 |
| 天津 | 54.75 | 59.63 | 38.93 | 4.17 |
| 安徽 | 54.65 | 62.8 | 46.39 | 3.38 |
| 山东 | 54.6 | 63.26 | 44.37 | 3.55 |
| 湖南 | 54.54 | 64.35 | 44.11 | 3.51 |
| 江西 | 54.41 | 62.71 | 47.31 | 3.73 |
| 江苏 | 54.34 | 61.41 | 40.85 | 3.15 |
| 陕西 | 54.21 | 60.8 | 48.05 | 3.12 |
| 福建 | 54.06 | 60.21 | 38.7 | 3.69 |
| 云南 | 54.05 | 59.59 | 45.77 | 3.53 |
| 甘肃 | 54.01 | 59.02 | 49.29 | 2.78 |
| 湖北 | 54.00 | 60.75 | 44.48 | 3.36 |
| 重庆 | 53.6 | 62.02 | 38.4 | 5.17 |
| 河南 | 53.54 | 59.82 | 42.49 | 3.69 |
| 四川 | 53.53 | 62.15 | 45.21 | 3.55 |
| 辽宁 | 53.51 | 62.63 | 45.09 | 3.81 |
| 海南 | 53.34 | 63.27 | 42.8 | 4.15 |
| 河北 | 53.12 | 62.68 | 39.63 | 4.42 |
| 新疆 | 52.95 | 61.38 | 44.73 | 3.79 |
| 吉林 | 52.57 | 60.7 | 38.24 | 4.35 |
| 黑龙江 | 52.49 | 58.98 | 44.56 | 3.64 |
| 广西 | 52.31 | 59.81 | 41.88 | 4.48 |
| 西藏 | 52.24 | 57.25 | 43.59 | 4.26 |
| 山西 | 52.23 | 64.03 | 34.22 | 5.58 |
| 内蒙古 | 52.04 | 59.98 | 38.3 | 4.94 |
| 宁夏 | 51.53 | 57.6 | 37.61 | 6.28 |
| 青海 | 50.33 | 57.56 | 40.57 | 5.63 |
| **合计** | **54.54** | **65.88** | **34.22** | **3.79** |

## （二）2015 年与 2014 年指数比较分析

为了分析各地区投资者保护水平在年度之间的变化情况，我们对 2015 年和 2014 年各地区的平均得分、排名及排名变化情况进行了分析（见表 2－13）。

**表 2－13　各省份上市公司 2015 年与 2014 年指数对比分析**

| 省份 | 2015 年 | | 2014 年 | | 名次变化 |
|---|---|---|---|---|---|
| | 均值 | 名次 | 均值 | 名次 | |
| 湖北 | 54.00 | 16 | 52.13 | 26 | 10 |
| 云南 | 54.05 | 14 | 52.71 | 23 | 9 |
| 安徽 | 54.65 | 7 | 53.74 | 15 | 8 |
| 贵州 | 55.01 | 5 | 54.10 | 12 | 7 |
| 海南 | 53.34 | 21 | 51.28 | 28 | 7 |
| 湖南 | 54.54 | 9 | 53.61 | 16 | 7 |
| 山东 | 54.60 | 8 | 53.76 | 14 | 6 |
| 四川 | 53.53 | 19 | 52.38 | 25 | 6 |
| 福建 | 54.06 | 13 | 53.43 | 18 | 5 |
| 广东 | 55.59 | 2 | 55.14 | 5 | 3 |
| 吉林 | 52.57 | 24 | 52.03 | 27 | 3 |
| 西藏 | 52.24 | 27 | 50.84 | 30 | 3 |
| 宁夏 | 51.53 | 30 | 50.21 | 31 | 1 |
| 天津 | 54.75 | 6 | 54.97 | 7 | 1 |
| 北京 | 55.81 | 1 | 56.56 | 1 | 0 |
| 浙江 | 55.47 | 3 | 55.54 | 3 | 0 |
| 河北 | 53.12 | 22 | 53.22 | 21 | －1 |
| 新疆 | 52.95 | 23 | 52.91 | 22 | －1 |
| 甘肃 | 54.01 | 15 | 53.79 | 13 | －2 |
| 江苏 | 54.34 | 11 | 54.31 | 9 | －2 |
| 青海 | 50.33 | 31 | 51.22 | 29 | －2 |
| 陕西 | 54.21 | 12 | 54.18 | 10 | －2 |
| 上海 | 55.13 | 4 | 55.94 | 2 | －2 |

续表

| 省份 | 2015 年 | | 2014 年 | | 名次变化 |
|---|---|---|---|---|---|
| | 均值 | 名次 | 均值 | 名次 | |
| 黑龙江 | 52.49 | 25 | 53.38 | 20 | -5 |
| 内蒙古 | 52.04 | 29 | 52.71 | 24 | -5 |
| 江西 | 54.41 | 10 | 55.27 | 4 | -6 |
| 广西 | 52.31 | 26 | 53.41 | 19 | -7 |
| 辽宁 | 53.51 | 20 | 54.12 | 11 | -9 |
| 重庆 | 53.6 | 17 | 54.59 | 8 | -9 |
| 山西 | 52.23 | 28 | 53.47 | 17 | -11 |
| 河南 | 53.54 | 18 | 55 | 6 | -12 |

与2014年相比，湖北、云南和安徽3个省份的投资者保护程度上升幅度最大，分别上升了10位、9位和8位；河南、山西和辽宁三个省份下降幅度较大，分别下降了12位、11位和9位。北京和天津的上市公司排名与2014年持平，总体来看，多数省份近两年的投资者保护水平变化较大。

从2012~2015年四年综合来看，北京、浙江和广东等地的上市公司的投资者保护程度最高且相对稳定，四年都在前6名以内，北京已经连续四年排名第一。宁夏、西藏等省（自治区）上市公司的投资者保护程度相对较低。

## 四、按最终控制人性质分类的投资者保护状况评价

我们将中国上市公司按照最终控制人性质的不同，分为国有控股、民营控股、外资控股、无控制人和其他控股，其他控股类型包括集体控股、社会团体控股和职工持股会控股。另外，我们对国有控股类型的上市公司进行了深入分析。通过分析不同性质的最终控制人的中国上市公司会计投资者保护指数的数字特征，进一步探讨最终控制人性质对中国上市公司的投资者保护的影响。

### （一）总体分析

在不同最终控制人类型的公司中，无控制人的上市公司的投资者保护指数得分最高，为55.13分，其次为国有控股公司（54.71分），而民营控股与外资控股的投资者保护程度较弱（分别为54.38分和54.69分），其他控股公司的投资者保护

水平垫底（见表2-14）。

**表2-14 按最终控制人分类的中国上市公司投资者保护指数描述性统计**

| 最终控制人性质 | 均值 | 最大值 | 最小值 | 标准差 |
|---|---|---|---|---|
| 国有控股 | 54.71 | 65.88 | 39.76 | 3.91 |
| 民营控股 | 54.38 | 65.01 | 34.22 | 3.68 |
| 外资控股 | 54.69 | 61.72 | 40.20 | 3.63 |
| 无控制人 | 55.13 | 65.51 | 40.96 | 4.23 |
| 其他控股 | 54.18 | 60.21 | 46.34 | 3.42 |
| **合计** | **54.54** | **65.88** | **34.22** | **3.79** |

## （二）2015年与2014年指数比较分析

为了分析最终控制人的投资者保护水平在不同年度之间的变化情况，我们对2015年和2014年指数按控制人类型的平均得分与排名进行了对比分析（见表2-15）。

**表2-15 按最终控制人性质分类的2015年与2014年指数对比分析**

| 最终控制人性质 | 2015年 | | 2014年 | | 名次变化 |
|---|---|---|---|---|---|
| | 均值 | 名次 | 均值 | 名次 | |
| 国有控股 | 54.71 | 2 | 56.26 | 1 | -1 |
| 民营控股 | 54.38 | 4 | 53.06 | 5 | 1 |
| 外资控股 | 54.69 | 3 | 54.24 | 4 | 1 |
| 无控制人 | 55.13 | 1 | 55.29 | 2 | 1 |
| 其他控股 | 54.18 | 5 | 55.05 | 3 | -2 |

2015年其他控股的上市公司的投资者保护水平下降较大，排名垫底。国有控股的上市公司的名次也有所下降，而民营控股、外资控股与无控制人的公司的投资者保护得分排名均有所上升。

随着中小板与创业板公司的发展，民营上市公司的数量已远超国有上市公司，数量最多，因此，应当重点关注民营上市公司的会计投资者保护状况，采取措施提高其投资者保护水平。

### （三）对国有企业的进一步分析

我们对国有企业分中央国企、地方国企以及功能型国企、竞争型国企进行了进一步分析，结果见表2-16。

表2-16 国有企业进一步分析表

| 国有企业分类 | 均值 | 最大值 | 最小值 | 标准差 |
|---|---|---|---|---|
| 地方国企 | 54.69 | 65.48 | 45.09 | 3.81 |
| 中央国企 | 54.72 | 65.88 | 39.76 | 3.96 |
| 功能型国企 | 53.53 | 65.48 | 40.85 | 4.04 |
| 竞争型国企 | 55.25 | 65.88 | 39.76 | 3.73 |
| **合计** | **54.71** | **65.88** | **39.76** | **3.91** |

从表2-16中可以看到，中央国企的投资者保护水平略高于地方国企，竞争型国企的投资者保护水平远高于功能型国企。

## 五、按第一大股东持股比例分类的投资者保护状况评价

我们将中国上市公司按照公司第一大股东持股比例的不同，分为四个等级：小于20%，大于或等于20%但小于40%，大于或等于40%但小于60%，以及大于或等于60%。通过分析第一大股东持股比例不同的中国上市公司投资者保护状况，可以进一步分析中国上市公司投资者保护差异原因及其治理特征。

### （一）总体分析

从第一大股东的持股比例来看，投资者保护水平与持股比例呈正向变动关系，即第一大股东持股比例越高，投资者保护水平越高。持股比例最高组（得分55.50）与持股比例最低组（得分54.02）的保护水平相差1.48分。并且，持股比较低组内的公司间投资者保护水平波动较大，持股比例比较高的组内投资者保护水平波动较小。这说明，在中国独特的制度背景与市场背景下，股权越分散，无论是治理效率还是运营效率都会下降，而相对集权的股权结构下，更有利于中小股东利益保护。这是值得投资者和监管层思考的一个现象（见表2-17）。

表 2－17 按第一大股东持股比例分类的中国上市公司投资者保护指数描述性统计

| 第一大股东持股比例 | 均值 | 最大值 | 最小值 | 标准差 |
|---|---|---|---|---|
| 持股比例＜20% | 54.02 | 64.29 | 34.22 | 4.25 |
| 20%≤持股比例＜40% | 54.44 | 65.88 | 39.63 | 3.76 |
| 40%≤持股比例＜60% | 54.82 | 64.01 | 40.57 | 3.47 |
| 持股比例≥60% | 55.50 | 64.03 | 41.92 | 3.82 |
| **合计** | **54.54** | **65.88** | **34.22** | **3.79** |

## （二）2015 年与 2014 年指数比较分析

为了分析分第一大股东持股比例的投资者保护水平在年度之间的变化情况，我们按第一大股东持股比例对 2015 年和 2014 年的平均得分与排名进行了对比分析（见表 2－18、图 2－3）。

表 2－18 按第一大股东持股比例分类的 2015 年与 2014 年指数对比分析

| 第一大股东持股比例 | 2015 年 | | 2014 年 | | 名次变化 |
|---|---|---|---|---|---|
| | 均值 | 名次 | 均值 | 名次 | |
| 持股比例＜20% | 54.02 | 4 | 52.77 | 4 | 0 |
| 20%≤持股比例＜40% | 54.44 | 3 | 53.95 | 3 | 0 |
| 40%≤持股比例＜60% | 54.82 | 2 | 55.41 | 2 | 0 |
| 持股比例≥60% | 55.50 | 1 | 56.94 | 1 | 0 |

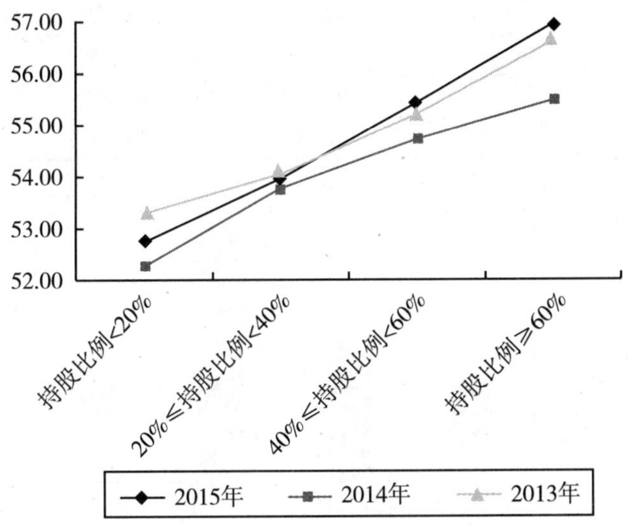


图 2－3 第一大股东持股比例与投资者保护水平（2013～2015 年）

从表2－18及图2－3中可以看到，2015和前两年都存在共同的趋势，即上市公司第一大股东的持股比例与公司的投资者保护水平间存在正相关关系，持股比例越高，投资者保护水平越高。这与不同持股公司的治理状况、经营效率存在一定关系，尤其是股权分置改革后，大股东与中小股东的利益逐渐趋于一致，其掏空动机在逐渐减弱，而提升公司价值、实现与公司价值共同成长的动机增强。相反，持股比例越低，越倾向于采取盈余管理、关联交易等方式从上市公司攫取利益，因而第一大股东持股比例较低公司的投资者保护水平较差。

从2013~2015年三年的情况来看，其情况总体类似，持股比例较低公司的会计投资者保护水平较低。

## 六、按上市板块分类的投资者保护指数评价

### （一）总体分析

按照上市公司的上市板块来分析，如表2－19所示，总体来看，中小板上市公司投资者保护状况大体相当且较高，沪市主板的投资者保护程度较低。分板块的投资者保护状况指数排名如图2－4所示。

**表2－19　按上市板块分类的会计投资者保护指数描述性统计**

| 上市板块 | 均值 | 最大值 | 最小值 | 标准差 |
|---|---|---|---|---|
| 沪市主板 | 54.18 | 65.51 | 34.22 | 4.18 |
| 深市主板 | 54.62 | 65.88 | 38.30 | 4.25 |
| 中小板 | 55.10 | 64.35 | 40.85 | 3.14 |
| 创业板 | 54.32 | 63.19 | 44.11 | 3.15 |
| **合计** | **54.54** | **65.88** | **34.22** | **3.79** |

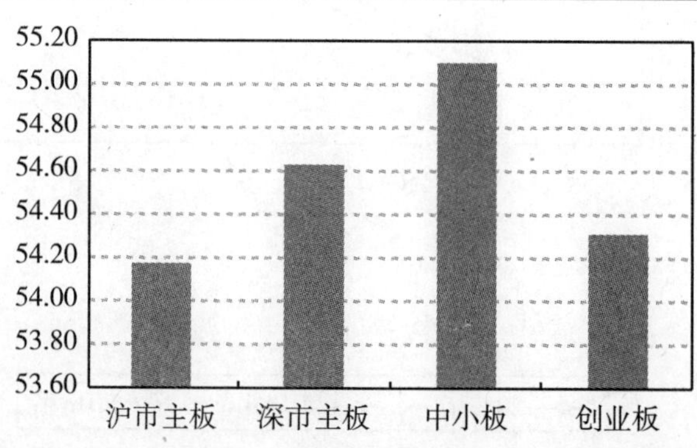


图2－4　2015年投资者保护指数按上市板块分类状况

### （二）2015年与2014年指数比较分析

为了分析分上市板块的投资者保护水平在年度之间的变化情况，我们按上市板块的平均得分与排名对2015年和2014年进行了对比分析。

**表2-20　　按上市板块分类的2015年与2014年指数对比分析**

| 第一大股东持股比例 | 2015年 | | 2014年 | | 名次变化 |
|---|---|---|---|---|---|
| | 均值 | 名次 | 均值 | 名次 | |
| 沪市主板 | 54.18 | 4 | 54.60 | 2 | -2 |
| 深市主板 | 54.62 | 2 | 54.96 | 1 | -1 |
| 中小板 | 55.10 | 1 | 53.00 | 4 | 3 |
| 创业板 | 54.32 | 3 | 54.54 | 3 | 0 |

从表2-20中可以看出，2015年度中小板市场上市公司的投资保护水平排名上升了2位，沪市主板与深市主板的上市公司的投资者保护水平同步下降，分别下降2名和1名。中小板与创业板这些小型民营上市公司的投资者保护状况值得监管层与投资者关注。

## 七、主要结论

（1）从总体上来看，中国上市公司2015年度的会计投资者保护指数均值为54.54分，比2014年提高0.09分。2015年度，中国上市公司的会计投资者保护水平依然不高，但呈现逐渐上升的状态。其中外部审计指数得分在逐年上升，财务运行指数得分呈"V"字形趋势发展，而会计信息指数、内部控制指数与管理控制指数则呈现倒"V"字形发展。

（2）分行业来看，投资者保护程度最高的三个行业分别为科研和技术服务业（57.00分）、商业租赁和服务业（56.18分）与服装服饰业（56.08分）。投资者保护最差的三个行业分别为铁路和其他交通运输设备制造业（51.65分）、黑色金属冶炼和加工业（51.84分）及石油加工、炼焦业（52.16分）。

（3）分地域来看，各省份的平均得分均在50~60分之间，前三名分别为北京（55.81分）、上海（55.59分）和浙江（55.47分）。西部地区投资者保护指数得分较低，后三名分别为青海（50.33分）、宁夏（51.53分）和西藏（52.04分）。大连和宁夏上市公司的会计投资者保护的波动性较大，其标准差分别为7.71和6.28。

（4）从最终控制人类型来看，无控制人的上市公司的投资者保护指数得分最高，为55.13分，其次为国有控股公司，得分为54.71分，而民营控股与外资控股的投资者保护程度较弱（分别为54.38分和54.69分），其他控股公司的投资者保护水平垫底。从近几年整体情况来看，各控制人类型下的公司的投资者保护水平都出现了一定的波动。

（5）就国有企业来看，中央国企的投资者保护水平略高于地方国企，竞争型国企的投资者保护水平远高于功能型国企。

（6）从第一大股东的持股比例来看，投资者保护水平与持股比例呈正向变动关系，即第一大股东持股比例越高，投资者保护水平越高。持股比例最高组（得分55.50）与持股比例最低组（得分54.02）的保护水平相差1.48分。并且，持股比例较低组内的公司间投资者保护水平波动较大，持股比例较高组内的投资者保护水平波动较小。这说明，在中国独特的制度背景与市场背景下，股权越分散，无论是治理效率还是运营效率都会下降，而相对集权的股权结构更有利于中小股东利益保护。这是值得投资者和监管层思考的一个现象。

（7）按照上市公司的上市板块来分析，总体来看，中小板上市公司投资者保护状况大体相当且较高，沪市主板的投资者保护程度较低。从近两年板块排名来看，除了创业板投资者保护水平排名没有变化外，其他几个板块的投资者保护水平排名都出现了波动。

# 中国上市公司会计信息质量评价

## 一、会计信息质量总体描述

我们对深沪两市截至2014年12月31日的会计信息状况进行了描述性统计，这些数据取自截至2015年4月30日披露的上市公司年度报告。会计信息指数的平均值为56.42，中位数为56.85，最大值为74.2，最小值为25.4，标准差为5.23。样本的峰度为6.05，偏度为-0.90，呈略左偏的强尖峰分布。为了进一步验证其分布特征，我们对样本施以单样本Kolmogorov-Smirnov检验，从K-S检验中可知Z值为3.465，P值为0.000，表明在0.05的显著性水平下，会计信息指数的分布并不符合正态分布。

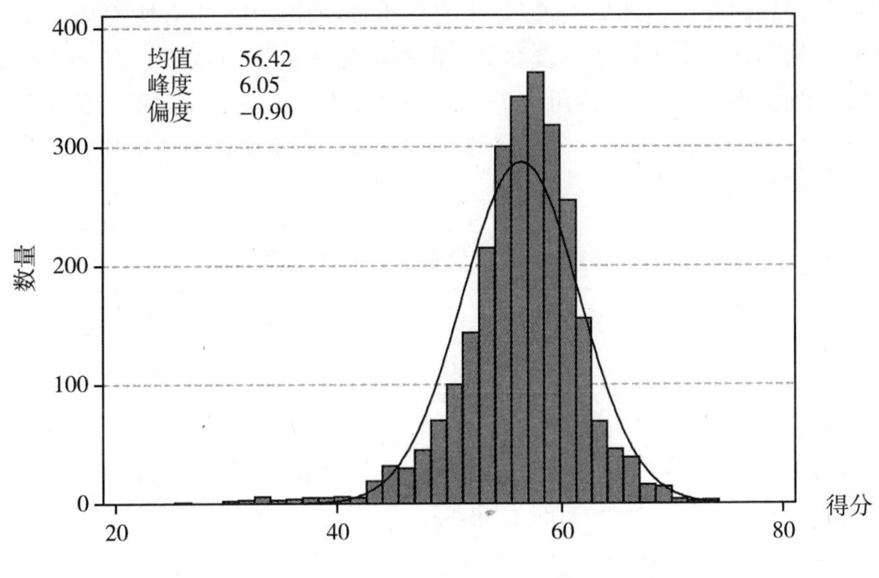


图3-1 中国上市公司会计信息指数总体分布

统计结果表明，会计信息指数近三年来保持稳定，从三个构成指标的情况进行分析，可靠性、相关性和信息披露的均值分别为54.97、50.54、63.53，标准差分别为10.10、8.50和6.40。会计信息总体及三项构成指标的描述性统计如表3－1所示。

**表3－1　2015年上市公司会计信息指数总体描述性统计**

| 项目 | 均值 | 最大值 | 最小值 | 标准差 |
| --- | --- | --- | --- | --- |
| 会计信息指数 | 56.42 | 74.20 | 25.40 | 5.23 |
| ——可靠性 | 54.97 | 77.94 | 0.00 | 10.10 |
| ——相关性 | 50.54 | 85.80 | 20.80 | 8.50 |
| ——信息披露 | 63.53 | 87.00 | 39.00 | 6.40 |

将三个构成指标与前两年数值进行对比，如表3－2所示，可靠性、相关性和信息披露标准差相对上一年都有所降低，其中信息披露的标准差最小，表明各上市公司在会计信息质量上存在一定差异，但是差异程度相对于前两年来说有所降低。就2013～2015年连续三年的情况而言具有以下特征：第一，2015年的可靠性水平比2013年高，但是相比2014年有所下降；第二，2015年会计信息披露水平与2014年水平接近，稳定地保持在较高水平；第三，相关性得分相比其他指标来说相对较低，说明相关性情况仍然不容乐观，2015年相关性得分略低于2014年。总体来说，2015年的会计信息质量相比2013年有所提高，但是低于2014年的会计信息质量，可以看出我国经济进入到下行周期，在企业外部经济环境恶化的情况下，上市公司为了满足国资委的考核要求与股东收益期望，具有一定的盈余管理的动机与行为，导致了企业会计信息质量总体不高，甚至相比2014年有下降的趋势。

**表3－2　2013～2015年上市公司会计信息指数比较**

| 项目 | 均值 | | | 标准差 | | |
| --- | --- | --- | --- | --- | --- | --- |
| | 2015年 | 2014年 | 2013年 | 2015年 | 2014年 | 2013年 |
| 会计信息指数 | 56.42 | 56.5 | 55.23 | 5.23 | 8.47 | 6.52 |
| ——可靠性 | 54.97 | 55.12 | 51.26 | 10.10 | 15.14 | 13.51 |
| ——相关性 | 50.54 | 51.89 | 43.78 | 8.50 | 17.32 | 9.53 |
| ——信息披露 | 63.53 | 62.4 | 70.95 | 6.40 | 7.80 | 4.39 |

我们对上述会计信息指数分等级进行了统计，如表3-3所示。数据显示，样本公司会计信息指数基于70~80区间内的上市公司数量有9家，这一数据和2013年相当，但明显低于2014年的数量；若以60分为及格线，则会计信息质量合格的上市公司所占比例约为21.63%，超过60%的上市公司信息指数在50~60区间，会计信息指数在50以下的公司数量和比例分别为248和9.47%，远低于2013年和2014年的数量和比例，可见我国上市公司会计信息质量总体仍然比较低，但是低分值的上市公司比例相比前两年有所减少。

**表3-3　　2013~2015年指数分布频数对照**

| 指数分布 | 2015年 | | 2014年 | | 2013年 | |
|---|---|---|---|---|---|---|
| | 频数 | 比例（%） | 频数 | 比例（%） | 频数 | 比例（%） |
| 指数≥80 | 0 | 0 | 3 | 0.12 | 0 | 0 |
| 70≤指数<80 | 9 | 0.34 | 92 | 3.66 | 9 | 0.36 |
| 60≤指数<70 | 558 | 21.29 | 831 | 33.04 | 518 | 20.97 |
| 50≤指数<60 | 1 806 | 68.90 | 1 051 | 41.79 | 1 520 | 61.54 |
| 指数<50 | 248 | 9.47 | 538 | 21.39 | 423 | 17.13 |

从表3-4近三年的统计结果可知，2015年的会计信息均值与前两年相比差异不大，但标准差与前两年相比总体呈下降趋势。在会计信息指数小于60的公司样本中，均值略有上升趋势，可见我国上市公司会计信息质量水平总体仍然较低。

**表3-4　　2013~2015年上市公司会计信息指数等级分布对照**

| 指数分布 | 均值 | | | 标准差 | | |
|---|---|---|---|---|---|---|
| | 2015年 | 2014年 | 2013年 | 2015年 | 2014年 | 2013年 |
| 指数≥80 | — | 80.80 | — | — | 0.76 | — |
| 70≤指数<80 | 71.92 | 73.92 | 72.47 | 1.61 | 2.54 | 2.63 |
| 60≤指数<70 | 62.47 | 63.92 | 62.42 | 2.22 | 2.51 | 1.91 |
| 50≤指数<60 | 55.96 | 55.09 | 55.69 | 2.53 | 2.86 | 2.74 |
| 指数<50 | 45.59 | 44.68 | 44.40 | 4.59 | 5.01 | 5.34 |

从过去6年的指数总体变动趋势来看，中国上市公司会计信息指数，基本上呈"V"型反转态势，从2012年开始逐年下降，在2013年度达到最低点后，近两年开始企稳回升（见图3-2）。

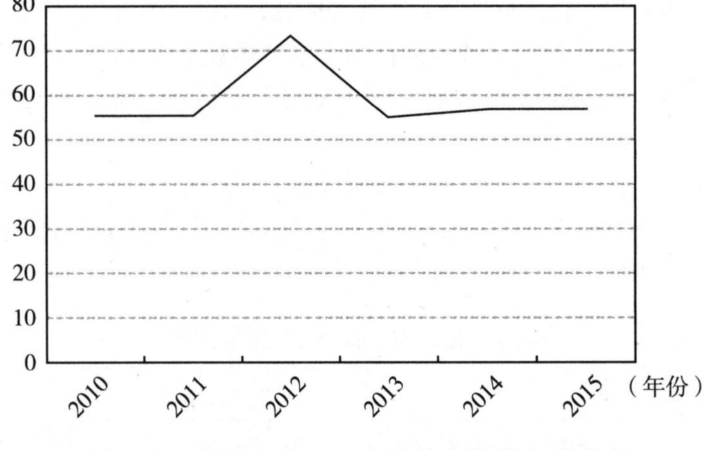


图 3 - 2　中国上市公司会计信息指数年度走势

## 二、按行业分类的会计信息质量评价

### （一）总体描述

本节按照中国证监会 2012 年的行业分类标准，对上市公司所处的 16 个行业门类进行统计分析，同时对制造业按 25 个行业细类进行分析，统计结果如表 3 - 5 所示，表中各行业得分由高到低排列。会计信息质量最高的三个行业分别为文化娱乐用品制造业、木材加工和家具制造业、医药制造业，会计信息质量最低的三个行业分别为金融业、交通运输仓储和邮政业、铁路和其他交通运输设备制造业。除文化娱乐用品制造业得分均值大于 60 分外，其余行业均值都小于 60 分。仅有铁路和其他交通运输设备制造业一个行业的得分低于 50 分。

表 3 - 5　　2015 年各行业上市公司会计信息质量得分

| 行业名称 | 公司数量 | 均值 | 最大值 | 最小值 | 标准差 |
|---|---|---|---|---|---|
| 文化娱乐用品制造业 | 11 | 60.1 | 50.88 | 66.26 | 4.1 |
| 木材加工和家具制造业 | 15 | 59.44 | 55.42 | 69.85 | 4.27 |
| 医药制造业 | 149 | 58.81 | 42.82 | 70.41 | 4.11 |
| 仪器仪表制造业 | 31 | 58.41 | 49.23 | 66.55 | 4.58 |
| 水利、环境和公共设施管理业 | 28 | 58.36 | 43.99 | 69.54 | 5.22 |
| 服装、服饰、皮毛和制鞋业 | 37 | 58.35 | 50.67 | 67.88 | 3.62 |
| 软件和信息技术服务业 | 139 | 58.05 | 33.83 | 74.2 | 5.88 |
| 化学纤维制造业 | 23 | 57.99 | 52.43 | 63.06 | 3.52 |

续表

| 行业名称 | 公司数量 | 均值 | 最大值 | 最小值 | 标准差 |
|---|---|---|---|---|---|
| 通用设备制造业 | 101 | 57.97 | 43.6 | 69.55 | 4.19 |
| 造纸和印刷业 | 33 | 57.81 | 48.38 | 64.84 | 3.85 |
| 电气机械和器材制造业 | 168 | 57.61 | 36.35 | 67.19 | 4.56 |
| 文化、体育和娱乐业 | 32 | 57.6 | 47.78 | 69.83 | 5.37 |
| 专用设备制造业 | 142 | 57.46 | 38.86 | 68.93 | 4.55 |
| 金属制品业 | 41 | 57.45 | 48.29 | 67.19 | 3.63 |
| 商务租赁和服务业 | 24 | 57.24 | 38.49 | 67.35 | 5.54 |
| 汽车制造业 | 87 | 57.09 | 43.69 | 65.45 | 3.73 |
| 食品制造业 | 28 | 56.89 | 48.57 | 62.3 | 3.55 |
| 制造业 | 1 668 | 56.84 | 29.85 | 74.12 | 4.97 |
| 非金属矿物制品业 | 79 | 56.7 | 29.85 | 66.33 | 5.42 |
| 电、热、气、水生产和供应业 | 85 | 56.66 | 45.4 | 63.73 | 3.23 |
| 酒、饮料和精制茶业 | 36 | 56.43 | 33.42 | 72.31 | 6.91 |
| 有色金属冶炼和加工业 | 57 | 56.43 | 42.59 | 63.16 | 4.41 |
| 采矿业 | 72 | 56.39 | 36.12 | 66.84 | 4.15 |
| 纺织业 | 40 | 56.38 | 37.58 | 67.14 | 5.61 |
| 农、林、牧、渔业 | 40 | 56.37 | 38.98 | 65.11 | 4.77 |
| 橡胶和塑料制品业 | 51 | 56.30 | 35.53 | 67.15 | 4.97 |
| 黑色金属冶炼和加工业 | 31 | 56.24 | 49.71 | 66.8 | 3.82 |
| 科研和技术服务业 | 18 | 56.23 | 50.37 | 60.67 | 2.83 |
| 农副食品加工业 | 38 | 56.15 | 37.24 | 62.6 | 5.33 |
| 建筑业 | 66 | 56.15 | 43.18 | 65.02 | 3.53 |
| 计算机和其他电子设备制造业 | 220 | 56.11 | 33.86 | 74.12 | 5.55 |
| 综合类 | 28 | 55.92 | 44.62 | 70.16 | 5.62 |
| 批发和零售业 | 150 | 55.44 | 25.4 | 67.02 | 5.92 |
| 化学原料和化学制品制造业 | 180 | 55.23 | 43.02 | 69.3 | 4.78 |
| 其他制造业 | 18 | 54.94 | 41.29 | 62.04 | 6.68 |
| 房地产业 | 132 | 54.81 | 33.5 | 66.42 | 4.91 |
| 石油加工、炼焦业 | 19 | 54.77 | 36.58 | 62.26 | 5.71 |
| 住宿和餐饮业 | 11 | 53.18 | 34.4 | 67.63 | 11.59 |
| 金融业 | 46 | 53.14 | 43.35 | 61.52 | 4.42 |
| 交通运输、仓储和邮政业 | 82 | 50.66 | 32.12 | 60.11 | 6.21 |
| 铁路和其他交通运输设备制造业 | 33 | 49.27 | 33.52 | 65.62 | 5.83 |
| **合计** | **2 621** | **56.42** | **25.40** | **74.20** | **5.23** |

## （二）2015 年与 2014 年对比情况

由于 2015 年与 2014 年行业分类的变化，使这两年的指数得分及排名的可比性下降。我们仅对比 2015 年与 2014 年前 6 名与后 6 名的得分及行业构成情况。如表 3－6 所示。结果显示，从前 6 名来看，木材加工和家具制造业，服装、服饰、皮毛和制鞋业，以及水利、环境和公共设施管理业依然位于前 6 名，名次排列略有变化。文化娱乐用品制造业、医药制造业、仪器仪表制造业替代金属和非金属、建筑业、造纸和印刷业闯进前 6 名。其中，文化娱乐用品制造业、木材加工和家具制造业和医药制造业荣膺三甲。从后 6 名来看，房地产业、石油加工炼焦业、金融业、交通运输仓储和邮政业仍然排名后 6 名，住宿和餐饮业、铁路和其他交通运输设备制造业替代其他制造业和信息技术业排名垫底。得分最低的是铁路和其他交通运输设备制造业，紧随其后的是交通运输仓储和邮政业和金融业。由此可见，会计信息质量的优劣存在一定行业共性特征。

**表 3－6　　2015 年相对于 2014 年各行业得分变化情况**

| 排名 | 2015 年 | | 2014 年 | |
|---|---|---|---|---|
| | 行业 | 平均得分 | 行业 | 平均得分 |
| 前6名 | 文化娱乐用品制造业 | 60.10 | 木材、家具 | 63.66 |
| | 木材加工和家具制造业 | 59.44 | 电力煤气水的生产和供应 | 59.57 |
| | 医药制造业 | 58.81 | 金属、非金属 | 59.29 |
| | 仪器仪表制造业 | 58.41 | 纺织、服装、皮毛 | 59.16 |
| | 水利、环境和公共设施管理业 | 58.36 | 建筑业 | 58.93 |
| | 服装、服饰、皮毛和制鞋业 | 58.35 | 造纸、印刷 | 58.91 |
| 略 | …… | …… | …… | …… |
| 后6名 | 房地产业 | 54.81 | 其他制造业 | 56.25 |
| | 石油加工、炼焦业 | 54.77 | 房地产业 | 56.24 |
| | 住宿和餐饮业 | 53.18 | 金融、保险业 | 54.48 |
| | 金融业 | 53.14 | 石油、化学、塑胶、塑料 | 50.74 |
| | 交通运输、仓储和邮政业 | 50.66 | 交通运输、仓储业 | 50.54 |
| | 铁路和其他交通运输设备制造业 | 49.27 | 信息技术业 | 49.51 |

## 三、按地区分类的会计信息质量评价

我们将2015年的2 621家公司按照注册地的不同，基于31个省（直辖市、自治区）进行分组，分析不同地区上市公司会计信息指数的分布特征，比较上市公司会计信息质量的地区差异。

### （一）总体分析

我们按照上市公司注册地所在省、自治区或直辖市对会计信息状况进行分组统计，结果如表3－7所示。2015年度指数显示，各地区上市公司的指数均值都未达到60分。得分在59～60分之间的有两个省（区），包括西藏和贵州，其中西藏最高，59.62分。得分在55分以下的有五个省（区、市），包括黑龙江、内蒙古、天津、重庆和山西，其中上市公司会计信息指数均值排名最后的是黑龙江，得分仅为53.9分。

表3－7　　2015年各地区样本上市公司会计信息指数描述性统计

| 省　份 | 公司数量 | 比例（%） | 均值 | 最小值 | 最大值 | 标准差 |
| --- | --- | --- | --- | --- | --- | --- |
| 西藏 | 10 | 0.38 | 59.62 | 53.12 | 65.19 | 4.17 |
| 贵州 | 22 | 0.84 | 59.07 | 46.55 | 70.41 | 6.26 |
| 海南 | 30 | 1.14 | 58.59 | 50.2 | 71.02 | 4.85 |
| 甘肃 | 26 | 0.99 | 57.54 | 51.76 | 67.58 | 3.18 |
| 湖南 | 77 | 2.94 | 57.42 | 43.99 | 73.07 | 5.24 |
| 广东 | 389 | 14.84 | 57.22 | 34.4 | 69.31 | 5.11 |
| 浙江 | 260 | 9.92 | 57.12 | 33.52 | 68.01 | 4.75 |
| 宁夏 | 12 | 0.46 | 57.04 | 40.87 | 62.33 | 6.1 |
| 云南 | 30 | 1.14 | 57 | 49.61 | 66.17 | 4.38 |
| 湖北 | 84 | 3.20 | 56.82 | 41.29 | 74.12 | 5.07 |
| 安徽 | 80 | 3.05 | 56.69 | 32.12 | 69.44 | 5.39 |
| 河南 | 66 | 2.52 | 56.55 | 44.42 | 65.9 | 4.33 |
| 河北 | 51 | 1.95 | 56.5 | 45.45 | 65.66 | 4.98 |
| 广西 | 32 | 1.22 | 56.48 | 32.55 | 67.02 | 6.37 |

续表

| 省　份 | 公司数量 | 比例（%） | 均值 | 最小值 | 最大值 | 标准差 |
|---|---|---|---|---|---|---|
| 山东 | 151 | 5.76 | 56.48 | 44.49 | 67.06 | 3.96 |
| 江西 | 34 | 1.30 | 56.42 | 46.22 | 62.94 | 4.21 |
| 陕西 | 41 | 1.56 | 56.36 | 42.8 | 67.19 | 4.79 |
| 青海 | 10 | 0.38 | 56.35 | 49.71 | 65.03 | 4.82 |
| 江苏 | 256 | 9.77 | 56.21 | 34.14 | 69.55 | 4.9 |
| 福建 | 99 | 3.78 | 56.16 | 33.5 | 69.85 | 5.81 |
| 四川 | 98 | 3.74 | 56.16 | 33.42 | 68.54 | 5.31 |
| 北京 | 232 | 8.85 | 56.12 | 35.38 | 72.31 | 5 |
| 新疆 | 41 | 1.56 | 55.9 | 37.24 | 62.37 | 4.93 |
| 上海 | 201 | 7.67 | 55.59 | 25.4 | 74.2 | 5.86 |
| 辽宁 | 76 | 2.90 | 55.22 | 42.59 | 65.1 | 4.85 |
| 吉林 | 43 | 1.64 | 55.03 | 30.12 | 70.18 | 7 |
| 重庆 | 42 | 1.60 | 54.93 | 29.85 | 66.42 | 6.77 |
| 山西 | 31 | 1.18 | 54.42 | 32.43 | 64.76 | 7.71 |
| 天津 | 42 | 1.60 | 54.42 | 33.26 | 65.62 | 6.47 |
| 内蒙古 | 23 | 0.88 | 53.97 | 37.58 | 60.99 | 5.25 |
| 黑龙江 | 32 | 1.22 | 53.9 | 38.98 | 61.31 | 4.98 |

### （二）2015 年与 2014 年指数比较分析

为了分析各地区上市公司会计信息质量在年度之间的变化情况，我们对 2015 年和 2014 年各地区的平均得分、排名及排名变化情况进行了分析（见表 3－8）。

**表 3－8　　2015 年与 2014 年各省份上市公司指数对比分析**

| 省份 | 2015 年 | | 2014 年 | | 名次变化 |
|---|---|---|---|---|---|
| | 均值 | 名次 | 均值 | 名次 | |
| 安徽 | 56.69 | 11 | 55.96 | 18 | 7 |
| 北京 | 56.12 | 22 | 55.7 | 23 | 10 |
| 福建 | 56.16 | 20 | 55.89 | 19 | －1 |

续表

| 省份 | 2015 年 | | 2014 年 | | 名次变化 |
|---|---|---|---|---|---|
| | 均值 | 名次 | 均值 | 名次 | |
| 甘肃 | 57.54 | 4 | 59.85 | 1 | -3 |
| 广东 | 57.22 | 6 | 56.4 | 14 | 8 |
| 广西 | 56.48 | 14 | 57.12 | 9 | -5 |
| 贵州 | 59.07 | 2 | 56.74 | 11 | 9 |
| 海南 | 58.59 | 3 | 55.13 | 26 | 23 |
| 河北 | 56.5 | 13 | 57.22 | 6 | -7 |
| 河南 | 56.55 | 12 | 59.38 | 3 | -9 |
| 黑龙江 | 53.9 | 31 | 57.17 | 7 | -24 |
| 湖北 | 56.82 | 10 | 55.74 | 22 | 12 |
| 湖南 | 57.42 | 5 | 55.89 | 20 | 15 |
| 吉林 | 55.03 | 26 | 54.1 | 31 | 5 |
| 江苏 | 56.21 | 19 | 56.88 | 10 | -9 |
| 江西 | 56.42 | 16 | 59.84 | 2 | -14 |
| 辽宁 | 55.22 | 25 | 56.43 | 13 | -12 |
| 内蒙古 | 53.97 | 30 | 55.97 | 17 | -13 |
| 宁夏 | 57.04 | 8 | 56.38 | 15 | 7 |
| 青海 | 56.35 | 18 | 54.81 | 28 | 10 |
| 山东 | 56.48 | 15 | 57.13 | 8 | -7 |
| 山西 | 54.42 | 28 | 56.24 | 16 | -12 |
| 陕西 | 56.36 | 17 | 58.41 | 4 | -13 |
| 上海 | 55.59 | 24 | 55.51 | 24 | 0 |
| 四川 | 56.16 | 21 | 55.02 | 27 | 6 |
| 天津 | 54.42 | 29 | 54.57 | 30 | 1 |
| 西藏 | 59.62 | 1 | 55.39 | 25 | 24 |
| 新疆 | 55.9 | 23 | 55.81 | 21 | -2 |
| 云南 | 57 | 9 | 54.63 | 29 | 20 |
| 浙江 | 57.12 | 7 | 57.99 | 5 | -2 |
| 重庆 | 54.93 | 27 | 56.74 | 12 | -15 |

与2014年相比，在会计信息质量方面，经济发达地区上市公司优势并不明显，北京和上海指数均值分别为56.12和55.59，排名仍不理想，北京相比上一年有上

升趋势，上升了10位，而上海市相对上一年而言排名保持不变。西藏、海南和云南势头强劲，从2014年会计信息指数排列第25名、第26名和第29名分别跃升至2015年的第1名、第3名和第9名。从2012～2015连续4年会计信息指数综合来看，安徽、北京、广东、贵州、海南、湖南、湖北、宁夏、吉林、青海、西藏、新疆、云南、上海等地区的上市公司会计信息指数呈现递增趋势，而江苏、浙江、福建和天津等地区指数近4年基本没有变化。

## 四、按最终控制人性质分类的会计信息质量评价

我们将中国上市公司按照最终控制人性质的不同，分为国有控股、民营控股、外资控股、无控制人和其他控股，其他控股类型包括集体控股、社会团体控股和职工持股会控股。另外，我们对国有控股类型的上市公司进行了深入分析。通过分析不同性质的最终控制人的中国上市公司会计信息指数的数字特征，进一步探讨最终控制人性质对中国上市公司的会计信息质量的影响。

### （一）总体分析

会计信息指数均值最高的是民营控股类，为56.97；第二是外资控股上市公司，为56.40；第三是国有控股上市公司，为55.77；第四是无控制人上市公司，为56.64；其他控股上市公司最低，为55.30。其中，民营控股类会计信息指数高于上市公司会计信息指数平均水平，而外资控股类上市公司指数与平均水平基本相同，从数量上来说，国有控股上市公司和民营控股上市公司数量合计共占据了上市公司总数的90%左右（见表3－9）。随着中小板与创业板公司的发展，民营上市公司的数量已远超国有上市公司，数量最多，因此，应当重点关注民营上市公司的会计信息质量状况，采取措施提高其会计信息水平。

表3－9　　按最终控制人性质分类的会计信息指数描述性统计

| 终级控制人类型 | 公司数 | 比例（%） | 均值 | 排名 | 最小值 | 最大值 | 标准差 |
|---|---|---|---|---|---|---|---|
| 国有控股 | 962 | 36.7 | 55.77 | 3 | 32.12 | 72.31 | 5.12 |
| 民营控股 | 1 398 | 53.34 | 56.97 | 1 | 29.85 | 74.20 | 5.15 |
| 外资控股 | 95 | 3.62 | 56.40 | 2 | 33.42 | 70.16 | 5.70 |
| 无控制人 | 118 | 4.5 | 55.64 | 4 | 25.40 | 67.19 | 5.74 |
| 其他控股 | 48 | 1.83 | 55.30 | 5 | 37.01 | 65.65 | 5.54 |

## （二）2015年与2014年指数比较分析

为了分析最终控制人的会计信息质量在不同年度之间的变化情况，我们对2015年和2014年指数按控制人类型的平均得分与排名进行了对比分析（见表3-10）。由表3-10可知，民营控股上市公司在2015年排名明显上升，从2014年的第5名上升至第1名；外资控股类上市公司在近两年均位于第2名；其他控股类上市公司的排名显著下降，从2014的第1名降至末位；国有控股公司会计信息质量近两年处于稳定状态。

**表3-10　2015年与2014年指数按最终控制人性质对比分析**

| 最终控制人性质 | 2015年 | | 2014年 | | 名次变化 |
|---|---|---|---|---|---|
| | 均值 | 名次 | 均值 | 名次 | |
| 国有控股 | 55.77 | 3 | 56.94 | 3 | 0 |
| 民营控股 | 56.97 | 1 | 56.02 | 5 | 4 |
| 外资控股 | 56.40 | 2 | 57.91 | 2 | 0 |
| 无控制人 | 55.64 | 4 | 56.29 | 4 | 0 |
| 其他控股 | 55.30 | 5 | 58.75 | 1 | -4 |

## （三）对国有企业的进一步分析

我们对国有企业分中央国企、地方国企以及功能型国企、竞争型国企进行了进一步分析，结果见表3-11。

**表3-11　将国有控股企业细分的会计信息指数描述性统计**

| 国有企业分类 | 数量 | 均值 | 最大值 | 最小值 | 标准差 |
|---|---|---|---|---|---|
| 地方国企 | 633 | 55.86 | 32.12 | 72.31 | 5.18 |
| 中央国企 | 329 | 55.61 | 38.86 | 70.18 | 5.02 |
| 功能型国企 | 302 | 55.37 | 33.52 | 66.84 | 4.96 |
| 竞争型国企 | 660 | 55.95 | 32.12 | 72.31 | 5.19 |
| **合计** | **962** | **54.71** | **65.88** | **39.76** | **3.91** |

为了对国有控股类型公司进行深入分析，我们对国有控股公司按照层次属性，

将国有控股企业划分为中央国企和地方国企；又按功能性质进行细分，划分为功能型国企和竞争型国企。如表 3-11 所示，中央国企会计信息指数均值为 55.61，地方国企会计信息指数为 55.86，中央国企会计信息指数低于地方国企会计信息指数 0.25 分。竞争型国企的会计信息质量要略好于功能型国企。

## 五、按第一大股东持股比例分类的会计信息质量评价

我们将中国上市公司按照公司第一大股东持股比例的不同，分为四个等级：小于 20%，大于或等于 20% 但小于 40%，大于或等于 40% 但小于 60%，以及大于或等于 60%。通过分析第一大股东持股比例不同的中国上市公司会计信息质量状况，可以进一步分析中国上市公司会计信息质量差异的原因及特征。

### （一）总体分析

持股比例在 20%～40% 之间的上市公司，所占样本总体数量最大，比例为 47.37%，均值最高，达到了 56.59；其次是 40%～60% 区间的上市公司，均值为 56.36，占样本比例的 28.36%；排名第三的是持股比例 20% 以下的上市公司，占样本总体的 17.86%，均值为 56.24；最后是第一大股东持股比例大于 60% 的上市公司，占总样本的 6.41%，会计信息状况最差，均值仅为 55.98。总体来看，我国上市公司的会计信息与第一大股东比例大致呈倒“U”型分布，高持股和低持股都不利于会计信息质量的提升（见表 3-12）。

**表 3-12　按第一大股东持股比例分类的样本上市公司会计信息指数描述性统计**

| 第一大股东持股比例 | 均值 | 最小值 | 最大值 | 标准差 |
|---|---|---|---|---|
| 持股比例＜20% | 56.24 | 25.40 | 74.20 | 6.05 |
| 20%≤持股比例＜40% | 56.59 | 32.43 | 74.12 | 5.20 |
| 40%≤持股比例＜60% | 56.36 | 32.12 | 72.31 | 4.80 |
| 持股比例≥60% | 55.98 | 36.12 | 69.60 | 4.75 |

### （二）2015 年与 2014 年指数比较分析

为了分析分第一大股东持股比例的会计信息质量在年度之间的变化情况，我们

按第一大股东持股比例对2015年和2014年的平均得分与排名进行了对比分析（见表3-13）。

**表3-13　　2015年与2014年指数按第一大股东持股比例对比分析**

| 第一大股东持股比例 | 2015年 | | 2014年 | | 名次变化 |
|---|---|---|---|---|---|
| | 均值 | 名次 | 均值 | 名次 | |
| 持股比例<20% | 56.24 | 3 | 55.12 | 4 | 1 |
| 20%≤持股比例<40% | 56.59 | 1 | 56.27 | 3 | 2 |
| 40%≤持股比例<60% | 56.36 | 2 | 57.11 | 2 | 0 |
| 持股比例≥60% | 55.98 | 4 | 58.12 | 1 | -3 |

比较结果我们发现，2015年与2014年股权集中度并没有发生明显变化，我国上市公司大多数股权相对集中，会计信息质量并不乐观。第一大股东的持股比例越低，会计信息质量也越差，意味着对于数量较少的股权分散型上市公司，经理人控制也许是造成其会计信息质量最差的重要原因。

## 六、按上市板块分类的会计信息质量评价

### （一）总体分析

按照上市公司的上市板块来分析，总体来看，中小板上市公司会计信息质量指数最高，指数为58.29分，与2014年会计信息质量基本保持一致，标准差数值较低，说明中小板上市公司会计信息质量差异不大。沪市主板上市公司均值最低，为54.47分，深市主板上市公司会计信息指数为57.64分，高于沪市主板3.17分（见表3-14、图3-3）。

**表3-14　　按上市板块分类的会计信息质量指数描述性统计**

| 上市板块 | 均值 | 最小值 | 最大值 | 标准差 |
|---|---|---|---|---|
| 创业板 | 56.37 | 42.62 | 71.78 | 4.82 |
| 中小板 | 58.29 | 34.14 | 74.20 | 4.51 |
| 沪市主板 | 54.47 | 25.40 | 70.16 | 5.16 |
| 深市主板 | 57.64 | 33.26 | 74.12 | 5.33 |

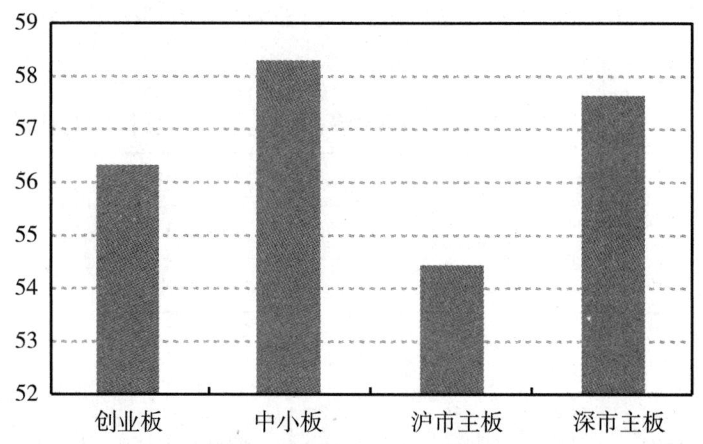


**图 3 –3 2015 年会计信息指数按上市板块分类的状况**

## （二）2015 年与 2014 年指数比较分析

为了分析分上市板块的会计信息质量在年度之间的变化情况，我们按上市板块对 2015 年和 2014 年的平均得分与排名进行了对比分析（见表 3 – 15）。

**表 3 – 15　　按上市板块分类的 2015 年与 2014 年指数对比分析**

| 第一大股东持股比例 | 2015 年 | | 2014 年 | | 名次变化 |
|---|---|---|---|---|---|
| | 均值 | 名次 | 均值 | 名次 | |
| 创业板 | 56. 37 | 3 | 54. 90 | 4 | 1 |
| 中小板 | 58. 29 | 1 | 57. 72 | 1 | 0 |
| 沪市主板 | 54. 47 | 4 | 56. 18 | 3 | – 1 |
| 深市主板 | 57. 64 | 2 | 56. 56 | 2 | 0 |

从表 3 – 15 中可以看出，2015 年度中小板市场上市公司的会计信息质量排名仍然是第一，沪市主板上市公司的会计信息质量有所下降，创业板会计质量水平近两年得分均较低，可见创业板中小型民营上市公司的会计信息质量值得监管层与投资者关注。

# 七、主要结论

2013 ~2015 年三年间会计信息质量指数研究结果表明，我国上市公司会计信息质量基本保持稳定，总体呈上升趋势。本部分按行业、地区、最终控制人、第一大股东持股比例和上市板块等五种分类方式对上市公司会计信息质量进行了评价。

在行业比较中，家具制造业、文教、工美、体育和娱乐用品制造业、废弃资源综合利用业等行业的会计信息指数均值最高，信息技术业、房地产业和社会服务业等上市公司的会计信息指数均值最低。

在地区比较中，西藏、贵州的会计信息指数最高，黑龙江最低，大部分地区上市公司会计信息质量相比前两年有所提高，但是发达地区的会计信息质量优势并不明显。

在不同终极控制类型公司的比较中，民营控股上市公司会计信息质量有所提高，外资控股上市公司会计信息质量与2014年相当，国有控股企业近三年的排名比较稳定，而其他控股类上市公司的会计信息质量较2014年明显下降。

在不同股权集中度公司的比较中，近两年股权集中度并没有发生明显变化，我国上市公司大多数股权相对集中，会计信息质量并不高。对于数量较少的股权分散型上市公司，经理人控制也许是造成其会计信息质量最差的重要原因。

按照不同上市板块分析，中小板上市公司会计信息质量明显要高于深市主板和沪市主板，沪市主板会计信息质量最低，这与2014年的研究结论基本保持一致。

通过上面的整体分析，上市公司的会计信息质量不容乐观，尤其是作为占上市公司总数量比例超过90%的国有控股企业和民营控股企业的会计信息质量有待大幅度提高。除了上市公司自身的自我完善，相关的监管部门应该加强监督力度，整个社会共同努力为投资者创造一个良好的投资环境。

# 第四章

# 中国上市公司内部控制质量评价

## 一、内部控制质量总体描述

### （一）总体分析

我们用内部控制投资者保护指数（以下简称内部控制指数）来衡量上市公司的内部控制质量。我们评价了截至2015年4月30日中国上市公司的数量为2 620家，从总体上看，中国上市公司内部控制指数的得分大部分分布在50～65分之间，其分布形式呈左偏、尖峰的正态分布（峰度为7.42，偏度为－1.09）（见图4－1）。

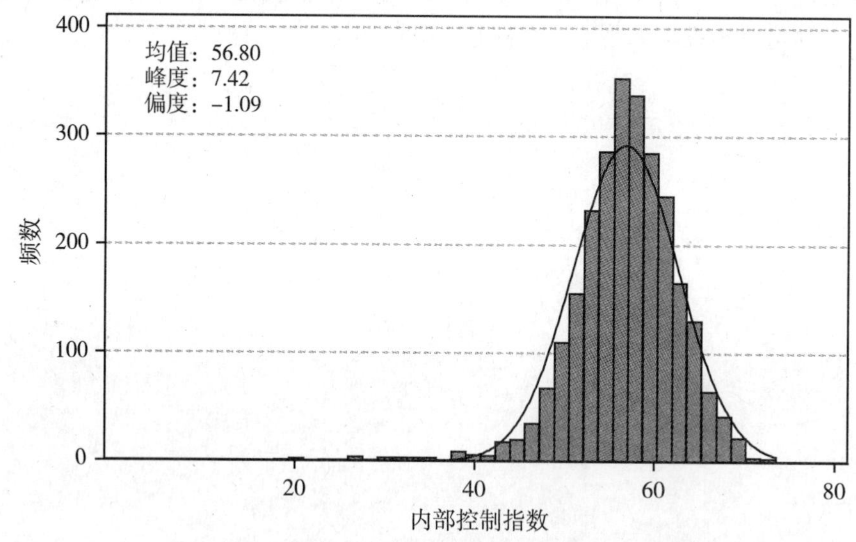


**图4－1　中国上市公司内部控制指数总体分布**

从表4－1来看，中国上市公司2015年度的内部控制指数均值为56.80分，最大值（73.51分）与最小值（17.71分）相差55.80分，具有较大的波动性。

表4－1　　2015年上市公司内部控制质量指数总体描述性统计

| 项目 | 公司数量 | 均值 | 最大值 | 最小值 | 标准差 |
|---|---|---|---|---|---|
| 内部控制指数 | 2 620 | 56.80 | 73.51 | 17.71 | 5.87 |
| ——人文环境 | 2 620 | 26.47 | 100.00 | 0 | 17.97 |
| ——治理结构 | 2 620 | 48.33 | 79.79 | 19.60 | 8.54 |
| ——信息沟通 | 2 620 | 75.22 | 100.00 | 20.00 | 9.84 |
| ——业务控制 | 2 620 | 94.14 | 100.00 | 0 | 11.11 |
| ——外部监督 | 2 620 | 42.26 | 60.00 | 0 | 10.99 |

在5个子指标中，人文环境指数均值最低，仅为26.47，说明我国企业内部控制的软环境亟待提高，企业文化建设与战略匹配性、人力资源培训支出和社会贡献方面尚存不足，仍需为建立企业良好的成长环境、打造良好的企业文化环境努力。业务控制指数均值最高，达到了94.14，说明上市公司的运营控制、预算管理水平较好。治理结构指数均值48.33，整体均值尚未及格，说明我国上市公司整体治理水平还需进一步加强。信息沟通指数均值为75.22，这在一定程度上说明了上市公司信息沟通质量良好。外部监督指数均值为42.26，说明我国证券监管机构对上市公司的监管有待加强。

### （二）比较分析

从2010～2015年的总体变动趋势来看，中国上市公司内部控制指数呈现出较为明显的“V”形反转态势。内部控制指数从2010年开始下降，在2012年度达到最低点54.90，最近三年（2013～2015年）已经企稳回升，基本稳定在56～57之间（见图4－2）。这说明自2012年开始的内部控制自我评价报告和审计报告强制披露范围扩大到未参加内部控制规范试点的所有主板上市公司，上市公司近三年总体上加强了内部控制制度建设，也取得了较好的效果。但2015年的内部控制质量与2014年无很大改进，反而略微下降，这也说明了2015年我国上市公司总体上对内部控制建设有所放松，上市公司的内部控制出现重形式而不重实际效果的问题，这值得上市公司和监管机构关注。

从分指数来看，2015年业务控制指数上升幅度最大，信息沟通较2014年也有较大的改善，而人文环境指数、治理结构指数与外部监督指数则呈现下降趋势，尤其是人文环境指数仅为26.47，是6年来的最低值，具体如表4－2所示。这主要是因为随着国企反腐深入和对国企高管及员工限薪等，使得公司的人力资源培训支出大为下降，从而人文环境指数下降至六年来的最低值。同样由于受到国企反腐的

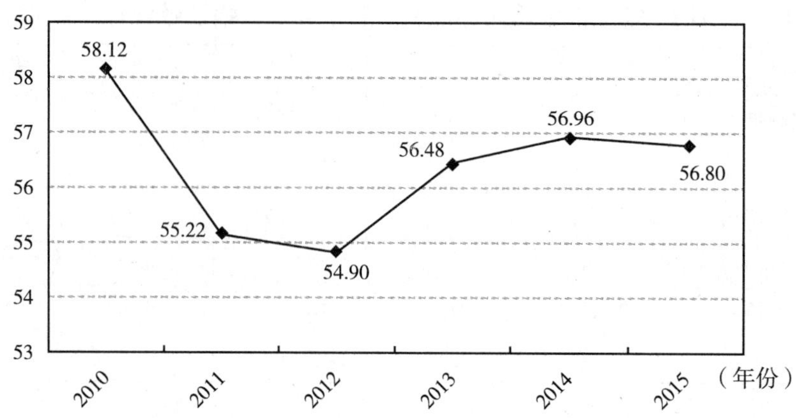


**图 4 -2　中国上市公司内部控制指数年度走势**

影响，国企领导人的权力受到了一定的约束，授权审批制度更为明确；再加上企业面临的宏观经济环境的恶化，公司的风险应对措施更为明确，这两方面使得公司的业务控制水平有了非常大的提升。

**表 4 -2　　2010 ~2015 年内部控制指数总体情况分析**

| 项目 | 2015 年 | 2014 年 | 2013 年 | 2012 年 | 2011 年 | 2010 年 |
|---|---|---|---|---|---|---|
| 内部控制指数 | 56. 80 | 56. 96 | 56. 48 | 54. 90 | 55. 22 | 58. 12 |
| ——人文环境 | 26. 47 | 52. 96 | 51. 32 | 43. 28 | 44. 90 | 27. 54 |
| ——治理结构 | 48. 33 | 58. 00 | 64. 33 | 62. 15 | 62. 58 | 47. 74 |
| ——信息沟通 | 75. 22 | 62. 19 | 61. 29 | 78. 01 | 77. 65 | 73. 33 |
| ——业务控制 | 94. 14 | 57. 50 | 52. 00 | 49. 60 | 51. 90 | 56. 30 |
| ——外部监督 | 42. 26 | 53. 06 | 52. 73 | 39. 43 | 35. 68 | 90. 00 |

## 二、按行业分类的内部控制质量评价

### （一）总体分析

我们对上市公司样本总体进行了分行业描述性统计，结果如表 4 -3 所示。在 40 个行业中，金融业企业有 46 家，其内部控制指数均值最高为 61. 11 分，商务租赁和服务业、文化娱乐用品制造业分别居第 2 位和第 3 位；住宿和餐饮业、黑色金属冶炼和加工业、造纸和印刷业排名垫底，得分分别为 51. 48、53. 77 和 54. 84。

具体各行业内部控制指数得分如表4－3所示，表中行业排名按由高到低排列。

**表4－3 分行业样本上市公司内部控制质量指数描述性统计**

| 行业名称 | 公司数量 | 均值 | 最大值 | 最小值 | 标准差 |
|---|---|---|---|---|---|
| 金融业 | 46 | 61.11 | 49.94 | 72.07 | 5.35 |
| 商务租赁和服务业 | 24 | 59.37 | 47.71 | 69.32 | 4.99 |
| 文化娱乐用品制造业 | 11 | 58.71 | 55.20 | 64.47 | 3.18 |
| 服装、服饰、皮毛和制鞋业 | 37 | 58.36 | 49.71 | 68.27 | 4.66 |
| 交通运输、仓储和邮政业 | 82 | 58.30 | 38.41 | 69.13 | 6.06 |
| 金属制品业 | 41 | 57.76 | 49.52 | 66.63 | 3.76 |
| 其他制造业 | 18 | 57.63 | 47.77 | 68.06 | 4.77 |
| 农副食品加工业 | 38 | 57.58 | 45.94 | 65.65 | 5.31 |
| 通用设备制造业 | 101 | 57.57 | 33.24 | 69.09 | 5.54 |
| 食品制造业 | 28 | 57.53 | 49.17 | 66.87 | 4.31 |
| 酒、饮料和精制茶业 | 36 | 57.33 | 45.22 | 70.14 | 5.60 |
| 电、热、气、水生产和供应业 | 85 | 57.33 | 47.33 | 72.71 | 5.33 |
| 水利、环境和公共设施管理业 | 28 | 57.31 | 42.86 | 68.38 | 5.02 |
| 橡胶和塑料制品业 | 51 | 57.22 | 38.14 | 67.29 | 6.16 |
| 电气机械和器材制造业 | 168 | 57.21 | 34.97 | 70.11 | 5.02 |
| 软件和信息技术服务业 | 139 | 57.18 | 37.63 | 69.11 | 5.40 |
| 房地产业 | 132 | 57.12 | 24.21 | 70.36 | 6.81 |
| 仪器仪表制造业 | 31 | 57.00 | 47.07 | 64.29 | 3.97 |
| 科研和技术服务业 | 18 | 56.95 | 48.85 | 64.57 | 4.44 |
| 有色金属冶炼和加工业 | 57 | 56.90 | 25.59 | 71.54 | 7.01 |
| 专用设备制造业 | 142 | 56.73 | 37.76 | 70.71 | 5.06 |
| 制造业 | 1 668 | 56.70 | 20.52 | 71.54 | 5.63 |
| 木材加工和家具制造业 | 15 | 56.67 | 38.69 | 63.17 | 6.02 |
| 化学原料和化学制品制造业 | 180 | 56.53 | 35.13 | 67.04 | 4.97 |
| 采矿业 | 72 | 56.51 | 28.33 | 68.81 | 6.30 |
| 计算机和其他电子设备制造业 | 220 | 56.51 | 26.27 | 70.85 | 5.69 |
| 医药制造业 | 149 | 56.48 | 20.52 | 68.63 | 6.42 |
| 汽车制造业 | 87 | 56.48 | 45.41 | 64.99 | 4.90 |

续表

| 行业名称 | 公司数量 | 均值 | 最大值 | 最小值 | 标准差 |
|---|---|---|---|---|---|
| 文化、体育和娱乐业 | 32 | 56.44 | 42.74 | 68.85 | 5.90 |
| 建筑业 | 66 | 56.34 | 43.68 | 68.22 | 5.26 |
| 非金属矿物制品业 | 79 | 56.21 | 27.00 | 69.23 | 6.76 |
| 化学纤维制造业 | 23 | 56.12 | 46.84 | 63.97 | 4.71 |
| 农、林、牧、渔业 | 40 | 56.05 | 48.42 | 66.38 | 4.20 |
| 铁路和其他交通运输设备制造业 | 33 | 55.70 | 45.33 | 67.35 | 6.07 |
| 批发和零售业 | 150 | 55.52 | 20.04 | 73.51 | 7.45 |
| 纺织业 | 40 | 55.46 | 32.29 | 68.95 | 7.39 |
| 综合类 | 28 | 55.27 | 46.16 | 62.35 | 3.96 |
| 石油加工、炼焦业 | 19 | 54.98 | 44.39 | 64.21 | 4.94 |
| 造纸和印刷业 | 33 | 54.84 | 37.25 | 67.15 | 6.47 |
| 黑色金属冶炼和加工业 | 31 | 53.77 | 27.44 | 64.19 | 8.30 |
| 住宿和餐饮业 | 11 | 51.48 | 17.71 | 69.12 | 14.46 |
| **合计** | **2 621** | **56.80** | **17.71** | **73.51** | **5.87** |

## （二）比较分析

由于2015年与2014年行业分类的变化，使得这两年的指数得分及排名的可比性下降。我们仅对比2015年与2014年前3名与后3名的得分及行业构成情况（见表4-4）。

**表4-4　　　　2015年相对于2014年各行业得分变化情况**

| 排名 | 2015年 | | 2014年 | |
|---|---|---|---|---|
| | 行业 | 平均得分 | 行业 | 平均得分 |
| 前3名 | 金融业 | 61.11 | 金融业 | 62.97 |
| | 商务租赁和服务业 | 59.37 | 电力、煤气及水的生产和供应业 | 62.27 |
| | 文化娱乐用品制造业 | 58.71 | 交通运输、仓储业 | 60.57 |
| 略 | …… | …… | …… | …… |
| 后3名 | 造纸和印刷业 | 54.84 | 其他制造业 | 54.48 |
| | 黑色金属冶炼和加工业 | 53.77 | 医药、生物制品 | 54.32 |
| | 住宿和餐饮业 | 51.48 | 木材、家具 | 49.93 |

## 三、按地区分类的内部控制质量评价

### （一）总体分析

如表4-5所示，安徽、北京、广东、贵州、湖南、山东、陕西、云南、浙江的内部控制指数均值均略高于平均分；福建、甘肃、广西、海南、河北、河南、黑龙江、湖北、吉林、江苏、江西、辽宁、内蒙古、宁夏、青海、山西、上海、四川、天津、西藏、新疆、重庆的内部控制指数均低于均值。北京上市公司的内部控制指数得分最高，为58.52分；其次是广东、浙江、山东、贵州等地；广西的得分最低，为53.01分；普遍较低的还有青海、宁夏、西藏等。

**表4-5　　分地区样本上市公司内部控制质量指数描述性统计**

| 省份 | 公司数 | 比例（%） | 均值 | 最大值 | 最小值 | 标准差 |
|---|---|---|---|---|---|---|
| 北京 | 232 | 8.90 | 58.25 | 70.85 | 33.24 | 5.45 |
| 广东 | 389 | 14.80 | 57.93 | 72.71 | 17.71 | 5.80 |
| 浙江 | 260 | 9.90 | 57.90 | 69.08 | 20.52 | 5.35 |
| 山东 | 151 | 5.80 | 57.45 | 70.14 | 37.25 | 5.07 |
| 贵州 | 22 | 0.80 | 57.41 | 65.34 | 48.42 | 4.23 |
| 湖南 | 77 | 2.90 | 57.23 | 69.11 | 46.76 | 4.16 |
| 安徽 | 80 | 3.10 | 56.97 | 70.71 | 38.41 | 4.88 |
| 陕西 | 41 | 1.60 | 56.89 | 64.72 | 47.89 | 4.37 |
| 云南 | 30 | 1.10 | 56.87 | 64.26 | 38.76 | 5.19 |
| 福建 | 99 | 3.80 | 56.73 | 68.06 | 24.21 | 6.39 |
| 江西 | 34 | 1.30 | 56.72 | 66.39 | 31.42 | 6.67 |
| 河南 | 66 | 2.50 | 56.63 | 71.54 | 42.50 | 5.20 |
| 上海 | 200 | 7.70 | 56.56 | 73.51 | 37.81 | 6.10 |
| 江苏 | 256 | 9.80 | 56.50 | 69.64 | 28.33 | 5.01 |
| 甘肃 | 26 | 1.00 | 56.31 | 65.86 | 49.40 | 4.17 |
| 内蒙古 | 23 | 0.90 | 56.07 | 68.51 | 32.29 | 7.22 |
| 四川 | 98 | 3.70 | 56.03 | 68.32 | 38.69 | 5.84 |
| 湖北 | 84 | 3.20 | 55.83 | 68.53 | 32.53 | 6.01 |

续表

| 省份 | 公司数 | 比例（%） | 均值 | 最大值 | 最小值 | 标准差 |
|---|---|---|---|---|---|---|
| 新疆 | 41 | 1.60 | 55.46 | 69.32 | 45.94 | 5.77 |
| 天津 | 42 | 1.60 | 55.35 | 67.50 | 27.01 | 7.32 |
| 重庆 | 42 | 1.60 | 55.23 | 63.90 | 27.00 | 6.79 |
| 河北 | 51 | 1.90 | 55.14 | 68.33 | 32.11 | 7.15 |
| 山西 | 31 | 1.20 | 55.14 | 67.27 | 26.27 | 8.20 |
| 黑龙江 | 32 | 1.20 | 55.08 | 67.47 | 49.09 | 3.80 |
| 吉林 | 43 | 1.60 | 54.88 | 68.00 | 20.04 | 7.23 |
| 辽宁 | 76 | 2.90 | 54.71 | 65.83 | 25.59 | 6.16 |
| 海南 | 30 | 1.10 | 54.31 | 66.38 | 40.54 | 6.37 |
| 西藏 | 10 | 0.40 | 53.94 | 61.46 | 41.48 | 6.57 |
| 宁夏 | 12 | 0.50 | 53.84 | 63.38 | 40.67 | 6.22 |
| 青海 | 10 | 0.40 | 53.74 | 63.93 | 30.22 | 9.47 |
| 广西 | 32 | 1.20 | 53.01 | 66.08 | 27.44 | 8.18 |
| **总计** | **2 620** | **100** | **56.8** | **73.51** | **17.71** | **5.87** |

从地区分布来看，东部经济发达地区上市公司内部控制质量整体优于西部经济相对落后地区。

内部控制指数分地区排名如图4－3所示。

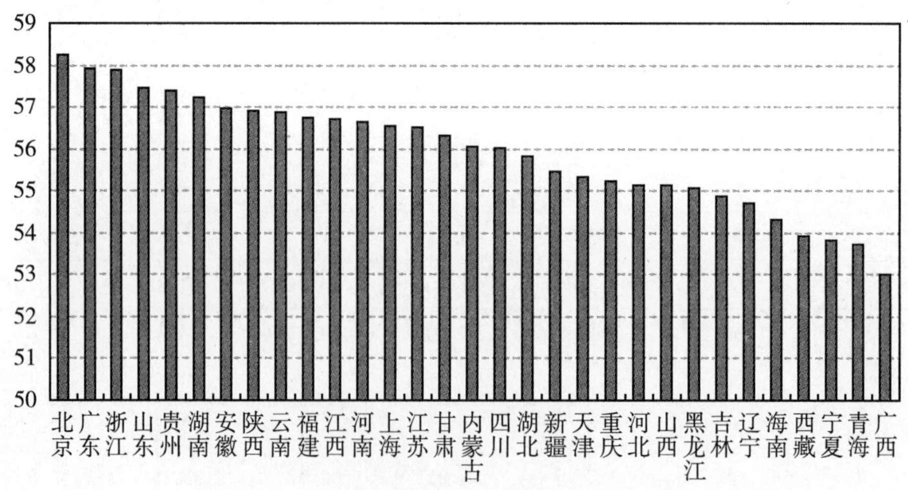


**图4－3　内部控制指数分地区排名（2015年）**

## （二）比较分析

为了分析各地区内部控制质量水平在年度之间的变化情况，我们对 2015 年和 2014 年各地区内部控制指数的平均得分、排名及排名变化情况进行了分析（见表 4－6）。

表 4－6　　2015 年与 2014 年各省份上市公司内部控制指数对比分析

| 省份 | 2015 年 | | 2014 年 | | 名次变化 |
|---|---|---|---|---|---|
| | 均值 | 名次 | 均值 | 名次 | |
| 安徽 | 56.97 | 7 | 56 | 19 | 12 |
| 北京 | 58.25 | 1 | 61.6 | 1 | 0 |
| 福建 | 56.73 | 10 | 57.33 | 10 | 0 |
| 甘肃 | 56.31 | 15 | 53.07 | 25 | 10 |
| 广东 | 57.93 | 2 | 57.37 | 9 | 7 |
| 广西 | 53.01 | 31 | 55.9 | 20 | －11 |
| 贵州 | 57.41 | 5 | 57.08 | 11 | 6 |
| 海南 | 54.31 | 27 | 51.25 | 29 | 2 |
| 河北 | 55.14 | 22 | 56.93 | 13 | －9 |
| 河南 | 56.63 | 12 | 58.54 | 5 | －7 |
| 黑龙江 | 55.08 | 24 | 52.34 | 26 | 2 |
| 湖北 | 55.83 | 18 | 54.91 | 23 | 5 |
| 湖南 | 57.23 | 6 | 56.01 | 18 | 12 |
| 吉林 | 54.88 | 25 | 52.2 | 28 | 3 |
| 江苏 | 56.5 | 14 | 56.56 | 16 | 2 |
| 江西 | 56.72 | 11 | 60.04 | 2 | －9 |
| 辽宁 | 54.71 | 26 | 56.96 | 12 | －14 |
| 内蒙古 | 56.07 | 16 | 55.09 | 22 | 6 |
| 宁夏 | 53.84 | 29 | 49.16 | 31 | 2 |
| 青海 | 53.74 | 30 | 52.34 | 27 | －3 |

续表

| 省份 | 2015 年 | | 2014 年 | | 名次变化 |
|---|---|---|---|---|---|
| | 均值 | 名次 | 均值 | 名次 | |
| 山东 | 57.45 | 4 | 56.76 | 14 | 10 |
| 山西 | 55.14 | 23 | 56.4 | 17 | -6 |
| 陕西 | 56.89 | 8 | 57.63 | 7 | -1 |
| 上海 | 56.56 | 13 | 58.67 | 4 | -9 |
| 四川 | 56.03 | 17 | 54.23 | 24 | 7 |
| 天津 | 55.35 | 20 | 57.96 | 6 | -14 |
| 西藏 | 53.94 | 28 | 49.71 | 30 | 2 |
| 新疆 | 55.46 | 19 | 59.03 | 3 | -16 |
| 云南 | 56.87 | 9 | 56.7 | 15 | 6 |
| 浙江 | 57.9 | 3 | 55.45 | 21 | 18 |
| 重庆 | 55.23 | 21 | 57.48 | 8 | -13 |

与2014年相比，浙江的内部控制指数均值排名上升幅度最大，上升了18位，安徽与湖南上升幅度也较大，均上升了12位；新疆、辽宁与天津三个省（区、市）下降幅度较大，分别下降了16位、14位和14位；北京与福建上市公司的排名与2014年持平。总体来看，各省近两年的内部控制质量变化较大。

## 四、按最终控制人性质分类的内部控制质量评价

### （一）总体分析

根据上市公司第一大股东的最终控股股东的类别，将其分为国有控股、民营控股、外资控股、无控制人和其他控股类型共五类。

如表4-7所示，无控制人上市公司内部控制指数最高，达到了58.34；国有控股上市公司的内部控制指数为57.41；外资控股、民营控股上市公司的内部控制指数低于全样本的平均值，其他控股类的上市公司内控指数略高于平均值。随着中小板与创业板公司的发展，民营上市公司的数量已远超国有上市公司，数量最多，因此，应当重点关注民营上市公司的内部控制状况，采取措施提高其内部控制水平。

表 4-7　　按最终控制人性质分类的上市公司内部控制质量指数描述性统计

| 控制人类型 | 公司数 | 比例（%） | 均值 | 最大值 | 最小值 | 标准差 |
|---|---|---|---|---|---|---|
| 国有控股 | 962 | 36.70 | 57.41 | 27.44 | 73.51 | 5.94 |
| 民营控股 | 1 398 | 53.34 | 56.25 | 70.71 | 17.71 | 5.67 |
| 外资控股 | 95 | 3.62 | 56.57 | 68.53 | 37.81 | 5.97 |
| 无控制人 | 117 | 4.50 | 58.34 | 72.07 | 20.52 | 7.04 |
| 其他控股 | 48 | 1.83 | 57.08 | 69.32 | 44.75 | 5.14 |
| **总计** | **2 620** | **100** | **56.8** | **73.51** | **17.71** | **5.87** |

可见，无控制人企业的内部控制质量最高，国有企业内部控制质量高于民营企业，相对其他性质的企业来看，民营企业内部控制质量最低，值得关注。

为了对国有控股上市公司进行深入分析，我们按照层次属性，将国有控股企业划分为中央国企与地方国企；按照功能属性，将国有控股企业划分为功能型国企和竞争型国企。如表 4-8 所示，中央国企内部控制指数均值为 57.40，地方国企内部控制指数为 57.42，中央国企内部控制质量与地方国企差别不大。竞争型国企的内部控制质量要好于功能型国企。

表 4-8　　将国有控股企业细分的内部控制指数描述性统计

| 国有企业分类 | 数量 | 均值 | 最大值 | 最小值 | 标准差 |
|---|---|---|---|---|---|
| 地方国企 | 633 | 57.42 | 27.44 | 73.51 | 6.03 |
| 中央国企 | 329 | 57.40 | 29.70 | 69.99 | 5.77 |
| 功能型国企 | 302 | 56.73 | 27.44 | 72.71 | 6.11 |
| 竞争型国企 | 660 | 57.72 | 29.70 | 73.51 | 5.84 |
| **合计** | **962** | **57.41** | **27.44** | **73.51** | **5.94** |

## （二）比较分析

为了分析最终控制人的内部控制质量水平在不同年度之间的变化情况，我们对 2015 年和 2014 年内部控制指数按控制人类型分类的平均得分与排名进行了对比分析（见表 4-9）。

表 4－9　按最终控制人性质分类的 2015 年与 2014 年内部控制指数对比分析

| 控制人类型 | 2015 年 | | 2014 年 | | 名次变化 |
|---|---|---|---|---|---|
| | 均值 | 名次 | 均值 | 名次 | |
| 地方国企 | 57.42 | 2 | 61.93 | 2 | 0 |
| 中央国企 | 57.40 | 3 | 62.88 | 1 | －2 |
| 民营控股 | 56.25 | 6 | 53.23 | 6 | 0 |
| 外资控股 | 56.57 | 5 | 54.31 | 5 | 0 |
| 无控制人 | 58.34 | 1 | 58.15 | 3 | 2 |
| 其他控股 | 57.08 | 4 | 55.05 | 4 | 0 |

2015 年中央国企的内部控制指数均值的排名下降较大，从 2014 年的第 1 名降至第 3 名；无控制人类型上市公司的排名上升至第一，说明内部控制质量水平有所提升；民营控股公司仍然排名垫底。

## 五、按第一大股东持股比例分类的内部控制质量评价

### （一）总体分析

按照第一大股东持股比例，我们将公司分成 20% 以下、20%～40%、40%～60%、60% 以上四组。如表 4－10 所示，总体来看，第一大股东持股比例与内部控制指数呈正相关关系，随着持股比例的增加，内部控制指数均值由 56.24 增加到 57.88。

表 4－10　分第一大股东持股比例样本上市公司内部控制质量指数描述性统计

| 第一大股东持股比例 | 公司数 | 比例（%） | 均值 | 最大值 | 最小值 | 标准差 |
|---|---|---|---|---|---|---|
| 持股比例＜20% | 468 | 17.9 | 56.24 | 72.07 | 17.71 | 7.24 |
| 20%≤持股比例＜40% | 1 241 | 47.4 | 56.70 | 73.51 | 30.39 | 5.54 |
| 40%≤持股比例＜60% | 743 | 28.3 | 57.06 | 72.71 | 30.22 | 5.30 |
| 持股比例≥60% | 168 | 6.4 | 57.88 | 69.42 | 27.44 | 6.18 |
| **总计** | **2 620** | **100** | **56.80** | **73.51** | **17.71** | **5.87** |

### （二）比较分析

为了进一步分析按第一大股东持股比例分类的内部控制水平在年度之间的变化情况，我们对 2015 年和 2014 年按第一大股东持股比例分类的内部控制指数平均得分与排名进行了对比分析（见表 4－11）。

**表 4－11　　2015 年与 2014 年按第一大股东持股比例分类的内部控制指数对比分析**

| 第一大股东持股比例 | 2015 年 | | 2014 年 | | 名次变化 |
|---|---|---|---|---|---|
| | 均值 | 名次 | 均值 | 名次 | |
| 持股比例<20% | 56.24 | 4 | 52.98 | 4 | 0 |
| 20%≤持股比例<40% | 56.70 | 3 | 56.08 | 3 | 0 |
| 40%≤持股比例<60% | 57.06 | 2 | 59.23 | 2 | 0 |
| 持股比例≥60% | 57.88 | 1 | 61.03 | 1 | 0 |

从表 4－11 可以看到，2015 年与上一年都存在共同的趋势，即上市公司第一大股东的持股比例与公司的内部控制质量水平之间存在正相关关系，持股比例越高，内部控制质量水平越高。

## 六、按上市板块分类的内部控制质量评价

### （一）总体分析

我们对上市公司内部控制质量按照上市板块进行了分析，如表 4－12 所示，创业板的内部控制指数均值为 55.31，明显低于主板和中小板；中小板的内部控制指数均值最高，为 57.83。

**表 4－12　　分上市板块上市公司内部控制质量指数描述性统计**

| 上市板块 | 公司数 | 比例（%） | 均值 | 最大值 | 最小值 | 标准差 |
|---|---|---|---|---|---|---|
| 深市主板 | 468 | 17.9 | 57.08 | 71.54 | 17.71 | 6.98 |
| 中小板 | 739 | 28.2 | 57.83 | 69.42 | 34.97 | 4.73 |
| 创业板 | 416 | 15.9 | 55.31 | 65.88 | 37.63 | 4.00 |
| 沪市主板 | 997 | 38.0 | 56.51 | 73.51 | 20.04 | 6.53 |
| **总计** | **2 620** | **100** | **56.8** | **73.51** | **17.71** | **5.87** |

内部控制指数按上市板块分类的均值如图 4 - 4 所示。

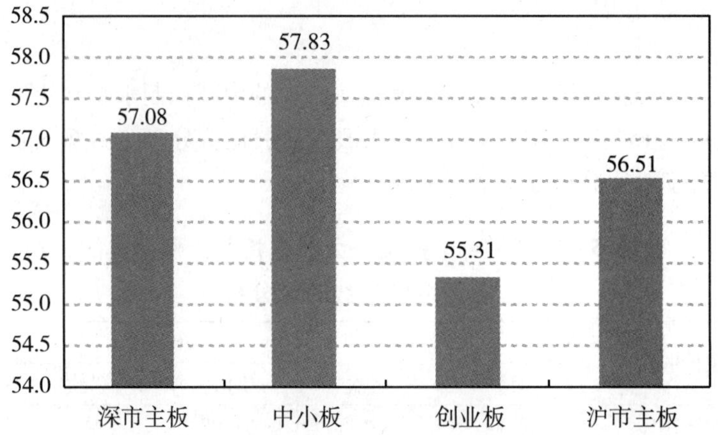


**图 4 - 4　内部控制指数按上市板块分类的得分状况**

## （二）比较分析

为了进一步分析分上市板块的内部控制质量水平在年度之间的变化情况，我们按上市板块对 2015 年和 2014 年的内部控制指数平均得分与排名进行了对比分析（见表 4 - 13）。

**表 4 - 13　按上市板块分类的 2015 年与 2014 年内部控制指数对比分析**

| 上市板块 | 2015 年 | | 2014 年 | | 名次变化 |
|---|---|---|---|---|---|
| | 均值 | 名次 | 均值 | 名次 | |
| 深市主板 | 57. 08 | 2 | 56. 86 | 2 | 0 |
| 中小板 | 57. 83 | 1 | 58. 16 | 1 | 0 |
| 创业板 | 55. 31 | 4 | 55. 08 | 4 | 0 |
| 沪市主板 | 56. 51 | 3 | 56. 84 | 3 | 0 |

从表 4 - 13 可以看出，2015 年度分上市板块内部控制指数排名与 2014 年相比没有发生变化，中小板仍然排第一，创业板排第四。

# 七、主要结论

（1）2015 年度，我国上市公司内部控制指数总体均值为 56. 80，标准差为

5.87，基本服从正态分布；2015 年的内部控制指数均值比 2014 年的 56.96 略低，2012～2014 年内部控制指数均值呈上升趋势，说明上市公司从整体上加强内部控制制度建设虽然已经取得初步效果，但 2015 年的内部控制质量没有提高。

（2）分行业来看，在 40 个行业中，金融业企业有 46 家，其内部控制指数均值最高，为 61.11，商务租赁和服务业、文化娱乐用品制造业分别居第 2 位和第 3 位；住宿和餐饮业、黑色金属冶炼和加工业、造纸和印刷业排名垫底，得分分别为 51.48、53.77 和 54.84。

（3）分地区来看，2015 年度北京上市公司的内部控制指数均值为 58.52，居全国最高；其次是广东、浙江、山东、贵州等地；广西的得分最低，为 53.01 分；普遍较低的还有青海、宁夏、西藏等。相比 2014 年，内部控制指数均值排名上升幅度较大的有浙江、安徽、湖南，下降幅度较大的有新疆、辽宁、天津。

（4）分最终控制人性质来看，无控制人企业的内部控制质量最高，国有企业内部控制质量高于民营企业，相对其他性质的企业来看，民营企业内部控制指数最低，民营企业的内部控制质量堪忧，值得关注。进一步来看，中央国企内部控制质量与地方国企差别不大，竞争型国企的内部控制质量要好于功能型国企。

（5）按照第一大股东持股比例分析，总体来看，2015 年第一大股东持股比例与内部控制指数呈正相关关系，持股比例越高，内部控制质量水平越高，这一趋势与 2014 年相同。

（6）分上市板块来看，2015 年创业板的内部控制指数均值为 55.31，明显低于主板和中小板；中小板的内部控制指数均值最高，为 57.83。2015 年度上市板块内部控制指数排名与 2014 年相同，中小板排第一，创业板排第四。

# 第五章

# 中国上市公司审计质量评价

## 一、审计质量总体评价

### （一）总体分析

从审计投资者保护指数分布图形来看（见图5－1），2015年我国上市公司审计投资者保护得分大部分在52～64分之间，审计投资者保护指数总体分布接近于以57.10分为均值、7.56为标准差的正态分布（峰度为－0.15，偏度为0.46）。从描述性统计的结果来看（见表5－1），2015年我国上市公司审计投资者保护指数的平均值为57.10分，总体水平比2014年略有上升。同时，各上市公司审计投资者保护指数也存在一定差异，审计投资者保护最好的公司该指数为78.29分，最差的公司该指数则只有43.35分，两者相差34.94分，最高值与最低值差距比2014年有所缩小。

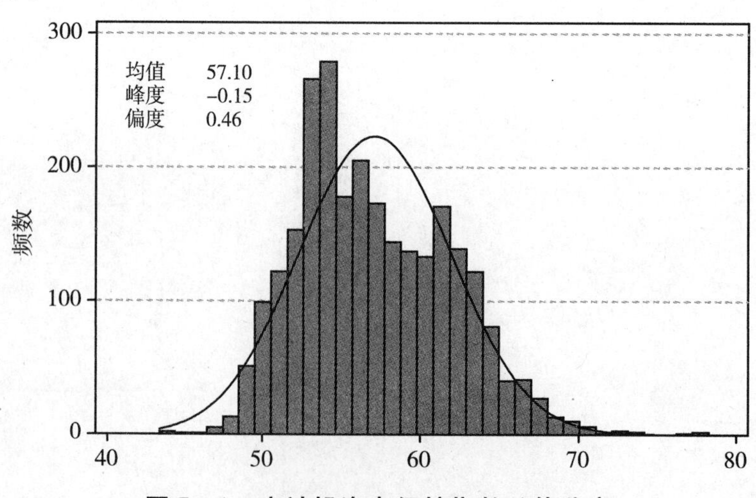


图5－1　审计投资者保护指数总体分布

从审计投资者保护的分项指数来看，2015 年上市公司审计独立性指数的均值达到了 71.09 分，整体水平较高。同时，我们也注意到审计独立性指数的标准差为 9.26，各上市公司审计独立性指数相对比较分散。2015 年上市公司审计质量指数的均值为 45.45 分，最小值 33.83 分，最大值为 98.00 分。审计保障指数的均值为 49.12 分，最大值为 61.36 分，最小值为 9.96 分，两者相差 51.40 分，标准差为 8.91。

**表 5-1　　审计投资者保护指数总体描述性统计**

| 项　目 | 均值 | 中位数 | 最小值 | 最大值 | 标准差 |
| --- | --- | --- | --- | --- | --- |
| 审计投资者保护指数 | 57.10 | 56.36 | 43.35 | 78.29 | 4.82 |
| ——审计独立性 | 71.09 | 70.59 | 57.91 | 97.61 | 9.26 |
| ——审计质量 | 45.45 | 44.08 | 33.83 | 98.00 | 6.56 |
| ——审计保障 | 49.12 | 51.48 | 9.96 | 61.36 | 8.91 |

## （二）比较分析

与 2014 年相比，2015 年审计投资者保护指数略有上升，同比增加了 0.38 分，增长幅度为 0.68%。从各指标来看，审计独立性、审计质量和审计保障均略有上升。主要原因是会计师事务所特别是内资事务所不断做强做大，注册会计师行业不断加强行业监管，进一步加大了上市公司年报审计监管约谈和证券资格事务所执业质量检查力度。

从近三年的情况来看，审计投资者保护指数总体呈上升态势，从 2013 年的 55.39 分上升到 2014 年的 56.72 分，再上升到 2015 年的 57.10 分。从分指数来看，审计独立性指数与审计投资者保护指数趋势一致，呈现出逐渐上升的趋势；而审计质量指数和审计保障指数呈现先下降后上升的趋势，具体如表 5-2 所示。

**表 5-2　　2013~2015 年审计投资者保护指数总体情况分析**

| 项　目 | 2015 年 | 2014 年 | 2013 年 |
| --- | --- | --- | --- |
| 审计投资者保护指数 | 57.10 | 56.72 | 55.39 |
| ——审计独立性 | 71.09 | 70.68 | 45.82 |
| ——审计质量 | 45.45 | 45.20 | 58.71 |
| ——审计保障 | 49.12 | 48.58 | 67.44 |

从过去 6 年的审计投资者保护指数总体变动趋势来看，中国上市公司审计投资者保护指数基本上呈"V"型反转态势，从 2010 年开始逐年下降，在 2012 年达到最低点后，近三年开始企稳回升（见图 5-2）。

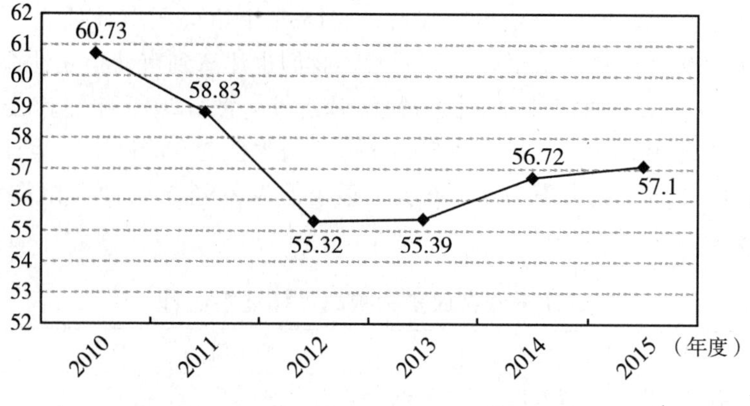


**图 5－2　审计投资者保护指数年度走势**

## 二、按行业分类的审计质量评价

### （一）总体分析

从各行业大类的审计投资者保护指数来看（见表 5－3），2015 年商务租赁和服务业、科研和技术服务业、其他制造业的得分较高，分别排名前三位，这些行业的平均得分都超过 60 分。而制造业中的金属制品业、化学原料和化学制品制造业、电气机械和器材制造业排名垫底，得分分别为 56. 08、55. 98 和 55. 80。总体上看，第三产业外部审计质量较高，而制造业、建筑业和农林牧渔业等传统产业的外部审计质量较低。

**表 5－3　　分行业的审计投资者保护指数描述性统计**

| 行业名称 | 均值 | 最大值 | 最小值 | 标准差 |
|---|---|---|---|---|
| 商务租赁和服务业 | 60. 94 | 53. 18 | 72. 47 | 7. 81 |
| 科研和技术服务业 | 60. 64 | 53. 20 | 76. 60 | 7. 79 |
| 其他制造业 | 60. 42 | 51. 11 | 77. 51 | 7. 77 |
| 文化、体育和娱乐业 | 60. 10 | 50. 45 | 73. 37 | 7. 75 |
| 住宿和餐饮业 | 59. 40 | 50. 55 | 65. 27 | 7. 71 |
| 交通运输、仓储和邮政业 | 59. 11 | 49. 07 | 72. 91 | 7. 69 |
| 木材加工和家具制造业 | 58. 96 | 49. 71 | 66. 58 | 7. 68 |
| 金融业 | 58. 88 | 50. 17 | 71. 30 | 7. 67 |
| 服装、服饰、皮毛和制鞋业 | 58. 35 | 51. 96 | 68. 39 | 7. 64 |

续表

| 行业名称 | 均值 | 最大值 | 最小值 | 标准差 |
|---|---|---|---|---|
| 综合类 | 58.22 | 48.79 | 73.12 | 7.63 |
| 　石油加工、炼焦业 | 57.88 | 50.68 | 66.37 | 7.61 |
| 房地产业 | 57.82 | 49.17 | 68.78 | 7.60 |
| 水利、环境和公共设施管理业 | 57.69 | 47.53 | 66.62 | 7.60 |
| 　铁路和其他交通运输设备制造业 | 57.68 | 48.89 | 71.06 | 7.59 |
| 采矿业 | 57.60 | 47.66 | 69.73 | 7.59 |
| 软件和信息技术服务业 | 57.58 | 49.66 | 68.80 | 7.59 |
| 　造纸和印刷业 | 57.51 | 51.30 | 65.68 | 7.58 |
| 　酒、饮料和精制茶业 | 57.43 | 48.78 | 66.60 | 7.58 |
| 批发和零售业 | 57.35 | 43.35 | 68.25 | 7.57 |
| 电、热、气、水生产和供应业 | 57.28 | 47.43 | 70.79 | 7.57 |
| 　文化娱乐用品制造业 | 57.23 | 53.86 | 65.00 | 7.57 |
| 　纺织业 | 57.18 | 49.48 | 67.90 | 7.56 |
| 农、林、牧、渔业 | 57.15 | 49.34 | 73.31 | 7.56 |
| 　汽车制造业 | 57.09 | 47.09 | 71.01 | 7.56 |
| 　化学纤维制造业 | 57.00 | 51.03 | 63.05 | 7.55 |
| 建筑业 | 56.97 | 48.26 | 78.29 | 7.55 |
| 　仪器仪表制造业 | 56.89 | 49.01 | 67.37 | 7.54 |
| 　非金属矿物制品业 | 56.83 | 48.90 | 68.04 | 7.54 |
| 　通用设备制造业 | 56.81 | 46.30 | 69.96 | 7.54 |
| 　计算机和其他电子设备制造业 | 56.67 | 48.40 | 67.56 | 7.53 |
| 制造业 | 56.62 | 44.28 | 77.51 | 7.52 |
| 　有色金属冶炼和加工业 | 56.55 | 49.17 | 67.34 | 7.52 |
| 　医药制造业 | 56.43 | 45.05 | 69.80 | 7.51 |
| 　黑色金属冶炼和加工业 | 56.28 | 49.62 | 62.10 | 7.50 |
| 　农副食品加工业 | 56.26 | 48.19 | 65.68 | 7.50 |
| 　专用设备制造业 | 56.23 | 48.54 | 68.26 | 7.50 |
| 　食品制造业 | 56.18 | 44.28 | 65.10 | 7.50 |
| 　橡胶和塑料制品业 | 56.12 | 48.70 | 64.89 | 7.49 |
| 　金属制品业 | 56.08 | 49.83 | 63.07 | 7.49 |
| 　化学原料和化学制品制造业 | 55.98 | 48.42 | 68.05 | 7.48 |
| 　电气机械和器材制造业 | 55.80 | 48.21 | 68.83 | 7.47 |
| **合计** | **57.10** | **43.35** | **78.29** | **7.56** |

注：前面带空格的行业为证监会行业分类中制造业下的二级行业分类。

### （二）比较分析

由于2015年与2014年行业分类的变化，使这两年的指数得分及排名的可比性下降。我们仅对比2015年与2014年前3名与后3名的得分及行业构成情况，如表5－4所示。从两年的比较来看，现代服务业审计投资者保护指数实现了较快的增长，审计投资者保护水平名列前茅。

**表5－4　　2015年相对于2014年各行业审计投资者保护指数变化情况**

| 排名 | 2015年 | | 2014年 | |
|---|---|---|---|---|
| | 行业 | 平均得分 | 行业 | 平均得分 |
| 前3名 | 商务租赁和服务业 | 60.94 | 木材、家具 | 77.66 |
| | 科研和技术服务业 | 60.64 | 造纸、印刷 | 76.05 |
| | 其他制造业 | 60.42 | 金融业 | 76.01 |
| 略 | …… | …… | …… | …… |
| 后3名 | 金属制品业 | 56.08 | 批发和零售贸易 | 68.02 |
| | 化学原料和化学制品制造业 | 55.98 | 食品、饮料 | 66.65 |
| | 电气机械和器材制造业 | 55.80 | 采掘业 | 66.02 |

## 三、按地区分类的审计质量评价

### （一）总体分析

按照省市来看，如表5－5所示，天津上市公司的审计投资者保护指数最高，达到64.41分。浙江、上海、北京、江苏、广东、辽宁、重庆、河南、云南和湖南的审计投资者保护指数均在57.15分以上，也都高于上市公司57.10分的均值。西藏、内蒙古、青海三个自治区的得分均低于53分。其中西藏的审计投资者保护指数为48.51分，居全国最低，与审计投资者保护指数最高的天津相差15.90分。

表5-5　　按地区分类的审计投资者保护指数描述性统计

| 省份 | 均值 | 最小值 | 最大值 | 标准差 |
| --- | --- | --- | --- | --- |
| 天津 | 64.41 | 51.83 | 69.73 | 7.73 |
| 浙江 | 63.85 | 55.76 | 66.58 | 7.68 |
| 上海 | 62.16 | 55.05 | 69.96 | 7.7 |
| 北京 | 60.8 | 51.8 | 71.06 | 7.69 |
| 江苏 | 59.35 | 52.24 | 65.8 | 7.62 |
| 广东 | 59.03 | 49.25 | 72.91 | 7.58 |
| 辽宁 | 57.91 | 49.54 | 66.3 | 7.51 |
| 重庆 | 57.87 | 52.44 | 63.41 | 7.55 |
| 河南 | 57.8 | 50.63 | 65.99 | 7.47 |
| 云南 | 57.52 | 49.48 | 63.86 | 7.57 |
| 湖南 | 57.15 | 50.02 | 65.32 | 7.46 |
| 湖北 | 56.95 | 48.48 | 65.41 | 7.51 |
| 山西 | 56.95 | 49.03 | 67.82 | 7.44 |
| 甘肃 | 56.62 | 49.48 | 65.12 | 7.52 |
| 福建 | 56.54 | 49.88 | 64.55 | 7.53 |
| 山东 | 56.46 | 52.89 | 62.01 | 7.51 |
| 吉林 | 55.89 | 49.59 | 64.82 | 7.46 |
| 广西 | 55.73 | 49.09 | 62.75 | 7.47 |
| 四川 | 55.41 | 49.92 | 59.71 | 7.5 |
| 陕西 | 55.15 | 48.59 | 62.94 | 7.4 |
| 新疆 | 55.1 | 49.64 | 58.42 | 7.42 |
| 江西 | 54.79 | 48.93 | 67.34 | 7.39 |
| 河北 | 54.75 | 48.09 | 63.81 | 7.37 |
| 安徽 | 54.68 | 48.77 | 73.31 | 7.39 |
| 宁夏 | 54.04 | 48.63 | 59.14 | 7.35 |
| 海南 | 53.66 | 47.32 | 63.14 | 7.31 |
| 黑龙江 | 53.52 | 47.09 | 61.39 | 7.31 |
| 贵州 | 53.17 | 48.4 | 63.47 | 7.29 |
| 青海 | 52.52 | 46.3 | 60.42 | 7.25 |
| 内蒙古 | 52.15 | 47.43 | 59.8 | 7.22 |
| 西藏 | 48.51 | 43.35 | 56.3 | 6.96 |

## （二）比较分析

与2014年相比，2015年山西、云南、江西三省排名变化幅度最为明显，山西、云南两省排名分别上升13名，江西省排名则下降12名。2015年审计投资者保护指数的前3名分别是天津、浙江、上海，后3名分别是西藏、内蒙古、青海，而2014年的前3名分别是浙江、广东、天津，后3名分别是陕西、湖北、新疆。

从2013～2015年三年综合来看，北京、广东、上海、浙江、天津排名均比较靠前，而西藏、贵州、新疆、青海等省（区）排名均比较靠后。排名呈现逐年上升趋势的有：吉林、天津、云南。排名呈现逐年下降趋势的有：安徽、广西、黑龙江、山东、四川，排名变动较大的省（区）则有：海南、湖北、山西、陕西、新疆（见表5－6）。

**表5－6　2013～2015年分地区审计投资者保护指数排名分析**

| 省份 | 2015年 | | 2014年 | | 2013年 | | 排名变化 | |
|---|---|---|---|---|---|---|---|---|
| | 均值 | 名次 | 均值 | 名次 | 均值 | 名次 | 2015年比2014年 | 2014年比2013年 |
| 安徽 | 54.68 | 24 | 52.44 | 22 | 52.58 | 19 | －2 | －3 |
| 北京 | 60.80 | 4 | 58.52 | 4 | 57.74 | 2 | 0 | －2 |
| 福建 | 56.54 | 15 | 53.27 | 17 | 58.43 | 1 | 2 | －16 |
| 甘肃 | 56.62 | 14 | 54.92 | 12 | 49.81 | 28 | －2 | 16 |
| 广东 | 59.03 | 6 | 59.44 | 2 | 57.63 | 3 | －4 | 1 |
| 广西 | 55.73 | 18 | 54.10 | 14 | 54.23 | 13 | －4 | －1 |
| 贵州 | 53.17 | 28 | 52.34 | 24 | 49.45 | 30 | －4 | 6 |
| 海南 | 53.66 | 26 | 53.76 | 15 | 50.95 | 26 | －11 | 11 |
| 河北 | 54.75 | 23 | 51.61 | 28 | 51.93 | 21 | 5 | －7 |
| 河南 | 57.80 | 9 | 54.30 | 13 | 54.33 | 12 | 4 | －1 |
| 黑龙江 | 53.52 | 27 | 53.18 | 18 | 52.87 | 17 | －9 | －1 |
| 湖北 | 56.95 | 12 | 50.23 | 30 | 53.17 | 15 | 8 | －15 |
| 湖南 | 57.15 | 11 | 55.80 | 9 | 51.7 | 24 | －2 | 15 |
| 吉林 | 55.89 | 17 | 53.12 | 19 | 51.85 | 22 | 2 | 3 |
| 江苏 | 59.35 | 5 | 57.95 | 6 | 57.25 | 5 | 1 | －1 |
| 江西 | 54.79 | 22 | 55.04 | 10 | 54.41 | 10 | －12 | 0 |

续表

| 省份 | 2015 年 | | 2014 年 | | 2013 年 | | 排名变化 | |
|---|---|---|---|---|---|---|---|---|
| | 均值 | 名次 | 均值 | 名次 | 均值 | 名次 | 2015 年比 2014 年 | 2014 年比 2013 年 |
| 辽宁 | 57.91 | 7 | 56.01 | 8 | 55.22 | 8 | 1 | 0 |
| 内蒙古 | 52.15 | 30 | 52.44 | 21 | 51.8 | 23 | -9 | 2 |
| 宁夏 | 54.04 | 25 | 52.72 | 20 | 49.3 | 31 | -5 | 11 |
| 青海 | 52.52 | 29 | 52.24 | 25 | 50.98 | 25 | -4 | 0 |
| 山东 | 56.46 | 16 | 54.95 | 11 | 54.47 | 9 | -5 | -2 |
| 山西 | 56.95 | 13 | 51.90 | 26 | 52.98 | 16 | 13 | -10 |
| 陕西 | 55.15 | 20 | 51.41 | 29 | 52.73 | 18 | 9 | -11 |
| 上海 | 62.16 | 3 | 58.28 | 5 | 57.57 | 4 | 2 | -1 |
| 四川 | 55.41 | 19 | 53.57 | 16 | 53.8 | 14 | -3 | -2 |
| 天津 | 64.41 | 1 | 58.86 | 3 | 56.13 | 6 | 2 | 3 |
| 西藏 | 48.51 | 31 | 51.90 | 27 | 49.77 | 29 | -4 | 2 |
| 新疆 | 55.10 | 21 | 50.10 | 31 | 52.4 | 20 | 10 | -11 |
| 云南 | 57.52 | 10 | 52.41 | 23 | 50.12 | 27 | 13 | 4 |
| 浙江 | 63.85 | 2 | 63.52 | 1 | 55.83 | 7 | -1 | 6 |
| 重庆 | 57.87 | 8 | 57.76 | 7 | 54.35 | 11 | -1 | 4 |

## 四、按最终控制人性质分类的审计质量评价

我们将中国上市公司按照最终控制人性质的不同，分为国有控股、民营控股、外资控股、无控制人和其他控股。其他控股类型包括集体控股、社会团体控股和职工持股会控股。

### (一) 总体分析

如表 5-7 所示，2015 年其他控股类型企业的审计质量最高，均值为 58.09 分，国有控股审计投资者保护指数为 57.84，无控制人类型的审计投资者保护指数为 57.67，均高于平均水平。民营控股审计质量垫底，为 56.51。

**表5-7　　按最终控制人性质分类的审计与投资者保护指数描述性统计**

| 终级控制人类型 | 均值 | 最小值 | 最大值 | 标准差 |
|---|---|---|---|---|
| 国有控股 | 57.84 | 46.30 | 78.29 | 7.61 |
| 民营控股 | 56.51 | 44.28 | 77.51 | 7.52 |
| 外资控股 | 57.09 | 43.35 | 67.09 | 7.56 |
| 无控制人 | 57.67 | 49.57 | 71.30 | 7.59 |
| 其他控股 | 58.09 | 48.41 | 72.47 | 7.62 |
| **总计** | **57.10** | **43.35** | **78.29** | **7.56** |

## （二）比较分析

与2014年相比，终级控制人为其他控股公司的审计投资者保护指数排名发生了反转，由2014年的最后一名，一跃成为第一名。国有控股上市公司审计投资者保护指数排名也大幅度提升了，由2014年的第4名，上升到第2名。而民营控股上市公司则从2014年的第2名下降到最后一名。

从2013~2015年三年的情况来看，民营控股上市公司近三年的审计投资者保护程度有较大幅度波动，分别为第5位、第2位、第5位，国有控股上市公司排名稳中有升。国有控股和民营控股的审计质量出现了分化趋势。具体见表5-8。

**表5-8　　2013~2015年分最终控制人审计投资者保护指数排名分析**

| 终级控制人类型 | 2015年 | | 2014年 | | 2013年 | |
|---|---|---|---|---|---|---|
| | 均值 | 名次 | 均值 | 名次 | 均值 | 名次 |
| 国有控股 | 57.84 | 2 | 55.91 | 4 | 55.81 | 4 |
| 民营控股 | 56.51 | 5 | 57.28 | 2 | 54.89 | 5 |
| 外资控股 | 57.09 | 4 | 57.14 | 3 | 57.24 | 2 |
| 无控制人 | 57.67 | 3 | 57.88 | 1 | 55.90 | 3 |
| 其他控股 | 58.09 | 1 | 54.71 | 5 | 57.63 | 1 |

## （三）对国有控股的进一步分析

为了对国有控股类型公司进行深入分析，我们对国有控股公司按照控制层次分为中央国企和地方国企，按资本经营属性细分为功能型国企和竞争型国企，并分别进行分析，结果见表5-9。从表中可以看到，中央国企的外部审计质量要明显高于地方国企，竞争型国企的外部审计质量也高于功能型国企。

表 5－9 将国有控股企业细分的外部审计投资者保护指数描述性统计

| 国有企业分类 | 均值 | 最大值 | 最小值 | 标准差 |
|---|---|---|---|---|
| 地方国企 | 57.61 | 46.30 | 78.29 | 7.59 |
| 中央国企 | 58.29 | 47.09 | 73.12 | 7.63 |
| 功能型国企 | 57.24 | 47.43 | 73.31 | 7.57 |
| 竞争型国企 | 58.12 | 46.30 | 78.29 | 7.62 |
| **合计** | **47.90** | **11.48** | **83.12** | **12.81** |

## 五、按第一大股东持股比例分类的审计质量评价

按照第一大股东持股比例，我们将公司分成20%以下、20%～40%、40%～60%及60%以上四组。

### （一）总体分析

如表5－10所示，第一大股东持股比例大于等于60%的上市公司，其审计投资者保护指数最高，达到58.03分；第一大股东持股比例小于20%上市公司的审计投资者保护指数最低，为56.77分。持股比例在40%～60%之间的审计投资者保护指数为57.56分，排名第2位；持股比例在20%～40%之间的审计投资者保护指数为56.82分，排名第3位。伴随第一大股东持股比例的增加，审计投资者保护程度呈依次递增的态势。审计投资者保护指数的最高组与最低组相差分值为1.26分。

表 5－10 按第一大股东持股比例分类的审计投资者保护指数描述性统计

| 第一大股东持股比例 | 均值 | 最小值 | 最大值 | 标准差 |
|---|---|---|---|---|
| 持股比例 < 20% | 56.77 | 47.53 | 77.51 | 4.48 |
| 20% ≤ 持股比例 < 40% | 56.82 | 43.35 | 76.60 | 4.81 |
| 40% ≤ 持股比例 < 60% | 57.56 | 47.09 | 78.29 | 4.85 |
| 持股比例 ≥ 60% | 58.03 | 45.05 | 71.01 | 5.38 |
| **总计** | **57.10** | **43.35** | **78.29** | **4.82** |

### （二）比较分析

与2014年相比，2015年不同持股比例的公司排名与2014年完全一致。同时，我们也注意到，各持股比例之间审计投资者保护指数的差距在进一步缩小，从2014年的相差2.11分（58.01－55.90），缩小到2015年的1.26分（58.03－56.77）。

从2013～2015年三年的情况来看，不同持股比例上市公司的审计投资者保护程度保持相对稳定。持股比例小于20%的上市公司审计投资者保护水平最低，其得分排名连续三年为第4位；持股比例在40%～60%与持股比例在20%～40%之间的上市公司审计投资者保护程度连续三年的排名分别为第2位和第3位。持股比例大于等于60%上市公司的审计投资者保护水平连续三年排名为第1位（见表5－11）。

**表5－11　2013～2015年分第一大股东持股比例的审计投资者保护指数排名分析**

| 持股比例 | 2015年 | | 2014年 | | 2013年 | | 排名变化 | |
|---|---|---|---|---|---|---|---|---|
| | 均值 | 名次 | 均值 | 名次 | 均值 | 名次 | 2015年比2014年 | 2014年比2013年 |
| 持股比例<20% | 56.77 | 4 | 55.90 | 4 | 54.91 | 4 | 0 | 0 |
| 20%≤持股比例<40% | 56.82 | 3 | 56.46 | 3 | 55.17 | 3 | 0 | 0 |
| 40%≤持股比例<60% | 57.56 | 2 | 57.19 | 2 | 55.64 | 2 | 0 | 0 |
| 持股比例≥60% | 58.03 | 1 | 58.01 | 1 | 56.22 | 1 | 0 | 0 |

## 六、按上市板块分类的审计质量评价

### （一）总体分析

按照上市板块的不同，我们将上市公司分成沪市主板、深市主板、中小板和创业板四组。如表5－12所示，2015年沪市主板的审计投资者保护指数最高，达到58.14分；深市主板的审计投资者保护指数为57.45分，位居第二；创业板的审计投资者保护指数为56.19分，位居第三；中小板的审计投资者保护指数为56.00分，为最低分。沪市主板、深市主板上市公司审计投资者保护指数大于上市公司的平均值；创业板、中小板上市公司的审计投资者保护指数均小于上市公司的平均值。

表5-12　　按上市板块分类的审计投资者保护指数描述性统计

| 上市板块 | 均值 | 最小值 | 最大值 | 标准差 |
|---|---|---|---|---|
| 沪市主板 | 58.14 | 43.35 | 76.60 | 5.20 |
| 深市主板 | 57.45 | 48.52 | 78.29 | 4.80 |
| 中小板 | 56.00 | 45.05 | 77.51 | 4.02 |
| 创业板 | 56.19 | 47.32 | 73.37 | 4.58 |
| **总计** | **57.10** | **43.35** | **78.29** | **4.82** |

## （二）比较分析

与2014年相比，2015年沪市主板名次上升了2名，排名第一。深市主板名次上升了2名，排名第二。创业板和中小板则分别下降1名、3名，分别位列第三和第四。从各板块近三年的情况来看，2013年与2015年各板块的排名完全一致，说明2015年各板块审计投资者保护指数实现了回归（见表5-13）。

表5-13　　2013~2015年分上市板块的审计投资者保护指数排名分析

| 上市板块 | 2015年 | | 2014年 | | 2013年 | | 排名变化 | |
|---|---|---|---|---|---|---|---|---|
| | 均值 | 名次 | 均值 | 名次 | 均值 | 名次 | 2015年比2014年 | 2014年比2013年 |
| 沪市主板 | 58.14 | 1 | 55.68 | 3 | 56.77 | 1 | 2 | -2 |
| 深市主板 | 57.45 | 2 | 54.63 | 4 | 55.17 | 2 | 2 | -2 |
| 中小板 | 56.00 | 4 | 59.16 | 1 | 54.1 | 4 | -3 | 3 |
| 创业板 | 56.19 | 3 | 57.31 | 2 | 54.56 | 3 | -1 | 1 |

# 七、主要结论

（1）从审计投资者保护指数分布来看，2015年我国上市公司审计投资者保护指数总体分布接近于以57.10为均值、7.56为标准差的正态分布。2015年我国上市公司审计投资者保护指数的平均值为57.10分，总体水平比2014年略有上升。

（2）分行业看，商务租赁和服务业、科研和技术服务业、其他制造业的得分较高，分别排名前三名，这些行业的平均得分都超过 60 分。而制造业中的金属制品业、化学原料和化学制品制造业、电气机械和器材制造业排名垫底。总体上看，第三产业特别是现代服务业外部审计质量较高，而制造业、建筑业和农林牧渔业等传统产业的外部审计质量较低。

（3）分地区看，2015 年天津上市公司的审计与投资者保护指数最高，为 64.41 分。西藏的审计投资者保护指数最低，为 48.51 分。排名前三名的省（市）依次为天津、浙江、上海，排名后三位的分别是青海、内蒙古、西藏。

（4）按上市公司最终控制股东的性质分，其他控股类型企业的审计质量最高，均值为 58.09 分，国有企业审计质量高于民营企业，民营企业审计质量垫底。中央国企的外部审计质量要明显高于地方国企，竞争型国企的外部审计质量也高于功能型国企。

（5）按第一大股东持股比例来看，2015 年第一大股东持股比例大于等于 60% 的上市公司，其审计与投资者保护指数最高，达到 58.03 分；第一大股东持股比例小于 20% 上市公司的审计与投资者保护指数最低，为 56.77 分。持股比例在 40% ~ 60% 之间的审计投资者保护指数为 57.56 分，排名第 2 位；持股比例在 20% ~ 40% 之间的审计投资者保护指数为 56.82 分，排名第 3 位。伴随第一大股东持股比例的增加，审计投资者保护程度呈依次递增的态势。

（6）按上市板块来看，2015 年沪市主板的审计投资者保护指数最高，达到 58.14 分；深市主板的审计投资者保护指数为 57.45 分，位居第二；创业板的审计与投资者保护指数为 56.19 分，位居第三；中小板的审计与投资者保护指数为 56.00 分，为最低分。沪市主板、深市主板上市公司审计投资者保护指数大于上市公司的平均值；创业板、中小板上市公司的审计投资者保护指数均小于上市公司的平均值。

# 中国上市公司管理控制质量评价

## 一、管理控制质量总体描述

### （一）总体分析

我们用管理控制与投资者保护指数（以下简称管理控制指数）衡量管理控制质量。如表6－1所示，2015年中国上市公司管理控制指数均值为48.38分，最小值为6.49分，最大值为80.78分，相差74.29分，而2014年的管理控制质量指数的均值为49.16分。在分项指标中，2015年的成本控制及创新指数均值为52.93分，相较2014年（50.74分）有所上升，但仍然维持在较低水平。这一方面说明上市公司对成本加大了控制力度；另一方面，说明上市公司的研发投入占其营业收入的比重增加，研发投入水平有所增长。核心竞争力指数的均值为42.39分，其中，最大值为98.31分，最小值仅为0分。这一方面说明上市公司的市场竞争能力有待提高；另一方面，说明上市公司在市场占有率及主要产品核心竞争能力方面存在显著差异。

**表6－1　　样本上市公司管理控制质量指数总体描述性统计**

| 变量 | 公司数量 | 平均值 | 最小值 | 最大值 | 标准差 |
|---|---|---|---|---|---|
| 管理控制指数 | 2 621 | 48.38 | 6.49 | 80.78 | 12.51 |
| ——成本控制及创新指数 | 2 621 | 52.93 | 0.00 | 98.31 | 16.26 |
| ——核心竞争力指数 | 2 621 | 42.39 | 0.00 | 100.00 | 18.79 |

从管理控制指数的分布情况来看，基本上呈正态分布，均值为48.38分，标准差12.51，峰度0.007，偏度－0.30，可见管理控制指数基本上呈适中的正态分布，但分布的离散性较大，或者说公司间的管理控制能力有较大的差别（见图6－1）。

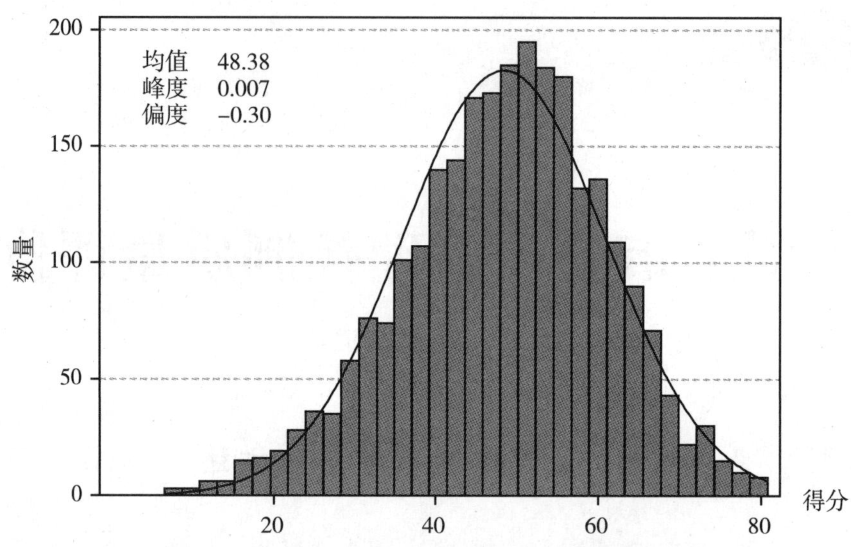


图 6－1 中国上市公司内部控制指数总体分布

## （二）比较分析

为了分析管理控制指数在年度之间的变化情况，我们对 2012～2015 年内部控制总指数和两个分指数进行了比较，结果见表 6－2 至表 6－4。

表 6－2 2012～2015 年管理控制质量指数描述性统计

| 年份 | 公司数量 | 平均值 | 最小值 | 最大值 | 标准差 |
|---|---|---|---|---|---|
| 2012 | 2 340 | 51.63 | 15.00 | 84.44 | 10.86 |
| 2013 | 2 471 | 49.39 | 8.00 | 85.78 | 11.41 |
| 2014 | 2 515 | 49.16 | 7.36 | 85.94 | 11.40 |
| 2015 | 2 621 | 48.38 | 6.49 | 80.78 | 12.51 |

表 6－3 2012～2015 年成本控制及创新指数描述性统计

| 年份 | 平均值 | 中位数 | 最小值 | 最大值 | 标准差 |
|---|---|---|---|---|---|
| 2012 | 51.13 | 53.77 | 15.00 | 87.40 | 29.39 |
| 2013 | 50.15 | 48.58 | 8.00 | 98.00 | 48.58 |
| 2014 | 50.74 | 50.84 | 4.60 | 103.28 | 16.04 |
| 2015 | 56.41 | 52.93 | 0.00 | 98.31 | 16.26 |

表 6-4　　2012~2015 年核心竞争力指数描述性统计

| 年份 | 平均值 | 最小值 | 最大值 | 标准差 |
|---|---|---|---|---|
| 2012 | 52. 37 | 15. 00 | 100 | 30. 38 |
| 2013 | 48. 26 | 8. 00 | 98. 00 | 16. 22 |
| 2014 | 47. 07 | 4. 60 | 100. 00 | 16. 45 |
| 2015 | 42. 39 | 0. 00 | 100. 00 | 18. 79 |

由 2012~2015 年指数比较可知，管理控制指数的均值逐年下降，但下降幅度逐年变小，而 2015 年的下降幅度又有所提升（2013 年的下降幅度为 4. 3%，2014 年的下降幅度为 0. 47%，但 2015 年的下降幅度为 1. 67%），说明就整体而言，市场呈收敛状态，管理控制质量不断下滑，但这种收敛与下滑都逐年趋于平缓，2015 年又有所波动。成本控制及创新指数均值在 2012~2015 年呈先降后升态势，2014 年成本控制及创新指数均值有所上升，到 2015 年有所激增，表明企业在国家鼓励自主创新和供给侧改革的背景下，成本控制及创新能力有极大进步；而核心竞争力指数均值虽逐年下降且 2015 年的下降幅度增加（2014 年的核心竞争力指数下降幅度为 7. 8%，2014 年为 2. 47%，2015 年的下降幅度为 10%），而且 2015 年的标准差较前两年有所提升。由此可知，上市公司整体的市场竞争力在下降，企业间竞争力的差距有一定程度的扩大。

从过去 6 年的管理控制指数总体变动趋势来看，中国上市公司管理控制质量呈现出逐步下降的态势，从 2011 年开始逐年下降（见图 6-2）。

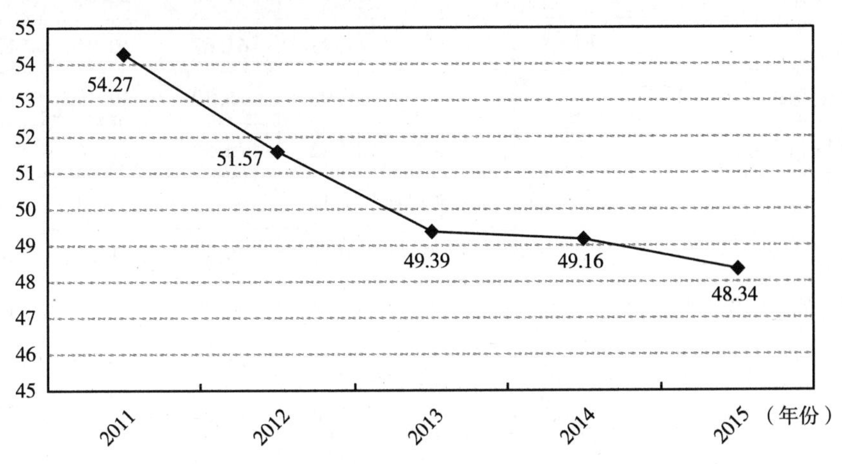


图 6-2　中国上市公司管理控制质量年度走势

可见，自后金融危机以来，中国上市公司的管理控制指数出现了快速下降，成本控制及创新指数存在先降低后上升的趋势，而核心竞争力指数确实呈现出逐步下降的态势，导致管理控制指数出现了快速下滑。说明我国上市公司核心竞争力的提高任重而道远。

## 二、按行业分类的管理控制质量评价

### （一）总体描述

我们分行业对上市公司样本总体进行了描述性统计，结果由高到低列示在表6－5。在所有40个行业（包括制造业细类）中，科研和技术服务业的管理控制质量指数均值最高，为64.81分，住宿与餐饮、金融业的管理控制质量也较高，分居第二位和第三位，得分均高于60分，纺织业、其他制造业、石油加工炼焦业排名后三位，得分仅仅40分多一点。

表6－5　分行业的管理控制指数描述性统计

| 行业名称 | 公司数量 | 均值 | 最大值 | 最小值 | 标准差 |
|---|---|---|---|---|---|
| 科研和技术服务业 | 18 | 67.18 | 79.55 | 37.46 | 10.76 |
| 文化、体育和娱乐业 | 32 | 62.14 | 80.49 | 24.25 | 11.74 |
| 金融业 | 46 | 61.59 | 79.28 | 23.29 | 12.25 |
| 水利、环境和公共设施管理业 | 28 | 57.39 | 79.38 | 26.64 | 13.21 |
| 采矿业 | 72 | 41.75 | 61.62 | 10.95 | 12.66 |
| 软件和信息技术服务业 | 139 | 55.96 | 76.30 | 10.13 | 11.47 |
| 商务租赁和服务业 | 24 | 55.42 | 70.55 | 27.36 | 12.67 |
| 批发和零售业 | 150 | 45.41 | 67.49 | 15.14 | 11.42 |
| 住宿和餐饮业 | 11 | 54.51 | 75.21 | 31.85 | 13.67 |
| 电、热、气、水生产和供应业 | 85 | 51.96 | 80.78 | 13.66 | 13.38 |
| 交通运输、仓储和邮政业 | 82 | 51.66 | 73.26 | 20.91 | 11.40 |
| 农、林、牧、渔业 | 40 | 51.35 | 73.52 | 20.38 | 14.82 |
| 房地产业 | 132 | 49.39 | 75.87 | 6.54 | 13.03 |
| 建筑业 | 66 | 48.34 | 69.45 | 20.50 | 10.59 |
| 制造业 | 1 668 | 46.54 | 77.59 | 6.49 | 11.56 |

续表

| 行业名称 | 公司数量 | 均值 | 最大值 | 最小值 | 标准差 |
|---|---|---|---|---|---|
| 仪器仪表制造业 | 31 | 53.55 | 68.01 | 26.20 | 8.03 |
| 电气机械和器材制造业 | 168 | 47.92 | 73.86 | 16.89 | 11.13 |
| 专用设备制造业 | 142 | 47.34 | 72.32 | 12.00 | 11.72 |
| 食品制造业 | 28 | 47.27 | 62.39 | 20.46 | 9.77 |
| 非金属矿物制品业 | 79 | 47.19 | 64.56 | 15.80 | 10.45 |
| 医药制造业 | 149 | 54.55 | 72.47 | 18.06 | 9.60 |
| 酒、饮料和精制茶业 | 36 | 45.96 | 71.90 | 24.41 | 11.32 |
| 通用设备制造业 | 101 | 45.70 | 65.02 | 16.75 | 10.30 |
| 汽车制造业 | 87 | 45.35 | 70.67 | 17.13 | 10.09 |
| 服装、服饰、皮毛和制鞋业 | 37 | 44.81 | 67.88 | 19.54 | 11.47 |
| 铁路和其他交通运输设备制造业 | 33 | 44.42 | 72.07 | 14.62 | 11.99 |
| 文化娱乐用品制造业 | 11 | 44.27 | 59.30 | 30.94 | 9.17 |
| 化学原料和化学制品制造业 | 180 | 43.95 | 71.03 | 7.77 | 11.92 |
| 农副食品加工业 | 38 | 43.95 | 63.64 | 28.06 | 7.36 |
| 木材加工和家具制造业 | 15 | 43.61 | 54.71 | 28.10 | 8.24 |
| 其他制造业 | 18 | 43.34 | 59.51 | 26.07 | 7.65 |
| 黑色金属冶炼和加工业 | 31 | 42.89 | 67.83 | 21.84 | 9.76 |
| 有色金属冶炼和加工业 | 57 | 41.89 | 65.39 | 6.49 | 11.31 |
| 计算机和其他电子设备制造业 | 220 | 50.66 | 77.59 | 15.37 | 10.87 |
| 橡胶和塑料制品业 | 51 | 41.72 | 55.95 | 15.63 | 9.28 |
| 造纸和印刷业 | 33 | 41.44 | 62.69 | 14.81 | 13.43 |
| 金属制品业 | 41 | 39.85 | 62.48 | 15.70 | 11.36 |
| 石油加工、炼焦业 | 19 | 39.36 | 61.93 | 12.20 | 13.43 |
| 纺织业 | 40 | 39.18 | 65.89 | 9.65 | 14.12 |
| 化学纤维制造业 | 23 | 37.91 | 59.15 | 20.48 | 10.41 |
| 综合类 | 28 | 56.75 | 80.75 | 30.03 | 12.70 |
| **合计** | **2 621** | **48.38** | **80.78** | **6.49** | **12.51** |

## （二）2015 年与 2014 年对比情况

由于 2015 年与 2014 年行业分类的变化，使这两年的指数得分及排名的可比性下降。我们仅对比 2015 年与 2014 年前 6 名与后 6 名的得分及行业构成情况，如表 6－6 所示。

**表 6－6　　2015 年相对于 2014 年各行业得分变化情况**

| 排名 | 2015 年 | | 2014 年 | |
|---|---|---|---|---|
| | 行业 | 平均得分 | 行业 | 平均得分 |
| 前6名 | 科研和技术服务业 | 67.18 | 金融 | 58 |
| | 文化、体育和娱乐业 | 62.14 | 医药、生物制品 | 54.38 |
| | 金融业 | 61.59 | 信息技术业 | 53.11 |
| | 水利、环境和公共设施管理业 | 57.39 | 社会服务业 | 51.89 |
| | 综合类 | 56.75 | 电子 | 51.22 |
| | 软件和信息技术服务业 | 55.96 | 传播与文化产业 | 50.49 |
| 略 | …… | …… | …… | …… |
| 后6名 | 橡胶和塑料制品业 | 41.72 | 交通运输、仓储业 | 46.4 |
| | 造纸和印刷业 | 41.44 | 金属、非金属 | 46.3 |
| | 金属制品业 | 39.85 | 建筑业 | 46.24 |
| | 石油加工、炼焦业 | 39.36 | 造纸、印刷 | 46.15 |
| | 纺织业 | 39.18 | 农、林、牧、渔 | 45.35 |
| | 化学纤维制造业 | 37.91 | 批发和零售贸易业 | 43.26 |

可见，2015 年制造业管理控制能力集体下滑，而新兴的第三产业管理控制能力提升明显。

## 三、按地区分类的管理控制质量评价

如表 6－7 所示，北京、上海、广东的管理控制质量总体较高，其中，北京上市公司的管理控制质量指数均值为 54.72 分，排名第一。多数地区的上市公司管理控制质量低于均值 48.38 分，宁夏、新疆、海南等地区的管理控制质量较低，分地区的管理控制质量得分由高到低列示在表 6 - 7 中。

**表 6 - 7　　按地区分类的管理控制质量指数描述性统计**

| 省份 | 公司数量 | 均值 | 最小值 | 最大值 | 标准差 |
|---|---|---|---|---|---|
| 北京 | 232 | 54.72 | 79.28 | 15.80 | 12.22 |
| 上海 | 201 | 50.39 | 79.55 | 6.54 | 13.01 |
| 广东 | 389 | 50.21 | 80.75 | 13.66 | 11.99 |
| 湖北 | 84 | 50.11 | 80.78 | 18.06 | 11.43 |
| 河北 | 51 | 49.78 | 73.43 | 19.69 | 12.31 |
| 湖南 | 77 | 49.43 | 77.09 | 14.81 | 12.86 |
| 青海 | 10 | 49.14 | 60.46 | 31.60 | 9.12 |
| 吉林 | 43 | 49.13 | 73.86 | 15.14 | 14.06 |
| 天津 | 42 | 48.69 | 65.49 | 18.05 | 11.00 |
| 贵州 | 22 | 48.39 | 66.48 | 27.36 | 10.70 |
| 福建 | 99 | 48.35 | 76.84 | 19.54 | 11.39 |
| 内蒙古 | 23 | 48.26 | 77.15 | 18.05 | 12.62 |
| 浙江 | 260 | 48.26 | 80.49 | 15.53 | 11.52 |
| 江西 | 34 | 47.09 | 70.83 | 27.04 | 11.24 |
| 陕西 | 41 | 47.05 | 66.11 | 11.58 | 14.04 |
| 云南 | 30 | 46.92 | 65.45 | 21.75 | 11.82 |
| 西藏 | 10 | 46.78 | 60.97 | 31.69 | 9.02 |
| 山东 | 151 | 46.72 | 76.41 | 6.49 | 11.76 |
| 江苏 | 256 | 46.43 | 75.61 | 9.86 | 11.83 |
| 黑龙江 | 32 | 46.29 | 74.55 | 12.94 | 15.33 |
| 甘肃 | 26 | 46.17 | 71.90 | 24.65 | 11.25 |
| 河南 | 66 | 45.99 | 73.52 | 12.00 | 11.97 |
| 重庆 | 42 | 45.68 | 68.15 | 10.13 | 12.90 |
| 辽宁 | 76 | 45.52 | 67.83 | 14.97 | 12.16 |
| 山西 | 31 | 45.40 | 66.38 | 24.15 | 12.74 |
| 四川 | 98 | 45.33 | 72.89 | 7.77 | 12.60 |
| 广西 | 32 | 45.08 | 76.85 | 16.94 | 14.01 |
| 安徽 | 80 | 43.89 | 75.76 | 9.65 | 13.46 |
| 海南 | 30 | 43.55 | 75.17 | 20.69 | 13.19 |
| 新疆 | 41 | 43.49 | 70.43 | 12.20 | 13.23 |
| 宁夏 | 12 | 33.87 | 55.94 | 16.28 | 11.55 |
| **总计** | **2 621** | **48.38** | **80.78** | **6.49** | **12.51** |

## 四、按最终控制人分类的管理控制质量评价

根据上市公司实际控制人的类别，我们将上市公司分为国有控股、民营控股、外资控股、无控制人及其他控股五大类。如表6－8所示，在全部上市公司中，无控制人企业的管理控制质量指数最高，达到51.94分，其他类型企业的管理控制得分最低（45.09分）。民营控股企业的管理控制质量要优于国有控股企业。

**表6－8　　按最终控制人分类的管理控制质量指数描述性统计**

| 终极控制人类型 | 公司数量 | 均值 | 最小值 | 最大值 | 标准差 |
|---|---|---|---|---|---|
| 国有控股 | 962 | 47.85 | 80.78 | 7.77 | 12.93 |
| 民营控股 | 1 398 | 48.63 | 80.49 | 6.49 | 12.03 |
| 外资控股 | 95 | 47.27 | 75.16 | 10.13 | 11.27 |
| 无控制人 | 118 | 51.94 | 80.75 | 9.86 | 14.62 |
| 其他控股 | 48 | 45.09 | 65.01 | 6.54 | 12.74 |

为了对国有控股类型公司进行深入分析，我们对国有控股公司分别按照层次属性及功能性质进行细分，为中央国企与地方国企，以及功能型国企和竞争型国企。如表6－9所示，中央国企管理控制指数均值为49.80，地方国企管理控制指数为46.84，中央国企的管理控制质量要略高于地方国企，国有企业管理控制能力低于民营企业，竞争型国企的管理控制质量要明显高于功能型国企。

**表6－9　　将国有控股企业细分的管理控制指数描述性统计**

| 国有企业分类 | 数量 | 均值 | 最大值 | 最小值 | 标准差 |
|---|---|---|---|---|---|
| 地方国企 | 633 | 46.84 | 78.33 | 7.77 | 12.65 |
| 中央国企 | 329 | 49.80 | 80.78 | 10.95 | 13.26 |
| 功能型国企 | 302 | 44.33 | 80.78 | 7.77 | 13.72 |
| 竞争型国企 | 660 | 49.46 | 79.38 | 9.65 | 12.22 |
| **合计** | **962** | **47.85** | **80.78** | **7.77** | **12.93** |

## 五、按第一大股东持股比例分类的管理控制质量评价

### （一）总体分析

按照第一大股东持股比例，我们将样本上市公司分为第一大股东持股比例在20%以下、20%~40%、40%~60%、60%以上四类。如表6-10所示，总体来看，第一大股东持股比例高于60%的上市公司管理控制质量指数最高，均值为50.94分，第一大股东持股比例在40%~60%之间的上市公司管理控制质量指数高于第一大股东持股比例低于40%的上市公司。总体来看，上市公司持股比例越高，管理控制质量指数越高。

**表6-10　按第一大股东持股比例分类的管理控制质量指数描述性统计**

| 第一大股东持股比例 | 公司数量 | 比例（%） | 均值 | 最小值 | 最大值 | 标准差 |
|---|---|---|---|---|---|---|
| 持股比例≥60% | 168 | 6.41 | 50.94 | 77.21 | 11.58 | 12.65 |
| 40%≤持股比例<60% | 743 | 28.35 | 48.53 | 80.78 | 9.65 | 12.51 |
| 20%≤持股比例<40% | 1 241 | 47.35 | 48.22 | 80.49 | 6.49 | 12.28 |
| 持股比例>20% | 466 | 17.78 | 47.66 | 80.75 | 6.54 | 12.95 |

### （二）比较分析

我们将2012年、2013年、2014年和2015年的管理控制指数均值按第一大股东持股比例比较如表6-11所示。

**表6-11　2012~2015年按大股东持股比例分类的管理控制质量指数对比分析**

| 第一大股东持股比例 | 2012年 | | 2013年 | | 2014年 | | 2015年 | |
|---|---|---|---|---|---|---|---|---|
| | 均值 | 排名 | 均值 | 排名 | 均值 | 排名 | 均值 | 排名 |
| 持股比例≥60% | 54.37 | 1 | 51.85 | 1 | 51.92 | 1 | 50.94 | 1 |
| 40%≤持股比例<60% | 52.42 | 2 | 49.17 | 3 | 49.76 | 2 | 48.53 | 2 |
| 20%≤持股比例<40% | 51.17 | 3 | 48.92 | 4 | 48.57 | 3 | 48.22 | 3 |
| 持股比例>20% | 49.84 | 4 | 49.8 | 2 | 48.25 | 4 | 47.66 | 4 |

从近四年来看，第一大股东持股比例高于60%的上市公司指数排名没有变化，一直排名第一，体现了良好稳定的管控质量；第一大股东持股比例在40%~60%及20%~40%的管理控制指数排名先是在2013年后退一名，之后在2014年和2015年上升到了原来位置，有所进步；而第一大股东持股比例小于20%的上市公司管理控制指数近两年都排名垫底。

## 六、按上市板块分类的管理控制质量评价

按照上市板块比例，我们将样本上市公司分为创业板、中小板、深市主板、沪市主板四类。如表6-12所示，总体来看，创业板的上市公司管理控制质量指数最高，均值为53.31分，沪市主板和中小板上市公司的管理控制质量指数居中，深市主板管理控制质量最低，其均值为46.29分。

**表6-12　　按上市板块分类的管理控制质量指数描述性统计**

| 上市板块 | 公司数量 | 比例（%） | 均值 | 最小值 | 最大值 | 标准差 |
|---|---|---|---|---|---|---|
| 深市主板 | 468 | 17.86 | 46.29 | 80.75 | 7.77 | 13.30 |
| 中小板 | 739 | 28.20 | 47.76 | 80.49 | 6.49 | 11.71 |
| 创业板 | 416 | 15.87 | 53.31 | 79.08 | 15.80 | 10.66 |
| 沪市主板 | 998 | 38.08 | 47.76 | 80.78 | 6.54 | 12.90 |

我们按上市板块的得分与排名将2014年和2015年的管理控制指数进行比较如表6-13所示。

**表6-13　　按上市板块分类的2015年与2014年对比分析**

| 上市板块 | 2015年 | | 2014年 | |
|---|---|---|---|---|
| | 均值 | 排名 | 均值 | 排名 |
| 深市主板 | 46.29 | 4 | 50.49 | 1 |
| 中小板 | 47.76 | 2 | 47.99 | 3 |
| 创业板 | 53.31 | 1 | 47.55 | 4 |
| 沪市主板 | 47.76 | 2 | 50.02 | 2 |

相比2014年，中小板和沪市主板的指数排名变动较小，而其他两大板块的指数排名变动幅度偏大，创业板的排名由第4名上升到第1名，深市板块的排名下降3位，居于最后。

## 七、主要结论

（1）总体来看，中国上市公司2015年度管理控制指数总体分布接近以48.38分为均值、12.51为标准差的正态分布，形态适中。上市公司管理控制水平与2014年相比出现了下降趋势，且公司间存在较大差异，管理控制质量指数最高达到80.78分，而最低仅有6.49分，两者相差74.29分。

（2）分行业来看，科研和技术服务业的管理控制质量指数均值最高，为67.18分，文化、体育和娱乐业、金融业的管理控制质量也较高，分居第二位和第三位，得分均高于60分，化学纤维制造业、纺织业、石油加工炼焦业排名后三位，得分都不足40分。

（3）分地域来看，北京、上海、广东的管理控制质量指数高于样本总体，其中，北京上市公司的管理控制质量指数均值为57.42分，排名第一。多数地区的上市公司管理控制质量指数低于均值48.35分，宁夏、新疆、海南等西部欠发达地区的管理控制质量较低。

（4）从上市公司实际控制人类型来看，无控制人企业的管理控制质量指数最高，达到51.94分，其他类型企业的管理控制得分最低，中央国企的管理控制质量要略高于地方国企。竞争型国企的管理控制质量要明显高于功能型国企。

（5）从第一大股东持股比例来看，第一大股东持股比例高于60%的上市公司管理控制质量指数最高，均值为49.95分，第一大股东持股比例在40%~60%之间的上市公司管理控制质量指数次之，均值为48.48分。总体来看，上市公司持股比例越高，管理控制质量指数越高。

（6）从上市板块来看，中小板和沪市主板的管理控制质量指数排名稳定，其他两大板块的指数排名变动幅度偏大。创业板的上市公司管理控制质量指数最高，均值为53.31分，深市主板上市公司的管理控制质量指数落居第四位，其均值为46.29分。深市主板和创业板的管理控制质量指数均为47.76分。

# 财务运行质量评价

## 一、财务运行质量总体描述

我们对沪深两市截至2015年4月30日所有上市公司的财务运行状况进行了逐一评价，共涵盖在中国大陆地区上市的2 621家公司。2015年财务运行质量指数的平均值为51.67，最小值为0，最大值为77.11，标准差为9.23，与2014年的指数均值50.77相比，财务运行质量有所提高，但是公司间财务运行质量指数差异依旧较为显著。从财务运行指数的分布来看，其峰度为3.56，偏度为-0.51，总体来看呈左偏的尖峰分布，分布状况如图7-1所示。

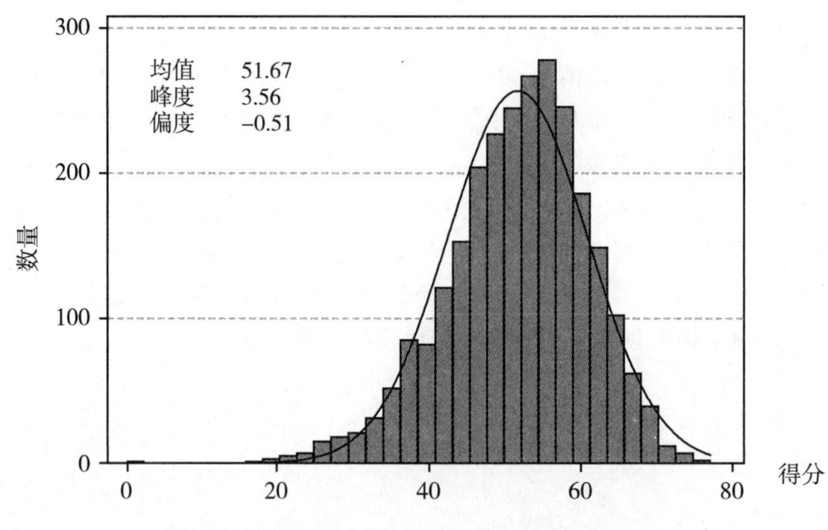


**图7-1　中国上市公司财务运行指数总体分布**

财务运行指数中，股利分配质量最低，投资质量较高，筹资质量和股利分配质量居中。2015年财务运行质量指数及其四个子指标的描述性统计情况见表7-1。

表 7－1 中国上市公司 2015 年度财务运行质量描述性统计

| 项目 | 公司数量 | 均值 | 最小值 | 最大值 | 标准差 |
|---|---|---|---|---|---|
| 财务运行质量指数 | 2 621 | 51.67 | 0.00 | 77.11 | 9.23 |
| ——投资质量 | 2 621 | 58.04 | 0.00 | 87.00 | 16.58 |
| ——筹资质量 | 2 621 | 54.39 | 0.00 | 87.00 | 21.88 |
| ——资金运营质量 | 2 621 | 53.63 | 0.00 | 86.38 | 14.07 |
| ——股利分配质量 | 2 621 | 36.95 | 0.00 | 86.50 | 16.77 |

从财务运行质量指数的四个要素来看，投资质量、筹资质量、资金运营质量和股利分配质量的平均值分别为 58.04、54.39、53.63 和 36.95。其中：投资质量最高，均值为 58.04，但相对 2014 年有所降低，说明 2015 上市公司投资质量稳中有降；利润分配质量最低，均值为 36.95，相对上一年略有提高，说明受到市场监管的影响，上市公司提高了分红水平。上述四个方面的级差分别为 87.00、87.00、86.38、86.50，说明公司间投资质量、筹资质量、资金运营质量和股利分配质量差距较大。与前两年相比，投资质量继续下降，股利分配质量持续上升，筹资质量与资金运营质量呈波动性变化。

如表 7－2 所示，就 2013～2015 年连续三年的上市公司财务运行指数状况而言，财务运行质量指数在连续两年下降后呈现回升的趋势，从 2013 年的 51.55 分回升至 2015 年的 51.67 分。从指数分项指标来看，股利分配质量指数上升幅度较大，其次是资金运营质量指数，投资质量、筹资质量呈现下降趋势，总体表明我国上市公司的财务运行质量状况有所改善，但是目前公司投资质量和筹资质量均表现不尽如人意，这可能是由于目前我国宏观经济整体基本面下行压力较大，企业面临融资成本有所提升。

表 7－2 2013～2015 年财务运行质量指数总体情况分析

| 项目 | 2015 年 | 2014 年 | 2013 年 |
|---|---|---|---|
| 财务运行质量指数 | 51.67 | 50.77 | 51.55 |
| ——投资质量 | 58.04 | 58.79 | 61.76 |
| ——筹资质量 | 54.39 | 57.74 | 61.48 |
| ——资金运营质量 | 53.63 | 50.77 | 50.90 |
| ——股利分配质量 | 36.95 | 32.40 | 31.37 |

2 621 家上市公司的财务运行质量指数等级状况如表 7－3 所示。不难发现，分值达到 80 分以上的上市公司数量为 0，占样本总量的 0.00%；70～80 分之间的上

市公司数量仅为25家，占样本总量的0.95%；60~70分之间的上市公司数量为437家，占样本总量的16.67%，50~60分之间的上市公司数量为1 125家，占样本总量的42.91%，50分以下的上市公司数量为1 034家，占样本总量的39.47%。

**表7-3　　　　上市公司财务运营指数等级状况**

| 项目 | 公司数量 | 比例（%） | 均值 | 最小值 | 最大值 | 标准差 |
|---|---|---|---|---|---|---|
| 指数≥80 | 0 | 0.00 | — | — | — | — |
| 70≤指数<80 | 25 | 0.95 | 72.00 | 70.03 | 77.11 | 7.08 |
| 60≤指数<70 | 437 | 16.67 | 63.67 | 60.01 | 69.91 | 9.90 |
| 50≤指数<60 | 1 125 | 42.91 | 54.92 | 50.01 | 59.99 | 9.98 |
| 指数<50 | 1 034 | 39.47 | 42.59 | 0.00 | 50.00 | 50.00 |

表7-4将2013~2015年财务运行质量指数分布进行了纵向对比，可以发现，2015年大部分上市公司的财务运行质量在60分以下，但50分以下的上市公司数量占总体比例较2013年略有下降，综合来看，2015年上市公司财务运行质量有所上升，这表明在宏观经济运行压力增大的情况下，上市公司通过提升资金运营质量和股利分配质量水平，仍可以保持财务运行质量总体较高水平。

**表7-4　　　　2013~2015年财务运行质量指数分布频数对照**

| 指数分布 | 2015 | | 2014 | | 2013 | |
|---|---|---|---|---|---|---|
| | 频数 | 比例（%） | 频数 | 比例（%） | 频数 | 比例（%） |
| 指数≥80 | 0 | 0.00 | 1 | 0.04 | 0 | 0 |
| 70≤指数<80 | 25 | 0.95 | 43 | 1.71 | 8 | 0.32 |
| 60≤指数<70 | 437 | 16.67 | 383 | 15.23 | 397 | 16.07 |
| 50≤指数<60 | 1 125 | 42.91 | 948 | 37.69 | 1 009 | 40.85 |
| 指数<50 | 1 034 | 39.47 | 1 140 | 45.33 | 1 056 | 42.75 |

## 二、按行业分类的财务运行质量评价

我们分行业对2015年度2 621家上市公司财务运行质量指数进行了分析，其中制造业由于数量较多，按行业代码后一位数字进行划分和统计，结果见表7-5（排名由高到低）。从中可以看出，2015年房地产业、化学纤维制造业、批发和零售业排名分居前三，其中房地产业财务运行质量最高，得分为57.19，房地产市场趋于稳定，由重视外延式发展到开始重视内涵式发展，财务运行出现向好趋势。财务运行状况最差的三个行业是黑色金属冶炼和加工业、水利环境和公共设施管理业、采矿业，其中采矿业排名垫底。

表7-5　分行业的财务运行指数描述性统计

| 行业名称 | 公司数量 | 均值 | 最小值 | 最大值 | 标准差 |
|---|---|---|---|---|---|
| 房地产业 | 132 | 57.19 | 26.09 | 73.85 | 9.88 |
| 化学纤维制造业 | 23 | 55.62 | 42.60 | 68.13 | 5.17 |
| 批发和零售业 | 150 | 55.53 | 0.00 | 77.11 | 10.37 |
| 食品制造业 | 28 | 55.14 | 37.19 | 67.21 | 8.66 |
| 服装、服饰、皮毛和制鞋业 | 37 | 54.55 | 39.23 | 73.25 | 7.97 |
| 农副食品加工业 | 38 | 54.39 | 23.94 | 70.11 | 10.39 |
| 橡胶和塑料制品业 | 51 | 54.17 | 29.30 | 66.41 | 9.11 |
| 医药制造业 | 149 | 53.81 | 31.58 | 72.72 | 8.21 |
| 金属制品业 | 41 | 53.62 | 35.48 | 70.04 | 8.78 |
| 住宿和餐饮业 | 11 | 53.13 | 24.07 | 73.75 | 15.48 |
| 通用设备制造业 | 101 | 53.07 | 32.01 | 71.78 | 7.69 |
| 木材加工和家具制造业 | 15 | 52.87 | 33.21 | 63.46 | 8.51 |
| 汽车制造业 | 87 | 52.66 | 34.14 | 64.81 | 6.91 |
| 电气机械和器材制造业 | 168 | 52.59 | 28.73 | 71.55 | 7.21 |
| 酒、饮料和精制茶业 | 36 | 52.55 | 20.69 | 65.13 | 8.63 |
| 制造业 | 1 668 | 51.84 | 18.95 | 73.25 | 8.58 |
| 化学原料和化学制品制造业 | 180 | 51.78 | 23.21 | 71.56 | 8.87 |
| 建筑业 | 66 | 51.60 | 26.64 | 67.96 | 9.28 |
| 交通运输、仓储和邮政业 | 82 | 51.54 | 20.54 | 70.03 | 10.08 |
| 纺织业 | 40 | 51.12 | 21.88 | 69.48 | 11.26 |
| 电、热、气、水生产和供应业 | 85 | 51.10 | 23.55 | 68.80 | 9.95 |
| 非金属矿物制品业 | 79 | 51.04 | 20.27 | 68.85 | 9.15 |
| 造纸和印刷业 | 33 | 50.79 | 25.94 | 63.10 | 9.18 |
| 计算机和其他电子设备制造业 | 220 | 50.50 | 22.82 | 69.01 | 8.55 |
| 有色金属冶炼和加工业 | 57 | 50.46 | 31.07 | 68.45 | 8.61 |

续表

| 行业名称 | 公司数量 | 均值 | 最小值 | 最大值 | 标准差 |
|---|---|---|---|---|---|
| 文化娱乐用品制造业 | 11 | 50.39 | 36.19 | 64.71 | 8.77 |
| 铁路和其他交通运输设备制造业 | 33 | 50.38 | 30.60 | 64.57 | 8.09 |
| 仪器仪表制造业 | 31 | 50.18 | 18.95 | 67.12 | 11.96 |
| 科研和技术服务业 | 18 | 49.90 | 34.88 | 59.98 | 7.26 |
| 专用设备制造业 | 142 | 49.78 | 26.26 | 68.69 | 7.09 |
| 软件和信息技术服务业 | 139 | 49.51 | 27.97 | 65.74 | 8.45 |
| 文化、体育和娱乐业 | 32 | 49.50 | 16.11 | 63.13 | 9.82 |
| 石油加工、炼焦业 | 19 | 48.89 | 29.93 | 62.85 | 9.40 |
| 综合类 | 28 | 48.46 | 26.01 | 68.37 | 12.03 |
| 农、林、牧、渔业 | 40 | 48.43 | 28.96 | 63.05 | 7.60 |
| 商务租赁和服务业 | 24 | 48.14 | 25.70 | 64.98 | 10.34 |
| 其他制造业 | 18 | 47.63 | 21.77 | 62.38 | 11.73 |
| 金融业 | 46 | 46.76 | 22.77 | 57.42 | 7.50 |
| 黑色金属冶炼和加工业 | 31 | 46.52 | 32.43 | 68.53 | 8.82 |
| 水利、环境和公共设施管理业 | 28 | 46.51 | 28.66 | 64.29 | 8.17 |
| 采矿业 | 72 | 45.16 | 19.44 | 68.02 | 10.30 |
| **合计** | **2 621** | **48.38** | **3.35** | **87.23** | **12.60** |

注：前面带空格的行业为证监会行业分类中制造业下的二级行业分类。

## 三、按地区分类的财务运行质量评价

我们按照公司注册地，对2015年度2 621家上市公司财务运行质量进行了统计分析，结果见表7－6。

**表7－6　　分地区上市公司财务运行质量指数描述性统计**

| 省份 | 公司数量 | 均值 | 最小值 | 最大值 | 标准差 |
|---|---|---|---|---|---|
| 江西 | 34 | 54.42 | 23.94 | 65.57 | 8.59 |
| 安徽 | 80 | 53.89 | 29.98 | 66.47 | 7.99 |
| 贵州 | 22 | 53.80 | 35.92 | 70.04 | 9.35 |

续表

| 省份 | 公司数量 | 均值 | 最小值 | 最大值 | 标准差 |
|---|---|---|---|---|---|
| 浙江 | 260 | 53.55 | 26.26 | 71.69 | 7.96 |
| 上海 | 201 | 53.15 | 0.00 | 75.07 | 10.20 |
| 天津 | 42 | 52.98 | 27.84 | 71.55 | 8.46 |
| 广东 | 389 | 52.81 | 18.95 | 73.85 | 8.77 |
| 山东 | 151 | 52.03 | 19.44 | 69.48 | 8.25 |
| 江苏 | 256 | 51.49 | 25.40 | 73.25 | 7.91 |
| 北京 | 232 | 51.46 | 26.66 | 77.11 | 9.89 |
| 湖北 | 84 | 51.15 | 22.82 | 67.20 | 9.13 |
| 河北 | 51 | 51.13 | 28.73 | 67.10 | 9.38 |
| 陕西 | 41 | 51.03 | 21.88 | 73.75 | 11.84 |
| 黑龙江 | 32 | 50.91 | 23.55 | 68.13 | 11.69 |
| 福建 | 99 | 50.87 | 28.75 | 69.91 | 8.18 |
| 西藏 | 10 | 50.83 | 26.64 | 69.23 | 12.83 |
| 辽宁 | 76 | 50.81 | 34.88 | 71.81 | 8.58 |
| 湖南 | 77 | 50.50 | 24.07 | 73.02 | 9.43 |
| 重庆 | 42 | 50.50 | 26.43 | 67.22 | 10.37 |
| 河南 | 66 | 50.14 | 27.04 | 67.36 | 8.06 |
| 云南 | 30 | 50.05 | 28.96 | 65.34 | 9.03 |
| 内蒙古 | 23 | 49.92 | 26.66 | 67.53 | 11.02 |
| 新疆 | 41 | 49.74 | 25.70 | 70.11 | 9.41 |
| 四川 | 98 | 49.49 | 25.94 | 68.69 | 9.48 |
| 广西 | 32 | 49.25 | 27.18 | 71.09 | 10.46 |
| 甘肃 | 26 | 49.17 | 31.40 | 63.91 | 9.22 |
| 吉林 | 43 | 48.82 | 20.69 | 72.72 | 10.15 |
| 海南 | 30 | 47.91 | 30.49 | 68.92 | 10.42 |
| 山西 | 31 | 47.55 | 16.11 | 71.56 | 12.27 |
| 宁夏 | 12 | 46.46 | 21.88 | 66.44 | 14.05 |
| 青海 | 10 | 42.42 | 20.27 | 59.67 | 12.16 |
| **总计** | **2 621** | **1 613.00** | **809.48** | **2 209.97** | **314.63** |

从表7－6可见，2015年财务运行质量指数均值超过总体均值的地区有山东、广东、天津、上海、浙江、贵州、安徽、江西，其中均值最高的三个省份是江西、安徽、贵州，分别为54.42、53.89、53.80，与前一年前三甲相比变化不大（见表7－7）。2014年前三甲为上海、黑龙江、安徽，财务运行质量指数均值分别为54.48、53.48、52.63；2013年前三甲为安徽、北京、浙江，财务运行质量指数均值分别为54.38、53.54、53.48。财务运行质量指数均值最低的三个省（区）是山西、宁夏、青海，均值分别为47.55、44.52、42.42，比前两年最低三省相比，分值有降低趋势，2014年青海、云南、宁夏，财务运行质量指数均值分别为47.60、47.55、45.42；2013年宁夏、海南、青海，财务运行质量指数均值分别为45.48、45.32、45.08。2015年均值最大的省份和均值最小的省份相差12分，省际间差距有扩大趋势。各省内上市公司财务运行质量差异也较大，特别是上海、山西、广东，极差分别达到75.07、55.45、54.89，与前两年相比，省内级差变化不大。

**表7－7　　2013～2015年分地区上市公司财务运行质量指数变化情况**

| 省份 | 均值 | | | 中位数 | | | 标准差 | | |
|---|---|---|---|---|---|---|---|---|---|
| | 2015 | 2014 | 2013 | 2015 | 2014 | 2013 | 2015 | 2014 | 2013 |
| 安徽 | 53.89 | 52.63 | 54.38 | 54.91 | 53.02 | 55.76 | 7.99 | 8.74 | 7.86 |
| 北京 | 51.46 | 52.38 | 53.54 | 52.71 | 52.27 | 54.28 | 9.89 | 9.82 | 7.53 |
| 福建 | 50.87 | 49.54 | 51.95 | 51.19 | 48.77 | 50.03 | 8.18 | 9.10 | 8.04 |
| 甘肃 | 49.17 | 50.54 | 47.39 | 51.37 | 52.55 | 45.47 | 9.22 | 7.91 | 6.81 |
| 广东 | 52.81 | 51.57 | 52.86 | 54.12 | 51.21 | 53.54 | 8.77 | 9.26 | 7.70 |
| 广西 | 49.25 | 50.76 | 48.24 | 49.73 | 50.36 | 46.06 | 10.46 | 9.57 | 9.36 |
| 贵州 | 53.80 | 50.30 | 52.24 | 53.97 | 48.67 | 53.05 | 9.35 | 9.18 | 8.07 |
| 海南 | 47.91 | 48.64 | 45.32 | 47.08 | 47.72 | 45.75 | 10.42 | 9.49 | 7.07 |
| 河北 | 51.13 | 48.04 | 47.68 | 53.59 | 48.11 | 45.88 | 9.38 | 9.11 | 9.28 |
| 河南 | 50.14 | 49.89 | 51.69 | 50.21 | 51.16 | 52.11 | 8.06 | 8.76 | 6.51 |
| 黑龙江 | 50.91 | 53.48 | 47.65 | 53.71 | 55.27 | 47.74 | 11.69 | 11.37 | 7.96 |
| 湖北 | 51.15 | 49.91 | 50.03 | 53.19 | 50.50 | 49.21 | 9.13 | 9.16 | 8.09 |
| 湖南 | 50.50 | 49.05 | 50.71 | 49.54 | 48.46 | 49.88 | 9.43 | 8.93 | 8.82 |
| 吉林 | 48.82 | 49.58 | 48.36 | 47.98 | 48.37 | 47.03 | 10.15 | 10.25 | 8.07 |
| 江苏 | 51.49 | 50.24 | 52.86 | 51.86 | 50.46 | 54.08 | 7.91 | 8.76 | 7.72 |
| 江西 | 54.42 | 50.75 | 51.53 | 56.26 | 54.84 | 51.33 | 8.59 | 9.97 | 7.99 |
| 辽宁 | 51.07 | 50.82 | 50.81 | 50.51 | 50.54 | 50.47 | 8.49 | 10.69 | 8.58 |

续表

| 省份 | 均值 | | | 中位数 | | | 标准差 | | |
|---|---|---|---|---|---|---|---|---|---|
| | 2015 | 2014 | 2013 | 2015 | 2014 | 2013 | 2015 | 2014 | 2013 |
| 内蒙古 | 49.92 | 48.65 | 50.98 | 48.73 | 48.09 | 51.54 | 11.02 | 10.88 | 8.57 |
| 宁夏 | 46.46 | 45.42 | 45.48 | 49.75 | 43.63 | 45.49 | 14.05 | 13.39 | 8.49 |
| 青海 | 42.42 | 47.60 | 45.08 | 41.71 | 43.23 | 45.04 | 12.16 | 11.72 | 7.51 |
| 山东 | 52.03 | 49.26 | 51.36 | 52.71 | 49.17 | 51.34 | 8.25 | 9.08 | 8.08 |
| 山西 | 47.55 | 48.79 | 49.43 | 48.94 | 50.86 | 49.37 | 12.27 | 9.41 | 7.68 |
| 陕西 | 51.03 | 50.61 | 49.77 | 51.08 | 52.25 | 47.17 | 11.84 | 8.12 | 7.08 |
| 上海 | 53.15 | 54.48 | 51.10 | 53.95 | 55.12 | 51.19 | 10.20 | 10.00 | 8.60 |
| 四川 | 49.49 | 49.49 | 50.37 | 51.22 | 50.78 | 50.38 | 9.48 | 10.09 | 8.39 |
| 天津 | 52.98 | 51.19 | 51.47 | 54.85 | 51.43 | 50.94 | 8.46 | 7.56 | 7.81 |
| 西藏 | 50.83 | 50.48 | 48.53 | 53.91 | 48.17 | 46.57 | 12.83 | 13.04 | 7.87 |
| 新疆 | 49.74 | 48.92 | 48.89 | 50.14 | 47.59 | 50.13 | 9.41 | 10.20 | 8.19 |
| 云南 | 50.05 | 47.55 | 51.01 | 48.96 | 46.47 | 50.39 | 9.03 | 9.69 | 7.64 |
| 浙江 | 53.55 | 50.12 | 53.48 | 53.82 | 51.38 | 54.69 | 7.96 | 9.71 | 8.38 |
| 重庆 | 50.50 | 50.90 | 50.41 | 51.33 | 51.21 | 49.57 | 10.37 | 9.41 | 7.24 |

## 四、按最终控制人性质分类的财务运行质量评价

按照最终控制人性质，我们把上市公司分为国有控股、民营控股、外资控股、无控制人和其他类型，共5类，并进行对比分析，其中其他控制人类型包括集体控股、社会团体控股和职工持股会控股，由于数量较少，合并为一个类别。2015年度2 621家上市公司财务运行质量指数按大股东性质分类统计结果如表7－8所示。

**表7－8　　按大股东性质分类的上市公司财务运行质量指数描述性统计**

| 最终控制人类型 | 公司数量 | 比例（%） | 均值 | 最小值 | 最大值 | 标准差 |
|---|---|---|---|---|---|---|
| 国有控股 | 962 | 36.70 | 52.24 | 24.07 | 77.11 | 9.37 |
| 民营控股 | 1 398 | 53.34 | 51.19 | 16.11 | 73.25 | 8.93 |
| 外资控股 | 95 | 3.62 | 52.99 | 28.75 | 73.85 | 9.23 |
| 无控制人 | 118 | 4.50 | 51.38 | 0.00 | 73.02 | 10.71 |
| 其他控股 | 48 | 1.83 | 52.32 | 22.77 | 72.77 | 10.66 |
| **合计** | **2 621** | **100** | **260.13** | **91.70** | **370.00** | **48.89** |

从表7-8可见，外资控股上市公司财务运行指数均值最大，为52.99，其次为国有控股，均值为52.24；民营控股上市公司财务运行指数均值最小，为51.19。按大股东性质评价财务运行质量，国有控股上市公司财务运行指数均值有所降低，主要原因是中央国企的财务运行指数均值降低较多，说明国有控股上市公司财务运行质量有降低趋势。

对最近三年按最终控制人性质进行分类的财务运行质量指数比较可知，国有控股的排名降低，而民营控股类的排名显著下降，从2013年的第2名降至2015年的最后一位，这表明目前我国国有控股企业的财务运行质量总体水平仍低于民营控股类企业，并且国有控股企业排名下降幅度较大，这可能与目前国有企业巡视制度和国企高管反腐降薪有关，国有企业高管投资经营活动更为被动和消极，导致国有企业财务运行质量在宏观经济下行压力条件下恶化，详见表7-9。

**表7-9　　2013~2015年分最终控制人性质的财务运行质量变化情况**

| 最终控制人类型 | 2013年 | | 2014年 | | 2015年 | |
|---|---|---|---|---|---|---|
| | 均值 | 排名 | 均值 | 排名 | 均值 | 排名 |
| 国有控股 | 51.00 | 5 | 52.66 | 1 | 52.24 | 2 |
| 民营控股 | 51.94 | 2 | 49.17 | 5 | 51.19 | 5 |
| 外资控股 | 51.21 | 3 | 50.45 | 4 | 52.99 | 1 |
| 无控制人 | 51.05 | 4 | 52.00 | 3 | 51.38 | 4 |
| 其他控制 | 52.81 | 1 | 52.54 | 2 | 52.32 | 3 |

为了对国有控股类型公司进行深入分析，我们对国有控股公司按照层次细分为中央国企与地方国企；同时按国有企业的功能，将国有企业细分为功能型国企和竞争型国企，并分别进行分析（见表7-10）。

**表7-10　　将国有控股企业细分的财务运行状况**

| 国有企业分类 | 数量 | 均值 | 最大值 | 最小值 | 标准差 |
|---|---|---|---|---|---|
| 地方国企 | 633 | 52.67 | 24.07 | 77.11 | 9.54 |
| 中央国企 | 329 | 51.42 | 25.40 | 70.15 | 8.99 |
| 功能型国企 | 302 | 50.05 | 25.40 | 68.92 | 9.21 |
| 竞争型国企 | 660 | 53.24 | 24.07 | 77.11 | 9.28 |
| **合计** | **962** | **52.24** | **24.07** | **77.11** | **9.37** |

从表7-10中可以看出，中央国企的财务运行质量低于地方国企，这主要是因为中央国有企业多属于全国性垄断行业，其更容易获得信贷融资资源，融资成本虽相对较低，但是其投资效率低下，投资风险约束程度较低，中央企业总体投资活动、运营活动效率偏低；竞争型国企财务运行质量明显高于功能型国企，这可能是由于竞争型国企面临很多市场化因素和约束，其筹资、投资和运营活动效率也相对功能型国企较高，进而表现出较高的财务运行质量水平。

## 五、按第一大股东持股比例分类的财务运行质量评价

2015年度2 621家上市公司财务运行质量指数按股权集中度分类统计结果见表7-11。

**表7-11　　按股权集中度分类的上市公司财务运行质量指数描述性统计**

| 第一大股东持股比例 | 样本量 | 比例（%） | 均值 | 最小值 | 最大值 | 标准差 |
|---|---|---|---|---|---|---|
| 持股比例<20% | 469 | 17.89 | 50.39 | 0.00 | 71.81 | 9.76 |
| 20%≤持股比例<40% | 1 241 | 47.35 | 51.50 | 16.11 | 75.07 | 9.11 |
| 40%≤持股比例<60% | 743 | 28.35 | 52.33 | 18.95 | 77.11 | 9.23 |
| 持股比例≥60% | 168 | 6.41 | 53.59 | 25.40 | 70.39 | 8.05 |
| **总计** | **2 621** | **100** | **207.81** | **60.46** | **294.39** | **36.15** |

从表7-11可见，第一大股东持股比例在60%以上的上市公司财务运行指数均值最大，为53.59；第一大股东持股比例在40%~60%和20%~40%之间的上市公司，指数均值分别为52.33和51.50；第一大股东持股比例在20%以下的上市公司财务运行指数均值最小，为50.39。由此可见，上市公司第一大股东持股比例与财务运行质量呈正相关关系。

## 六、按上市板块分类的财务运行质量评价

2015年度2 621家上市公司财务运行质量指数按上市板块分类统计结果见表7-12。

表 7－12　　按上市板块分类的上市公司财务运行质量指数描述性统计

| 板块性质 | 样本量 | 比例（%） | 均值 | 最小值 | 最大值 | 标准差 |
|---|---|---|---|---|---|---|
| 深市主板 | 468 | 17.86 | 50.85 | 16.11 | 73.75 | 10.23 |
| 中小板 | 739 | 28.20 | 52.22 | 18.95 | 73.25 | 8.33 |
| 创业板 | 416 | 15.87 | 50.67 | 22.82 | 71.55 | 8.20 |
| 沪市主板 | 998 | 38.08 | 52.07 | 0.00 | 77.11 | 9.72 |
| **总计** | **2 621** | **100** | **205.81** | **57.88** | **295.66** | **36.48** |

从表 7－12 可见，中小板上市公司财务运行指数均值最大，为 52.22，沪市主板上市公司财务运行质量位居第二，均值为 52.07，创业板与深市主板上市公司财务运行指数均值最小，分别为 50.67 和 50.85。

## 七、主要结论

（1）2015 年财务运行质量指数的平均值为 51.67，标准差为 9.23，总体来看呈左偏的尖峰分布；相对 2014 年而言，2015 年财务运行质量有所提升，主要是资金运营质量和股利分配质量上升所致，而投资质量和筹资质量却在下降。

（2）分行业来看，2015 年房地产业、化学纤维制造业及批发和零售业排名位居前三，其中房地产业财务运行质量最高，得分为 57.19，房地产市场趋于稳定，由重视外延式发展到开始重视内涵式发展，财务运行出现向好趋势。财务运行状况最差的三个行业是黑色金属冶炼和加工业、水利环境和公共设施管理业、采矿业，其中采矿业排名垫底。

（3）分地区来看，均值最高的三个省份是江西、安徽、贵州，均值分别为 54.42、53.89、53.80，与前一年前三甲相比变化不大，财务运行质量指数均值最低的三个省（区）是山西、宁夏、青海。

（4）从最终控制人来看，外资控股上市公司财务运行质量最高为 52.99，其次为国有企业，均值为 52.24；民营控股上市公司财务运行指数均值最小，为 51.19。按大股东性质评价财务运行质量，国有控股上市公司财务运行质量排名垫底。中央国企的财务运行质量低于地方国企，竞争型国企财务运行质量明显高于功能型国企。

（5）从第一大股东持股比例来看，上市公司第一大股东持股比例与财务运行质量呈正相关关系。第一大股东持股比例在 60% 以上的上市公司财务运行指数均值最大，持股比例在 20% 以下的上市公司财务运行指数均值最小。

（6）从上市板块来看，中小板上市公司财务运行质量略高于其他板块公司，这可能是因为中小板上市公司的主要魅力在于其较高的成长性和企业价值，并且其业绩的稳定性要高于其他板块同类企业，进而导致其资金运营效率高于主板上市公司，股利分配水平高于创业板企业。

## 附表一　中国上市公司会计投资者保护指数（AIPI2015）（总体及二级指数）

| 证券代码 | 证券简称 | 排名 | 投资者保护指数 | 会计信息指数 | 内部控制指数 | 外部审计指数 | 管理控制指数 | 财务运行指数 |
|---|---|---|---|---|---|---|---|---|
| 600383 | 金地集团 | 1 | 66.75 | 59.55 | 66.13 | 67.55 | 75.87 | 69.34 |
| 002261 | 拓维信息 | 2 | 65.35 | 73.07 | 60.28 | 60.72 | 68.77 | 63.60 |
| 000963 | 华东医药 | 3 | 64.81 | 62.72 | 64.01 | 65.01 | 67.12 | 66.52 |
| 601139 | 深圳燃气 | 4 | 64.50 | 59.29 | 72.71 | 62.33 | 68.65 | 60.22 |
| 600600 | 青岛啤酒 | 5 | 64.39 | 60.14 | 70.14 | 60.24 | 69.05 | 63.11 |
| 601607 | 上海医药 | 6 | 64.37 | 58.70 | 73.51 | 60.34 | 65.69 | 62.92 |
| 600376 | 首开股份 | 7 | 64.28 | 53.42 | 69.19 | 64.02 | 72.84 | 66.06 |
| 600645 | 中源协和 | 8 | 64.22 | 58.95 | 56.77 | 76.60 | 79.55 | 58.97 |
| 000402 | 金融街 | 9 | 64.17 | 57.60 | 66.18 | 61.16 | 63.89 | 72.22 |
| 300017 | 网宿科技 | 10 | 63.98 | 71.78 | 59.39 | 62.02 | 65.73 | 60.51 |
| 000539 | 粤电力 A | 11 | 63.93 | 63.73 | 65.73 | 57.88 | 74.51 | 60.07 |
| 600754 | 锦江股份 | 12 | 63.89 | 52.33 | 69.12 | 65.27 | 66.24 | 68.85 |
| 002279 | 久其软件 | 13 | 63.66 | 68.68 | 67.25 | 53.92 | 62.07 | 62.54 |
| 000024 | 招商地产 | 14 | 63.57 | 59.53 | 63.47 | 54.78 | 71.92 | 70.15 |
| 600655 | 豫园商城 | 15 | 63.26 | 64.04 | 63.06 | 64.45 | 49.80 | 70.39 |
| 002186 | 全聚德 | 16 | 63.26 | 67.63 | 60.52 | 64.55 | 68.53 | 56.79 |
| 002624 | 完美环球 | 17 | 62.96 | 62.67 | 59.80 | 66.07 | 80.49 | 53.02 |
| 601006 | 大秦铁路 | 18 | 62.93 | 54.83 | 67.27 | 67.82 | 66.34 | 61.28 |
| 600588 | 用友网络 | 19 | 62.93 | 57.33 | 63.74 | 65.82 | 67.77 | 63.07 |
| 000541 | 佛山照明 | 20 | 62.64 | 66.29 | 66.37 | 64.48 | 48.63 | 61.71 |
| 601928 | 凤凰传媒 | 21 | 62.59 | 61.54 | 61.46 | 64.56 | 64.84 | 62.07 |
| 000999 | 华润三九 | 22 | 62.58 | 60.12 | 68.63 | 66.98 | 54.13 | 60.48 |
| 000600 | 建投能源 | 23 | 62.57 | 58.05 | 66.06 | 58.66 | 72.24 | 60.75 |
| 000002 | 万科 A | 24 | 62.53 | 59.68 | 70.36 | 64.22 | 54.47 | 60.75 |
| 000713 | 丰乐种业 | 25 | 62.50 | 63.79 | 57.06 | 73.31 | 61.22 | 59.32 |
| 002010 | 传化股份 | 26 | 62.45 | 62.39 | 66.29 | 59.82 | 51.76 | 67.18 |

续表

| 证券代码 | 证券简称 | 排名 | 投资者保护指数 | 会计信息指数 | 内部控制指数 | 外部审计指数 | 管理控制指数 | 财务运行指数 |
|---|---|---|---|---|---|---|---|---|
| 300348 | 长亮科技 | 27 | 62.42 | 62.56 | 55.84 | 63.48 | 67.37 | 65.74 |
| 601588 | 北辰实业 | 28 | 62.42 | 56.00 | 68.82 | 57.89 | 60.03 | 67.83 |
| 000090 | 天健集团 | 29 | 62.24 | 58.78 | 65.46 | 61.43 | 55.05 | 67.96 |
| 600027 | 华电国际 | 30 | 62.19 | 56.31 | 65.98 | 61.14 | 74.61 | 57.51 |
| 601988 | 中国银行 | 31 | 62.16 | 51.41 | 68.54 | 66.64 | 72.83 | 56.93 |
| 601398 | 工商银行 | 32 | 62.12 | 52.79 | 69.99 | 62.06 | 73.31 | 56.80 |
| 601288 | 农业银行 | 33 | 62.07 | 54.57 | 67.11 | 64.51 | 76.28 | 53.85 |
| 300238 | 冠昊生物 | 34 | 62.05 | 65.39 | 57.68 | 52.92 | 72.32 | 63.83 |
| 600362 | 江西铜业 | 35 | 62.03 | 52.89 | 66.39 | 67.34 | 64.23 | 62.04 |
| 600048 | 保利地产 | 36 | 61.96 | 55.27 | 61.97 | 58.68 | 71.53 | 66.26 |
| 000031 | 中粮地产 | 37 | 61.95 | 59.20 | 66.93 | 61.55 | 46.88 | 69.60 |
| 000661 | 长春高新 | 38 | 61.95 | 64.20 | 68.00 | 54.82 | 63.93 | 56.80 |
| 002107 | 沃华医药 | 39 | 61.94 | 67.06 | 51.38 | 60.14 | 69.68 | 64.47 |
| 000524 | 东方宾馆 | 40 | 61.91 | 64.21 | 58.66 | 53.83 | 75.21 | 60.80 |
| 600511 | 国药股份 | 41 | 61.89 | 58.27 | 56.19 | 66.21 | 62.37 | 68.90 |
| 000027 | 深圳能源 | 42 | 61.79 | 58.56 | 67.93 | 70.79 | 61.97 | 51.14 |
| 601939 | 建设银行 | 43 | 61.77 | 54.15 | 68.87 | 59.69 | 74.44 | 56.00 |
| 600208 | 新湖中宝 | 44 | 61.71 | 56.20 | 61.37 | 55.97 | 67.83 | 69.26 |
| 002672 | 东江环保 | 45 | 61.65 | 60.06 | 55.86 | 56.38 | 77.29 | 64.29 |
| 002267 | 陕天然气 | 46 | 61.63 | 60.15 | 61.91 | 54.51 | 61.68 | 68.80 |
| 000625 | 长安汽车 | 47 | 61.62 | 59.00 | 63.05 | 65.34 | 68.15 | 55.78 |
| 601618 | 中国中冶 | 48 | 61.60 | 53.80 | 66.90 | 68.35 | 69.45 | 54.12 |
| 600895 | 张江高科 | 49 | 61.57 | 54.86 | 56.68 | 56.44 | 78.33 | 68.37 |
| 002195 | 海隆软件 | 50 | 61.55 | 74.20 | 55.26 | 63.88 | 63.62 | 50.65 |
| 002321 | 华英农业 | 51 | 61.44 | 55.72 | 63.56 | 59.52 | 73.52 | 59.40 |
| 601186 | 中国铁建 | 52 | 61.43 | 57.45 | 62.31 | 63.07 | 62.35 | 63.20 |
| 000042 | 中洲控股 | 53 | 61.42 | 58.88 | 61.02 | 61.49 | 55.84 | 68.48 |
| 300253 | 卫宁软件 | 54 | 61.41 | 67.22 | 58.38 | 56.46 | 68.55 | 57.41 |

续表

| 证券代码 | 证券简称 | 排名 | 投资者保护指数 | 会计信息指数 | 内部控制指数 | 外部审计指数 | 管理控制指数 | 财务运行指数 |
|---|---|---|---|---|---|---|---|---|
| 601808 | 中海油服 | 55 | 61.39 | 57.83 | 67.50 | 69.73 | 50.78 | 58.69 |
| 002649 | 博彦科技 | 56 | 61.39 | 61.32 | 68.66 | 50.90 | 68.38 | 57.02 |
| 300286 | 安科瑞 | 57 | 61.37 | 61.78 | 60.85 | 53.87 | 62.02 | 67.12 |
| 300002 | 神州泰岳 | 58 | 61.32 | 63.10 | 61.44 | 55.86 | 69.19 | 58.39 |
| 000423 | 东阿阿胶 | 59 | 61.30 | 61.53 | 59.75 | 65.56 | 64.53 | 57.27 |
| 601226 | 华电重工 | 60 | 61.27 | 56.63 | 60.53 | 63.70 | 72.82 | 58.10 |
| 600900 | 长江电力 | 61 | 61.22 | 57.33 | 60.05 | 52.72 | 77.21 | 63.62 |
| 600104 | 上汽集团 | 62 | 61.22 | 54.88 | 63.34 | 70.59 | 58.33 | 60.55 |
| 000826 | 桑德环境 | 63 | 61.22 | 58.20 | 61.78 | 63.84 | 68.41 | 57.32 |
| 000533 | 万家乐 | 64 | 61.20 | 67.06 | 66.93 | 52.99 | 52.41 | 60.09 |
| 002241 | 歌尔声学 | 65 | 61.20 | 62.70 | 65.61 | 58.58 | 55.30 | 60.32 |
| 600011 | 华能国际 | 66 | 61.20 | 58.94 | 65.25 | 58.80 | 51.24 | 67.62 |
| 600987 | 航民股份 | 67 | 61.19 | 57.30 | 64.08 | 62.13 | 56.58 | 64.70 |
| 300203 | 聚光科技 | 68 | 61.17 | 62.15 | 64.29 | 55.07 | 68.01 | 56.92 |
| 002400 | 省广股份 | 69 | 61.14 | 59.71 | 61.92 | 62.58 | 67.49 | 56.61 |
| 300016 | 北陆药业 | 70 | 61.11 | 64.54 | 53.14 | 55.74 | 60.08 | 71.29 |
| 002280 | 联络互动 | 71 | 61.10 | 64.56 | 59.14 | 64.61 | 72.06 | 49.30 |
| 600863 | 内蒙华电 | 72 | 61.07 | 55.96 | 61.20 | 47.43 | 77.15 | 67.53 |
| 000029 | 深深房 A | 73 | 61.04 | 59.03 | 65.36 | 61.43 | 55.39 | 61.82 |
| 002050 | 三花股份 | 74 | 61.04 | 61.13 | 62.13 | 61.79 | 53.84 | 63.78 |
| 000516 | 国际医学 | 75 | 61.04 | 60.16 | 59.07 | 58.42 | 58.40 | 68.19 |
| 002095 | 生意宝 | 76 | 61.04 | 64.55 | 60.17 | 61.08 | 55.50 | 61.47 |
| 600718 | 东软集团 | 77 | 61.00 | 59.93 | 63.14 | 60.47 | 58.80 | 61.64 |
| 300036 | 超图软件 | 78 | 60.99 | 66.28 | 60.71 | 55.77 | 59.27 | 60.44 |
| 000651 | 格力电器 | 79 | 60.99 | 58.34 | 63.43 | 60.30 | 58.67 | 63.35 |
| 600859 | 王府井 | 80 | 60.94 | 57.48 | 63.12 | 54.43 | 46.63 | 77.11 |
| 000513 | 丽珠集团 | 81 | 60.91 | 65.00 | 65.62 | 61.59 | 55.04 | 53.94 |
| 600743 | 华远地产 | 82 | 60.88 | 55.27 | 58.83 | 65.41 | 61.04 | 66.06 |

续表

| 证券代码 | 证券简称 | 排名 | 投资者保护指数 | 会计信息指数 | 内部控制指数 | 外部审计指数 | 管理控制指数 | 财务运行指数 |
|---|---|---|---|---|---|---|---|---|
| 600173 | 卧龙地产 | 83 | 60.84 | 58.58 | 58.66 | 54.14 | 60.47 | 71.69 |
| 600639 | 浦东金桥 | 84 | 60.81 | 56.67 | 67.05 | 57.01 | 61.00 | 61.47 |
| 000022 | 深赤湾 A | 85 | 60.77 | 54.08 | 66.45 | 58.72 | 54.71 | 67.75 |
| 601328 | 交通银行 | 86 | 60.77 | 50.39 | 63.70 | 67.91 | 73.89 | 55.26 |
| 600886 | 国投电力 | 87 | 60.76 | 55.40 | 64.20 | 52.67 | 80.78 | 56.62 |
| 601088 | 中国神华 | 88 | 60.75 | 56.56 | 66.20 | 63.99 | 57.08 | 59.16 |
| 000411 | 英特集团 | 89 | 60.71 | 60.38 | 64.80 | 59.08 | 62.61 | 56.49 |
| 600196 | 复星医药 | 90 | 60.71 | 53.64 | 63.22 | 69.80 | 60.34 | 59.03 |
| 600018 | 上港集团 | 91 | 60.66 | 46.49 | 68.26 | 58.20 | 72.51 | 62.91 |
| 000613 | 大东海 A | 92 | 60.60 | 65.94 | 56.94 | 60.99 | 44.19 | 68.92 |
| 600085 | 同仁堂 | 93 | 60.60 | 60.88 | 59.63 | 54.61 | 59.06 | 67.23 |
| 600098 | 广州发展 | 94 | 60.60 | 55.93 | 61.97 | 54.69 | 64.27 | 66.90 |
| 002543 | 万和电气 | 95 | 60.59 | 61.95 | 65.50 | 61.46 | 43.52 | 63.76 |
| 002282 | 博深工具 | 96 | 60.59 | 65.66 | 55.26 | 51.42 | 62.22 | 67.10 |
| 600033 | 福建高速 | 97 | 60.59 | 56.77 | 67.97 | 62.26 | 71.69 | 47.98 |
| 601098 | 中南传媒 | 98 | 60.59 | 57.28 | 61.71 | 60.64 | 71.67 | 55.92 |
| 300303 | 聚飞光电 | 99 | 60.55 | 67.25 | 59.81 | 52.54 | 56.70 | 62.51 |
| 601633 | 长城汽车 | 100 | 60.54 | 57.30 | 64.99 | 53.99 | 63.07 | 62.92 |
| 600435 | 北方导航 | 101 | 60.53 | 58.62 | 63.24 | 60.94 | 52.72 | 64.43 |
| 002568 | 百润股份 | 102 | 60.46 | 59.34 | 59.08 | 53.46 | 71.03 | 62.18 |
| 002465 | 海格通信 | 103 | 60.46 | 69.31 | 61.05 | 52.96 | 65.69 | 52.03 |
| 600688 | 上海石化 | 104 | 60.46 | 50.59 | 64.21 | 66.37 | 60.66 | 62.85 |
| 002385 | 大北农 | 105 | 60.43 | 56.82 | 64.77 | 61.38 | 48.18 | 66.92 |
| 002563 | 森马服饰 | 106 | 60.43 | 59.56 | 68.27 | 55.41 | 56.85 | 58.84 |
| 601318 | 中国平安 | 107 | 60.43 | 51.15 | 72.07 | 71.30 | 69.36 | 43.33 |
| 600009 | 上海机场 | 108 | 60.40 | 51.27 | 62.38 | 58.12 | 67.24 | 66.26 |
| 000895 | 双汇发展 | 109 | 60.40 | 60.82 | 64.78 | 65.68 | 54.47 | 54.44 |
| 000063 | 中兴通讯 | 110 | 60.38 | 60.36 | 61.83 | 64.38 | 77.59 | 44.25 |

续表

| 证券代码 | 证券简称 | 排名 | 投资者保护指数 | 会计信息指数 | 内部控制指数 | 外部审计指数 | 管理控制指数 | 财务运行指数 |
|---|---|---|---|---|---|---|---|---|
| 000998 | 隆平高科 | 111 | 60.38 | 65.11 | 62.68 | 54.99 | 64.05 | 54.10 |
| 600978 | 宜华木业 | 112 | 60.37 | 66.72 | 58.04 | 63.53 | 51.70 | 58.64 |
| 000011 | 深物业 A | 113 | 60.36 | 60.48 | 63.84 | 60.45 | 52.31 | 61.40 |
| 002292 | 奥飞动漫 | 114 | 60.36 | 66.26 | 62.99 | 57.44 | 59.30 | 53.43 |
| 300199 | 翰宇药业 | 115 | 60.35 | 65.79 | 62.04 | 52.92 | 63.16 | 56.16 |
| 000848 | 承德露露 | 116 | 60.34 | 65.34 | 66.58 | 50.06 | 56.30 | 58.24 |
| 002151 | 北斗星通 | 117 | 60.34 | 65.75 | 61.63 | 52.45 | 54.50 | 62.70 |
| 300327 | 中颖电子 | 118 | 60.33 | 64.98 | 60.09 | 53.32 | 65.73 | 57.29 |
| 002587 | 奥拓电子 | 119 | 60.32 | 63.54 | 61.76 | 61.38 | 69.58 | 47.98 |
| 002734 | 利民股份 | 120 | 60.32 | 56.06 | 58.49 | 68.05 | 53.01 | 65.95 |
| 600036 | 招商银行 | 121 | 60.28 | 53.73 | 61.27 | 62.76 | 73.74 | 56.06 |
| 002687 | 乔治白 | 122 | 60.27 | 67.88 | 55.32 | 56.12 | 61.47 | 59.59 |
| 002269 | 美邦服饰 | 123 | 60.27 | 56.34 | 65.48 | 63.35 | 54.74 | 60.01 |
| 600276 | 恒瑞医药 | 124 | 60.23 | 63.80 | 59.86 | 62.84 | 64.72 | 51.43 |
| 000630 | 铜陵有色 | 125 | 60.23 | 59.93 | 64.57 | 61.96 | 60.96 | 53.72 |
| 002739 | 万达院线 | 126 | 60.23 | 56.06 | 68.85 | 69.55 | 46.60 | 56.53 |
| 600037 | 歌华有线 | 127 | 60.21 | 57.71 | 63.81 | 65.95 | 55.71 | 57.32 |
| 000729 | 燕京啤酒 | 128 | 60.21 | 72.31 | 53.13 | 65.50 | 51.63 | 55.38 |
| 600162 | 香江控股 | 129 | 60.20 | 58.46 | 63.38 | 56.66 | 61.37 | 60.70 |
| 300188 | 美亚柏科 | 130 | 60.17 | 59.75 | 63.85 | 53.37 | 70.70 | 55.09 |
| 000981 | 银亿股份 | 131 | 60.17 | 60.42 | 65.86 | 49.80 | 63.76 | 59.36 |
| 000919 | 金陵药业 | 132 | 60.16 | 61.31 | 67.33 | 63.40 | 47.06 | 56.44 |
| 600380 | 健康元 | 133 | 60.13 | 57.71 | 62.92 | 61.53 | 62.10 | 57.37 |
| 002233 | 塔牌集团 | 134 | 60.13 | 61.51 | 61.40 | 53.09 | 55.64 | 65.65 |
| 600867 | 通化东宝 | 135 | 60.11 | 61.86 | 52.27 | 49.59 | 64.50 | 72.72 |
| 002507 | 涪陵榨菜 | 136 | 60.10 | 61.55 | 63.43 | 59.59 | 41.36 | 67.21 |
| 000935 | 四川双马 | 137 | 60.08 | 61.90 | 63.22 | 57.23 | 50.48 | 62.89 |
| 600122 | 宏图高科 | 138 | 60.07 | 56.97 | 56.56 | 62.83 | 62.60 | 63.89 |

续表

| 证券代码 | 证券简称 | 排名 | 投资者保护指数 | 会计信息指数 | 内部控制指数 | 外部审计指数 | 管理控制指数 | 财务运行指数 |
|---|---|---|---|---|---|---|---|---|
| 000014 | 沙河股份 | 139 | 60.06 | 59.07 | 60.13 | 61.40 | 45.79 | 69.34 |
| 600393 | 东华实业 | 140 | 60.05 | 58.00 | 55.20 | 54.43 | 58.18 | 73.85 |
| 000906 | 物产中拓 | 141 | 60.05 | 60.12 | 57.35 | 50.35 | 56.86 | 73.02 |
| 000062 | 深圳华强 | 142 | 60.03 | 53.99 | 56.58 | 62.00 | 70.55 | 62.68 |
| 600565 | 迪马股份 | 143 | 60.02 | 55.47 | 58.75 | 60.40 | 66.80 | 62.14 |
| 600835 | 上海机电 | 144 | 60.02 | 58.46 | 62.21 | 67.65 | 59.01 | 53.82 |
| 000887 | 中鼎股份 | 145 | 60.02 | 61.69 | 63.21 | 53.56 | 51.33 | 65.27 |
| 002583 | 海能达 | 146 | 59.99 | 59.54 | 63.73 | 58.20 | 57.19 | 59.50 |
| 002724 | 海洋王 | 147 | 59.99 | 56.63 | 69.42 | 61.43 | 68.60 | 46.29 |
| 600633 | 浙报传媒 | 148 | 59.98 | 56.62 | 58.91 | 55.49 | 68.71 | 63.13 |
| 002017 | 东信和平 | 149 | 59.98 | 57.91 | 63.81 | 56.58 | 56.14 | 63.25 |
| 002559 | 亚威股份 | 150 | 59.97 | 66.35 | 58.12 | 52.12 | 43.37 | 71.78 |
| 300027 | 华谊兄弟 | 151 | 59.97 | 62.02 | 65.23 | 63.45 | 64.54 | 45.67 |
| 000619 | 海螺型材 | 152 | 59.96 | 62.98 | 66.65 | 61.24 | 31.19 | 66.41 |
| 601000 | 唐山港 | 153 | 59.96 | 53.66 | 68.33 | 55.68 | 70.62 | 54.26 |
| 002634 | 棒杰股份 | 154 | 59.95 | 58.36 | 55.01 | 54.48 | 67.88 | 66.78 |
| 600874 | 创业环保 | 155 | 59.94 | 60.68 | 60.69 | 67.34 | 53.53 | 56.39 |
| 600252 | 中恒集团 | 156 | 59.92 | 55.93 | 54.51 | 54.49 | 66.32 | 71.09 |
| 002106 | 莱宝高科 | 157 | 59.88 | 60.88 | 60.85 | 58.18 | 44.48 | 69.01 |
| 000028 | 国药一致 | 158 | 59.88 | 53.48 | 60.51 | 58.77 | 63.24 | 65.43 |
| 002003 | 伟星股份 | 159 | 59.88 | 59.66 | 59.99 | 60.24 | 45.67 | 68.99 |
| 000540 | 中天城投 | 160 | 59.87 | 60.29 | 61.89 | 51.94 | 63.39 | 61.17 |
| 002139 | 拓邦股份 | 161 | 59.87 | 60.33 | 58.59 | 61.44 | 59.06 | 60.04 |
| 300012 | 华测检测 | 162 | 59.86 | 55.54 | 64.57 | 57.66 | 79.08 | 48.77 |
| 002085 | 万丰奥威 | 163 | 59.85 | 62.59 | 59.81 | 64.47 | 52.12 | 57.98 |
| 600676 | 交运股份 | 164 | 59.84 | 52.97 | 58.53 | 62.31 | 55.91 | 70.03 |
| 002134 | 天津普林 | 165 | 59.84 | 59.65 | 59.58 | 61.21 | 59.18 | 59.68 |
| 600723 | 首商股份 | 166 | 59.83 | 55.04 | 63.08 | 60.15 | 53.21 | 65.81 |

续表

| 证券代码 | 证券简称 | 排名 | 投资者保护指数 | 会计信息指数 | 内部控制指数 | 外部审计指数 | 管理控制指数 | 财务运行指数 |
|---|---|---|---|---|---|---|---|---|
| 600998 | 九州通 | 167 | 59.83 | 61.29 | 61.66 | 55.21 | 54.63 | 63.14 |
| 600992 | 贵绳股份 | 168 | 59.83 | 67.19 | 61.96 | 51.77 | 37.11 | 70.04 |
| 000069 | 华侨城A | 169 | 59.83 | 58.15 | 68.38 | 64.47 | 79.38 | 35.43 |
| 002294 | 信立泰 | 170 | 59.80 | 60.24 | 62.27 | 58.18 | 65.39 | 54.12 |
| 600386 | 北巴传媒 | 171 | 59.80 | 59.46 | 51.36 | 55.87 | 60.60 | 72.59 |
| 000550 | 江铃汽车 | 172 | 59.78 | 56.92 | 63.90 | 64.26 | 50.53 | 60.82 |
| 000876 | 新希望 | 173 | 59.78 | 57.62 | 65.65 | 63.24 | 48.17 | 60.31 |
| 300112 | 万讯自控 | 174 | 59.77 | 60.83 | 55.86 | 58.47 | 55.16 | 67.10 |
| 300244 | 迪安诊断 | 175 | 59.76 | 59.87 | 58.68 | 60.40 | 74.73 | 50.59 |
| 002410 | 广联达 | 176 | 59.76 | 58.57 | 58.40 | 57.29 | 70.51 | 57.72 |
| 000898 | 鞍钢股份 | 177 | 59.75 | 57.34 | 62.84 | 60.87 | 67.83 | 52.86 |
| 601179 | 中国西电 | 178 | 59.74 | 57.85 | 64.53 | 54.29 | 53.22 | 65.10 |
| 600269 | 赣粤高速 | 179 | 59.72 | 56.21 | 61.77 | 55.82 | 64.92 | 61.29 |
| 300144 | 宋城演艺 | 180 | 59.71 | 68.01 | 61.00 | 73.37 | 58.59 | 38.09 |
| 601866 | 中海集运 | 181 | 59.70 | 52.72 | 61.89 | 60.84 | 69.17 | 58.30 |
| 002117 | 东港股份 | 182 | 59.69 | 62.52 | 59.78 | 62.57 | 58.54 | 54.65 |
| 000811 | 烟台冰轮 | 183 | 59.68 | 58.46 | 66.02 | 63.84 | 48.71 | 57.60 |
| 000597 | 东北制药 | 184 | 59.67 | 58.70 | 60.40 | 65.61 | 61.77 | 53.80 |
| 002737 | 葵花药业 | 185 | 59.67 | 53.78 | 57.98 | 63.20 | 57.73 | 66.97 |
| 000726 | 鲁泰A | 186 | 59.67 | 59.42 | 68.95 | 63.56 | 38.02 | 60.21 |
| 002339 | 积成电子 | 187 | 59.66 | 60.48 | 64.90 | 56.99 | 57.66 | 56.11 |
| 600329 | 中新药业 | 188 | 59.64 | 61.00 | 62.45 | 60.76 | 56.89 | 55.67 |
| 603698 | 航天工程 | 189 | 59.64 | 54.92 | 53.29 | 64.50 | 72.81 | 59.98 |
| 000538 | 云南白药 | 190 | 59.63 | 56.43 | 63.32 | 60.12 | 57.43 | 60.21 |
| 601688 | 华泰证券 | 191 | 59.63 | 44.80 | 69.64 | 65.48 | 67.51 | 55.72 |
| 300181 | 佐力药业 | 192 | 59.63 | 56.05 | 54.18 | 54.13 | 66.10 | 70.35 |
| 600755 | 厦门国贸 | 193 | 59.62 | 54.59 | 60.57 | 59.14 | 57.95 | 65.94 |
| 002356 | 浩宁达 | 194 | 59.62 | 66.06 | 60.68 | 53.25 | 52.72 | 60.47 |

续表

| 证券代码 | 证券简称 | 排名 | 投资者保护指数 | 会计信息指数 | 内部控制指数 | 外部审计指数 | 管理控制指数 | 财务运行指数 |
|---|---|---|---|---|---|---|---|---|
| 603611 | 诺力股份 | 195 | 59. 61 | 56. 63 | 55. 63 | 64. 71 | 57. 16 | 65. 17 |
| 002059 | 云南旅游 | 196 | 59. 58 | 66. 17 | 63. 79 | 60. 68 | 54. 06 | 49. 66 |
| 600664 | 哈药股份 | 197 | 59. 57 | 59. 77 | 60. 31 | 52. 67 | 60. 25 | 63. 61 |
| 000012 | 南玻 A | 198 | 59. 57 | 57. 00 | 68. 56 | 66. 52 | 45. 92 | 55. 49 |
| 300009 | 安科生物 | 199 | 59. 54 | 69. 44 | 54. 48 | 52. 05 | 63. 42 | 57. 24 |
| 000001 | 平安银行 | 200 | 59. 53 | 56. 50 | 60. 63 | 61. 44 | 78. 98 | 47. 60 |
| 600298 | 安琪酵母 | 201 | 59. 53 | 54. 87 | 65. 13 | 62. 09 | 53. 34 | 60. 51 |
| 600285 | 羚锐制药 | 202 | 59. 52 | 56. 68 | 64. 81 | 50. 79 | 56. 34 | 65. 90 |
| 000681 | 视觉中国 | 203 | 59. 51 | 58. 67 | 57. 17 | 69. 61 | 65. 99 | 50. 81 |
| 603018 | 设计股份 | 204 | 59. 51 | 55. 49 | 61. 40 | 65. 80 | 74. 10 | 47. 48 |
| 002030 | 达安基因 | 205 | 59. 50 | 55. 34 | 65. 40 | 52. 96 | 65. 01 | 59. 30 |
| 000656 | 金科股份 | 206 | 59. 49 | 59. 07 | 61. 47 | 51. 02 | 60. 50 | 63. 91 |
| 600731 | 湖南海利 | 207 | 59. 48 | 64. 89 | 59. 90 | 58. 61 | 56. 36 | 55. 35 |
| 603288 | 海天味业 | 208 | 59. 46 | 61. 55 | 60. 86 | 58. 82 | 61. 52 | 54. 54 |
| 000752 | 西藏发展 | 209 | 59. 41 | 62. 71 | 59. 26 | 56. 30 | 60. 97 | 57. 22 |
| 000026 | 飞亚达 A | 210 | 59. 41 | 60. 22 | 56. 56 | 63. 54 | 50. 60 | 64. 14 |
| 000514 | 渝开发 | 211 | 59. 40 | 66. 42 | 56. 78 | 52. 38 | 56. 41 | 61. 80 |
| 002242 | 九阳股份 | 212 | 59. 40 | 58. 37 | 63. 46 | 56. 08 | 60. 72 | 57. 78 |
| 600258 | 首旅酒店 | 213 | 59. 39 | 57. 83 | 55. 80 | 63. 22 | 55. 22 | 64. 98 |
| 601888 | 中国国旅 | 214 | 59. 39 | 57. 91 | 59. 07 | 61. 44 | 65. 51 | 55. 84 |
| 002419 | 天虹商场 | 215 | 59. 38 | 58. 96 | 68. 05 | 53. 07 | 53. 99 | 58. 54 |
| 300045 | 华力创通 | 216 | 59. 38 | 64. 17 | 56. 86 | 52. 57 | 71. 98 | 53. 93 |
| 600415 | 小商品城 | 217 | 59. 37 | 56. 60 | 66. 35 | 67. 54 | 44. 37 | 57. 75 |
| 300160 | 秀强股份 | 218 | 59. 36 | 64. 24 | 58. 91 | 56. 74 | 48. 48 | 63. 34 |
| 002354 | 天神娱乐 | 219 | 59. 35 | 61. 76 | 59. 92 | 60. 48 | 58. 96 | 55. 21 |
| 002152 | 广电运通 | 220 | 59. 34 | 63. 66 | 69. 09 | 52. 95 | 59. 16 | 48. 32 |
| 000671 | 阳光城 | 221 | 59. 33 | 50. 67 | 65. 19 | 55. 14 | 64. 84 | 62. 56 |
| 000777 | 中核科技 | 222 | 59. 32 | 63. 26 | 57. 64 | 60. 45 | 49. 88 | 61. 84 |

续表

| 证券代码 | 证券简称 | 排名 | 投资者保护指数 | 会计信息指数 | 内部控制指数 | 外部审计指数 | 管理控制指数 | 财务运行指数 |
|---|---|---|---|---|---|---|---|---|
| 002609 | 捷顺科技 | 223 | 59.32 | 59.86 | 63.85 | 54.47 | 52.73 | 61.68 |
| 600536 | 中国软件 | 224 | 59.31 | 56.80 | 56.94 | 57.15 | 65.60 | 62.65 |
| 300049 | 福瑞股份 | 225 | 59.30 | 56.59 | 57.61 | 53.87 | 63.89 | 65.87 |
| 600008 | 首创股份 | 226 | 59.30 | 56.09 | 62.19 | 64.99 | 62.49 | 53.06 |
| 603000 | 人民网 | 227 | 59.29 | 62.75 | 61.19 | 62.02 | 55.30 | 53.41 |
| 603017 | 园区设计 | 228 | 59.29 | 56.63 | 58.64 | 64.90 | 75.61 | 47.98 |
| 000739 | 普洛药业 | 229 | 59.28 | 62.24 | 60.86 | 62.43 | 48.61 | 58.39 |
| 002202 | 金风科技 | 230 | 59.28 | 59.12 | 67.74 | 58.29 | 59.88 | 50.14 |
| 002063 | 远光软件 | 231 | 59.28 | 62.90 | 63.92 | 61.48 | 39.99 | 60.45 |
| 600750 | 江中药业 | 232 | 59.28 | 60.06 | 60.22 | 55.32 | 51.47 | 65.57 |
| 002008 | 大族激光 | 233 | 59.27 | 62.20 | 58.06 | 58.28 | 57.59 | 59.13 |
| 600004 | 白云机场 | 234 | 59.27 | 54.60 | 62.30 | 60.15 | 68.95 | 54.27 |
| 600650 | 锦江投资 | 235 | 59.27 | 46.69 | 69.13 | 63.33 | 46.41 | 67.83 |
| 600741 | 华域汽车 | 236 | 59.27 | 55.55 | 58.71 | 71.01 | 52.15 | 59.45 |
| 600597 | 光明乳业 | 237 | 59.26 | 55.24 | 66.87 | 60.11 | 58.41 | 55.10 |
| 002138 | 顺络电子 | 238 | 59.26 | 64.85 | 58.98 | 58.16 | 58.20 | 54.55 |
| 002045 | 国光电器 | 239 | 59.23 | 63.56 | 58.47 | 63.96 | 52.24 | 55.74 |
| 002706 | 良信电器 | 240 | 59.23 | 57.41 | 61.86 | 58.24 | 58.15 | 59.84 |
| 002444 | 巨星科技 | 241 | 59.22 | 61.11 | 63.01 | 56.18 | 51.56 | 60.09 |
| 300174 | 元力股份 | 242 | 59.22 | 65.38 | 56.22 | 51.61 | 48.95 | 68.26 |
| 002108 | 沧州明珠 | 243 | 59.21 | 62.39 | 61.30 | 53.88 | 48.02 | 64.64 |
| 601727 | 上海电气 | 244 | 59.20 | 57.03 | 65.85 | 69.96 | 55.83 | 47.58 |
| 000951 | 中国重汽 | 245 | 59.19 | 59.06 | 61.79 | 58.55 | 56.57 | 58.58 |
| 000839 | 中信国安 | 246 | 59.19 | 61.01 | 63.13 | 68.80 | 41.06 | 56.51 |
| 600050 | 中国联通 | 247 | 59.17 | 56.85 | 67.25 | 61.82 | 60.70 | 49.47 |
| 600585 | 海螺水泥 | 248 | 59.16 | 56.68 | 62.07 | 57.00 | 62.42 | 58.37 |
| 002083 | 孚日股份 | 249 | 59.16 | 54.34 | 59.92 | 59.10 | 50.76 | 69.48 |
| 000596 | 古井贡酒 | 250 | 59.15 | 61.33 | 62.46 | 65.20 | 46.73 | 55.97 |

续表

| 证券代码 | 证券简称 | 排名 | 投资者保护指数 | 会计信息指数 | 内部控制指数 | 外部审计指数 | 管理控制指数 | 财务运行指数 |
| --- | --- | --- | --- | --- | --- | --- | --- | --- |
| 601999 | 出版传媒 | 251 | 59.15 | 55.18 | 59.99 | 60.78 | 64.16 | 58.28 |
| 300026 | 红日药业 | 252 | 59.15 | 57.55 | 63.37 | 60.56 | 59.47 | 54.81 |
| 000793 | 华闻传媒 | 253 | 59.13 | 61.65 | 58.47 | 50.45 | 75.17 | 53.50 |
| 600351 | 亚宝药业 | 254 | 59.13 | 56.56 | 60.64 | 57.65 | 59.04 | 61.71 |
| 000561 | 烽火电子 | 255 | 59.13 | 61.50 | 61.72 | 48.52 | 65.64 | 57.71 |
| 002399 | 海普瑞 | 256 | 59.13 | 56.61 | 67.18 | 61.66 | 43.69 | 60.82 |
| 600080 | 金花股份 | 257 | 59.12 | 57.25 | 64.72 | 65.96 | 59.82 | 48.88 |
| 000978 | 桂林旅游 | 258 | 59.11 | 62.38 | 56.10 | 55.93 | 61.23 | 59.94 |
| 002326 | 永太科技 | 259 | 59.11 | 61.66 | 60.18 | 57.41 | 63.47 | 53.41 |
| 600266 | 北京城建 | 260 | 59.11 | 52.30 | 52.97 | 62.94 | 61.76 | 69.39 |
| 300034 | 钢研高纳 | 261 | 59.11 | 62.96 | 55.69 | 62.68 | 50.83 | 61.03 |
| 000869 | 张裕 A | 262 | 59.11 | 58.37 | 63.29 | 60.85 | 52.50 | 58.04 |
| 002580 | 圣阳股份 | 263 | 59.10 | 65.63 | 62.39 | 51.46 | 53.23 | 57.61 |
| 600000 | 浦发银行 | 264 | 59.09 | 49.44 | 60.57 | 58.62 | 77.07 | 57.42 |
| 600724 | 宁波富达 | 265 | 59.09 | 49.98 | 57.01 | 62.92 | 59.56 | 68.82 |
| 601668 | 中国建筑 | 266 | 59.09 | 56.49 | 68.22 | 62.27 | 39.68 | 61.69 |
| 002437 | 誉衡药业 | 267 | 59.07 | 55.08 | 55.97 | 52.17 | 66.47 | 68.13 |
| 300070 | 碧水源 | 268 | 59.07 | 61.63 | 59.95 | 55.60 | 61.61 | 56.19 |
| 002165 | 红宝丽 | 269 | 59.07 | 62.60 | 61.19 | 57.72 | 44.85 | 62.82 |
| 002536 | 西泵股份 | 270 | 59.07 | 58.33 | 59.92 | 61.22 | 55.99 | 59.21 |
| 000931 | 中关村 | 271 | 59.06 | 53.36 | 57.09 | 65.00 | 60.81 | 62.10 |
| 002098 | 浔兴股份 | 272 | 59.06 | 61.13 | 68.06 | 57.34 | 42.86 | 58.21 |
| 000529 | 广弘控股 | 273 | 59.06 | 61.26 | 56.96 | 57.88 | 50.77 | 65.24 |
| 601390 | 中国中铁 | 274 | 59.05 | 54.64 | 64.29 | 61.02 | 60.58 | 55.62 |
| 300398 | 飞凯材料 | 275 | 59.05 | 53.22 | 57.95 | 63.70 | 65.43 | 59.27 |
| 002058 | 威尔泰 | 276 | 59.05 | 65.45 | 55.89 | 57.22 | 47.58 | 64.09 |
| 000417 | 合肥百货 | 277 | 59.04 | 62.61 | 63.45 | 50.72 | 44.36 | 66.05 |
| 600352 | 浙江龙盛 | 278 | 59.03 | 55.61 | 62.61 | 57.62 | 60.36 | 59.22 |

续表

| 证券代码 | 证券简称 | 排名 | 投资者保护指数 | 会计信息指数 | 内部控制指数 | 外部审计指数 | 管理控制指数 | 财务运行指数 |
|---|---|---|---|---|---|---|---|---|
| 000970 | 中科三环 | 279 | 59.03 | 61.08 | 60.21 | 63.78 | 53.22 | 55.20 |
| 002577 | 雷柏科技 | 280 | 59.02 | 61.77 | 62.27 | 58.14 | 53.61 | 56.29 |
| 002222 | 福晶科技 | 281 | 59.02 | 62.78 | 56.38 | 54.23 | 63.56 | 58.54 |
| 300204 | 舒泰神 | 282 | 59.02 | 59.90 | 61.19 | 50.66 | 67.21 | 56.90 |
| 002350 | 北京科锐 | 283 | 59.02 | 63.30 | 63.10 | 54.27 | 56.25 | 54.91 |
| 002227 | 奥特迅 | 284 | 59.02 | 66.46 | 56.34 | 52.94 | 65.34 | 54.12 |
| 002099 | 海翔药业 | 285 | 59.01 | 62.38 | 52.38 | 60.85 | 55.43 | 63.51 |
| 000609 | 绵世股份 | 286 | 59.01 | 60.81 | 62.25 | 62.85 | 62.57 | 47.71 |
| 002626 | 金达威 | 287 | 59.00 | 61.42 | 59.13 | 51.89 | 62.39 | 59.56 |
| 002311 | 海大集团 | 288 | 59.00 | 56.22 | 61.22 | 55.09 | 52.04 | 67.41 |
| 002043 | 兔宝宝 | 289 | 59.00 | 61.88 | 59.41 | 63.86 | 40.40 | 63.29 |
| 300005 | 探路者 | 290 | 58.99 | 66.03 | 58.66 | 57.84 | 63.92 | 48.79 |
| 600138 | 中青旅 | 291 | 58.99 | 57.77 | 61.05 | 62.89 | 68.83 | 48.48 |
| 601669 | 中国电建 | 292 | 58.98 | 65.02 | 59.43 | 63.64 | 57.78 | 48.36 |
| 000682 | 东方电子 | 293 | 58.96 | 60.06 | 66.81 | 52.72 | 58.99 | 53.67 |
| 002051 | 中工国际 | 294 | 58.96 | 60.83 | 59.26 | 62.71 | 51.74 | 58.10 |
| 002049 | 同方国芯 | 295 | 58.95 | 61.21 | 56.29 | 55.45 | 54.52 | 65.09 |
| 000021 | 深科技 | 296 | 58.95 | 54.23 | 65.00 | 57.50 | 55.46 | 61.00 |
| 002019 | 亿帆鑫富 | 297 | 58.95 | 61.73 | 57.43 | 64.68 | 60.53 | 51.75 |
| 002146 | 荣盛发展 | 298 | 58.95 | 54.23 | 64.13 | 50.22 | 73.43 | 56.15 |
| 002551 | 尚荣医疗 | 299 | 58.94 | 65.09 | 54.64 | 58.19 | 52.72 | 61.31 |
| 002275 | 桂林三金 | 300 | 58.92 | 59.40 | 56.16 | 52.37 | 61.34 | 65.28 |
| 002500 | 山西证券 | 301 | 58.92 | 60.63 | 54.70 | 59.84 | 65.58 | 56.67 |
| 000078 | 海王生物 | 302 | 58.90 | 59.93 | 61.85 | 54.75 | 67.05 | 52.36 |
| 002055 | 得润电子 | 303 | 58.90 | 61.40 | 57.80 | 61.45 | 47.53 | 62.57 |
| 600007 | 中国国贸 | 304 | 58.90 | 55.44 | 60.25 | 57.56 | 60.70 | 61.32 |
| 601857 | 中国石油 | 305 | 58.89 | 54.50 | 66.72 | 66.41 | 61.14 | 47.50 |
| 000049 | 德赛电池 | 306 | 58.89 | 61.63 | 65.17 | 52.98 | 52.25 | 57.55 |

续表

| 证券代码 | 证券简称 | 排名 | 投资者保护指数 | 会计信息指数 | 内部控制指数 | 外部审计指数 | 管理控制指数 | 财务运行指数 |
|---|---|---|---|---|---|---|---|---|
| 002232 | 启明信息 | 307 | 58.89 | 70.18 | 47.54 | 53.23 | 64.72 | 59.43 |
| 002686 | 亿利达 | 308 | 58.89 | 61.51 | 62.60 | 53.82 | 56.34 | 57.28 |
| 300284 | 苏交科 | 309 | 58.88 | 55.17 | 61.38 | 53.73 | 68.81 | 58.10 |
| 000009 | 中国宝安 | 310 | 58.88 | 58.32 | 57.02 | 53.96 | 80.75 | 51.40 |
| 300058 | 蓝色光标 | 311 | 58.88 | 56.63 | 62.85 | 56.98 | 66.12 | 53.77 |
| 000702 | 正虹科技 | 312 | 58.88 | 62.60 | 64.84 | 53.76 | 37.66 | 65.60 |
| 000715 | 中兴商业 | 313 | 58.88 | 56.50 | 60.48 | 62.67 | 36.43 | 71.40 |
| 002191 | 劲嘉股份 | 314 | 58.88 | 62.34 | 56.49 | 60.49 | 58.84 | 56.25 |
| 600223 | 鲁商置业 | 315 | 58.87 | 56.22 | 63.10 | 64.69 | 53.54 | 55.89 |
| 002317 | 众生药业 | 316 | 58.87 | 68.85 | 59.50 | 52.88 | 58.66 | 51.37 |
| 600261 | 阳光照明 | 317 | 58.87 | 58.51 | 62.58 | 54.13 | 52.57 | 62.96 |
| 002105 | 信隆实业 | 318 | 58.85 | 53.29 | 62.24 | 61.79 | 53.11 | 62.89 |
| 002115 | 三维通信 | 319 | 58.85 | 58.14 | 63.03 | 59.74 | 68.51 | 47.86 |
| 000570 | 苏常柴 A | 320 | 58.85 | 57.55 | 55.23 | 61.64 | 53.69 | 65.66 |
| 300124 | 汇川技术 | 321 | 58.85 | 61.42 | 62.71 | 52.91 | 64.07 | 52.76 |
| 600887 | 伊利股份 | 322 | 58.85 | 56.88 | 61.70 | 51.53 | 60.68 | 62.61 |
| 600663 | 陆家嘴 | 323 | 58.84 | 55.75 | 55.28 | 68.78 | 52.11 | 62.90 |
| 600300 | 维维股份 | 324 | 58.84 | 56.68 | 59.98 | 63.02 | 54.42 | 59.54 |
| 002327 | 富安娜 | 325 | 58.83 | 61.62 | 60.35 | 53.38 | 65.89 | 53.62 |
| 601126 | 四方股份 | 326 | 58.83 | 55.66 | 60.31 | 61.14 | 59.49 | 58.55 |
| 002076 | 雪莱特 | 327 | 58.82 | 65.37 | 58.56 | 53.07 | 46.46 | 64.11 |
| 000725 | 京东方 A | 328 | 58.81 | 61.38 | 70.85 | 61.12 | 64.57 | 36.29 |
| 601238 | 广汽集团 | 329 | 58.81 | 53.85 | 61.94 | 54.54 | 58.34 | 64.81 |
| 600530 | 交大昂立 | 330 | 58.81 | 51.96 | 58.06 | 62.91 | 60.05 | 63.61 |
| 002606 | 大连电瓷 | 331 | 58.79 | 63.75 | 58.63 | 51.40 | 56.78 | 60.44 |
| 600525 | 长园集团 | 332 | 58.79 | 58.21 | 61.61 | 53.07 | 59.08 | 60.65 |
| 002249 | 大洋电机 | 333 | 58.79 | 57.94 | 67.23 | 57.43 | 44.10 | 60.73 |
| 000851 | 高鸿股份 | 334 | 58.78 | 64.38 | 57.48 | 55.86 | 52.16 | 60.33 |

续表

| 证券代码 | 证券简称 | 排名 | 投资者保护指数 | 会计信息指数 | 内部控制指数 | 外部审计指数 | 管理控制指数 | 财务运行指数 |
|---|---|---|---|---|---|---|---|---|
| 002071 | 长城影视 | 335 | 58.76 | 56.98 | 59.53 | 69.24 | 72.13 | 42.79 |
| 600170 | 上海建工 | 336 | 58.75 | 54.56 | 58.26 | 59.07 | 59.76 | 63.36 |
| 002272 | 川润股份 | 337 | 58.75 | 59.16 | 63.65 | 52.88 | 57.18 | 58.39 |
| 002244 | 滨江集团 | 338 | 58.74 | 56.27 | 61.09 | 58.78 | 63.84 | 55.61 |
| 600737 | 中粮屯河 | 339 | 58.74 | 58.22 | 63.91 | 53.07 | 42.08 | 68.85 |
| 300326 | 凯利泰 | 340 | 58.74 | 57.77 | 57.55 | 54.97 | 61.68 | 62.40 |
| 002703 | 浙江世宝 | 341 | 58.74 | 58.79 | 58.24 | 59.02 | 52.49 | 63.09 |
| 000531 | 穗恒运 A | 342 | 58.73 | 56.83 | 64.14 | 52.94 | 61.15 | 57.86 |
| 002025 | 航天电器 | 343 | 58.72 | 60.99 | 57.29 | 48.40 | 59.54 | 65.55 |
| 600143 | 金发科技 | 344 | 58.72 | 52.86 | 65.13 | 53.28 | 55.22 | 64.94 |
| 002699 | 美盛文化 | 345 | 58.71 | 60.52 | 54.63 | 60.74 | 67.05 | 54.20 |
| 601766 | 中国南车 | 346 | 58.70 | 49.67 | 67.35 | 71.06 | 60.69 | 48.08 |
| 600183 | 生益科技 | 347 | 58.69 | 57.59 | 63.62 | 52.59 | 48.53 | 65.86 |
| 600016 | 民生银行 | 348 | 58.68 | 53.96 | 63.74 | 52.60 | 73.87 | 53.46 |
| 600665 | 天地源 | 349 | 58.68 | 50.49 | 61.26 | 53.20 | 58.92 | 69.65 |
| 000948 | 南天信息 | 350 | 58.67 | 61.64 | 61.68 | 57.53 | 44.72 | 61.72 |
| 600845 | 宝信软件 | 351 | 58.67 | 60.14 | 52.50 | 62.07 | 59.93 | 60.46 |
| 002415 | 海康威视 | 352 | 58.65 | 56.39 | 67.66 | 56.06 | 65.22 | 48.76 |
| 601116 | 三江购物 | 353 | 58.65 | 59.22 | 62.78 | 64.54 | 35.03 | 63.86 |
| 300165 | 天瑞仪器 | 354 | 58.64 | 59.80 | 56.74 | 54.51 | 62.41 | 60.33 |
| 600505 | 西昌电力 | 355 | 58.63 | 63.27 | 57.17 | 55.80 | 55.29 | 59.28 |
| 002091 | 江苏国泰 | 356 | 58.63 | 63.33 | 58.34 | 58.73 | 49.60 | 59.21 |
| 002508 | 老板电器 | 357 | 58.61 | 59.19 | 57.05 | 62.72 | 58.31 | 56.61 |
| 600649 | 城投控股 | 358 | 58.61 | 56.94 | 65.33 | 58.83 | 52.13 | 56.88 |
| 300003 | 乐普医疗 | 359 | 58.60 | 62.57 | 58.53 | 54.00 | 67.80 | 51.73 |
| 600535 | 天士力 | 360 | 58.57 | 55.64 | 58.93 | 61.65 | 60.48 | 57.88 |
| 600278 | 东方创业 | 361 | 58.57 | 56.27 | 55.58 | 60.90 | 47.01 | 70.39 |
| 002081 | 金螳螂 | 362 | 58.56 | 59.51 | 64.64 | 60.25 | 59.15 | 48.68 |

续表

| 证券代码 | 证券简称 | 排名 | 投资者保护指数 | 会计信息指数 | 内部控制指数 | 外部审计指数 | 管理控制指数 | 财务运行指数 |
|---|---|---|---|---|---|---|---|---|
| 000060 | 中金岭南 | 363 | 58.55 | 59.46 | 64.98 | 61.59 | 56.51 | 48.95 |
| 002404 | 嘉欣丝绸 | 364 | 58.55 | 63.08 | 55.26 | 56.30 | 47.34 | 66.13 |
| 002104 | 恒宝股份 | 365 | 58.55 | 65.62 | 55.26 | 59.47 | 57.16 | 54.15 |
| 600880 | 博瑞传播 | 366 | 58.54 | 60.19 | 58.34 | 59.60 | 51.19 | 60.73 |
| 002657 | 中科金财 | 367 | 58.53 | 57.54 | 63.03 | 54.03 | 64.96 | 53.96 |
| 000559 | 万向钱潮 | 368 | 58.52 | 58.50 | 60.17 | 67.39 | 38.65 | 62.41 |
| 002271 | 东方雨虹 | 369 | 58.52 | 57.77 | 60.51 | 57.23 | 56.99 | 59.17 |
| 000581 | 威孚高科 | 370 | 58.52 | 61.94 | 63.93 | 62.98 | 45.82 | 52.90 |
| 002482 | 广田股份 | 371 | 58.52 | 56.40 | 62.94 | 62.50 | 49.88 | 58.31 |
| 300085 | 银之杰 | 372 | 58.51 | 63.95 | 52.65 | 61.50 | 65.79 | 51.69 |
| 002187 | 广百股份 | 373 | 58.51 | 59.79 | 53.61 | 52.97 | 64.68 | 63.12 |
| 002143 | 印纪传媒 | 374 | 58.51 | 63.39 | 59.07 | 61.04 | 64.17 | 46.39 |
| 600735 | 新华锦 | 375 | 58.51 | 58.06 | 56.80 | 63.95 | 57.98 | 56.95 |
| 002334 | 英威腾 | 376 | 58.51 | 60.72 | 61.53 | 58.14 | 63.78 | 49.27 |
| 000599 | 青岛双星 | 377 | 58.51 | 59.88 | 65.57 | 62.53 | 36.46 | 59.86 |
| 600028 | 中国石化 | 378 | 58.50 | 52.77 | 63.47 | 69.71 | 52.82 | 54.14 |
| 300010 | 立思辰 | 379 | 58.50 | 58.80 | 57.70 | 55.81 | 58.69 | 61.11 |
| 601886 | 江河创建 | 380 | 58.49 | 57.15 | 57.67 | 51.80 | 59.98 | 65.45 |
| 300106 | 西部牧业 | 381 | 58.46 | 59.74 | 51.63 | 57.48 | 70.43 | 57.81 |
| 603222 | 济民制药 | 382 | 58.46 | 54.92 | 60.85 | 64.73 | 55.39 | 56.78 |
| 601007 | 金陵饭店 | 383 | 58.45 | 58.78 | 60.00 | 59.11 | 65.86 | 50.93 |
| 600438 | 通威股份 | 384 | 58.45 | 55.47 | 62.04 | 59.05 | 43.73 | 66.92 |
| 600592 | 龙溪股份 | 385 | 58.44 | 60.44 | 65.53 | 60.65 | 36.91 | 60.16 |
| 002251 | 步步高 | 386 | 58.43 | 58.49 | 63.80 | 53.43 | 49.31 | 62.17 |
| 002372 | 伟星新材 | 387 | 58.42 | 56.46 | 62.09 | 56.24 | 55.51 | 60.17 |
| 002090 | 金智科技 | 388 | 58.42 | 59.69 | 55.46 | 58.67 | 57.85 | 60.47 |
| 600660 | 福耀玻璃 | 389 | 58.41 | 58.11 | 64.29 | 58.99 | 55.83 | 53.18 |
| 002449 | 国星光电 | 390 | 58.41 | 60.41 | 58.12 | 61.45 | 54.54 | 56.43 |

续表

| 证券代码 | 证券简称 | 排名 | 投资者保护指数 | 会计信息指数 | 内部控制指数 | 外部审计指数 | 管理控制指数 | 财务运行指数 |
|---|---|---|---|---|---|---|---|---|
| 600572 | 康恩贝 | 391 | 58.40 | 53.50 | 55.52 | 60.87 | 62.47 | 62.88 |
| 002131 | 利欧股份 | 392 | 58.40 | 61.82 | 60.21 | 59.86 | 52.67 | 54.83 |
| 002328 | 新朋股份 | 393 | 58.39 | 61.04 | 61.36 | 56.70 | 47.95 | 60.04 |
| 600067 | 冠城大通 | 394 | 58.39 | 52.67 | 56.02 | 54.86 | 59.63 | 69.91 |
| 600389 | 江山股份 | 395 | 58.38 | 55.67 | 67.04 | 67.75 | 37.86 | 57.38 |
| 300233 | 金城医药 | 396 | 58.37 | 57.51 | 59.70 | 51.66 | 55.76 | 65.00 |
| 002064 | 华峰氨纶 | 397 | 58.37 | 62.50 | 59.90 | 61.34 | 43.43 | 59.07 |
| 600566 | 济川药业 | 398 | 58.36 | 57.50 | 59.60 | 55.19 | 62.63 | 57.72 |
| 300185 | 通裕重工 | 399 | 58.35 | 59.32 | 63.09 | 63.48 | 44.21 | 56.81 |
| 601117 | 中国化学 | 400 | 58.35 | 55.47 | 54.79 | 52.60 | 67.42 | 64.57 |
| 002062 | 宏润建设 | 401 | 58.34 | 58.22 | 59.57 | 59.44 | 40.43 | 67.84 |
| 603001 | 奥康国际 | 402 | 58.34 | 60.21 | 62.76 | 62.72 | 53.63 | 50.55 |
| 601933 | 永辉超市 | 403 | 58.34 | 54.05 | 66.55 | 53.85 | 52.19 | 61.57 |
| 600841 | 上柴股份 | 404 | 58.34 | 58.05 | 65.13 | 62.62 | 31.70 | 64.74 |
| 601998 | 中信银行 | 405 | 58.33 | 54.38 | 64.10 | 58.10 | 74.13 | 46.22 |
| 002130 | 沃尔核材 | 406 | 58.33 | 62.51 | 57.49 | 58.18 | 53.42 | 57.67 |
| 601899 | 紫金矿业 | 407 | 58.31 | 56.35 | 63.56 | 63.99 | 44.53 | 58.97 |
| 603899 | 晨光文具 | 408 | 58.31 | 56.63 | 56.82 | 65.00 | 52.66 | 60.28 |
| 000089 | 深圳机场 | 409 | 58.31 | 60.11 | 59.22 | 61.59 | 44.26 | 61.65 |
| 002572 | 索菲亚 | 410 | 58.31 | 61.53 | 60.89 | 55.38 | 54.71 | 56.27 |
| 002022 | 科华生物 | 411 | 58.31 | 63.09 | 52.79 | 61.52 | 58.05 | 56.60 |
| 002544 | 杰赛科技 | 412 | 58.31 | 62.88 | 67.35 | 56.21 | 61.15 | 42.34 |
| 300050 | 世纪鼎利 | 413 | 58.30 | 56.44 | 60.49 | 56.22 | 76.30 | 47.93 |
| 000883 | 湖北能源 | 414 | 58.30 | 58.90 | 68.12 | 52.39 | 57.95 | 51.28 |
| 002397 | 梦洁家纺 | 415 | 58.29 | 58.69 | 57.37 | 52.13 | 62.73 | 61.00 |
| 601800 | 中国交建 | 416 | 58.29 | 56.15 | 64.71 | 57.73 | 68.79 | 47.03 |
| 300331 | 苏大维格 | 417 | 58.29 | 63.44 | 52.70 | 55.44 | 48.41 | 67.40 |
| 002153 | 石基信息 | 418 | 58.28 | 69.60 | 58.50 | 56.12 | 59.95 | 45.36 |

续表

| 证券代码 | 证券简称 | 排名 | 投资者保护指数 | 会计信息指数 | 内部控制指数 | 外部审计指数 | 管理控制指数 | 财务运行指数 |
| --- | --- | --- | --- | --- | --- | --- | --- | --- |
| 600218 | 全柴动力 | 419 | 58.28 | 66.58 | 51.99 | 58.88 | 42.11 | 65.78 |
| 002364 | 中恒电气 | 420 | 58.27 | 58.17 | 55.21 | 59.64 | 63.86 | 57.17 |
| 300170 | 汉得信息 | 421 | 58.27 | 57.66 | 62.14 | 63.53 | 59.68 | 49.36 |
| 002281 | 光迅科技 | 422 | 58.27 | 60.96 | 61.11 | 51.78 | 54.41 | 59.60 |
| 300196 | 长海股份 | 423 | 58.27 | 59.66 | 58.07 | 64.44 | 52.34 | 55.71 |
| 600557 | 康缘药业 | 424 | 58.26 | 61.98 | 49.42 | 53.94 | 66.62 | 62.11 |
| 300418 | 昆仑万维 | 425 | 58.25 | 54.35 | 65.88 | 68.29 | 64.45 | 41.90 |
| 601339 | 百隆东方 | 426 | 58.25 | 60.88 | 66.03 | 56.26 | 42.36 | 58.17 |
| 300246 | 宝莱特 | 427 | 58.25 | 68.92 | 51.65 | 53.02 | 61.71 | 55.23 |
| 002056 | 横店东磁 | 428 | 58.24 | 58.97 | 62.39 | 60.80 | 56.59 | 51.60 |
| 002448 | 中原内配 | 429 | 58.24 | 58.93 | 61.39 | 59.25 | 48.69 | 59.22 |
| 600533 | 栖霞建设 | 430 | 58.24 | 53.46 | 58.24 | 56.94 | 50.62 | 69.91 |
| 002028 | 思源电气 | 431 | 58.24 | 59.16 | 64.79 | 56.59 | 66.20 | 45.75 |
| 000555 | 神州信息 | 432 | 58.23 | 67.19 | 65.34 | 58.01 | 50.40 | 44.76 |
| 000650 | 仁和药业 | 433 | 58.23 | 62.94 | 58.38 | 50.46 | 60.51 | 57.32 |
| 600335 | 国机汽车 | 434 | 58.22 | 49.11 | 62.72 | 62.81 | 57.92 | 60.25 |
| 600079 | 人福医药 | 435 | 58.21 | 57.37 | 59.63 | 62.72 | 56.40 | 55.10 |
| 002179 | 中航光电 | 436 | 58.20 | 63.20 | 59.31 | 54.38 | 55.31 | 55.99 |
| 601579 | 会稽山 | 437 | 58.20 | 54.92 | 64.90 | 64.85 | 46.94 | 56.28 |
| 600105 | 永鼎股份 | 438 | 58.19 | 58.59 | 50.08 | 68.83 | 49.16 | 64.33 |
| 600823 | 世茂股份 | 439 | 58.18 | 52.56 | 62.24 | 53.64 | 75.16 | 52.76 |
| 002416 | 爱施德 | 440 | 58.18 | 55.92 | 65.61 | 61.60 | 66.23 | 44.27 |
| 002020 | 京新药业 | 441 | 58.18 | 60.99 | 58.52 | 54.15 | 56.28 | 58.99 |
| 002122 | 天马股份 | 442 | 58.18 | 59.86 | 63.75 | 59.99 | 39.65 | 60.39 |
| 002708 | 光洋股份 | 443 | 58.18 | 59.30 | 64.03 | 58.74 | 51.68 | 53.90 |
| 000631 | 顺发恒业 | 444 | 58.18 | 52.29 | 60.51 | 52.82 | 61.21 | 64.79 |
| 000667 | 美好集团 | 445 | 58.18 | 65.35 | 58.94 | 59.68 | 40.43 | 59.18 |
| 000156 | 华数传媒 | 446 | 58.17 | 62.01 | 62.55 | 59.38 | 75.40 | 36.40 |

续表

| 证券代码 | 证券简称 | 排名 | 投资者保护指数 | 会计信息指数 | 内部控制指数 | 外部审计指数 | 管理控制指数 | 财务运行指数 |
|---|---|---|---|---|---|---|---|---|
| 600783 | 鲁信创投 | 447 | 58.17 | 57.26 | 55.83 | 61.31 | 53.55 | 62.41 |
| 002048 | 宁波华翔 | 448 | 58.16 | 60.25 | 62.56 | 61.76 | 44.84 | 56.38 |
| 600736 | 苏州高新 | 449 | 58.16 | 54.86 | 60.03 | 55.66 | 50.86 | 66.68 |
| 002335 | 科华恒盛 | 450 | 58.16 | 61.75 | 58.45 | 53.32 | 53.64 | 60.43 |
| 002093 | 国脉科技 | 451 | 58.15 | 56.35 | 61.77 | 56.63 | 61.67 | 55.05 |
| 300324 | 旋极信息 | 452 | 58.15 | 58.65 | 54.16 | 62.91 | 68.40 | 51.63 |
| 600713 | 南京医药 | 453 | 58.14 | 56.36 | 52.85 | 53.94 | 67.49 | 63.65 |
| 000151 | 中成股份 | 454 | 58.14 | 51.33 | 64.28 | 53.99 | 52.79 | 65.93 |
| 300183 | 东软载波 | 455 | 58.14 | 51.55 | 59.62 | 62.12 | 63.81 | 57.28 |
| 000046 | 泛海控股 | 456 | 58.12 | 54.95 | 59.75 | 54.07 | 65.85 | 58.23 |
| 600356 | 恒丰纸业 | 457 | 58.12 | 55.72 | 54.21 | 57.68 | 62.69 | 62.85 |
| 603005 | 晶方科技 | 458 | 58.12 | 57.50 | 57.44 | 56.60 | 60.66 | 59.19 |
| 002250 | 联化科技 | 459 | 58.12 | 60.98 | 56.57 | 58.68 | 60.02 | 54.85 |
| 002262 | 恩华药业 | 460 | 58.11 | 63.94 | 56.56 | 58.42 | 55.63 | 54.40 |
| 300075 | 数字政通 | 461 | 58.11 | 55.17 | 57.87 | 57.92 | 65.89 | 56.95 |
| 002701 | 奥瑞金 | 462 | 58.10 | 59.17 | 57.53 | 58.24 | 54.23 | 59.90 |
| 002685 | 华东重机 | 463 | 58.09 | 69.55 | 56.87 | 59.18 | 48.85 | 51.10 |
| 600824 | 益民集团 | 464 | 58.08 | 58.38 | 58.19 | 55.20 | 52.00 | 63.90 |
| 600222 | 太龙药业 | 465 | 58.08 | 65.42 | 55.75 | 60.49 | 42.87 | 60.09 |
| 002548 | 金新农 | 466 | 58.07 | 57.16 | 55.89 | 61.57 | 50.98 | 63.46 |
| 002319 | 乐通股份 | 467 | 58.07 | 59.88 | 58.87 | 52.97 | 46.46 | 66.72 |
| 000066 | 长城电脑 | 468 | 58.07 | 57.57 | 56.88 | 57.43 | 70.99 | 52.11 |
| 601166 | 兴业银行 | 469 | 58.06 | 51.76 | 62.66 | 55.32 | 76.84 | 50.18 |
| 300101 | 振芯科技 | 470 | 58.05 | 58.90 | 54.62 | 50.14 | 72.89 | 57.73 |
| 600015 | 华夏银行 | 471 | 58.05 | 46.55 | 62.47 | 60.83 | 75.88 | 52.63 |
| 002236 | 大华股份 | 472 | 58.03 | 62.24 | 62.89 | 58.68 | 49.25 | 52.66 |
| 002637 | 赞宇科技 | 473 | 58.03 | 55.17 | 61.30 | 54.20 | 49.86 | 66.06 |
| 600114 | 东睦股份 | 474 | 58.03 | 57.63 | 52.93 | 58.93 | 52.12 | 67.49 |

续表

| 证券代码 | 证券简称 | 排名 | 投资者保护指数 | 会计信息指数 | 内部控制指数 | 外部审计指数 | 管理控制指数 | 财务运行指数 |
|---|---|---|---|---|---|---|---|---|
| 000607 | 华媒控股 | 475 | 58.03 | 66.14 | 49.49 | 69.07 | 64.30 | 45.25 |
| 300033 | 同花顺 | 476 | 58.03 | 60.36 | 59.79 | 57.47 | 65.01 | 49.13 |
| 600405 | 动力源 | 477 | 58.00 | 58.00 | 58.95 | 60.91 | 57.82 | 54.67 |
| 300162 | 雷曼光电 | 478 | 58.00 | 58.71 | 61.95 | 54.55 | 53.90 | 58.09 |
| 002467 | 二六三 | 479 | 58.00 | 57.67 | 58.74 | 54.51 | 65.38 | 55.55 |
| 002458 | 益生股份 | 480 | 57.99 | 55.07 | 58.06 | 60.63 | 69.31 | 51.83 |
| 600031 | 三一重工 | 481 | 57.99 | 59.85 | 65.15 | 65.31 | 50.10 | 46.74 |
| 600626 | 申达股份 | 482 | 57.98 | 55.40 | 58.73 | 63.63 | 53.48 | 58.53 |
| 600661 | 新南洋 | 483 | 57.98 | 61.86 | 59.42 | 73.12 | 68.80 | 32.43 |
| 000905 | 厦门港务 | 484 | 57.98 | 53.05 | 62.73 | 53.45 | 62.70 | 58.91 |
| 000701 | 厦门信达 | 485 | 57.98 | 58.97 | 58.62 | 55.15 | 51.96 | 62.28 |
| 002101 | 广东鸿图 | 486 | 57.97 | 57.85 | 63.73 | 57.54 | 42.54 | 61.89 |
| 300375 | 鹏翎股份 | 487 | 57.96 | 57.76 | 56.12 | 56.99 | 51.44 | 65.37 |
| 600337 | 美克家居 | 488 | 57.94 | 60.15 | 61.72 | 49.71 | 49.06 | 63.46 |
| 600460 | 士兰微 | 489 | 57.94 | 57.14 | 60.58 | 64.31 | 56.82 | 51.43 |
| 002247 | 帝龙新材 | 490 | 57.94 | 62.04 | 57.23 | 59.08 | 43.57 | 62.38 |
| 002189 | 利达光电 | 491 | 57.94 | 65.90 | 57.26 | 52.18 | 37.45 | 67.36 |
| 600201 | 金宇集团 | 492 | 57.93 | 51.92 | 60.84 | 54.64 | 64.75 | 59.90 |
| 300272 | 开能环保 | 493 | 57.93 | 63.79 | 54.20 | 67.53 | 59.51 | 46.52 |
| 300092 | 科新机电 | 494 | 57.93 | 59.88 | 56.29 | 52.02 | 48.16 | 68.69 |
| 600054 | 黄山旅游 | 495 | 57.93 | 58.02 | 57.27 | 56.72 | 75.76 | 47.95 |
| 600807 | 天业股份 | 496 | 57.93 | 58.26 | 54.00 | 60.80 | 51.79 | 63.72 |
| 000680 | 山推股份 | 497 | 57.93 | 58.87 | 67.29 | 64.06 | 45.32 | 49.27 |
| 002100 | 天康生物 | 498 | 57.93 | 59.89 | 59.48 | 48.19 | 45.04 | 70.11 |
| 002254 | 泰和新材 | 499 | 57.92 | 62.00 | 58.95 | 56.32 | 51.43 | 57.45 |
| 002714 | 牧原股份 | 500 | 57.91 | 57.02 | 60.75 | 54.82 | 63.97 | 54.21 |
| 002276 | 万马股份 | 501 | 57.90 | 58.79 | 57.15 | 57.42 | 49.75 | 63.43 |
| 002677 | 浙江美大 | 502 | 57.90 | 59.36 | 58.87 | 55.73 | 62.60 | 53.78 |

续表

| 证券代码 | 证券简称 | 排名 | 投资者保护指数 | 会计信息指数 | 内部控制指数 | 外部审计指数 | 管理控制指数 | 财务运行指数 |
|---|---|---|---|---|---|---|---|---|
| 000070 | 特发信息 | 503 | 57.90 | 61.30 | 60.79 | 61.43 | 41.01 | 58.72 |
| 002527 | 新时达 | 504 | 57.90 | 65.28 | 54.74 | 55.16 | 58.58 | 54.61 |
| 600795 | 国电电力 | 505 | 57.89 | 55.24 | 60.24 | 60.74 | 64.04 | 52.01 |
| 002402 | 和而泰 | 506 | 57.89 | 58.47 | 59.29 | 61.40 | 50.85 | 57.33 |
| 002096 | 南岭民爆 | 507 | 57.89 | 59.14 | 61.27 | 54.84 | 36.53 | 68.92 |
| 002616 | 长青集团 | 508 | 57.89 | 59.14 | 62.19 | 51.33 | 45.89 | 64.59 |
| 000016 | 深康佳A | 509 | 57.89 | 67.24 | 60.04 | 61.51 | 36.79 | 55.20 |
| 002403 | 爱仕达 | 510 | 57.89 | 55.31 | 60.29 | 56.25 | 49.38 | 65.02 |
| 600479 | 千金药业 | 511 | 57.88 | 59.77 | 58.64 | 50.02 | 53.78 | 63.83 |
| 000585 | 东北电器 | 512 | 57.88 | 65.10 | 51.08 | 60.14 | 52.59 | 58.83 |
| 300145 | 南方泵业 | 513 | 57.88 | 59.52 | 63.36 | 56.02 | 52.41 | 54.70 |
| 300245 | 天玑科技 | 514 | 57.87 | 62.24 | 59.74 | 53.38 | 65.12 | 49.48 |
| 002198 | 嘉应制药 | 515 | 57.87 | 59.01 | 54.87 | 52.94 | 59.93 | 62.65 |
| 002661 | 克明面业 | 516 | 57.86 | 59.15 | 60.87 | 52.06 | 43.12 | 67.16 |
| 000061 | 农产品 | 517 | 57.85 | 62.16 | 68.06 | 59.01 | 49.57 | 45.47 |
| 601012 | 隆基股份 | 518 | 57.85 | 56.55 | 62.80 | 57.19 | 58.01 | 54.12 |
| 300146 | 汤臣倍健 | 519 | 57.85 | 61.48 | 59.91 | 53.47 | 55.58 | 56.21 |
| 600791 | 京能置业 | 520 | 57.84 | 46.55 | 60.53 | 63.47 | 54.50 | 65.70 |
| 002718 | 友邦吊顶 | 521 | 57.84 | 60.14 | 64.09 | 59.49 | 59.51 | 45.50 |
| 002154 | 报喜鸟 | 522 | 57.83 | 58.90 | 66.69 | 60.75 | 45.99 | 51.70 |
| 600582 | 天地科技 | 523 | 57.83 | 53.24 | 60.18 | 66.75 | 56.93 | 53.87 |
| 000888 | 峨眉山A | 524 | 57.83 | 59.62 | 63.42 | 54.07 | 72.29 | 42.88 |
| 601718 | 际华集团 | 525 | 57.82 | 60.63 | 61.82 | 55.93 | 42.19 | 61.63 |
| 002150 | 通润装备 | 526 | 57.82 | 62.52 | 59.31 | 59.81 | 54.47 | 51.13 |
| 002412 | 汉森制药 | 527 | 57.82 | 60.52 | 61.46 | 49.99 | 59.99 | 55.34 |
| 000566 | 海南海药 | 528 | 57.81 | 60.80 | 62.81 | 50.82 | 60.49 | 52.45 |
| 002352 | 鼎泰新材 | 529 | 57.81 | 54.31 | 58.82 | 59.21 | 47.35 | 66.47 |
| 600113 | 浙江东日 | 530 | 57.81 | 63.86 | 61.09 | 55.78 | 46.89 | 55.67 |

续表

| 证券代码 | 证券简称 | 排名 | 投资者保护指数 | 会计信息指数 | 内部控制指数 | 外部审计指数 | 管理控制指数 | 财务运行指数 |
|---|---|---|---|---|---|---|---|---|
| 600498 | 烽火通信 | 531 | 57.81 | 58.56 | 60.68 | 53.53 | 57.26 | 57.43 |
| 002012 | 凯恩股份 | 532 | 57.80 | 64.09 | 55.20 | 60.28 | 57.24 | 51.74 |
| 601169 | 北京银行 | 533 | 57.80 | 53.64 | 55.98 | 66.40 | 79.28 | 43.83 |
| 603993 | 洛阳钼业 | 534 | 57.80 | 56.93 | 67.30 | 65.99 | 53.13 | 44.28 |
| 002468 | 艾迪西 | 535 | 57.79 | 59.77 | 63.75 | 59.03 | 49.42 | 53.06 |
| 600459 | 贵研铂业 | 536 | 57.79 | 58.91 | 55.29 | 63.03 | 46.26 | 62.63 |
| 600021 | 上海电力 | 537 | 57.78 | 53.62 | 63.44 | 64.09 | 46.12 | 58.66 |
| 002158 | 汉钟精机 | 538 | 57.78 | 62.34 | 60.33 | 53.49 | 60.96 | 50.87 |
| 000623 | 吉林敖东 | 539 | 57.78 | 60.32 | 56.85 | 49.86 | 66.06 | 56.88 |
| 000608 | 阳光股份 | 540 | 57.78 | 55.38 | 62.38 | 63.17 | 49.53 | 56.31 |
| 000798 | 中水渔业 | 541 | 57.77 | 59.22 | 63.43 | 56.07 | 63.64 | 47.10 |
| 600690 | 青岛海尔 | 542 | 57.77 | 56.39 | 59.56 | 53.66 | 61.90 | 57.99 |
| 002573 | 国电清新 | 543 | 57.77 | 58.31 | 58.35 | 54.04 | 68.56 | 52.47 |
| 600622 | 嘉宝集团 | 544 | 57.77 | 53.26 | 61.73 | 57.38 | 43.18 | 68.36 |
| 600662 | 强生控股 | 545 | 57.77 | 57.01 | 56.62 | 55.35 | 61.03 | 59.81 |
| 002001 | 新和成 | 546 | 57.75 | 58.71 | 63.51 | 59.92 | 40.90 | 59.22 |
| 600340 | 华夏幸福 | 547 | 57.74 | 56.28 | 63.01 | 49.79 | 65.04 | 55.08 |
| 600712 | 南宁百货 | 548 | 57.71 | 67.02 | 56.23 | 60.49 | 42.00 | 56.45 |
| 600487 | 亨通光电 | 549 | 57.71 | 57.92 | 59.66 | 58.55 | 56.31 | 55.44 |
| 002376 | 新北洋 | 550 | 57.70 | 53.17 | 64.87 | 60.06 | 41.86 | 63.18 |
| 600023 | 浙能电力 | 551 | 57.69 | 56.13 | 61.02 | 60.34 | 43.42 | 62.85 |
| 002268 | 卫士通 | 552 | 57.69 | 57.34 | 55.76 | 60.63 | 66.69 | 52.06 |
| 600780 | 通宝能源 | 553 | 57.67 | 56.29 | 61.31 | 49.03 | 66.38 | 56.43 |
| 300209 | 天泽信息 | 554 | 57.66 | 68.90 | 55.72 | 54.03 | 56.19 | 50.54 |
| 300068 | 南都电源 | 555 | 57.66 | 57.67 | 56.61 | 56.05 | 43.12 | 69.64 |
| 000006 | 深振业 A | 556 | 57.65 | 51.88 | 57.04 | 61.47 | 45.63 | 69.90 |
| 300295 | 三六五网 | 557 | 57.65 | 58.06 | 57.68 | 54.26 | 64.60 | 55.35 |
| 600563 | 法拉电子 | 558 | 57.63 | 56.33 | 60.53 | 61.83 | 58.23 | 52.02 |

续表

| 证券代码 | 证券简称 | 排名 | 投资者保护指数 | 会计信息指数 | 内部控制指数 | 外部审计指数 | 管理控制指数 | 财务运行指数 |
|---|---|---|---|---|---|---|---|---|
| 002332 | 仙琚制药 | 559 | 57.62 | 60.59 | 61.25 | 56.16 | 47.41 | 57.78 |
| 002405 | 四维图新 | 560 | 57.62 | 52.46 | 68.39 | 54.34 | 67.60 | 47.45 |
| 600635 | 大众公用 | 561 | 57.62 | 56.23 | 57.00 | 57.29 | 53.35 | 63.00 |
| 002641 | 永高股份 | 562 | 57.61 | 58.93 | 63.78 | 54.48 | 46.02 | 59.05 |
| 002678 | 珠江钢琴 | 563 | 57.61 | 58.28 | 62.22 | 56.35 | 38.90 | 64.71 |
| 000786 | 北新建材 | 564 | 57.61 | 61.07 | 59.55 | 57.36 | 51.99 | 55.14 |
| 000838 | 国兴地产 | 565 | 57.61 | 54.32 | 62.54 | 56.82 | 48.26 | 62.53 |
| 600894 | 广日股份 | 566 | 57.60 | 53.05 | 60.77 | 65.57 | 53.98 | 55.22 |
| 600879 | 航天电子 | 567 | 57.60 | 58.06 | 59.53 | 56.03 | 56.81 | 56.61 |
| 300096 | 易联众 | 568 | 57.59 | 61.16 | 54.65 | 53.37 | 64.40 | 55.77 |
| 002460 | 赣锋锂业 | 569 | 57.57 | 62.85 | 54.44 | 52.17 | 50.96 | 63.66 |
| 600510 | 黑牡丹 | 570 | 57.57 | 52.39 | 60.59 | 61.61 | 52.42 | 60.28 |
| 600717 | 天津港 | 571 | 57.56 | 45.72 | 61.64 | 60.65 | 56.07 | 65.28 |
| 600651 | 飞乐音响 | 572 | 57.55 | 57.07 | 63.20 | 53.30 | 51.69 | 58.87 |
| 600120 | 浙江东方 | 573 | 57.54 | 45.43 | 59.77 | 67.88 | 51.21 | 65.01 |
| 300311 | 任子行 | 574 | 57.54 | 61.93 | 51.08 | 52.64 | 66.54 | 57.88 |
| 600332 | 白云山 | 575 | 57.53 | 57.44 | 57.14 | 57.96 | 59.28 | 56.62 |
| 600395 | 盘江股份 | 576 | 57.53 | 66.84 | 56.39 | 48.68 | 37.65 | 68.02 |
| 000048 | 康达尔 | 577 | 57.52 | 59.50 | 57.20 | 61.77 | 50.71 | 56.54 |
| 600526 | 菲达环保 | 578 | 57.52 | 59.03 | 57.21 | 58.81 | 50.92 | 59.35 |
| 000776 | 广发证券 | 579 | 57.52 | 53.79 | 66.09 | 59.50 | 62.35 | 47.27 |
| 601002 | 晋亿实业 | 580 | 57.51 | 58.27 | 56.64 | 59.82 | 39.18 | 67.70 |
| 002024 | 苏宁云商 | 581 | 57.51 | 59.68 | 68.69 | 64.83 | 28.36 | 55.15 |
| 002078 | 太阳纸业 | 582 | 57.51 | 59.38 | 58.33 | 61.48 | 57.08 | 51.40 |
| 002488 | 金固股份 | 583 | 57.50 | 59.96 | 58.14 | 56.14 | 45.15 | 63.03 |
| 600068 | 葛洲坝 | 584 | 57.50 | 53.88 | 58.31 | 60.86 | 61.10 | 55.77 |
| 002088 | 鲁阳股份 | 585 | 57.50 | 59.38 | 59.40 | 54.72 | 50.75 | 59.75 |
| 300409 | 道氏技术 | 586 | 57.50 | 53.78 | 54.78 | 63.34 | 59.81 | 58.76 |

续表

| 证券代码 | 证券简称 | 排名 | 投资者保护指数 | 会计信息指数 | 内部控制指数 | 外部审计指数 | 管理控制指数 | 财务运行指数 |
|---|---|---|---|---|---|---|---|---|
| 300168 | 万达信息 | 587 | 57.49 | 55.43 | 51.99 | 67.59 | 64.52 | 53.49 |
| 601877 | 正泰电器 | 588 | 57.49 | 54.93 | 63.99 | 56.20 | 57.80 | 53.85 |
| 600623 | 双钱股份 | 589 | 57.45 | 59.85 | 58.30 | 62.94 | 42.88 | 58.68 |
| 600995 | 文山电力 | 590 | 57.44 | 52.35 | 53.41 | 57.42 | 61.73 | 65.34 |
| 002439 | 启明星辰 | 591 | 57.44 | 54.01 | 64.08 | 62.05 | 66.67 | 44.08 |
| 000868 | 安凯客车 | 592 | 57.44 | 60.81 | 62.78 | 52.28 | 49.99 | 56.34 |
| 000823 | 超声电子 | 593 | 57.44 | 56.80 | 63.35 | 52.89 | 55.27 | 56.47 |
| 002156 | 通富微电 | 594 | 57.43 | 61.42 | 61.67 | 59.65 | 49.38 | 51.32 |
| 000828 | 东莞控股 | 595 | 57.43 | 54.04 | 51.65 | 63.39 | 56.89 | 63.64 |
| 002044 | 江苏三友 | 596 | 57.43 | 58.75 | 55.30 | 57.82 | 34.08 | 73.25 |
| 000050 | 深天马 A | 597 | 57.42 | 51.99 | 65.29 | 58.35 | 49.59 | 59.10 |
| 002632 | 道明光学 | 598 | 57.41 | 61.28 | 56.36 | 54.22 | 61.24 | 54.16 |
| 002414 | 高德红外 | 599 | 57.41 | 65.97 | 61.87 | 55.14 | 61.60 | 41.29 |
| 300054 | 鼎龙股份 | 600 | 57.40 | 58.46 | 61.45 | 53.68 | 52.98 | 57.38 |
| 002054 | 德美化工 | 601 | 57.40 | 57.92 | 58.42 | 58.16 | 41.16 | 65.60 |
| 002041 | 登海种业 | 602 | 57.40 | 61.39 | 56.80 | 62.69 | 60.50 | 47.09 |
| 002434 | 万里扬 | 603 | 57.39 | 60.01 | 55.99 | 56.04 | 70.67 | 48.35 |
| 000004 | 国农科技 | 604 | 57.39 | 58.34 | 61.21 | 57.89 | 52.30 | 54.78 |
| 600272 | 开开实业 | 605 | 57.39 | 59.76 | 58.64 | 63.73 | 34.25 | 63.10 |
| 603019 | 中科曙光 | 606 | 57.38 | 54.35 | 61.52 | 62.42 | 58.97 | 51.09 |
| 002206 | 海利得 | 607 | 57.38 | 59.62 | 55.56 | 59.83 | 47.67 | 61.17 |
| 002670 | 华声股份 | 608 | 57.38 | 51.11 | 64.34 | 54.49 | 52.83 | 62.05 |
| 600029 | 南方航空 | 609 | 57.37 | 50.74 | 65.96 | 68.17 | 62.17 | 43.42 |
| 300269 | 联建光电 | 610 | 57.37 | 54.30 | 55.51 | 63.34 | 60.14 | 56.50 |
| 000528 | 柳工 | 611 | 57.37 | 58.84 | 62.47 | 54.43 | 43.80 | 60.97 |
| 000665 | 湖北广电 | 612 | 57.37 | 58.45 | 62.62 | 53.00 | 71.56 | 44.30 |
| 600161 | 天坛生物 | 613 | 57.35 | 59.48 | 61.78 | 63.01 | 43.20 | 54.39 |
| 000918 | 嘉凯城 | 614 | 57.35 | 57.47 | 56.19 | 55.55 | 55.41 | 61.28 |

续表

| 证券代码 | 证券简称 | 排名 | 投资者保护指数 | 会计信息指数 | 内部控制指数 | 外部审计指数 | 管理控制指数 | 财务运行指数 |
|---|---|---|---|---|---|---|---|---|
| 002252 | 上海莱士 | 615 | 57.35 | 58.56 | 60.13 | 53.55 | 66.86 | 49.58 |
| 000800 | 一汽轿车 | 616 | 57.34 | 60.21 | 56.08 | 56.83 | 45.37 | 63.64 |
| 002497 | 雅化集团 | 617 | 57.34 | 65.68 | 61.87 | 52.11 | 48.32 | 52.40 |
| 002171 | 精诚铜业 | 618 | 57.34 | 62.04 | 60.71 | 54.41 | 50.44 | 54.79 |
| 002224 | 三力士 | 619 | 57.34 | 60.55 | 54.97 | 58.91 | 55.26 | 56.36 |
| 600562 | 国睿科技 | 620 | 57.33 | 60.18 | 52.44 | 54.04 | 71.22 | 53.20 |
| 600522 | 中天科技 | 621 | 57.32 | 56.78 | 57.38 | 61.80 | 50.71 | 58.55 |
| 002185 | 华天科技 | 622 | 57.30 | 55.04 | 63.83 | 56.42 | 53.25 | 55.79 |
| 000601 | 韶能股份 | 623 | 57.30 | 59.08 | 56.80 | 61.48 | 50.01 | 57.16 |
| 000043 | 中航地产 | 624 | 57.29 | 58.20 | 64.69 | 53.04 | 39.20 | 62.92 |
| 603601 | 再升科技 | 625 | 57.28 | 53.22 | 53.30 | 61.21 | 51.54 | 67.22 |
| 603126 | 中材节能 | 626 | 57.27 | 54.92 | 56.59 | 66.79 | 53.24 | 55.75 |
| 600468 | 百利电气 | 627 | 57.27 | 62.06 | 57.53 | 53.56 | 56.11 | 55.09 |
| 002681 | 奋达科技 | 628 | 57.27 | 62.90 | 52.59 | 58.13 | 60.45 | 53.26 |
| 000915 | 山大华特 | 629 | 57.27 | 54.33 | 63.87 | 60.05 | 59.66 | 49.32 |
| 600153 | 建发股份 | 630 | 57.26 | 52.15 | 62.33 | 56.17 | 64.19 | 53.81 |
| 002303 | 美盈森 | 631 | 57.26 | 60.65 | 59.32 | 56.60 | 55.89 | 52.30 |
| 002089 | 新海宜 | 632 | 57.25 | 62.88 | 56.35 | 53.95 | 64.51 | 49.61 |
| 600315 | 上海家化 | 633 | 57.25 | 51.44 | 55.68 | 62.01 | 61.46 | 59.32 |
| 300155 | 安居宝 | 634 | 57.25 | 59.24 | 57.17 | 52.85 | 57.57 | 58.36 |
| 002730 | 电光科技 | 635 | 57.25 | 53.22 | 64.70 | 64.58 | 55.79 | 48.42 |
| 000807 | 云铝股份 | 636 | 57.24 | 60.31 | 61.75 | 63.26 | 48.05 | 49.56 |
| 600373 | 中文传媒 | 637 | 57.23 | 56.21 | 58.08 | 62.16 | 49.05 | 58.82 |
| 300421 | 力星股份 | 638 | 57.23 | 52.65 | 54.48 | 65.96 | 47.73 | 64.92 |
| 002300 | 太阳电缆 | 639 | 57.23 | 57.27 | 59.10 | 53.04 | 48.81 | 63.91 |
| 600885 | 宏发股份 | 640 | 57.22 | 57.74 | 63.06 | 63.08 | 50.00 | 49.85 |
| 300213 | 佳讯飞鸿 | 641 | 57.22 | 55.05 | 55.60 | 55.26 | 58.41 | 62.46 |
| 600116 | 三峡水利 | 642 | 57.22 | 57.16 | 56.22 | 54.05 | 50.25 | 65.55 |

续表

| 证券代码 | 证券简称 | 排名 | 投资者保护指数 | 会计信息指数 | 内部控制指数 | 外部审计指数 | 管理控制指数 | 财务运行指数 |
|---|---|---|---|---|---|---|---|---|
| 600089 | 特变电工 | 643 | 57.21 | 58.11 | 59.49 | 61.14 | 59.52 | 48.85 |
| 000721 | 西安饮食 | 644 | 57.21 | 50.13 | 53.21 | 60.12 | 48.11 | 73.75 |
| 300315 | 掌趣科技 | 645 | 57.20 | 54.66 | 57.09 | 54.06 | 58.29 | 62.16 |
| 300015 | 爱尔眼科 | 646 | 57.20 | 57.15 | 61.64 | 55.59 | 74.12 | 42.43 |
| 000573 | 粤宏远 A | 647 | 57.20 | 60.13 | 56.48 | 64.36 | 41.18 | 59.19 |
| 000055 | 方大集团 | 648 | 57.19 | 60.16 | 60.49 | 55.13 | 40.42 | 62.49 |
| 002441 | 众业达 | 649 | 57.19 | 58.90 | 59.59 | 53.11 | 56.96 | 55.86 |
| 600590 | 泰豪科技 | 650 | 57.19 | 55.86 | 58.86 | 55.33 | 56.56 | 58.73 |
| 002278 | 神开股份 | 651 | 57.19 | 59.80 | 48.56 | 56.65 | 55.08 | 65.86 |
| 600176 | 中国巨石 | 652 | 57.19 | 54.30 | 55.13 | 68.04 | 61.54 | 51.33 |
| 600378 | 天科股份 | 653 | 57.18 | 63.79 | 65.41 | 51.66 | 44.44 | 52.70 |
| 600704 | 物产中大 | 654 | 57.18 | 53.22 | 60.07 | 68.25 | 46.99 | 56.22 |
| 002111 | 威海广泰 | 655 | 57.18 | 60.77 | 58.31 | 62.10 | 52.10 | 50.96 |
| 600570 | 恒生电子 | 656 | 57.18 | 54.21 | 60.71 | 65.03 | 54.59 | 51.92 |
| 300163 | 先锋新材 | 657 | 57.17 | 56.42 | 54.41 | 67.18 | 46.64 | 60.01 |
| 300306 | 远方光电 | 658 | 57.17 | 66.55 | 58.88 | 56.03 | 50.04 | 49.72 |
| 002669 | 康达新材 | 659 | 57.17 | 60.84 | 56.77 | 55.14 | 58.89 | 53.85 |
| 002223 | 鱼跃医疗 | 660 | 57.17 | 62.36 | 56.00 | 58.42 | 55.26 | 52.61 |
| 000615 | 湖北金环 | 661 | 57.15 | 62.06 | 49.17 | 59.12 | 59.15 | 57.68 |
| 601018 | 宁波港 | 662 | 57.15 | 44.86 | 65.42 | 60.91 | 60.14 | 57.11 |
| 002614 | 蒙发利 | 663 | 57.15 | 57.53 | 66.58 | 51.75 | 42.66 | 59.63 |
| 002184 | 海得控制 | 664 | 57.14 | 60.89 | 57.54 | 57.40 | 41.28 | 62.38 |
| 300417 | 南华仪器 | 665 | 57.14 | 52.65 | 60.44 | 63.64 | 61.13 | 50.76 |
| 000936 | 华西股份 | 666 | 57.13 | 62.36 | 55.90 | 57.60 | 32.44 | 68.13 |
| 300127 | 银河磁体 | 667 | 57.13 | 57.40 | 60.53 | 50.13 | 63.18 | 54.61 |
| 600551 | 时代出版 | 668 | 57.13 | 57.76 | 53.81 | 51.62 | 64.46 | 59.87 |
| 300229 | 拓尔思 | 669 | 57.12 | 56.28 | 53.79 | 53.96 | 66.18 | 58.62 |
| 600371 | 万向德农 | 670 | 57.11 | 54.67 | 51.33 | 56.80 | 73.35 | 56.32 |

续表

| 证券代码 | 证券简称 | 排名 | 投资者保护指数 | 会计信息指数 | 内部控制指数 | 外部审计指数 | 管理控制指数 | 财务运行指数 |
|---|---|---|---|---|---|---|---|---|
| 600657 | 信达地产 | 671 | 57. 11 | 49. 35 | 65. 84 | 61. 00 | 37. 92 | 65. 54 |
| 601333 | 广深铁路 | 672 | 57. 11 | 52. 11 | 61. 24 | 65. 62 | 41. 20 | 61. 70 |
| 002690 | 美亚光电 | 673 | 57. 10 | 65. 75 | 59. 17 | 52. 14 | 60. 34 | 46. 44 |
| 000687 | 恒天天鹅 | 674 | 57. 10 | 63. 06 | 59. 30 | 53. 61 | 46. 18 | 57. 48 |
| 002229 | 鸿博股份 | 675 | 57. 08 | 64. 84 | 59. 76 | 57. 06 | 49. 91 | 49. 51 |
| 603609 | 禾丰牧业 | 676 | 57. 07 | 53. 78 | 59. 21 | 60. 34 | 46. 61 | 62. 66 |
| 600812 | 华北制药 | 677 | 57. 07 | 54. 75 | 63. 74 | 60. 57 | 39. 30 | 60. 86 |
| 300114 | 中航电测 | 678 | 57. 06 | 58. 34 | 56. 81 | 61. 04 | 54. 83 | 54. 06 |
| 600271 | 航天信息 | 679 | 57. 06 | 54. 88 | 61. 52 | 59. 16 | 51. 84 | 56. 18 |
| 000099 | 中信海直 | 680 | 57. 05 | 52. 60 | 53. 52 | 57. 71 | 57. 48 | 65. 56 |
| 002178 | 延华智能 | 681 | 57. 05 | 60. 67 | 50. 96 | 58. 15 | 69. 47 | 50. 82 |
| 300147 | 香雪制药 | 682 | 57. 05 | 66. 97 | 53. 34 | 54. 51 | 51. 06 | 55. 59 |
| 300225 | 金力泰 | 683 | 57. 04 | 58. 66 | 54. 10 | 56. 58 | 55. 22 | 60. 07 |
| 000756 | 新华制药 | 684 | 57. 04 | 58. 96 | 59. 17 | 61. 61 | 44. 67 | 56. 66 |
| 000960 | 锡业股份 | 685 | 57. 04 | 56. 00 | 62. 28 | 63. 39 | 62. 20 | 43. 70 |
| 600521 | 华海药业 | 686 | 57. 04 | 57. 66 | 63. 91 | 55. 78 | 50. 14 | 53. 89 |
| 002658 | 雪迪龙 | 687 | 57. 03 | 57. 64 | 61. 09 | 54. 58 | 54. 68 | 55. 14 |
| 000690 | 宝新能源 | 688 | 57. 02 | 56. 85 | 53. 74 | 61. 43 | 47. 72 | 63. 50 |
| 300386 | 飞天诚信 | 689 | 57. 02 | 54. 35 | 58. 14 | 66. 57 | 57. 42 | 50. 87 |
| 300297 | 蓝盾股份 | 690 | 57. 01 | 60. 54 | 56. 62 | 54. 57 | 63. 69 | 50. 95 |
| 300047 | 天源迪科 | 691 | 57. 01 | 55. 84 | 60. 37 | 63. 39 | 54. 36 | 51. 07 |
| 300369 | 绿盟科技 | 692 | 57. 01 | 52. 20 | 61. 25 | 55. 39 | 68. 90 | 51. 35 |
| 600519 | 贵州茅台 | 693 | 57. 00 | 56. 73 | 62. 48 | 48. 78 | 60. 71 | 55. 26 |
| 600177 | 雅戈尔 | 694 | 56. 99 | 53. 02 | 61. 16 | 68. 39 | 51. 89 | 50. 97 |
| 002296 | 辉煌科技 | 695 | 56. 99 | 62. 68 | 56. 74 | 50. 76 | 58. 54 | 54. 62 |
| 300039 | 上海凯宝 | 696 | 56. 99 | 61. 92 | 53. 61 | 56. 63 | 62. 40 | 51. 83 |
| 600761 | 安徽合力 | 697 | 56. 99 | 57. 85 | 57. 29 | 61. 38 | 43. 15 | 61. 08 |
| 000040 | 宝安地产 | 698 | 56. 99 | 54. 09 | 57. 91 | 61. 42 | 51. 85 | 59. 09 |

续表

| 证券代码 | 证券简称 | 排名 | 投资者保护指数 | 会计信息指数 | 内部控制指数 | 外部审计指数 | 管理控制指数 | 财务运行指数 |
|---|---|---|---|---|---|---|---|---|
| 002622 | 永大集团 | 699 | 56.98 | 59.30 | 57.76 | 48.21 | 73.86 | 49.46 |
| 600801 | 华新水泥 | 700 | 56.98 | 57.20 | 68.53 | 60.17 | 47.61 | 46.93 |
| 600578 | 京能电力 | 701 | 56.98 | 52.31 | 55.31 | 52.06 | 63.65 | 64.04 |
| 000885 | 同力水泥 | 702 | 56.97 | 61.50 | 62.35 | 61.35 | 36.67 | 55.13 |
| 002258 | 利尔化学 | 703 | 56.97 | 60.85 | 64.30 | 58.45 | 37.12 | 55.71 |
| 603123 | 翠微股份 | 704 | 56.97 | 53.38 | 64.60 | 57.60 | 45.20 | 59.59 |
| 000988 | 华工科技 | 705 | 56.97 | 63.56 | 58.23 | 54.02 | 58.18 | 49.34 |
| 000488 | 晨鸣纸业 | 706 | 56.96 | 58.93 | 67.15 | 62.09 | 46.86 | 45.33 |
| 600763 | 通策医疗 | 707 | 56.96 | 70.16 | 58.14 | 66.24 | 60.59 | 30.16 |
| 603099 | 长白山 | 708 | 56.96 | 54.35 | 62.47 | 60.91 | 62.73 | 46.71 |
| 002135 | 东南网架 | 709 | 56.95 | 60.77 | 61.04 | 59.81 | 43.80 | 54.01 |
| 601010 | 文峰股份 | 710 | 56.94 | 59.33 | 58.54 | 53.97 | 46.24 | 61.67 |
| 300178 | 腾邦国际 | 711 | 56.94 | 53.10 | 52.01 | 66.91 | 70.49 | 50.27 |
| 600422 | 昆药集团 | 712 | 56.94 | 56.96 | 62.76 | 50.29 | 48.49 | 61.09 |
| 000418 | 小天鹅A | 713 | 56.93 | 57.21 | 64.51 | 57.99 | 48.77 | 52.33 |
| 000989 | 九芝堂 | 714 | 56.93 | 55.22 | 56.97 | 53.38 | 63.84 | 57.29 |
| 002528 | 英飞拓 | 715 | 56.92 | 54.94 | 64.85 | 52.90 | 46.66 | 60.06 |
| 002216 | 三全食品 | 716 | 56.92 | 58.56 | 60.91 | 55.88 | 44.94 | 59.02 |
| 000534 | 万泽股份 | 717 | 56.91 | 51.80 | 52.97 | 63.02 | 53.36 | 64.86 |
| 002407 | 多氟多 | 718 | 56.91 | 59.58 | 55.09 | 50.78 | 48.68 | 66.19 |
| 002469 | 三维工程 | 719 | 56.91 | 60.15 | 57.32 | 56.98 | 76.41 | 39.85 |
| 300358 | 楚天科技 | 720 | 56.90 | 57.79 | 60.67 | 53.09 | 66.18 | 48.54 |
| 002440 | 闰土股份 | 721 | 56.90 | 57.94 | 57.25 | 56.00 | 60.61 | 53.56 |
| 002194 | 武汉凡谷 | 722 | 56.90 | 53.86 | 65.28 | 55.88 | 53.25 | 54.02 |
| 000778 | 新兴铸管 | 723 | 56.89 | 58.82 | 61.46 | 50.63 | 62.48 | 50.77 |
| 000921 | 海信科龙 | 724 | 56.88 | 56.58 | 70.11 | 56.88 | 41.41 | 52.08 |
| 600630 | 龙头股份 | 725 | 56.88 | 57.14 | 55.54 | 55.70 | 63.18 | 54.95 |
| 000543 | 皖能电力 | 726 | 56.87 | 58.49 | 57.04 | 52.09 | 58.02 | 57.90 |

续表

| 证券代码 | 证券简称 | 排名 | 投资者保护指数 | 会计信息指数 | 内部控制指数 | 外部审计指数 | 管理控制指数 | 财务运行指数 |
|---|---|---|---|---|---|---|---|---|
| 002080 | 中材科技 | 727 | 56.86 | 58.77 | 57.52 | 58.54 | 53.75 | 54.51 |
| 600716 | 凤凰股份 | 728 | 56.86 | 57.68 | 52.06 | 55.46 | 55.40 | 63.50 |
| 002344 | 海宁皮城 | 729 | 56.86 | 58.56 | 56.12 | 56.79 | 58.69 | 54.56 |
| 002733 | 雄韬股份 | 730 | 56.85 | 54.92 | 58.95 | 61.56 | 42.74 | 62.10 |
| 600612 | 老凤祥 | 731 | 56.85 | 59.32 | 47.77 | 67.80 | 46.44 | 62.28 |
| 600969 | 郴电国际 | 732 | 56.84 | 59.00 | 57.60 | 58.22 | 41.17 | 62.53 |
| 300298 | 三诺生物 | 733 | 56.84 | 60.74 | 57.05 | 51.60 | 56.81 | 56.27 |
| 002209 | 达意隆 | 734 | 56.84 | 59.37 | 60.95 | 55.49 | 52.09 | 53.29 |
| 300148 | 天舟文化 | 735 | 56.83 | 57.83 | 51.79 | 52.16 | 77.09 | 52.04 |
| 600420 | 现代制药 | 736 | 56.83 | 59.24 | 57.58 | 60.72 | 54.46 | 51.52 |
| 000592 | 平潭发展 | 737 | 56.83 | 60.23 | 49.43 | 60.32 | 62.96 | 54.51 |
| 002084 | 海鸥卫浴 | 738 | 56.83 | 54.93 | 57.10 | 61.67 | 37.66 | 67.33 |
| 002521 | 齐峰新材 | 739 | 56.82 | 58.94 | 54.53 | 53.76 | 53.72 | 61.47 |
| 002396 | 星网锐捷 | 740 | 56.82 | 58.87 | 64.37 | 51.56 | 56.07 | 50.45 |
| 600981 | 汇鸿股份 | 741 | 56.82 | 56.49 | 53.93 | 59.79 | 66.22 | 51.99 |
| 002177 | 御银股份 | 742 | 56.82 | 66.60 | 54.43 | 52.96 | 57.67 | 50.60 |
| 300158 | 振东制药 | 743 | 56.82 | 56.70 | 51.50 | 52.13 | 57.67 | 66.32 |
| 300032 | 金龙机电 | 744 | 56.82 | 59.92 | 56.50 | 55.75 | 58.64 | 53.19 |
| 002360 | 同德化工 | 745 | 56.81 | 53.36 | 57.56 | 50.86 | 46.54 | 71.56 |
| 600017 | 日照港 | 746 | 56.81 | 51.06 | 62.10 | 60.33 | 40.20 | 65.46 |
| 002485 | 希努尔 | 747 | 56.80 | 58.74 | 63.22 | 54.86 | 38.73 | 60.45 |
| 000018 | 中冠 A | 748 | 56.79 | 57.34 | 56.70 | 58.05 | 37.44 | 67.84 |
| 002343 | 禾欣股份 | 749 | 56.79 | 62.73 | 60.83 | 54.33 | 47.21 | 53.36 |
| 000917 | 电广传媒 | 750 | 56.78 | 55.51 | 69.11 | 57.85 | 49.94 | 47.68 |
| 000023 | 深天地 A | 751 | 56.78 | 63.47 | 59.37 | 53.03 | 41.50 | 58.91 |
| 000933 | 神火股份 | 752 | 56.77 | 57.38 | 71.54 | 59.45 | 48.50 | 42.23 |
| 002611 | 东方精工 | 753 | 56.76 | 68.93 | 59.19 | 54.44 | 49.81 | 46.02 |
| 002214 | 大立科技 | 754 | 56.76 | 63.42 | 48.56 | 58.68 | 68.50 | 49.14 |

续表

| 证券代码 | 证券简称 | 排名 | 投资者保护指数 | 会计信息指数 | 内部控制指数 | 外部审计指数 | 管理控制指数 | 财务运行指数 |
|---|---|---|---|---|---|---|---|---|
| 600051 | 宁波联合 | 755 | 56.76 | 50.58 | 57.92 | 55.84 | 60.83 | 60.79 |
| 002305 | 南国置业 | 756 | 56.76 | 50.86 | 61.82 | 53.77 | 62.10 | 56.82 |
| 000551 | 创元科技 | 757 | 56.75 | 54.17 | 55.00 | 60.03 | 69.68 | 50.74 |
| 600232 | 金鹰股份 | 758 | 56.75 | 53.50 | 58.48 | 57.89 | 47.72 | 63.54 |
| 600571 | 信雅达 | 759 | 56.74 | 58.15 | 65.37 | 55.81 | 61.52 | 42.78 |
| 002509 | 天广消防 | 760 | 56.73 | 65.75 | 62.51 | 53.32 | 51.32 | 45.73 |
| 002398 | 建研集团 | 761 | 56.73 | 53.67 | 62.65 | 54.41 | 63.43 | 51.04 |
| 300329 | 海伦钢琴 | 762 | 56.73 | 62.34 | 59.06 | 56.70 | 49.31 | 52.28 |
| 600066 | 宇通客车 | 763 | 56.73 | 56.35 | 59.58 | 54.15 | 46.17 | 62.85 |
| 002287 | 奇正藏药 | 764 | 56.73 | 65.19 | 61.37 | 45.05 | 50.79 | 54.71 |
| 600305 | 恒顺醋业 | 765 | 56.72 | 54.84 | 52.76 | 62.76 | 61.38 | 55.59 |
| 601567 | 三星电气 | 766 | 56.72 | 56.60 | 63.48 | 56.82 | 56.89 | 48.89 |
| 000997 | 新大陆 | 767 | 56.72 | 59.88 | 61.51 | 53.63 | 64.51 | 44.89 |
| 600148 | 长春一东 | 768 | 56.72 | 60.18 | 50.91 | 63.92 | 50.92 | 57.27 |
| 300408 | 三环集团 | 769 | 56.72 | 53.78 | 64.06 | 63.35 | 52.87 | 48.85 |
| 002079 | 苏州固锝 | 770 | 56.71 | 57.34 | 55.56 | 60.41 | 49.83 | 58.79 |
| 002654 | 万润科技 | 771 | 56.71 | 56.14 | 62.52 | 54.40 | 54.70 | 53.86 |
| 002065 | 东华软件 | 772 | 56.71 | 59.70 | 54.62 | 57.17 | 64.18 | 50.34 |
| 002479 | 富春环保 | 773 | 56.70 | 56.21 | 63.12 | 56.10 | 49.36 | 55.16 |
| 002555 | 顺荣三七 | 774 | 56.70 | 60.85 | 61.94 | 50.65 | 54.41 | 52.17 |
| 600236 | 桂冠电力 | 775 | 56.69 | 56.47 | 52.58 | 53.56 | 76.85 | 51.08 |
| 300151 | 昌红科技 | 776 | 56.68 | 56.23 | 56.08 | 61.45 | 50.88 | 57.85 |
| 000718 | 苏宁环球 | 777 | 56.68 | 54.84 | 53.21 | 54.61 | 58.39 | 63.40 |
| 002520 | 日发精机 | 778 | 56.67 | 59.16 | 56.27 | 55.96 | 50.83 | 58.59 |
| 600360 | 华微电子 | 779 | 56.67 | 56.82 | 57.30 | 49.80 | 57.68 | 60.68 |
| 600857 | 宁波中百 | 780 | 56.67 | 59.76 | 57.68 | 55.96 | 40.64 | 62.89 |
| 600858 | 银座股份 | 781 | 56.66 | 53.72 | 60.79 | 62.01 | 38.17 | 63.10 |
| 000908 | 景峰医药 | 782 | 56.66 | 64.02 | 52.44 | 60.57 | 61.26 | 46.68 |

续表

| 证券代码 | 证券简称 | 排名 | 投资者保护指数 | 会计信息指数 | 内部控制指数 | 外部审计指数 | 管理控制指数 | 财务运行指数 |
|---|---|---|---|---|---|---|---|---|
| 300235 | 方直科技 | 783 | 56.66 | 62.64 | 60.99 | 52.98 | 60.56 | 45.05 |
| 000789 | 万年青 | 784 | 56.65 | 58.98 | 63.06 | 55.52 | 46.84 | 53.82 |
| 002575 | 群兴玩具 | 785 | 56.65 | 60.31 | 56.71 | 53.95 | 54.03 | 56.17 |
| 600030 | 中信证券 | 786 | 56.64 | 53.72 | 62.60 | 60.33 | 66.11 | 44.06 |
| 002183 | 怡亚通 | 787 | 56.64 | 52.98 | 60.39 | 54.36 | 63.29 | 54.16 |
| 600446 | 金证股份 | 788 | 56.64 | 63.69 | 58.76 | 53.05 | 58.52 | 47.55 |
| 000521 | 美菱电器 | 789 | 56.64 | 60.30 | 59.96 | 55.07 | 40.93 | 59.99 |
| 600512 | 腾达建设 | 790 | 56.63 | 54.80 | 59.74 | 57.39 | 50.94 | 58.29 |
| 300259 | 新天科技 | 791 | 56.63 | 56.25 | 55.65 | 49.01 | 54.91 | 65.49 |
| 600322 | 天房发展 | 792 | 56.62 | 54.92 | 48.64 | 58.27 | 52.48 | 69.17 |
| 601111 | 中国国航 | 793 | 56.61 | 57.33 | 61.92 | 60.99 | 62.29 | 42.39 |
| 600185 | 格力地产 | 794 | 56.61 | 54.28 | 57.58 | 63.14 | 47.15 | 59.13 |
| 000761 | 本钢板材 | 795 | 56.61 | 56.72 | 50.72 | 56.80 | 48.30 | 68.53 |
| 002205 | 国统股份 | 796 | 56.61 | 57.84 | 53.31 | 55.04 | 54.48 | 61.61 |
| 000859 | 国风塑业 | 797 | 56.61 | 59.93 | 62.25 | 52.30 | 45.01 | 57.23 |
| 300133 | 华策影视 | 798 | 56.61 | 51.18 | 58.79 | 60.89 | 60.53 | 54.46 |
| 002590 | 万安科技 | 799 | 56.60 | 60.92 | 59.48 | 54.22 | 54.33 | 51.62 |
| 300019 | 硅宝科技 | 800 | 56.60 | 58.11 | 57.61 | 51.63 | 50.80 | 61.47 |
| 600125 | 铁龙物流 | 801 | 56.60 | 51.83 | 65.83 | 53.18 | 60.68 | 51.72 |
| 300046 | 台基股份 | 802 | 56.60 | 60.94 | 53.28 | 51.70 | 57.00 | 59.03 |
| 002126 | 银轮股份 | 803 | 56.60 | 61.73 | 54.22 | 59.82 | 52.03 | 53.65 |
| 002057 | 中钢天源 | 804 | 56.59 | 60.35 | 56.86 | 60.88 | 55.96 | 48.79 |
| 002032 | 苏泊尔 | 805 | 56.59 | 60.71 | 59.15 | 62.91 | 47.17 | 49.80 |
| 600917 | 重庆燃气 | 806 | 56.58 | 56.06 | 57.40 | 63.41 | 49.31 | 55.46 |
| 300222 | 科大智能 | 807 | 56.56 | 59.85 | 58.35 | 51.58 | 64.34 | 49.58 |
| 601788 | 光大证券 | 808 | 56.56 | 51.81 | 65.42 | 59.02 | 64.47 | 44.78 |
| 000595 | 西北轴承 | 809 | 56.56 | 62.25 | 63.38 | 59.14 | 42.82 | 48.83 |
| 002120 | 新海股份 | 810 | 56.55 | 61.81 | 63.51 | 60.36 | 40.06 | 50.01 |

续表

| 证券代码 | 证券简称 | 排名 | 投资者保护指数 | 会计信息指数 | 内部控制指数 | 外部审计指数 | 管理控制指数 | 财务运行指数 |
|---|---|---|---|---|---|---|---|---|
| 002342 | 巨力索具 | 811 | 56. 55 | 60. 80 | 61. 41 | 51. 86 | 46. 58 | 56. 26 |
| 600833 | 第一医药 | 812 | 56. 55 | 59. 53 | 45. 37 | 55. 14 | 44. 27 | 75. 07 |
| 002424 | 贵州百灵 | 813 | 56. 55 | 63. 95 | 58. 30 | 50. 09 | 56. 18 | 51. 29 |
| 000759 | 中百集团 | 814 | 56. 54 | 57. 34 | 50. 25 | 60. 68 | 48. 49 | 64. 75 |
| 601880 | 大连港 | 815 | 56. 54 | 52. 78 | 64. 03 | 66. 30 | 47. 87 | 50. 08 |
| 002483 | 润邦股份 | 816 | 56. 54 | 59. 45 | 55. 31 | 62. 53 | 41. 47 | 59. 49 |
| 600819 | 耀皮玻璃 | 817 | 56. 54 | 58. 39 | 65. 61 | 56. 91 | 44. 96 | 51. 14 |
| 002370 | 亚太药业 | 818 | 56. 53 | 59. 58 | 58. 93 | 55. 96 | 64. 97 | 45. 12 |
| 600369 | 西南证券 | 819 | 56. 52 | 56. 16 | 59. 88 | 56. 86 | 55. 35 | 53. 55 |
| 002038 | 双鹭药业 | 820 | 56. 51 | 61. 93 | 56. 82 | 52. 47 | 72. 47 | 42. 65 |
| 000961 | 中南建设 | 821 | 56. 51 | 57. 88 | 65. 24 | 57. 16 | 47. 74 | 50. 02 |
| 002689 | 博林特 | 822 | 56. 50 | 58. 72 | 56. 67 | 51. 25 | 56. 28 | 58. 09 |
| 600548 | 深高速 | 823 | 56. 49 | 44. 70 | 67. 34 | 72. 91 | 49. 69 | 49. 02 |
| 002312 | 三泰控股 | 824 | 56. 49 | 68. 54 | 54. 03 | 58. 81 | 51. 02 | 46. 78 |
| 002427 | 尤夫股份 | 825 | 56. 49 | 59. 65 | 57. 25 | 56. 61 | 50. 41 | 55. 73 |
| 600100 | 同方股份 | 826 | 56. 48 | 55. 62 | 64. 87 | 54. 21 | 62. 24 | 45. 91 |
| 000810 | 创维数字 | 827 | 56. 48 | 52. 94 | 58. 99 | 60. 76 | 51. 44 | 57. 58 |
| 300150 | 世纪瑞尔 | 828 | 56. 48 | 60. 32 | 56. 56 | 52. 25 | 57. 44 | 54. 66 |
| 300345 | 红宇新材 | 829 | 56. 48 | 60. 36 | 54. 63 | 51. 71 | 58. 38 | 56. 65 |
| 000039 | 中集集团 | 830 | 56. 48 | 61. 31 | 67. 73 | 62. 55 | 59. 25 | 31. 07 |
| 000925 | 众合科技 | 831 | 56. 47 | 56. 08 | 64. 48 | 64. 95 | 48. 49 | 46. 04 |
| 002324 | 普利特 | 832 | 56. 46 | 58. 35 | 60. 42 | 60. 47 | 48. 34 | 51. 72 |
| 600318 | 巢东股份 | 833 | 56. 46 | 66. 33 | 51. 51 | 55. 40 | 52. 99 | 53. 65 |
| 603699 | 纽威股份 | 834 | 56. 46 | 58. 88 | 60. 94 | 62. 54 | 52. 64 | 45. 99 |
| 002159 | 三特索道 | 835 | 56. 46 | 62. 63 | 56. 66 | 55. 42 | 50. 48 | 53. 67 |
| 600267 | 海正药业 | 836 | 56. 45 | 57. 53 | 61. 92 | 55. 88 | 58. 34 | 48. 10 |
| 000837 | 秦川机床 | 837 | 56. 45 | 60. 93 | 60. 09 | 57. 36 | 44. 32 | 54. 15 |
| 600168 | 武汉控股 | 838 | 56. 45 | 54. 89 | 47. 85 | 59. 65 | 62. 86 | 61. 43 |

续表

| 证券代码 | 证券简称 | 排名 | 投资者保护指数 | 会计信息指数 | 内部控制指数 | 外部审计指数 | 管理控制指数 | 财务运行指数 |
|---|---|---|---|---|---|---|---|---|
| 002347 | 泰尔重工 | 839 | 56.45 | 59.75 | 61.21 | 52.34 | 55.02 | 51.33 |
| 300302 | 同有科技 | 840 | 56.45 | 50.09 | 56.58 | 57.37 | 58.08 | 61.97 |
| 600970 | 中材国际 | 841 | 56.44 | 56.40 | 61.81 | 58.64 | 57.49 | 47.83 |
| 600580 | 卧龙电气 | 842 | 56.44 | 57.18 | 61.15 | 54.25 | 51.95 | 54.84 |
| 002392 | 北京利尔 | 843 | 56.44 | 61.04 | 59.37 | 62.97 | 50.52 | 46.20 |
| 600683 | 京投银泰 | 844 | 56.43 | 41.07 | 67.08 | 64.53 | 62.59 | 51.71 |
| 300120 | 经纬电材 | 845 | 56.43 | 53.11 | 57.68 | 53.71 | 40.43 | 71.55 |
| 000400 | 许继电气 | 846 | 56.43 | 60.33 | 50.09 | 59.29 | 60.62 | 54.11 |
| 300226 | 上海钢联 | 847 | 56.43 | 63.50 | 52.56 | 57.61 | 55.31 | 52.32 |
| 600728 | 佳都科技 | 848 | 56.42 | 59.26 | 56.86 | 59.50 | 50.65 | 53.84 |
| 600648 | 外高桥 | 849 | 56.42 | 53.92 | 57.09 | 56.98 | 61.80 | 54.66 |
| 300137 | 先河环保 | 850 | 56.42 | 61.23 | 53.25 | 53.24 | 59.53 | 54.96 |
| 600518 | 康美药业 | 851 | 56.42 | 55.22 | 49.52 | 59.75 | 58.27 | 61.86 |
| 603558 | 健盛集团 | 852 | 56.41 | 54.92 | 52.27 | 64.89 | 43.56 | 64.46 |
| 300041 | 回天新材 | 853 | 56.41 | 58.48 | 56.57 | 57.27 | 56.13 | 53.29 |
| 000957 | 中通客车 | 854 | 56.41 | 57.71 | 59.44 | 54.77 | 51.90 | 55.69 |
| 600137 | 浪莎股份 | 855 | 56.41 | 59.65 | 55.07 | 57.46 | 52.79 | 55.66 |
| 600605 | 汇通能源 | 856 | 56.40 | 57.27 | 55.25 | 62.40 | 34.58 | 66.08 |
| 000670 | 盈方微 | 857 | 56.39 | 74.12 | 49.99 | 55.49 | 65.89 | 37.39 |
| 002470 | 金正大 | 858 | 56.38 | 51.32 | 65.16 | 53.53 | 46.25 | 61.15 |
| 601799 | 星宇股份 | 859 | 56.38 | 58.36 | 57.37 | 53.99 | 45.91 | 61.65 |
| 600188 | 兖州煤业 | 860 | 56.38 | 57.70 | 63.15 | 56.39 | 45.37 | 54.17 |
| 300006 | 莱美药业 | 861 | 56.37 | 59.24 | 55.37 | 52.21 | 56.24 | 57.62 |
| 603188 | 亚邦股份 | 862 | 56.37 | 54.92 | 59.18 | 62.65 | 65.29 | 43.95 |
| 300207 | 欣旺达 | 863 | 56.37 | 55.87 | 61.93 | 52.89 | 53.69 | 55.11 |
| 600410 | 华胜天成 | 864 | 56.37 | 57.11 | 60.36 | 63.49 | 46.24 | 51.73 |
| 600361 | 华联综超 | 865 | 56.37 | 54.48 | 53.06 | 56.06 | 40.85 | 72.77 |
| 002137 | 实益达 | 866 | 56.36 | 62.05 | 59.55 | 52.94 | 55.04 | 49.64 |

续表

| 证券代码 | 证券简称 | 排名 | 投资者保护指数 | 会计信息指数 | 内部控制指数 | 外部审计指数 | 管理控制指数 | 财务运行指数 |
|---|---|---|---|---|---|---|---|---|
| 600500 | 中化国际 | 867 | 56.36 | 51.42 | 64.66 | 57.60 | 45.92 | 58.44 |
| 600059 | 古越龙山 | 868 | 56.36 | 65.72 | 56.53 | 66.60 | 36.03 | 50.09 |
| 002456 | 欧菲光 | 869 | 56.36 | 49.01 | 64.85 | 54.67 | 55.56 | 57.11 |
| 600675 | 中华企业 | 870 | 56.36 | 57.20 | 52.19 | 66.19 | 36.05 | 65.43 |
| 002197 | 证通电子 | 871 | 56.35 | 53.33 | 58.52 | 54.46 | 58.14 | 57.80 |
| 002221 | 东华能源 | 872 | 56.35 | 55.16 | 60.22 | 62.78 | 59.70 | 45.92 |
| 000096 | 广聚能源 | 873 | 56.35 | 63.11 | 55.40 | 61.57 | 45.46 | 52.35 |
| 300093 | 金刚玻璃 | 874 | 56.35 | 57.45 | 50.40 | 61.51 | 54.47 | 58.97 |
| 002489 | 浙江永强 | 875 | 56.35 | 61.04 | 63.17 | 59.12 | 43.67 | 48.99 |
| 002490 | 山东墨龙 | 876 | 56.35 | 59.86 | 58.58 | 56.45 | 46.38 | 56.04 |
| 600480 | 凌云股份 | 877 | 56.34 | 56.83 | 61.54 | 53.86 | 49.45 | 56.27 |
| 600497 | 驰宏锌锗 | 878 | 56.34 | 57.06 | 64.26 | 63.86 | 32.01 | 56.11 |
| 600976 | 健民集团 | 879 | 56.33 | 58.69 | 55.99 | 55.80 | 46.24 | 60.95 |
| 600624 | 复旦复华 | 880 | 56.33 | 48.07 | 51.96 | 66.16 | 55.29 | 63.83 |
| 000937 | 冀中能源 | 881 | 56.32 | 55.98 | 57.70 | 61.89 | 45.67 | 57.58 |
| 002329 | 皇氏集团 | 882 | 56.32 | 60.87 | 55.26 | 54.69 | 46.16 | 60.14 |
| 300334 | 津膜科技 | 883 | 56.32 | 53.52 | 57.09 | 62.59 | 60.51 | 50.94 |
| 600416 | 湘电股份 | 884 | 56.32 | 67.94 | 61.87 | 58.71 | 56.39 | 34.25 |
| 300231 | 银信科技 | 885 | 56.32 | 61.86 | 47.77 | 53.97 | 56.13 | 61.67 |
| 600638 | 新黄浦 | 886 | 56.31 | 56.46 | 58.87 | 54.99 | 38.70 | 65.73 |
| 002291 | 星期六 | 887 | 56.30 | 50.67 | 63.48 | 54.88 | 50.68 | 59.48 |
| 600594 | 益佰制药 | 888 | 56.30 | 55.01 | 54.67 | 60.43 | 54.18 | 57.73 |
| 300296 | 利亚德 | 889 | 56.29 | 56.67 | 50.00 | 62.79 | 58.09 | 56.66 |
| 300193 | 佳士科技 | 890 | 56.28 | 56.84 | 61.94 | 57.64 | 53.80 | 49.64 |
| 300132 | 青松股份 | 891 | 56.28 | 53.63 | 56.58 | 63.92 | 55.28 | 53.50 |
| 002395 | 双象股份 | 892 | 56.27 | 55.40 | 58.57 | 54.11 | 46.19 | 62.98 |
| 000530 | 大冷股份 | 893 | 56.27 | 58.49 | 61.76 | 56.33 | 37.09 | 59.78 |
| 000606 | 青海明胶 | 894 | 56.27 | 60.15 | 57.74 | 60.42 | 36.27 | 59.67 |

续表

| 证券代码 | 证券简称 | 排名 | 投资者保护指数 | 会计信息指数 | 内部控制指数 | 外部审计指数 | 管理控制指数 | 财务运行指数 |
|---|---|---|---|---|---|---|---|---|
| 002375 | 亚厦股份 | 895 | 56.26 | 58.25 | 60.20 | 57.30 | 53.56 | 50.32 |
| 002308 | 威创股份 | 896 | 56.26 | 59.32 | 63.89 | 52.85 | 44.27 | 54.45 |
| 600062 | 华润双鹤 | 897 | 56.26 | 53.51 | 56.84 | 66.51 | 49.15 | 55.17 |
| 002481 | 双塔食品 | 898 | 56.26 | 59.91 | 57.17 | 51.84 | 45.45 | 61.53 |
| 002671 | 龙泉股份 | 899 | 56.26 | 55.80 | 51.29 | 49.56 | 54.89 | 68.85 |
| 002550 | 千红制药 | 900 | 56.26 | 61.50 | 61.40 | 53.87 | 52.14 | 48.77 |
| 000929 | 兰州黄河 | 901 | 56.26 | 58.81 | 58.78 | 55.08 | 42.76 | 60.08 |
| 600115 | 东方航空 | 902 | 56.25 | 55.34 | 66.42 | 64.64 | 60.78 | 35.86 |
| 603100 | 川仪股份 | 903 | 56.25 | 54.35 | 59.90 | 62.65 | 55.74 | 49.43 |
| 002353 | 杰瑞股份 | 904 | 56.24 | 60.21 | 64.70 | 51.50 | 55.23 | 46.31 |
| 300389 | 艾比森 | 905 | 56.24 | 54.35 | 57.42 | 63.38 | 49.07 | 56.01 |
| 600097 | 开创国际 | 906 | 56.24 | 51.26 | 59.41 | 66.57 | 50.55 | 53.81 |
| 002116 | 中国海诚 | 907 | 56.24 | 59.97 | 52.74 | 63.27 | 62.50 | 46.11 |
| 300008 | 上海佳豪 | 908 | 56.24 | 60.40 | 51.46 | 57.87 | 70.24 | 46.37 |
| 000996 | 中国中期 | 909 | 56.24 | 65.96 | 55.47 | 57.72 | 37.49 | 56.67 |
| 002260 | 伊立浦 | 910 | 56.24 | 65.15 | 57.05 | 53.00 | 46.03 | 54.06 |
| 002538 | 司尔特 | 911 | 56.23 | 59.22 | 57.65 | 50.41 | 54.05 | 57.21 |
| 002643 | 万润股份 | 912 | 56.23 | 57.45 | 61.26 | 60.15 | 42.40 | 54.84 |
| 002534 | 杭锅股份 | 913 | 56.22 | 59.31 | 65.22 | 56.09 | 51.15 | 45.62 |
| 001896 | 豫能控股 | 914 | 56.21 | 57.26 | 60.04 | 59.97 | 52.53 | 49.93 |
| 002380 | 科远股份 | 915 | 56.21 | 54.13 | 60.29 | 53.84 | 66.30 | 49.30 |
| 000965 | 天保基建 | 916 | 56.21 | 60.00 | 52.88 | 55.19 | 58.53 | 54.89 |
| 000553 | 沙隆达 A | 917 | 56.21 | 53.16 | 57.67 | 55.86 | 44.75 | 65.87 |
| 300154 | 瑞凌股份 | 918 | 56.20 | 53.65 | 60.09 | 56.14 | 57.43 | 53.97 |
| 600327 | 大东方 | 919 | 56.20 | 54.75 | 51.08 | 62.23 | 44.28 | 66.69 |
| 002225 | 濮耐股份 | 920 | 56.19 | 62.54 | 57.18 | 53.46 | 53.35 | 51.63 |
| 600694 | 大商股份 | 921 | 56.19 | 53.13 | 57.32 | 51.64 | 41.41 | 71.81 |
| 600828 | 成商集团 | 922 | 56.19 | 58.19 | 59.16 | 58.90 | 30.82 | 64.74 |

续表

| 证券代码 | 证券简称 | 排名 | 投资者保护指数 | 会计信息指数 | 内部控制指数 | 外部审计指数 | 管理控制指数 | 财务运行指数 |
|---|---|---|---|---|---|---|---|---|
| 300240 | 飞力达 | 923 | 56.18 | 54.69 | 60.44 | 55.15 | 51.87 | 56.69 |
| 601898 | 中煤能源 | 924 | 56.18 | 57.88 | 60.95 | 62.23 | 47.85 | 49.21 |
| 002709 | 天赐材料 | 925 | 56.18 | 62.65 | 55.44 | 57.86 | 48.86 | 52.80 |
| 002438 | 江苏神通 | 926 | 56.17 | 59.80 | 64.74 | 53.94 | 42.61 | 52.69 |
| 600136 | 道博股份 | 927 | 56.17 | 69.83 | 46.71 | 58.47 | 56.15 | 49.13 |
| 300030 | 阳普医疗 | 928 | 56.17 | 58.10 | 52.70 | 52.89 | 59.80 | 58.19 |
| 000672 | 上峰水泥 | 929 | 56.17 | 60.45 | 61.50 | 57.35 | 43.53 | 52.26 |
| 600837 | 海通证券 | 930 | 56.16 | 51.92 | 67.73 | 56.60 | 65.00 | 41.72 |
| 300338 | 开元仪器 | 931 | 56.16 | 59.67 | 56.22 | 51.98 | 62.28 | 51.34 |
| 600545 | 新疆城建 | 932 | 56.16 | 57.40 | 49.85 | 56.38 | 53.05 | 63.80 |
| 000979 | 中弘股份 | 933 | 56.16 | 50.66 | 60.66 | 52.39 | 49.49 | 64.84 |
| 002454 | 松芝股份 | 934 | 56.14 | 56.73 | 52.91 | 55.25 | 55.51 | 60.32 |
| 600216 | 浙江医药 | 935 | 56.14 | 60.06 | 66.63 | 64.46 | 33.44 | 47.51 |
| 300187 | 永清环保 | 936 | 56.14 | 69.54 | 50.45 | 52.56 | 60.75 | 46.80 |
| 600583 | 海油工程 | 937 | 56.14 | 59.70 | 55.55 | 54.40 | 54.43 | 55.13 |
| 600039 | 四川路桥 | 938 | 56.14 | 55.28 | 60.74 | 63.03 | 55.15 | 46.90 |
| 600317 | 营口港 | 939 | 56.14 | 58.49 | 51.78 | 51.72 | 50.46 | 65.65 |
| 000932 | 华菱钢铁 | 940 | 56.13 | 64.70 | 59.03 | 61.21 | 43.35 | 46.92 |
| 300224 | 正海磁材 | 941 | 56.13 | 59.42 | 56.47 | 54.65 | 59.42 | 50.93 |
| 002742 | 三圣特材 | 942 | 56.13 | 57.19 | 56.02 | 61.35 | 43.21 | 59.19 |
| 300217 | 东方电热 | 943 | 56.12 | 54.88 | 63.81 | 64.40 | 44.94 | 49.30 |
| 600249 | 两面针 | 944 | 56.12 | 57.58 | 66.08 | 57.53 | 34.88 | 55.62 |
| 300381 | 溢多利 | 945 | 56.12 | 57.80 | 54.12 | 61.70 | 42.49 | 60.79 |
| 600528 | 中铁二局 | 946 | 56.11 | 55.49 | 59.66 | 55.54 | 51.55 | 56.18 |
| 002393 | 力生制药 | 947 | 56.11 | 59.45 | 55.77 | 60.55 | 47.96 | 54.26 |
| 600738 | 兰州民百 | 948 | 56.11 | 54.36 | 55.66 | 58.00 | 45.73 | 63.91 |
| 002004 | 华邦颖泰 | 949 | 56.11 | 57.40 | 58.73 | 54.79 | 42.65 | 61.39 |
| 600377 | 宁沪高速 | 950 | 56.10 | 43.85 | 61.58 | 70.48 | 56.40 | 52.41 |

续表

| 证券代码 | 证券简称 | 排名 | 投资者保护指数 | 会计信息指数 | 内部控制指数 | 外部审计指数 | 管理控制指数 | 财务运行指数 |
|---|---|---|---|---|---|---|---|---|
| 300416 | 苏试试验 | 951 | 56.09 | 50.94 | 56.62 | 63.41 | 52.25 | 58.14 |
| 600246 | 万通地产 | 952 | 56.09 | 53.53 | 63.22 | 57.90 | 35.31 | 62.98 |
| 002702 | 海欣食品 | 953 | 56.09 | 60.51 | 61.12 | 51.60 | 47.46 | 54.33 |
| 300122 | 智飞生物 | 954 | 56.08 | 60.98 | 58.02 | 56.36 | 56.01 | 47.88 |
| 002367 | 康力电梯 | 955 | 56.08 | 58.53 | 58.49 | 54.04 | 49.79 | 56.15 |
| 601991 | 大唐发电 | 956 | 56.07 | 56.26 | 61.61 | 63.39 | 50.30 | 47.30 |
| 600628 | 新世界 | 957 | 56.07 | 56.93 | 54.76 | 62.18 | 50.05 | 55.53 |
| 600172 | 黄河旋风 | 958 | 56.07 | 58.66 | 56.66 | 59.32 | 62.35 | 45.59 |
| 300299 | 富春通信 | 959 | 56.07 | 56.73 | 57.53 | 51.92 | 56.75 | 56.50 |
| 600203 | 福日电子 | 960 | 56.07 | 55.67 | 53.87 | 55.49 | 50.84 | 62.94 |
| 600094 | 大名城 | 961 | 56.06 | 46.66 | 56.94 | 65.45 | 55.25 | 59.06 |
| 603688 | 石英股份 | 962 | 56.06 | 54.92 | 55.16 | 62.58 | 54.97 | 53.87 |
| 002745 | 木林森 | 963 | 56.05 | 53.78 | 65.33 | 67.09 | 43.70 | 47.16 |
| 600439 | 瑞贝卡 | 964 | 56.05 | 53.01 | 58.18 | 61.51 | 53.89 | 54.18 |
| 002588 | 史丹利 | 965 | 56.05 | 53.10 | 61.14 | 55.26 | 41.14 | 64.03 |
| 002103 | 广博股份 | 966 | 56.05 | 61.86 | 55.20 | 60.93 | 46.49 | 52.45 |
| 300273 | 和佳股份 | 967 | 56.05 | 57.23 | 56.98 | 61.46 | 63.74 | 44.17 |
| 000510 | *ST 金路 | 968 | 56.05 | 54.14 | 60.82 | 62.79 | 44.45 | 54.89 |
| 300415 | 伊之密 | 969 | 56.04 | 52.08 | 62.43 | 63.34 | 43.32 | 55.74 |
| 600090 | 啤酒花 | 970 | 56.04 | 56.99 | 56.19 | 60.34 | 44.42 | 58.86 |
| 300094 | 国联水产 | 971 | 56.04 | 49.62 | 56.08 | 63.26 | 60.64 | 54.72 |
| 300091 | 金通灵 | 972 | 56.04 | 61.63 | 58.65 | 53.66 | 49.45 | 52.66 |
| 000755 | 山西三维 | 973 | 56.04 | 59.40 | 62.61 | 56.51 | 46.09 | 50.60 |
| 002732 | 燕塘乳业 | 974 | 56.03 | 55.49 | 56.10 | 61.83 | 46.09 | 58.38 |
| 603518 | 维格娜丝 | 975 | 56.03 | 53.22 | 64.81 | 62.65 | 52.28 | 46.32 |
| 600221 | 海南航空 | 976 | 56.03 | 57.33 | 60.42 | 61.49 | 55.46 | 45.38 |
| 300011 | 鼎汉技术 | 977 | 56.02 | 50.06 | 55.97 | 56.24 | 69.39 | 54.23 |
| 000626 | 如意集团 | 978 | 56.02 | 56.23 | 61.07 | 62.81 | 43.48 | 52.63 |

续表

| 证券代码 | 证券简称 | 排名 | 投资者保护指数 | 会计信息指数 | 内部控制指数 | 外部审计指数 | 管理控制指数 | 财务运行指数 |
|---|---|---|---|---|---|---|---|---|
| 002338 | 奥普光电 | 979 | 56.02 | 65.65 | 54.49 | 51.62 | 44.75 | 57.33 |
| 600483 | 福能股份 | 980 | 56.02 | 56.04 | 56.98 | 62.15 | 59.12 | 47.90 |
| 300230 | 永利带业 | 981 | 56.02 | 58.67 | 52.86 | 53.75 | 55.95 | 58.41 |
| 600641 | 万业企业 | 982 | 56.02 | 55.04 | 55.02 | 57.40 | 42.94 | 65.73 |
| 002293 | 罗莱家纺 | 983 | 56.02 | 56.12 | 66.11 | 55.83 | 54.57 | 45.34 |
| 000685 | 中山公用 | 984 | 56.01 | 58.91 | 64.27 | 63.98 | 41.72 | 45.95 |
| 600491 | 龙元建设 | 985 | 56.01 | 55.12 | 57.02 | 55.74 | 45.57 | 62.93 |
| 000429 | 粤高速A | 986 | 56.01 | 56.44 | 52.97 | 51.74 | 63.06 | 57.86 |
| 600257 | 大湖股份 | 987 | 56.00 | 50.95 | 58.80 | 53.62 | 73.06 | 49.54 |
| 601628 | 中国人寿 | 988 | 56.00 | 53.49 | 63.25 | 66.47 | 47.79 | 47.46 |
| 600372 | 中航电子 | 989 | 55.99 | 51.70 | 65.11 | 57.76 | 59.98 | 46.53 |
| 000564 | 西安民生 | 990 | 55.99 | 54.67 | 64.38 | 56.68 | 28.95 | 64.97 |
| 600619 | 海立股份 | 991 | 55.99 | 56.14 | 58.30 | 65.24 | 36.41 | 58.42 |
| 300367 | 东方网力 | 992 | 55.99 | 59.50 | 55.05 | 57.09 | 65.90 | 45.56 |
| 600825 | 新华传媒 | 993 | 55.97 | 56.36 | 63.95 | 59.57 | 35.79 | 56.56 |
| 603088 | 宁波精达 | 994 | 55.97 | 53.78 | 56.01 | 64.62 | 55.01 | 52.12 |
| 002446 | 盛路通信 | 995 | 55.95 | 54.46 | 58.41 | 63.29 | 59.14 | 46.85 |
| 300056 | 三维丝 | 996 | 55.95 | 59.58 | 56.27 | 51.57 | 53.94 | 56.15 |
| 002164 | 宁波东力 | 997 | 55.95 | 63.46 | 57.19 | 59.75 | 42.26 | 51.50 |
| 601699 | 潞安环能 | 998 | 55.94 | 55.63 | 60.57 | 54.41 | 61.24 | 48.75 |
| 600291 | 西水股份 | 999 | 55.94 | 56.46 | 68.51 | 48.99 | 58.09 | 45.05 |
| 300265 | 通光线缆 | 1000 | 55.94 | 57.03 | 55.52 | 58.73 | 52.00 | 55.42 |
| 300410 | 正业科技 | 1001 | 55.93 | 53.78 | 51.70 | 67.37 | 55.08 | 54.60 |
| 600131 | 岷江水电 | 1002 | 55.91 | 54.92 | 54.50 | 58.78 | 53.75 | 57.80 |
| 601231 | 环旭电子 | 1003 | 55.91 | 53.08 | 64.94 | 57.13 | 48.95 | 52.39 |
| 000035 | 中国天楹 | 1004 | 55.91 | 63.48 | 58.52 | 66.62 | 66.08 | 28.66 |
| 300266 | 兴源环境 | 1005 | 55.91 | 61.02 | 53.51 | 52.47 | 56.00 | 55.37 |
| 600226 | 升华拜克 | 1006 | 55.91 | 55.21 | 55.37 | 65.37 | 41.37 | 59.17 |

续表

| 证券代码 | 证券简称 | 排名 | 投资者保护指数 | 会计信息指数 | 内部控制指数 | 外部审计指数 | 管理控制指数 | 财务运行指数 |
|---|---|---|---|---|---|---|---|---|
| 601168 | 西部矿业 | 1007 | 55.91 | 54.27 | 63.93 | 57.34 | 52.47 | 49.67 |
| 002653 | 海思科 | 1008 | 55.91 | 64.27 | 57.56 | 47.39 | 52.74 | 53.10 |
| 600862 | 南通科技 | 1009 | 55.91 | 56.57 | 55.45 | 59.21 | 51.17 | 56.06 |
| 600872 | 中炬高新 | 1010 | 55.90 | 55.31 | 61.99 | 59.68 | 37.69 | 58.37 |
| 002411 | 九九久 | 1011 | 55.89 | 63.38 | 58.90 | 53.95 | 46.31 | 51.42 |
| 300354 | 东华测试 | 1012 | 55.89 | 62.56 | 53.13 | 53.67 | 55.09 | 53.54 |
| 600290 | 华仪电气 | 1013 | 55.89 | 56.71 | 56.23 | 59.79 | 51.23 | 54.42 |
| 600127 | 金健米业 | 1014 | 55.89 | 53.96 | 57.70 | 61.45 | 40.65 | 61.51 |
| 601798 | 蓝科高新 | 1015 | 55.89 | 55.57 | 57.66 | 58.33 | 45.76 | 58.86 |
| 300406 | 九强生物 | 1016 | 55.88 | 54.92 | 55.87 | 66.50 | 54.56 | 49.29 |
| 002357 | 富临运业 | 1017 | 55.88 | 59.94 | 60.45 | 52.60 | 53.10 | 50.30 |
| 000153 | 丰原药业 | 1018 | 55.88 | 58.78 | 58.07 | 50.33 | 47.40 | 59.95 |
| 002635 | 安洁科技 | 1019 | 55.88 | 59.74 | 58.40 | 52.10 | 44.47 | 58.92 |
| 002420 | 毅昌股份 | 1020 | 55.87 | 52.15 | 65.66 | 55.12 | 45.43 | 56.41 |
| 000938 | 紫光股份 | 1021 | 55.87 | 51.36 | 59.26 | 60.15 | 46.44 | 59.98 |
| 000753 | 漳州发展 | 1022 | 55.87 | 60.28 | 56.45 | 61.91 | 37.90 | 56.80 |
| 603788 | 宁波高发 | 1023 | 55.86 | 53.78 | 55.07 | 64.66 | 54.04 | 53.30 |
| 300242 | 明家科技 | 1024 | 55.86 | 62.76 | 51.61 | 51.08 | 63.10 | 51.78 |
| 000858 | 五粮液 | 1025 | 55.86 | 54.79 | 61.23 | 59.49 | 48.41 | 52.84 |
| 002381 | 双箭股份 | 1026 | 55.86 | 58.76 | 59.30 | 56.22 | 37.87 | 59.91 |
| 300206 | 理邦仪器 | 1027 | 55.86 | 59.37 | 53.37 | 52.85 | 54.80 | 57.72 |
| 300278 | 华昌达 | 1028 | 55.86 | 60.05 | 60.60 | 50.57 | 63.48 | 44.76 |
| 002663 | 普邦园林 | 1029 | 55.85 | 58.35 | 52.89 | 52.55 | 56.44 | 58.63 |
| 300332 | 天壕节能 | 1030 | 55.85 | 54.72 | 56.65 | 54.64 | 69.27 | 48.50 |
| 300352 | 北信源 | 1031 | 55.85 | 58.81 | 49.70 | 57.75 | 60.99 | 54.55 |
| 002172 | 澳洋科技 | 1032 | 55.84 | 61.08 | 59.01 | 63.05 | 29.37 | 57.42 |
| 600686 | 金龙汽车 | 1033 | 55.84 | 56.27 | 57.71 | 55.22 | 48.87 | 58.22 |
| 002676 | 顺威股份 | 1034 | 55.84 | 57.86 | 58.28 | 53.08 | 42.99 | 61.25 |

续表

| 证券代码 | 证券简称 | 排名 | 投资者保护指数 | 会计信息指数 | 内部控制指数 | 外部审计指数 | 管理控制指数 | 财务运行指数 |
|---|---|---|---|---|---|---|---|---|
| 002619 | 巨龙管业 | 1035 | 55.83 | 57.46 | 54.63 | 54.40 | 50.95 | 59.65 |
| 000877 | 天山股份 | 1036 | 55.83 | 56.59 | 65.26 | 52.71 | 54.25 | 47.64 |
| 300357 | 我武生物 | 1037 | 55.83 | 59.74 | 52.09 | 59.03 | 67.09 | 45.60 |
| 002014 | 永新股份 | 1038 | 55.83 | 59.14 | 57.80 | 53.54 | 38.15 | 63.04 |
| 600756 | 浪潮软件 | 1039 | 55.83 | 55.58 | 59.00 | 62.88 | 47.97 | 51.89 |
| 002046 | 轴研科技 | 1040 | 55.82 | 59.71 | 52.23 | 61.13 | 52.27 | 53.38 |
| 002425 | 凯撒股份 | 1041 | 55.82 | 60.87 | 51.86 | 61.73 | 51.88 | 52.20 |
| 600654 | 中安消 | 1042 | 55.81 | 39.36 | 57.39 | 67.56 | 61.71 | 60.04 |
| 000430 | 张家界 | 1043 | 55.81 | 65.39 | 57.06 | 53.91 | 48.94 | 49.08 |
| 600513 | 联环药业 | 1044 | 55.80 | 60.95 | 53.18 | 57.08 | 55.50 | 51.91 |
| 000616 | 海航投资 | 1045 | 55.79 | 45.02 | 57.45 | 61.94 | 53.37 | 63.18 |
| 600501 | 航天晨光 | 1046 | 55.79 | 57.15 | 53.19 | 53.95 | 62.59 | 54.24 |
| 002196 | 方正电机 | 1047 | 55.79 | 58.33 | 57.28 | 59.79 | 33.85 | 62.13 |
| 002345 | 潮宏基 | 1048 | 55.78 | 58.33 | 61.29 | 54.50 | 48.52 | 52.20 |
| 300171 | 东富龙 | 1049 | 55.78 | 55.67 | 50.89 | 62.93 | 60.74 | 52.53 |
| 603168 | 莎普爱思 | 1050 | 55.78 | 53.22 | 53.43 | 64.63 | 57.78 | 53.06 |
| 000797 | 中国武夷 | 1051 | 55.78 | 52.94 | 53.63 | 61.05 | 46.71 | 63.23 |
| 000708 | 大冶特钢 | 1052 | 55.78 | 54.81 | 61.75 | 61.36 | 43.20 | 53.70 |
| 600587 | 新华医疗 | 1053 | 55.77 | 57.49 | 56.10 | 53.27 | 51.18 | 58.41 |
| 300161 | 华中数控 | 1054 | 55.76 | 54.10 | 55.00 | 57.32 | 52.08 | 59.75 |
| 600169 | 太原重工 | 1055 | 55.76 | 64.76 | 61.34 | 58.61 | 54.30 | 37.38 |
| 002738 | 中矿资源 | 1056 | 55.76 | 56.63 | 58.22 | 63.57 | 37.46 | 57.51 |
| 002073 | 软控股份 | 1057 | 55.76 | 58.95 | 59.09 | 54.65 | 53.27 | 50.67 |
| 600792 | 云煤能源 | 1058 | 55.75 | 58.50 | 53.18 | 63.63 | 43.83 | 56.87 |
| 000802 | 北京文化 | 1059 | 55.75 | 63.54 | 51.08 | 57.69 | 51.84 | 52.92 |
| 600158 | 中体产业 | 1060 | 55.75 | 59.04 | 50.65 | 60.18 | 50.77 | 57.40 |
| 002169 | 智光电气 | 1061 | 55.74 | 61.27 | 53.91 | 56.55 | 64.51 | 44.98 |
| 002736 | 国信证券 | 1062 | 55.74 | 56.63 | 66.81 | 67.66 | 53.79 | 33.57 |

续表

| 证券代码 | 证券简称 | 排名 | 投资者保护指数 | 会计信息指数 | 内部控制指数 | 外部审计指数 | 管理控制指数 | 财务运行指数 |
|---|---|---|---|---|---|---|---|---|
| 600790 | 轻纺城 | 1063 | 55.74 | 51.25 | 57.89 | 61.95 | 55.57 | 53.64 |
| 600517 | 置信电气 | 1064 | 55.74 | 59.02 | 49.15 | 67.57 | 46.12 | 56.14 |
| 601015 | 陕西黑猫 | 1065 | 55.73 | 54.92 | 64.09 | 59.88 | 45.94 | 50.08 |
| 000635 | 英力特 | 1066 | 55.73 | 59.63 | 57.16 | 57.29 | 42.42 | 56.90 |
| 002665 | 首航节能 | 1067 | 55.73 | 55.66 | 63.51 | 57.65 | 48.51 | 50.00 |
| 600466 | 蓝光发展 | 1068 | 55.73 | 61.33 | 47.22 | 61.15 | 57.12 | 53.61 |
| 002162 | 斯米克 | 1069 | 55.73 | 59.38 | 60.87 | 59.06 | 60.35 | 39.78 |
| 002228 | 合兴包装 | 1070 | 55.73 | 59.42 | 49.85 | 57.01 | 47.35 | 62.56 |
| 002659 | 中泰桥梁 | 1071 | 55.72 | 58.30 | 49.53 | 53.64 | 58.39 | 59.78 |
| 300232 | 洲明科技 | 1072 | 55.72 | 56.64 | 56.86 | 52.89 | 55.12 | 56.01 |
| 300177 | 中海达 | 1073 | 55.72 | 58.64 | 57.06 | 52.73 | 56.15 | 52.86 |
| 601818 | 光大银行 | 1074 | 55.71 | 56.38 | 63.42 | 54.28 | 59.41 | 44.79 |
| 000532 | 力合股份 | 1075 | 55.71 | 65.43 | 56.73 | 53.41 | 49.85 | 48.76 |
| 000590 | *ST 古汉 | 1076 | 55.71 | 57.40 | 63.27 | 62.60 | 62.92 | 34.71 |
| 002675 | 东诚药业 | 1077 | 55.71 | 62.73 | 60.05 | 56.24 | 40.67 | 51.80 |
| 000829 | 天音控股 | 1078 | 55.71 | 54.49 | 46.50 | 53.75 | 65.61 | 62.87 |
| 600289 | 亿阳信通 | 1079 | 55.71 | 56.37 | 55.68 | 53.72 | 66.17 | 49.74 |
| 600308 | 华泰股份 | 1080 | 55.70 | 55.85 | 63.48 | 62.35 | 36.00 | 54.01 |
| 002674 | 兴业科技 | 1081 | 55.70 | 58.70 | 59.53 | 56.16 | 42.13 | 56.20 |
| 300013 | 新宁物流 | 1082 | 55.69 | 58.37 | 57.14 | 59.68 | 48.76 | 52.16 |
| 002068 | 黑猫股份 | 1083 | 55.69 | 57.80 | 55.93 | 55.31 | 41.65 | 62.39 |
| 002231 | 奥维通信 | 1084 | 55.69 | 59.57 | 51.67 | 54.00 | 65.97 | 50.41 |
| 600809 | 山西汾酒 | 1085 | 55.68 | 54.61 | 60.31 | 54.61 | 49.65 | 56.42 |
| 300248 | 新开普 | 1086 | 55.68 | 49.99 | 55.12 | 55.49 | 71.40 | 52.95 |
| 002642 | 荣之联 | 1087 | 55.68 | 63.51 | 56.84 | 50.59 | 54.04 | 50.32 |
| 603686 | 龙马环卫 | 1088 | 55.68 | 56.06 | 55.68 | 62.13 | 51.77 | 52.56 |
| 000860 | 顺鑫农业 | 1089 | 55.68 | 60.20 | 50.13 | 62.41 | 63.64 | 46.11 |
| 600156 | 华升股份 | 1090 | 55.67 | 50.09 | 56.15 | 60.44 | 56.01 | 57.63 |

续表

| 证券代码 | 证券简称 | 排名 | 投资者保护指数 | 会计信息指数 | 内部控制指数 | 外部审计指数 | 管理控制指数 | 财务运行指数 |
|---|---|---|---|---|---|---|---|---|
| 600262 | 北方股份 | 1091 | 55.67 | 56.95 | 60.14 | 50.49 | 54.53 | 53.97 |
| 002603 | 以岭药业 | 1092 | 55.67 | 61.58 | 53.03 | 48.24 | 70.33 | 48.21 |
| 601601 | 中国太保 | 1093 | 55.67 | 48.84 | 64.61 | 68.91 | 47.32 | 48.12 |
| 300025 | 华星创业 | 1094 | 55.66 | 57.78 | 53.83 | 57.45 | 60.77 | 50.48 |
| 600195 | 中牧股份 | 1095 | 55.66 | 58.25 | 62.26 | 63.14 | 44.17 | 46.44 |
| 002510 | 天汽模 | 1096 | 55.66 | 58.06 | 52.30 | 60.59 | 55.88 | 52.55 |
| 600726 | 华电能源 | 1097 | 55.65 | 56.19 | 59.15 | 57.30 | 74.55 | 37.34 |
| 600287 | 江苏舜天 | 1098 | 55.65 | 58.12 | 54.77 | 66.22 | 56.30 | 44.79 |
| 002518 | 科士达 | 1099 | 55.65 | 62.07 | 54.95 | 61.44 | 56.63 | 43.57 |
| 600759 | 洲际油气 | 1100 | 55.65 | 65.64 | 56.69 | 50.93 | 40.34 | 56.47 |
| 002230 | 科大讯飞 | 1101 | 55.64 | 60.32 | 60.94 | 53.52 | 60.85 | 42.33 |
| 600128 | 弘业股份 | 1102 | 55.64 | 55.82 | 51.90 | 62.92 | 50.18 | 57.41 |
| 000565 | 渝三峡 A | 1103 | 55.64 | 58.45 | 53.56 | 52.34 | 43.75 | 65.13 |
| 601021 | 春秋航空 | 1104 | 55.62 | 56.06 | 50.32 | 67.68 | 53.62 | 52.76 |
| 300380 | 安硕信息 | 1105 | 55.62 | 60.02 | 61.29 | 58.52 | 47.82 | 46.63 |
| 600077 | 宋都股份 | 1106 | 55.61 | 55.65 | 58.17 | 55.78 | 38.99 | 63.33 |
| 000975 | 银泰资源 | 1107 | 55.61 | 59.56 | 58.12 | 52.92 | 57.91 | 48.76 |
| 002646 | 青青稞酒 | 1108 | 55.61 | 65.03 | 60.88 | 51.50 | 31.60 | 57.42 |
| 000591 | 桐君阁 | 1109 | 55.61 | 57.75 | 56.84 | 52.43 | 49.08 | 58.49 |
| 002713 | 东易日盛 | 1110 | 55.61 | 49.80 | 59.37 | 61.46 | 50.04 | 57.00 |
| 600668 | 尖峰集团 | 1111 | 55.60 | 57.14 | 50.42 | 64.43 | 52.78 | 54.43 |
| 600388 | 龙净环保 | 1112 | 55.60 | 64.33 | 57.31 | 53.66 | 50.61 | 48.14 |
| 300270 | 中威电子 | 1113 | 55.59 | 60.56 | 49.84 | 54.19 | 73.19 | 46.05 |
| 000636 | 风华高科 | 1114 | 55.59 | 49.52 | 63.05 | 54.50 | 40.96 | 64.57 |
| 002318 | 久立特材 | 1115 | 55.59 | 61.16 | 56.79 | 57.73 | 30.55 | 62.22 |
| 603111 | 康尼机电 | 1116 | 55.59 | 52.65 | 59.30 | 62.71 | 48.41 | 53.67 |
| 002726 | 龙大肉食 | 1117 | 55.57 | 56.06 | 63.31 | 60.31 | 39.08 | 52.98 |
| 600189 | 吉林森工 | 1118 | 55.57 | 56.16 | 61.24 | 64.82 | 28.53 | 58.44 |

续表

| 证券代码 | 证券简称 | 排名 | 投资者保护指数 | 会计信息指数 | 内部控制指数 | 外部审计指数 | 管理控制指数 | 财务运行指数 |
|---|---|---|---|---|---|---|---|---|
| 600836 | 界龙实业 | 1119 | 55.56 | 54.42 | 66.70 | 58.39 | 49.87 | 45.50 |
| 300384 | 三联虹普 | 1120 | 55.56 | 50.37 | 53.05 | 61.62 | 72.22 | 48.80 |
| 000783 | 长江证券 | 1121 | 55.56 | 55.57 | 60.57 | 54.42 | 53.71 | 51.91 |
| 600200 | 江苏吴中 | 1122 | 55.56 | 49.61 | 55.23 | 62.45 | 51.41 | 60.08 |
| 002740 | 爱迪尔 | 1123 | 55.56 | 56.06 | 56.24 | 63.55 | 40.96 | 57.23 |
| 600549 | 厦门钨业 | 1124 | 55.56 | 51.48 | 65.21 | 56.99 | 47.75 | 53.16 |
| 002322 | 理工监测 | 1125 | 55.55 | 60.76 | 63.03 | 57.43 | 40.00 | 49.41 |
| 600436 | 片仔癀 | 1126 | 55.54 | 53.58 | 54.21 | 63.90 | 47.59 | 57.81 |
| 000881 | 大连国际 | 1127 | 55.54 | 57.26 | 60.49 | 54.37 | 52.87 | 50.51 |
| 002161 | 远望谷 | 1128 | 55.54 | 62.28 | 54.91 | 52.87 | 56.85 | 49.61 |
| 300067 | 安诺其 | 1129 | 55.53 | 62.43 | 54.57 | 53.59 | 58.32 | 48.28 |
| 600215 | 长春经开 | 1130 | 55.53 | 57.40 | 56.87 | 53.57 | 53.62 | 54.62 |
| 600355 | 精伦电子 | 1131 | 55.53 | 59.04 | 56.50 | 54.01 | 61.12 | 47.85 |
| 601137 | 博威合金 | 1132 | 55.52 | 48.87 | 60.55 | 55.99 | 43.74 | 64.86 |
| 000560 | 昆百大A | 1133 | 55.52 | 62.00 | 56.38 | 60.02 | 48.86 | 47.55 |
| 002365 | 永安药业 | 1134 | 55.52 | 61.07 | 58.08 | 52.22 | 53.60 | 49.92 |
| 601058 | 赛轮金宇 | 1135 | 55.51 | 56.23 | 63.07 | 54.80 | 32.43 | 61.58 |
| 002567 | 唐人神 | 1136 | 55.51 | 49.37 | 60.49 | 50.48 | 51.53 | 63.68 |
| 600026 | 中海发展 | 1137 | 55.51 | 57.58 | 58.37 | 59.29 | 65.06 | 40.47 |
| 002124 | 天邦股份 | 1138 | 55.51 | 58.74 | 65.24 | 58.89 | 45.06 | 44.55 |
| 002394 | 联发股份 | 1139 | 55.50 | 59.78 | 64.13 | 54.45 | 38.22 | 52.64 |
| 603368 | 柳州医药 | 1140 | 55.50 | 55.49 | 51.95 | 57.62 | 51.63 | 60.41 |
| 002512 | 达华智能 | 1141 | 55.49 | 52.58 | 58.38 | 61.42 | 49.05 | 54.99 |
| 300129 | 泰胜风能 | 1142 | 55.49 | 59.28 | 57.67 | 53.25 | 45.63 | 56.76 |
| 002297 | 博云新材 | 1143 | 55.49 | 60.94 | 54.54 | 53.32 | 49.74 | 55.66 |
| 600621 | 华鑫股份 | 1144 | 55.48 | 54.20 | 50.00 | 64.38 | 36.29 | 68.61 |
| 600507 | 方大特钢 | 1145 | 55.47 | 61.10 | 62.78 | 53.63 | 38.19 | 53.15 |
| 600568 | 中珠控股 | 1146 | 55.46 | 57.32 | 50.93 | 61.01 | 50.52 | 57.23 |

续表

| 证券代码 | 证券简称 | 排名 | 投资者保护指数 | 会计信息指数 | 内部控制指数 | 外部审计指数 | 管理控制指数 | 财务运行指数 |
|---|---|---|---|---|---|---|---|---|
| 002119 | 康强电子 | 1147 | 55.46 | 61.26 | 57.49 | 59.73 | 27.11 | 61.31 |
| 002461 | 珠江啤酒 | 1148 | 55.46 | 56.55 | 57.43 | 52.93 | 55.83 | 53.69 |
| 300048 | 合康变频 | 1149 | 55.46 | 59.53 | 59.20 | 60.92 | 40.00 | 51.99 |
| 002290 | 禾盛新材 | 1150 | 55.45 | 59.06 | 56.50 | 57.15 | 40.29 | 58.49 |
| 300023 | 宝德股份 | 1151 | 55.43 | 57.75 | 47.89 | 59.03 | 66.11 | 51.52 |
| 002747 | 埃斯顿 | 1152 | 55.43 | 56.06 | 54.24 | 63.06 | 44.22 | 57.20 |
| 603006 | 联明股份 | 1153 | 55.43 | 54.35 | 53.52 | 63.77 | 46.27 | 58.10 |
| 600260 | 凯乐科技 | 1154 | 55.43 | 54.29 | 56.53 | 50.76 | 59.89 | 56.36 |
| 002220 | 天宝股份 | 1155 | 55.42 | 62.12 | 55.17 | 56.90 | 54.74 | 47.06 |
| 600843 | 上工申贝 | 1156 | 55.42 | 56.89 | 63.70 | 56.68 | 49.15 | 47.21 |
| 002618 | 丹邦科技 | 1157 | 55.41 | 58.21 | 60.65 | 54.33 | 63.97 | 41.39 |
| 300044 | 赛为智能 | 1158 | 55.40 | 59.47 | 53.43 | 52.97 | 54.70 | 55.32 |
| 000523 | 广州浪奇 | 1159 | 55.40 | 55.11 | 59.26 | 52.89 | 49.32 | 57.31 |
| 600005 | 武钢股份 | 1160 | 55.40 | 56.82 | 54.42 | 49.62 | 43.67 | 67.20 |
| 600461 | 洪城水业 | 1161 | 55.40 | 53.07 | 53.71 | 57.19 | 49.77 | 62.32 |
| 002499 | 科林环保 | 1162 | 55.40 | 51.22 | 64.16 | 55.67 | 34.85 | 63.40 |
| 600708 | 海博股份 | 1163 | 55.39 | 47.66 | 58.98 | 66.80 | 52.63 | 52.95 |
| 300396 | 迪瑞医疗 | 1164 | 55.39 | 52.08 | 54.72 | 63.93 | 53.92 | 54.12 |
| 002511 | 中顺洁柔 | 1165 | 55.39 | 58.52 | 58.43 | 53.93 | 39.83 | 59.53 |
| 601199 | 江南水务 | 1166 | 55.39 | 56.32 | 60.92 | 52.62 | 56.91 | 49.18 |
| 300066 | 三川股份 | 1167 | 55.39 | 57.82 | 51.29 | 56.02 | 44.43 | 63.89 |
| 600235 | 民丰特纸 | 1168 | 55.38 | 59.32 | 48.61 | 65.68 | 35.62 | 63.10 |
| 300305 | 裕兴股份 | 1169 | 55.38 | 58.75 | 57.64 | 58.89 | 37.99 | 57.32 |
| 603369 | 今世缘 | 1170 | 55.38 | 56.06 | 58.71 | 62.85 | 50.65 | 47.75 |
| 000519 | 江南红箭 | 1171 | 55.37 | 53.41 | 58.32 | 55.15 | 61.87 | 50.23 |
| 002066 | 瑞泰科技 | 1172 | 55.36 | 58.95 | 51.73 | 54.09 | 56.51 | 55.61 |
| 300289 | 利德曼 | 1173 | 55.36 | 59.44 | 55.06 | 50.60 | 58.36 | 52.80 |
| 300201 | 海伦哲 | 1174 | 55.36 | 62.08 | 57.79 | 53.74 | 57.16 | 44.79 |

续表

| 证券代码 | 证券简称 | 排名 | 投资者保护指数 | 会计信息指数 | 内部控制指数 | 外部审计指数 | 管理控制指数 | 财务运行指数 |
|---|---|---|---|---|---|---|---|---|
| 600488 | 天药股份 | 1175 | 55.36 | 58.60 | 49.55 | 59.13 | 46.47 | 60.97 |
| 600764 | 中电广通 | 1176 | 55.36 | 56.57 | 49.40 | 65.12 | 48.76 | 57.18 |
| 000985 | 大庆华科 | 1177 | 55.35 | 57.22 | 56.04 | 49.00 | 49.09 | 61.60 |
| 300190 | 维尔利 | 1178 | 55.35 | 56.12 | 54.73 | 54.84 | 67.26 | 47.80 |
| 603606 | 东方电缆 | 1179 | 55.35 | 56.63 | 55.10 | 64.67 | 49.08 | 50.65 |
| 002061 | 江山化工 | 1180 | 55.34 | 58.26 | 63.31 | 60.71 | 31.21 | 54.10 |
| 002234 | 民和股份 | 1181 | 55.34 | 57.80 | 57.19 | 55.29 | 67.86 | 42.19 |
| 000582 | 北部湾港 | 1182 | 55.34 | 56.20 | 64.39 | 54.41 | 56.21 | 44.08 |
| 600640 | 号百控股 | 1183 | 55.34 | 67.35 | 56.73 | 60.15 | 58.78 | 33.41 |
| 002067 | 景兴纸业 | 1184 | 55.33 | 59.08 | 55.45 | 59.94 | 34.81 | 60.43 |
| 300119 | 瑞普生物 | 1185 | 55.33 | 58.25 | 55.56 | 57.48 | 46.00 | 55.96 |
| 300333 | 兆日科技 | 1186 | 55.33 | 58.82 | 53.21 | 58.20 | 43.91 | 58.78 |
| 600787 | 中储股份 | 1187 | 55.32 | 42.31 | 63.32 | 65.57 | 55.34 | 53.13 |
| 600682 | 南京新百 | 1188 | 55.32 | 55.77 | 56.71 | 52.16 | 54.63 | 56.21 |
| 002180 | 艾派克 | 1189 | 55.32 | 50.68 | 56.34 | 63.41 | 52.59 | 54.86 |
| 300227 | 光韵达 | 1190 | 55.32 | 62.18 | 48.77 | 61.42 | 63.66 | 44.41 |
| 601989 | 中国重工 | 1191 | 55.32 | 47.64 | 60.35 | 63.89 | 72.07 | 40.71 |
| 002074 | 东源电器 | 1192 | 55.32 | 57.28 | 54.18 | 58.68 | 51.34 | 54.19 |
| 002363 | 隆基机械 | 1193 | 55.32 | 62.22 | 56.98 | 53.22 | 41.64 | 55.88 |
| 002270 | 法因数控 | 1194 | 55.32 | 52.55 | 63.92 | 54.73 | 36.44 | 61.45 |
| 000059 | *ST 华锦 | 1195 | 55.32 | 57.82 | 48.44 | 61.73 | 61.93 | 50.78 |
| 002315 | 焦点科技 | 1196 | 55.30 | 61.24 | 59.68 | 56.08 | 32.58 | 57.44 |
| 600398 | 海澜之家 | 1197 | 55.30 | 58.98 | 58.70 | 64.42 | 50.03 | 43.10 |
| 300317 | 珈伟股份 | 1198 | 55.29 | 56.78 | 60.57 | 54.57 | 34.29 | 61.72 |
| 600088 | 中视传媒 | 1199 | 55.29 | 49.33 | 52.03 | 71.00 | 56.00 | 52.88 |
| 600803 | 新奥股份 | 1200 | 55.28 | 52.90 | 59.06 | 53.84 | 54.16 | 55.64 |
| 002129 | 中环股份 | 1201 | 55.28 | 65.62 | 59.43 | 51.80 | 51.77 | 43.42 |
| 300157 | 恒泰艾普 | 1202 | 55.27 | 61.90 | 55.35 | 63.03 | 59.50 | 38.31 |

续表

| 证券代码 | 证券简称 | 排名 | 投资者保护指数 | 会计信息指数 | 内部控制指数 | 外部审计指数 | 管理控制指数 | 财务运行指数 |
|---|---|---|---|---|---|---|---|---|
| 002451 | 摩恩电气 | 1203 | 55.27 | 54.40 | 57.93 | 53.43 | 51.84 | 56.96 |
| 002226 | 江南化工 | 1204 | 55.27 | 55.63 | 56.13 | 57.59 | 34.67 | 65.39 |
| 002285 | 世联行 | 1205 | 55.27 | 55.78 | 62.15 | 56.18 | 59.27 | 43.37 |
| 000502 | 绿景控股 | 1206 | 55.26 | 64.67 | 58.48 | 53.01 | 65.67 | 35.47 |
| 002478 | 常宝股份 | 1207 | 55.25 | 57.81 | 55.90 | 54.13 | 53.92 | 53.27 |
| 300166 | 东方国信 | 1208 | 55.24 | 57.48 | 57.20 | 52.32 | 66.87 | 45.14 |
| 600292 | 中电远达 | 1209 | 55.24 | 56.61 | 58.64 | 61.96 | 48.84 | 48.45 |
| 002039 | 黔源电力 | 1210 | 55.24 | 56.33 | 57.83 | 53.24 | 66.48 | 45.26 |
| 600485 | 信威集团 | 1211 | 55.24 | 50.04 | 56.30 | 63.11 | 63.11 | 48.65 |
| 600739 | 辽宁成大 | 1212 | 55.23 | 55.54 | 59.19 | 60.54 | 48.68 | 50.29 |
| 002492 | 恒基达鑫 | 1213 | 55.23 | 54.85 | 55.44 | 58.69 | 34.95 | 65.86 |
| 000415 | 渤海租赁 | 1214 | 55.23 | 58.24 | 69.32 | 72.47 | 48.73 | 25.70 |
| 000767 | 漳泽电力 | 1215 | 55.23 | 57.90 | 55.96 | 61.59 | 49.76 | 49.64 |
| 002727 | 一心堂 | 1216 | 55.22 | 56.06 | 61.04 | 57.53 | 53.83 | 46.54 |
| 603010 | 万盛股份 | 1217 | 55.21 | 54.35 | 53.27 | 64.59 | 41.30 | 59.92 |
| 600745 | 中茵股份 | 1218 | 55.20 | 53.47 | 54.20 | 63.75 | 46.89 | 56.90 |
| 600132 | 重庆啤酒 | 1219 | 55.20 | 57.28 | 57.34 | 52.76 | 47.76 | 57.12 |
| 300069 | 金利华电 | 1220 | 55.20 | 52.61 | 54.37 | 56.06 | 56.06 | 57.93 |
| 002561 | 徐家汇 | 1221 | 55.18 | 60.48 | 57.62 | 51.84 | 40.09 | 58.67 |
| 000731 | 四川美丰 | 1222 | 55.18 | 58.84 | 61.80 | 61.92 | 27.03 | 56.12 |
| 300195 | 长荣股份 | 1223 | 55.17 | 59.62 | 59.93 | 51.99 | 56.56 | 46.11 |
| 600458 | 时代新材 | 1224 | 55.17 | 58.72 | 62.92 | 64.38 | 39.52 | 44.81 |
| 603306 | 华懋科技 | 1225 | 55.17 | 52.08 | 60.64 | 61.99 | 53.04 | 48.38 |
| 000822 | 山东海化 | 1226 | 55.16 | 57.07 | 57.52 | 53.08 | 55.14 | 51.89 |
| 002475 | 立讯精密 | 1227 | 55.16 | 49.71 | 60.10 | 54.72 | 52.99 | 57.68 |
| 002435 | 长江润发 | 1228 | 55.16 | 59.63 | 63.86 | 55.15 | 40.97 | 49.13 |
| 300312 | 邦讯技术 | 1229 | 55.16 | 60.73 | 52.72 | 52.09 | 72.07 | 42.86 |
| 002627 | 宜昌交运 | 1230 | 55.16 | 53.93 | 55.76 | 55.48 | 40.16 | 65.43 |

续表

| 证券代码 | 证券简称 | 排名 | 投资者保护指数 | 会计信息指数 | 内部控制指数 | 外部审计指数 | 管理控制指数 | 财务运行指数 |
|---|---|---|---|---|---|---|---|---|
| 300407 | 凯发电气 | 1231 | 55.15 | 52.08 | 57.95 | 60.52 | 58.28 | 49.16 |
| 600379 | 宝光股份 | 1232 | 55.15 | 54.35 | 57.22 | 51.71 | 42.97 | 64.43 |
| 000536 | 华映科技 | 1233 | 55.15 | 60.36 | 46.08 | 54.43 | 53.12 | 61.34 |
| 002615 | 哈尔斯 | 1234 | 55.15 | 58.66 | 57.54 | 54.65 | 45.16 | 55.15 |
| 300403 | 地尔汉宇 | 1235 | 55.14 | 53.78 | 54.67 | 67.00 | 55.11 | 47.72 |
| 300089 | 长城集团 | 1236 | 55.14 | 59.71 | 50.10 | 52.89 | 61.45 | 53.28 |
| 002554 | 惠博普 | 1237 | 55.14 | 55.84 | 64.49 | 58.39 | 61.37 | 36.83 |
| 600814 | 杭州解百 | 1238 | 55.14 | 54.72 | 48.66 | 60.80 | 55.99 | 57.95 |
| 600811 | 东方集团 | 1239 | 55.13 | 57.57 | 57.48 | 49.33 | 41.58 | 63.11 |
| 000821 | 京山轻机 | 1240 | 55.13 | 60.44 | 55.83 | 58.90 | 43.25 | 52.75 |
| 300236 | 上海新阳 | 1241 | 55.12 | 52.00 | 58.45 | 53.35 | 60.27 | 53.05 |
| 600449 | 宁夏建材 | 1242 | 55.12 | 55.10 | 62.90 | 59.01 | 34.75 | 56.31 |
| 300216 | 千山药机 | 1243 | 55.12 | 58.55 | 54.45 | 55.37 | 65.01 | 45.20 |
| 002006 | 精功科技 | 1244 | 55.12 | 56.79 | 57.75 | 58.71 | 58.57 | 44.95 |
| 600056 | 中国医药 | 1245 | 55.11 | 58.72 | 55.15 | 52.43 | 55.50 | 52.73 |
| 002413 | 常发股份 | 1246 | 55.11 | 59.89 | 60.49 | 53.82 | 36.88 | 56.18 |
| 000967 | 上风高科 | 1247 | 55.10 | 52.92 | 56.88 | 64.94 | 36.16 | 59.98 |
| 600620 | 天宸股份 | 1248 | 55.09 | 54.26 | 56.94 | 55.42 | 45.68 | 59.83 |
| 601208 | 东材科技 | 1249 | 55.09 | 56.47 | 54.75 | 49.92 | 51.95 | 60.11 |
| 002240 | 威华股份 | 1250 | 55.09 | 57.74 | 54.88 | 59.56 | 38.68 | 59.30 |
| 600748 | 上实发展 | 1251 | 55.09 | 50.05 | 52.40 | 59.95 | 41.47 | 69.08 |
| 002684 | 猛狮科技 | 1252 | 55.08 | 63.94 | 50.15 | 52.65 | 51.90 | 54.37 |
| 603308 | 应流股份 | 1253 | 55.08 | 57.28 | 70.71 | 52.43 | 34.47 | 50.06 |
| 600490 | 鹏欣资源 | 1254 | 55.08 | 58.67 | 59.56 | 53.24 | 38.69 | 57.86 |
| 002035 | 华帝股份 | 1255 | 55.08 | 60.86 | 60.18 | 52.93 | 52.20 | 46.01 |
| 600839 | 四川长虹 | 1256 | 55.08 | 53.33 | 60.47 | 56.92 | 49.40 | 53.15 |
| 600658 | 电子城 | 1257 | 55.08 | 54.27 | 57.60 | 52.07 | 48.29 | 59.98 |
| 601038 | 一拖股份 | 1258 | 55.08 | 56.68 | 61.62 | 61.31 | 32.20 | 55.51 |

续表

| 证券代码 | 证券简称 | 排名 | 投资者保护指数 | 会计信息指数 | 内部控制指数 | 外部审计指数 | 管理控制指数 | 财务运行指数 |
|---|---|---|---|---|---|---|---|---|
| 600702 | 沱牌舍得 | 1259 | 55.07 | 49.68 | 62.16 | 56.95 | 55.60 | 51.41 |
| 603328 | 依顿电子 | 1260 | 55.06 | 54.35 | 57.23 | 63.43 | 54.42 | 47.05 |
| 600482 | 风帆股份 | 1261 | 55.06 | 56.77 | 55.26 | 51.54 | 46.40 | 61.31 |
| 300314 | 戴维医疗 | 1262 | 55.05 | 61.58 | 57.95 | 55.76 | 43.66 | 50.87 |
| 002666 | 德联集团 | 1263 | 55.04 | 69.30 | 54.28 | 52.74 | 38.82 | 51.55 |
| 000962 | 东方钽业 | 1264 | 55.04 | 62.33 | 51.61 | 59.14 | 25.31 | 66.44 |
| 002182 | 云海金属 | 1265 | 55.04 | 59.10 | 55.37 | 57.78 | 27.27 | 65.75 |
| 601555 | 东吴证券 | 1266 | 55.04 | 58.53 | 57.24 | 54.22 | 55.71 | 48.61 |
| 002377 | 国创高新 | 1267 | 55.03 | 60.00 | 52.66 | 50.68 | 48.52 | 59.69 |
| 600078 | 澄星股份 | 1268 | 55.03 | 53.60 | 57.61 | 64.71 | 34.17 | 59.52 |
| 300373 | 扬杰科技 | 1269 | 55.03 | 60.26 | 58.33 | 58.74 | 50.20 | 45.20 |
| 300294 | 博雅生物 | 1270 | 55.03 | 60.83 | 57.42 | 50.03 | 53.77 | 50.32 |
| 300234 | 开尔新材 | 1271 | 55.03 | 45.40 | 61.96 | 54.22 | 64.56 | 52.85 |
| 002519 | 银河电子 | 1272 | 55.02 | 55.11 | 56.15 | 53.92 | 49.05 | 58.41 |
| 002181 | 粤传媒 | 1273 | 55.02 | 62.34 | 64.38 | 63.97 | 27.36 | 46.37 |
| 300134 | 大富科技 | 1274 | 55.01 | 57.04 | 57.82 | 58.18 | 61.55 | 42.55 |
| 002144 | 宏达高科 | 1275 | 55.01 | 60.53 | 55.01 | 54.44 | 42.28 | 57.25 |
| 002273 | 水晶光电 | 1276 | 55.00 | 61.05 | 51.12 | 58.70 | 53.98 | 50.02 |
| 000166 | 申万宏源 | 1277 | 55.00 | 57.19 | 56.53 | 59.95 | 66.09 | 39.42 |
| 000558 | 莱茵置业 | 1278 | 55.00 | 55.00 | 53.98 | 56.91 | 56.28 | 53.78 |
| 600475 | 华光股份 | 1279 | 54.99 | 59.70 | 60.55 | 59.63 | 39.42 | 49.42 |
| 600805 | 悦达投资 | 1280 | 54.99 | 53.10 | 59.34 | 58.35 | 52.90 | 50.83 |
| 600637 | 百视通 | 1281 | 54.98 | 58.22 | 64.60 | 57.80 | 49.36 | 41.47 |
| 002723 | 金莱特 | 1282 | 54.98 | 63.13 | 55.36 | 57.80 | 36.96 | 54.41 |
| 600596 | 新安股份 | 1283 | 54.98 | 45.88 | 61.39 | 63.86 | 43.69 | 58.50 |
| 002094 | 青岛金王 | 1284 | 54.98 | 55.76 | 55.00 | 54.57 | 37.35 | 65.87 |
| 600345 | 长江通信 | 1285 | 54.98 | 55.25 | 59.73 | 56.55 | 43.91 | 55.11 |
| 002333 | 罗普斯金 | 1286 | 54.97 | 57.62 | 60.12 | 59.29 | 39.08 | 52.80 |

续表

| 证券代码 | 证券简称 | 排名 | 投资者保护指数 | 会计信息指数 | 内部控制指数 | 外部审计指数 | 管理控制指数 | 财务运行指数 |
|---|---|---|---|---|---|---|---|---|
| 002594 | 比亚迪 | 1287 | 54.97 | 51.49 | 63.51 | 56.50 | 57.41 | 46.41 |
| 603333 | 明星电缆 | 1288 | 54.97 | 55.10 | 55.60 | 58.81 | 45.35 | 57.25 |
| 000157 | 中联重科 | 1289 | 54.97 | 58.40 | 65.68 | 52.20 | 52.44 | 42.46 |
| 300061 | 康耐特 | 1290 | 54.96 | 58.63 | 56.97 | 56.15 | 43.18 | 55.03 |
| 600248 | 延长化建 | 1291 | 54.96 | 58.03 | 52.04 | 48.26 | 51.95 | 62.08 |
| 600773 | 西藏城投 | 1292 | 54.96 | 56.12 | 53.71 | 50.19 | 50.26 | 61.94 |
| 000338 | 潍柴动力 | 1293 | 54.95 | 57.72 | 56.26 | 57.16 | 57.17 | 46.96 |
| 002031 | 巨轮股份 | 1294 | 54.95 | 62.36 | 59.19 | 52.90 | 40.33 | 52.53 |
| 300364 | 中文在线 | 1295 | 54.95 | 52.08 | 54.32 | 63.16 | 59.45 | 49.47 |
| 300292 | 吴通通讯 | 1296 | 54.94 | 48.73 | 55.79 | 55.45 | 52.77 | 62.31 |
| 000507 | 珠海港 | 1297 | 54.94 | 56.42 | 56.58 | 53.14 | 50.10 | 55.94 |
| 601369 | 陕鼓动力 | 1298 | 54.94 | 55.89 | 63.25 | 48.59 | 58.48 | 47.09 |
| 300221 | 银禧科技 | 1299 | 54.93 | 59.41 | 56.19 | 53.03 | 44.28 | 56.68 |
| 600608 | *ST 沪科 | 1300 | 54.93 | 66.80 | 60.63 | 62.10 | 41.77 | 37.13 |
| 300109 | 新开源 | 1301 | 54.93 | 62.01 | 52.60 | 50.57 | 51.20 | 55.23 |
| 002418 | 康盛股份 | 1302 | 54.92 | 58.66 | 55.41 | 56.02 | 46.25 | 54.72 |
| 300059 | 东方财富 | 1303 | 54.92 | 53.97 | 54.26 | 57.36 | 71.90 | 43.76 |
| 000758 | 中色股份 | 1304 | 54.92 | 60.87 | 55.62 | 55.98 | 44.02 | 53.34 |
| 600452 | 涪陵电力 | 1305 | 54.91 | 59.26 | 49.52 | 59.34 | 52.38 | 54.07 |
| 300194 | 福安药业 | 1306 | 54.91 | 56.89 | 56.58 | 53.85 | 53.63 | 52.36 |
| 600489 | 中金黄金 | 1307 | 54.91 | 56.02 | 56.92 | 62.53 | 50.62 | 47.92 |
| 002523 | 天桥起重 | 1308 | 54.91 | 56.35 | 60.39 | 54.91 | 53.07 | 48.09 |
| 002673 | 西部证券 | 1309 | 54.91 | 54.44 | 59.74 | 50.29 | 60.65 | 49.87 |
| 300218 | 安利股份 | 1310 | 54.90 | 53.31 | 60.22 | 50.72 | 43.27 | 61.63 |
| 000768 | 中航飞机 | 1311 | 54.90 | 50.78 | 53.74 | 53.89 | 50.82 | 64.57 |
| 300140 | 启源装备 | 1312 | 54.90 | 67.19 | 52.96 | 51.40 | 55.49 | 45.09 |
| 000010 | 深华新 | 1313 | 54.90 | 64.87 | 57.87 | 55.48 | 30.91 | 54.89 |
| 002113 | 天润控股 | 1314 | 54.90 | 54.34 | 59.36 | 59.27 | 44.05 | 53.94 |

续表

| 证券代码 | 证券简称 | 排名 | 投资者保护指数 | 会计信息指数 | 内部控制指数 | 外部审计指数 | 管理控制指数 | 财务运行指数 |
|---|---|---|---|---|---|---|---|---|
| 600367 | 红星发展 | 1315 | 54.90 | 54.38 | 60.16 | 51.47 | 53.18 | 53.34 |
| 300351 | 永贵电器 | 1316 | 54.89 | 60.13 | 55.83 | 55.71 | 64.02 | 41.03 |
| 601678 | 滨化股份 | 1317 | 54.89 | 51.51 | 64.97 | 52.89 | 51.49 | 51.09 |
| 002204 | 大连重工 | 1318 | 54.89 | 57.42 | 64.68 | 56.75 | 37.08 | 50.69 |
| 002255 | 海陆重工 | 1319 | 54.88 | 56.55 | 64.69 | 54.00 | 45.81 | 48.24 |
| 600816 | 安信信托 | 1320 | 54.88 | 55.81 | 57.17 | 58.13 | 59.20 | 45.71 |
| 002018 | 华信国际 | 1321 | 54.87 | 60.25 | 53.57 | 56.92 | 52.37 | 50.02 |
| 002034 | 美欣达 | 1322 | 54.87 | 58.76 | 56.63 | 58.98 | 24.76 | 64.56 |
| 000900 | 现代投资 | 1323 | 54.86 | 56.35 | 59.24 | 60.52 | 48.85 | 47.40 |
| 002097 | 山河智能 | 1324 | 54.86 | 57.89 | 54.96 | 53.25 | 49.32 | 56.08 |
| 600220 | 江苏阳光 | 1325 | 54.86 | 57.49 | 58.89 | 54.31 | 39.77 | 57.38 |
| 600320 | 振华重工 | 1326 | 54.85 | 47.86 | 59.58 | 68.26 | 64.68 | 40.38 |
| 300007 | 汉威电子 | 1327 | 54.85 | 51.51 | 59.48 | 56.23 | 57.31 | 50.75 |
| 000833 | 贵糖股份 | 1328 | 54.85 | 61.40 | 57.73 | 52.20 | 43.17 | 53.58 |
| 002664 | 信质电机 | 1329 | 54.85 | 58.19 | 58.80 | 55.80 | 49.12 | 49.32 |
| 601599 | 鹿港科技 | 1330 | 54.85 | 55.66 | 58.72 | 54.15 | 42.40 | 58.10 |
| 002655 | 共达电声 | 1331 | 54.84 | 50.44 | 58.69 | 51.44 | 59.18 | 55.52 |
| 002299 | 圣农发展 | 1332 | 54.84 | 58.38 | 61.89 | 56.38 | 50.82 | 43.92 |
| 300392 | 腾信股份 | 1333 | 54.84 | 52.65 | 59.58 | 63.83 | 43.04 | 52.36 |
| 002082 | 栋梁新材 | 1334 | 54.84 | 54.31 | 65.04 | 60.86 | 33.89 | 52.47 |
| 300420 | 五洋科技 | 1335 | 54.84 | 54.92 | 57.46 | 64.47 | 43.55 | 51.26 |
| 600827 | 百联股份 | 1336 | 54.83 | 45.32 | 61.57 | 55.31 | 42.03 | 66.24 |
| 600775 | 南京熊猫 | 1337 | 54.83 | 57.66 | 59.00 | 61.99 | 46.20 | 46.52 |
| 600882 | 华联矿业 | 1338 | 54.83 | 57.55 | 61.83 | 53.04 | 33.11 | 59.17 |
| 600082 | 海泰发展 | 1339 | 54.83 | 47.33 | 52.98 | 62.69 | 60.67 | 55.61 |
| 002298 | 鑫龙电器 | 1340 | 54.83 | 54.27 | 59.75 | 50.61 | 54.11 | 53.68 |
| 000880 | 潍柴重机 | 1341 | 54.82 | 59.99 | 58.41 | 59.72 | 34.59 | 53.82 |
| 000657 | 中钨高新 | 1342 | 54.82 | 58.28 | 57.49 | 52.56 | 38.97 | 59.83 |

续表

| 证券代码 | 证券简称 | 排名 | 投资者保护指数 | 会计信息指数 | 内部控制指数 | 外部审计指数 | 管理控制指数 | 财务运行指数 |
|---|---|---|---|---|---|---|---|---|
| 002421 | 达实智能 | 1343 | 54.82 | 60.02 | 53.31 | 52.62 | 50.59 | 54.96 |
| 000517 | 荣安地产 | 1344 | 54.82 | 53.37 | 56.70 | 57.23 | 48.06 | 56.80 |
| 002033 | 丽江旅游 | 1345 | 54.81 | 61.25 | 59.32 | 56.21 | 48.03 | 45.32 |
| 002114 | 罗平锌电 | 1346 | 54.80 | 58.04 | 56.25 | 52.22 | 49.13 | 55.10 |
| 300411 | 金盾股份 | 1347 | 54.80 | 50.94 | 54.32 | 64.63 | 50.86 | 54.51 |
| 002597 | 金禾实业 | 1348 | 54.80 | 58.95 | 58.98 | 48.77 | 34.69 | 63.08 |
| 600851 | 海欣股份 | 1349 | 54.79 | 56.30 | 64.02 | 54.32 | 32.12 | 57.55 |
| 601377 | 兴业证券 | 1350 | 54.79 | 51.72 | 62.07 | 56.09 | 59.05 | 46.19 |
| 002140 | 东华科技 | 1351 | 54.79 | 61.60 | 54.35 | 61.02 | 57.40 | 40.53 |
| 300004 | 南风股份 | 1352 | 54.79 | 62.08 | 52.31 | 54.34 | 56.91 | 48.01 |
| 600785 | 新华百货 | 1353 | 54.78 | 58.57 | 58.13 | 56.13 | 34.50 | 58.56 |
| 002208 | 合肥城建 | 1354 | 54.78 | 56.48 | 57.31 | 53.26 | 56.04 | 50.25 |
| 000707 | 双环科技 | 1355 | 54.77 | 55.54 | 53.64 | 60.08 | 57.24 | 49.27 |
| 002717 | 岭南园林 | 1356 | 54.77 | 55.49 | 60.40 | 61.45 | 53.55 | 42.80 |
| 600547 | 山东黄金 | 1357 | 54.76 | 53.61 | 57.39 | 61.09 | 51.16 | 50.33 |
| 600166 | 福田汽车 | 1358 | 54.76 | 58.20 | 59.70 | 66.27 | 30.46 | 51.51 |
| 002570 | 贝因美 | 1359 | 54.75 | 51.78 | 60.85 | 55.63 | 44.14 | 57.40 |
| 300393 | 中来股份 | 1360 | 54.74 | 53.22 | 56.42 | 65.18 | 50.43 | 48.96 |
| 002133 | 广宇集团 | 1361 | 54.74 | 55.00 | 52.93 | 59.77 | 43.62 | 59.69 |
| 002378 | 章源钨业 | 1362 | 54.73 | 62.64 | 58.40 | 52.18 | 35.25 | 55.94 |
| 002212 | 南洋股份 | 1363 | 54.73 | 58.28 | 53.62 | 55.54 | 45.26 | 57.33 |
| 002450 | 康得新 | 1364 | 54.73 | 57.12 | 52.92 | 63.25 | 49.44 | 50.53 |
| 000903 | 云内动力 | 1365 | 54.72 | 53.22 | 58.13 | 58.26 | 37.22 | 61.13 |
| 000610 | 西安旅游 | 1366 | 54.72 | 60.74 | 54.17 | 50.34 | 65.75 | 44.62 |
| 600720 | 祁连山 | 1367 | 54.72 | 55.46 | 53.28 | 61.43 | 51.56 | 52.11 |
| 002009 | 天奇股份 | 1368 | 54.71 | 60.63 | 60.20 | 57.26 | 37.71 | 50.45 |
| 600060 | 海信电器 | 1369 | 54.71 | 55.33 | 55.99 | 58.53 | 40.24 | 58.85 |
| 300258 | 精锻科技 | 1370 | 54.71 | 54.33 | 58.12 | 57.62 | 53.91 | 49.39 |

续表

| 证券代码 | 证券简称 | 排名 | 投资者保护指数 | 会计信息指数 | 内部控制指数 | 外部审计指数 | 管理控制指数 | 财务运行指数 |
|---|---|---|---|---|---|---|---|---|
| 300288 | 朗玛信息 | 1371 | 54. 71 | 54. 96 | 60. 24 | 50. 79 | 40. 48 | 60. 48 |
| 002700 | 新疆浩源 | 1372 | 54. 70 | 61. 18 | 55. 36 | 50. 60 | 59. 82 | 46. 31 |
| 600997 | 开滦股份 | 1373 | 54. 70 | 56. 81 | 55. 95 | 53. 32 | 50. 83 | 54. 43 |
| 002047 | 宝鹰股份 | 1374 | 54. 70 | 51. 79 | 59. 57 | 59. 57 | 53. 78 | 49. 17 |
| 002696 | 百洋股份 | 1375 | 54. 70 | 57. 14 | 55. 46 | 52. 09 | 60. 06 | 49. 56 |
| 002711 | 欧浦钢网 | 1376 | 54. 70 | 51. 84 | 57. 93 | 63. 68 | 45. 63 | 52. 96 |
| 002595 | 豪迈科技 | 1377 | 54. 70 | 60. 21 | 59. 28 | 51. 51 | 57. 58 | 43. 62 |
| 000401 | 冀东水泥 | 1378 | 54. 69 | 62. 31 | 55. 50 | 63. 08 | 36. 13 | 50. 10 |
| 601789 | 宁波建工 | 1379 | 54. 69 | 56. 19 | 60. 71 | 54. 31 | 47. 03 | 51. 31 |
| 002351 | 漫步者 | 1380 | 54. 69 | 51. 16 | 62. 47 | 54. 49 | 55. 63 | 49. 43 |
| 300182 | 捷成股份 | 1381 | 54. 68 | 57. 49 | 53. 14 | 63. 04 | 61. 85 | 41. 72 |
| 000019 | 深深宝 A | 1382 | 54. 68 | 57. 44 | 55. 44 | 53. 11 | 51. 14 | 54. 14 |
| 600674 | 川投能源 | 1383 | 54. 68 | 45. 40 | 56. 56 | 62. 84 | 59. 45 | 53. 75 |
| 600456 | 宝钛股份 | 1384 | 54. 68 | 47. 55 | 54. 02 | 54. 12 | 48. 32 | 68. 45 |
| 000757 | 浩物股份 | 1385 | 54. 68 | 61. 25 | 55. 52 | 50. 33 | 32. 97 | 63. 65 |
| 002237 | 恒邦股份 | 1386 | 54. 67 | 59. 12 | 59. 47 | 52. 89 | 53. 16 | 46. 34 |
| 002552 | 宝鼎重工 | 1387 | 54. 67 | 59. 71 | 55. 68 | 55. 95 | 39. 92 | 56. 14 |
| 002142 | 宁波银行 | 1388 | 54. 66 | 55. 74 | 60. 09 | 60. 95 | 47. 88 | 46. 47 |
| 600593 | 大连圣亚 | 1389 | 54. 66 | 54. 73 | 61. 53 | 55. 28 | 58. 58 | 43. 62 |
| 300254 | 仟源医药 | 1390 | 54. 65 | 56. 18 | 57. 09 | 48. 96 | 56. 09 | 53. 71 |
| 600797 | 浙大网新 | 1391 | 54. 65 | 56. 33 | 61. 57 | 61. 01 | 35. 88 | 51. 79 |
| 601118 | 海南橡胶 | 1392 | 54. 64 | 57. 44 | 66. 38 | 50. 84 | 20. 69 | 63. 05 |
| 002266 | 浙富控股 | 1393 | 54. 64 | 62. 98 | 63. 65 | 59. 89 | 23. 47 | 50. 49 |
| 000987 | 广州友谊 | 1394 | 54. 63 | 61. 55 | 56. 61 | 56. 60 | 29. 56 | 58. 94 |
| 300405 | 科隆精化 | 1395 | 54. 63 | 52. 65 | 50. 77 | 61. 88 | 51. 52 | 57. 58 |
| 601107 | 四川成渝 | 1396 | 54. 63 | 37. 91 | 68. 32 | 52. 26 | 60. 23 | 56. 86 |
| 601992 | 金隅股份 | 1397 | 54. 63 | 54. 08 | 69. 23 | 59. 80 | 52. 99 | 35. 32 |
| 600999 | 招商证券 | 1398 | 54. 63 | 43. 35 | 68. 81 | 55. 55 | 60. 90 | 46. 74 |

续表

| 证券代码 | 证券简称 | 排名 | 投资者保护指数 | 会计信息指数 | 内部控制指数 | 外部审计指数 | 管理控制指数 | 财务运行指数 |
|---|---|---|---|---|---|---|---|---|
| 300065 | 海兰信 | 1399 | 54.62 | 58.78 | 53.77 | 54.12 | 49.91 | 54.18 |
| 300077 | 国民技术 | 1400 | 54.62 | 48.37 | 61.87 | 63.44 | 52.70 | 47.73 |
| 300402 | 宝色股份 | 1401 | 54.61 | 54.35 | 56.29 | 64.32 | 41.15 | 53.90 |
| 000552 | 靖远煤电 | 1402 | 54.61 | 59.59 | 61.08 | 53.27 | 37.13 | 53.77 |
| 300383 | 光环新网 | 1403 | 54.61 | 58.28 | 56.70 | 61.45 | 62.45 | 37.23 |
| 600020 | 中原高速 | 1404 | 54.60 | 53.03 | 52.61 | 54.84 | 73.26 | 46.39 |
| 000700 | 模塑科技 | 1405 | 54.60 | 56.58 | 52.15 | 60.31 | 44.92 | 56.76 |
| 300088 | 长信科技 | 1406 | 54.60 | 59.43 | 58.11 | 50.53 | 37.07 | 59.56 |
| 002644 | 佛慈制药 | 1407 | 54.59 | 59.83 | 53.67 | 51.57 | 56.34 | 50.78 |
| 300261 | 雅本化学 | 1408 | 54.59 | 63.71 | 51.21 | 64.38 | 54.82 | 39.64 |
| 600071 | ＊ST 光学 | 1409 | 54.58 | 57.89 | 61.72 | 64.86 | 42.94 | 41.72 |
| 601566 | 九牧王 | 1410 | 54.58 | 58.57 | 65.83 | 53.83 | 41.38 | 46.13 |
| 300072 | 三聚环保 | 1411 | 54.56 | 55.94 | 53.14 | 55.36 | 56.90 | 52.41 |
| 000722 | 湖南发展 | 1412 | 54.56 | 55.79 | 54.65 | 61.29 | 52.46 | 48.94 |
| 300214 | 日科化学 | 1413 | 54.56 | 59.33 | 52.55 | 52.69 | 51.43 | 54.82 |
| 300169 | 天晟新材 | 1414 | 54.56 | 51.63 | 57.87 | 54.14 | 54.39 | 54.63 |
| 002566 | 益盛药业 | 1415 | 54.56 | 49.30 | 60.83 | 55.13 | 64.02 | 46.89 |
| 002077 | 大港股份 | 1416 | 54.56 | 58.10 | 61.93 | 58.73 | 22.30 | 59.52 |
| 600789 | 鲁抗医药 | 1417 | 54.56 | 53.35 | 58.22 | 57.24 | 51.79 | 51.38 |
| 600983 | 惠而浦 | 1418 | 54.55 | 55.35 | 58.90 | 56.24 | 46.57 | 52.46 |
| 600985 | 雷鸣科化 | 1419 | 54.55 | 53.26 | 52.81 | 56.24 | 47.01 | 61.63 |
| 002029 | 七匹狼 | 1420 | 54.55 | 60.10 | 62.93 | 58.61 | 29.83 | 51.19 |
| 600802 | 福建水泥 | 1421 | 54.55 | 58.37 | 50.64 | 55.50 | 50.42 | 56.46 |
| 600309 | 万华化学 | 1422 | 54.54 | 56.89 | 62.23 | 62.71 | 58.74 | 33.54 |
| 000926 | 福星股份 | 1423 | 54.53 | 59.17 | 56.83 | 60.79 | 29.89 | 57.41 |
| 300328 | 宜安科技 | 1424 | 54.53 | 54.57 | 54.08 | 52.93 | 47.79 | 60.68 |
| 000419 | 通程控股 | 1425 | 54.53 | 57.73 | 46.76 | 54.64 | 46.60 | 64.78 |
| 600778 | 友好集团 | 1426 | 54.52 | 58.39 | 54.87 | 56.62 | 49.68 | 51.02 |

续表

| 证券代码 | 证券简称 | 排名 | 投资者保护指数 | 会计信息指数 | 内部控制指数 | 外部审计指数 | 管理控制指数 | 财务运行指数 |
|---|---|---|---|---|---|---|---|---|
| 002127 | 新民科技 | 1427 | 54.52 | 61.73 | 54.09 | 58.39 | 39.88 | 52.93 |
| 300283 | 温州宏丰 | 1428 | 54.52 | 56.45 | 55.45 | 54.20 | 40.53 | 60.54 |
| 601801 | 皖新传媒 | 1429 | 54.51 | 56.36 | 53.90 | 51.64 | 64.82 | 48.66 |
| 000545 | 金浦钛业 | 1430 | 54.51 | 60.39 | 55.20 | 60.24 | 40.19 | 51.49 |
| 600284 | 浦东建设 | 1431 | 54.51 | 58.75 | 52.44 | 53.32 | 49.14 | 56.35 |
| 600055 | 华润万东 | 1432 | 54.50 | 58.18 | 60.38 | 52.40 | 29.94 | 61.11 |
| 600875 | 东方电气 | 1433 | 54.50 | 53.79 | 58.29 | 52.41 | 58.28 | 50.19 |
| 600543 | 莫高股份 | 1434 | 54.49 | 57.29 | 52.60 | 62.12 | 71.90 | 35.84 |
| 300255 | 常山药业 | 1435 | 54.49 | 55.89 | 59.30 | 48.09 | 59.66 | 49.11 |
| 600073 | 上海梅林 | 1436 | 54.48 | 52.58 | 56.19 | 56.37 | 41.78 | 61.52 |
| 603799 | 华友钴业 | 1437 | 54.48 | 54.92 | 52.58 | 64.86 | 49.93 | 50.68 |
| 300220 | 金运激光 | 1438 | 54.48 | 59.73 | 56.48 | 50.47 | 50.02 | 52.11 |
| 600711 | 盛屯矿业 | 1439 | 54.47 | 54.38 | 53.10 | 63.54 | 47.14 | 53.58 |
| 600579 | 天华院 | 1440 | 54.47 | 53.79 | 55.39 | 56.43 | 61.85 | 47.81 |
| 002712 | 思美传媒 | 1441 | 54.46 | 59.31 | 54.09 | 59.50 | 59.41 | 41.88 |
| 000785 | 武汉中商 | 1442 | 54.46 | 55.62 | 55.24 | 59.64 | 43.08 | 55.44 |
| 601101 | 昊华能源 | 1443 | 54.46 | 57.47 | 59.76 | 61.53 | 29.03 | 55.65 |
| 002472 | 双环传动 | 1444 | 54.44 | 58.22 | 52.70 | 56.01 | 45.30 | 56.68 |
| 600058 | 五矿发展 | 1445 | 54.44 | 48.58 | 57.17 | 53.13 | 50.40 | 61.87 |
| 002707 | 众信旅游 | 1446 | 54.43 | 60.57 | 62.22 | 55.55 | 60.60 | 33.30 |
| 300018 | 中元华电 | 1447 | 54.43 | 59.55 | 53.77 | 57.30 | 60.41 | 42.93 |
| 600860 | 京城股份 | 1448 | 54.43 | 55.90 | 60.49 | 54.02 | 40.91 | 54.86 |
| 600584 | 长电科技 | 1449 | 54.43 | 53.17 | 56.93 | 53.70 | 59.55 | 50.28 |
| 600006 | 东风汽车 | 1450 | 54.42 | 55.49 | 60.78 | 54.99 | 40.62 | 54.37 |
| 300271 | 华宇软件 | 1451 | 54.42 | 55.16 | 51.60 | 55.54 | 66.12 | 48.27 |
| 600616 | 金枫酒业 | 1452 | 54.42 | 56.33 | 58.81 | 56.85 | 41.44 | 53.57 |
| 300126 | 锐奇股份 | 1453 | 54.41 | 58.65 | 53.18 | 53.58 | 51.38 | 53.48 |
| 000547 | 闽福发 A | 1454 | 54.40 | 58.37 | 53.38 | 57.92 | 57.51 | 46.02 |

续表

| 证券代码 | 证券简称 | 排名 | 投资者保护指数 | 会计信息指数 | 内部控制指数 | 外部审计指数 | 管理控制指数 | 财务运行指数 |
|---|---|---|---|---|---|---|---|---|
| 600558 | 大西洋 | 1455 | 54.40 | 56.94 | 57.91 | 57.43 | 36.69 | 56.43 |
| 000301 | 东方市场 | 1456 | 54.39 | 57.73 | 60.75 | 57.03 | 58.40 | 38.36 |
| 300412 | 迦南科技 | 1457 | 54.39 | 53.78 | 53.05 | 62.85 | 59.65 | 46.36 |
| 600191 | 华资实业 | 1458 | 54.39 | 55.66 | 50.40 | 50.60 | 46.57 | 65.66 |
| 300276 | 三丰智能 | 1459 | 54.37 | 55.03 | 56.34 | 50.48 | 52.78 | 55.51 |
| 000819 | 岳阳兴长 | 1460 | 54.37 | 61.03 | 53.64 | 53.73 | 38.56 | 58.17 |
| 600052 | 浙江广厦 | 1461 | 54.36 | 56.14 | 57.49 | 55.78 | 27.74 | 64.83 |
| 300356 | 光一科技 | 1462 | 54.35 | 57.21 | 55.18 | 53.89 | 46.81 | 55.33 |
| 000678 | 襄阳轴承 | 1463 | 54.35 | 57.09 | 58.84 | 55.88 | 41.51 | 53.08 |
| 600499 | 科达洁能 | 1464 | 54.34 | 53.90 | 54.98 | 58.45 | 54.30 | 50.83 |
| 000977 | 浪潮信息 | 1465 | 54.34 | 63.51 | 52.80 | 53.53 | 53.85 | 46.28 |
| 000404 | 华意压缩 | 1466 | 54.33 | 59.13 | 58.21 | 53.61 | 33.89 | 58.10 |
| 000045 | 深纺织 A | 1467 | 54.33 | 56.50 | 59.61 | 51.08 | 53.91 | 48.59 |
| 600199 | 金种子酒 | 1468 | 54.32 | 52.81 | 56.53 | 61.88 | 27.20 | 65.13 |
| 300400 | 劲拓股份 | 1469 | 54.32 | 53.78 | 52.99 | 67.08 | 42.69 | 53.71 |
| 300322 | 硕贝德 | 1470 | 54.32 | 53.59 | 56.10 | 61.39 | 53.14 | 48.16 |
| 300308 | 中际装备 | 1471 | 54.32 | 55.64 | 51.74 | 53.06 | 55.32 | 56.08 |
| 002532 | 新界泵业 | 1472 | 54.31 | 61.19 | 55.42 | 56.05 | 35.72 | 55.62 |
| 002442 | 龙星化工 | 1473 | 54.31 | 51.26 | 56.17 | 54.72 | 48.86 | 58.97 |
| 000548 | 湖南投资 | 1474 | 54.30 | 55.63 | 58.07 | 63.93 | 52.27 | 41.93 |
| 600826 | 兰生股份 | 1475 | 54.30 | 57.83 | 49.54 | 53.51 | 38.70 | 66.44 |
| 600844 | 丹化科技 | 1476 | 54.30 | 54.74 | 51.67 | 57.21 | 67.84 | 45.63 |
| 000008 | 神州高铁 | 1477 | 54.30 | 65.62 | 63.58 | 53.16 | 31.78 | 45.87 |
| 000425 | 徐工机械 | 1478 | 54.29 | 58.99 | 59.41 | 60.48 | 38.15 | 48.37 |
| 002215 | 诺普信 | 1479 | 54.29 | 54.58 | 56.56 | 53.00 | 62.05 | 47.32 |
| 600898 | 三联商社 | 1480 | 54.29 | 59.36 | 55.43 | 61.87 | 41.50 | 49.19 |
| 000677 | *ST 海龙 | 1481 | 54.29 | 60.82 | 56.09 | 56.79 | 41.05 | 51.11 |
| 300063 | 天龙集团 | 1482 | 54.28 | 54.83 | 52.46 | 56.61 | 49.44 | 57.01 |

续表

| 证券代码 | 证券简称 | 排名 | 投资者保护指数 | 会计信息指数 | 内部控制指数 | 外部审计指数 | 管理控制指数 | 财务运行指数 |
|---|---|---|---|---|---|---|---|---|
| 002086 | 东方海洋 | 1483 | 54. 28 | 56. 49 | 53. 09 | 63. 21 | 41. 04 | 54. 42 |
| 300267 | 尔康制药 | 1484 | 54. 28 | 64. 67 | 54. 74 | 50. 14 | 46. 30 | 50. 02 |
| 600111 | 北方稀土 | 1485 | 54. 27 | 55. 53 | 60. 49 | 49. 33 | 43. 15 | 56. 90 |
| 000812 | 陕西金叶 | 1486 | 54. 27 | 60. 57 | 53. 36 | 55. 52 | 32. 70 | 60. 96 |
| 600123 | 兰花科创 | 1487 | 54. 27 | 53. 07 | 54. 63 | 58. 90 | 43. 84 | 58. 33 |
| 002349 | 精华制药 | 1488 | 54. 27 | 55. 25 | 56. 21 | 53. 95 | 43. 68 | 58. 03 |
| 000909 | 数源科技 | 1489 | 54. 26 | 57. 76 | 62. 35 | 57. 43 | 62. 29 | 33. 00 |
| 002621 | 大连三垒 | 1490 | 54. 25 | 58. 75 | 53. 23 | 51. 35 | 65. 96 | 44. 84 |
| 601313 | 江南嘉捷 | 1491 | 54. 24 | 57. 29 | 56. 86 | 52. 24 | 53. 54 | 49. 71 |
| 002452 | 长高集团 | 1492 | 54. 24 | 58. 45 | 54. 15 | 50. 11 | 63. 78 | 46. 50 |
| 002633 | *ST 申科 | 1493 | 54. 23 | 58. 55 | 58. 99 | 54. 32 | 46. 01 | 48. 94 |
| 600481 | 双良节能 | 1494 | 54. 23 | 53. 64 | 56. 60 | 53. 82 | 40. 37 | 61. 54 |
| 000034 | 深信泰丰 | 1495 | 54. 22 | 64. 51 | 55. 30 | 62. 53 | 34. 02 | 47. 30 |
| 002359 | 齐星铁塔 | 1496 | 54. 20 | 56. 53 | 59. 90 | 49. 83 | 24. 55 | 67. 78 |
| 600993 | 马应龙 | 1497 | 54. 20 | 56. 33 | 56. 77 | 55. 02 | 57. 68 | 45. 80 |
| 603636 | 南威软件 | 1498 | 54. 19 | 54. 92 | 54. 48 | 60. 23 | 54. 73 | 47. 74 |
| 300071 | 华谊嘉信 | 1499 | 54. 19 | 51. 09 | 58. 65 | 61. 47 | 39. 40 | 56. 43 |
| 002586 | 围海股份 | 1500 | 54. 19 | 57. 74 | 50. 25 | 54. 19 | 45. 74 | 60. 02 |
| 000158 | 常山股份 | 1501 | 54. 19 | 61. 50 | 50. 96 | 51. 71 | 52. 71 | 52. 24 |
| 002447 | 壹桥海参 | 1502 | 54. 18 | 54. 79 | 59. 95 | 53. 02 | 60. 57 | 43. 60 |
| 300205 | 天喻信息 | 1503 | 54. 18 | 54. 51 | 54. 64 | 48. 41 | 54. 57 | 57. 70 |
| 002493 | 荣盛石化 | 1504 | 54. 18 | 55. 13 | 63. 97 | 57. 68 | 35. 51 | 51. 14 |
| 300228 | 富瑞特装 | 1505 | 54. 18 | 47. 10 | 62. 26 | 62. 54 | 46. 31 | 51. 57 |
| 601011 | 宝泰隆 | 1506 | 54. 18 | 56. 57 | 56. 33 | 52. 96 | 45. 05 | 55. 80 |
| 000818 | 方大化工 | 1507 | 54. 17 | 59. 96 | 60. 38 | 54. 49 | 45. 23 | 45. 75 |
| 002598 | 山东章鼓 | 1508 | 54. 17 | 53. 80 | 53. 04 | 61. 82 | 39. 94 | 58. 97 |
| 600107 | 美尔雅 | 1509 | 54. 16 | 60. 87 | 57. 87 | 58. 72 | 46. 04 | 43. 59 |
| 300319 | 麦捷科技 | 1510 | 54. 16 | 56. 71 | 51. 60 | 52. 93 | 55. 82 | 54. 01 |

续表

| 证券代码 | 证券简称 | 排名 | 投资者保护指数 | 会计信息指数 | 内部控制指数 | 外部审计指数 | 管理控制指数 | 财务运行指数 |
|---|---|---|---|---|---|---|---|---|
| 002498 | 汉缆股份 | 1511 | 54. 16 | 57. 63 | 57. 20 | 49. 73 | 47. 49 | 54. 48 |
| 600108 | 亚盛集团 | 1512 | 54. 14 | 57. 62 | 52. 91 | 63. 45 | 30. 69 | 59. 21 |
| 000966 | 长源电力 | 1513 | 54. 14 | 57. 62 | 58. 94 | 53. 02 | 59. 29 | 42. 04 |
| 002503 | 搜于特 | 1514 | 54. 13 | 56. 18 | 58. 43 | 55. 20 | 31. 67 | 60. 52 |
| 600873 | 梅花生物 | 1515 | 54. 12 | 57. 29 | 55. 91 | 44. 28 | 47. 60 | 60. 56 |
| 600897 | 厦门空港 | 1516 | 54. 12 | 56. 05 | 63. 34 | 64. 55 | 48. 34 | 36. 55 |
| 300353 | 东土科技 | 1517 | 54. 12 | 57. 09 | 51. 42 | 53. 93 | 58. 61 | 50. 95 |
| 000901 | 航天科技 | 1518 | 54. 11 | 54. 55 | 54. 88 | 56. 07 | 40. 85 | 59. 77 |
| 300378 | 鼎捷软件 | 1519 | 54. 11 | 59. 42 | 63. 91 | 58. 64 | 38. 66 | 42. 96 |
| 300149 | 量子高科 | 1520 | 54. 11 | 62. 30 | 53. 07 | 59. 37 | 53. 66 | 41. 66 |
| 002620 | 瑞和股份 | 1521 | 54. 10 | 54. 16 | 55. 14 | 58. 81 | 42. 10 | 56. 84 |
| 300425 | 环能科技 | 1522 | 54. 10 | 52. 08 | 58. 66 | 59. 09 | 38. 74 | 57. 19 |
| 600486 | 扬农化工 | 1523 | 54. 10 | 49. 51 | 61. 81 | 63. 84 | 44. 43 | 49. 02 |
| 000100 | TCL 集团 | 1524 | 54. 09 | 56. 90 | 67. 50 | 53. 34 | 43. 02 | 43. 15 |
| 002557 | 洽洽食品 | 1525 | 54. 09 | 53. 20 | 58. 52 | 49. 26 | 43. 96 | 60. 54 |
| 603998 | 方盛制药 | 1526 | 54. 09 | 54. 84 | 52. 73 | 60. 51 | 51. 81 | 51. 04 |
| 300264 | 佳创视讯 | 1527 | 54. 08 | 54. 76 | 52. 18 | 52. 88 | 63. 91 | 50. 03 |
| 002309 | 中利科技 | 1528 | 54. 08 | 62. 74 | 62. 22 | 55. 68 | 48. 10 | 37. 07 |
| 300237 | 美晨科技 | 1529 | 54. 07 | 56. 93 | 58. 67 | 56. 55 | 55. 67 | 42. 36 |
| 000910 | 大亚科技 | 1530 | 54. 07 | 57. 83 | 61. 84 | 56. 70 | 47. 37 | 42. 91 |
| 600139 | 西部资源 | 1531 | 54. 07 | 54. 61 | 59. 01 | 64. 11 | 59. 94 | 35. 77 |
| 300130 | 新国都 | 1532 | 54. 07 | 56. 62 | 55. 46 | 52. 95 | 61. 85 | 45. 29 |
| 300336 | 新文化 | 1533 | 54. 06 | 49. 57 | 51. 68 | 53. 98 | 66. 71 | 53. 95 |
| 002346 | 柘中股份 | 1534 | 54. 06 | 55. 56 | 48. 70 | 55. 30 | 59. 07 | 54. 21 |
| 300379 | 东方通 | 1535 | 54. 06 | 57. 07 | 52. 50 | 62. 84 | 66. 34 | 37. 19 |
| 300136 | 信维通信 | 1536 | 54. 06 | 52. 78 | 58. 35 | 52. 85 | 64. 09 | 45. 06 |
| 600732 | * ST 新梅 | 1537 | 54. 06 | 64. 44 | 42. 04 | 53. 41 | 58. 97 | 52. 97 |
| 002504 | 东光微电 | 1538 | 54. 05 | 53. 56 | 53. 75 | 63. 51 | 46. 68 | 52. 09 |

续表

| 证券代码 | 证券简称 | 排名 | 投资者保护指数 | 会计信息指数 | 内部控制指数 | 外部审计指数 | 管理控制指数 | 财务运行指数 |
|---|---|---|---|---|---|---|---|---|
| 300249 | 依米康 | 1539 | 54.05 | 59.54 | 60.36 | 50.24 | 55.24 | 42.59 |
| 600496 | 精工钢构 | 1540 | 54.04 | 58.60 | 58.12 | 53.71 | 41.07 | 52.70 |
| 002514 | 宝馨科技 | 1541 | 54.04 | 60.29 | 54.99 | 54.38 | 45.46 | 50.89 |
| 600184 | 光电股份 | 1542 | 54.04 | 56.19 | 49.42 | 58.58 | 53.73 | 53.35 |
| 000902 | 新洋丰 | 1543 | 54.04 | 60.28 | 62.60 | 61.00 | 43.80 | 37.85 |
| 000863 | 三湘股份 | 1544 | 54.03 | 59.70 | 58.97 | 53.35 | 40.20 | 51.25 |
| 601929 | 吉视传媒 | 1545 | 54.03 | 57.47 | 55.01 | 60.88 | 55.95 | 42.04 |
| 600426 | 华鲁恒升 | 1546 | 54.03 | 55.04 | 52.45 | 52.79 | 52.94 | 56.36 |
| 002705 | 新宝股份 | 1547 | 54.00 | 54.47 | 66.79 | 57.77 | 40.37 | 44.57 |
| 002515 | 金字火腿 | 1548 | 53.99 | 60.68 | 52.71 | 56.09 | 44.51 | 52.03 |
| 000790 | 华神集团 | 1549 | 53.98 | 61.19 | 57.70 | 53.62 | 43.39 | 48.41 |
| 002382 | 蓝帆医疗 | 1550 | 53.98 | 56.31 | 54.26 | 53.56 | 47.65 | 55.38 |
| 300105 | 龙源技术 | 1551 | 53.98 | 55.85 | 55.51 | 54.42 | 60.71 | 45.25 |
| 600064 | 南京高科 | 1552 | 53.97 | 53.58 | 59.54 | 53.89 | 44.25 | 54.43 |
| 600864 | 哈投股份 | 1553 | 53.97 | 54.57 | 56.79 | 49.01 | 43.99 | 60.54 |
| 002662 | 京威股份 | 1554 | 53.97 | 61.15 | 58.71 | 54.09 | 37.65 | 50.59 |
| 600516 | 方大炭素 | 1555 | 53.96 | 57.28 | 55.07 | 61.21 | 28.96 | 59.18 |
| 600130 | 波导股份 | 1556 | 53.96 | 56.58 | 58.44 | 65.32 | 30.04 | 52.08 |
| 601218 | 吉鑫科技 | 1557 | 53.96 | 55.10 | 59.50 | 57.06 | 44.63 | 49.78 |
| 600829 | 人民同泰 | 1558 | 53.94 | 57.51 | 51.00 | 49.11 | 57.75 | 54.55 |
| 600103 | 青山纸业 | 1559 | 53.93 | 59.23 | 57.13 | 62.91 | 30.48 | 51.98 |
| 000639 | 西王食品 | 1560 | 53.92 | 61.31 | 51.76 | 51.73 | 44.54 | 55.59 |
| 002576 | 通达动力 | 1561 | 53.92 | 60.20 | 56.91 | 53.95 | 42.38 | 50.56 |
| 002203 | 海亮股份 | 1562 | 53.91 | 56.52 | 69.08 | 58.89 | 26.31 | 47.33 |
| 002640 | 百圆裤业 | 1563 | 53.91 | 58.39 | 61.27 | 47.08 | 51.85 | 47.00 |
| 000691 | 亚太实业 | 1564 | 53.90 | 63.04 | 45.26 | 56.29 | 34.81 | 63.59 |
| 300279 | 和晶科技 | 1565 | 53.90 | 58.61 | 54.54 | 52.02 | 51.71 | 50.55 |
| 002651 | 利君股份 | 1566 | 53.90 | 61.76 | 59.15 | 50.24 | 37.04 | 52.52 |

续表

| 证券代码 | 证券简称 | 排名 | 投资者保护指数 | 会计信息指数 | 内部控制指数 | 外部审计指数 | 管理控制指数 | 财务运行指数 |
|---|---|---|---|---|---|---|---|---|
| 002371 | 七星电子 | 1567 | 53.89 | 53.67 | 57.26 | 57.89 | 55.28 | 46.14 |
| 000899 | 赣能股份 | 1568 | 53.89 | 60.92 | 54.21 | 51.92 | 53.82 | 46.88 |
| 600703 | 三安光电 | 1569 | 53.89 | 52.84 | 56.78 | 61.90 | 48.61 | 48.76 |
| 300113 | 顺网科技 | 1570 | 53.89 | 55.79 | 58.16 | 63.42 | 60.58 | 34.65 |
| 600781 | 辅仁药业 | 1571 | 53.89 | 58.23 | 62.93 | 61.76 | 47.26 | 36.29 |
| 600817 | ST 宏盛 | 1572 | 53.88 | 58.79 | 46.16 | 50.96 | 50.22 | 61.77 |
| 600307 | 酒钢宏兴 | 1573 | 53.88 | 51.76 | 58.49 | 53.51 | 52.89 | 52.00 |
| 600979 | 广安爱众 | 1574 | 53.88 | 53.23 | 60.83 | 55.55 | 42.38 | 52.76 |
| 600012 | 皖通高速 | 1575 | 53.87 | 43.78 | 63.41 | 56.48 | 46.05 | 57.77 |
| 300281 | 金明精机 | 1576 | 53.84 | 52.70 | 52.95 | 51.04 | 49.69 | 61.16 |
| 002533 | 金杯电工 | 1577 | 53.83 | 58.41 | 54.12 | 50.15 | 40.24 | 59.93 |
| 600850 | 华东电脑 | 1578 | 53.83 | 51.22 | 60.60 | 56.43 | 53.98 | 46.89 |
| 300247 | 桑乐金 | 1579 | 53.83 | 54.00 | 53.07 | 48.78 | 55.36 | 57.59 |
| 000711 | *ST 京蓝 | 1580 | 53.82 | 57.27 | 55.60 | 56.50 | 46.75 | 50.14 |
| 000537 | 广宇发展 | 1581 | 53.81 | 51.90 | 55.89 | 58.93 | 44.59 | 55.55 |
| 000589 | 黔轮胎 A | 1582 | 53.80 | 55.03 | 60.18 | 48.70 | 48.04 | 52.90 |
| 002304 | 洋河股份 | 1583 | 53.80 | 57.74 | 61.60 | 56.00 | 28.72 | 54.75 |
| 600321 | 国栋建设 | 1584 | 53.80 | 58.98 | 38.69 | 63.19 | 50.28 | 59.81 |
| 600081 | 东风科技 | 1585 | 53.80 | 56.66 | 55.71 | 53.44 | 47.20 | 52.83 |
| 002340 | 格林美 | 1586 | 53.80 | 61.63 | 61.44 | 77.51 | 45.78 | 21.77 |
| 000503 | 海虹控股 | 1587 | 53.80 | 71.02 | 53.21 | 55.62 | 37.23 | 43.48 |
| 002688 | 金河生物 | 1588 | 53.80 | 57.59 | 57.25 | 54.34 | 50.33 | 47.16 |
| 002578 | 闽发铝业 | 1589 | 53.79 | 60.11 | 57.74 | 53.36 | 39.53 | 51.44 |
| 600313 | 农发种业 | 1590 | 53.79 | 56.79 | 56.62 | 55.41 | 43.84 | 52.17 |
| 002531 | 天顺风能 | 1591 | 53.79 | 60.47 | 58.79 | 53.94 | 40.46 | 48.70 |
| 600366 | 宁波韵升 | 1592 | 53.78 | 44.15 | 60.09 | 60.58 | 45.11 | 58.02 |
| 000620 | 新华联 | 1593 | 53.78 | 50.20 | 63.98 | 62.92 | 37.89 | 49.21 |
| 600699 | 均胜电子 | 1594 | 53.77 | 56.07 | 63.30 | 58.23 | 43.54 | 43.15 |

续表

| 证券代码 | 证券简称 | 排名 | 投资者保护指数 | 会计信息指数 | 内部控制指数 | 外部审计指数 | 管理控制指数 | 财务运行指数 |
|---|---|---|---|---|---|---|---|---|
| 002155 | 湖南黄金 | 1595 | 53.77 | 58.01 | 62.94 | 52.40 | 45.04 | 45.02 |
| 002516 | 江苏旷达 | 1596 | 53.77 | 52.56 | 57.13 | 56.12 | 46.88 | 53.88 |
| 300159 | 新研股份 | 1597 | 53.75 | 54.41 | 51.66 | 52.47 | 59.04 | 52.97 |
| 002589 | 瑞康医药 | 1598 | 53.75 | 53.10 | 59.82 | 49.81 | 51.81 | 51.95 |
| 600502 | 安徽水利 | 1599 | 53.74 | 57.77 | 51.04 | 53.25 | 53.99 | 52.34 |
| 600019 | 宝钢股份 | 1600 | 53.74 | 50.30 | 60.43 | 59.74 | 46.27 | 50.11 |
| 002174 | 游族网络 | 1601 | 53.74 | 69.85 | 54.17 | 61.59 | 45.58 | 33.21 |
| 002562 | 兄弟科技 | 1602 | 53.74 | 53.55 | 59.87 | 54.22 | 45.49 | 51.88 |
| 000420 | 吉林化纤 | 1603 | 53.74 | 57.76 | 59.39 | 61.38 | 44.08 | 42.60 |
| 603009 | 北特科技 | 1604 | 53.74 | 54.35 | 45.56 | 63.74 | 49.80 | 56.91 |
| 601777 | 力帆股份 | 1605 | 53.74 | 53.60 | 55.11 | 52.84 | 53.96 | 52.89 |
| 002128 | 露天煤业 | 1606 | 53.71 | 60.99 | 51.13 | 57.81 | 34.58 | 57.25 |
| 300138 | 晨光生物 | 1607 | 53.71 | 52.98 | 54.49 | 53.03 | 48.58 | 57.55 |
| 300376 | 易事特 | 1608 | 53.70 | 55.27 | 56.49 | 57.71 | 54.31 | 44.99 |
| 300172 | 中电环保 | 1609 | 53.70 | 52.32 | 53.37 | 64.81 | 61.39 | 41.69 |
| 600975 | 新五丰 | 1610 | 53.69 | 58.06 | 52.25 | 58.22 | 46.23 | 51.41 |
| 002735 | 王子新材 | 1611 | 53.69 | 55.49 | 55.46 | 63.55 | 39.87 | 50.54 |
| 000712 | 锦龙股份 | 1612 | 53.69 | 61.20 | 55.11 | 53.37 | 41.07 | 51.66 |
| 002691 | 石中装备 | 1613 | 53.68 | 57.75 | 54.00 | 51.56 | 63.52 | 43.83 |
| 000882 | 华联股份 | 1614 | 53.68 | 52.90 | 59.81 | 64.28 | 41.32 | 47.02 |
| 002210 | 飞马国际 | 1615 | 53.68 | 57.67 | 47.71 | 53.38 | 67.86 | 46.87 |
| 601996 | 丰林集团 | 1616 | 53.68 | 57.61 | 52.81 | 55.28 | 45.13 | 54.33 |
| 002391 | 长青股份 | 1617 | 53.67 | 57.52 | 59.41 | 53.91 | 55.84 | 40.93 |
| 600425 | 青松建化 | 1618 | 53.67 | 56.51 | 58.66 | 58.48 | 31.57 | 55.09 |
| 300024 | 机器人 | 1619 | 53.67 | 56.13 | 52.40 | 52.86 | 48.09 | 56.53 |
| 300263 | 隆华节能 | 1620 | 53.66 | 56.69 | 58.12 | 59.23 | 51.48 | 41.87 |
| 000930 | 中粮生化 | 1621 | 53.66 | 58.86 | 54.91 | 50.48 | 28.76 | 64.92 |
| 002631 | 德尔家居 | 1622 | 53.66 | 55.49 | 56.47 | 55.41 | 51.49 | 48.28 |

续表

| 证券代码 | 证券简称 | 排名 | 投资者保护指数 | 会计信息指数 | 内部控制指数 | 外部审计指数 | 管理控制指数 | 财务运行指数 |
|---|---|---|---|---|---|---|---|---|
| 002602 | 世纪华通 | 1623 | 53.66 | 60.38 | 57.92 | 54.27 | 51.69 | 41.62 |
| 002604 | 龙力生物 | 1624 | 53.66 | 58.36 | 57.86 | 53.41 | 39.08 | 52.98 |
| 300399 | 京天利 | 1625 | 53.66 | 52.65 | 54.83 | 62.84 | 64.06 | 39.28 |
| 000955 | 欣龙控股 | 1626 | 53.64 | 60.82 | 44.57 | 60.01 | 50.56 | 52.48 |
| 002623 | 亚玛顿 | 1627 | 53.64 | 61.13 | 57.49 | 54.03 | 45.00 | 45.70 |
| 600698 | 湖南天雁 | 1628 | 53.64 | 60.29 | 49.79 | 53.49 | 35.33 | 62.29 |
| 002160 | 常铝股份 | 1629 | 53.63 | 63.16 | 48.88 | 59.59 | 36.22 | 54.39 |
| 603997 | 继峰股份 | 1630 | 53.63 | 52.57 | 52.52 | 62.74 | 45.95 | 53.79 |
| 002040 | 南京港 | 1631 | 53.62 | 50.52 | 52.90 | 65.02 | 40.85 | 57.22 |
| 002431 | 棕榈园林 | 1632 | 53.62 | 54.86 | 56.01 | 52.93 | 51.61 | 51.28 |
| 002729 | 好利来 | 1633 | 53.62 | 54.35 | 52.18 | 62.12 | 54.84 | 46.72 |
| 002337 | 赛象科技 | 1634 | 53.62 | 54.28 | 60.33 | 52.05 | 41.28 | 54.42 |
| 002246 | 北化股份 | 1635 | 53.61 | 59.20 | 46.36 | 58.45 | 43.70 | 57.94 |
| 002436 | 兴森科技 | 1636 | 53.60 | 54.34 | 53.33 | 52.88 | 53.78 | 53.51 |
| 002023 | 海特高新 | 1637 | 53.60 | 54.29 | 60.93 | 56.00 | 61.46 | 37.27 |
| 002556 | 辉隆股份 | 1638 | 53.60 | 53.49 | 57.06 | 50.71 | 48.30 | 55.52 |
| 601233 | 桐昆股份 | 1639 | 53.60 | 52.43 | 56.12 | 57.60 | 40.51 | 57.35 |
| 300052 | 中青宝 | 1640 | 53.59 | 53.78 | 56.36 | 54.56 | 55.68 | 48.04 |
| 603169 | 兰石重装 | 1641 | 53.59 | 53.78 | 60.17 | 62.06 | 49.17 | 41.80 |
| 300368 | 汇金股份 | 1642 | 53.59 | 60.79 | 51.60 | 52.96 | 42.63 | 55.05 |
| 002601 | 佰利联 | 1643 | 53.58 | 58.57 | 58.94 | 55.52 | 39.14 | 49.38 |
| 002238 | 天威视讯 | 1644 | 53.58 | 54.34 | 52.64 | 55.80 | 54.70 | 51.24 |
| 300349 | 金卡股份 | 1645 | 53.58 | 56.22 | 56.66 | 54.32 | 51.58 | 47.63 |
| 000709 | 河北钢铁 | 1646 | 53.56 | 57.68 | 50.21 | 56.42 | 48.38 | 53.59 |
| 600965 | 福成五丰 | 1647 | 53.55 | 58.43 | 55.32 | 57.90 | 41.93 | 49.79 |
| 000825 | 太钢不锈 | 1648 | 53.54 | 57.91 | 55.17 | 54.14 | 51.55 | 47.34 |
| 300173 | 智慧松德 | 1649 | 53.54 | 58.47 | 51.90 | 58.22 | 52.96 | 46.18 |
| 002546 | 新联电子 | 1650 | 53.53 | 57.62 | 61.55 | 53.93 | 47.22 | 43.28 |

续表

| 证券代码 | 证券简称 | 排名 | 投资者保护指数 | 会计信息指数 | 内部控制指数 | 外部审计指数 | 管理控制指数 | 财务运行指数 |
|---|---|---|---|---|---|---|---|---|
| 300363 | 博腾股份 | 1651 | 53.53 | 60.29 | 57.53 | 55.64 | 56.45 | 37.35 |
| 601158 | 重庆水务 | 1652 | 53.50 | 58.67 | 63.90 | 61.96 | 32.03 | 42.57 |
| 600053 | 中江地产 | 1653 | 53.50 | 48.25 | 51.25 | 55.26 | 55.03 | 59.88 |
| 002002 | 鸿达兴业 | 1654 | 53.50 | 54.66 | 61.46 | 57.37 | 42.82 | 46.80 |
| 000878 | 云南铜业 | 1655 | 53.50 | 51.09 | 57.35 | 50.86 | 65.39 | 46.30 |
| 000037 | 深南电 A | 1656 | 53.49 | 59.67 | 61.62 | 61.49 | 47.94 | 33.95 |
| 300388 | 国祯环保 | 1657 | 53.48 | 54.92 | 60.30 | 66.38 | 58.85 | 29.98 |
| 002466 | 天齐锂业 | 1658 | 53.48 | 50.83 | 60.66 | 52.14 | 42.45 | 56.62 |
| 002728 | 台城制药 | 1659 | 53.48 | 54.92 | 53.91 | 67.02 | 41.80 | 47.93 |
| 600808 | 马钢股份 | 1660 | 53.47 | 52.43 | 57.65 | 57.64 | 46.56 | 51.03 |
| 601009 | 南京银行 | 1661 | 53.46 | 45.97 | 60.91 | 59.05 | 63.60 | 42.58 |
| 600109 | 国金证券 | 1662 | 53.46 | 57.33 | 58.80 | 52.17 | 62.00 | 38.22 |
| 002092 | 中泰化学 | 1663 | 53.46 | 60.85 | 58.63 | 62.32 | 35.08 | 43.58 |
| 002457 | 青龙管业 | 1664 | 53.46 | 60.07 | 54.93 | 50.60 | 46.72 | 50.67 |
| 600673 | 东阳光科 | 1665 | 53.46 | 53.48 | 61.46 | 62.14 | 44.23 | 43.20 |
| 300310 | 宜通世纪 | 1666 | 53.45 | 43.78 | 60.24 | 56.63 | 57.46 | 51.85 |
| 300062 | 中能电气 | 1667 | 53.45 | 59.01 | 59.19 | 53.38 | 38.08 | 50.34 |
| 300186 | 大华农 | 1668 | 53.44 | 57.06 | 55.81 | 59.24 | 29.25 | 57.53 |
| 600820 | 隧道股份 | 1669 | 53.44 | 52.98 | 57.63 | 55.49 | 55.80 | 45.96 |
| 300142 | 沃森生物 | 1670 | 53.42 | 56.29 | 51.75 | 63.07 | 48.22 | 47.54 |
| 600182 | S 佳通 | 1671 | 53.42 | 56.81 | 52.98 | 48.86 | 34.34 | 66.04 |
| 000333 | 美的集团 | 1672 | 53.40 | 61.97 | 61.25 | 58.54 | 38.10 | 40.08 |
| 002645 | 华宏科技 | 1673 | 53.40 | 58.85 | 61.77 | 52.03 | 40.62 | 46.77 |
| 002574 | 明牌珠宝 | 1674 | 53.40 | 52.83 | 57.48 | 55.54 | 46.16 | 52.36 |
| 600190 | 锦州港 | 1675 | 53.40 | 55.98 | 55.25 | 53.00 | 39.55 | 57.56 |
| 002217 | 合力泰 | 1676 | 53.40 | 47.44 | 62.93 | 65.66 | 49.93 | 41.75 |
| 002697 | 红旗连锁 | 1677 | 53.39 | 56.22 | 56.66 | 51.81 | 43.51 | 54.02 |
| 002584 | 西陇化工 | 1678 | 53.39 | 55.07 | 56.71 | 54.51 | 36.09 | 57.98 |

续表

| 证券代码 | 证券简称 | 排名 | 投资者保护指数 | 会计信息指数 | 内部控制指数 | 外部审计指数 | 管理控制指数 | 财务运行指数 |
|---|---|---|---|---|---|---|---|---|
| 600363 | 联创光电 | 1679 | 53.39 | 54.55 | 53.88 | 53.44 | 48.58 | 54.56 |
| 600057 | 象屿股份 | 1680 | 53.39 | 38.49 | 62.88 | 57.63 | 58.05 | 53.54 |
| 601311 | 骆驼股份 | 1681 | 53.38 | 53.63 | 53.16 | 48.48 | 53.95 | 56.95 |
| 002599 | 盛通股份 | 1682 | 53.37 | 57.92 | 59.21 | 58.92 | 38.71 | 46.35 |
| 600061 | 中纺投资 | 1683 | 53.37 | 64.81 | 62.26 | 55.37 | 41.26 | 35.91 |
| 002462 | 嘉事堂 | 1684 | 53.37 | 48.48 | 56.67 | 63.00 | 47.52 | 51.34 |
| 300300 | 汉鼎股份 | 1685 | 53.37 | 60.64 | 54.17 | 55.79 | 48.93 | 44.80 |
| 300320 | 海达股份 | 1686 | 53.36 | 55.96 | 57.45 | 53.66 | 44.78 | 50.92 |
| 002207 | 准油股份 | 1687 | 53.35 | 54.81 | 59.59 | 52.70 | 49.16 | 47.71 |
| 002102 | 冠福股份 | 1688 | 53.35 | 60.69 | 52.78 | 50.17 | 48.08 | 51.39 |
| 600986 | 科达股份 | 1689 | 53.35 | 53.35 | 54.93 | 57.13 | 56.50 | 46.42 |
| 002517 | 泰亚股份 | 1690 | 53.35 | 62.69 | 56.83 | 54.04 | 19.54 | 59.79 |
| 002295 | 精艺股份 | 1691 | 53.35 | 60.51 | 55.41 | 54.35 | 40.70 | 49.97 |
| 300043 | 互动娱乐 | 1692 | 53.34 | 57.99 | 57.10 | 56.95 | 43.77 | 46.84 |
| 603969 | 银龙股份 | 1693 | 53.34 | 54.35 | 50.71 | 62.68 | 35.38 | 59.33 |
| 600419 | 天润乳业 | 1694 | 53.34 | 53.77 | 54.03 | 51.44 | 48.52 | 56.73 |
| 002605 | 姚记扑克 | 1695 | 53.34 | 60.99 | 64.47 | 54.81 | 43.28 | 36.85 |
| 600667 | 太极实业 | 1696 | 53.33 | 51.37 | 53.06 | 57.67 | 53.88 | 52.10 |
| 002200 | 云投生态 | 1697 | 53.33 | 57.10 | 57.38 | 49.34 | 65.45 | 39.57 |
| 000720 | 新能泰山 | 1698 | 53.33 | 59.94 | 59.60 | 51.64 | 49.68 | 42.04 |
| 002368 | 太极股份 | 1699 | 53.32 | 54.85 | 56.10 | 55.35 | 50.56 | 48.47 |
| 600614 | 鼎立股份 | 1700 | 53.32 | 57.26 | 54.65 | 62.11 | 35.61 | 51.55 |
| 300115 | 长盈精密 | 1701 | 53.32 | 51.82 | 60.50 | 63.02 | 55.17 | 37.74 |
| 000813 | 天山纺织 | 1702 | 53.31 | 61.30 | 63.24 | 51.42 | 20.59 | 55.31 |
| 603678 | 火炬电子 | 1703 | 53.31 | 54.92 | 49.90 | 62.37 | 45.43 | 53.14 |
| 600642 | 申能股份 | 1704 | 53.31 | 52.92 | 49.31 | 60.37 | 47.09 | 56.71 |
| 600255 | 鑫科材料 | 1705 | 53.31 | 55.97 | 51.67 | 60.96 | 50.59 | 47.64 |
| 603003 | 龙宇燃油 | 1706 | 53.31 | 50.44 | 52.51 | 55.05 | 58.27 | 52.95 |

续表

| 证券代码 | 证券简称 | 排名 | 投资者保护指数 | 会计信息指数 | 内部控制指数 | 外部审计指数 | 管理控制指数 | 财务运行指数 |
|---|---|---|---|---|---|---|---|---|
| 300042 | 朗科科技 | 1707 | 53.30 | 56.77 | 49.84 | 54.49 | 56.33 | 50.27 |
| 600546 | 山煤国际 | 1708 | 53.30 | 54.23 | 54.09 | 51.27 | 55.24 | 51.67 |
| 600259 | 广晟有色 | 1709 | 53.30 | 60.48 | 55.33 | 47.66 | 51.43 | 48.26 |
| 600527 | 江南高纤 | 1710 | 53.29 | 58.32 | 50.78 | 60.83 | 27.92 | 60.69 |
| 002170 | 芭田股份 | 1711 | 53.28 | 54.24 | 57.28 | 63.41 | 41.74 | 46.88 |
| 002323 | 中联电气 | 1712 | 53.28 | 57.29 | 55.88 | 55.29 | 46.41 | 48.42 |
| 300087 | 荃银高科 | 1713 | 53.28 | 57.42 | 57.28 | 59.91 | 35.99 | 49.70 |
| 002037 | 久联发展 | 1714 | 53.28 | 64.24 | 53.80 | 48.48 | 54.49 | 42.86 |
| 000958 | 东方能源 | 1715 | 53.27 | 62.57 | 49.18 | 60.35 | 53.03 | 41.42 |
| 002373 | 千方科技 | 1716 | 53.26 | 60.59 | 58.07 | 55.15 | 58.93 | 33.85 |
| 600560 | 金自天正 | 1717 | 53.26 | 56.94 | 56.40 | 60.88 | 47.67 | 42.78 |
| 300200 | 高盟新材 | 1718 | 53.26 | 55.16 | 56.31 | 52.50 | 43.45 | 54.52 |
| 002600 | 江粉磁材 | 1719 | 53.26 | 60.27 | 56.77 | 52.81 | 47.25 | 45.21 |
| 002390 | 信邦制药 | 1720 | 53.26 | 70.41 | 53.10 | 50.02 | 53.13 | 35.92 |
| 600767 | 运盛实业 | 1721 | 53.26 | 58.72 | 50.73 | 64.03 | 49.11 | 43.70 |
| 600198 | 大唐电信 | 1722 | 53.26 | 58.51 | 57.65 | 52.47 | 53.60 | 42.41 |
| 000738 | 中航动控 | 1723 | 53.25 | 49.78 | 58.82 | 62.77 | 37.98 | 53.20 |
| 300100 | 双林股份 | 1724 | 53.25 | 56.63 | 53.56 | 56.00 | 42.31 | 53.82 |
| 002288 | 超华科技 | 1725 | 53.25 | 60.72 | 57.94 | 52.89 | 43.32 | 45.79 |
| 300153 | 科泰电源 | 1726 | 53.25 | 54.84 | 51.81 | 53.34 | 40.28 | 61.42 |
| 300251 | 光线传媒 | 1727 | 53.24 | 50.30 | 49.03 | 51.82 | 73.31 | 49.65 |
| 600063 | 皖维高新 | 1728 | 53.24 | 55.19 | 50.54 | 51.03 | 53.37 | 55.75 |
| 300107 | 建新股份 | 1729 | 53.24 | 60.38 | 51.00 | 58.51 | 57.21 | 40.54 |
| 600684 | 珠江实业 | 1730 | 53.24 | 56.93 | 54.78 | 52.93 | 29.61 | 62.75 |
| 300037 | 新宙邦 | 1731 | 53.23 | 54.19 | 57.69 | 54.50 | 45.92 | 50.71 |
| 000801 | 四川九洲 | 1732 | 53.23 | 55.30 | 62.29 | 53.48 | 40.17 | 48.67 |
| 002725 | 跃岭股份 | 1733 | 53.23 | 62.70 | 58.99 | 55.63 | 26.78 | 50.72 |
| 600297 | 美罗药业 | 1734 | 53.23 | 57.17 | 46.59 | 51.43 | 50.89 | 59.22 |

续表

| 证券代码 | 证券简称 | 排名 | 投资者保护指数 | 会计信息指数 | 内部控制指数 | 外部审计指数 | 管理控制指数 | 财务运行指数 |
|---|---|---|---|---|---|---|---|---|
| 000662 | 索芙特 | 1735 | 53.23 | 45.38 | 59.89 | 53.95 | 60.48 | 49.48 |
| 603128 | 华贸物流 | 1736 | 53.22 | 46.10 | 65.09 | 69.78 | 48.20 | 37.80 |
| 002582 | 好想你 | 1737 | 53.22 | 56.71 | 64.43 | 50.99 | 47.24 | 41.89 |
| 600167 | 联美控股 | 1738 | 53.22 | 52.00 | 50.92 | 63.18 | 45.18 | 54.47 |
| 600118 | 中国卫星 | 1739 | 53.22 | 52.60 | 49.47 | 62.68 | 38.17 | 60.41 |
| 300371 | 汇中股份 | 1740 | 53.22 | 59.91 | 55.85 | 55.17 | 63.36 | 34.09 |
| 600210 | 紫江企业 | 1741 | 53.21 | 53.78 | 61.03 | 64.07 | 15.63 | 59.23 |
| 001696 | 宗申动力 | 1742 | 53.21 | 52.29 | 54.84 | 55.33 | 39.55 | 59.60 |
| 000666 | 经纬纺机 | 1743 | 53.21 | 58.81 | 60.71 | 55.99 | 26.74 | 52.96 |
| 002408 | 齐翔腾达 | 1744 | 53.21 | 48.86 | 59.79 | 53.44 | 43.26 | 57.03 |
| 300135 | 宝利沥青 | 1745 | 53.21 | 48.00 | 54.44 | 55.47 | 47.70 | 59.68 |
| 000969 | 安泰科技 | 1746 | 53.20 | 57.89 | 57.98 | 63.07 | 22.30 | 54.32 |
| 600573 | 惠泉啤酒 | 1747 | 53.20 | 57.52 | 49.36 | 58.52 | 43.18 | 54.76 |
| 600101 | 明星电力 | 1748 | 53.20 | 54.08 | 56.30 | 55.55 | 47.04 | 50.69 |
| 600777 | 新潮实业 | 1749 | 53.19 | 54.05 | 51.12 | 58.43 | 58.98 | 46.54 |
| 002656 | 卡奴迪路 | 1750 | 53.19 | 57.29 | 53.12 | 53.03 | 33.12 | 61.62 |
| 002007 | 华兰生物 | 1751 | 53.18 | 63.79 | 53.91 | 50.79 | 51.90 | 42.58 |
| 300395 | 菲利华 | 1752 | 53.17 | 52.08 | 57.39 | 58.90 | 42.93 | 51.62 |
| 600729 | 重庆百货 | 1753 | 53.16 | 54.74 | 62.08 | 55.53 | 24.73 | 57.66 |
| 300179 | 四方达 | 1754 | 53.16 | 51.11 | 53.14 | 59.26 | 46.72 | 54.87 |
| 002473 | 圣莱达 | 1755 | 53.16 | 66.29 | 53.18 | 54.50 | 18.70 | 59.04 |
| 300285 | 国瓷材料 | 1756 | 53.16 | 51.77 | 56.62 | 53.07 | 57.53 | 48.03 |
| 600330 | 天通股份 | 1757 | 53.15 | 51.91 | 57.06 | 65.37 | 35.83 | 51.51 |
| 000719 | 大地传媒 | 1758 | 53.15 | 54.37 | 49.66 | 50.71 | 64.33 | 50.43 |
| 600112 | 天成控股 | 1759 | 53.15 | 60.31 | 52.29 | 59.53 | 46.71 | 44.73 |
| 002145 | 中核钛白 | 1760 | 53.15 | 57.61 | 51.31 | 53.44 | 51.24 | 51.01 |
| 002494 | 华斯股份 | 1761 | 53.14 | 57.75 | 51.97 | 51.96 | 36.96 | 60.56 |
| 600418 | 江淮汽车 | 1762 | 53.13 | 55.12 | 54.81 | 53.50 | 43.20 | 55.03 |

续表

| 证券代码 | 证券简称 | 排名 | 投资者保护指数 | 会计信息指数 | 内部控制指数 | 外部审计指数 | 管理控制指数 | 财务运行指数 |
|---|---|---|---|---|---|---|---|---|
| 002313 | 日海通讯 | 1763 | 53. 13 | 52. 00 | 55. 51 | 63. 34 | 52. 97 | 43. 56 |
| 002087 | 新野纺织 | 1764 | 53. 13 | 55. 64 | 62. 62 | 55. 66 | 39. 45 | 46. 10 |
| 002596 | 海南瑞泽 | 1765 | 53. 13 | 56. 26 | 55. 68 | 50. 84 | 31. 20 | 62. 65 |
| 002167 | 东方锆业 | 1766 | 53. 13 | 55. 47 | 55. 54 | 56. 68 | 52. 00 | 45. 45 |
| 300022 | 吉峰农机 | 1767 | 53. 12 | 56. 77 | 57. 16 | 53. 72 | 46. 38 | 48. 07 |
| 002545 | 东方铁塔 | 1768 | 53. 12 | 58. 12 | 61. 01 | 56. 43 | 44. 94 | 40. 78 |
| 601099 | 太平洋 | 1769 | 53. 12 | 50. 10 | 51. 90 | 50. 97 | 63. 29 | 53. 18 |
| 600734 | 实达集团 | 1770 | 53. 11 | 57. 25 | 59. 25 | 54. 87 | 48. 33 | 42. 87 |
| 300014 | 亿纬锂能 | 1771 | 53. 11 | 53. 62 | 54. 39 | 58. 18 | 41. 04 | 54. 79 |
| 000852 | 江钻股份 | 1772 | 53. 11 | 61. 55 | 52. 92 | 53. 73 | 42. 41 | 49. 83 |
| 600804 | 鹏博士 | 1773 | 53. 11 | 51. 58 | 58. 91 | 59. 71 | 61. 61 | 37. 33 |
| 300001 | 特锐德 | 1774 | 53. 10 | 56. 09 | 55. 98 | 51. 18 | 54. 42 | 46. 98 |
| 002190 | 成飞集成 | 1775 | 53. 10 | 60. 76 | 48. 45 | 53. 17 | 43. 96 | 55. 32 |
| 300180 | 华峰超纤 | 1776 | 53. 10 | 56. 05 | 57. 50 | 63. 04 | 36. 19 | 47. 50 |
| 603988 | 中电电机 | 1777 | 53. 09 | 55. 49 | 57. 96 | 64. 34 | 37. 73 | 45. 55 |
| 002141 | 蓉胜超微 | 1778 | 53. 09 | 66. 37 | 51. 02 | 54. 45 | 23. 72 | 57. 85 |
| 300301 | 长方照明 | 1779 | 53. 08 | 55. 14 | 55. 06 | 54. 49 | 57. 16 | 44. 56 |
| 000586 | 汇源通信 | 1780 | 53. 08 | 54. 77 | 54. 16 | 51. 85 | 43. 64 | 57. 00 |
| 002650 | 加加食品 | 1781 | 53. 08 | 57. 44 | 56. 74 | 50. 49 | 32. 69 | 59. 10 |
| 600855 | 航天长峰 | 1782 | 53. 07 | 61. 35 | 54. 81 | 60. 93 | 40. 89 | 42. 85 |
| 002430 | 杭氧股份 | 1783 | 53. 07 | 56. 72 | 59. 15 | 56. 14 | 42. 03 | 46. 44 |
| 600653 | 申华控股 | 1784 | 53. 07 | 53. 28 | 47. 85 | 53. 63 | 52. 74 | 58. 57 |
| 600462 | 石岘纸业 | 1785 | 53. 06 | 48. 38 | 55. 00 | 53. 93 | 53. 13 | 55. 59 |
| 600784 | 鲁银投资 | 1786 | 53. 06 | 49. 71 | 56. 03 | 53. 89 | 50. 48 | 54. 57 |
| 603600 | 永艺股份 | 1787 | 53. 05 | 55. 49 | 52. 48 | 66. 58 | 33. 67 | 52. 53 |
| 600865 | 百大集团 | 1788 | 53. 05 | 47. 61 | 58. 18 | 55. 94 | 45. 72 | 55. 99 |
| 000993 | 闽东电力 | 1789 | 53. 03 | 60. 43 | 50. 99 | 56. 64 | 49. 54 | 45. 99 |
| 601515 | 东风股份 | 1790 | 53. 02 | 51. 84 | 60. 33 | 55. 10 | 58. 46 | 40. 77 |

续表

| 证券代码 | 证券简称 | 排名 | 投资者保护指数 | 会计信息指数 | 内部控制指数 | 外部审计指数 | 管理控制指数 | 财务运行指数 |
|---|---|---|---|---|---|---|---|---|
| 002539 | 新都化工 | 1791 | 53.02 | 60.46 | 61.11 | 51.87 | 36.20 | 46.84 |
| 600230 | 沧州大化 | 1792 | 53.02 | 54.08 | 57.12 | 58.54 | 31.57 | 56.55 |
| 300192 | 科斯伍德 | 1793 | 53.01 | 55.46 | 59.64 | 53.97 | 47.03 | 45.62 |
| 002463 | 沪电股份 | 1794 | 53.01 | 58.76 | 63.45 | 59.09 | 28.83 | 45.02 |
| 600971 | 恒源煤电 | 1795 | 53.01 | 55.39 | 54.45 | 58.53 | 32.31 | 57.56 |
| 002213 | 特尔佳 | 1796 | 53.00 | 59.18 | 48.71 | 57.48 | 40.55 | 55.16 |
| 601919 | 中国远洋 | 1797 | 53.00 | 45.22 | 54.96 | 65.46 | 65.49 | 41.69 |
| 000669 | 金鸿能源 | 1798 | 53.00 | 61.17 | 55.40 | 57.06 | 46.89 | 41.31 |
| 002540 | 亚太科技 | 1799 | 53.00 | 60.94 | 58.15 | 53.88 | 41.65 | 44.39 |
| 000676 | 智度投资 | 1800 | 52.99 | 62.35 | 58.83 | 52.16 | 30.76 | 50.36 |
| 000990 | 诚志股份 | 1801 | 52.98 | 57.16 | 61.67 | 50.51 | 27.04 | 56.93 |
| 601222 | 林洋电子 | 1802 | 52.97 | 57.81 | 58.25 | 54.92 | 54.49 | 38.62 |
| 600469 | 风神股份 | 1803 | 52.97 | 50.71 | 58.06 | 55.82 | 38.46 | 56.92 |
| 600350 | 山东高速 | 1804 | 52.96 | 44.49 | 58.43 | 57.55 | 62.23 | 46.89 |
| 000598 | 兴蓉投资 | 1805 | 52.96 | 55.24 | 60.11 | 52.94 | 50.22 | 43.83 |
| 002471 | 中超电缆 | 1806 | 52.95 | 52.11 | 58.50 | 55.62 | 43.09 | 51.81 |
| 600830 | 香溢融通 | 1807 | 52.95 | 55.05 | 57.61 | 53.90 | 37.87 | 54.17 |
| 600730 | 中国高科 | 1808 | 52.95 | 46.67 | 53.51 | 55.29 | 63.17 | 51.15 |
| 300078 | 中瑞思创 | 1809 | 52.94 | 55.01 | 57.14 | 55.92 | 47.77 | 46.64 |
| 600133 | 东湖高新 | 1810 | 52.94 | 55.15 | 47.60 | 58.51 | 55.80 | 50.10 |
| 002219 | 恒康医疗 | 1811 | 52.94 | 67.58 | 52.09 | 54.85 | 51.28 | 36.17 |
| 002366 | 丹甫股份 | 1812 | 52.94 | 57.05 | 49.89 | 51.97 | 38.71 | 61.65 |
| 000686 | 东北证券 | 1813 | 52.93 | 57.03 | 56.71 | 50.17 | 56.35 | 43.75 |
| 002502 | 骅威股份 | 1814 | 52.93 | 61.78 | 56.21 | 54.08 | 36.06 | 48.77 |
| 600390 | 金瑞科技 | 1815 | 52.93 | 57.08 | 56.15 | 51.64 | 46.18 | 49.75 |
| 600239 | 云南城投 | 1816 | 52.93 | 52.14 | 54.85 | 59.47 | 50.20 | 48.11 |
| 000980 | 金马股份 | 1817 | 52.92 | 62.22 | 56.10 | 53.38 | 35.65 | 49.19 |
| 603555 | 贵人鸟 | 1818 | 52.92 | 53.77 | 55.56 | 62.35 | 49.03 | 43.76 |

续表

| 证券代码 | 证券简称 | 排名 | 投资者保护指数 | 会计信息指数 | 内部控制指数 | 外部审计指数 | 管理控制指数 | 财务运行指数 |
|---|---|---|---|---|---|---|---|---|
| 002302 | 西部建设 | 1819 | 52.92 | 51.96 | 57.72 | 49.92 | 46.37 | 55.21 |
| 600537 | 亿晶光电 | 1820 | 52.91 | 49.04 | 55.37 | 54.20 | 56.60 | 51.19 |
| 002612 | 朗姿股份 | 1821 | 52.91 | 55.81 | 55.32 | 57.66 | 37.33 | 53.02 |
| 002491 | 通鼎互联 | 1822 | 52.91 | 53.02 | 59.25 | 54.00 | 44.95 | 49.77 |
| 002384 | 东山精密 | 1823 | 52.90 | 49.49 | 64.64 | 54.26 | 45.34 | 47.24 |
| 002547 | 春兴精工 | 1824 | 52.90 | 54.89 | 54.93 | 52.61 | 44.27 | 54.06 |
| 600282 | 南钢股份 | 1825 | 52.90 | 55.61 | 58.96 | 54.18 | 59.59 | 37.31 |
| 600455 | 博通股份 | 1826 | 52.89 | 57.60 | 52.53 | 48.79 | 54.93 | 49.77 |
| 000030 | 富奥股份 | 1827 | 52.89 | 53.18 | 54.54 | 58.44 | 40.50 | 54.24 |
| 000816 | 江淮动力 | 1828 | 52.88 | 55.10 | 62.37 | 62.13 | 21.95 | 52.01 |
| 300413 | 快乐购 | 1829 | 52.88 | 51.51 | 55.79 | 64.11 | 42.90 | 48.53 |
| 000705 | 浙江震元 | 1830 | 52.88 | 59.96 | 62.02 | 57.49 | 34.98 | 41.93 |
| 000518 | 四环生物 | 1831 | 52.87 | 62.96 | 52.65 | 54.22 | 65.98 | 31.58 |
| 002683 | 宏大爆破 | 1832 | 52.87 | 53.89 | 57.97 | 54.88 | 46.40 | 48.36 |
| 300377 | 赢时胜 | 1833 | 52.85 | 56.67 | 56.38 | 57.62 | 56.23 | 38.23 |
| 600233 | 大杨创世 | 1834 | 52.83 | 58.99 | 59.91 | 53.51 | 44.27 | 42.43 |
| 002149 | 西部材料 | 1835 | 52.83 | 57.72 | 64.36 | 51.45 | 47.72 | 38.22 |
| 600406 | 国电南瑞 | 1836 | 52.82 | 57.04 | 55.40 | 62.59 | 51.56 | 37.80 |
| 600241 | 时代万恒 | 1837 | 52.81 | 58.61 | 53.93 | 56.89 | 28.98 | 56.93 |
| 002496 | 辉丰股份 | 1838 | 52.80 | 54.24 | 56.32 | 55.73 | 53.26 | 44.36 |
| 000922 | 佳电股份 | 1839 | 52.79 | 59.44 | 57.51 | 50.55 | 29.84 | 56.31 |
| 000628 | 高新发展 | 1840 | 52.79 | 56.08 | 58.96 | 78.29 | 30.62 | 35.61 |
| 601600 | 中国铝业 | 1841 | 52.79 | 57.11 | 66.75 | 62.55 | 25.42 | 41.56 |
| 002265 | 西仪股份 | 1842 | 52.79 | 65.45 | 49.85 | 48.87 | 41.80 | 51.60 |
| 300219 | 鸿利光电 | 1843 | 52.77 | 52.09 | 53.14 | 52.60 | 51.11 | 54.38 |
| 300252 | 金信诺 | 1844 | 52.77 | 50.26 | 56.61 | 52.60 | 51.00 | 52.61 |
| 600343 | 航天动力 | 1845 | 52.77 | 60.56 | 55.37 | 51.41 | 29.01 | 57.18 |
| 603167 | 渤海轮渡 | 1846 | 52.77 | 58.95 | 58.67 | 53.07 | 20.91 | 59.20 |

续表

| 证券代码 | 证券简称 | 排名 | 投资者保护指数 | 会计信息指数 | 内部控制指数 | 外部审计指数 | 管理控制指数 | 财务运行指数 |
|---|---|---|---|---|---|---|---|---|
| 002422 | 科伦药业 | 1847 | 52.76 | 59.44 | 48.24 | 52.84 | 55.56 | 48.20 |
| 300419 | 浩丰科技 | 1848 | 52.76 | 48.10 | 49.33 | 66.96 | 54.64 | 49.47 |
| 002668 | 奥马电器 | 1849 | 52.76 | 48.70 | 57.60 | 54.51 | 46.12 | 54.86 |
| 300051 | 三五互联 | 1850 | 52.75 | 62.18 | 48.60 | 56.58 | 47.21 | 46.94 |
| 000792 | 盐湖股份 | 1851 | 52.75 | 58.72 | 62.59 | 54.96 | 56.50 | 30.15 |
| 002652 | 扬子新材 | 1852 | 52.75 | 60.76 | 55.83 | 62.58 | 27.74 | 48.10 |
| 000637 | 茂化实华 | 1853 | 52.75 | 62.26 | 44.39 | 53.32 | 47.42 | 54.18 |
| 600396 | 金山股份 | 1854 | 52.75 | 55.59 | 55.81 | 56.69 | 57.66 | 39.48 |
| 600121 | 郑州煤电 | 1855 | 52.75 | 53.61 | 58.76 | 61.45 | 44.60 | 43.07 |
| 300131 | 英唐智控 | 1856 | 52.74 | 49.92 | 47.87 | 58.14 | 54.03 | 56.47 |
| 600990 | 四创电子 | 1857 | 52.74 | 57.08 | 53.14 | 50.61 | 45.33 | 53.72 |
| 002581 | 万昌科技 | 1858 | 52.74 | 54.74 | 56.17 | 51.64 | 46.36 | 51.47 |
| 000939 | 凯迪电力 | 1859 | 52.71 | 60.31 | 55.02 | 60.11 | 61.62 | 29.30 |
| 002401 | 中海科技 | 1860 | 52.71 | 59.02 | 56.85 | 53.33 | 45.73 | 44.54 |
| 000791 | 甘肃电投 | 1861 | 52.71 | 59.51 | 57.63 | 53.16 | 36.02 | 49.53 |
| 002163 | 中航三鑫 | 1862 | 52.70 | 57.41 | 49.07 | 57.31 | 48.48 | 50.34 |
| 002426 | 胜利精密 | 1863 | 52.69 | 51.99 | 60.34 | 54.00 | 42.71 | 50.15 |
| 002283 | 天润曲轴 | 1864 | 52.69 | 57.20 | 53.80 | 54.84 | 51.01 | 45.43 |
| 000976 | *ST 春晖 | 1865 | 52.69 | 53.17 | 61.35 | 56.33 | 20.48 | 60.18 |
| 002648 | 卫星石化 | 1866 | 52.68 | 45.71 | 61.85 | 54.24 | 44.87 | 54.18 |
| 600171 | 上海贝岭 | 1867 | 52.68 | 65.14 | 42.53 | 65.63 | 43.44 | 45.20 |
| 000032 | 深桑达 A | 1868 | 52.68 | 50.61 | 59.28 | 57.73 | 32.83 | 56.35 |
| 002132 | 恒星科技 | 1869 | 52.67 | 54.72 | 54.69 | 56.07 | 47.20 | 48.74 |
| 300167 | 迪威视讯 | 1870 | 52.67 | 63.20 | 44.48 | 53.02 | 46.52 | 53.40 |
| 000603 | 盛达矿业 | 1871 | 52.66 | 61.27 | 55.31 | 63.04 | 37.57 | 40.91 |
| 300198 | 纳川股份 | 1872 | 52.66 | 57.41 | 52.78 | 50.02 | 48.67 | 51.65 |
| 600758 | 红阳能源 | 1873 | 52.65 | 59.74 | 53.56 | 59.90 | 14.97 | 61.95 |
| 002211 | 宏达新材 | 1874 | 52.65 | 52.49 | 45.53 | 56.57 | 66.24 | 49.01 |

续表

| 证券代码 | 证券简称 | 排名 | 投资者保护指数 | 会计信息指数 | 内部控制指数 | 外部审计指数 | 管理控制指数 | 财务运行指数 |
|---|---|---|---|---|---|---|---|---|
| 000875 | 吉电股份 | 1875 | 52.65 | 58.71 | 55.41 | 58.43 | 49.25 | 39.86 |
| 002136 | 安纳达 | 1876 | 52.64 | 50.38 | 55.50 | 54.27 | 49.96 | 52.42 |
| 002607 | 亚夏汽车 | 1877 | 52.63 | 57.00 | 53.24 | 48.81 | 39.16 | 58.66 |
| 300239 | 东宝生物 | 1878 | 52.63 | 56.37 | 53.70 | 49.13 | 41.92 | 56.83 |
| 002698 | 博实股份 | 1879 | 52.62 | 61.31 | 56.77 | 54.17 | 50.02 | 38.04 |
| 603588 | 高能环境 | 1880 | 52.62 | 53.78 | 60.87 | 65.70 | 31.78 | 44.73 |
| 600861 | 北京城乡 | 1881 | 52.62 | 46.00 | 56.16 | 58.15 | 36.74 | 62.21 |
| 603806 | 福斯特 | 1882 | 52.61 | 54.35 | 56.47 | 64.89 | 46.83 | 39.95 |
| 300197 | 铁汉生态 | 1883 | 52.60 | 50.82 | 56.08 | 50.97 | 48.13 | 54.93 |
| 002638 | 勤上光电 | 1884 | 52.59 | 58.94 | 48.96 | 58.20 | 43.86 | 50.45 |
| 600869 | 智慧能源 | 1885 | 52.59 | 53.08 | 57.97 | 49.13 | 51.15 | 49.55 |
| 002053 | 云南盐化 | 1886 | 52.58 | 57.69 | 58.30 | 57.45 | 40.76 | 43.75 |
| 002075 | 沙钢股份 | 1887 | 52.58 | 57.99 | 53.99 | 57.11 | 33.27 | 53.51 |
| 002553 | 南方轴承 | 1888 | 52.58 | 56.46 | 52.50 | 53.99 | 54.87 | 45.48 |
| 300189 | 神农大丰 | 1889 | 52.58 | 56.20 | 57.11 | 50.73 | 34.02 | 56.67 |
| 600742 | 一汽富维 | 1890 | 52.56 | 53.94 | 45.41 | 58.36 | 45.20 | 59.29 |
| 300076 | GQY 视讯 | 1891 | 52.56 | 47.11 | 50.27 | 55.91 | 57.12 | 55.96 |
| 600960 | 渤海活塞 | 1892 | 52.55 | 56.84 | 56.99 | 54.61 | 32.86 | 53.56 |
| 600180 | 瑞茂通 | 1893 | 52.55 | 47.08 | 55.87 | 60.23 | 51.93 | 49.35 |
| 600794 | 保税科技 | 1894 | 52.54 | 49.61 | 50.03 | 60.35 | 51.04 | 53.53 |
| 000795 | 太原刚玉 | 1895 | 52.54 | 62.78 | 59.24 | 54.93 | 39.56 | 39.27 |
| 300073 | 当升科技 | 1896 | 52.54 | 55.16 | 53.30 | 66.57 | 15.80 | 61.15 |
| 600192 | 长城电工 | 1897 | 52.53 | 55.98 | 54.94 | 52.71 | 43.05 | 51.72 |
| 300121 | 阳谷华泰 | 1898 | 52.53 | 54.16 | 56.51 | 53.38 | 45.47 | 49.91 |
| 000498 | 山东路桥 | 1899 | 52.52 | 58.80 | 50.92 | 51.30 | 34.63 | 59.64 |
| 002522 | 浙江众成 | 1900 | 52.52 | 58.19 | 53.03 | 56.10 | 33.11 | 55.01 |
| 601100 | 恒立油缸 | 1901 | 52.52 | 60.89 | 60.83 | 52.19 | 28.02 | 49.29 |
| 000065 | 北方国际 | 1902 | 52.52 | 54.75 | 52.37 | 60.89 | 45.76 | 47.66 |

续表

| 证券代码 | 证券简称 | 排名 | 投资者保护指数 | 会计信息指数 | 内部控制指数 | 外部审计指数 | 管理控制指数 | 财务运行指数 |
|---|---|---|---|---|---|---|---|---|
| 300335 | 迪森股份 | 1903 | 52.52 | 54.86 | 57.84 | 52.61 | 46.23 | 47.64 |
| 300053 | 欧比特 | 1904 | 52.51 | 60.18 | 49.61 | 52.96 | 59.67 | 41.79 |
| 600448 | 华纺股份 | 1905 | 52.51 | 55.74 | 55.27 | 60.33 | 31.50 | 52.88 |
| 000698 | 沈阳化工 | 1906 | 52.51 | 56.67 | 54.09 | 61.39 | 32.35 | 51.74 |
| 002455 | 百川股份 | 1907 | 52.51 | 50.77 | 55.70 | 53.81 | 39.72 | 58.15 |
| 600197 | 伊力特 | 1908 | 52.50 | 44.48 | 60.90 | 49.66 | 48.94 | 56.90 |
| 600277 | 亿利能源 | 1909 | 52.49 | 57.80 | 57.62 | 50.90 | 35.58 | 52.64 |
| 000728 | 国元证券 | 1910 | 52.49 | 55.73 | 55.75 | 55.82 | 57.89 | 38.68 |
| 600096 | 云天化 | 1911 | 52.49 | 56.70 | 58.65 | 57.86 | 48.95 | 38.36 |
| 603766 | 隆鑫通用 | 1912 | 52.48 | 48.02 | 58.49 | 52.61 | 44.48 | 55.94 |
| 000916 | 华北高速 | 1913 | 52.48 | 53.10 | 56.15 | 56.35 | 57.76 | 40.94 |
| 002569 | 步森股份 | 1914 | 52.48 | 58.53 | 57.72 | 54.56 | 37.58 | 47.34 |
| 600202 | 哈空调 | 1915 | 52.48 | 56.70 | 49.09 | 59.61 | 50.01 | 47.21 |
| 300280 | 南通锻压 | 1916 | 52.47 | 51.70 | 53.62 | 53.95 | 40.98 | 58.34 |
| 601958 | 金钼股份 | 1917 | 52.46 | 61.23 | 58.01 | 62.94 | 11.58 | 53.91 |
| 300064 | 豫金刚石 | 1918 | 52.46 | 56.23 | 56.12 | 48.90 | 40.24 | 54.65 |
| 000796 | 易食股份 | 1919 | 52.45 | 42.80 | 55.26 | 50.55 | 62.18 | 55.80 |
| 002355 | 兴民钢圈 | 1920 | 52.45 | 59.91 | 50.69 | 49.72 | 37.60 | 57.58 |
| 300086 | 康芝药业 | 1921 | 52.45 | 57.97 | 40.54 | 47.32 | 65.01 | 55.64 |
| 600644 | *ST 乐电 | 1922 | 52.42 | 49.57 | 55.92 | 60.63 | 33.30 | 57.54 |
| 600281 | 太化股份 | 1923 | 52.42 | 51.99 | 59.77 | 56.93 | 48.35 | 43.44 |
| 002695 | 煌上煌 | 1924 | 52.41 | 59.27 | 53.12 | 52.05 | 38.86 | 52.63 |
| 002112 | 三变科技 | 1925 | 52.41 | 50.25 | 57.37 | 59.76 | 51.21 | 44.07 |
| 000426 | 兴业矿业 | 1926 | 52.41 | 58.14 | 52.76 | 52.66 | 50.84 | 46.06 |
| 600634 | 中技控股 | 1927 | 52.40 | 56.10 | 53.31 | 56.95 | 42.87 | 49.53 |
| 601677 | 明泰铝业 | 1928 | 52.40 | 55.68 | 58.45 | 50.77 | 37.93 | 52.32 |
| 000782 | 美达股份 | 1929 | 52.40 | 53.74 | 59.20 | 53.66 | 31.54 | 55.57 |
| 600493 | 凤竹纺织 | 1930 | 52.39 | 56.08 | 51.11 | 60.11 | 41.44 | 50.41 |

续表

| 证券代码 | 证券简称 | 排名 | 投资者保护指数 | 会计信息指数 | 内部控制指数 | 外部审计指数 | 管理控制指数 | 财务运行指数 |
|---|---|---|---|---|---|---|---|---|
| 002630 | 华西能源 | 1931 | 52.39 | 59.10 | 51.17 | 50.28 | 56.59 | 44.86 |
| 601608 | 中信重工 | 1932 | 52.38 | 57.67 | 56.51 | 50.63 | 57.66 | 39.37 |
| 601258 | 庞大集团 | 1933 | 52.38 | 46.52 | 66.19 | 54.16 | 45.82 | 46.24 |
| 002480 | 新筑股份 | 1934 | 52.37 | 50.60 | 59.41 | 52.10 | 47.15 | 49.97 |
| 002362 | 汉王科技 | 1935 | 52.37 | 53.60 | 61.34 | 57.92 | 60.64 | 30.69 |
| 600629 | 棱光实业 | 1936 | 52.37 | 57.70 | 49.13 | 56.41 | 44.63 | 51.57 |
| 300355 | 蒙草抗旱 | 1937 | 52.37 | 52.03 | 57.56 | 50.62 | 51.55 | 48.73 |
| 600129 | 太极集团 | 1938 | 52.37 | 55.68 | 57.15 | 62.57 | 41.30 | 41.88 |
| 000913 | 钱江摩托 | 1939 | 52.36 | 33.52 | 64.25 | 65.33 | 39.90 | 58.49 |
| 600392 | 盛和资源 | 1940 | 52.36 | 48.95 | 58.57 | 57.46 | 34.57 | 56.67 |
| 300401 | 花园生物 | 1941 | 52.35 | 52.65 | 56.78 | 65.10 | 49.92 | 38.17 |
| 002484 | 江海股份 | 1942 | 52.35 | 57.12 | 49.17 | 53.95 | 46.07 | 53.21 |
| 002592 | 八菱科技 | 1943 | 52.35 | 60.89 | 60.71 | 49.09 | 27.49 | 51.47 |
| 000683 | 远兴能源 | 1944 | 52.35 | 48.28 | 59.33 | 54.37 | 50.63 | 48.58 |
| 600152 | 维科精华 | 1945 | 52.34 | 56.59 | 58.11 | 66.92 | 32.35 | 41.89 |
| 300202 | 聚龙股份 | 1946 | 52.33 | 53.77 | 54.41 | 49.66 | 61.42 | 44.49 |
| 600119 | 长江投资 | 1947 | 52.33 | 40.70 | 56.77 | 64.43 | 42.78 | 57.33 |
| 600884 | 杉杉股份 | 1948 | 52.32 | 52.89 | 55.81 | 64.36 | 35.12 | 49.11 |
| 300291 | 华录百纳 | 1949 | 52.32 | 47.78 | 58.11 | 64.02 | 61.28 | 35.68 |
| 600273 | 嘉化能源 | 1950 | 52.32 | 45.10 | 48.59 | 64.64 | 55.78 | 52.91 |
| 002264 | 新华都 | 1951 | 52.32 | 52.65 | 56.47 | 56.49 | 58.43 | 39.79 |
| 300307 | 慈星股份 | 1952 | 52.32 | 56.32 | 54.74 | 55.83 | 41.39 | 49.09 |
| 002731 | 萃华珠宝 | 1953 | 52.32 | 55.49 | 56.28 | 61.09 | 33.77 | 49.00 |
| 603008 | 喜临门 | 1954 | 52.32 | 55.75 | 56.98 | 57.58 | 45.77 | 42.91 |
| 601216 | 内蒙君正 | 1955 | 52.31 | 50.58 | 59.69 | 49.21 | 53.08 | 47.88 |
| 002330 | 得利斯 | 1956 | 52.31 | 54.41 | 59.21 | 52.04 | 32.39 | 55.11 |
| 000949 | 新乡化纤 | 1957 | 52.29 | 52.97 | 57.35 | 52.57 | 35.81 | 56.18 |
| 600746 | 江苏索普 | 1958 | 52.29 | 60.05 | 47.09 | 53.71 | 35.94 | 58.66 |

续表

| 证券代码 | 证券简称 | 排名 | 投资者保护指数 | 会计信息指数 | 内部控制指数 | 外部审计指数 | 管理控制指数 | 财务运行指数 |
|---|---|---|---|---|---|---|---|---|
| 600815 | 厦工股份 | 1959 | 52. 29 | 55. 08 | 58. 40 | 53. 49 | 48. 44 | 43. 51 |
| 300215 | 电科院 | 1960 | 52. 28 | 53. 48 | 60. 10 | 53. 20 | 55. 30 | 39. 14 |
| 600838 | 上海九百 | 1961 | 52. 28 | 55. 36 | 48. 19 | 55. 21 | 46. 25 | 54. 93 |
| 600776 | 东方通信 | 1962 | 52. 28 | 46. 74 | 59. 37 | 62. 73 | 37. 41 | 51. 87 |
| 300212 | 易华录 | 1963 | 52. 27 | 50. 82 | 48. 20 | 62. 87 | 62. 73 | 43. 25 |
| 002564 | 天沃科技 | 1964 | 52. 26 | 55. 73 | 56. 20 | 54. 03 | 42. 61 | 48. 49 |
| 002239 | 金飞达 | 1965 | 52. 26 | 57. 07 | 54. 90 | 59. 08 | 32. 24 | 51. 08 |
| 300359 | 全通教育 | 1966 | 52. 25 | 54. 65 | 57. 51 | 56. 11 | 48. 00 | 43. 02 |
| 600358 | 国旅联合 | 1967 | 52. 25 | 58. 06 | 55. 45 | 64. 65 | 35. 96 | 42. 29 |
| 002513 | 蓝丰生化 | 1968 | 52. 25 | 53. 49 | 57. 46 | 53. 83 | 40. 34 | 51. 27 |
| 300111 | 向日葵 | 1969 | 52. 25 | 48. 83 | 56. 17 | 55. 96 | 49. 89 | 50. 31 |
| 603366 | 日出东方 | 1970 | 52. 25 | 57. 37 | 52. 84 | 55. 66 | 29. 43 | 57. 63 |
| 600240 | 华业地产 | 1971 | 52. 25 | 53. 12 | 54. 86 | 54. 00 | 31. 74 | 60. 13 |
| 600888 | 新疆众和 | 1972 | 52. 24 | 55. 84 | 49. 01 | 58. 42 | 50. 43 | 47. 89 |
| 000593 | 大通燃气 | 1973 | 52. 23 | 58. 81 | 51. 31 | 60. 12 | 28. 74 | 54. 45 |
| 002743 | 富煌钢构 | 1974 | 52. 23 | 54. 35 | 64. 02 | 59. 38 | 21. 50 | 50. 38 |
| 600569 | 安阳钢铁 | 1975 | 52. 22 | 56. 14 | 50. 95 | 61. 71 | 45. 16 | 46. 00 |
| 002069 | 獐子岛 | 1976 | 52. 22 | 61. 35 | 51. 34 | 55. 49 | 48. 27 | 42. 42 |
| 600467 | 好当家 | 1977 | 52. 22 | 51. 03 | 56. 27 | 55. 25 | 48. 65 | 48. 83 |
| 002716 | 金贵银业 | 1978 | 52. 22 | 55. 02 | 57. 87 | 60. 60 | 43. 89 | 41. 03 |
| 300256 | 星星科技 | 1979 | 52. 21 | 46. 54 | 60. 53 | 54. 31 | 58. 14 | 43. 73 |
| 002495 | 佳隆股份 | 1980 | 52. 20 | 53. 34 | 56. 44 | 53. 26 | 53. 35 | 44. 38 |
| 000973 | 佛塑科技 | 1981 | 52. 20 | 58. 96 | 58. 75 | 56. 87 | 27. 02 | 49. 32 |
| 601113 | 华鼎股份 | 1982 | 52. 20 | 57. 80 | 61. 53 | 54. 99 | 25. 69 | 49. 86 |
| 600283 | 钱江水利 | 1983 | 52. 19 | 51. 15 | 54. 01 | 56. 52 | 39. 56 | 56. 06 |
| 600070 | 浙江富润 | 1984 | 52. 19 | 54. 33 | 52. 78 | 67. 90 | 15. 53 | 60. 17 |
| 000058 | 深赛格 | 1985 | 52. 17 | 57. 42 | 59. 43 | 53. 18 | 41. 03 | 44. 04 |
| 300082 | 奥克股份 | 1986 | 52. 17 | 51. 50 | 53. 79 | 56. 65 | 40. 67 | 54. 94 |

续表

| 证券代码 | 证券简称 | 排名 | 投资者保护指数 | 会计信息指数 | 内部控制指数 | 外部审计指数 | 管理控制指数 | 财务运行指数 |
|---|---|---|---|---|---|---|---|---|
| 600980 | 北矿磁材 | 1987 | 52.16 | 53.89 | 55.14 | 66.57 | 18.72 | 56.84 |
| 600288 | 大恒科技 | 1988 | 52.16 | 49.17 | 55.21 | 52.03 | 51.38 | 52.81 |
| 002245 | 澳洋顺昌 | 1989 | 52.15 | 47.94 | 56.21 | 60.56 | 47.40 | 48.74 |
| 000017 | 深中华A | 1990 | 52.15 | 49.82 | 56.39 | 62.84 | 51.44 | 41.82 |
| 000983 | 西山煤电 | 1991 | 52.15 | 60.17 | 53.77 | 56.02 | 44.74 | 42.54 |
| 600617 | 国新能源 | 1992 | 52.15 | 57.56 | 59.42 | 56.55 | 54.60 | 32.21 |
| 002433 | 太安堂 | 1993 | 52.15 | 54.98 | 51.69 | 52.87 | 53.19 | 48.06 |
| 000038 | 深大通 | 1994 | 52.15 | 56.16 | 46.52 | 61.48 | 39.86 | 54.33 |
| 600323 | 瀚蓝环境 | 1995 | 52.14 | 55.27 | 58.13 | 54.28 | 54.57 | 38.24 |
| 300347 | 泰格医药 | 1996 | 52.14 | 59.88 | 50.54 | 59.62 | 67.17 | 29.00 |
| 600577 | 精达股份 | 1997 | 52.14 | 53.76 | 62.18 | 50.38 | 36.66 | 50.15 |
| 600433 | 冠豪高新 | 1998 | 52.13 | 58.77 | 47.68 | 63.39 | 39.30 | 48.66 |
| 600160 | 巨化股份 | 1999 | 52.12 | 54.82 | 61.58 | 66.88 | 16.84 | 49.10 |
| 002388 | 新亚制程 | 2000 | 52.12 | 63.00 | 49.58 | 54.45 | 50.26 | 41.52 |
| 000663 | 永安林业 | 2001 | 52.10 | 59.46 | 56.17 | 57.18 | 43.95 | 39.95 |
| 002016 | 世荣兆业 | 2002 | 52.10 | 52.79 | 56.20 | 52.97 | 33.90 | 57.74 |
| 600303 | 曙光股份 | 2003 | 52.10 | 55.97 | 52.44 | 57.05 | 41.04 | 50.35 |
| 300387 | 富邦股份 | 2004 | 52.10 | 56.06 | 58.22 | 58.79 | 34.66 | 46.32 |
| 600354 | 敦煌种业 | 2005 | 52.09 | 52.82 | 58.08 | 54.68 | 51.53 | 42.62 |
| 002693 | 双成药业 | 2006 | 52.09 | 59.91 | 53.20 | 50.75 | 48.92 | 44.74 |
| 600336 | 澳柯玛 | 2007 | 52.08 | 56.58 | 54.20 | 54.65 | 40.00 | 50.15 |
| 600157 | 永泰能源 | 2008 | 52.08 | 53.61 | 53.78 | 57.88 | 61.17 | 37.69 |
| 300021 | 大禹节水 | 2009 | 52.08 | 58.09 | 53.23 | 54.98 | 45.05 | 45.88 |
| 300035 | 中科电气 | 2010 | 52.08 | 54.03 | 54.09 | 55.34 | 45.45 | 49.13 |
| 600270 | 外运发展 | 2011 | 52.06 | 43.46 | 56.90 | 56.45 | 46.29 | 56.82 |
| 603011 | 合锻股份 | 2012 | 52.06 | 55.49 | 47.53 | 59.28 | 34.92 | 58.54 |
| 002243 | 通产丽星 | 2013 | 52.05 | 57.58 | 67.29 | 53.10 | 21.25 | 47.22 |
| 300260 | 新莱应材 | 2014 | 52.04 | 54.52 | 59.28 | 54.10 | 37.82 | 48.37 |

续表

| 证券代码 | 证券简称 | 排名 | 投资者保护指数 | 会计信息指数 | 内部控制指数 | 外部审计指数 | 管理控制指数 | 财务运行指数 |
|---|---|---|---|---|---|---|---|---|
| 600576 | 万好万家 | 2015 | 52.04 | 58.60 | 52.29 | 62.43 | 33.50 | 47.69 |
| 002387 | 黑牛食品 | 2016 | 52.04 | 64.79 | 57.83 | 53.14 | 43.00 | 35.32 |
| 002331 | 皖通科技 | 2017 | 52.04 | 58.07 | 62.46 | 50.66 | 33.71 | 45.99 |
| 600853 | 龙建股份 | 2018 | 52.04 | 51.81 | 59.92 | 51.52 | 30.06 | 57.96 |
| 600159 | 大龙地产 | 2019 | 52.03 | 48.60 | 50.95 | 61.63 | 55.59 | 47.21 |
| 600339 | 天利高新 | 2020 | 52.02 | 54.79 | 61.30 | 56.93 | 21.43 | 54.01 |
| 300057 | 万顺股份 | 2021 | 52.01 | 55.54 | 50.51 | 56.33 | 40.40 | 53.65 |
| 300156 | 神雾环保 | 2022 | 52.00 | 50.63 | 39.78 | 63.07 | 62.12 | 52.13 |
| 600529 | 山东药玻 | 2023 | 51.99 | 49.95 | 57.27 | 56.43 | 44.72 | 49.48 |
| 300346 | 南大光电 | 2024 | 51.99 | 56.41 | 52.99 | 56.84 | 47.84 | 44.40 |
| 600613 | 神奇制药 | 2025 | 51.99 | 60.28 | 45.31 | 53.47 | 58.72 | 44.32 |
| 002383 | 合众思壮 | 2026 | 51.99 | 56.10 | 56.55 | 52.28 | 37.94 | 50.80 |
| 002537 | 海立美达 | 2027 | 51.98 | 58.38 | 60.34 | 53.29 | 31.28 | 47.22 |
| 600810 | 神马股份 | 2028 | 51.96 | 55.19 | 59.91 | 51.21 | 23.53 | 58.15 |
| 300343 | 联创节能 | 2029 | 51.96 | 54.67 | 51.00 | 53.05 | 29.24 | 63.80 |
| 002193 | 山东如意 | 2030 | 51.96 | 61.04 | 56.25 | 57.40 | 32.28 | 44.72 |
| 002423 | 中原特钢 | 2031 | 51.96 | 57.69 | 54.85 | 52.63 | 42.92 | 47.21 |
| 600561 | 江西长运 | 2032 | 51.96 | 51.41 | 59.00 | 50.44 | 36.47 | 55.81 |
| 002175 | 广陆数测 | 2033 | 51.95 | 63.92 | 57.28 | 54.76 | 52.53 | 29.06 |
| 000501 | 鄂武商 A | 2034 | 51.95 | 56.60 | 59.40 | 62.71 | 47.55 | 32.04 |
| 300118 | 东方日升 | 2035 | 51.95 | 51.49 | 55.13 | 54.29 | 42.32 | 53.21 |
| 300385 | 雪浪环境 | 2036 | 51.95 | 54.92 | 55.72 | 62.64 | 33.35 | 47.55 |
| 002428 | 云南锗业 | 2037 | 51.91 | 52.67 | 53.79 | 50.76 | 54.09 | 48.35 |
| 600771 | 广誉远 | 2038 | 51.88 | 61.64 | 54.07 | 49.20 | 54.88 | 38.08 |
| 601872 | 招商轮船 | 2039 | 51.87 | 51.18 | 58.96 | 59.20 | 52.95 | 37.89 |
| 002218 | 拓日新能 | 2040 | 51.87 | 59.09 | 58.20 | 52.98 | 41.97 | 41.61 |
| 300339 | 润和软件 | 2041 | 51.86 | 51.81 | 55.10 | 53.83 | 63.29 | 39.16 |
| 002505 | 大康牧业 | 2042 | 51.86 | 55.96 | 55.70 | 54.04 | 42.86 | 46.68 |

续表

| 证券代码 | 证券简称 | 排名 | 投资者保护指数 | 会计信息指数 | 内部控制指数 | 外部审计指数 | 管理控制指数 | 财务运行指数 |
|---|---|---|---|---|---|---|---|---|
| 000735 | 罗牛山 | 2043 | 51.86 | 62.29 | 50.25 | 54.39 | 41.79 | 45.91 |
| 600099 | 林海股份 | 2044 | 51.85 | 52.23 | 49.50 | 59.56 | 39.02 | 56.23 |
| 300028 | 金亚科技 | 2045 | 51.84 | 58.28 | 47.24 | 50.29 | 67.99 | 40.28 |
| 000732 | 泰禾集团 | 2046 | 51.83 | 37.40 | 64.53 | 60.21 | 59.79 | 42.26 |
| 002284 | 亚太股份 | 2047 | 51.83 | 50.84 | 60.60 | 57.59 | 38.58 | 46.84 |
| 600606 | 金丰投资 | 2048 | 51.82 | 53.64 | 59.69 | 61.44 | 29.05 | 47.67 |
| 000563 | 陕国投A | 2049 | 51.82 | 60.21 | 58.85 | 50.59 | 49.65 | 36.26 |
| 000723 | 美锦能源 | 2050 | 51.82 | 57.57 | 55.12 | 53.27 | 35.70 | 50.57 |
| 600429 | 三元股份 | 2051 | 51.82 | 57.66 | 55.26 | 56.72 | 50.31 | 37.98 |
| 002680 | 黄海机械 | 2052 | 51.81 | 60.64 | 57.69 | 55.49 | 46.15 | 35.34 |
| 601069 | 西部黄金 | 2053 | 51.79 | 54.92 | 52.68 | 56.95 | 31.76 | 55.96 |
| 000862 | 银星能源 | 2054 | 51.79 | 59.44 | 52.21 | 52.03 | 55.94 | 39.39 |
| 601005 | 重庆钢铁 | 2055 | 51.79 | 56.84 | 58.63 | 57.59 | 48.86 | 35.14 |
| 002409 | 雅克科技 | 2056 | 51.78 | 56.31 | 54.92 | 53.83 | 34.53 | 52.43 |
| 600312 | 平高电气 | 2057 | 51.78 | 52.28 | 48.92 | 60.00 | 54.85 | 45.83 |
| 601717 | 郑煤机 | 2058 | 51.78 | 49.26 | 62.40 | 52.54 | 41.10 | 48.86 |
| 002530 | 丰东股份 | 2059 | 51.78 | 52.67 | 59.90 | 54.18 | 16.75 | 62.25 |
| 600463 | 空港股份 | 2060 | 51.74 | 54.07 | 49.96 | 61.59 | 29.83 | 57.35 |
| 600876 | 洛阳玻璃 | 2061 | 51.73 | 57.03 | 61.57 | 56.85 | 48.65 | 32.00 |
| 600559 | 老白干酒 | 2062 | 51.73 | 47.84 | 52.45 | 53.12 | 48.05 | 56.74 |
| 000407 | 胜利股份 | 2063 | 51.72 | 45.17 | 54.81 | 63.79 | 44.30 | 50.95 |
| 600225 | 天津松江 | 2064 | 51.72 | 52.58 | 52.61 | 57.30 | 49.01 | 46.92 |
| 000088 | 盐田港 | 2065 | 51.70 | 46.49 | 57.93 | 61.52 | 30.16 | 56.77 |
| 600798 | 宁波海运 | 2066 | 51.70 | 51.36 | 52.35 | 64.71 | 46.37 | 44.30 |
| 600567 | 山鹰纸业 | 2067 | 51.70 | 51.05 | 52.92 | 51.95 | 42.82 | 56.63 |
| 300099 | 尤洛卡 | 2068 | 51.69 | 57.19 | 51.41 | 55.23 | 44.67 | 47.26 |
| 600666 | 西南药业 | 2069 | 51.69 | 55.06 | 54.53 | 58.98 | 50.30 | 39.45 |
| 002374 | 丽鹏股份 | 2070 | 51.68 | 58.76 | 59.20 | 52.91 | 35.81 | 44.03 |

续表

| 证券代码 | 证券简称 | 排名 | 投资者保护指数 | 会计信息指数 | 内部控制指数 | 外部审计指数 | 管理控制指数 | 财务运行指数 |
|---|---|---|---|---|---|---|---|---|
| 601890 | 亚星锚链 | 2071 | 51.67 | 48.78 | 53.84 | 54.13 | 43.56 | 55.88 |
| 300257 | 开山股份 | 2072 | 51.64 | 52.84 | 54.37 | 54.39 | 34.28 | 56.17 |
| 000830 | 鲁西化工 | 2073 | 51.63 | 49.44 | 58.01 | 54.79 | 41.63 | 50.83 |
| 300143 | 星河生物 | 2074 | 51.62 | 50.07 | 56.98 | 53.61 | 56.02 | 42.80 |
| 600854 | 春兰股份 | 2075 | 51.61 | 56.63 | 50.59 | 53.88 | 36.58 | 54.84 |
| 002314 | 雅致股份 | 2076 | 51.61 | 59.29 | 59.16 | 57.10 | 20.50 | 49.69 |
| 002060 | 粤水电 | 2077 | 51.61 | 59.96 | 52.11 | 58.15 | 43.51 | 41.15 |
| 002325 | 洪涛股份 | 2078 | 51.61 | 52.24 | 57.10 | 58.96 | 38.28 | 47.26 |
| 601336 | 新华保险 | 2079 | 51.60 | 49.30 | 57.66 | 67.63 | 47.24 | 37.16 |
| 600150 | 中国船舶 | 2080 | 51.59 | 49.70 | 57.85 | 53.66 | 46.75 | 48.05 |
| 300084 | 海默科技 | 2081 | 51.58 | 57.64 | 51.19 | 56.54 | 60.67 | 34.92 |
| 002011 | 盾安环境 | 2082 | 51.57 | 54.64 | 59.83 | 54.44 | 36.90 | 45.70 |
| 600695 | 绿庭投资 | 2083 | 51.57 | 47.80 | 50.76 | 65.59 | 40.02 | 53.14 |
| 300095 | 华伍股份 | 2084 | 51.57 | 54.30 | 51.25 | 50.41 | 47.89 | 52.05 |
| 600866 | 星湖科技 | 2085 | 51.56 | 56.40 | 55.39 | 53.34 | 20.46 | 60.28 |
| 600774 | 汉商集团 | 2086 | 51.56 | 56.17 | 55.94 | 51.65 | 24.11 | 58.90 |
| 300360 | 炬华科技 | 2087 | 51.56 | 55.53 | 56.54 | 59.47 | 48.83 | 36.50 |
| 600636 | 三爱富 | 2088 | 51.54 | 51.83 | 47.65 | 56.65 | 52.35 | 51.04 |
| 002201 | 九鼎新材 | 2089 | 51.54 | 59.70 | 56.24 | 59.60 | 39.52 | 37.78 |
| 000056 | 深国商 | 2090 | 51.52 | 58.07 | 56.57 | 54.47 | 43.98 | 40.51 |
| 300337 | 银邦股份 | 2091 | 51.52 | 57.49 | 52.10 | 55.56 | 23.50 | 58.81 |
| 600847 | 万里股份 | 2092 | 51.52 | 56.21 | 56.18 | 52.56 | 40.56 | 46.92 |
| 600397 | 安源煤业 | 2093 | 51.52 | 53.77 | 56.57 | 48.93 | 33.97 | 56.58 |
| 600353 | 旭光股份 | 2094 | 51.52 | 49.86 | 58.73 | 59.54 | 40.40 | 45.90 |
| 000659 | *ST 中富 | 2095 | 51.51 | 35.53 | 64.49 | 62.09 | 54.72 | 44.74 |
| 002147 | 方圆支承 | 2096 | 51.51 | 43.60 | 57.31 | 55.82 | 42.83 | 56.33 |
| 002625 | 龙生股份 | 2097 | 51.51 | 53.22 | 59.04 | 54.30 | 52.18 | 38.12 |
| 600508 | 上海能源 | 2098 | 51.51 | 57.65 | 55.33 | 60.31 | 31.71 | 45.65 |

续表

| 证券代码 | 证券简称 | 排名 | 投资者保护指数 | 会计信息指数 | 内部控制指数 | 外部审计指数 | 管理控制指数 | 财务运行指数 |
|---|---|---|---|---|---|---|---|---|
| 600319 | 亚星化学 | 2099 | 51.49 | 49.90 | 51.22 | 56.76 | 51.91 | 49.16 |
| 300020 | 银江股份 | 2100 | 51.48 | 54.58 | 56.27 | 59.26 | 54.12 | 34.30 |
| 600325 | 华发股份 | 2101 | 51.48 | 53.77 | 56.55 | 53.07 | 40.31 | 48.90 |
| 000638 | 万方发展 | 2102 | 51.47 | 49.20 | 58.87 | 58.10 | 50.10 | 41.16 |
| 000422 | 湖北宜化 | 2103 | 51.47 | 57.41 | 55.64 | 63.20 | 39.00 | 38.28 |
| 002722 | 金轮股份 | 2104 | 51.47 | 62.23 | 57.35 | 58.80 | 25.59 | 42.93 |
| 300175 | 朗源股份 | 2105 | 51.46 | 57.74 | 54.75 | 51.57 | 39.83 | 47.75 |
| 600982 | 宁波热电 | 2106 | 51.45 | 59.28 | 50.17 | 59.75 | 39.01 | 45.10 |
| 000717 | 韶钢松山 | 2107 | 51.45 | 58.65 | 52.04 | 56.81 | 37.14 | 47.28 |
| 002443 | 金洲管道 | 2108 | 51.45 | 54.20 | 54.96 | 56.23 | 32.32 | 52.78 |
| 601908 | 京运通 | 2109 | 51.44 | 52.82 | 52.01 | 60.95 | 57.80 | 37.30 |
| 600227 | 赤天化 | 2110 | 51.44 | 56.70 | 61.03 | 48.42 | 36.17 | 46.57 |
| 600540 | 新赛股份 | 2111 | 51.43 | 59.51 | 49.94 | 57.80 | 35.96 | 48.56 |
| 600818 | 中路股份 | 2112 | 51.42 | 55.39 | 57.67 | 55.11 | 38.17 | 45.21 |
| 600076 | 青鸟华光 | 2113 | 51.42 | 49.85 | 52.80 | 54.62 | 62.04 | 42.19 |
| 600515 | 海岛建设 | 2114 | 51.42 | 50.49 | 52.63 | 56.20 | 40.00 | 54.71 |
| 601969 | 海南矿业 | 2115 | 51.42 | 54.92 | 62.21 | 57.10 | 29.11 | 44.81 |
| 000766 | 通化金马 | 2116 | 51.42 | 55.83 | 50.51 | 59.11 | 62.26 | 33.97 |
| 300117 | 嘉寓股份 | 2117 | 51.41 | 49.83 | 50.41 | 53.50 | 44.48 | 57.26 |
| 002476 | 宝莫股份 | 2118 | 51.40 | 57.96 | 51.51 | 53.43 | 34.84 | 52.71 |
| 600697 | 欧亚集团 | 2119 | 51.40 | 56.74 | 59.12 | 49.87 | 42.49 | 43.27 |
| 600796 | 钱江生化 | 2120 | 51.39 | 53.77 | 46.64 | 59.82 | 45.21 | 51.27 |
| 601616 | 广电电气 | 2121 | 51.39 | 58.35 | 48.41 | 55.24 | 42.33 | 49.40 |
| 300341 | 麦迪电气 | 2122 | 51.39 | 59.76 | 54.42 | 53.30 | 30.41 | 50.15 |
| 300391 | 康跃科技 | 2123 | 51.39 | 54.92 | 52.47 | 58.29 | 31.50 | 53.34 |
| 600165 | 新日恒力 | 2124 | 51.39 | 56.82 | 57.21 | 50.71 | 29.31 | 53.21 |
| 002248 | 华东数控 | 2125 | 51.38 | 57.17 | 49.50 | 54.76 | 54.87 | 41.71 |
| 600243 | 青海华鼎 | 2126 | 51.38 | 55.38 | 54.67 | 46.30 | 60.46 | 41.07 |

续表

| 证券代码 | 证券简称 | 排名 | 投资者保护指数 | 会计信息指数 | 内部控制指数 | 外部审计指数 | 管理控制指数 | 财务运行指数 |
|---|---|---|---|---|---|---|---|---|
| 600084 | 中葡股份 | 2127 | 51.38 | 50.21 | 51.51 | 58.55 | 42.48 | 52.60 |
| 300250 | 初灵信息 | 2128 | 51.37 | 59.87 | 52.63 | 52.32 | 44.76 | 43.42 |
| 002109 | 兴化股份 | 2129 | 51.36 | 53.02 | 56.81 | 53.30 | 25.92 | 58.15 |
| 600175 | 美都能源 | 2130 | 51.36 | 55.05 | 57.49 | 63.14 | 38.54 | 38.77 |
| 000584 | 友利控股 | 2131 | 51.36 | 55.65 | 48.76 | 59.25 | 34.82 | 53.68 |
| 002369 | 卓翼科技 | 2132 | 51.36 | 46.92 | 59.57 | 52.96 | 40.69 | 52.77 |
| 002406 | 远东传动 | 2133 | 51.35 | 58.97 | 49.51 | 50.77 | 43.56 | 50.05 |
| 600310 | 桂东电力 | 2134 | 51.35 | 57.78 | 49.45 | 61.21 | 23.32 | 56.24 |
| 000971 | 蓝鼎控股 | 2135 | 51.35 | 67.14 | 51.15 | 53.91 | 34.84 | 41.63 |
| 601016 | 节能风电 | 2136 | 51.34 | 54.92 | 48.69 | 60.98 | 56.33 | 39.13 |
| 600599 | 熊猫金控 | 2137 | 51.34 | 50.11 | 57.51 | 50.15 | 39.39 | 54.45 |
| 600400 | 红豆股份 | 2138 | 51.34 | 51.45 | 55.22 | 58.06 | 54.50 | 39.23 |
| 600279 | 重庆港九 | 2139 | 51.33 | 52.49 | 53.43 | 54.14 | 45.80 | 48.87 |
| 002263 | 大东南 | 2140 | 51.33 | 58.29 | 50.64 | 55.83 | 42.42 | 46.08 |
| 601519 | 大智慧 | 2141 | 51.33 | 60.95 | 52.49 | 55.08 | 38.03 | 44.27 |
| 300313 | 天山生物 | 2142 | 51.32 | 52.37 | 48.42 | 50.27 | 55.85 | 51.33 |
| 002541 | 鸿路钢构 | 2143 | 51.30 | 56.81 | 66.63 | 50.80 | 23.50 | 45.67 |
| 600552 | 方兴科技 | 2144 | 51.29 | 52.28 | 53.16 | 55.46 | 48.08 | 46.66 |
| 300243 | 瑞丰高材 | 2145 | 51.27 | 46.82 | 54.91 | 49.83 | 50.76 | 53.82 |
| 002429 | 兆驰股份 | 2146 | 51.26 | 52.41 | 58.31 | 52.93 | 29.88 | 54.35 |
| 300110 | 华仁药业 | 2147 | 51.25 | 54.25 | 51.13 | 54.62 | 48.64 | 46.82 |
| 600679 | 金山开发 | 2148 | 51.24 | 47.93 | 58.54 | 62.43 | 21.83 | 56.86 |
| 000928 | 中钢国际 | 2149 | 51.24 | 53.83 | 54.13 | 60.20 | 54.78 | 35.30 |
| 600890 | 中房股份 | 2150 | 51.23 | 58.68 | 55.18 | 60.98 | 19.15 | 50.92 |
| 300103 | 达刚路机 | 2151 | 51.23 | 58.19 | 54.68 | 57.18 | 35.85 | 44.24 |
| 600126 | 杭钢股份 | 2152 | 51.22 | 53.78 | 50.25 | 55.91 | 37.49 | 54.50 |
| 600477 | 杭萧钢构 | 2153 | 51.22 | 58.55 | 55.87 | 55.11 | 30.42 | 47.64 |
| 600338 | 西藏珠峰 | 2154 | 51.21 | 61.47 | 43.58 | 52.66 | 52.89 | 45.64 |

续表

| 证券代码 | 证券简称 | 排名 | 投资者保护指数 | 会计信息指数 | 内部控制指数 | 外部审计指数 | 管理控制指数 | 财务运行指数 |
|---|---|---|---|---|---|---|---|---|
| 600973 | 宝胜股份 | 2155 | 51.21 | 45.06 | 55.51 | 53.96 | 47.98 | 53.36 |
| 300323 | 华灿光电 | 2156 | 51.21 | 57.54 | 60.37 | 52.02 | 66.08 | 22.82 |
| 002005 | 德豪润达 | 2157 | 51.20 | 36.35 | 55.64 | 53.07 | 59.54 | 56.66 |
| 600211 | 西藏药业 | 2158 | 51.20 | 53.12 | 41.48 | 43.35 | 46.99 | 69.23 |
| 000403 | ST 生化 | 2159 | 51.20 | 57.69 | 31.42 | 50.63 | 70.83 | 54.00 |
| 600238 | 海南椰岛 | 2160 | 51.19 | 52.91 | 52.39 | 52.84 | 44.48 | 50.83 |
| 601636 | 旗滨集团 | 2161 | 51.19 | 53.14 | 55.24 | 53.34 | 45.29 | 46.31 |
| 000695 | 滨海能源 | 2162 | 51.19 | 56.04 | 54.91 | 56.90 | 32.71 | 48.58 |
| 600834 | 申通地铁 | 2163 | 51.18 | 58.77 | 48.63 | 57.38 | 31.67 | 52.89 |
| 600757 | 长江传媒 | 2164 | 51.17 | 58.33 | 51.69 | 51.08 | 56.34 | 38.84 |
| 600647 | 同达创业 | 2165 | 51.17 | 55.78 | 56.67 | 60.39 | 21.05 | 51.55 |
| 600268 | 国电南自 | 2166 | 51.17 | 56.00 | 55.76 | 61.34 | 34.58 | 42.75 |
| 600602 | 仪电电子 | 2167 | 51.16 | 54.63 | 56.04 | 57.91 | 44.34 | 40.42 |
| 002026 | 山东威达 | 2168 | 51.16 | 61.54 | 58.60 | 51.61 | 39.82 | 37.36 |
| 600280 | 中央商场 | 2169 | 51.15 | 45.93 | 56.72 | 64.62 | 47.12 | 42.59 |
| 600611 | 大众交通 | 2170 | 51.15 | 37.01 | 61.18 | 55.73 | 42.08 | 58.45 |
| 002501 | 利源精制 | 2171 | 51.14 | 50.95 | 56.28 | 49.86 | 48.99 | 47.86 |
| 300141 | 和顺电气 | 2172 | 51.13 | 56.75 | 50.45 | 53.86 | 53.82 | 41.31 |
| 002692 | 远程电缆 | 2173 | 51.13 | 55.15 | 60.34 | 53.61 | 31.52 | 46.54 |
| 601965 | 中国汽研 | 2174 | 51.12 | 53.70 | 55.64 | 52.44 | 37.38 | 50.78 |
| 002585 | 双星新材 | 2175 | 51.12 | 53.23 | 57.58 | 52.64 | 48.67 | 41.55 |
| 002036 | 汉麻产业 | 2176 | 51.11 | 62.07 | 49.71 | 62.39 | 24.07 | 48.26 |
| 600135 | 乐凯胶片 | 2177 | 51.10 | 48.18 | 51.34 | 60.06 | 49.51 | 48.04 |
| 300342 | 天银机电 | 2178 | 51.09 | 55.98 | 52.40 | 53.62 | 38.65 | 49.88 |
| 300079 | 数码视讯 | 2179 | 51.06 | 55.73 | 51.47 | 50.46 | 69.17 | 33.73 |
| 600229 | 青岛碱业 | 2180 | 51.05 | 47.97 | 58.76 | 52.75 | 38.34 | 52.72 |
| 600892 | 宝诚股份 | 2181 | 51.05 | 51.19 | 49.90 | 63.81 | 29.67 | 55.82 |
| 300241 | 瑞丰光电 | 2182 | 51.05 | 50.99 | 54.73 | 54.56 | 47.11 | 46.59 |

续表

| 证券代码 | 证券简称 | 排名 | 投资者保护指数 | 会计信息指数 | 内部控制指数 | 外部审计指数 | 管理控制指数 | 财务运行指数 |
|---|---|---|---|---|---|---|---|---|
| 601388 | 怡球资源 | 2183 | 51.05 | 52.54 | 51.76 | 55.86 | 37.58 | 53.34 |
| 000409 | 山东地矿 | 2184 | 51.03 | 58.08 | 68.81 | 54.20 | 22.42 | 38.33 |
| 000716 | 黑芝麻 | 2185 | 51.03 | 60.40 | 49.17 | 52.50 | 46.49 | 43.88 |
| 600710 | *ST 常林 | 2186 | 51.01 | 38.86 | 52.89 | 66.91 | 47.65 | 52.47 |
| 002591 | 恒大高新 | 2187 | 51.00 | 56.35 | 58.18 | 52.06 | 34.33 | 46.44 |
| 000886 | 海南高速 | 2188 | 51.00 | 60.79 | 66.02 | 49.17 | 38.90 | 31.53 |
| 600387 | 海越股份 | 2189 | 51.00 | 51.89 | 54.09 | 65.51 | 36.86 | 43.86 |
| 600652 | 游久游戏 | 2190 | 51.00 | 51.90 | 62.70 | 62.18 | 24.67 | 44.54 |
| 600328 | 兰太实业 | 2191 | 51.00 | 57.59 | 61.70 | 50.87 | 42.99 | 36.20 |
| 002013 | 中航机电 | 2192 | 50.99 | 50.26 | 58.77 | 54.79 | 45.73 | 43.22 |
| 601177 | 杭齿前进 | 2193 | 50.99 | 59.35 | 54.98 | 56.03 | 24.11 | 49.95 |
| 300208 | 恒顺众昇 | 2194 | 50.97 | 57.82 | 48.91 | 52.72 | 52.72 | 42.72 |
| 300318 | 博晖创新 | 2195 | 50.97 | 57.69 | 52.34 | 60.92 | 32.70 | 45.32 |
| 600010 | 包钢股份 | 2196 | 50.96 | 54.34 | 60.42 | 51.09 | 50.27 | 36.44 |
| 002320 | 海峡股份 | 2197 | 50.96 | 52.46 | 55.17 | 50.77 | 52.21 | 43.69 |
| 600306 | 商业城 | 2198 | 50.96 | 52.19 | 51.19 | 51.47 | 39.60 | 56.25 |
| 300164 | 通源石油 | 2199 | 50.95 | 53.37 | 51.01 | 50.47 | 59.16 | 43.09 |
| 002474 | 榕基软件 | 2200 | 50.95 | 61.81 | 56.56 | 53.37 | 27.88 | 44.75 |
| 300191 | 潜能恒信 | 2201 | 50.95 | 61.84 | 53.47 | 56.26 | 48.19 | 32.68 |
| 000568 | 泸州老窖 | 2202 | 50.92 | 59.02 | 46.36 | 59.94 | 30.79 | 52.44 |
| 002168 | 深圳惠程 | 2203 | 50.89 | 63.22 | 52.80 | 52.90 | 29.30 | 46.59 |
| 000750 | 国海证券 | 2204 | 50.88 | 49.39 | 52.26 | 54.22 | 56.17 | 44.87 |
| 002123 | 荣信股份 | 2205 | 50.86 | 59.20 | 47.89 | 54.65 | 46.83 | 43.99 |
| 002361 | 神剑股份 | 2206 | 50.85 | 59.94 | 48.12 | 50.50 | 43.81 | 48.15 |
| 600409 | 三友化工 | 2207 | 50.84 | 47.66 | 57.30 | 58.89 | 42.96 | 45.77 |
| 600207 | 安彩高科 | 2208 | 50.84 | 56.60 | 48.37 | 52.95 | 41.02 | 51.57 |
| 600509 | 天富能源 | 2209 | 50.83 | 55.82 | 54.31 | 49.64 | 44.51 | 46.02 |
| 002542 | 中化岩土 | 2210 | 50.82 | 57.21 | 58.73 | 54.02 | 46.91 | 34.14 |

续表

| 证券代码 | 证券简称 | 排名 | 投资者保护指数 | 会计信息指数 | 内部控制指数 | 外部审计指数 | 管理控制指数 | 财务运行指数 |
|---|---|---|---|---|---|---|---|---|
| 300080 | 新大新材 | 2211 | 50.82 | 54.10 | 51.04 | 55.71 | 43.27 | 47.64 |
| 300309 | 吉艾科技 | 2212 | 50.82 | 58.11 | 55.27 | 54.32 | 49.28 | 35.24 |
| 600681 | 万鸿集团 | 2213 | 50.81 | 61.52 | 49.91 | 52.37 | 23.04 | 56.09 |
| 600359 | 新农开发 | 2214 | 50.81 | 57.78 | 51.63 | 60.33 | 45.01 | 37.73 |
| 002432 | 九安医疗 | 2215 | 50.81 | 59.12 | 53.72 | 52.11 | 40.58 | 43.28 |
| 002477 | 雏鹰农牧 | 2216 | 50.80 | 58.10 | 53.41 | 54.95 | 41.09 | 42.14 |
| 600822 | 上海物贸 | 2217 | 50.79 | 48.75 | 43.62 | 55.26 | 50.96 | 57.75 |
| 601700 | 风范股份 | 2218 | 50.79 | 48.29 | 49.52 | 55.85 | 41.15 | 57.40 |
| 600333 | 长春燃气 | 2219 | 50.78 | 54.97 | 56.88 | 60.82 | 35.88 | 40.38 |
| 600765 | 中航重机 | 2220 | 50.78 | 61.54 | 56.66 | 51.54 | 36.00 | 40.32 |
| 601558 | 华锐风电 | 2221 | 50.77 | 47.49 | 33.24 | 61.25 | 65.02 | 57.07 |
| 601106 | 中国一重 | 2222 | 50.77 | 49.11 | 67.47 | 57.62 | 31.64 | 40.41 |
| 000897 | 津滨发展 | 2223 | 50.77 | 52.04 | 50.50 | 57.26 | 32.45 | 56.27 |
| 002348 | 高乐股份 | 2224 | 50.77 | 63.74 | 59.18 | 53.86 | 30.94 | 36.19 |
| 002529 | 海源机械 | 2225 | 50.76 | 58.89 | 54.81 | 53.42 | 39.48 | 41.73 |
| 300274 | 阳光电源 | 2226 | 50.75 | 52.59 | 49.53 | 48.78 | 55.93 | 48.22 |
| 600831 | 广电网络 | 2227 | 50.75 | 60.78 | 54.71 | 54.66 | 55.66 | 27.97 |
| 000889 | 茂业物流 | 2228 | 50.74 | 59.63 | 54.09 | 53.11 | 32.72 | 46.24 |
| 300031 | 宝通带业 | 2229 | 50.74 | 58.00 | 50.42 | 55.58 | 37.51 | 47.24 |
| 000692 | 惠天热电 | 2230 | 50.74 | 56.63 | 50.74 | 61.92 | 38.28 | 42.85 |
| 000920 | 南方汇通 | 2231 | 50.74 | 54.45 | 48.42 | 62.67 | 27.36 | 54.61 |
| 300390 | 天华超净 | 2232 | 50.73 | 52.65 | 51.75 | 62.65 | 32.84 | 49.27 |
| 300325 | 德威新材 | 2233 | 50.72 | 47.38 | 54.73 | 55.69 | 38.10 | 54.25 |
| 600891 | 秋林集团 | 2234 | 50.71 | 53.12 | 52.55 | 57.44 | 25.54 | 56.70 |
| 002613 | 北玻股份 | 2235 | 50.71 | 59.27 | 52.66 | 48.82 | 35.20 | 49.99 |
| 600432 | 吉恩镍业 | 2236 | 50.70 | 54.50 | 59.87 | 50.08 | 33.38 | 47.46 |
| 600228 | 昌九生化 | 2237 | 50.67 | 47.54 | 46.01 | 50.45 | 51.00 | 59.68 |
| 300104 | 乐视网 | 2238 | 50.67 | 59.57 | 51.55 | 52.82 | 62.28 | 29.84 |

续表

| 证券代码 | 证券简称 | 排名 | 投资者保护指数 | 会计信息指数 | 内部控制指数 | 外部审计指数 | 管理控制指数 | 财务运行指数 |
|---|---|---|---|---|---|---|---|---|
| 002256 | 彩虹精化 | 2239 | 50.66 | 50.64 | 58.72 | 58.22 | 46.54 | 37.95 |
| 600706 | 曲江文旅 | 2240 | 50.65 | 56.56 | 52.52 | 49.07 | 47.52 | 44.85 |
| 600687 | 刚泰控股 | 2241 | 50.65 | 45.65 | 53.70 | 52.28 | 42.90 | 56.74 |
| 000632 | 三木集团 | 2242 | 50.65 | 59.23 | 44.38 | 62.40 | 34.24 | 48.92 |
| 600782 | 新钢股份 | 2243 | 50.64 | 54.65 | 64.19 | 50.63 | 29.83 | 43.85 |
| 002316 | 键桥通讯 | 2244 | 50.63 | 55.41 | 48.51 | 58.31 | 47.33 | 43.36 |
| 000911 | 南宁糖业 | 2245 | 50.62 | 55.18 | 62.64 | 57.70 | 36.12 | 35.09 |
| 600598 | 北大荒 | 2246 | 50.61 | 38.98 | 53.93 | 61.39 | 61.23 | 44.84 |
| 600331 | 宏达股份 | 2247 | 50.61 | 55.18 | 58.10 | 51.97 | 32.10 | 47.55 |
| 000612 | 焦作万方 | 2248 | 50.60 | 57.26 | 53.02 | 50.48 | 33.83 | 51.01 |
| 000950 | 建峰化工 | 2249 | 50.60 | 59.42 | 57.56 | 52.36 | 29.13 | 44.75 |
| 600733 | S 前锋 | 2250 | 50.59 | 58.31 | 45.33 | 50.23 | 52.01 | 46.92 |
| 600689 | 上海三毛 | 2251 | 50.59 | 52.21 | 43.84 | 66.02 | 33.66 | 54.98 |
| 600106 | 重庆路桥 | 2252 | 50.59 | 41.08 | 59.41 | 52.86 | 65.67 | 39.95 |
| 002259 | 升达林业 | 2253 | 50.58 | 55.42 | 57.20 | 52.07 | 28.10 | 50.68 |
| 600293 | 三峡新材 | 2254 | 50.57 | 56.75 | 42.83 | 53.35 | 52.13 | 48.95 |
| 600428 | 中远航运 | 2255 | 50.55 | 53.97 | 56.92 | 62.06 | 39.99 | 36.76 |
| 600476 | 湘邮科技 | 2256 | 50.55 | 60.66 | 51.57 | 55.74 | 39.61 | 40.37 |
| 000727 | 华东科技 | 2257 | 50.54 | 60.36 | 40.16 | 58.39 | 45.09 | 48.12 |
| 000890 | 法尔胜 | 2258 | 50.54 | 57.32 | 51.00 | 61.79 | 15.70 | 55.61 |
| 600961 | 株冶集团 | 2259 | 50.54 | 53.83 | 58.05 | 53.37 | 38.83 | 43.33 |
| 000760 | 斯太尔 | 2260 | 50.51 | 64.51 | 55.37 | 48.85 | 43.74 | 34.14 |
| 600589 | 广东榕泰 | 2261 | 50.50 | 51.05 | 49.36 | 59.22 | 20.26 | 63.83 |
| 000733 | 振华科技 | 2262 | 50.50 | 48.41 | 50.96 | 50.40 | 45.20 | 55.99 |
| 300098 | 高新兴 | 2263 | 50.50 | 45.85 | 55.08 | 52.85 | 56.95 | 44.58 |
| 002549 | 凯美特气 | 2264 | 50.49 | 43.99 | 57.28 | 52.93 | 52.51 | 47.06 |
| 300321 | 同大股份 | 2265 | 50.49 | 50.70 | 47.86 | 51.35 | 31.36 | 65.05 |
| 002166 | 莱茵生物 | 2266 | 50.48 | 60.78 | 53.59 | 54.23 | 50.11 | 31.96 |

续表

| 证券代码 | 证券简称 | 排名 | 投资者保护指数 | 会计信息指数 | 内部控制指数 | 外部审计指数 | 管理控制指数 | 财务运行指数 |
|---|---|---|---|---|---|---|---|---|
| 300102 | 乾照光电 | 2267 | 50.46 | 56.92 | 57.47 | 53.39 | 35.55 | 42.13 |
| 002579 | 中京电子 | 2268 | 50.46 | 58.86 | 54.29 | 52.86 | 36.34 | 43.41 |
| 000748 | 长城信息 | 2269 | 50.46 | 48.51 | 56.58 | 54.50 | 31.34 | 54.87 |
| 000835 | 长城动漫 | 2270 | 50.45 | 49.64 | 53.16 | 60.89 | 38.64 | 47.53 |
| 000762 | 西藏矿业 | 2271 | 50.45 | 60.11 | 61.46 | 49.25 | 31.69 | 39.57 |
| 002289 | 宇顺电子 | 2272 | 50.43 | 50.86 | 49.28 | 54.53 | 36.10 | 57.25 |
| 600984 | *ST 建机 | 2273 | 50.42 | 57.85 | 58.02 | 54.15 | 37.85 | 38.10 |
| 002610 | 爱康科技 | 2274 | 50.41 | 53.80 | 59.25 | 57.68 | 45.72 | 33.40 |
| 002389 | 南洋科技 | 2275 | 50.40 | 59.51 | 57.42 | 55.96 | 46.19 | 29.82 |
| 600896 | 中海海盛 | 2276 | 50.37 | 54.05 | 46.56 | 54.73 | 56.55 | 42.84 |
| 600962 | *ST 中鲁 | 2277 | 50.35 | 47.22 | 56.04 | 59.03 | 31.63 | 52.69 |
| 000159 | 国际实业 | 2278 | 50.35 | 62.37 | 48.39 | 51.18 | 25.99 | 53.65 |
| 600531 | 豫光金铅 | 2279 | 50.35 | 58.73 | 51.14 | 57.71 | 32.91 | 44.96 |
| 000799 | *ST 酒鬼 | 2280 | 50.35 | 52.90 | 56.76 | 59.01 | 44.19 | 36.95 |
| 600295 | 鄂尔多斯 | 2281 | 50.35 | 54.78 | 58.46 | 51.12 | 48.87 | 36.11 |
| 600022 | 山东钢铁 | 2282 | 50.34 | 53.56 | 53.44 | 60.44 | 35.43 | 44.52 |
| 000572 | 海马汽车 | 2283 | 50.34 | 58.31 | 52.65 | 49.23 | 36.01 | 48.51 |
| 600503 | 华丽家族 | 2284 | 50.34 | 48.39 | 49.51 | 64.04 | 48.03 | 44.00 |
| 300210 | 森远股份 | 2285 | 50.33 | 50.87 | 52.39 | 49.67 | 42.00 | 53.28 |
| 600163 | *ST 南纸 | 2286 | 50.33 | 50.14 | 58.64 | 60.91 | 41.19 | 38.34 |
| 600478 | 科力远 | 2287 | 50.31 | 56.89 | 54.16 | 60.77 | 35.66 | 39.19 |
| 600883 | 博闻科技 | 2288 | 50.30 | 58.65 | 56.48 | 55.85 | 23.06 | 46.59 |
| 600523 | 贵航股份 | 2289 | 50.28 | 53.75 | 52.07 | 57.01 | 31.62 | 50.84 |
| 000952 | 广济药业 | 2290 | 50.27 | 57.98 | 57.71 | 61.64 | 18.06 | 44.42 |
| 600035 | 楚天高速 | 2291 | 50.27 | 44.39 | 57.64 | 50.35 | 42.80 | 53.52 |
| 600423 | 柳化股份 | 2292 | 50.25 | 54.27 | 35.13 | 52.36 | 57.02 | 56.84 |
| 002157 | 正邦科技 | 2293 | 50.25 | 60.38 | 58.50 | 61.69 | 43.47 | 23.94 |
| 000927 | *ST 夏利 | 2294 | 50.25 | 43.69 | 64.09 | 57.76 | 31.76 | 47.99 |

续表

| 证券代码 | 证券简称 | 排名 | 投资者保护指数 | 会计信息指数 | 内部控制指数 | 外部审计指数 | 管理控制指数 | 财务运行指数 |
|---|---|---|---|---|---|---|---|---|
| 600093 | 禾嘉股份 | 2295 | 50.25 | 53.62 | 46.74 | 60.65 | 50.30 | 41.83 |
| 600231 | 凌钢股份 | 2296 | 50.25 | 56.80 | 52.79 | 62.07 | 21.84 | 48.52 |
| 002286 | 保龄宝 | 2297 | 50.24 | 60.96 | 52.36 | 51.37 | 40.85 | 40.37 |
| 600601 | 方正科技 | 2298 | 50.24 | 47.14 | 55.69 | 53.33 | 48.94 | 45.96 |
| 600421 | 仰帆控股 | 2299 | 50.24 | 57.01 | 48.57 | 54.28 | 43.00 | 45.61 |
| 002628 | 成都路桥 | 2300 | 50.24 | 53.29 | 53.01 | 51.80 | 36.65 | 51.02 |
| 002277 | 友阿股份 | 2301 | 50.23 | 58.38 | 57.60 | 51.66 | 18.81 | 51.43 |
| 000697 | 炼石有色 | 2302 | 50.21 | 61.23 | 55.61 | 57.25 | 55.47 | 21.88 |
| 600038 | 中直股份 | 2303 | 50.21 | 47.94 | 49.76 | 48.89 | 45.81 | 57.33 |
| 600751 | 天津海运 | 2304 | 50.20 | 48.09 | 51.52 | 66.28 | 44.42 | 41.92 |
| 300211 | 亿通科技 | 2305 | 50.19 | 57.39 | 50.09 | 52.33 | 40.79 | 46.18 |
| 300128 | 锦富新材 | 2306 | 50.19 | 54.11 | 43.36 | 62.37 | 40.23 | 50.05 |
| 002571 | 德力股份 | 2307 | 50.17 | 54.76 | 56.63 | 50.52 | 22.46 | 55.08 |
| 000693 | 华泽钴镍 | 2308 | 50.15 | 60.68 | 53.85 | 55.81 | 50.42 | 28.73 |
| 002464 | 金利科技 | 2309 | 50.15 | 56.40 | 49.39 | 54.32 | 42.86 | 45.01 |
| 000806 | 银河投资 | 2310 | 50.14 | 64.23 | 45.35 | 50.58 | 36.15 | 47.83 |
| 603002 | 宏昌电子 | 2311 | 50.12 | 51.18 | 56.41 | 57.67 | 41.21 | 41.30 |
| 601001 | 大同煤业 | 2312 | 50.11 | 52.34 | 48.77 | 51.04 | 47.16 | 50.18 |
| 300223 | 北京君正 | 2313 | 50.10 | 54.67 | 54.22 | 50.44 | 34.53 | 49.82 |
| 002188 | 新嘉联 | 2314 | 50.09 | 55.58 | 56.16 | 54.16 | 42.45 | 38.27 |
| 002715 | 登云股份 | 2315 | 50.08 | 56.34 | 56.68 | 57.80 | 27.71 | 43.43 |
| 000779 | 三毛派神 | 2316 | 50.08 | 61.33 | 59.47 | 49.48 | 36.64 | 35.23 |
| 002235 | 安妮股份 | 2317 | 50.07 | 60.50 | 48.95 | 52.25 | 22.22 | 55.43 |
| 300083 | 劲胜精密 | 2318 | 50.06 | 49.73 | 59.35 | 52.90 | 39.81 | 44.11 |
| 600141 | 兴发集团 | 2319 | 50.05 | 50.66 | 54.77 | 50.08 | 38.07 | 51.71 |
| 000525 | 红太阳 | 2320 | 50.05 | 52.41 | 57.13 | 53.95 | 32.68 | 47.25 |
| 300152 | 燃控科技 | 2321 | 50.04 | 49.86 | 53.57 | 55.25 | 51.40 | 41.09 |
| 002301 | 齐心集团 | 2322 | 50.04 | 50.88 | 55.84 | 59.47 | 32.23 | 46.35 |

续表

| 证券代码 | 证券简称 | 排名 | 投资者保护指数 | 会计信息指数 | 内部控制指数 | 外部审计指数 | 管理控制指数 | 财务运行指数 |
|---|---|---|---|---|---|---|---|---|
| 600609 | 金杯汽车 | 2323 | 50.04 | 48.78 | 51.33 | 63.82 | 38.80 | 46.19 |
| 600550 | 保变电气 | 2324 | 50.04 | 53.93 | 54.65 | 50.18 | 67.35 | 28.73 |
| 002052 | 同洲电子 | 2325 | 50.03 | 54.47 | 60.73 | 61.45 | 24.45 | 39.87 |
| 002110 | 三钢闽光 | 2326 | 50.02 | 61.09 | 53.93 | 53.48 | 33.29 | 40.58 |
| 300344 | 太空板业 | 2327 | 50.02 | 54.88 | 53.12 | 52.06 | 43.25 | 43.49 |
| 600495 | 晋西车轴 | 2328 | 50.02 | 50.58 | 49.59 | 62.99 | 35.29 | 48.94 |
| 600520 | 中发科技 | 2329 | 50.02 | 56.46 | 53.38 | 50.17 | 18.84 | 58.74 |
| 000959 | 首钢股份 | 2330 | 49.98 | 59.47 | 51.26 | 56.02 | 49.94 | 32.43 |
| 601901 | 方正证券 | 2331 | 49.98 | 45.42 | 53.20 | 50.54 | 64.33 | 41.84 |
| 002310 | 东方园林 | 2332 | 49.98 | 55.46 | 56.80 | 52.43 | 30.00 | 46.67 |
| 002386 | 天原集团 | 2333 | 49.96 | 57.77 | 60.97 | 52.15 | 26.85 | 41.34 |
| 300108 | 双龙股份 | 2334 | 49.95 | 42.82 | 52.24 | 49.78 | 60.70 | 48.87 |
| 603077 | 和邦股份 | 2335 | 49.95 | 49.63 | 51.86 | 49.99 | 50.37 | 47.84 |
| 600846 | 同济科技 | 2336 | 49.95 | 50.06 | 43.68 | 55.04 | 54.20 | 50.15 |
| 000679 | 大连友谊 | 2337 | 49.95 | 55.36 | 54.30 | 51.51 | 26.51 | 52.58 |
| 002593 | 日上集团 | 2338 | 49.94 | 52.44 | 51.00 | 56.44 | 35.18 | 50.16 |
| 600149 | 廊坊发展 | 2339 | 49.93 | 54.68 | 54.12 | 53.37 | 49.69 | 36.88 |
| 600586 | 金晶科技 | 2340 | 49.93 | 56.61 | 55.70 | 56.41 | 26.43 | 45.47 |
| 002636 | 金安国纪 | 2341 | 49.92 | 53.50 | 55.24 | 51.68 | 30.10 | 51.07 |
| 600069 | *ST 银鸽 | 2342 | 49.92 | 58.35 | 61.97 | 56.04 | 18.65 | 41.51 |
| 600618 | 氯碱化工 | 2343 | 49.91 | 54.27 | 56.52 | 53.43 | 24.24 | 51.03 |
| 600821 | 津劝业 | 2344 | 49.90 | 52.39 | 50.43 | 51.83 | 44.90 | 48.05 |
| 600206 | 有研新材 | 2345 | 49.90 | 57.68 | 55.82 | 62.57 | 35.25 | 33.17 |
| 600375 | 华菱星马 | 2346 | 49.89 | 52.88 | 54.16 | 50.69 | 23.53 | 57.98 |
| 002417 | *ST 元达 | 2347 | 49.88 | 52.30 | 56.94 | 53.40 | 41.62 | 41.43 |
| 000506 | 中润资源 | 2348 | 49.87 | 58.10 | 63.37 | 52.74 | 24.57 | 38.77 |
| 002121 | 科陆电子 | 2349 | 49.86 | 58.92 | 62.95 | 53.57 | 53.16 | 18.95 |
| 000836 | 鑫茂科技 | 2350 | 49.85 | 57.76 | 57.03 | 56.63 | 18.05 | 47.49 |

续表

| 证券代码 | 证券简称 | 排名 | 投资者保护指数 | 会计信息指数 | 内部控制指数 | 外部审计指数 | 管理控制指数 | 财务运行指数 |
|---|---|---|---|---|---|---|---|---|
| 002565 | 上海绿新 | 2351 | 49.83 | 56.47 | 45.95 | 54.56 | 27.34 | 57.32 |
| 600705 | 中航资本 | 2352 | 49.82 | 51.07 | 56.01 | 52.21 | 39.07 | 46.30 |
| 002199 | 东晶电子 | 2353 | 49.82 | 57.00 | 55.34 | 59.71 | 33.12 | 37.85 |
| 002719 | 麦趣尔 | 2354 | 49.80 | 53.79 | 55.38 | 56.69 | 43.55 | 37.19 |
| 300184 | 力源信息 | 2355 | 49.80 | 45.95 | 54.98 | 61.69 | 48.87 | 39.34 |
| 002253 | 川大智胜 | 2356 | 49.80 | 56.87 | 61.34 | 52.92 | 30.29 | 38.35 |
| 600217 | *ST 秦岭 | 2357 | 49.79 | 58.28 | 50.42 | 60.21 | 32.72 | 41.77 |
| 601518 | 吉林高速 | 2358 | 49.79 | 40.47 | 55.38 | 51.47 | 58.10 | 47.56 |
| 600881 | 亚泰集团 | 2359 | 49.79 | 52.55 | 56.58 | 50.50 | 47.88 | 39.37 |
| 300350 | 华鹏飞 | 2360 | 49.78 | 55.36 | 51.74 | 55.04 | 51.99 | 35.26 |
| 000622 | 恒立实业 | 2361 | 49.78 | 58.39 | 51.43 | 60.50 | 20.96 | 47.82 |
| 300370 | 安控科技 | 2362 | 49.77 | 49.23 | 51.37 | 56.22 | 61.46 | 35.74 |
| 000576 | 广东甘化 | 2363 | 49.77 | 56.70 | 47.75 | 51.30 | 31.86 | 54.38 |
| 000150 | 宜华健康 | 2364 | 49.75 | 48.73 | 53.17 | 56.08 | 44.98 | 45.01 |
| 300275 | 梅安森 | 2365 | 49.74 | 51.90 | 52.95 | 50.97 | 35.30 | 51.89 |
| 002118 | 紫鑫药业 | 2366 | 49.71 | 47.27 | 42.69 | 53.60 | 63.23 | 48.71 |
| 002560 | 通达股份 | 2367 | 49.70 | 56.94 | 56.30 | 50.80 | 36.04 | 41.59 |
| 603456 | 九洲药业 | 2368 | 49.70 | 54.92 | 57.12 | 55.76 | 24.43 | 46.55 |
| 002021 | 中捷资源 | 2369 | 49.70 | 59.55 | 55.58 | 62.41 | 23.99 | 37.76 |
| 600370 | 三房巷 | 2370 | 49.68 | 55.27 | 48.74 | 55.63 | 33.61 | 49.84 |
| 600095 | 哈高科 | 2371 | 49.68 | 58.55 | 49.17 | 48.95 | 30.55 | 52.87 |
| 300038 | 梅泰诺 | 2372 | 49.66 | 47.55 | 50.56 | 54.28 | 53.87 | 44.64 |
| 000861 | 海印股份 | 2373 | 49.66 | 61.31 | 56.83 | 63.99 | 33.04 | 26.88 |
| 002639 | 雪人股份 | 2374 | 49.64 | 56.95 | 59.25 | 49.88 | 33.10 | 40.53 |
| 300304 | 云意电气 | 2375 | 49.63 | 56.65 | 51.49 | 55.50 | 30.34 | 47.05 |
| 002341 | 新纶科技 | 2376 | 49.60 | 55.59 | 54.20 | 58.18 | 23.36 | 47.39 |
| 600399 | 抚顺特钢 | 2377 | 49.59 | 54.67 | 45.70 | 59.13 | 38.00 | 47.92 |
| 600595 | 中孚实业 | 2378 | 49.59 | 51.33 | 53.63 | 62.66 | 43.36 | 36.36 |

续表

| 证券代码 | 证券简称 | 排名 | 投资者保护指数 | 会计信息指数 | 内部控制指数 | 外部审计指数 | 管理控制指数 | 财务运行指数 |
|---|---|---|---|---|---|---|---|---|
| 000526 | 银润投资 | 2379 | 49. 56 | 59. 15 | 45. 49 | 51. 60 | 68. 81 | 28. 75 |
| 300365 | 恒华科技 | 2380 | 49. 54 | 46. 18 | 60. 03 | 55. 26 | 49. 58 | 36. 77 |
| 600871 | 石化油服 | 2381 | 49. 54 | 58. 04 | 53. 70 | 69. 70 | 38. 79 | 25. 40 |
| 603399 | 新华龙 | 2382 | 49. 53 | 42. 59 | 54. 79 | 56. 20 | 35. 23 | 55. 60 |
| 600083 | 博信股份 | 2383 | 49. 53 | 56. 00 | 46. 82 | 54. 55 | 47. 21 | 42. 48 |
| 000655 | 金岭矿业 | 2384 | 49. 52 | 58. 76 | 50. 69 | 59. 65 | 22. 08 | 46. 99 |
| 002274 | 华昌化工 | 2385 | 49. 49 | 54. 06 | 64. 04 | 56. 66 | 13. 61 | 44. 93 |
| 002307 | 北新路桥 | 2386 | 49. 48 | 59. 53 | 52. 78 | 50. 75 | 38. 59 | 39. 91 |
| 002694 | 顾地科技 | 2387 | 49. 48 | 53. 46 | 38. 36 | 50. 36 | 36. 81 | 65. 15 |
| 601028 | 玉龙股份 | 2388 | 49. 48 | 52. 13 | 55. 55 | 52. 30 | 25. 01 | 53. 02 |
| 600532 | 宏达矿业 | 2389 | 49. 47 | 52. 12 | 52. 26 | 61. 52 | 37. 43 | 41. 19 |
| 002526 | 山东矿机 | 2390 | 49. 46 | 57. 47 | 56. 47 | 51. 50 | 29. 58 | 43. 24 |
| 000036 | 华联控股 | 2391 | 49. 45 | 57. 46 | 53. 42 | 52. 97 | 28. 35 | 46. 35 |
| 600209 | 罗顿发展 | 2392 | 49. 44 | 63. 08 | 47. 97 | 51. 30 | 54. 09 | 30. 49 |
| 600213 | 亚星客车 | 2393 | 49. 44 | 57. 25 | 48. 06 | 60. 94 | 36. 87 | 40. 67 |
| 600691 | *ST 阳化 | 2394 | 49. 42 | 53. 38 | 60. 86 | 60. 82 | 34. 85 | 31. 82 |
| 002173 | 千足珍珠 | 2395 | 49. 42 | 58. 71 | 60. 14 | 60. 82 | 26. 07 | 32. 09 |
| 000831 | 五矿稀土 | 2396 | 49. 41 | 62. 18 | 54. 27 | 49. 17 | 31. 34 | 40. 71 |
| 000893 | 东凌粮油 | 2397 | 49. 40 | 49. 31 | 52. 75 | 54. 88 | 44. 72 | 44. 25 |
| 002486 | 嘉麟杰 | 2398 | 49. 40 | 57. 42 | 50. 39 | 55. 40 | 23. 42 | 50. 88 |
| 000544 | 中原环保 | 2399 | 49. 39 | 54. 10 | 58. 32 | 57. 86 | 48. 83 | 27. 04 |
| 002042 | 华孚色纺 | 2400 | 49. 38 | 60. 14 | 54. 33 | 51. 28 | 12. 23 | 53. 66 |
| 000968 | 煤气化 | 2401 | 49. 36 | 55. 86 | 56. 71 | 56. 89 | 31. 41 | 38. 83 |
| 002682 | 龙洲股份 | 2402 | 49. 35 | 47. 66 | 60. 26 | 53. 83 | 36. 06 | 43. 78 |
| 000710 | 天兴仪表 | 2403 | 49. 35 | 60. 80 | 48. 06 | 53. 39 | 30. 76 | 46. 16 |
| 300277 | 海联讯 | 2404 | 49. 34 | 56. 03 | 37. 63 | 56. 12 | 41. 49 | 54. 59 |
| 000617 | 石油济柴 | 2405 | 49. 33 | 59. 69 | 48. 34 | 61. 95 | 29. 08 | 41. 25 |
| 300116 | 坚瑞消防 | 2406 | 49. 32 | 46. 45 | 54. 49 | 57. 61 | 52. 40 | 38. 01 |

续表

| 证券代码 | 证券简称 | 排名 | 投资者保护指数 | 会计信息指数 | 内部控制指数 | 外部审计指数 | 管理控制指数 | 财务运行指数 |
|---|---|---|---|---|---|---|---|---|
| 000520 | *ST 凤凰 | 2407 | 49.30 | 47.83 | 56.04 | 50.74 | 51.30 | 40.77 |
| 002445 | 中南重工 | 2408 | 49.27 | 57.62 | 53.94 | 54.11 | 41.03 | 35.48 |
| 300282 | 汇冠股份 | 2409 | 49.23 | 47.62 | 56.81 | 52.39 | 52.98 | 37.38 |
| 000421 | 南京中北 | 2410 | 49.22 | 61.87 | 58.05 | 57.98 | 15.30 | 39.12 |
| 600966 | 博汇纸业 | 2411 | 49.21 | 57.23 | 37.25 | 59.06 | 45.20 | 48.15 |
| 600877 | 中国嘉陵 | 2412 | 49.18 | 49.09 | 47.71 | 61.43 | 50.67 | 40.09 |
| 600610 | 中毅达 | 2413 | 49.18 | 60.69 | 48.62 | 61.95 | 30.14 | 38.29 |
| 000410 | 沈阳机床 | 2414 | 49.18 | 47.83 | 59.70 | 51.59 | 47.07 | 38.05 |
| 600072 | 钢构工程 | 2415 | 49.17 | 48.14 | 45.33 | 53.48 | 45.29 | 53.85 |
| 300125 | 易世达 | 2416 | 49.17 | 53.93 | 48.85 | 54.08 | 56.92 | 34.88 |
| 000995 | *ST 皇台 | 2417 | 49.16 | 57.48 | 51.58 | 57.03 | 27.86 | 44.05 |
| 600889 | 南京化纤 | 2418 | 49.16 | 55.35 | 49.80 | 52.47 | 31.39 | 50.01 |
| 600615 | 丰华股份 | 2419 | 49.11 | 59.81 | 55.32 | 58.45 | 20.54 | 40.42 |
| 002487 | 大金重工 | 2420 | 49.08 | 54.05 | 58.07 | 56.26 | 30.51 | 39.17 |
| 600178 | 东安动力 | 2421 | 49.08 | 50.42 | 52.39 | 47.09 | 53.10 | 42.67 |
| 000025 | 特力 A | 2422 | 49.07 | 59.96 | 57.57 | 61.56 | 19.33 | 35.71 |
| 600893 | 中航动力 | 2423 | 49.06 | 43.97 | 58.99 | 58.19 | 42.92 | 40.20 |
| 000703 | 恒逸石化 | 2424 | 49.05 | 56.11 | 46.84 | 59.26 | 26.17 | 49.90 |
| 600219 | 南山铝业 | 2425 | 49.03 | 57.67 | 52.10 | 53.59 | 37.21 | 39.30 |
| 000554 | 泰山石油 | 2426 | 49.01 | 56.74 | 48.88 | 52.93 | 35.07 | 45.97 |
| 000953 | 河池化工 | 2427 | 49.01 | 60.14 | 52.28 | 59.37 | 16.94 | 44.61 |
| 603166 | 福达股份 | 2428 | 49.00 | 52.65 | 49.88 | 57.68 | 34.50 | 46.12 |
| 000856 | 冀东装备 | 2429 | 48.98 | 59.58 | 44.21 | 49.98 | 36.23 | 49.49 |
| 002176 | 江特电机 | 2430 | 48.97 | 56.50 | 50.92 | 50.41 | 32.97 | 47.10 |
| 300081 | 恒信移动 | 2431 | 48.97 | 56.19 | 45.84 | 51.57 | 54.53 | 38.31 |
| 002629 | 仁智油服 | 2432 | 48.91 | 55.80 | 55.87 | 50.45 | 44.37 | 34.51 |
| 600302 | 标准股份 | 2433 | 48.90 | 56.48 | 56.50 | 48.54 | 18.83 | 51.08 |
| 002148 | 北纬通信 | 2434 | 48.89 | 62.70 | 52.43 | 56.08 | 33.37 | 32.84 |

续表

| 证券代码 | 证券简称 | 排名 | 投资者保护指数 | 会计信息指数 | 内部控制指数 | 外部审计指数 | 管理控制指数 | 财务运行指数 |
|---|---|---|---|---|---|---|---|---|
| 000736 | 中房地产 | 2435 | 48.87 | 47.05 | 56.14 | 54.50 | 35.08 | 47.09 |
| 600385 | 山东金泰 | 2436 | 48.86 | 55.91 | 47.16 | 49.72 | 44.32 | 44.77 |
| 600301 | ＊ST 南化 | 2437 | 48.85 | 48.57 | 54.48 | 62.75 | 41.93 | 35.93 |
| 600316 | 洪都航空 | 2438 | 48.84 | 46.22 | 61.99 | 54.02 | 36.55 | 40.59 |
| 600346 | 大橡塑 | 2439 | 48.83 | 56.17 | 58.24 | 51.46 | 35.42 | 35.94 |
| 002070 | 众和股份 | 2440 | 48.81 | 45.67 | 54.39 | 56.80 | 47.00 | 40.82 |
| 600967 | 北方创业 | 2441 | 48.80 | 50.89 | 45.43 | 49.25 | 44.13 | 52.92 |
| 600075 | 新疆天业 | 2442 | 48.79 | 46.89 | 48.16 | 49.82 | 53.56 | 47.80 |
| 300372 | 欣泰电气 | 2443 | 48.78 | 53.45 | 53.89 | 54.27 | 37.14 | 40.54 |
| 000629 | 攀钢钒钛 | 2444 | 48.75 | 55.66 | 49.43 | 68.56 | 39.07 | 30.09 |
| 600151 | 航天机电 | 2445 | 48.75 | 54.83 | 52.80 | 63.79 | 43.82 | 27.94 |
| 000428 | 华天酒店 | 2446 | 48.75 | 58.63 | 54.96 | 60.34 | 43.34 | 24.07 |
| 002524 | 光正集团 | 2447 | 48.75 | 58.25 | 51.38 | 51.09 | 32.67 | 43.09 |
| 300290 | 荣科科技 | 2448 | 48.73 | 43.12 | 51.76 | 49.66 | 52.18 | 48.83 |
| 002192 | ＊ST 路翔 | 2449 | 48.72 | 56.56 | 47.26 | 56.61 | 35.54 | 43.34 |
| 600685 | 广船国际 | 2450 | 48.72 | 42.19 | 50.54 | 53.24 | 40.78 | 55.83 |
| 600727 | 鲁北化工 | 2451 | 48.72 | 52.67 | 54.93 | 54.51 | 27.05 | 46.33 |
| 000820 | 金城股份 | 2452 | 48.71 | 57.79 | 44.80 | 60.30 | 45.09 | 35.46 |
| 300040 | 九洲电气 | 2453 | 48.68 | 54.89 | 58.12 | 52.16 | 17.18 | 48.19 |
| 600251 | 冠农股份 | 2454 | 48.68 | 49.41 | 58.11 | 57.78 | 28.06 | 43.03 |
| 300123 | 太阳鸟 | 2455 | 48.65 | 49.15 | 52.69 | 52.01 | 42.38 | 44.77 |
| 002506 | ＊ST 集成 | 2456 | 48.62 | 51.81 | 37.81 | 64.21 | 44.49 | 47.40 |
| 601225 | 陕西煤业 | 2457 | 48.60 | 55.45 | 56.30 | 52.15 | 31.36 | 40.00 |
| 000020 | 深华发 A | 2458 | 48.59 | 54.37 | 48.57 | 59.35 | 31.99 | 43.91 |
| 600770 | 综艺股份 | 2459 | 48.57 | 48.21 | 55.85 | 57.50 | 54.71 | 29.36 |
| 601188 | 龙江交通 | 2460 | 48.56 | 44.35 | 52.66 | 49.07 | 58.16 | 42.11 |
| 600680 | 上海普天 | 2461 | 48.55 | 44.67 | 50.35 | 61.92 | 34.52 | 49.36 |
| 600256 | 广汇能源 | 2462 | 48.53 | 52.33 | 59.15 | 48.45 | 38.26 | 38.58 |

续表

| 证券代码 | 证券简称 | 排名 | 投资者保护指数 | 会计信息指数 | 内部控制指数 | 外部审计指数 | 管理控制指数 | 财务运行指数 |
|---|---|---|---|---|---|---|---|---|
| 600678 | 四川金顶 | 2463 | 48.52 | 58.25 | 55.07 | 52.99 | 24.65 | 41.45 |
| 300362 | 天保重装 | 2464 | 48.52 | 55.58 | 51.30 | 55.05 | 39.79 | 37.40 |
| 300287 | 飞利信 | 2465 | 48.48 | 43.34 | 58.97 | 57.36 | 53.95 | 31.70 |
| 000923 | 河北宣工 | 2466 | 48.46 | 55.44 | 56.39 | 52.91 | 19.69 | 46.25 |
| 002453 | 天马精化 | 2467 | 48.45 | 58.67 | 47.85 | 55.64 | 25.32 | 46.31 |
| 000809 | 铁岭新城 | 2468 | 48.43 | 51.57 | 53.28 | 55.52 | 45.33 | 35.43 |
| 000546 | 金圆股份 | 2469 | 48.43 | 61.01 | 52.48 | 52.99 | 36.80 | 32.80 |
| 002660 | 茂硕电源 | 2470 | 48.43 | 55.62 | 52.35 | 58.14 | 34.50 | 36.64 |
| 300397 | 天和防务 | 2471 | 48.41 | 50.94 | 50.82 | 58.91 | 46.78 | 35.22 |
| 300176 | 鸿特精密 | 2472 | 48.41 | 53.35 | 52.86 | 52.88 | 39.01 | 39.96 |
| 600677 | 航天通信 | 2473 | 48.37 | 55.24 | 29.70 | 54.48 | 43.45 | 60.02 |
| 600604 | 市北高新 | 2474 | 48.31 | 45.44 | 48.24 | 56.63 | 39.96 | 50.50 |
| 600555 | 九龙山 | 2475 | 48.31 | 56.00 | 52.54 | 67.31 | 6.54 | 46.22 |
| 600692 | 亚通股份 | 2476 | 48.31 | 54.52 | 49.93 | 53.63 | 44.39 | 37.35 |
| 300366 | 创意信息 | 2477 | 48.30 | 56.03 | 55.13 | 55.11 | 29.82 | 37.82 |
| 600693 | 东百集团 | 2478 | 48.28 | 44.44 | 55.45 | 56.40 | 20.52 | 56.08 |
| 600760 | 中航黑豹 | 2479 | 48.27 | 50.66 | 53.97 | 54.57 | 31.18 | 44.91 |
| 000850 | 华茂股份 | 2480 | 48.26 | 60.11 | 52.08 | 53.60 | 9.65 | 50.71 |
| 600311 | 荣华实业 | 2481 | 48.26 | 58.90 | 54.58 | 63.58 | 24.65 | 31.40 |
| 600740 | 山西焦化 | 2482 | 48.25 | 36.58 | 54.39 | 62.53 | 32.71 | 53.49 |
| 600856 | 长百集团 | 2483 | 48.24 | 59.52 | 51.08 | 54.74 | 15.14 | 47.98 |
| 600744 | 华银电力 | 2484 | 48.24 | 55.00 | 48.50 | 53.33 | 51.45 | 33.74 |
| 600299 | 蓝星新材 | 2485 | 48.23 | 44.87 | 57.39 | 60.79 | 36.78 | 38.92 |
| 002027 | 七喜控股 | 2486 | 48.22 | 50.07 | 52.61 | 52.89 | 49.20 | 36.52 |
| 600186 | 莲花味精 | 2487 | 48.21 | 48.57 | 49.42 | 60.03 | 30.59 | 48.29 |
| 600348 | 阳泉煤业 | 2488 | 48.21 | 53.45 | 54.41 | 54.36 | 24.90 | 45.07 |
| 300330 | 华虹计通 | 2489 | 48.20 | 52.06 | 49.83 | 55.01 | 19.79 | 54.77 |
| 300055 | 万邦达 | 2490 | 48.18 | 57.22 | 54.17 | 52.44 | 44.60 | 29.52 |

续表

| 证券代码 | 证券简称 | 排名 | 投资者保护指数 | 会计信息指数 | 内部控制指数 | 外部审计指数 | 管理控制指数 | 财务运行指数 |
|---|---|---|---|---|---|---|---|---|
| 600391 | 成发科技 | 2491 | 48.16 | 41.06 | 49.05 | 53.29 | 43.09 | 54.66 |
| 000557 | *ST 广夏 | 2492 | 48.16 | 60.74 | 48.14 | 49.10 | 24.41 | 48.06 |
| 300340 | 科恒股份 | 2493 | 48.15 | 58.07 | 47.06 | 54.49 | 28.54 | 45.32 |
| 002617 | 露笑科技 | 2494 | 48.14 | 56.88 | 51.27 | 54.15 | 23.46 | 45.42 |
| 600988 | 赤峰黄金 | 2495 | 48.06 | 56.54 | 46.85 | 49.25 | 42.90 | 41.84 |
| 000068 | *ST 华赛 | 2496 | 48.05 | 53.79 | 55.36 | 54.49 | 33.55 | 37.07 |
| 600538 | 国发股份 | 2497 | 48.04 | 57.89 | 52.43 | 53.83 | 19.17 | 45.48 |
| 000803 | 金宇车城 | 2498 | 47.94 | 52.14 | 43.63 | 58.17 | 49.58 | 38.59 |
| 000605 | 渤海股份 | 2499 | 47.91 | 52.29 | 47.33 | 61.93 | 40.84 | 36.67 |
| 002558 | 世纪游轮 | 2500 | 47.90 | 54.57 | 42.86 | 65.97 | 26.64 | 45.09 |
| 600749 | 西藏旅游 | 2501 | 47.85 | 55.57 | 54.59 | 47.53 | 34.92 | 39.68 |
| 002721 | 金一文化 | 2502 | 47.81 | 52.37 | 56.08 | 62.07 | 36.93 | 28.44 |
| 600086 | 东方金钰 | 2503 | 47.80 | 41.29 | 54.73 | 62.45 | 33.59 | 44.89 |
| 600714 | 金瑞矿业 | 2504 | 47.79 | 52.81 | 48.22 | 49.37 | 44.37 | 42.34 |
| 600506 | 香梨股份 | 2505 | 47.77 | 61.60 | 52.75 | 53.97 | 20.38 | 38.53 |
| 601008 | 连云港 | 2506 | 47.77 | 44.98 | 46.85 | 57.84 | 24.81 | 58.92 |
| 600212 | 江泉实业 | 2507 | 47.71 | 50.99 | 51.38 | 53.02 | 30.03 | 46.85 |
| 600671 | 天目药业 | 2508 | 47.71 | 66.60 | 20.52 | 52.60 | 42.38 | 56.29 |
| 000737 | 南风化工 | 2509 | 47.67 | 58.96 | 58.93 | 50.54 | 24.15 | 34.39 |
| 000511 | 烯碳新材 | 2510 | 47.51 | 51.84 | 25.59 | 62.02 | 48.05 | 55.55 |
| 600768 | 宁波富邦 | 2511 | 47.50 | 54.05 | 49.59 | 59.76 | 30.84 | 38.31 |
| 600848 | 自仪股份 | 2512 | 47.48 | 53.77 | 47.07 | 64.38 | 26.20 | 40.73 |
| 600769 | 祥龙电业 | 2513 | 47.48 | 44.98 | 43.78 | 61.34 | 63.83 | 32.81 |
| 600715 | *ST 松辽 | 2514 | 47.46 | 61.81 | 51.87 | 60.11 | 17.13 | 34.99 |
| 300382 | 斯莱克 | 2515 | 47.34 | 49.67 | 54.83 | 56.95 | 35.70 | 35.77 |
| 002336 | 人人乐 | 2516 | 47.32 | 48.56 | 51.17 | 54.55 | 29.54 | 47.17 |
| 000673 | 当代东方 | 2517 | 47.28 | 61.56 | 49.87 | 53.74 | 56.67 | 16.11 |
| 600719 | 大连热电 | 2518 | 47.26 | 45.85 | 50.67 | 49.54 | 36.10 | 50.44 |

续表

| 证券代码 | 证券简称 | 排名 | 投资者保护指数 | 会计信息指数 | 内部控制指数 | 外部审计指数 | 管理控制指数 | 财务运行指数 |
|---|---|---|---|---|---|---|---|---|
| 300316 | 晶盛机电 | 2519 | 47.24 | 49.00 | 54.01 | 55.74 | 53.70 | 26.26 |
| 300097 | 智云股份 | 2520 | 47.22 | 58.75 | 47.35 | 51.39 | 26.67 | 43.48 |
| 300074 | 华平股份 | 2521 | 47.20 | 59.04 | 50.44 | 53.60 | 38.17 | 30.18 |
| 300293 | 蓝英装备 | 2522 | 47.18 | 42.62 | 53.71 | 56.64 | 44.82 | 38.91 |
| 300090 | 盛运环保 | 2523 | 47.07 | 53.92 | 53.91 | 50.69 | 41.15 | 32.01 |
| 002459 | 天业通联 | 2524 | 47.06 | 55.03 | 37.76 | 50.12 | 52.23 | 42.54 |
| 600747 | 大连控股 | 2525 | 47.06 | 43.25 | 41.56 | 63.24 | 52.05 | 41.53 |
| 002647 | 宏磊股份 | 2526 | 47.04 | 39.71 | 34.97 | 62.97 | 50.02 | 54.73 |
| 600779 | *ST 水井 | 2527 | 46.99 | 33.42 | 45.22 | 61.18 | 48.76 | 52.39 |
| 600237 | 铜峰电子 | 2528 | 46.99 | 48.73 | 54.14 | 59.93 | 29.14 | 37.84 |
| 300139 | 福星晓程 | 2529 | 46.98 | 51.69 | 51.54 | 63.43 | 41.15 | 26.66 |
| 000509 | 华塑控股 | 2530 | 46.94 | 67.15 | 48.55 | 59.01 | 19.59 | 29.30 |
| 600444 | *ST 国通 | 2531 | 46.93 | 49.44 | 55.54 | 61.91 | 30.93 | 32.36 |
| 600725 | 云维股份 | 2532 | 46.90 | 53.24 | 57.53 | 60.28 | 24.88 | 30.68 |
| 000007 | 零七股份 | 2533 | 46.87 | 54.75 | 32.55 | 63.44 | 43.75 | 42.71 |
| 000505 | *ST 珠江 | 2534 | 46.84 | 54.27 | 47.86 | 49.27 | 41.65 | 38.31 |
| 600193 | 创兴资源 | 2535 | 46.83 | 52.46 | 49.35 | 63.42 | 27.52 | 36.41 |
| 000571 | 新大洲 A | 2536 | 46.81 | 56.52 | 57.75 | 49.28 | 31.20 | 30.91 |
| 000408 | 金谷源 | 2537 | 46.78 | 60.78 | 32.11 | 60.86 | 32.65 | 44.99 |
| 000652 | 泰达股份 | 2538 | 46.74 | 60.21 | 34.82 | 66.94 | 35.40 | 35.59 |
| 600868 | 梅雁吉祥 | 2539 | 46.73 | 56.92 | 52.56 | 56.66 | 13.66 | 41.52 |
| 000567 | 海德股份 | 2540 | 46.72 | 54.98 | 54.99 | 54.10 | 23.47 | 36.63 |
| 002679 | 福建金森 | 2541 | 46.70 | 49.17 | 54.31 | 56.73 | 37.02 | 33.19 |
| 000972 | 新中基 | 2542 | 46.61 | 37.24 | 45.94 | 62.58 | 38.12 | 51.01 |
| 600117 | 西宁特钢 | 2543 | 46.58 | 49.71 | 47.06 | 51.80 | 49.90 | 35.94 |
| 600963 | 岳阳林纸 | 2544 | 46.52 | 57.16 | 53.55 | 54.19 | 14.81 | 40.31 |
| 601666 | 平煤股份 | 2545 | 46.47 | 44.42 | 51.37 | 54.71 | 34.17 | 44.58 |
| 000413 | 东旭光电 | 2546 | 46.45 | 47.34 | 49.70 | 49.70 | 53.92 | 34.14 |

续表

| 证券代码 | 证券简称 | 排名 | 投资者保护指数 | 会计信息指数 | 内部控制指数 | 外部审计指数 | 管理控制指数 | 财务运行指数 |
|---|---|---|---|---|---|---|---|---|
| 000751 | 锌业股份 | 2547 | 46.44 | 49.38 | 49.14 | 51.15 | 29.49 | 47.11 |
| 000627 | 天茂集团 | 2548 | 46.41 | 50.35 | 49.62 | 60.93 | 30.51 | 36.66 |
| 600470 | 六国化工 | 2549 | 46.27 | 49.99 | 53.08 | 50.35 | 18.85 | 48.63 |
| 000633 | 合金投资 | 2550 | 46.27 | 48.62 | 51.81 | 54.75 | 25.64 | 43.69 |
| 600701 | 工大高新 | 2551 | 46.25 | 56.79 | 49.80 | 55.81 | 35.71 | 28.88 |
| 300029 | 天龙光电 | 2552 | 46.16 | 45.50 | 46.38 | 62.70 | 36.52 | 39.57 |
| 000416 | 民生控股 | 2553 | 46.15 | 61.52 | 49.94 | 54.81 | 23.29 | 31.55 |
| 300262 | 巴安水务 | 2554 | 46.14 | 43.18 | 50.14 | 51.80 | 48.13 | 39.15 |
| 600110 | 中科英华 | 2555 | 46.05 | 55.94 | 52.17 | 57.66 | 16.89 | 36.96 |
| 000587 | 金叶珠宝 | 2556 | 45.99 | 43.52 | 53.25 | 51.11 | 41.30 | 39.45 |
| 000688 | 建新矿业 | 2557 | 45.90 | 58.92 | 51.98 | 59.61 | 24.39 | 26.43 |
| 600581 | 八一钢铁 | 2558 | 45.88 | 55.47 | 46.84 | 56.86 | 28.39 | 35.99 |
| 600401 | ＊ST 海润 | 2559 | 45.87 | 49.20 | 55.67 | 54.09 | 23.75 | 38.43 |
| 600643 | 爱建股份 | 2560 | 45.75 | 45.13 | 55.90 | 64.08 | 41.37 | 22.77 |
| 600707 | 彩虹股份 | 2561 | 45.71 | 48.16 | 56.96 | 58.60 | 15.37 | 39.19 |
| 002125 | 湘潭电化 | 2562 | 45.67 | 53.71 | 56.60 | 55.65 | 24.98 | 28.99 |
| 600753 | 东方银星 | 2563 | 45.62 | 45.03 | 42.50 | 61.26 | 39.68 | 41.11 |
| 600187 | 国中水务 | 2564 | 45.61 | 54.17 | 51.65 | 49.57 | 48.40 | 23.55 |
| 000780 | 平庄能源 | 2565 | 45.61 | 55.39 | 46.81 | 52.08 | 29.99 | 37.61 |
| 600326 | 西藏天路 | 2566 | 45.55 | 57.98 | 50.46 | 49.09 | 38.96 | 26.64 |
| 600275 | 武昌鱼 | 2567 | 45.54 | 55.41 | 43.74 | 59.41 | 32.97 | 32.93 |
| 600265 | ST 景谷 | 2568 | 45.43 | 53.67 | 57.73 | 55.34 | 21.75 | 28.96 |
| 300268 | 万福生科 | 2569 | 45.33 | 44.40 | 51.29 | 53.61 | 29.92 | 42.89 |
| 600074 | 保千里 | 2570 | 45.31 | 47.76 | 46.51 | 53.97 | 43.45 | 35.24 |
| 000668 | 荣丰控股 | 2571 | 45.27 | 52.61 | 32.53 | 61.54 | 26.66 | 50.27 |
| 600766 | 园城黄金 | 2572 | 45.26 | 54.82 | 47.16 | 62.48 | 42.82 | 19.44 |
| 002667 | 鞍重股份 | 2573 | 45.25 | 58.72 | 43.67 | 51.13 | 22.25 | 41.41 |
| 000815 | ＊ST 美利 | 2574 | 45.15 | 58.58 | 48.38 | 54.16 | 20.98 | 34.03 |

续表

| 证券代码 | 证券简称 | 排名 | 投资者保护指数 | 会计信息指数 | 内部控制指数 | 外部审计指数 | 管理控制指数 | 财务运行指数 |
|---|---|---|---|---|---|---|---|---|
| 002535 | 林州重机 | 2575 | 45.09 | 56.78 | 50.21 | 50.71 | 12.00 | 42.41 |
| 002072 | 凯瑞德 | 2576 | 44.96 | 56.90 | 56.01 | 49.87 | 23.28 | 28.29 |
| 601918 | 国投新集 | 2577 | 44.95 | 55.15 | 53.94 | 54.60 | 10.95 | 36.90 |
| 600556 | 慧球科技 | 2578 | 44.84 | 51.29 | 39.50 | 55.46 | 40.34 | 37.69 |
| 600250 | 南纺股份 | 2579 | 44.83 | 50.44 | 40.40 | 55.80 | 47.54 | 32.66 |
| 600382 | 广东明珠 | 2580 | 44.83 | 45.59 | 45.52 | 55.61 | 30.11 | 43.98 |
| 000788 | 北大医药 | 2581 | 44.75 | 56.83 | 44.75 | 52.42 | 18.22 | 41.60 |
| 600806 | 昆明机床 | 2582 | 44.67 | 55.27 | 38.76 | 49.48 | 32.30 | 43.15 |
| 600722 | *ST 金化 | 2583 | 44.61 | 48.24 | 58.13 | 50.13 | 22.59 | 34.62 |
| 600603 | 大洲兴业 | 2584 | 44.54 | 44.62 | 48.63 | 60.67 | 45.56 | 26.01 |
| 002358 | 森源电气 | 2585 | 44.54 | 50.23 | 48.57 | 50.68 | 29.68 | 37.87 |
| 000005 | 世纪星源 | 2586 | 44.41 | 57.55 | 52.73 | 51.04 | 25.81 | 26.09 |
| 002379 | 鲁丰环保 | 2587 | 44.11 | 54.21 | 54.52 | 53.48 | 6.49 | 37.16 |
| 000504 | 南华生物 | 2588 | 44.08 | 50.20 | 42.74 | 62.16 | 24.25 | 36.68 |
| 002306 | *ST 云网 | 2589 | 43.95 | 35.38 | 47.33 | 60.49 | 50.32 | 32.60 |
| 600091 | *ST 明科 | 2590 | 43.89 | 43.02 | 54.62 | 56.04 | 18.05 | 39.55 |
| 600721 | 百花村 | 2591 | 43.83 | 56.61 | 47.24 | 51.28 | 12.20 | 39.42 |
| 600179 | 黑化股份 | 2592 | 43.81 | 48.98 | 56.80 | 59.74 | 12.94 | 29.93 |
| 601003 | 柳钢股份 | 2593 | 43.73 | 54.10 | 27.44 | 57.78 | 36.67 | 43.48 |
| 002015 | *ST 霞客 | 2594 | 43.48 | 56.90 | 40.82 | 54.69 | 9.86 | 43.54 |
| 600575 | 皖江物流 | 2595 | 43.21 | 32.12 | 38.41 | 61.38 | 43.67 | 46.78 |
| 600365 | 通葡股份 | 2596 | 42.90 | 50.16 | 51.04 | 51.40 | 38.90 | 20.69 |
| 600870 | *ST 厦华 | 2597 | 42.63 | 44.43 | 41.14 | 53.69 | 34.50 | 38.57 |
| 000155 | *ST 川化 | 2598 | 42.58 | 49.67 | 51.61 | 57.90 | 16.54 | 28.38 |
| 000912 | *ST 天化 | 2599 | 42.48 | 53.68 | 42.58 | 58.56 | 7.77 | 38.78 |
| 600793 | ST 宜纸 | 2600 | 41.69 | 51.65 | 51.83 | 51.82 | 17.32 | 25.94 |
| 600800 | 天津磁卡 | 2601 | 41.51 | 43.22 | 43.94 | 66.12 | 24.53 | 27.84 |
| 600242 | *ST 中昌 | 2602 | 41.39 | 43.30 | 54.48 | 61.26 | 22.13 | 20.54 |

续表

| 证券代码 | 证券简称 | 排名 | 投资者保护指数 | 会计信息指数 | 内部控制指数 | 外部审计指数 | 管理控制指数 | 财务运行指数 |
|---|---|---|---|---|---|---|---|---|
| 600849 | 上药转换 | 2603 | 41.37 | 52.65 | 56.80 | 57.11 | 37.57 | 0.00 |
| 600656 | *ST 博元 | 2604 | 41.26 | 25.40 | 49.65 | 64.43 | 27.71 | 40.36 |
| 600381 | 贤成矿业 | 2605 | 41.11 | 52.72 | 30.22 | 55.20 | 53.78 | 20.27 |
| 600408 | *ST 安泰 | 2606 | 40.44 | 50.27 | 30.39 | 52.44 | 27.34 | 39.26 |
| 600368 | 五洲交通 | 2607 | 40.43 | 32.55 | 43.79 | 61.77 | 42.57 | 27.18 |
| 600403 | 大有能源 | 2608 | 40.37 | 36.12 | 28.33 | 50.88 | 27.98 | 58.83 |
| 600155 | 宝硕股份 | 2609 | 40.20 | 45.45 | 38.14 | 49.85 | 36.14 | 31.23 |
| 600539 | *ST 狮头 | 2610 | 39.77 | 32.43 | 51.64 | 57.14 | 31.67 | 25.95 |
| 600146 | 大元股份 | 2611 | 39.65 | 50.10 | 40.67 | 48.63 | 32.99 | 23.21 |
| 000611 | *ST 蒙发 | 2612 | 38.54 | 37.58 | 32.29 | 63.66 | 38.30 | 26.66 |
| 002608 | *ST 舜船 | 2613 | 38.50 | 34.14 | 46.21 | 62.82 | 14.62 | 30.60 |
| 000982 | 中银绒业 | 2614 | 38.07 | 40.87 | 51.41 | 52.52 | 16.28 | 21.88 |
| 600696 | 多伦股份 | 2615 | 37.78 | 33.50 | 24.21 | 51.53 | 43.97 | 43.30 |
| 000594 | *ST 国恒 | 2616 | 37.69 | 33.26 | 27.01 | 57.11 | 32.56 | 42.86 |
| 000892 | *ST 星美 | 2617 | 37.45 | 33.83 | 37.89 | 67.09 | 10.13 | 35.03 |
| 000033 | *ST 新都 | 2618 | 36.56 | 34.40 | 17.71 | 54.74 | 31.85 | 49.19 |
| 600145 | *ST 国创 | 2619 | 35.54 | 29.85 | 27.00 | 62.48 | 40.61 | 26.96 |
| 600234 | 山水文化 | 2620 | 34.09 | 33.86 | 26.27 | 50.35 | 44.81 | 23.20 |
| 600247 | *ST 成城 | 2621 | 33.77 | 30.12 | 20.04 | 58.49 | 24.88 | 39.66 |

# 附表二 会计信息、外部审计和管理控制三级指数

| 证券代码 | 证券简称 | 会计信息指数 | | | 外部审计指数 | | | 管理控制指数 | |
|---|---|---|---|---|---|---|---|---|---|
| | | 可靠性 | 相关性 | 信息披露 | 独立性 | 审计质量 | 保障功能 | 成本控制与创新 | 核心竞争力 |
| 000001 | 平安银行 | 48.15 | 49.50 | 74.08 | 71.34 | 54.29 | 53.89 | 63.95 | 98.76 |
| 000002 | 万科 A | 54.09 | 47.73 | 77.77 | 83.88 | 47.30 | 53.92 | 33.61 | 81.92 |
| 000004 | 国农科技 | 55.34 | 51.36 | 68.54 | 71.60 | 43.90 | 54.53 | 56.38 | 46.95 |
| 000005 | 世纪星源 | 54.53 | 49.69 | 68.54 | 60.01 | 38.93 | 53.94 | 19.93 | 33.55 |
| 000006 | 深振业 A | 39.64 | 50.02 | 70.38 | 71.34 | 54.00 | 54.52 | 35.82 | 58.54 |
| 000007 | 零七股份 | 44.43 | 48.87 | 74.08 | 71.30 | 59.46 | 54.52 | 13.24 | 83.88 |
| 000008 | 神州高铁 | 63.01 | 57.92 | 75.92 | 60.05 | 44.36 | 54.53 | 19.91 | 47.40 |
| 000009 | 中国宝安 | 59.59 | 42.43 | 70.38 | 63.62 | 42.88 | 53.71 | 79.34 | 82.61 |
| 000010 | 深华新 | 70.42 | 49.69 | 70.38 | 71.56 | 39.08 | 51.51 | 46.29 | 10.68 |
| 000011 | 深物业 A | 61.89 | 51.08 | 66.69 | 82.34 | 38.91 | 53.71 | 59.31 | 43.13 |
| 000012 | 南玻 A | 55.25 | 48.62 | 66.69 | 82.32 | 55.45 | 53.89 | 48.13 | 43.01 |
| 000014 | 沙河股份 | 53.97 | 54.15 | 70.38 | 71.29 | 53.86 | 54.52 | 43.14 | 49.28 |
| 000016 | 深康佳 A | 50.60 | 85.80 | 74.08 | 71.42 | 54.02 | 54.52 | 31.44 | 43.84 |
| 000017 | 深中华 A | 33.00 | 50.74 | 72.23 | 74.40 | 54.20 | 54.52 | 76.47 | 18.53 |
| 000018 | 中冠 A | 64.33 | 41.85 | 61.15 | 71.68 | 44.23 | 54.53 | 20.28 | 60.01 |
| 000019 | 深深宝 A | 54.32 | 47.51 | 70.38 | 59.94 | 44.37 | 54.53 | 51.92 | 50.12 |
| 000020 | 深华发 A | 46.36 | 50.80 | 68.54 | 75.29 | 43.87 | 54.06 | 56.00 | 0.41 |
| 000021 | 深科技 | 57.44 | 28.43 | 72.23 | 70.65 | 44.19 | 54.06 | 64.08 | 44.14 |
| 000022 | 深赤湾 A | 41.26 | 51.41 | 74.08 | 63.60 | 55.82 | 53.89 | 53.74 | 55.98 |
| 000023 | 深天地 A | 63.18 | 53.85 | 72.23 | 60.04 | 44.01 | 54.53 | 53.03 | 26.34 |
| 000024 | 招商地产 | 55.66 | 51.05 | 72.23 | 63.71 | 44.82 | 54.06 | 58.31 | 89.82 |
| 000025 | 特力 A | 64.58 | 44.88 | 66.69 | 71.42 | 54.16 | 54.52 | 16.83 | 22.62 |
| 000026 | 飞亚达 A | 60.43 | 48.20 | 70.38 | 84.52 | 44.17 | 54.86 | 43.99 | 59.29 |
| 000027 | 深圳能源 | 53.48 | 50.88 | 72.23 | 93.17 | 54.53 | 53.89 | 61.59 | 62.47 |
| 000028 | 国药一致 | 60.47 | 20.80 | 72.23 | 64.10 | 55.39 | 53.89 | 57.20 | 71.18 |
| 000029 | 深深房 A | 57.64 | 52.42 | 66.69 | 71.31 | 53.93 | 54.52 | 58.34 | 51.51 |

续表

| 证券代码 | 证券简称 | 会计信息指数 | | | 外部审计指数 | | | 管理控制指数 | |
|---|---|---|---|---|---|---|---|---|---|
| | | 可靠性 | 相关性 | 信息披露 | 独立性 | 审计质量 | 保障功能 | 成本控制与创新 | 核心竞争力 |
| 000030 | 富奥股份 | 46.73 | 50.00 | 64.85 | 71.35 | 54.09 | 39.94 | 59.55 | 15.45 |
| 000031 | 中粮地产 | 48.25 | 57.34 | 75.92 | 71.36 | 54.20 | 54.52 | 32.60 | 65.67 |
| 000032 | 深桑达 A | 35.98 | 48.94 | 72.23 | 71.34 | 43.97 | 54.17 | 36.79 | 27.62 |
| 000033 | *ST 新都 | 0.00 | 49.69 | 68.54 | 60.01 | 48.93 | 54.17 | 12.02 | 57.93 |
| 000034 | 深信泰丰 | 72.25 | 49.69 | 66.69 | 71.97 | 56.16 | 54.52 | 7.43 | 69.01 |
| 000035 | 中国天楹 | 65.12 | 50.82 | 72.23 | 84.52 | 50.16 | 59.07 | 66.49 | 65.54 |
| 000036 | 华联控股 | 52.09 | 51.10 | 70.38 | 59.95 | 43.95 | 54.53 | 26.77 | 30.43 |
| 000037 | 深南电 A | 56.15 | 50.81 | 72.23 | 71.29 | 54.13 | 54.52 | 58.06 | 34.65 |
| 000038 | 深大通 | 51.26 | 49.69 | 68.54 | 71.46 | 53.90 | 54.52 | 46.97 | 30.53 |
| 000039 | 中集集团 | 54.05 | 51.79 | 79.62 | 63.65 | 66.27 | 53.89 | 53.61 | 66.68 |
| 000040 | 宝安地产 | 44.24 | 50.97 | 70.38 | 71.31 | 53.90 | 54.52 | 56.64 | 45.56 |
| 000042 | 中洲控股 | 56.01 | 50.20 | 70.38 | 71.34 | 54.05 | 54.52 | 48.44 | 65.59 |
| 000043 | 中航地产 | 48.89 | 56.81 | 72.23 | 59.99 | 44.10 | 54.53 | 17.05 | 68.35 |
| 000045 | 深纺织 A | 48.90 | 50.45 | 72.23 | 60.00 | 39.09 | 53.92 | 69.84 | 32.96 |
| 000046 | 泛海控股 | 44.73 | 51.27 | 72.23 | 63.64 | 44.27 | 51.76 | 55.98 | 78.83 |
| 000048 | 康达尔 | 52.49 | 51.71 | 75.92 | 71.29 | 54.90 | 54.52 | 58.41 | 40.59 |
| 000049 | 德赛电池 | 58.42 | 48.13 | 77.77 | 59.99 | 43.95 | 54.53 | 63.72 | 37.17 |
| 000050 | 深天马 A | 36.76 | 48.60 | 75.92 | 64.12 | 54.22 | 53.89 | 56.76 | 40.17 |
| 000055 | 方大集团 | 55.97 | 55.05 | 70.38 | 63.60 | 45.45 | 54.86 | 50.09 | 27.71 |
| 000056 | 深国商 | 51.05 | 50.78 | 74.08 | 63.60 | 44.04 | 54.17 | 49.40 | 36.86 |
| 000058 | 深赛格 | 55.95 | 40.57 | 74.08 | 59.94 | 44.54 | 54.53 | 62.07 | 13.37 |
| 000059 | *ST 华锦 | 53.12 | 50.83 | 70.38 | 71.36 | 58.88 | 47.25 | 65.59 | 57.11 |
| 000060 | 中金岭南 | 55.53 | 53.12 | 70.38 | 71.33 | 54.35 | 54.52 | 63.16 | 47.76 |
| 000061 | 农产品 | 62.14 | 48.48 | 74.08 | 71.36 | 47.23 | 54.53 | 29.86 | 75.51 |
| 000062 | 深圳华强 | 43.47 | 49.69 | 72.23 | 71.28 | 55.53 | 54.52 | 59.59 | 84.97 |
| 000063 | 中兴通讯 | 56.54 | 50.62 | 74.08 | 77.40 | 55.40 | 53.71 | 73.13 | 83.48 |
| 000065 | 北方国际 | 38.93 | 55.49 | 75.92 | 71.30 | 53.85 | 52.11 | 54.12 | 34.78 |

续表

| 证券代码 | 证券简称 | 会计信息指数 | | | 外部审计指数 | | | 管理控制指数 | |
|---|---|---|---|---|---|---|---|---|---|
| | | 可靠性 | 相关性 | 信息披露 | 独立性 | 审计质量 | 保障功能 | 成本控制与创新 | 核心竞争力 |
| 000066 | 长城电脑 | 49.79 | 50.91 | 74.08 | 70.66 | 43.98 | 54.06 | 74.42 | 66.48 |
| 000068 | ＊ST 华赛 | 43.00 | 49.69 | 72.23 | 63.66 | 43.82 | 54.53 | 45.71 | 17.55 |
| 000069 | 华侨城 A | 52.00 | 53.84 | 70.38 | 71.40 | 62.15 | 54.52 | 64.64 | 98.77 |
| 000070 | 特发信息 | 61.84 | 49.98 | 70.38 | 71.32 | 53.92 | 54.52 | 60.43 | 15.47 |
| 000078 | 海王生物 | 54.59 | 49.98 | 75.92 | 63.65 | 44.33 | 54.86 | 61.96 | 73.75 |
| 000088 | 盐田港 | 31.05 | 47.73 | 66.69 | 71.31 | 54.17 | 54.52 | 6.46 | 61.34 |
| 000089 | 深圳机场 | 60.03 | 50.55 | 68.54 | 71.29 | 54.38 | 54.52 | 51.95 | 34.16 |
| 000090 | 天健集团 | 53.16 | 47.96 | 75.92 | 71.32 | 53.91 | 54.52 | 64.14 | 43.09 |
| 000096 | 广聚能源 | 64.29 | 50.72 | 72.23 | 71.31 | 54.32 | 54.52 | 53.23 | 35.25 |
| 000099 | 中信海直 | 62.42 | 20.80 | 66.69 | 75.34 | 39.23 | 54.23 | 62.06 | 51.47 |
| 000100 | TCL 集团 | 48.33 | 50.73 | 74.08 | 60.14 | 44.74 | 54.53 | 60.75 | 19.71 |
| 000150 | 宜华健康 | 29.75 | 49.69 | 74.08 | 67.58 | 43.89 | 54.06 | 65.69 | 17.75 |
| 000151 | 中成股份 | 38.94 | 49.08 | 70.38 | 63.60 | 44.16 | 51.65 | 59.58 | 43.87 |
| 000153 | 丰原药业 | 58.03 | 48.75 | 68.54 | 63.70 | 38.98 | 43.05 | 56.18 | 35.85 |
| 000155 | ＊ST 川化 | 29.29 | 49.69 | 77.77 | 82.42 | 38.93 | 41.39 | 23.24 | 7.74 |
| 000156 | 华数传媒 | 64.37 | 50.74 | 68.54 | 67.65 | 49.23 | 60.30 | 64.05 | 90.34 |
| 000157 | 中联重科 | 55.91 | 50.70 | 68.54 | 64.26 | 44.95 | 40.45 | 46.96 | 59.66 |
| 000158 | 常山股份 | 60.62 | 52.68 | 70.38 | 67.77 | 39.65 | 40.27 | 67.67 | 33.04 |
| 000159 | 国际实业 | 62.20 | 51.31 | 72.23 | 71.34 | 39.13 | 31.44 | 31.10 | 19.28 |
| 000166 | 申万宏源 | 53.70 | 49.69 | 68.54 | 84.51 | 48.25 | 30.71 | 67.66 | 64.03 |
| 000301 | 东方市场 | 52.05 | 52.17 | 70.38 | 71.33 | 39.04 | 59.42 | 71.69 | 40.92 |
| 000333 | 美的集团 | 59.03 | 50.58 | 75.92 | 71.50 | 45.95 | 54.26 | 57.93 | 12.02 |
| 000338 | 潍柴动力 | 55.69 | 50.61 | 66.69 | 60.04 | 59.55 | 47.19 | 50.53 | 65.92 |
| 000400 | 许继电气 | 61.68 | 44.47 | 72.23 | 71.37 | 53.99 | 44.10 | 66.65 | 52.69 |
| 000401 | 冀东水泥 | 58.03 | 51.29 | 77.77 | 89.80 | 45.19 | 40.27 | 24.75 | 51.11 |
| 000402 | 金融街 | 50.84 | 51.50 | 72.23 | 71.37 | 54.51 | 52.11 | 47.61 | 85.30 |
| 000403 | ST 生化 | 57.55 | 49.69 | 64.85 | 63.60 | 43.98 | 35.99 | 80.57 | 58.02 |

续表

| 证券代码 | 证券简称 | 会计信息指数 | | | 外部审计指数 | | | 管理控制指数 | |
|---|---|---|---|---|---|---|---|---|---|
| | | 可靠性 | 相关性 | 信息披露 | 独立性 | 审计质量 | 保障功能 | 成本控制与创新 | 核心竞争力 |
| 000404 | 华意压缩 | 54.91 | 50.77 | 72.23 | 67.69 | 43.97 | 41.93 | 50.38 | 12.20 |
| 000407 | 胜利股份 | 43.59 | 20.80 | 68.54 | 88.56 | 43.95 | 48.28 | 54.07 | 31.47 |
| 000408 | 金谷源 | 68.33 | 50.50 | 59.31 | 84.97 | 44.28 | 41.02 | 41.15 | 21.48 |
| 000409 | 山东地矿 | 51.10 | 50.75 | 74.08 | 63.61 | 47.11 | 47.54 | 15.06 | 32.11 |
| 000410 | 沈阳机床 | 47.17 | 20.80 | 72.23 | 60.06 | 44.24 | 47.26 | 68.75 | 18.56 |
| 000411 | 英特集团 | 62.53 | 49.69 | 66.69 | 71.33 | 44.46 | 59.75 | 57.61 | 69.18 |
| 000413 | 东旭光电 | 28.34 | 48.83 | 72.23 | 63.72 | 38.84 | 40.27 | 59.38 | 46.75 |
| 000415 | 渤海租赁 | 55.14 | 51.30 | 68.54 | 71.30 | 98.00 | 30.51 | 33.50 | 68.77 |
| 000416 | 民生控股 | 59.55 | 52.33 | 72.23 | 71.50 | 39.54 | 47.65 | 33.15 | 10.33 |
| 000417 | 合肥百货 | 58.99 | 55.18 | 74.08 | 60.00 | 44.15 | 43.41 | 30.48 | 62.63 |
| 000418 | 小天鹅A | 55.63 | 50.94 | 64.85 | 73.39 | 39.60 | 58.87 | 68.87 | 22.34 |
| 000419 | 通程控股 | 56.94 | 52.90 | 63.00 | 70.56 | 43.98 | 41.00 | 58.56 | 30.88 |
| 000420 | 吉林化纤 | 56.97 | 50.84 | 64.85 | 90.60 | 40.12 | 39.34 | 65.30 | 16.18 |
| 000421 | 南京中北 | 61.44 | 50.64 | 72.23 | 71.33 | 41.63 | 59.42 | 10.86 | 21.13 |
| 000422 | 湖北宜化 | 51.96 | 51.13 | 70.38 | 89.66 | 44.27 | 42.68 | 34.55 | 44.87 |
| 000423 | 东阿阿胶 | 60.40 | 51.00 | 72.23 | 84.50 | 54.02 | 47.37 | 66.16 | 62.40 |
| 000425 | 徐工机械 | 55.75 | 50.99 | 70.38 | 79.32 | 39.40 | 59.07 | 33.73 | 43.97 |
| 000426 | 兴业矿业 | 56.86 | 50.31 | 66.69 | 71.35 | 40.35 | 36.35 | 59.42 | 39.56 |
| 000428 | 华天酒店 | 53.93 | 50.44 | 72.23 | 70.79 | 59.34 | 41.00 | 24.61 | 67.98 |
| 000429 | 粤高速A | 48.54 | 50.81 | 72.23 | 60.10 | 40.88 | 53.71 | 70.67 | 53.04 |
| 000430 | 张家界 | 68.95 | 51.87 | 72.23 | 67.65 | 45.69 | 40.45 | 41.57 | 58.63 |
| 000488 | 晨鸣纸业 | 55.85 | 50.64 | 70.38 | 71.40 | 59.40 | 47.99 | 41.76 | 53.58 |
| 000498 | 山东路桥 | 53.68 | 51.46 | 72.23 | 63.74 | 38.95 | 47.65 | 39.19 | 28.63 |
| 000501 | 鄂武商A | 49.14 | 48.33 | 74.08 | 93.30 | 39.33 | 41.58 | 37.19 | 61.19 |
| 000502 | 绿景控股 | 72.65 | 49.69 | 66.69 | 60.31 | 43.85 | 54.17 | 71.49 | 58.02 |
| 000503 | 海虹控股 | 62.18 | 85.80 | 70.38 | 71.42 | 48.03 | 36.93 | 22.07 | 57.19 |
| 000504 | 南华生物 | 42.62 | 51.77 | 59.31 | 86.91 | 45.59 | 41.00 | 33.20 | 12.47 |

续表

| 证券代码 | 证券简称 | 会计信息指数 | | | 外部审计指数 | | | 管理控制指数 | |
|---|---|---|---|---|---|---|---|---|---|
| | | 可靠性 | 相关性 | 信息披露 | 独立性 | 审计质量 | 保障功能 | 成本控制与创新 | 核心竞争力 |
| 000505 | *ST 珠江 | 48.70 | 50.95 | 64.85 | 59.98 | 43.95 | 36.93 | 56.30 | 22.39 |
| 000506 | 中润资源 | 55.83 | 49.69 | 68.54 | 71.45 | 33.93 | 47.65 | 25.79 | 22.96 |
| 000507 | 珠海港 | 50.96 | 51.13 | 68.54 | 59.92 | 44.67 | 54.17 | 61.93 | 34.53 |
| 000509 | 华塑控股 | 74.05 | 50.37 | 72.23 | 84.69 | 39.32 | 41.39 | 33.73 | 1.00 |
| 000510 | *ST 金路 | 50.53 | 49.69 | 63.00 | 89.53 | 43.95 | 41.54 | 58.21 | 26.35 |
| 000511 | 烯碳新材 | 41.67 | 50.90 | 66.69 | 84.50 | 44.23 | 47.54 | 61.89 | 29.85 |
| 000513 | 丽珠集团 | 62.66 | 56.15 | 75.92 | 71.36 | 54.30 | 54.52 | 53.04 | 57.68 |
| 000514 | 渝开发 | 60.71 | 70.92 | 70.38 | 63.61 | 43.98 | 44.28 | 62.88 | 47.92 |
| 000516 | 国际医学 | 59.04 | 50.19 | 70.38 | 87.52 | 38.89 | 33.63 | 69.85 | 43.35 |
| 000517 | 荣安地产 | 42.65 | 50.78 | 70.38 | 71.36 | 38.91 | 60.56 | 49.41 | 46.28 |
| 000518 | 四环生物 | 63.27 | 49.69 | 74.08 | 60.38 | 44.28 | 59.07 | 80.04 | 47.48 |
| 000519 | 江南红箭 | 42.52 | 53.29 | 68.54 | 71.48 | 44.16 | 41.26 | 90.40 | 24.34 |
| 000520 | *ST 凤凰 | 38.34 | 49.69 | 59.31 | 60.45 | 44.52 | 41.93 | 84.66 | 7.42 |
| 000521 | 美菱电器 | 54.31 | 51.82 | 75.92 | 70.60 | 44.01 | 42.94 | 51.01 | 27.69 |
| 000523 | 广州浪奇 | 40.83 | 53.83 | 75.92 | 59.95 | 43.93 | 54.17 | 60.86 | 34.16 |
| 000524 | 东方宾馆 | 70.87 | 46.54 | 70.38 | 60.11 | 46.33 | 54.17 | 56.36 | 100.00 |
| 000525 | 红太阳 | 42.63 | 45.11 | 72.23 | 60.00 | 43.97 | 59.07 | 29.78 | 36.50 |
| 000526 | 银润投资 | 59.65 | 49.69 | 66.69 | 64.48 | 38.81 | 47.79 | 75.51 | 60.01 |
| 000528 | 柳工 | 53.22 | 52.34 | 72.23 | 63.66 | 54.39 | 35.91 | 41.54 | 46.77 |
| 000529 | 广弘控股 | 60.22 | 50.29 | 72.23 | 71.30 | 44.37 | 54.26 | 67.16 | 29.22 |
| 000530 | 大冷股份 | 57.63 | 50.40 | 66.69 | 71.34 | 44.10 | 47.26 | 38.23 | 35.60 |
| 000531 | 穗恒运 A | 50.75 | 48.74 | 72.23 | 59.91 | 44.14 | 54.17 | 63.60 | 57.92 |
| 000532 | 力合股份 | 71.19 | 48.44 | 72.23 | 60.04 | 45.06 | 54.53 | 41.39 | 60.99 |
| 000533 | 万家乐 | 63.22 | 50.20 | 87.00 | 59.97 | 44.01 | 54.53 | 57.91 | 45.18 |
| 000534 | 万泽股份 | 39.40 | 50.07 | 70.38 | 83.72 | 44.07 | 54.17 | 51.27 | 56.11 |
| 000536 | 华映科技 | 56.68 | 50.42 | 74.08 | 70.99 | 39.14 | 47.58 | 65.72 | 36.56 |
| 000537 | 广宇发展 | 45.81 | 50.93 | 61.15 | 67.61 | 53.88 | 50.18 | 32.35 | 60.69 |

续表

| 证券代码 | 证券简称 | 会计信息指数 | | | 外部审计指数 | | | 管理控制指数 | |
|---|---|---|---|---|---|---|---|---|---|
| | | 可靠性 | 相关性 | 信息披露 | 独立性 | 审计质量 | 保障功能 | 成本控制与创新 | 核心竞争力 |
| 000538 | 云南白药 | 47.81 | 51.91 | 72.23 | 90.67 | 39.17 | 34.85 | 53.81 | 62.19 |
| 000539 | 粤电力A | 57.19 | 64.31 | 72.23 | 71.30 | 44.56 | 53.92 | 70.38 | 79.95 |
| 000540 | 中天城投 | 58.05 | 52.23 | 70.38 | 67.69 | 44.68 | 32.78 | 59.46 | 68.55 |
| 000541 | 佛山照明 | 64.76 | 59.74 | 74.08 | 91.60 | 39.18 | 53.71 | 54.40 | 41.05 |
| 000543 | 皖能电力 | 58.28 | 51.49 | 64.85 | 63.61 | 44.18 | 42.59 | 49.25 | 69.55 |
| 000544 | 中原环保 | 57.91 | 37.81 | 63.00 | 67.57 | 54.49 | 44.10 | 52.42 | 44.10 |
| 000545 | 金浦钛业 | 53.02 | 49.95 | 79.62 | 84.48 | 43.98 | 39.59 | 45.14 | 33.68 |
| 000546 | 金圆股份 | 60.72 | 50.69 | 70.38 | 71.48 | 39.22 | 39.59 | 31.36 | 43.96 |
| 000547 | 闽福发A | 52.88 | 48.99 | 74.08 | 79.38 | 38.94 | 47.58 | 66.17 | 46.12 |
| 000548 | 湖南投资 | 29.94 | 85.80 | 64.85 | 91.52 | 45.08 | 41.00 | 45.78 | 60.81 |
| 000550 | 江铃汽车 | 51.20 | 50.49 | 70.38 | 83.71 | 54.63 | 41.76 | 63.03 | 34.10 |
| 000551 | 创元科技 | 53.12 | 49.90 | 59.31 | 75.59 | 42.60 | 58.87 | 65.91 | 74.65 |
| 000552 | 靖远煤电 | 58.26 | 51.39 | 68.54 | 63.55 | 54.32 | 30.70 | 45.35 | 26.32 |
| 000553 | 沙隆达A | 42.35 | 50.48 | 70.38 | 64.10 | 54.04 | 42.39 | 45.71 | 43.49 |
| 000554 | 泰山石油 | 53.05 | 53.27 | 64.85 | 71.60 | 34.28 | 47.65 | 31.31 | 40.02 |
| 000555 | 神州信息 | 62.39 | 66.88 | 74.08 | 71.39 | 44.74 | 54.06 | 48.82 | 52.47 |
| 000557 | *ST广夏 | 66.05 | 49.69 | 63.00 | 64.57 | 39.30 | 34.90 | 9.74 | 43.70 |
| 000558 | 莱茵置业 | 42.69 | 52.58 | 74.08 | 70.59 | 39.05 | 60.30 | 61.11 | 49.94 |
| 000559 | 万向钱潮 | 54.24 | 51.57 | 70.38 | 90.58 | 44.53 | 60.30 | 52.20 | 20.85 |
| 000560 | 昆百大A | 56.69 | 52.28 | 77.77 | 90.58 | 39.01 | 34.85 | 49.66 | 47.82 |
| 000561 | 烽火电子 | 63.41 | 56.73 | 63.00 | 64.21 | 38.87 | 33.63 | 77.67 | 49.83 |
| 000563 | 陕国投A | 61.08 | 44.98 | 72.23 | 63.64 | 45.18 | 33.63 | 65.70 | 28.53 |
| 000564 | 西安民生 | 49.08 | 49.69 | 66.69 | 79.20 | 44.05 | 33.17 | 34.41 | 21.78 |
| 000565 | 渝三峡A | 57.38 | 48.54 | 68.54 | 63.61 | 43.89 | 44.28 | 68.51 | 11.18 |
| 000566 | 海南海药 | 57.95 | 54.29 | 70.38 | 63.63 | 44.08 | 36.66 | 77.96 | 37.52 |
| 000567 | 海德股份 | 39.11 | 60.30 | 72.23 | 71.61 | 43.85 | 36.57 | 28.30 | 17.13 |
| 000568 | 泸州老窖 | 53.18 | 50.98 | 74.08 | 86.47 | 39.79 | 41.39 | 31.95 | 29.26 |

续表

| 证券代码 | 证券简称 | 会计信息指数 | | | 外部审计指数 | | | 管理控制指数 | |
|---|---|---|---|---|---|---|---|---|---|
| | | 可靠性 | 相关性 | 信息披露 | 独立性 | 审计质量 | 保障功能 | 成本控制与创新 | 核心竞争力 |
| 000570 | 苏常柴 A | 59.69 | 49.98 | 61.15 | 82.44 | 39.07 | 58.87 | 71.48 | 30.30 |
| 000571 | 新大洲 A | 49.99 | 50.93 | 70.38 | 59.92 | 44.24 | 36.57 | 38.84 | 21.15 |
| 000572 | 海马汽车 | 52.91 | 50.87 | 72.23 | 60.00 | 44.01 | 36.57 | 50.73 | 16.65 |
| 000573 | 粤宏远 A | 59.88 | 50.85 | 68.54 | 91.52 | 38.93 | 53.71 | 35.81 | 48.25 |
| 000576 | 广东甘化 | 55.39 | 45.17 | 68.54 | 59.98 | 39.82 | 53.71 | 42.71 | 17.59 |
| 000581 | 威孚高科 | 60.07 | 50.94 | 74.08 | 85.27 | 39.44 | 58.87 | 67.27 | 17.61 |
| 000582 | 北部湾港 | 58.40 | 38.51 | 68.54 | 63.58 | 54.40 | 35.91 | 50.79 | 63.35 |
| 000584 | 友利控股 | 46.05 | 49.69 | 74.08 | 75.34 | 40.47 | 59.42 | 39.50 | 28.68 |
| 000585 | 东北电器 | 70.41 | 48.45 | 72.23 | 71.78 | 54.03 | 47.25 | 61.35 | 41.06 |
| 000586 | 汇源通信 | 62.02 | 46.53 | 51.92 | 63.73 | 43.87 | 41.74 | 55.01 | 28.68 |
| 000587 | 金叶珠宝 | 39.69 | 20.80 | 68.54 | 63.65 | 45.28 | 35.94 | 43.47 | 38.44 |
| 000589 | 黔轮胎 A | 45.78 | 52.05 | 70.38 | 63.71 | 39.71 | 34.04 | 52.83 | 41.75 |
| 000590 | *ST 古汉 | 52.84 | 49.69 | 70.38 | 89.67 | 43.92 | 40.45 | 65.59 | 59.42 |
| 000591 | 桐君阁 | 60.35 | 39.09 | 70.38 | 63.57 | 44.19 | 44.28 | 49.80 | 48.13 |
| 000592 | 平潭发展 | 70.17 | 43.40 | 61.15 | 63.66 | 63.33 | 48.39 | 59.89 | 67.01 |
| 000593 | 大通燃气 | 62.23 | 44.31 | 66.69 | 87.61 | 38.96 | 41.39 | 32.69 | 23.55 |
| 000594 | *ST 国恒 | 0.00 | 49.69 | 64.85 | 71.10 | 45.45 | 49.12 | 34.50 | 30.01 |
| 000595 | 西北轴承 | 62.05 | 51.10 | 72.23 | 84.48 | 43.92 | 34.44 | 75.38 | 0.00 |
| 000596 | 古井贡酒 | 61.26 | 51.01 | 70.38 | 84.53 | 55.29 | 43.40 | 36.35 | 60.38 |
| 000597 | 东北制药 | 59.06 | 51.06 | 64.85 | 84.59 | 54.14 | 47.25 | 76.69 | 42.16 |
| 000598 | 兴蓉投资 | 58.89 | 32.03 | 70.38 | 64.13 | 46.51 | 41.54 | 40.99 | 62.37 |
| 000599 | 青岛双星 | 57.93 | 50.90 | 70.38 | 84.50 | 45.56 | 47.65 | 41.33 | 30.08 |
| 000600 | 建投能源 | 54.38 | 49.69 | 70.38 | 84.58 | 39.20 | 40.12 | 59.81 | 88.59 |
| 000601 | 韶能股份 | 57.54 | 52.77 | 66.69 | 84.61 | 39.08 | 53.71 | 53.04 | 46.02 |
| 000603 | 盛达矿业 | 58.89 | 50.30 | 74.08 | 84.51 | 44.38 | 52.12 | 20.68 | 59.79 |
| 000605 | 渤海股份 | 38.97 | 54.71 | 68.54 | 84.57 | 41.19 | 52.24 | 55.38 | 21.72 |
| 000606 | 青海明胶 | 57.57 | 50.33 | 72.23 | 84.50 | 53.92 | 23.12 | 43.71 | 26.49 |

续表

| 证券代码 | 证券简称 | 会计信息指数 | | | 外部审计指数 | | | 管理控制指数 | |
|---|---|---|---|---|---|---|---|---|---|
| | | 可靠性 | 相关性 | 信息披露 | 独立性 | 审计质量 | 保障功能 | 成本控制与创新 | 核心竞争力 |
| 000607 | 华媒控股 | 70.13 | 52.81 | 72.23 | 84.57 | 55.97 | 60.56 | 72.04 | 54.12 |
| 000608 | 阳光股份 | 51.37 | 50.87 | 64.85 | 84.51 | 54.44 | 35.28 | 60.90 | 34.57 |
| 000609 | 绵世股份 | 59.64 | 51.65 | 70.38 | 84.55 | 44.00 | 51.76 | 69.10 | 53.99 |
| 000610 | 西安旅游 | 64.29 | 50.37 | 64.85 | 63.56 | 44.76 | 33.38 | 82.79 | 43.34 |
| 000611 | *ST 蒙发 | 0.00 | 50.98 | 77.77 | 84.67 | 54.99 | 36.35 | 44.78 | 29.80 |
| 000612 | 焦作万方 | 49.82 | 49.69 | 74.08 | 63.68 | 39.17 | 43.49 | 39.77 | 26.02 |
| 000613 | 大东海 A | 73.30 | 47.03 | 72.23 | 85.17 | 46.96 | 36.57 | 29.28 | 63.81 |
| 000615 | 湖北金环 | 61.66 | 50.99 | 72.23 | 84.49 | 39.75 | 41.58 | 86.55 | 23.11 |
| 000616 | 海航投资 | 40.56 | 20.80 | 72.23 | 84.53 | 44.14 | 47.26 | 57.96 | 47.34 |
| 000617 | 石油济柴 | 53.74 | 50.47 | 75.92 | 84.54 | 44.21 | 47.19 | 35.23 | 20.99 |
| 000619 | 海螺型材 | 61.09 | 51.10 | 75.92 | 84.56 | 44.40 | 43.41 | 28.88 | 34.22 |
| 000620 | 新华联 | 29.25 | 51.73 | 77.77 | 84.56 | 44.14 | 51.85 | 46.05 | 27.16 |
| 000622 | 恒立实业 | 55.18 | 49.69 | 70.38 | 84.71 | 43.90 | 40.45 | 32.90 | 5.26 |
| 000623 | 吉林敖东 | 56.79 | 50.07 | 74.08 | 60.04 | 43.94 | 39.59 | 70.66 | 60.00 |
| 000625 | 长安汽车 | 52.70 | 51.65 | 74.08 | 84.52 | 55.49 | 43.73 | 67.36 | 69.21 |
| 000626 | 如意集团 | 51.91 | 51.06 | 66.69 | 84.60 | 39.44 | 59.42 | 23.37 | 69.94 |
| 000627 | 天茂集团 | 38.34 | 50.59 | 66.69 | 84.52 | 44.02 | 42.68 | 30.57 | 30.43 |
| 000628 | 高新发展 | 51.70 | 50.83 | 66.69 | 87.53 | 88.80 | 41.39 | 29.77 | 31.74 |
| 000629 | 攀钢钒钛 | 46.70 | 50.79 | 72.23 | 75.38 | 75.92 | 42.00 | 41.16 | 36.33 |
| 000630 | 铜陵有色 | 56.11 | 49.69 | 74.08 | 89.83 | 40.41 | 43.14 | 54.71 | 69.19 |
| 000631 | 顺发恒业 | 48.97 | 49.47 | 59.31 | 71.36 | 38.90 | 39.59 | 57.12 | 66.60 |
| 000632 | 三木集团 | 54.05 | 54.60 | 70.38 | 89.73 | 39.16 | 47.58 | 25.77 | 45.38 |
| 000633 | 合金投资 | 37.94 | 42.64 | 68.54 | 68.18 | 43.91 | 46.44 | 22.53 | 29.74 |
| 000635 | 英力特 | 55.06 | 52.37 | 72.23 | 71.35 | 53.86 | 34.90 | 49.54 | 33.06 |
| 000636 | 风华高科 | 52.49 | 20.80 | 70.38 | 63.63 | 44.07 | 54.17 | 46.83 | 33.24 |
| 000637 | 茂化实华 | 62.58 | 52.41 | 70.38 | 59.96 | 44.92 | 54.53 | 61.64 | 28.73 |
| 000638 | 万方发展 | 36.41 | 49.36 | 66.69 | 75.32 | 44.16 | 47.54 | 66.47 | 28.56 |

续表

| 证券代码 | 证券简称 | 会计信息指数 | | | 外部审计指数 | | | 管理控制指数 | |
|---|---|---|---|---|---|---|---|---|---|
| | | 可靠性 | 相关性 | 信息披露 | 独立性 | 审计质量 | 保障功能 | 成本控制与创新 | 核心竞争力 |
| 000639 | 西王食品 | 57.61 | 50.36 | 75.92 | 59.94 | 44.50 | 47.74 | 50.67 | 36.47 |
| 000650 | 仁和药业 | 63.70 | 51.05 | 72.23 | 59.95 | 44.06 | 42.40 | 63.16 | 57.02 |
| 000651 | 格力电器 | 53.65 | 51.92 | 70.38 | 81.04 | 39.88 | 53.94 | 56.89 | 61.02 |
| 000652 | 泰达股份 | 57.69 | 50.38 | 72.23 | 84.50 | 56.56 | 49.55 | 34.87 | 36.09 |
| 000655 | 金岭矿业 | 55.95 | 49.84 | 70.38 | 75.34 | 47.95 | 48.28 | 7.91 | 40.71 |
| 000656 | 金科股份 | 50.62 | 48.83 | 79.62 | 60.02 | 44.44 | 44.28 | 50.93 | 73.09 |
| 000657 | 中钨高新 | 53.09 | 50.45 | 72.23 | 67.60 | 44.56 | 36.11 | 43.39 | 33.16 |
| 000659 | *ST 中富 | 0.00 | 49.69 | 72.23 | 67.90 | 60.06 | 53.89 | 84.66 | 15.35 |
| 000661 | 长春高新 | 62.30 | 60.09 | 70.38 | 71.36 | 44.02 | 40.23 | 65.52 | 61.85 |
| 000662 | 索芙特 | 30.17 | 49.25 | 63.00 | 71.37 | 43.89 | 36.26 | 85.44 | 27.66 |
| 000663 | 永安林业 | 60.11 | 45.85 | 70.38 | 63.59 | 54.61 | 48.73 | 37.72 | 52.15 |
| 000665 | 湖北广电 | 56.91 | 47.17 | 70.38 | 67.81 | 42.12 | 42.04 | 56.31 | 91.64 |
| 000666 | 经纬纺机 | 52.79 | 50.81 | 74.08 | 67.70 | 45.07 | 51.30 | 42.16 | 6.45 |
| 000667 | 美好集团 | 58.78 | 50.87 | 87.00 | 89.63 | 39.17 | 34.85 | 39.73 | 41.36 |
| 000668 | 荣丰控股 | 41.04 | 50.51 | 70.38 | 83.74 | 38.90 | 56.08 | 24.11 | 30.01 |
| 000669 | 金鸿能源 | 57.38 | 52.35 | 74.08 | 71.30 | 50.57 | 39.59 | 56.73 | 33.94 |
| 000670 | 盈方微 | 68.13 | 85.80 | 72.23 | 71.69 | 44.04 | 42.68 | 77.44 | 50.71 |
| 000671 | 阳光城 | 36.55 | 52.51 | 68.54 | 71.79 | 39.68 | 48.39 | 61.21 | 69.63 |
| 000672 | 上峰水泥 | 57.96 | 50.83 | 72.23 | 73.20 | 54.28 | 30.70 | 45.11 | 41.46 |
| 000673 | 当代东方 | 66.86 | 51.50 | 63.00 | 64.37 | 51.61 | 35.99 | 58.61 | 54.12 |
| 000676 | 智度投资 | 60.49 | 49.69 | 75.92 | 67.83 | 38.94 | 43.49 | 28.04 | 34.34 |
| 000677 | *ST 海龙 | 60.89 | 49.69 | 70.38 | 71.29 | 45.47 | 47.19 | 53.08 | 25.23 |
| 000678 | 襄阳轴承 | 56.95 | 39.89 | 72.23 | 77.41 | 39.00 | 41.79 | 66.23 | 9.00 |
| 000679 | 大连友谊 | 46.20 | 50.49 | 72.23 | 60.01 | 44.08 | 47.26 | 4.82 | 55.05 |
| 000680 | 山推股份 | 51.76 | 50.52 | 75.92 | 88.60 | 44.63 | 48.28 | 71.10 | 11.43 |
| 000681 | 视觉中国 | 61.78 | 50.87 | 61.15 | 84.75 | 58.35 | 58.62 | 53.45 | 82.48 |
| 000682 | 东方电子 | 60.32 | 47.76 | 70.38 | 71.46 | 33.88 | 47.65 | 76.12 | 36.45 |

续表

| 证券代码 | 证券简称 | 会计信息指数 | | | 外部审计指数 | | | 管理控制指数 | |
|---|---|---|---|---|---|---|---|---|---|
| | | 可靠性 | 相关性 | 信息披露 | 独立性 | 审计质量 | 保障功能 | 成本控制与创新 | 核心竞争力 |
| 000683 | 远兴能源 | 33.64 | 50.32 | 66.69 | 63.66 | 53.95 | 36.35 | 55.50 | 44.22 |
| 000685 | 中山公用 | 52.91 | 50.96 | 74.08 | 88.61 | 41.26 | 53.71 | 54.71 | 24.65 |
| 000686 | 东北证券 | 55.32 | 44.38 | 70.38 | 59.91 | 44.95 | 39.59 | 55.72 | 57.18 |
| 000687 | 恒天天鹅 | 63.07 | 52.51 | 72.23 | 67.57 | 45.27 | 39.92 | 72.93 | 11.01 |
| 000688 | 建新矿业 | 54.87 | 50.01 | 72.23 | 71.30 | 54.70 | 44.53 | 42.93 | 0.00 |
| 000690 | 宝新能源 | 48.59 | 50.13 | 74.08 | 84.53 | 39.02 | 53.76 | 32.06 | 68.32 |
| 000691 | 亚太实业 | 61.28 | 51.01 | 75.92 | 67.97 | 53.87 | 36.92 | 38.47 | 30.01 |
| 000692 | 惠天热电 | 51.03 | 49.69 | 70.38 | 84.49 | 43.97 | 47.54 | 38.58 | 37.90 |
| 000693 | 华泽钴镍 | 63.23 | 49.69 | 66.69 | 63.60 | 54.70 | 42.00 | 65.97 | 29.97 |
| 000695 | 滨海能源 | 62.30 | 42.36 | 59.31 | 71.46 | 44.04 | 49.84 | 33.64 | 31.49 |
| 000697 | 炼石有色 | 58.13 | 55.60 | 70.38 | 71.28 | 54.54 | 33.63 | 52.03 | 60.01 |
| 000698 | 沈阳化工 | 55.62 | 42.54 | 70.38 | 70.53 | 59.28 | 46.62 | 53.10 | 5.06 |
| 000700 | 模塑科技 | 54.92 | 49.69 | 64.85 | 79.24 | 39.13 | 58.87 | 60.55 | 24.37 |
| 000701 | 厦门信达 | 55.35 | 51.57 | 70.38 | 67.63 | 44.76 | 48.04 | 39.58 | 68.25 |
| 000702 | 正虹科技 | 63.21 | 50.54 | 72.23 | 67.82 | 44.76 | 41.00 | 43.13 | 30.46 |
| 000703 | 恒逸石化 | 47.95 | 50.50 | 72.23 | 71.35 | 58.66 | 35.91 | 27.37 | 24.59 |
| 000705 | 浙江震元 | 59.80 | 50.33 | 68.54 | 67.56 | 44.15 | 60.30 | 30.86 | 40.40 |
| 000707 | 双环科技 | 46.43 | 50.78 | 72.23 | 82.39 | 44.17 | 42.68 | 80.37 | 26.81 |
| 000708 | 大冶特钢 | 49.09 | 50.22 | 66.69 | 84.59 | 45.63 | 41.79 | 67.87 | 10.75 |
| 000709 | 河北钢铁 | 54.71 | 49.90 | 68.54 | 77.50 | 41.23 | 40.27 | 41.64 | 57.25 |
| 000710 | 天兴仪表 | 61.95 | 54.33 | 64.85 | 71.44 | 38.89 | 42.12 | 54.14 | 0.00 |
| 000711 | *ST 京蓝 | 54.17 | 51.33 | 66.69 | 82.40 | 38.88 | 34.84 | 36.67 | 60.01 |
| 000712 | 锦龙股份 | 60.70 | 49.29 | 72.23 | 59.92 | 45.30 | 54.17 | 49.49 | 30.01 |
| 000713 | 丰乐种业 | 57.08 | 66.84 | 70.38 | 70.50 | 93.80 | 43.41 | 48.44 | 78.03 |
| 000715 | 中兴商业 | 58.75 | 49.69 | 59.31 | 86.30 | 43.89 | 47.60 | 36.09 | 36.87 |
| 000716 | 黑芝麻 | 62.64 | 47.49 | 68.54 | 70.68 | 41.08 | 35.62 | 46.98 | 45.85 |
| 000717 | 韶钢松山 | 51.02 | 50.89 | 75.92 | 59.93 | 54.51 | 54.52 | 42.73 | 29.80 |

续表

| 证券代码 | 证券简称 | 会计信息指数 | | | 外部审计指数 | | | 管理控制指数 | |
|---|---|---|---|---|---|---|---|---|---|
| | | 可靠性 | 相关性 | 信息披露 | 独立性 | 审计质量 | 保障功能 | 成本控制与创新 | 核心竞争力 |
| 000718 | 苏宁环球 | 43.15 | 53.36 | 72.23 | 75.60 | 39.12 | 39.13 | 50.18 | 69.18 |
| 000719 | 大地传媒 | 49.71 | 49.69 | 64.85 | 60.32 | 43.70 | 43.49 | 60.59 | 69.25 |
| 000720 | 新能泰山 | 56.49 | 51.28 | 72.23 | 59.93 | 43.94 | 48.28 | 69.94 | 23.05 |
| 000721 | 西安饮食 | 50.59 | 30.32 | 66.69 | 88.70 | 42.18 | 33.63 | 40.60 | 58.00 |
| 000722 | 湖南发展 | 51.46 | 47.98 | 68.54 | 86.26 | 43.97 | 41.00 | 49.35 | 56.55 |
| 000723 | 美锦能源 | 54.03 | 50.58 | 68.54 | 73.29 | 40.58 | 34.88 | 34.74 | 36.97 |
| 000725 | 京东方A | 57.31 | 51.10 | 75.92 | 79.24 | 45.59 | 51.51 | 69.18 | 58.50 |
| 000726 | 鲁泰A | 55.76 | 50.49 | 72.23 | 77.44 | 56.39 | 47.99 | 42.72 | 31.85 |
| 000727 | 华东科技 | 56.35 | 50.93 | 74.08 | 70.64 | 44.03 | 58.62 | 76.55 | 3.72 |
| 000728 | 国元证券 | 48.77 | 49.88 | 70.38 | 71.28 | 45.21 | 43.05 | 54.07 | 62.92 |
| 000729 | 燕京啤酒 | 59.86 | 85.80 | 77.77 | 86.38 | 48.76 | 52.46 | 51.63 | 51.63 |
| 000731 | 四川美丰 | 53.06 | 50.46 | 74.08 | 87.47 | 43.97 | 41.54 | 24.59 | 30.25 |
| 000732 | 泰禾集团 | 22.59 | 20.80 | 72.23 | 71.36 | 54.07 | 48.39 | 47.02 | 76.58 |
| 000733 | 振华科技 | 49.87 | 20.80 | 70.38 | 64.19 | 44.10 | 33.53 | 63.99 | 20.48 |
| 000735 | 罗牛山 | 62.47 | 50.55 | 72.23 | 73.11 | 43.03 | 36.34 | 30.49 | 56.67 |
| 000736 | 中房地产 | 25.22 | 50.58 | 74.08 | 59.96 | 53.88 | 44.53 | 26.53 | 46.32 |
| 000737 | 南风化工 | 57.15 | 50.79 | 68.54 | 63.59 | 44.17 | 35.30 | 24.14 | 24.17 |
| 000738 | 中航动控 | 41.18 | 39.70 | 70.38 | 71.43 | 54.63 | 59.42 | 37.49 | 38.62 |
| 000739 | 普洛药业 | 61.44 | 52.02 | 72.23 | 87.80 | 34.23 | 60.21 | 51.63 | 44.66 |
| 000748 | 长城信息 | 51.44 | 20.80 | 68.54 | 70.62 | 43.87 | 40.45 | 47.04 | 10.71 |
| 000750 | 国海证券 | 29.57 | 50.31 | 75.92 | 71.29 | 44.78 | 36.20 | 59.87 | 51.32 |
| 000751 | 锌业股份 | 30.61 | 50.76 | 74.08 | 63.61 | 39.07 | 46.99 | 30.84 | 27.71 |
| 000752 | 西藏发展 | 65.76 | 51.15 | 68.54 | 89.52 | 44.30 | 10.10 | 73.72 | 44.19 |
| 000753 | 漳州发展 | 58.98 | 48.59 | 72.23 | 88.71 | 39.02 | 47.58 | 42.70 | 31.60 |
| 000755 | 山西三维 | 54.12 | 50.89 | 74.08 | 77.36 | 44.09 | 35.99 | 77.36 | 4.95 |
| 000756 | 新华制药 | 59.62 | 53.28 | 63.00 | 83.82 | 43.90 | 47.54 | 50.29 | 37.29 |
| 000757 | 浩物股份 | 58.33 | 48.99 | 75.92 | 59.95 | 43.95 | 42.01 | 48.72 | 12.26 |

续表

| 证券代码 | 证券简称 | 会计信息指数 | | | 外部审计指数 | | | 管理控制指数 | |
|---|---|---|---|---|---|---|---|---|---|
| | | 可靠性 | 相关性 | 信息披露 | 独立性 | 审计质量 | 保障功能 | 成本控制与创新 | 核心竞争力 |
| 000758 | 中色股份 | 59.66 | 49.71 | 72.23 | 67.68 | 45.07 | 51.30 | 55.12 | 29.43 |
| 000759 | 中百集团 | 53.26 | 53.05 | 66.69 | 88.60 | 39.24 | 41.58 | 49.44 | 47.24 |
| 000760 | 斯太尔 | 65.57 | 49.69 | 75.92 | 60.20 | 39.63 | 41.93 | 49.60 | 36.04 |
| 000761 | 本钢板材 | 55.25 | 45.44 | 68.54 | 70.54 | 46.54 | 46.90 | 53.80 | 41.07 |
| 000762 | 西藏矿业 | 57.34 | 50.56 | 72.23 | 67.58 | 50.49 | 10.10 | 36.09 | 25.90 |
| 000766 | 通化金马 | 50.48 | 49.69 | 68.54 | 86.35 | 38.85 | 39.34 | 64.03 | 59.94 |
| 000767 | 漳泽电力 | 56.55 | 49.92 | 66.69 | 80.80 | 54.22 | 35.65 | 51.23 | 47.82 |
| 000768 | 中航飞机 | 36.21 | 51.36 | 70.38 | 75.56 | 40.85 | 32.83 | 53.89 | 46.80 |
| 000776 | 广发证券 | 42.75 | 50.10 | 72.23 | 64.10 | 57.39 | 53.89 | 56.64 | 69.86 |
| 000777 | 中核科技 | 65.50 | 49.36 | 72.23 | 75.30 | 44.07 | 58.96 | 60.21 | 36.29 |
| 000778 | 新兴铸管 | 54.02 | 50.99 | 72.23 | 60.02 | 45.61 | 40.38 | 58.47 | 67.77 |
| 000779 | 三毛派神 | 60.37 | 50.32 | 72.23 | 67.65 | 39.20 | 30.70 | 63.32 | 1.54 |
| 000780 | 平庄能源 | 52.70 | 44.54 | 68.54 | 71.30 | 39.27 | 35.54 | 45.48 | 9.62 |
| 000782 | 美达股份 | 43.41 | 50.97 | 70.38 | 59.94 | 46.05 | 54.17 | 32.09 | 30.82 |
| 000783 | 长江证券 | 44.40 | 54.12 | 72.23 | 73.07 | 40.13 | 41.58 | 71.70 | 30.07 |
| 000785 | 武汉中商 | 50.91 | 46.10 | 70.38 | 86.30 | 39.05 | 41.58 | 58.24 | 23.15 |
| 000786 | 北新建材 | 60.79 | 48.69 | 72.23 | 71.52 | 44.39 | 51.30 | 53.92 | 49.46 |
| 000788 | 北大医药 | 52.63 | 50.02 | 68.54 | 63.65 | 44.06 | 44.28 | 6.68 | 33.41 |
| 000789 | 万年青 | 58.35 | 51.11 | 66.69 | 71.51 | 44.34 | 42.68 | 45.58 | 48.50 |
| 000790 | 华神集团 | 67.58 | 42.60 | 68.54 | 67.61 | 44.33 | 41.54 | 40.47 | 47.24 |
| 000791 | 甘肃电投 | 56.53 | 51.73 | 70.38 | 63.59 | 53.97 | 30.70 | 18.76 | 58.73 |
| 000792 | 盐湖股份 | 53.64 | 49.10 | 74.08 | 71.39 | 54.21 | 23.12 | 53.98 | 59.82 |
| 000793 | 华闻传媒 | 62.00 | 48.93 | 72.23 | 60.13 | 47.21 | 36.57 | 63.45 | 90.60 |
| 000795 | 太原刚玉 | 63.36 | 50.98 | 72.23 | 82.58 | 34.10 | 35.30 | 69.39 | 0.34 |
| 000796 | 易食股份 | 38.82 | 25.87 | 63.00 | 63.70 | 45.36 | 33.06 | 61.47 | 63.11 |
| 000797 | 中国武夷 | 41.32 | 51.30 | 70.38 | 86.59 | 39.14 | 47.58 | 51.01 | 41.08 |
| 000798 | 中水渔业 | 54.64 | 51.52 | 72.23 | 70.55 | 41.87 | 51.53 | 74.18 | 49.78 |

续表

| 证券代码 | 证券简称 | 会计信息指数 | | | 外部审计指数 | | | 管理控制指数 | |
|---|---|---|---|---|---|---|---|---|---|
| | | 可靠性 | 相关性 | 信息披露 | 独立性 | 审计质量 | 保障功能 | 成本控制与创新 | 核心竞争力 |
| 000799 | *ST 酒鬼 | 40.33 | 52.73 | 70.38 | 71.31 | 54.93 | 41.25 | 34.77 | 56.57 |
| 000800 | 一汽轿车 | 59.61 | 51.56 | 68.54 | 67.66 | 53.97 | 39.94 | 49.83 | 39.52 |
| 000801 | 四川九洲 | 48.01 | 36.74 | 81.46 | 67.66 | 43.87 | 41.54 | 41.01 | 39.07 |
| 000802 | 北京文化 | 66.60 | 50.80 | 70.38 | 75.39 | 40.80 | 51.30 | 67.66 | 31.03 |
| 000803 | 金宇车城 | 45.01 | 46.71 | 66.69 | 82.60 | 39.57 | 41.19 | 68.34 | 24.92 |
| 000806 | 银河投资 | 61.08 | 55.78 | 75.92 | 63.61 | 43.88 | 35.92 | 53.24 | 13.67 |
| 000807 | 云铝股份 | 57.58 | 50.90 | 72.23 | 84.54 | 54.58 | 35.43 | 50.98 | 44.20 |
| 000809 | 铁岭新城 | 43.85 | 50.66 | 63.00 | 71.39 | 41.83 | 47.25 | 44.82 | 46.01 |
| 000810 | 创维数字 | 39.34 | 50.18 | 74.08 | 84.60 | 43.85 | 42.01 | 59.42 | 40.95 |
| 000811 | 烟台冰轮 | 55.08 | 52.24 | 68.54 | 88.55 | 44.09 | 48.28 | 67.50 | 24.01 |
| 000812 | 陕西金叶 | 63.06 | 51.70 | 64.85 | 63.57 | 58.76 | 33.63 | 32.87 | 32.50 |
| 000813 | 天山纺织 | 59.42 | 49.59 | 74.08 | 71.32 | 39.81 | 31.44 | 2.71 | 44.11 |
| 000815 | *ST 美利 | 50.94 | 50.75 | 75.92 | 71.36 | 45.48 | 34.56 | 27.34 | 12.61 |
| 000816 | 江淮动力 | 50.75 | 46.54 | 68.54 | 79.22 | 44.31 | 58.62 | 33.52 | 6.74 |
| 000818 | 方大化工 | 56.90 | 50.71 | 72.23 | 67.63 | 43.87 | 46.44 | 55.47 | 31.76 |
| 000819 | 岳阳兴长 | 62.99 | 47.15 | 70.38 | 71.48 | 40.21 | 41.38 | 45.15 | 29.90 |
| 000820 | 金城股份 | 55.86 | 46.37 | 70.38 | 84.69 | 39.82 | 46.65 | 61.57 | 23.42 |
| 000821 | 京山轻机 | 61.77 | 46.89 | 70.38 | 84.56 | 38.95 | 41.79 | 60.39 | 20.71 |
| 000822 | 山东海化 | 54.06 | 50.78 | 66.69 | 63.61 | 43.97 | 47.65 | 72.46 | 32.37 |
| 000823 | 超声电子 | 56.88 | 47.41 | 64.85 | 60.02 | 43.93 | 54.06 | 67.47 | 39.23 |
| 000825 | 太钢不锈 | 53.41 | 52.83 | 68.54 | 70.54 | 45.93 | 35.30 | 39.89 | 66.90 |
| 000826 | 桑德环境 | 51.80 | 50.10 | 74.08 | 87.48 | 48.55 | 42.68 | 54.17 | 87.16 |
| 000828 | 东莞控股 | 44.25 | 50.75 | 70.38 | 88.53 | 39.72 | 53.76 | 60.25 | 52.48 |
| 000829 | 天音控股 | 47.87 | 50.96 | 66.69 | 67.65 | 44.29 | 42.13 | 64.42 | 67.20 |
| 000830 | 鲁西化工 | 39.64 | 47.27 | 64.85 | 67.68 | 43.98 | 47.54 | 40.74 | 42.80 |
| 000831 | 五矿稀土 | 60.11 | 51.78 | 74.08 | 60.00 | 44.37 | 35.66 | 29.99 | 33.10 |
| 000833 | 贵糖股份 | 58.88 | 50.82 | 74.08 | 71.31 | 39.71 | 35.33 | 63.24 | 16.77 |

续表

| 证券代码 | 证券简称 | 会计信息指数 | | | 外部审计指数 | | | 管理控制指数 | |
|---|---|---|---|---|---|---|---|---|---|
| | | 可靠性 | 相关性 | 信息披露 | 独立性 | 审计质量 | 保障功能 | 成本控制与创新 | 核心竞争力 |
| 000835 | 长城动漫 | 50.10 | 20.80 | 74.08 | 84.59 | 44.39 | 41.74 | 44.90 | 30.41 |
| 000836 | 鑫茂科技 | 61.04 | 50.76 | 59.31 | 75.33 | 38.95 | 49.60 | 9.76 | 28.96 |
| 000837 | 秦川机床 | 60.78 | 50.28 | 70.38 | 84.71 | 39.26 | 33.63 | 60.34 | 23.24 |
| 000838 | 国兴地产 | 48.99 | 54.93 | 61.15 | 70.53 | 43.87 | 51.65 | 42.70 | 55.58 |
| 000839 | 中信国安 | 62.27 | 54.60 | 64.85 | 91.19 | 52.21 | 52.46 | 49.27 | 30.27 |
| 000848 | 承德露露 | 71.82 | 53.49 | 66.69 | 59.93 | 44.44 | 39.92 | 57.59 | 54.60 |
| 000850 | 华茂股份 | 57.00 | 51.09 | 72.23 | 70.72 | 39.74 | 43.14 | 11.46 | 7.27 |
| 000851 | 高鸿股份 | 58.72 | 68.60 | 68.54 | 77.36 | 44.10 | 32.89 | 45.47 | 60.96 |
| 000852 | 江钻股份 | 63.73 | 52.17 | 66.69 | 67.62 | 43.93 | 42.74 | 59.90 | 19.42 |
| 000856 | 冀东装备 | 53.70 | 49.69 | 76.27 | 59.95 | 43.98 | 40.27 | 39.95 | 31.33 |
| 000858 | 五粮液 | 47.28 | 50.88 | 68.54 | 84.81 | 40.50 | 41.39 | 25.99 | 77.92 |
| 000859 | 国风塑业 | 58.00 | 50.97 | 70.38 | 64.15 | 44.12 | 42.59 | 67.25 | 15.75 |
| 000860 | 顺鑫农业 | 57.22 | 53.22 | 70.38 | 87.55 | 39.55 | 51.35 | 69.91 | 55.41 |
| 000861 | 海印股份 | 60.24 | 50.43 | 72.23 | 89.60 | 40.13 | 53.76 | 6.66 | 67.76 |
| 000862 | 银星能源 | 58.19 | 50.96 | 68.54 | 67.69 | 43.97 | 34.44 | 66.96 | 41.44 |
| 000863 | 三湘股份 | 59.59 | 49.69 | 68.54 | 59.98 | 44.07 | 56.08 | 29.84 | 53.83 |
| 000868 | 安凯客车 | 57.23 | 51.22 | 74.08 | 64.16 | 44.06 | 42.59 | 63.84 | 31.77 |
| 000869 | 张裕 A | 53.22 | 50.58 | 72.23 | 71.35 | 56.42 | 47.37 | 47.66 | 58.88 |
| 000875 | 吉电股份 | 57.83 | 48.80 | 68.54 | 71.31 | 54.10 | 39.94 | 63.62 | 30.36 |
| 000876 | 新希望 | 50.86 | 51.54 | 72.23 | 88.53 | 46.42 | 41.39 | 32.66 | 68.58 |
| 000877 | 天山股份 | 51.41 | 51.04 | 68.54 | 70.75 | 44.34 | 30.85 | 64.84 | 40.33 |
| 000878 | 云南铜业 | 34.74 | 50.58 | 74.08 | 63.65 | 45.35 | 34.62 | 64.31 | 66.83 |
| 000880 | 潍柴重机 | 55.42 | 53.15 | 72.23 | 87.70 | 34.16 | 47.65 | 50.27 | 13.96 |
| 000881 | 大连国际 | 48.48 | 49.69 | 75.92 | 70.57 | 39.97 | 46.65 | 40.94 | 68.58 |
| 000882 | 华联股份 | 57.77 | 20.80 | 74.08 | 87.47 | 44.14 | 52.46 | 46.01 | 35.15 |
| 000883 | 湖北能源 | 52.36 | 49.69 | 75.92 | 64.16 | 44.30 | 42.68 | 45.49 | 74.34 |
| 000885 | 同力水泥 | 59.38 | 50.40 | 74.08 | 84.70 | 43.98 | 44.39 | 34.75 | 39.20 |

续表

| 证券代码 | 证券简称 | 会计信息指数 | | | 外部审计指数 | | | 管理控制指数 | |
|---|---|---|---|---|---|---|---|---|---|
| | | 可靠性 | 相关性 | 信息披露 | 独立性 | 审计质量 | 保障功能 | 成本控制与创新 | 核心竞争力 |
| 000886 | 海南高速 | 58.40 | 51.40 | 72.23 | 59.92 | 43.93 | 36.57 | 29.00 | 51.92 |
| 000887 | 中鼎股份 | 55.75 | 52.62 | 77.77 | 70.64 | 39.71 | 43.14 | 69.65 | 27.23 |
| 000888 | 峨眉山 A | 60.83 | 49.54 | 66.69 | 67.62 | 45.54 | 41.54 | 73.09 | 71.24 |
| 000889 | 茂业物流 | 64.37 | 39.71 | 70.38 | 71.33 | 39.08 | 40.73 | 35.04 | 29.68 |
| 000890 | 法尔胜 | 58.10 | 45.29 | 66.69 | 82.40 | 39.53 | 58.87 | 12.45 | 19.98 |
| 000892 | *ST 星美 | 0.00 | 49.69 | 66.69 | 97.61 | 44.76 | 44.28 | 53.03 | 0.00 |
| 000893 | 东凌粮油 | 31.92 | 50.52 | 72.23 | 67.83 | 40.52 | 53.71 | 46.72 | 42.10 |
| 000895 | 双汇发展 | 54.58 | 66.08 | 64.85 | 84.49 | 56.61 | 43.47 | 38.16 | 75.92 |
| 000897 | 津滨发展 | 40.95 | 50.66 | 68.54 | 63.60 | 53.98 | 50.18 | 39.97 | 22.56 |
| 000898 | 鞍钢股份 | 51.74 | 49.09 | 72.23 | 70.55 | 57.46 | 47.25 | 65.47 | 70.95 |
| 000899 | 赣能股份 | 57.02 | 49.85 | 75.92 | 63.57 | 44.04 | 42.13 | 53.89 | 53.73 |
| 000900 | 现代投资 | 54.89 | 51.04 | 63.00 | 83.75 | 45.08 | 40.45 | 54.98 | 40.79 |
| 000901 | 航天科技 | 47.12 | 52.36 | 66.69 | 67.66 | 54.36 | 35.65 | 50.40 | 28.31 |
| 000902 | 新洋丰 | 56.21 | 50.86 | 74.08 | 84.54 | 44.20 | 42.68 | 54.08 | 30.28 |
| 000903 | 云内动力 | 57.39 | 22.57 | 74.08 | 86.38 | 39.08 | 34.85 | 58.75 | 8.90 |
| 000905 | 厦门港务 | 38.13 | 52.54 | 74.08 | 63.57 | 44.40 | 48.73 | 59.29 | 67.19 |
| 000906 | 物产中拓 | 61.25 | 46.51 | 70.38 | 59.97 | 44.41 | 41.26 | 48.04 | 68.46 |
| 000908 | 景峰医药 | 71.80 | 50.73 | 64.85 | 84.49 | 44.12 | 40.90 | 62.00 | 60.28 |
| 000909 | 数源科技 | 43.68 | 61.33 | 74.08 | 70.54 | 40.61 | 60.21 | 64.91 | 58.86 |
| 000910 | 大亚科技 | 54.42 | 48.80 | 70.38 | 59.99 | 51.51 | 59.07 | 48.13 | 46.37 |
| 000911 | 南宁糖业 | 49.57 | 50.85 | 66.69 | 71.38 | 54.36 | 35.91 | 44.46 | 25.15 |
| 000912 | *ST 天化 | 46.76 | 49.69 | 66.69 | 83.92 | 38.98 | 41.39 | 0.65 | 17.15 |
| 000913 | 钱江摩托 | 0.00 | 50.67 | 64.85 | 85.09 | 45.27 | 60.30 | 46.27 | 31.53 |
| 000915 | 山大华特 | 51.17 | 51.48 | 61.15 | 71.36 | 53.85 | 47.99 | 60.12 | 59.06 |
| 000916 | 华北高速 | 42.77 | 49.61 | 70.38 | 59.93 | 54.63 | 52.11 | 55.27 | 61.04 |
| 000917 | 电广传媒 | 56.37 | 49.76 | 59.31 | 71.36 | 51.87 | 41.00 | 43.45 | 58.50 |
| 000918 | 嘉凯城 | 55.08 | 50.63 | 66.69 | 63.63 | 54.41 | 41.25 | 42.57 | 72.29 |

续表

| 证券代码 | 证券简称 | 会计信息指数 | | | 外部审计指数 | | | 管理控制指数 | |
|---|---|---|---|---|---|---|---|---|---|
| | | 可靠性 | 相关性 | 信息披露 | 独立性 | 审计质量 | 保障功能 | 成本控制与创新 | 核心竞争力 |
| 000919 | 金陵药业 | 59.46 | 51.67 | 72.23 | 86.36 | 39.00 | 59.42 | 50.95 | 41.94 |
| 000920 | 南方汇通 | 46.60 | 50.68 | 68.54 | 84.58 | 54.17 | 33.24 | 37.75 | 13.70 |
| 000921 | 海信科龙 | 47.44 | 50.96 | 74.08 | 59.98 | 54.65 | 54.52 | 47.40 | 33.53 |
| 000922 | 佳电股份 | 61.87 | 51.47 | 63.00 | 63.63 | 43.91 | 35.66 | 38.55 | 18.38 |
| 000923 | 河北宣工 | 46.20 | 50.79 | 72.23 | 71.34 | 38.85 | 40.12 | 23.45 | 14.76 |
| 000925 | 众合科技 | 45.40 | 50.18 | 75.92 | 85.03 | 44.28 | 60.30 | 57.52 | 36.61 |
| 000926 | 福星股份 | 56.98 | 47.60 | 72.23 | 83.81 | 44.44 | 42.74 | 6.17 | 61.09 |
| 000927 | *ST 夏利 | 25.14 | 50.92 | 63.00 | 73.12 | 44.08 | 50.53 | 40.54 | 20.20 |
| 000928 | 中钢国际 | 45.12 | 50.74 | 68.54 | 84.56 | 44.02 | 39.13 | 73.46 | 30.21 |
| 000929 | 兰州黄河 | 54.31 | 50.50 | 72.23 | 67.59 | 54.58 | 30.70 | 55.84 | 25.56 |
| 000930 | 中粮生化 | 57.18 | 46.12 | 72.23 | 60.00 | 43.95 | 42.59 | 42.48 | 10.71 |
| 000931 | 中关村 | 41.27 | 50.83 | 72.23 | 86.43 | 47.33 | 52.46 | 50.14 | 74.86 |
| 000932 | 华菱钢铁 | 47.29 | 85.80 | 70.38 | 84.54 | 45.73 | 41.00 | 39.85 | 47.95 |
| 000933 | 神火股份 | 57.55 | 50.65 | 63.00 | 71.35 | 54.48 | 44.10 | 47.67 | 49.60 |
| 000935 | 四川双马 | 61.67 | 52.48 | 70.38 | 67.59 | 54.34 | 41.37 | 59.66 | 38.40 |
| 000936 | 华西股份 | 59.33 | 53.68 | 74.08 | 71.33 | 40.59 | 59.42 | 35.63 | 28.24 |
| 000937 | 冀中能源 | 47.56 | 50.62 | 72.23 | 86.30 | 45.51 | 41.07 | 54.35 | 34.25 |
| 000938 | 紫光股份 | 37.27 | 49.69 | 72.23 | 82.43 | 38.89 | 52.11 | 51.53 | 39.74 |
| 000939 | 凯迪电力 | 56.16 | 48.92 | 75.92 | 86.32 | 40.31 | 41.58 | 79.75 | 37.76 |
| 000948 | 南天信息 | 54.24 | 78.20 | 57.46 | 84.59 | 39.14 | 34.85 | 50.89 | 36.62 |
| 000949 | 新乡化纤 | 42.51 | 49.53 | 70.38 | 63.61 | 44.46 | 44.39 | 41.34 | 28.55 |
| 000950 | 建峰化工 | 58.31 | 50.68 | 68.54 | 63.65 | 43.89 | 44.28 | 28.13 | 30.46 |
| 000951 | 中国重汽 | 56.33 | 50.37 | 70.38 | 67.57 | 54.51 | 47.37 | 63.26 | 47.77 |
| 000952 | 广济药业 | 54.89 | 50.71 | 68.54 | 86.29 | 43.92 | 42.68 | 10.46 | 28.07 |
| 000953 | 河池化工 | 53.71 | 52.16 | 75.92 | 84.49 | 43.89 | 35.56 | 28.97 | 1.12 |
| 000955 | 欣龙控股 | 62.67 | 51.12 | 66.69 | 84.52 | 44.82 | 36.93 | 78.25 | 14.15 |
| 000957 | 中通客车 | 55.60 | 50.72 | 66.69 | 67.63 | 43.98 | 47.54 | 69.43 | 28.83 |

续表

| 证券代码 | 证券简称 | 会计信息指数 | | | 外部审计指数 | | | 管理控制指数 | |
|---|---|---|---|---|---|---|---|---|---|
| | | 可靠性 | 相关性 | 信息披露 | 独立性 | 审计质量 | 保障功能 | 成本控制与创新 | 核心竞争力 |
| 000958 | 东方能源 | 65.74 | 50.66 | 68.54 | 84.49 | 43.88 | 40.27 | 73.46 | 26.16 |
| 000959 | 首钢股份 | 57.05 | 50.76 | 70.38 | 67.61 | 44.61 | 52.46 | 59.06 | 37.95 |
| 000960 | 锡业股份 | 44.89 | 50.72 | 75.92 | 84.54 | 54.91 | 35.43 | 70.56 | 51.21 |
| 000961 | 中南建设 | 48.97 | 51.26 | 75.92 | 71.55 | 39.48 | 58.82 | 38.32 | 60.13 |
| 000962 | 东方钽业 | 61.10 | 50.78 | 74.08 | 84.52 | 44.07 | 34.10 | 23.32 | 27.92 |
| 000963 | 华东医药 | 60.43 | 53.27 | 74.08 | 85.10 | 44.38 | 60.30 | 58.32 | 78.70 |
| 000965 | 天保基建 | 55.59 | 50.79 | 74.08 | 67.61 | 43.89 | 49.72 | 60.80 | 55.56 |
| 000966 | 长源电力 | 56.79 | 50.60 | 64.85 | 70.55 | 39.24 | 41.58 | 57.23 | 62.01 |
| 000967 | 上风高科 | 57.82 | 20.80 | 74.08 | 85.10 | 44.19 | 60.30 | 38.87 | 32.59 |
| 000968 | 煤气化 | 48.68 | 50.53 | 70.38 | 77.36 | 45.53 | 35.30 | 37.54 | 23.35 |
| 000969 | 安泰科技 | 55.60 | 47.14 | 70.38 | 84.59 | 44.86 | 51.30 | 34.48 | 6.29 |
| 000970 | 中科三环 | 62.86 | 47.52 | 70.38 | 86.35 | 44.07 | 52.46 | 61.39 | 42.47 |
| 000971 | 蓝鼎控股 | 67.99 | 59.92 | 72.23 | 72.17 | 39.79 | 41.58 | 57.11 | 5.56 |
| 000972 | 新中基 | 0.00 | 49.69 | 77.77 | 84.53 | 55.10 | 31.31 | 64.44 | 3.50 |
| 000973 | 佛塑科技 | 53.87 | 56.03 | 68.54 | 73.22 | 39.68 | 53.71 | 39.95 | 10.03 |
| 000975 | 银泰资源 | 59.37 | 51.64 | 66.69 | 73.20 | 39.38 | 35.54 | 56.32 | 60.01 |
| 000976 | ＊ST 春晖 | 47.54 | 50.80 | 63.00 | 71.47 | 39.95 | 54.23 | 16.59 | 25.59 |
| 000977 | 浪潮信息 | 49.07 | 78.53 | 70.38 | 73.33 | 33.90 | 47.65 | 68.91 | 34.05 |
| 000978 | 桂林旅游 | 60.96 | 57.56 | 68.54 | 73.09 | 47.35 | 36.20 | 63.28 | 58.55 |
| 000979 | 中弘股份 | 43.53 | 39.28 | 70.38 | 64.17 | 44.04 | 43.14 | 51.80 | 46.46 |
| 000980 | 金马股份 | 60.82 | 52.91 | 72.23 | 70.61 | 39.26 | 43.14 | 54.23 | 11.20 |
| 000981 | 银亿股份 | 57.06 | 52.14 | 72.23 | 64.18 | 44.26 | 30.44 | 59.24 | 69.72 |
| 000982 | 中银绒业 | 11.23 | 49.69 | 74.08 | 67.76 | 45.24 | 34.44 | 0.00 | 38.14 |
| 000983 | 西山煤电 | 58.48 | 51.10 | 70.38 | 73.08 | 48.14 | 35.30 | 49.96 | 37.88 |
| 000985 | 大庆华科 | 68.00 | 35.58 | 61.15 | 60.15 | 43.95 | 35.30 | 62.21 | 31.84 |
| 000987 | 广州友谊 | 64.15 | 51.52 | 66.69 | 73.17 | 39.02 | 53.71 | 36.22 | 20.81 |
| 000988 | 华工科技 | 63.61 | 51.39 | 74.08 | 73.17 | 38.93 | 41.58 | 76.07 | 34.65 |

续表

| 证券代码 | 证券简称 | 会计信息指数 | | | 外部审计指数 | | | 管理控制指数 | |
|---|---|---|---|---|---|---|---|---|---|
| | | 可靠性 | 相关性 | 信息披露 | 独立性 | 审计质量 | 保障功能 | 成本控制与创新 | 核心竞争力 |
| 000989 | 九芝堂 | 49.05 | 49.69 | 68.54 | 67.62 | 43.96 | 41.00 | 67.67 | 58.81 |
| 000990 | 诚志股份 | 49.60 | 49.69 | 74.08 | 59.94 | 44.22 | 42.40 | 21.88 | 33.84 |
| 000993 | 闽东电力 | 59.33 | 50.71 | 70.38 | 71.33 | 44.13 | 48.73 | 59.50 | 36.44 |
| 000995 | *ST 皇台 | 53.03 | 49.69 | 70.38 | 84.99 | 39.72 | 30.70 | 26.22 | 30.01 |
| 000996 | 中国中期 | 73.01 | 49.69 | 70.38 | 63.67 | 54.05 | 52.11 | 50.31 | 20.64 |
| 000997 | 新大陆 | 56.75 | 46.40 | 75.92 | 63.60 | 44.86 | 48.73 | 72.23 | 54.35 |
| 000998 | 隆平高科 | 69.15 | 52.63 | 70.38 | 67.62 | 48.38 | 41.00 | 48.83 | 84.07 |
| 000999 | 华润三九 | 59.23 | 49.69 | 70.38 | 84.50 | 54.16 | 53.89 | 45.72 | 65.18 |
| 001696 | 宗申动力 | 38.05 | 54.09 | 70.38 | 73.48 | 40.80 | 43.93 | 48.85 | 27.33 |
| 001896 | 豫能控股 | 54.33 | 40.43 | 75.92 | 73.08 | 53.88 | 44.10 | 60.64 | 41.87 |
| 002001 | 新和成 | 54.43 | 52.07 | 70.38 | 73.16 | 44.31 | 60.30 | 32.95 | 51.36 |
| 002002 | 鸿达兴业 | 48.79 | 52.26 | 64.85 | 67.66 | 44.06 | 59.71 | 54.32 | 27.68 |
| 002003 | 伟星股份 | 58.36 | 51.52 | 68.54 | 73.08 | 45.28 | 60.30 | 48.55 | 41.89 |
| 002004 | 华邦颖泰 | 51.24 | 43.73 | 77.77 | 73.44 | 39.38 | 43.93 | 41.43 | 44.26 |
| 002005 | 德豪润达 | 16.25 | 24.81 | 74.08 | 59.99 | 44.40 | 54.17 | 76.23 | 37.58 |
| 002006 | 精功科技 | 45.50 | 52.69 | 75.92 | 70.53 | 44.05 | 60.30 | 86.29 | 22.10 |
| 002007 | 华兰生物 | 70.38 | 52.09 | 64.85 | 60.02 | 43.92 | 44.11 | 48.56 | 56.30 |
| 002008 | 大族激光 | 59.63 | 54.75 | 72.23 | 63.62 | 54.23 | 54.52 | 77.10 | 31.92 |
| 002009 | 天奇股份 | 58.94 | 49.95 | 72.23 | 67.64 | 44.09 | 59.17 | 39.89 | 34.84 |
| 002010 | 传化股份 | 60.59 | 49.69 | 75.92 | 73.08 | 44.12 | 60.30 | 60.36 | 40.45 |
| 002011 | 盾安环境 | 50.22 | 45.65 | 68.54 | 60.02 | 44.57 | 60.30 | 54.79 | 13.37 |
| 002012 | 凯恩股份 | 64.57 | 51.82 | 74.08 | 73.11 | 45.37 | 60.30 | 70.53 | 39.77 |
| 002013 | 中航机电 | 35.66 | 50.27 | 70.38 | 73.29 | 40.89 | 41.58 | 50.43 | 39.56 |
| 002014 | 永新股份 | 63.53 | 49.86 | 61.15 | 70.59 | 39.71 | 43.14 | 60.36 | 8.95 |
| 002015 | *ST 霞客 | 47.65 | 49.69 | 75.92 | 60.51 | 45.41 | 59.07 | 16.94 | 0.55 |
| 002016 | 世荣兆业 | 42.60 | 50.84 | 68.54 | 59.94 | 43.97 | 54.53 | 44.59 | 19.84 |
| 002017 | 东信和平 | 57.56 | 50.49 | 64.85 | 59.99 | 53.82 | 54.52 | 68.40 | 40.03 |

续表

| 证券代码 | 证券简称 | 会计信息指数 | | | 外部审计指数 | | | 管理控制指数 | |
|---|---|---|---|---|---|---|---|---|---|
| | | 可靠性 | 相关性 | 信息披露 | 独立性 | 审计质量 | 保障功能 | 成本控制与创新 | 核心竞争力 |
| 002018 | 华信国际 | 58.97 | 46.37 | 74.08 | 79.20 | 38.97 | 43.14 | 66.54 | 33.72 |
| 002019 | 亿帆鑫富 | 59.78 | 50.62 | 74.08 | 84.50 | 44.21 | 60.21 | 67.80 | 50.97 |
| 002020 | 京新药业 | 59.96 | 49.69 | 72.23 | 60.00 | 43.85 | 60.21 | 62.25 | 48.42 |
| 002021 | 中捷资源 | 59.24 | 49.69 | 68.54 | 79.14 | 44.23 | 60.21 | 36.89 | 7.02 |
| 002022 | 科华生物 | 75.66 | 41.11 | 64.85 | 79.12 | 43.94 | 56.53 | 60.82 | 54.41 |
| 002023 | 海特高新 | 40.64 | 48.94 | 77.77 | 73.17 | 44.38 | 41.54 | 68.48 | 52.22 |
| 002024 | 苏宁云商 | 55.29 | 50.08 | 74.08 | 73.15 | 58.62 | 58.79 | 46.57 | 4.41 |
| 002025 | 航天电器 | 58.47 | 52.04 | 72.23 | 60.01 | 43.85 | 32.89 | 72.02 | 43.13 |
| 002026 | 山东威达 | 60.05 | 51.59 | 72.23 | 59.95 | 44.27 | 47.54 | 53.76 | 21.50 |
| 002027 | 七喜控股 | 34.98 | 50.65 | 70.38 | 60.03 | 43.86 | 54.17 | 62.62 | 31.56 |
| 002028 | 思源电气 | 59.57 | 49.84 | 66.69 | 71.51 | 39.05 | 56.92 | 78.45 | 50.08 |
| 002029 | 七匹狼 | 56.12 | 52.44 | 72.23 | 79.50 | 40.69 | 47.58 | 26.08 | 34.75 |
| 002030 | 达安基因 | 63.52 | 20.80 | 74.08 | 59.98 | 44.12 | 54.17 | 74.81 | 52.14 |
| 002031 | 巨轮股份 | 62.50 | 52.90 | 70.38 | 59.98 | 44.00 | 54.06 | 45.00 | 34.19 |
| 002032 | 苏泊尔 | 59.58 | 51.38 | 70.38 | 79.16 | 45.52 | 60.30 | 47.66 | 46.52 |
| 002033 | 丽江旅游 | 59.53 | 51.33 | 72.23 | 79.16 | 41.83 | 34.85 | 51.95 | 42.87 |
| 002034 | 美欣达 | 59.32 | 50.87 | 64.85 | 70.52 | 44.82 | 60.30 | 41.53 | 2.70 |
| 002035 | 华帝股份 | 63.21 | 46.17 | 70.38 | 64.16 | 38.90 | 54.64 | 60.45 | 41.35 |
| 002036 | 汉麻产业 | 65.18 | 49.69 | 68.54 | 79.12 | 44.22 | 60.21 | 28.00 | 18.91 |
| 002037 | 久联发展 | 55.99 | 78.76 | 63.00 | 59.98 | 44.09 | 32.89 | 60.97 | 45.97 |
| 002038 | 双鹭药业 | 63.57 | 47.47 | 72.23 | 60.02 | 43.90 | 52.12 | 91.49 | 47.47 |
| 002039 | 黔源电力 | 53.70 | 50.72 | 64.85 | 71.31 | 43.95 | 32.89 | 67.66 | 64.92 |
| 002040 | 南京港 | 30.96 | 58.69 | 70.38 | 77.39 | 54.23 | 58.79 | 39.17 | 43.06 |
| 002041 | 登海种业 | 59.55 | 62.45 | 63.00 | 84.58 | 46.17 | 47.19 | 33.44 | 96.09 |
| 002042 | 华孚色纺 | 54.99 | 50.15 | 75.92 | 60.09 | 45.57 | 43.41 | 3.17 | 24.16 |
| 002043 | 兔宝宝 | 60.62 | 49.86 | 74.08 | 77.45 | 50.11 | 60.30 | 60.82 | 13.55 |
| 002044 | 江苏三友 | 52.50 | 53.17 | 72.23 | 59.98 | 54.38 | 59.42 | 43.49 | 21.71 |

续表

| 证券代码 | 证券简称 | 会计信息指数 | | | 外部审计指数 | | | 管理控制指数 | |
|---|---|---|---|---|---|---|---|---|---|
| | | 可靠性 | 相关性 | 信息披露 | 独立性 | 审计质量 | 保障功能 | 成本控制与创新 | 核心竞争力 |
| 002045 | 国光电器 | 62.29 | 51.34 | 75.92 | 77.42 | 54.12 | 53.89 | 70.46 | 28.27 |
| 002046 | 轴研科技 | 58.67 | 51.21 | 68.54 | 84.56 | 43.92 | 43.75 | 62.62 | 38.66 |
| 002047 | 宝鹰股份 | 31.94 | 59.77 | 72.23 | 63.59 | 57.81 | 54.52 | 64.64 | 39.51 |
| 002048 | 宁波华翔 | 56.47 | 50.33 | 74.08 | 77.36 | 44.48 | 60.30 | 63.26 | 20.61 |
| 002049 | 同方国芯 | 62.76 | 46.05 | 72.23 | 77.43 | 38.82 | 39.96 | 57.69 | 50.37 |
| 002050 | 三花股份 | 62.73 | 52.20 | 66.69 | 77.38 | 44.54 | 60.30 | 65.77 | 38.14 |
| 002051 | 中工国际 | 55.07 | 54.71 | 74.08 | 84.54 | 43.91 | 51.30 | 56.71 | 45.21 |
| 002052 | 同洲电子 | 38.89 | 50.25 | 79.62 | 71.35 | 53.93 | 54.52 | 22.37 | 27.19 |
| 002053 | 云南盐化 | 53.35 | 49.94 | 70.38 | 84.56 | 38.97 | 34.85 | 44.62 | 35.68 |
| 002054 | 德美化工 | 50.50 | 51.09 | 74.08 | 63.58 | 53.95 | 54.52 | 36.32 | 47.52 |
| 002055 | 得润电子 | 58.79 | 48.83 | 75.92 | 71.36 | 53.92 | 54.52 | 55.62 | 36.90 |
| 002056 | 横店东磁 | 55.07 | 49.91 | 72.23 | 75.32 | 44.21 | 60.30 | 72.71 | 35.40 |
| 002057 | 中钢天源 | 61.12 | 49.69 | 68.54 | 84.60 | 43.86 | 42.59 | 75.75 | 29.94 |
| 002058 | 威尔泰 | 72.82 | 58.70 | 61.15 | 68.08 | 45.04 | 56.42 | 47.34 | 47.90 |
| 002059 | 云南旅游 | 60.05 | 66.78 | 74.08 | 84.53 | 47.76 | 34.97 | 58.95 | 47.63 |
| 002060 | 粤水电 | 58.05 | 51.01 | 70.38 | 63.60 | 53.91 | 54.52 | 48.17 | 37.37 |
| 002061 | 江山化工 | 54.17 | 50.81 | 70.38 | 75.31 | 43.98 | 60.30 | 52.60 | 3.08 |
| 002062 | 宏润建设 | 56.87 | 50.61 | 66.69 | 63.59 | 53.96 | 60.56 | 40.52 | 40.33 |
| 002063 | 远光软件 | 63.54 | 51.15 | 72.23 | 71.37 | 53.98 | 54.52 | 23.55 | 61.62 |
| 002064 | 华峰氨纶 | 62.29 | 49.50 | 74.08 | 75.31 | 45.76 | 60.21 | 41.43 | 46.07 |
| 002065 | 东华软件 | 58.26 | 49.69 | 70.38 | 75.46 | 39.27 | 51.35 | 74.45 | 50.68 |
| 002066 | 瑞泰科技 | 58.47 | 50.79 | 66.69 | 63.71 | 44.25 | 51.76 | 78.45 | 27.64 |
| 002067 | 景兴纸业 | 55.16 | 50.16 | 72.23 | 70.53 | 47.42 | 60.30 | 36.75 | 32.26 |
| 002068 | 黑猫股份 | 48.11 | 50.19 | 77.77 | 71.37 | 43.93 | 42.68 | 54.04 | 25.36 |
| 002069 | 獐子岛 | 58.70 | 50.90 | 74.08 | 59.94 | 55.07 | 47.26 | 32.10 | 69.54 |
| 002070 | 众和股份 | 21.40 | 51.50 | 74.08 | 75.61 | 40.24 | 47.58 | 55.40 | 35.97 |
| 002071 | 长城影视 | 46.98 | 51.06 | 75.92 | 84.54 | 57.12 | 59.42 | 59.08 | 89.29 |

续表

| 证券代码 | 证券简称 | 会计信息指数 | | | 外部审计指数 | | | 管理控制指数 | |
|---|---|---|---|---|---|---|---|---|---|
| | | 可靠性 | 相关性 | 信息披露 | 独立性 | 审计质量 | 保障功能 | 成本控制与创新 | 核心竞争力 |
| 002072 | 凯瑞德 | 53.61 | 50.85 | 66.69 | 60.05 | 39.57 | 47.19 | 40.77 | 0.29 |
| 002073 | 软控股份 | 54.56 | 52.76 | 70.38 | 71.40 | 39.03 | 47.99 | 71.99 | 28.65 |
| 002074 | 东源电器 | 56.43 | 47.81 | 66.69 | 71.30 | 43.85 | 58.96 | 62.00 | 37.32 |
| 002075 | 沙钢股份 | 54.80 | 44.52 | 74.08 | 70.62 | 40.08 | 59.42 | 51.74 | 8.98 |
| 002076 | 雪莱特 | 47.52 | 85.80 | 72.23 | 60.18 | 43.96 | 54.53 | 56.64 | 33.07 |
| 002077 | 大港股份 | 51.01 | 50.96 | 74.08 | 71.32 | 43.97 | 58.96 | 30.30 | 11.78 |
| 002078 | 太阳纸业 | 53.20 | 52.29 | 74.08 | 73.14 | 55.69 | 47.99 | 68.08 | 42.62 |
| 002079 | 苏州固锝 | 43.92 | 59.36 | 74.08 | 75.35 | 43.83 | 59.07 | 62.33 | 33.39 |
| 002080 | 中材科技 | 59.97 | 49.88 | 64.85 | 70.72 | 44.13 | 58.96 | 65.57 | 38.22 |
| 002081 | 金螳螂 | 60.39 | 51.96 | 64.85 | 75.50 | 43.15 | 59.17 | 60.75 | 57.05 |
| 002082 | 栋梁新材 | 47.69 | 48.45 | 68.54 | 75.42 | 44.26 | 60.30 | 29.03 | 40.29 |
| 002083 | 孚日股份 | 48.79 | 53.17 | 63.00 | 67.72 | 55.49 | 47.99 | 64.46 | 32.74 |
| 002084 | 海鸥卫浴 | 59.75 | 33.72 | 66.69 | 71.30 | 54.59 | 54.52 | 44.19 | 29.09 |
| 002085 | 万丰奥威 | 59.83 | 51.61 | 75.92 | 75.38 | 54.51 | 59.75 | 63.74 | 36.83 |
| 002086 | 东方海洋 | 46.64 | 56.15 | 70.38 | 84.54 | 47.66 | 47.19 | 26.29 | 60.45 |
| 002087 | 新野纺织 | 58.53 | 29.81 | 74.08 | 75.51 | 39.60 | 43.49 | 42.56 | 35.37 |
| 002088 | 鲁阳股份 | 57.31 | 56.36 | 64.85 | 71.53 | 39.04 | 48.03 | 56.06 | 43.76 |
| 002089 | 新海宜 | 63.78 | 52.80 | 70.38 | 64.23 | 38.99 | 59.17 | 83.41 | 39.66 |
| 002090 | 金智科技 | 55.53 | 49.75 | 74.08 | 75.33 | 38.88 | 59.42 | 67.80 | 44.76 |
| 002091 | 江苏国泰 | 60.48 | 53.34 | 75.92 | 75.38 | 39.28 | 58.87 | 41.88 | 59.76 |
| 002092 | 中泰化学 | 53.87 | 50.33 | 79.62 | 84.59 | 54.31 | 31.31 | 40.53 | 27.93 |
| 002093 | 国脉科技 | 50.37 | 49.69 | 70.38 | 71.38 | 44.05 | 48.73 | 71.34 | 48.95 |
| 002094 | 青岛金王 | 47.62 | 53.96 | 68.54 | 71.32 | 38.89 | 47.99 | 38.78 | 35.47 |
| 002095 | 生意宝 | 72.11 | 45.84 | 70.38 | 75.30 | 45.05 | 60.21 | 53.33 | 58.37 |
| 002096 | 南岭民爆 | 52.21 | 50.83 | 75.92 | 71.32 | 43.97 | 40.45 | 45.40 | 24.86 |
| 002097 | 山河智能 | 55.45 | 47.37 | 70.38 | 71.38 | 39.03 | 41.38 | 61.07 | 33.87 |
| 002098 | 浔兴股份 | 60.39 | 47.40 | 74.08 | 75.52 | 41.82 | 47.58 | 47.70 | 36.48 |

续表

| 证券代码 | 证券简称 | 会计信息指数 | | | 外部审计指数 | | | 管理控制指数 | |
|---|---|---|---|---|---|---|---|---|---|
| | | 可靠性 | 相关性 | 信息披露 | 独立性 | 审计质量 | 保障功能 | 成本控制与创新 | 核心竞争力 |
| 002099 | 海翔药业 | 62.87 | 50.27 | 72.23 | 75.32 | 44.35 | 60.30 | 67.52 | 39.54 |
| 002100 | 天康生物 | 55.67 | 52.39 | 72.23 | 63.70 | 39.90 | 31.31 | 47.88 | 41.30 |
| 002101 | 广东鸿图 | 55.98 | 50.66 | 66.69 | 75.39 | 39.01 | 53.71 | 56.44 | 24.27 |
| 002102 | 冠福股份 | 60.29 | 52.29 | 68.54 | 60.13 | 39.90 | 47.93 | 73.73 | 14.34 |
| 002103 | 广博股份 | 59.02 | 52.29 | 74.08 | 73.05 | 47.19 | 60.30 | 55.11 | 35.16 |
| 002104 | 恒宝股份 | 72.20 | 49.69 | 70.38 | 73.06 | 43.90 | 59.07 | 65.86 | 45.73 |
| 002105 | 信隆实业 | 38.83 | 50.17 | 75.92 | 71.35 | 54.87 | 54.52 | 67.14 | 34.66 |
| 002106 | 莱宝高科 | 58.95 | 50.88 | 72.23 | 63.67 | 53.92 | 54.52 | 56.17 | 29.11 |
| 002107 | 沃华医药 | 71.97 | 55.42 | 70.38 | 71.46 | 53.98 | 47.99 | 79.88 | 56.28 |
| 002108 | 沧州明珠 | 61.33 | 50.62 | 74.08 | 73.21 | 39.46 | 39.92 | 57.31 | 35.82 |
| 002109 | 兴化股份 | 43.27 | 50.63 | 68.54 | 71.29 | 43.91 | 33.29 | 28.05 | 23.13 |
| 002110 | 三钢闽光 | 58.86 | 49.69 | 74.08 | 63.57 | 44.49 | 48.73 | 46.39 | 16.06 |
| 002111 | 威海广泰 | 57.24 | 51.06 | 74.08 | 84.54 | 43.95 | 48.34 | 61.63 | 39.58 |
| 002112 | 三变科技 | 57.41 | 24.18 | 63.00 | 73.09 | 43.95 | 60.30 | 63.50 | 35.04 |
| 002113 | 天润控股 | 66.51 | 20.80 | 66.69 | 85.69 | 38.87 | 41.38 | 31.92 | 60.01 |
| 002114 | 罗平锌电 | 48.99 | 49.69 | 77.77 | 67.67 | 44.20 | 34.97 | 61.23 | 33.24 |
| 002115 | 三维通信 | 52.56 | 50.78 | 72.23 | 73.09 | 43.90 | 60.30 | 89.06 | 41.49 |
| 002116 | 中国海诚 | 54.87 | 51.83 | 74.08 | 71.30 | 57.62 | 56.88 | 56.74 | 70.09 |
| 002117 | 东港股份 | 66.80 | 46.67 | 70.38 | 71.29 | 60.84 | 47.99 | 64.87 | 50.23 |
| 002118 | 紫鑫药业 | 43.41 | 22.53 | 74.08 | 73.24 | 39.00 | 39.34 | 66.09 | 59.47 |
| 002119 | 康强电子 | 60.59 | 49.69 | 72.23 | 73.07 | 43.89 | 60.30 | 44.44 | 4.32 |
| 002120 | 新海股份 | 62.58 | 50.71 | 70.38 | 73.10 | 45.59 | 60.30 | 42.52 | 36.84 |
| 002121 | 科陆电子 | 60.94 | 48.88 | 64.85 | 60.08 | 45.44 | 54.53 | 62.35 | 41.08 |
| 002122 | 天马股份 | 60.15 | 49.42 | 68.54 | 73.13 | 44.55 | 60.30 | 60.16 | 12.68 |
| 002123 | 荣信股份 | 57.72 | 50.79 | 68.54 | 67.61 | 44.00 | 46.99 | 43.23 | 51.57 |
| 002124 | 天邦股份 | 55.43 | 50.59 | 70.38 | 70.53 | 44.86 | 59.75 | 55.26 | 31.65 |
| 002125 | 湘潭电化 | 47.16 | 49.15 | 66.69 | 73.08 | 43.85 | 41.00 | 43.78 | 0.25 |

续表

| 证券代码 | 证券简称 | 会计信息指数 | | | 外部审计指数 | | | 管理控制指数 | |
|---|---|---|---|---|---|---|---|---|---|
| | | 可靠性 | 相关性 | 信息披露 | 独立性 | 审计质量 | 保障功能 | 成本控制与创新 | 核心竞争力 |
| 002126 | 银轮股份 | 61.06 | 50.73 | 72.23 | 73.05 | 44.23 | 60.21 | 62.82 | 37.84 |
| 002127 | 新民科技 | 59.42 | 51.18 | 74.08 | 73.28 | 40.65 | 59.17 | 47.01 | 30.51 |
| 002128 | 露天煤业 | 55.38 | 50.60 | 77.77 | 71.29 | 54.52 | 36.35 | 33.73 | 35.69 |
| 002129 | 中环股份 | 60.05 | 66.87 | 72.23 | 63.68 | 38.86 | 50.31 | 69.58 | 28.35 |
| 002130 | 沃尔核材 | 61.46 | 50.87 | 74.08 | 63.58 | 54.00 | 54.52 | 63.57 | 40.07 |
| 002131 | 利欧股份 | 61.91 | 49.69 | 72.23 | 73.11 | 44.20 | 60.30 | 64.77 | 36.76 |
| 002132 | 恒星科技 | 53.97 | 48.50 | 61.15 | 63.62 | 54.19 | 44.10 | 55.86 | 35.81 |
| 002133 | 广宇集团 | 43.70 | 50.98 | 74.08 | 73.09 | 44.04 | 60.21 | 39.13 | 49.54 |
| 002134 | 天津普林 | 57.10 | 51.32 | 70.38 | 73.03 | 53.83 | 50.18 | 81.26 | 30.16 |
| 002135 | 东南网架 | 50.94 | 61.04 | 74.08 | 73.08 | 44.11 | 60.30 | 73.21 | 5.11 |
| 002136 | 安纳达 | 33.23 | 50.34 | 74.08 | 73.06 | 38.85 | 43.14 | 68.68 | 25.33 |
| 002137 | 实益达 | 61.10 | 49.69 | 74.08 | 59.98 | 43.84 | 54.53 | 90.07 | 8.96 |
| 002138 | 顺络电子 | 62.58 | 55.70 | 75.92 | 63.64 | 53.89 | 54.52 | 67.01 | 46.61 |
| 002139 | 拓邦股份 | 57.67 | 52.98 | 70.38 | 71.34 | 53.91 | 54.52 | 74.79 | 38.36 |
| 002140 | 东华科技 | 59.88 | 47.84 | 75.92 | 84.52 | 43.84 | 43.41 | 71.67 | 38.63 |
| 002141 | 蓉胜超微 | 68.35 | 50.11 | 77.77 | 63.65 | 43.86 | 54.26 | 27.65 | 18.55 |
| 002142 | 宁波银行 | 42.53 | 51.34 | 77.77 | 67.58 | 53.93 | 59.75 | 64.89 | 25.50 |
| 002143 | 印纪传媒 | 64.92 | 50.77 | 72.23 | 84.51 | 44.88 | 41.74 | 54.55 | 76.82 |
| 002144 | 宏达高科 | 58.67 | 47.89 | 74.08 | 60.03 | 44.57 | 60.30 | 46.65 | 36.53 |
| 002145 | 中核钛白 | 52.05 | 47.48 | 74.08 | 73.10 | 43.97 | 30.24 | 58.21 | 42.08 |
| 002146 | 荣盛发展 | 43.66 | 52.42 | 70.38 | 60.02 | 44.31 | 40.74 | 56.59 | 95.60 |
| 002147 | 方圆支承 | 22.49 | 50.53 | 66.69 | 63.56 | 53.97 | 43.40 | 68.83 | 8.63 |
| 002148 | 北纬通信 | 65.50 | 53.67 | 66.69 | 73.17 | 38.98 | 51.30 | 19.61 | 51.47 |
| 002149 | 西部材料 | 53.95 | 51.25 | 68.54 | 71.30 | 39.10 | 32.83 | 76.81 | 9.45 |
| 002150 | 通润装备 | 63.50 | 54.05 | 68.54 | 73.22 | 44.66 | 59.07 | 67.88 | 36.83 |
| 002151 | 北斗星通 | 67.42 | 55.61 | 72.23 | 59.94 | 43.93 | 52.12 | 63.53 | 42.64 |
| 002152 | 广电运通 | 62.74 | 53.14 | 74.08 | 60.02 | 44.04 | 54.17 | 56.45 | 62.72 |

续表

| 证券代码 | 证券简称 | 会计信息指数 | | | 外部审计指数 | | | 管理控制指数 | |
|---|---|---|---|---|---|---|---|---|---|
| | | 可靠性 | 相关性 | 信息披露 | 独立性 | 审计质量 | 保障功能 | 成本控制与创新 | 核心竞争力 |
| 002153 | 石基信息 | 74.23 | 54.96 | 75.92 | 73.15 | 39.11 | 51.30 | 67.45 | 50.08 |
| 002154 | 报喜鸟 | 53.55 | 49.94 | 74.08 | 73.07 | 46.75 | 60.21 | 56.88 | 31.67 |
| 002155 | 湖南黄金 | 51.48 | 52.00 | 72.23 | 64.13 | 45.67 | 40.45 | 56.10 | 30.51 |
| 002156 | 通富微电 | 57.75 | 50.56 | 75.92 | 73.16 | 43.89 | 59.77 | 58.97 | 36.77 |
| 002157 | 正邦科技 | 58.52 | 49.69 | 72.23 | 84.57 | 46.20 | 42.40 | 42.12 | 45.26 |
| 002158 | 汉钟精机 | 60.07 | 52.43 | 74.08 | 59.94 | 44.02 | 56.89 | 70.86 | 47.95 |
| 002159 | 三特索道 | 61.14 | 49.69 | 75.92 | 73.09 | 42.86 | 41.58 | 52.42 | 47.95 |
| 002160 | 常铝股份 | 60.16 | 51.12 | 77.77 | 73.07 | 44.23 | 59.07 | 53.39 | 13.63 |
| 002161 | 远望谷 | 65.67 | 49.69 | 68.54 | 63.63 | 38.96 | 55.32 | 76.15 | 31.47 |
| 002162 | 斯米克 | 58.89 | 43.23 | 74.08 | 73.18 | 44.16 | 56.42 | 93.27 | 16.98 |
| 002163 | 中航三鑫 | 50.76 | 50.93 | 72.23 | 73.15 | 40.97 | 53.71 | 65.14 | 26.58 |
| 002164 | 宁波东力 | 62.32 | 53.04 | 74.08 | 73.07 | 44.00 | 60.21 | 68.53 | 7.71 |
| 002165 | 红宝丽 | 59.06 | 50.76 | 77.77 | 73.09 | 38.89 | 59.42 | 59.98 | 24.94 |
| 002166 | 莱茵生物 | 55.68 | 57.80 | 70.38 | 63.61 | 53.88 | 35.91 | 64.99 | 30.55 |
| 002167 | 东方锆业 | 47.10 | 51.56 | 70.38 | 73.23 | 39.15 | 53.71 | 63.42 | 36.99 |
| 002168 | 深圳惠程 | 60.56 | 50.69 | 77.77 | 59.94 | 43.98 | 54.17 | 20.02 | 41.50 |
| 002169 | 智光电气 | 61.94 | 49.69 | 70.38 | 73.12 | 38.93 | 53.71 | 77.38 | 47.60 |
| 002170 | 芭田股份 | 44.74 | 52.86 | 68.54 | 84.52 | 43.98 | 54.53 | 51.17 | 29.34 |
| 002171 | 精诚铜业 | 62.43 | 49.69 | 72.23 | 73.13 | 39.13 | 43.14 | 61.20 | 36.29 |
| 002172 | 澳洋科技 | 61.65 | 49.47 | 70.38 | 84.56 | 40.47 | 58.87 | 32.46 | 25.32 |
| 002173 | 千足珍珠 | 54.58 | 49.69 | 72.23 | 73.15 | 46.82 | 60.21 | 27.89 | 23.69 |
| 002174 | 游族网络 | 76.57 | 54.32 | 74.08 | 71.28 | 57.94 | 48.39 | 34.66 | 59.94 |
| 002175 | 广陆数测 | 67.15 | 53.47 | 68.54 | 63.57 | 55.39 | 35.91 | 60.65 | 41.84 |
| 002176 | 江特电机 | 63.71 | 35.45 | 64.85 | 59.94 | 43.95 | 42.40 | 35.90 | 29.12 |
| 002177 | 御银股份 | 66.45 | 64.61 | 68.54 | 59.95 | 44.13 | 54.17 | 65.69 | 47.13 |
| 002178 | 延华智能 | 57.89 | 51.78 | 72.23 | 73.15 | 41.60 | 56.63 | 61.71 | 79.67 |
| 002179 | 中航光电 | 60.81 | 52.34 | 75.92 | 73.19 | 38.92 | 43.29 | 69.78 | 36.28 |

续表

| 证券代码 | 证券简称 | 会计信息指数 | | | 外部审计指数 | | | 管理控制指数 | |
|---|---|---|---|---|---|---|---|---|---|
| | | 可靠性 | 相关性 | 信息披露 | 独立性 | 审计质量 | 保障功能 | 成本控制与创新 | 核心竞争力 |
| 002180 | 艾派克 | 38.34 | 49.69 | 68.54 | 84.74 | 43.94 | 54.17 | 47.87 | 58.81 |
| 002181 | 粤传媒 | 64.81 | 49.16 | 70.38 | 84.53 | 45.98 | 53.71 | 0.00 | 63.48 |
| 002182 | 云海金属 | 60.24 | 48.55 | 66.69 | 73.07 | 39.07 | 59.42 | 37.49 | 13.83 |
| 002183 | 怡亚通 | 40.64 | 52.54 | 70.38 | 60.01 | 47.68 | 54.53 | 60.48 | 66.98 |
| 002184 | 海得控制 | 62.17 | 50.05 | 68.54 | 73.12 | 38.96 | 57.69 | 49.65 | 30.27 |
| 002185 | 华天科技 | 50.79 | 50.52 | 64.85 | 71.40 | 53.84 | 30.70 | 68.14 | 33.67 |
| 002186 | 全聚德 | 68.27 | 69.82 | 64.85 | 73.08 | 61.62 | 52.46 | 52.14 | 90.09 |
| 002187 | 广百股份 | 57.01 | 52.02 | 70.38 | 59.95 | 44.17 | 54.17 | 70.70 | 56.76 |
| 002188 | 新嘉联 | 55.26 | 49.69 | 61.15 | 64.34 | 38.83 | 60.21 | 55.59 | 25.17 |
| 002189 | 利达光电 | 66.30 | 64.36 | 66.69 | 63.57 | 43.81 | 43.75 | 59.17 | 8.89 |
| 002190 | 成飞集成 | 67.24 | 47.88 | 63.00 | 71.36 | 38.92 | 41.19 | 52.30 | 32.98 |
| 002191 | 劲嘉股份 | 61.57 | 50.07 | 74.08 | 63.63 | 60.30 | 54.52 | 68.24 | 46.48 |
| 002192 | *ST 路翔 | 50.45 | 52.47 | 68.54 | 73.24 | 38.94 | 53.71 | 40.29 | 29.30 |
| 002193 | 山东如意 | 61.08 | 52.36 | 68.54 | 73.13 | 44.74 | 47.65 | 49.22 | 10.01 |
| 002194 | 武汉凡谷 | 43.28 | 49.50 | 72.23 | 73.13 | 43.87 | 41.93 | 68.76 | 32.85 |
| 002195 | 海隆软件 | 67.66 | 84.73 | 74.08 | 84.61 | 44.02 | 56.53 | 66.62 | 59.69 |
| 002196 | 方正电机 | 53.68 | 49.69 | 72.23 | 73.10 | 44.03 | 60.30 | 56.14 | 4.53 |
| 002197 | 证通电子 | 48.60 | 39.09 | 72.23 | 63.58 | 44.02 | 54.17 | 68.26 | 44.83 |
| 002198 | 嘉应制药 | 55.03 | 50.09 | 72.23 | 60.01 | 44.02 | 54.17 | 59.73 | 60.20 |
| 002199 | 东晶电子 | 49.96 | 50.66 | 72.23 | 73.08 | 43.89 | 60.21 | 44.81 | 17.76 |
| 002200 | 云投生态 | 49.53 | 51.69 | 72.23 | 60.20 | 44.93 | 35.08 | 56.30 | 77.49 |
| 002201 | 九鼎新材 | 54.80 | 55.17 | 70.38 | 73.11 | 44.20 | 59.07 | 55.94 | 17.94 |
| 002202 | 金风科技 | 51.93 | 51.18 | 75.92 | 73.17 | 57.00 | 30.51 | 60.86 | 58.60 |
| 002203 | 海亮股份 | 52.89 | 46.32 | 70.38 | 70.56 | 44.20 | 60.85 | 39.16 | 9.41 |
| 002204 | 大连重工 | 52.33 | 50.59 | 70.38 | 63.66 | 54.20 | 47.25 | 41.35 | 31.47 |
| 002205 | 国统股份 | 49.41 | 52.52 | 74.08 | 67.72 | 53.98 | 31.31 | 65.07 | 40.56 |
| 002206 | 海利得 | 58.47 | 51.17 | 68.54 | 70.56 | 47.10 | 60.30 | 59.54 | 32.07 |

续表

| 证券代码 | 证券简称 | 会计信息指数 | | | 外部审计指数 | | | 管理控制指数 | |
|---|---|---|---|---|---|---|---|---|---|
| | | 可靠性 | 相关性 | 信息披露 | 独立性 | 审计质量 | 保障功能 | 成本控制与创新 | 核心竞争力 |
| 002207 | 准油股份 | 47.98 | 43.49 | 74.08 | 70.56 | 44.47 | 30.97 | 62.29 | 31.89 |
| 002208 | 合肥城建 | 48.90 | 54.64 | 68.54 | 70.59 | 38.95 | 43.14 | 60.53 | 50.14 |
| 002209 | 达意隆 | 56.77 | 48.69 | 72.23 | 70.58 | 38.99 | 53.71 | 59.28 | 42.64 |
| 002210 | 飞马国际 | 50.25 | 50.56 | 74.08 | 59.99 | 45.26 | 54.17 | 66.22 | 70.01 |
| 002211 | 宏达新材 | 42.62 | 49.69 | 68.54 | 70.61 | 38.93 | 58.87 | 91.24 | 33.36 |
| 002212 | 南洋股份 | 53.58 | 49.69 | 72.23 | 70.63 | 39.04 | 53.71 | 53.24 | 34.76 |
| 002213 | 特尔佳 | 59.56 | 52.06 | 64.85 | 70.80 | 43.98 | 54.06 | 46.00 | 33.38 |
| 002214 | 大立科技 | 65.11 | 52.71 | 70.38 | 70.57 | 43.94 | 60.30 | 81.17 | 51.84 |
| 002215 | 诺普信 | 43.28 | 52.20 | 72.23 | 59.94 | 44.06 | 54.53 | 70.28 | 51.24 |
| 002216 | 三全食品 | 61.40 | 42.56 | 68.54 | 70.56 | 45.40 | 44.44 | 40.84 | 50.34 |
| 002217 | 合力泰 | 28.34 | 51.34 | 70.38 | 84.54 | 53.91 | 47.99 | 66.46 | 28.19 |
| 002218 | 拓日新能 | 52.41 | 48.20 | 77.77 | 59.96 | 43.97 | 54.53 | 47.96 | 34.11 |
| 002219 | 恒康医疗 | 73.18 | 55.47 | 70.38 | 67.62 | 53.92 | 30.70 | 67.27 | 30.27 |
| 002220 | 天宝股份 | 60.68 | 44.25 | 79.62 | 63.64 | 54.62 | 47.25 | 67.21 | 38.35 |
| 002221 | 东华能源 | 44.18 | 52.93 | 72.23 | 84.63 | 39.52 | 59.07 | 52.27 | 69.48 |
| 002222 | 福晶科技 | 68.03 | 49.95 | 66.69 | 70.75 | 38.87 | 47.58 | 66.35 | 59.89 |
| 002223 | 鱼跃医疗 | 65.50 | 56.64 | 63.00 | 70.51 | 44.05 | 58.96 | 57.68 | 52.07 |
| 002224 | 三力士 | 61.52 | 51.93 | 66.69 | 70.56 | 44.62 | 60.21 | 64.25 | 43.44 |
| 002225 | 濮耐股份 | 60.10 | 53.14 | 74.08 | 70.77 | 39.10 | 43.49 | 63.22 | 40.38 |
| 002226 | 江南化工 | 51.35 | 47.56 | 68.54 | 67.57 | 54.17 | 43.40 | 18.89 | 55.43 |
| 002227 | 奥特迅 | 69.61 | 54.84 | 72.23 | 59.94 | 43.88 | 54.53 | 75.46 | 52.03 |
| 002228 | 合兴包装 | 58.56 | 50.28 | 68.54 | 71.29 | 45.58 | 48.04 | 59.43 | 31.45 |
| 002229 | 鸿博股份 | 67.75 | 53.83 | 70.38 | 63.71 | 54.12 | 48.73 | 57.42 | 40.05 |
| 002230 | 科大讯飞 | 67.66 | 39.20 | 68.54 | 70.70 | 39.54 | 43.14 | 59.58 | 62.54 |
| 002231 | 奥维通信 | 56.61 | 49.69 | 72.23 | 70.53 | 38.83 | 46.99 | 81.29 | 45.81 |
| 002232 | 启明信息 | 60.47 | 85.36 | 70.38 | 67.68 | 43.90 | 40.28 | 66.18 | 62.79 |
| 002233 | 塔牌集团 | 60.95 | 50.04 | 72.23 | 60.09 | 44.34 | 54.17 | 61.85 | 47.47 |

续表

| 证券代码 | 证券简称 | 会计信息指数 | | | 外部审计指数 | | | 管理控制指数 | |
|---|---|---|---|---|---|---|---|---|---|
| | | 可靠性 | 相关性 | 信息披露 | 独立性 | 审计质量 | 保障功能 | 成本控制与创新 | 核心竞争力 |
| 002234 | 民和股份 | 51.76 | 50.77 | 72.23 | 70.54 | 41.77 | 47.99 | 64.55 | 72.22 |
| 002235 | 安妮股份 | 61.57 | 49.57 | 68.54 | 60.25 | 45.37 | 48.04 | 21.13 | 23.66 |
| 002236 | 大华股份 | 64.23 | 49.70 | 70.38 | 70.62 | 43.93 | 60.21 | 64.63 | 29.02 |
| 002237 | 恒邦股份 | 56.13 | 46.65 | 74.08 | 71.55 | 34.23 | 47.65 | 72.19 | 28.13 |
| 002238 | 天威视讯 | 49.27 | 48.18 | 66.69 | 63.58 | 47.70 | 54.17 | 61.21 | 46.14 |
| 002239 | 金飞达 | 53.25 | 52.04 | 66.69 | 71.45 | 44.71 | 59.07 | 30.03 | 35.15 |
| 002240 | 威华股份 | 65.40 | 24.64 | 75.92 | 70.77 | 49.90 | 53.71 | 42.69 | 33.41 |
| 002241 | 歌尔声学 | 62.35 | 54.41 | 70.38 | 67.70 | 54.07 | 47.99 | 62.02 | 46.47 |
| 002242 | 九阳股份 | 51.94 | 56.85 | 68.54 | 70.56 | 44.04 | 47.74 | 68.68 | 50.26 |
| 002243 | 通产丽星 | 56.49 | 50.93 | 64.85 | 59.95 | 44.32 | 54.53 | 14.88 | 29.63 |
| 002244 | 滨江集团 | 55.01 | 50.53 | 63.00 | 70.59 | 44.17 | 60.30 | 55.67 | 74.58 |
| 002245 | 澳洋顺昌 | 36.63 | 50.69 | 61.15 | 59.93 | 62.09 | 59.17 | 58.31 | 33.05 |
| 002246 | 北化股份 | 63.62 | 43.54 | 66.69 | 70.49 | 53.92 | 42.00 | 51.60 | 33.30 |
| 002247 | 帝龙新材 | 63.29 | 50.44 | 70.38 | 70.54 | 45.06 | 60.30 | 47.70 | 38.14 |
| 002248 | 华东数控 | 53.64 | 49.69 | 68.54 | 67.63 | 43.97 | 47.54 | 84.74 | 15.59 |
| 002249 | 大洋电机 | 54.01 | 54.08 | 66.69 | 70.58 | 44.09 | 54.06 | 53.40 | 31.88 |
| 002250 | 联化科技 | 62.14 | 54.68 | 64.85 | 70.57 | 43.97 | 60.21 | 69.11 | 48.06 |
| 002251 | 步步高 | 56.35 | 50.34 | 68.54 | 67.65 | 44.08 | 41.00 | 52.32 | 45.37 |
| 002252 | 上海莱士 | 50.11 | 64.72 | 64.85 | 60.04 | 44.08 | 56.89 | 72.02 | 60.09 |
| 002253 | 川大智胜 | 56.96 | 49.66 | 63.00 | 70.58 | 39.02 | 41.39 | 21.17 | 42.29 |
| 002254 | 泰和新材 | 64.23 | 50.93 | 68.54 | 70.52 | 44.86 | 47.54 | 66.25 | 31.93 |
| 002255 | 海陆重工 | 56.19 | 49.69 | 63.00 | 59.95 | 44.17 | 59.07 | 62.13 | 24.35 |
| 002256 | 彩虹精化 | 42.24 | 51.87 | 61.15 | 63.68 | 54.02 | 54.52 | 47.43 | 45.38 |
| 002258 | 利尔化学 | 61.87 | 52.52 | 66.69 | 70.53 | 53.88 | 42.00 | 35.67 | 39.03 |
| 002259 | 升达林业 | 61.28 | 28.90 | 70.38 | 63.70 | 44.71 | 41.39 | 25.07 | 32.09 |
| 002260 | 伊立浦 | 68.46 | 53.87 | 70.38 | 60.17 | 43.99 | 54.17 | 54.32 | 35.14 |
| 002261 | 拓维信息 | 68.33 | 85.80 | 68.54 | 84.50 | 44.11 | 41.60 | 80.03 | 53.96 |

续表

| 证券代码 | 证券简称 | 会计信息指数 | | | 外部审计指数 | | | 管理控制指数 | |
|---|---|---|---|---|---|---|---|---|---|
| | | 可靠性 | 相关性 | 信息披露 | 独立性 | 审计质量 | 保障功能 | 成本控制与创新 | 核心竞争力 |
| 002262 | 恩华药业 | 66.01 | 59.62 | 64.85 | 70.53 | 43.98 | 59.07 | 59.27 | 50.84 |
| 002263 | 大东南 | 58.75 | 52.14 | 63.00 | 67.64 | 39.58 | 60.21 | 65.29 | 12.34 |
| 002264 | 新华都 | 47.01 | 49.69 | 63.00 | 71.33 | 44.06 | 48.13 | 77.00 | 34.00 |
| 002265 | 西仪股份 | 69.49 | 57.59 | 66.69 | 59.97 | 43.92 | 35.08 | 70.85 | 3.59 |
| 002266 | 浙富控股 | 59.46 | 62.19 | 68.54 | 73.12 | 44.28 | 60.30 | 19.58 | 28.59 |
| 002267 | 陕天然气 | 59.22 | 49.84 | 70.38 | 71.32 | 47.15 | 33.38 | 62.16 | 61.04 |
| 002268 | 卫士通 | 55.84 | 53.20 | 63.00 | 84.59 | 43.97 | 41.19 | 77.24 | 52.83 |
| 002269 | 美邦服饰 | 54.59 | 47.22 | 66.69 | 70.53 | 59.19 | 56.08 | 53.00 | 57.04 |
| 002270 | 法因数控 | 62.30 | 20.80 | 66.69 | 67.60 | 43.91 | 47.54 | 52.05 | 15.92 |
| 002271 | 东方雨虹 | 57.69 | 49.73 | 64.85 | 70.69 | 44.33 | 52.46 | 62.26 | 50.07 |
| 002272 | 川润股份 | 58.21 | 49.87 | 68.54 | 70.53 | 39.09 | 41.23 | 74.37 | 34.58 |
| 002273 | 水晶光电 | 61.32 | 52.02 | 68.54 | 70.55 | 44.00 | 60.30 | 60.07 | 45.97 |
| 002274 | 华昌化工 | 45.70 | 50.66 | 68.54 | 70.68 | 39.09 | 58.87 | 0.00 | 31.59 |
| 002275 | 桂林三金 | 67.49 | 44.54 | 61.15 | 67.61 | 44.28 | 35.65 | 61.77 | 60.78 |
| 002276 | 万马股份 | 62.75 | 51.91 | 59.31 | 67.63 | 44.00 | 60.10 | 58.12 | 38.76 |
| 002277 | 友阿股份 | 59.83 | 50.78 | 63.00 | 67.67 | 38.98 | 41.38 | 0.79 | 42.52 |
| 002278 | 神开股份 | 49.51 | 68.19 | 66.69 | 67.56 | 44.03 | 56.53 | 63.54 | 43.96 |
| 002279 | 久其软件 | 72.10 | 65.54 | 66.69 | 63.56 | 43.95 | 51.76 | 64.07 | 59.45 |
| 002280 | 联络互动 | 75.29 | 51.45 | 61.15 | 84.49 | 44.05 | 60.21 | 80.92 | 60.43 |
| 002281 | 光迅科技 | 62.43 | 58.42 | 61.15 | 63.68 | 43.83 | 41.58 | 70.14 | 33.73 |
| 002282 | 博深工具 | 69.47 | 47.80 | 75.92 | 67.70 | 39.02 | 40.12 | 75.43 | 44.85 |
| 002283 | 天润曲轴 | 61.80 | 49.60 | 57.46 | 67.63 | 44.07 | 47.74 | 65.62 | 31.80 |
| 002284 | 亚太股份 | 58.27 | 20.80 | 66.69 | 67.59 | 44.41 | 60.30 | 60.80 | 9.35 |
| 002285 | 世联行 | 58.16 | 47.96 | 59.31 | 67.60 | 44.12 | 54.06 | 59.65 | 58.79 |
| 002286 | 保龄宝 | 62.03 | 50.54 | 68.54 | 67.74 | 34.49 | 47.65 | 49.01 | 30.13 |
| 002287 | 奇正藏药 | 70.48 | 57.19 | 64.85 | 67.64 | 39.00 | 9.96 | 43.67 | 60.17 |
| 002288 | 超华科技 | 58.40 | 51.16 | 72.23 | 59.93 | 43.97 | 54.17 | 62.04 | 18.71 |

续表

| 证券代码 | 证券简称 | 会计信息指数 | | | 外部审计指数 | | | 管理控制指数 | |
|---|---|---|---|---|---|---|---|---|---|
| | | 可靠性 | 相关性 | 信息披露 | 独立性 | 审计质量 | 保障功能 | 成本控制与创新 | 核心竞争力 |
| 002289 | 宇顺电子 | 36.86 | 50.61 | 70.38 | 63.66 | 43.93 | 54.53 | 60.19 | 4.42 |
| 002290 | 禾盛新材 | 59.44 | 49.69 | 66.69 | 67.58 | 43.87 | 59.17 | 48.93 | 28.94 |
| 002291 | 星期六 | 55.20 | 20.80 | 70.38 | 63.59 | 45.12 | 54.26 | 43.80 | 59.72 |
| 002292 | 奥飞动漫 | 68.54 | 57.90 | 70.38 | 67.80 | 47.55 | 53.71 | 59.64 | 58.86 |
| 002293 | 罗莱家纺 | 57.10 | 48.78 | 61.15 | 67.74 | 40.07 | 59.17 | 54.97 | 54.06 |
| 002294 | 信立泰 | 57.88 | 50.17 | 72.23 | 63.66 | 53.92 | 54.52 | 67.62 | 62.46 |
| 002295 | 精艺股份 | 55.58 | 50.57 | 75.92 | 67.76 | 39.13 | 53.71 | 47.74 | 31.43 |
| 002296 | 辉煌科技 | 64.28 | 51.28 | 70.38 | 59.97 | 43.87 | 44.11 | 82.28 | 27.31 |
| 002297 | 博云新材 | 63.30 | 50.56 | 66.69 | 67.71 | 44.02 | 40.45 | 81.18 | 8.39 |
| 002298 | 鑫龙电器 | 52.24 | 45.32 | 64.85 | 59.95 | 43.91 | 43.41 | 58.31 | 48.60 |
| 002299 | 圣农发展 | 54.60 | 50.56 | 70.38 | 63.64 | 52.34 | 48.73 | 55.81 | 44.26 |
| 002300 | 太阳电缆 | 52.15 | 52.43 | 68.54 | 67.79 | 39.04 | 47.58 | 60.90 | 32.91 |
| 002301 | 齐心集团 | 55.10 | 25.98 | 66.69 | 63.60 | 57.51 | 54.52 | 34.97 | 28.64 |
| 002302 | 西部建设 | 39.89 | 45.64 | 74.08 | 63.78 | 44.53 | 31.32 | 49.54 | 42.20 |
| 002303 | 美盈森 | 58.67 | 52.60 | 70.38 | 67.62 | 44.82 | 54.81 | 65.08 | 43.81 |
| 002304 | 洋河股份 | 55.73 | 50.64 | 66.69 | 67.76 | 40.57 | 59.07 | 1.83 | 64.10 |
| 002305 | 南国置业 | 37.44 | 49.69 | 70.38 | 67.63 | 44.04 | 42.68 | 60.21 | 64.59 |
| 002306 | *ST 云网 | 0.00 | 51.23 | 70.38 | 60.22 | 65.83 | 51.76 | 27.74 | 80.01 |
| 002307 | 北新路桥 | 58.27 | 51.17 | 68.54 | 70.61 | 38.87 | 31.31 | 43.15 | 32.61 |
| 002308 | 威创股份 | 57.09 | 50.14 | 70.38 | 63.68 | 38.83 | 55.32 | 36.98 | 53.87 |
| 002309 | 中利科技 | 59.04 | 59.82 | 70.38 | 67.77 | 39.47 | 59.42 | 49.79 | 45.88 |
| 002310 | 东方园林 | 51.72 | 50.60 | 64.85 | 59.94 | 44.08 | 51.76 | 13.09 | 52.26 |
| 002311 | 海大集团 | 49.90 | 49.96 | 70.38 | 67.87 | 41.04 | 53.71 | 53.05 | 50.72 |
| 002312 | 三泰控股 | 65.19 | 73.86 | 68.54 | 71.34 | 53.93 | 42.00 | 57.22 | 42.86 |
| 002313 | 日海通讯 | 40.54 | 53.28 | 66.69 | 84.58 | 43.93 | 54.17 | 60.52 | 43.04 |
| 002314 | 雅致股份 | 60.81 | 50.47 | 64.85 | 67.59 | 46.55 | 54.26 | 12.25 | 31.36 |
| 002315 | 焦点科技 | 59.33 | 57.98 | 66.69 | 67.77 | 40.11 | 60.23 | 14.66 | 56.16 |

续表

| 证券代码 | 证券简称 | 会计信息指数 | | | 外部审计指数 | | | 管理控制指数 | |
|---|---|---|---|---|---|---|---|---|---|
| | | 可靠性 | 相关性 | 信息披露 | 独立性 | 审计质量 | 保障功能 | 成本控制与创新 | 核心竞争力 |
| 002316 | 键桥通讯 | 48.16 | 49.69 | 70.38 | 63.57 | 54.37 | 54.52 | 51.95 | 41.25 |
| 002317 | 众生药业 | 62.11 | 82.02 | 66.69 | 63.66 | 38.94 | 55.32 | 58.76 | 58.54 |
| 002318 | 久立特材 | 61.30 | 50.31 | 70.38 | 67.60 | 44.79 | 60.30 | 38.63 | 19.92 |
| 002319 | 乐通股份 | 64.02 | 49.69 | 63.00 | 59.99 | 43.91 | 54.53 | 67.13 | 19.26 |
| 002320 | 海峡股份 | 59.33 | 25.16 | 66.69 | 63.55 | 44.10 | 36.57 | 64.12 | 36.56 |
| 002321 | 华英农业 | 48.45 | 50.37 | 70.38 | 67.58 | 59.05 | 44.10 | 76.38 | 69.76 |
| 002322 | 理工监测 | 66.40 | 49.21 | 63.00 | 67.61 | 43.95 | 60.30 | 47.60 | 30.01 |
| 002323 | 中联电气 | 58.35 | 49.04 | 63.00 | 67.61 | 38.93 | 58.84 | 63.72 | 23.65 |
| 002324 | 普利特 | 59.58 | 55.31 | 59.31 | 67.66 | 54.63 | 56.08 | 54.42 | 40.34 |
| 002325 | 洪涛股份 | 43.73 | 51.23 | 64.85 | 63.63 | 56.11 | 54.52 | 36.13 | 41.11 |
| 002326 | 永太科技 | 60.83 | 55.05 | 68.54 | 67.58 | 43.97 | 60.21 | 82.74 | 38.14 |
| 002327 | 富安娜 | 62.22 | 54.85 | 66.69 | 60.00 | 45.24 | 54.17 | 75.17 | 53.67 |
| 002328 | 新朋股份 | 59.71 | 48.13 | 74.08 | 67.59 | 44.13 | 56.53 | 64.65 | 25.98 |
| 002329 | 皇氏集团 | 63.16 | 50.53 | 66.69 | 63.57 | 55.19 | 35.91 | 66.82 | 18.98 |
| 002330 | 得利斯 | 50.50 | 46.48 | 66.69 | 60.01 | 45.10 | 48.00 | 38.11 | 24.86 |
| 002331 | 皖通科技 | 62.67 | 42.97 | 64.85 | 59.99 | 44.00 | 43.41 | 28.71 | 40.28 |
| 002332 | 仙琚制药 | 62.51 | 52.64 | 64.85 | 64.19 | 44.43 | 60.30 | 46.68 | 48.36 |
| 002333 | 罗普斯金 | 56.74 | 50.72 | 64.85 | 64.13 | 54.05 | 58.62 | 47.67 | 27.79 |
| 002334 | 英威腾 | 58.16 | 53.66 | 70.38 | 63.57 | 53.91 | 54.52 | 76.59 | 46.95 |
| 002335 | 科华恒盛 | 62.26 | 53.14 | 68.54 | 63.59 | 44.03 | 48.73 | 63.33 | 40.91 |
| 002336 | 人人乐 | 33.97 | 50.86 | 66.69 | 63.62 | 44.24 | 54.17 | 18.16 | 44.51 |
| 002337 | 赛象科技 | 55.13 | 32.27 | 72.23 | 59.94 | 43.94 | 50.19 | 49.75 | 30.14 |
| 002338 | 奥普光电 | 67.09 | 57.93 | 70.38 | 63.64 | 44.59 | 39.59 | 39.48 | 51.68 |
| 002339 | 积成电子 | 57.28 | 58.42 | 66.69 | 64.12 | 53.90 | 47.99 | 64.41 | 48.79 |
| 002340 | 格林美 | 60.97 | 54.72 | 68.54 | 71.28 | 98.00 | 54.52 | 52.20 | 37.33 |
| 002341 | 新纶科技 | 54.41 | 40.44 | 70.38 | 63.59 | 54.00 | 54.52 | 8.03 | 43.53 |
| 002342 | 巨力索具 | 62.85 | 46.52 | 70.38 | 63.63 | 44.39 | 41.07 | 73.04 | 11.79 |

续表

| 证券代码 | 证券简称 | 会计信息指数 | | | 外部审计指数 | | | 管理控制指数 | |
|---|---|---|---|---|---|---|---|---|---|
| | | 可靠性 | 相关性 | 信息披露 | 独立性 | 审计质量 | 保障功能 | 成本控制与创新 | 核心竞争力 |
| 002343 | 禾欣股份 | 56. 70 | 67. 73 | 66. 69 | 59. 91 | 44. 46 | 60. 21 | 60. 28 | 30. 02 |
| 002344 | 海宁皮城 | 54. 95 | 48. 56 | 72. 23 | 64. 14 | 46. 21 | 60. 30 | 38. 46 | 85. 30 |
| 002345 | 潮宏基 | 62. 54 | 50. 53 | 59. 31 | 64. 29 | 43. 59 | 53. 71 | 49. 26 | 47. 56 |
| 002346 | 柘中股份 | 57. 87 | 49. 69 | 57. 46 | 64. 16 | 44. 28 | 56. 53 | 77. 19 | 35. 24 |
| 002347 | 泰尔重工 | 58. 75 | 55. 47 | 64. 85 | 64. 15 | 43. 92 | 43. 14 | 61. 54 | 46. 45 |
| 002348 | 高乐股份 | 67. 75 | 53. 97 | 66. 69 | 63. 58 | 42. 38 | 54. 17 | 20. 95 | 44. 09 |
| 002349 | 精华制药 | 52. 03 | 53. 56 | 61. 15 | 64. 17 | 38. 93 | 59. 42 | 40. 59 | 47. 76 |
| 002350 | 北京科锐 | 58. 62 | 66. 84 | 66. 69 | 64. 11 | 43. 91 | 52. 40 | 66. 60 | 42. 65 |
| 002351 | 漫步者 | 42. 81 | 40. 15 | 72. 23 | 63. 61 | 43. 87 | 54. 53 | 64. 69 | 43. 71 |
| 002352 | 鼎泰新材 | 46. 05 | 51. 02 | 68. 54 | 71. 31 | 54. 26 | 43. 40 | 58. 44 | 32. 76 |
| 002353 | 杰瑞股份 | 56. 73 | 51. 91 | 72. 23 | 64. 34 | 39. 08 | 47. 19 | 53. 03 | 58. 13 |
| 002354 | 天神娱乐 | 60. 88 | 53. 22 | 70. 38 | 84. 55 | 40. 57 | 46. 49 | 57. 57 | 60. 80 |
| 002355 | 兴民钢圈 | 59. 18 | 49. 01 | 70. 38 | 64. 28 | 34. 01 | 47. 65 | 61. 46 | 6. 23 |
| 002356 | 浩宁达 | 61. 06 | 66. 87 | 72. 23 | 64. 29 | 40. 16 | 53. 71 | 61. 93 | 40. 60 |
| 002357 | 富临运业 | 56. 22 | 51. 69 | 72. 23 | 64. 32 | 45. 35 | 41. 54 | 70. 41 | 30. 33 |
| 002358 | 森源电气 | 54. 16 | 20. 80 | 70. 38 | 59. 99 | 43. 86 | 43. 75 | 26. 51 | 33. 87 |
| 002359 | 齐星铁塔 | 50. 79 | 49. 69 | 70. 38 | 64. 22 | 34. 37 | 47. 65 | 25. 39 | 23. 46 |
| 002360 | 同德化工 | 45. 53 | 50. 44 | 66. 69 | 64. 16 | 43. 97 | 35. 99 | 42. 50 | 51. 86 |
| 002361 | 神剑股份 | 61. 51 | 49. 69 | 66. 69 | 64. 15 | 38. 88 | 43. 14 | 50. 10 | 35. 54 |
| 002362 | 汉王科技 | 45. 80 | 50. 90 | 66. 69 | 64. 23 | 53. 93 | 52. 11 | 86. 28 | 26. 93 |
| 002363 | 隆基机械 | 61. 85 | 55. 56 | 68. 54 | 71. 97 | 34. 63 | 47. 65 | 44. 74 | 37. 57 |
| 002364 | 中恒电气 | 55. 75 | 52. 20 | 66. 69 | 64. 12 | 53. 91 | 60. 56 | 71. 30 | 54. 09 |
| 002365 | 永安药业 | 61. 20 | 54. 40 | 66. 69 | 64. 14 | 43. 85 | 42. 68 | 68. 36 | 34. 20 |
| 002366 | 丹甫股份 | 58. 23 | 50. 45 | 61. 15 | 64. 09 | 43. 91 | 41. 54 | 45. 86 | 29. 31 |
| 002367 | 康力电梯 | 60. 13 | 50. 84 | 63. 00 | 64. 21 | 39. 12 | 59. 42 | 54. 30 | 43. 87 |
| 002368 | 太极股份 | 54. 29 | 42. 11 | 66. 69 | 71. 43 | 38. 98 | 51. 30 | 54. 26 | 45. 70 |
| 002369 | 卓翼科技 | 37. 87 | 51. 27 | 55. 62 | 60. 02 | 43. 86 | 54. 53 | 53. 77 | 23. 50 |

续表

| 证券代码 | 证券简称 | 会计信息指数 | | | 外部审计指数 | | | 管理控制指数 | |
|---|---|---|---|---|---|---|---|---|---|
| | | 可靠性 | 相关性 | 信息披露 | 独立性 | 审计质量 | 保障功能 | 成本控制与创新 | 核心竞争力 |
| 002370 | 亚太药业 | 63.43 | 51.64 | 61.15 | 64.16 | 43.94 | 60.30 | 76.40 | 49.94 |
| 002371 | 七星电子 | 52.88 | 50.56 | 57.46 | 64.18 | 53.92 | 52.11 | 67.27 | 39.50 |
| 002372 | 伟星新材 | 55.39 | 54.89 | 59.31 | 64.10 | 44.77 | 60.30 | 59.13 | 50.76 |
| 002373 | 千方科技 | 65.11 | 50.65 | 63.00 | 64.55 | 45.77 | 52.46 | 68.89 | 45.83 |
| 002374 | 丽鹏股份 | 61.48 | 51.67 | 61.15 | 71.46 | 34.39 | 47.65 | 45.10 | 23.59 |
| 002375 | 亚厦股份 | 56.30 | 51.62 | 66.69 | 63.68 | 47.81 | 60.91 | 56.42 | 49.80 |
| 002376 | 新北洋 | 46.89 | 49.69 | 64.85 | 71.37 | 53.87 | 47.99 | 46.93 | 35.21 |
| 002377 | 国创高新 | 60.18 | 49.88 | 68.54 | 64.11 | 40.32 | 41.58 | 62.15 | 30.60 |
| 002378 | 章源钨业 | 65.90 | 48.54 | 70.38 | 64.09 | 44.12 | 42.13 | 56.75 | 6.98 |
| 002379 | 鲁丰环保 | 48.59 | 50.88 | 64.85 | 64.13 | 44.10 | 48.28 | 10.34 | 1.43 |
| 002380 | 科远股份 | 61.78 | 36.04 | 59.31 | 64.20 | 38.92 | 58.87 | 75.39 | 54.33 |
| 002381 | 双箭股份 | 59.31 | 55.13 | 61.15 | 64.15 | 44.64 | 60.30 | 34.19 | 42.73 |
| 002382 | 蓝帆医疗 | 53.79 | 46.25 | 68.54 | 64.10 | 44.34 | 48.28 | 57.64 | 34.53 |
| 002383 | 合众思壮 | 47.14 | 51.74 | 72.23 | 64.16 | 39.00 | 51.35 | 51.65 | 19.90 |
| 002384 | 东山精密 | 59.11 | 20.80 | 61.15 | 59.97 | 44.79 | 59.17 | 58.61 | 27.89 |
| 002385 | 大北农 | 59.67 | 40.91 | 66.69 | 71.39 | 55.10 | 52.11 | 45.02 | 52.35 |
| 002386 | 天原集团 | 55.41 | 53.38 | 64.85 | 64.20 | 44.26 | 41.54 | 18.80 | 37.44 |
| 002387 | 黑牛食品 | 63.49 | 64.68 | 66.69 | 59.94 | 44.44 | 54.53 | 40.49 | 46.30 |
| 002388 | 新亚制程 | 54.55 | 74.31 | 64.85 | 63.66 | 43.90 | 54.17 | 63.22 | 33.23 |
| 002389 | 南洋科技 | 64.38 | 47.78 | 63.00 | 64.16 | 43.95 | 60.30 | 50.97 | 39.90 |
| 002390 | 信邦制药 | 61.81 | 84.08 | 70.38 | 63.65 | 44.06 | 32.89 | 61.21 | 42.50 |
| 002391 | 长青股份 | 59.59 | 50.03 | 61.15 | 59.97 | 43.88 | 59.07 | 65.50 | 43.13 |
| 002392 | 北京利尔 | 61.55 | 49.49 | 70.38 | 84.65 | 44.22 | 51.76 | 57.62 | 41.19 |
| 002393 | 力生制药 | 60.98 | 50.83 | 64.85 | 71.36 | 53.96 | 50.18 | 38.82 | 59.99 |
| 002394 | 联发股份 | 61.20 | 51.67 | 64.85 | 60.06 | 45.07 | 59.43 | 57.96 | 12.25 |
| 002395 | 双象股份 | 53.71 | 55.69 | 57.46 | 59.93 | 44.28 | 59.43 | 63.14 | 23.89 |
| 002396 | 星网锐捷 | 61.28 | 50.30 | 63.00 | 64.38 | 38.95 | 47.58 | 58.82 | 52.45 |

续表

| 证券代码 | 证券简称 | 会计信息指数 | | | 外部审计指数 | | | 管理控制指数 | |
|---|---|---|---|---|---|---|---|---|---|
| | | 可靠性 | 相关性 | 信息披露 | 独立性 | 审计质量 | 保障功能 | 成本控制与创新 | 核心竞争力 |
| 002397 | 梦洁家纺 | 61.69 | 46.83 | 64.85 | 64.17 | 44.87 | 40.45 | 68.35 | 55.35 |
| 002398 | 建研集团 | 51.70 | 39.69 | 68.54 | 63.57 | 47.04 | 48.73 | 47.71 | 84.11 |
| 002399 | 海普瑞 | 58.29 | 40.20 | 68.54 | 71.37 | 54.49 | 54.52 | 42.21 | 45.65 |
| 002400 | 省广股份 | 63.93 | 49.24 | 63.00 | 71.34 | 57.05 | 54.52 | 59.41 | 78.13 |
| 002401 | 中海科技 | 59.80 | 51.07 | 64.85 | 59.93 | 44.08 | 56.08 | 52.02 | 37.47 |
| 002402 | 和而泰 | 62.48 | 51.14 | 59.31 | 71.31 | 53.84 | 54.52 | 62.71 | 35.26 |
| 002403 | 爱仕达 | 51.46 | 48.31 | 66.69 | 64.09 | 44.86 | 60.21 | 53.88 | 43.47 |
| 002404 | 嘉欣丝绸 | 55.95 | 72.37 | 64.85 | 64.09 | 44.99 | 60.21 | 52.81 | 40.15 |
| 002405 | 四维图新 | 63.41 | 20.80 | 64.85 | 64.14 | 44.49 | 51.65 | 71.81 | 62.07 |
| 002406 | 远东传动 | 57.44 | 48.24 | 70.38 | 59.95 | 43.95 | 44.11 | 60.91 | 20.76 |
| 002407 | 多氟多 | 60.27 | 54.54 | 63.00 | 59.96 | 43.96 | 44.11 | 64.15 | 28.34 |
| 002408 | 齐翔腾达 | 46.39 | 42.88 | 57.46 | 64.18 | 43.90 | 48.34 | 50.95 | 33.16 |
| 002409 | 雅克科技 | 58.74 | 48.99 | 59.31 | 64.15 | 38.92 | 58.87 | 32.05 | 37.79 |
| 002410 | 广联达 | 63.01 | 44.29 | 64.85 | 71.39 | 44.09 | 51.76 | 75.55 | 63.90 |
| 002411 | 九九久 | 52.21 | 85.80 | 59.31 | 64.18 | 38.90 | 59.46 | 64.23 | 22.75 |
| 002412 | 汉森制药 | 65.06 | 52.57 | 61.15 | 64.12 | 38.94 | 40.67 | 59.93 | 60.08 |
| 002413 | 常发股份 | 61.70 | 49.19 | 66.69 | 64.15 | 38.91 | 58.87 | 46.90 | 23.72 |
| 002414 | 高德红外 | 56.23 | 82.73 | 64.85 | 71.35 | 43.90 | 41.93 | 68.47 | 52.57 |
| 002415 | 海康威视 | 55.42 | 50.33 | 63.00 | 64.25 | 44.10 | 60.30 | 65.74 | 64.54 |
| 002416 | 爱施德 | 49.89 | 50.97 | 68.54 | 71.35 | 54.36 | 54.52 | 63.79 | 69.46 |
| 002417 | *ST 元达 | 52.88 | 49.69 | 53.77 | 63.77 | 44.03 | 48.73 | 45.12 | 37.02 |
| 002418 | 康盛股份 | 60.25 | 51.15 | 63.00 | 64.10 | 44.16 | 60.30 | 59.17 | 29.26 |
| 002419 | 天虹商场 | 60.76 | 49.31 | 64.85 | 60.01 | 44.18 | 54.53 | 40.92 | 71.17 |
| 002420 | 毅昌股份 | 43.85 | 50.71 | 64.85 | 64.14 | 44.83 | 54.81 | 75.83 | 5.46 |
| 002421 | 达实智能 | 60.34 | 49.69 | 68.54 | 63.71 | 38.98 | 53.92 | 61.82 | 35.84 |
| 002422 | 科伦药业 | 59.29 | 51.31 | 66.69 | 64.21 | 46.22 | 41.39 | 54.86 | 56.48 |
| 002423 | 中原特钢 | 63.17 | 51.39 | 55.62 | 64.16 | 43.98 | 44.39 | 63.31 | 16.11 |

续表

| 证券代码 | 证券简称 | 会计信息指数 | | | 外部审计指数 | | | 管理控制指数 | |
|---|---|---|---|---|---|---|---|---|---|
| | | 可靠性 | 相关性 | 信息披露 | 独立性 | 审计质量 | 保障功能 | 成本控制与创新 | 核心竞争力 |
| 002424 | 贵州百灵 | 70.40 | 52.68 | 64.85 | 63.59 | 44.25 | 32.98 | 52.37 | 61.18 |
| 002425 | 凯撒股份 | 62.29 | 47.67 | 70.38 | 71.28 | 54.79 | 54.52 | 55.27 | 47.42 |
| 002426 | 胜利精密 | 40.95 | 50.48 | 68.54 | 64.24 | 38.99 | 59.42 | 69.02 | 8.10 |
| 002427 | 尤夫股份 | 60.03 | 50.93 | 66.69 | 64.11 | 45.76 | 60.30 | 60.69 | 36.89 |
| 002428 | 云南锗业 | 61.25 | 20.80 | 68.54 | 64.18 | 44.26 | 34.97 | 55.83 | 51.81 |
| 002429 | 兆驰股份 | 45.17 | 51.71 | 63.00 | 60.04 | 43.91 | 54.26 | 36.78 | 20.81 |
| 002430 | 杭氧股份 | 57.54 | 50.32 | 61.15 | 64.17 | 44.42 | 60.30 | 52.75 | 27.95 |
| 002431 | 棕榈园林 | 52.78 | 40.31 | 70.38 | 59.92 | 44.09 | 54.17 | 56.70 | 44.91 |
| 002432 | 九安医疗 | 69.10 | 36.69 | 64.85 | 60.02 | 44.03 | 50.19 | 36.86 | 45.49 |
| 002433 | 太安堂 | 48.84 | 51.26 | 66.69 | 64.29 | 39.10 | 53.71 | 56.11 | 49.34 |
| 002434 | 万里扬 | 61.14 | 50.53 | 66.69 | 64.13 | 44.17 | 60.30 | 92.48 | 41.99 |
| 002435 | 长江润发 | 57.99 | 51.95 | 68.54 | 71.43 | 33.98 | 59.07 | 46.80 | 33.30 |
| 002436 | 兴森科技 | 63.05 | 24.18 | 68.54 | 63.66 | 38.96 | 55.32 | 65.49 | 38.39 |
| 002437 | 誉衡药业 | 50.86 | 54.81 | 61.15 | 71.55 | 39.14 | 35.69 | 73.38 | 57.37 |
| 002438 | 江苏神通 | 64.97 | 52.16 | 59.31 | 64.14 | 38.92 | 59.42 | 53.12 | 28.78 |
| 002439 | 启明星辰 | 58.55 | 40.71 | 59.31 | 71.37 | 56.96 | 52.11 | 76.16 | 54.19 |
| 002440 | 闰土股份 | 57.71 | 50.35 | 64.85 | 64.16 | 44.09 | 60.21 | 65.13 | 54.68 |
| 002441 | 众业达 | 50.32 | 63.56 | 66.69 | 64.29 | 39.76 | 53.71 | 51.51 | 64.12 |
| 002442 | 龙星化工 | 43.75 | 49.69 | 63.00 | 71.34 | 43.93 | 39.92 | 59.68 | 34.63 |
| 002443 | 金洲管道 | 50.22 | 46.13 | 66.69 | 64.10 | 44.72 | 60.30 | 45.05 | 15.56 |
| 002444 | 巨星科技 | 62.58 | 54.45 | 64.85 | 64.17 | 44.53 | 60.30 | 66.42 | 32.02 |
| 002445 | 中南重工 | 59.57 | 52.59 | 59.31 | 64.18 | 39.66 | 58.87 | 40.56 | 41.66 |
| 002446 | 盛路通信 | 50.58 | 52.91 | 61.15 | 84.49 | 43.90 | 54.17 | 70.20 | 44.59 |
| 002447 | 壹桥海参 | 50.73 | 49.63 | 64.85 | 59.96 | 48.09 | 47.60 | 38.52 | 89.60 |
| 002448 | 中原内配 | 61.71 | 51.93 | 61.15 | 71.32 | 53.96 | 44.10 | 50.85 | 45.85 |
| 002449 | 国星光电 | 61.76 | 53.17 | 64.85 | 71.37 | 53.92 | 54.52 | 64.06 | 42.04 |
| 002450 | 康得新 | 59.50 | 50.81 | 59.31 | 71.35 | 56.05 | 59.42 | 56.13 | 40.64 |

续表

| 证券代码 | 证券简称 | 会计信息指数 | | | 外部审计指数 | | | 管理控制指数 | |
|---|---|---|---|---|---|---|---|---|---|
| | | 可靠性 | 相关性 | 信息披露 | 独立性 | 审计质量 | 保障功能 | 成本控制与创新 | 核心竞争力 |
| 002451 | 摩恩电气 | 53.02 | 40.30 | 68.54 | 59.98 | 44.03 | 56.53 | 62.60 | 37.69 |
| 002452 | 长高集团 | 63.41 | 47.47 | 61.15 | 64.11 | 38.88 | 41.38 | 73.27 | 51.30 |
| 002453 | 天马精化 | 58.87 | 51.25 | 64.85 | 63.60 | 44.02 | 59.77 | 34.84 | 12.80 |
| 002454 | 松芝股份 | 58.63 | 44.37 | 64.85 | 64.10 | 44.23 | 56.53 | 67.22 | 40.12 |
| 002455 | 百川股份 | 54.69 | 41.11 | 53.77 | 64.18 | 38.85 | 58.87 | 55.15 | 19.44 |
| 002456 | 欧菲光 | 36.65 | 50.41 | 64.85 | 63.70 | 44.26 | 54.53 | 63.29 | 45.40 |
| 002457 | 青龙管业 | 60.25 | 50.06 | 68.54 | 64.26 | 44.04 | 34.44 | 57.74 | 32.23 |
| 002458 | 益生股份 | 50.62 | 50.87 | 64.85 | 71.31 | 55.50 | 47.99 | 68.14 | 70.85 |
| 002459 | 天业通联 | 49.16 | 50.93 | 66.69 | 64.26 | 39.08 | 40.76 | 87.85 | 5.39 |
| 002460 | 赣锋锂业 | 65.30 | 54.55 | 66.69 | 64.13 | 44.12 | 42.04 | 60.43 | 38.51 |
| 002461 | 珠江啤酒 | 49.74 | 57.82 | 64.85 | 63.80 | 39.86 | 53.71 | 62.58 | 46.97 |
| 002462 | 嘉事堂 | 38.28 | 50.07 | 61.15 | 84.51 | 44.47 | 51.76 | 42.25 | 54.46 |
| 002463 | 沪电股份 | 61.65 | 51.42 | 61.15 | 63.56 | 54.06 | 58.80 | 39.92 | 14.26 |
| 002464 | 金利科技 | 51.83 | 49.69 | 68.54 | 60.10 | 44.64 | 59.43 | 46.68 | 37.84 |
| 002465 | 海格通信 | 59.48 | 85.80 | 68.54 | 60.02 | 44.06 | 54.17 | 74.80 | 53.71 |
| 002466 | 天齐锂业 | 38.50 | 50.01 | 68.54 | 64.14 | 44.31 | 41.54 | 42.94 | 41.83 |
| 002467 | 二六三 | 62.16 | 48.65 | 59.31 | 60.11 | 49.38 | 52.12 | 68.48 | 61.30 |
| 002468 | 艾迪西 | 58.22 | 58.50 | 63.00 | 71.30 | 44.10 | 60.21 | 64.28 | 29.89 |
| 002469 | 三维工程 | 59.84 | 53.09 | 66.69 | 71.30 | 45.50 | 48.00 | 67.53 | 88.10 |
| 002470 | 金正大 | 44.48 | 46.62 | 64.85 | 64.20 | 44.17 | 48.28 | 44.58 | 48.45 |
| 002471 | 中超电缆 | 50.92 | 47.85 | 57.46 | 64.18 | 43.95 | 58.62 | 46.30 | 38.86 |
| 002472 | 双环传动 | 61.61 | 49.46 | 61.15 | 64.13 | 44.09 | 60.30 | 69.86 | 13.00 |
| 002473 | 圣莱达 | 76.49 | 62.39 | 55.62 | 64.49 | 38.94 | 61.36 | 27.11 | 7.64 |
| 002474 | 榕基软件 | 65.11 | 53.10 | 64.85 | 63.58 | 44.18 | 48.73 | 14.66 | 45.27 |
| 002475 | 立讯精密 | 46.61 | 30.83 | 70.38 | 64.21 | 44.01 | 54.17 | 59.50 | 44.42 |
| 002476 | 宝莫股份 | 58.17 | 49.69 | 64.85 | 64.13 | 43.93 | 48.34 | 33.77 | 36.26 |
| 002477 | 雏鹰农牧 | 57.61 | 51.12 | 64.85 | 64.16 | 50.31 | 44.44 | 30.81 | 54.62 |

续表

| 证券代码 | 证券简称 | 会计信息指数 | | | 外部审计指数 | | | 管理控制指数 | |
|---|---|---|---|---|---|---|---|---|---|
| | | 可靠性 | 相关性 | 信息披露 | 独立性 | 审计质量 | 保障功能 | 成本控制与创新 | 核心竞争力 |
| 002478 | 常宝股份 | 59.44 | 49.27 | 63.00 | 64.22 | 39.66 | 58.87 | 81.30 | 17.92 |
| 002479 | 富春环保 | 54.79 | 52.75 | 61.15 | 64.18 | 44.29 | 60.30 | 52.68 | 44.99 |
| 002480 | 新筑股份 | 57.70 | 20.80 | 66.69 | 64.18 | 44.16 | 41.54 | 66.32 | 21.93 |
| 002481 | 双塔食品 | 62.37 | 52.45 | 63.00 | 60.01 | 44.56 | 48.00 | 60.59 | 25.53 |
| 002482 | 广田股份 | 55.65 | 41.50 | 70.38 | 71.37 | 56.79 | 54.52 | 53.41 | 45.25 |
| 002483 | 润邦股份 | 59.89 | 50.40 | 66.69 | 71.35 | 54.07 | 59.42 | 45.06 | 36.75 |
| 002484 | 江海股份 | 58.28 | 48.51 | 63.00 | 64.14 | 38.96 | 59.42 | 57.03 | 31.65 |
| 002485 | 希努尔 | 56.87 | 50.44 | 68.54 | 71.37 | 39.63 | 47.99 | 36.67 | 41.44 |
| 002486 | 嘉麟杰 | 58.73 | 51.02 | 61.15 | 64.10 | 44.63 | 56.53 | 7.20 | 44.77 |
| 002487 | 大金重工 | 47.23 | 54.57 | 63.00 | 71.33 | 44.13 | 46.90 | 32.28 | 28.19 |
| 002488 | 金固股份 | 58.35 | 52.63 | 68.54 | 64.15 | 44.44 | 60.30 | 67.35 | 15.96 |
| 002489 | 浙江永强 | 61.54 | 55.86 | 64.85 | 64.18 | 52.55 | 60.30 | 49.66 | 35.80 |
| 002490 | 山东墨龙 | 60.43 | 51.09 | 66.69 | 71.35 | 44.28 | 47.54 | 62.70 | 24.91 |
| 002491 | 通鼎互联 | 47.52 | 46.02 | 66.69 | 64.20 | 39.03 | 59.42 | 48.47 | 40.32 |
| 002492 | 恒基达鑫 | 49.81 | 51.33 | 64.85 | 71.38 | 46.56 | 54.17 | 43.16 | 24.16 |
| 002493 | 荣盛石化 | 50.84 | 50.74 | 64.85 | 64.18 | 48.61 | 60.30 | 36.50 | 34.20 |
| 002494 | 华斯股份 | 56.31 | 49.77 | 66.69 | 59.98 | 49.11 | 40.74 | 57.63 | 9.79 |
| 002495 | 佳隆股份 | 66.83 | 20.80 | 63.00 | 59.97 | 44.94 | 54.17 | 56.22 | 49.59 |
| 002496 | 辉丰股份 | 53.64 | 38.74 | 68.54 | 64.16 | 43.97 | 59.17 | 65.21 | 37.54 |
| 002497 | 雅化集团 | 50.93 | 85.80 | 68.54 | 64.16 | 44.20 | 41.54 | 46.36 | 50.91 |
| 002498 | 汉缆股份 | 57.13 | 50.13 | 64.85 | 64.34 | 33.95 | 47.65 | 58.22 | 33.38 |
| 002499 | 科林环保 | 57.96 | 33.34 | 57.46 | 64.08 | 43.93 | 59.07 | 39.60 | 28.61 |
| 002500 | 山西证券 | 57.75 | 51.84 | 72.23 | 84.49 | 45.49 | 35.04 | 70.97 | 58.49 |
| 002501 | 利源精制 | 47.74 | 50.68 | 55.62 | 59.95 | 44.04 | 39.59 | 49.15 | 48.79 |
| 002502 | 骅威股份 | 66.30 | 51.10 | 64.85 | 64.23 | 42.51 | 53.71 | 33.84 | 39.00 |
| 002503 | 搜于特 | 55.68 | 51.24 | 61.15 | 64.11 | 45.39 | 54.26 | 31.76 | 31.57 |
| 002504 | 东光微电 | 45.76 | 50.84 | 66.69 | 84.64 | 41.28 | 59.46 | 52.79 | 38.65 |

续表

| 证券代码 | 证券简称 | 会计信息指数 | | | 外部审计指数 | | | 管理控制指数 | |
|---|---|---|---|---|---|---|---|---|---|
| | | 可靠性 | 相关性 | 信息披露 | 独立性 | 审计质量 | 保障功能 | 成本控制与创新 | 核心竞争力 |
| 002505 | 大康牧业 | 51.51 | 48.55 | 68.54 | 64.15 | 49.81 | 41.00 | 28.85 | 61.29 |
| 002506 | ＊ST 集成 | 38.34 | 49.69 | 72.23 | 84.78 | 44.73 | 56.53 | 73.77 | 5.99 |
| 002507 | 涪陵榨菜 | 67.72 | 52.22 | 61.15 | 71.28 | 54.67 | 44.53 | 32.57 | 52.91 |
| 002508 | 老板电器 | 65.30 | 47.22 | 61.15 | 71.33 | 53.97 | 60.56 | 59.98 | 56.12 |
| 002509 | 天广消防 | 52.67 | 85.43 | 66.69 | 63.58 | 44.05 | 48.73 | 55.03 | 46.44 |
| 002510 | 天汽模 | 60.11 | 49.12 | 63.00 | 71.30 | 54.13 | 50.18 | 69.00 | 38.62 |
| 002511 | 中顺洁柔 | 59.31 | 52.10 | 63.00 | 64.31 | 42.00 | 53.71 | 51.41 | 24.61 |
| 002512 | 达华智能 | 44.17 | 49.69 | 66.69 | 71.36 | 53.86 | 54.52 | 62.28 | 31.65 |
| 002513 | 蓝丰生化 | 54.34 | 49.69 | 55.62 | 64.19 | 38.88 | 58.87 | 48.05 | 30.20 |
| 002514 | 宝馨科技 | 62.59 | 47.16 | 68.54 | 60.07 | 44.86 | 59.43 | 50.60 | 38.70 |
| 002515 | 金字火腿 | 59.53 | 55.59 | 66.69 | 64.11 | 44.35 | 60.30 | 49.34 | 38.15 |
| 002516 | 江苏旷达 | 50.01 | 42.48 | 64.85 | 63.68 | 45.24 | 59.77 | 56.04 | 34.84 |
| 002517 | 泰亚股份 | 67.79 | 47.88 | 68.54 | 64.40 | 45.73 | 47.58 | 10.56 | 31.37 |
| 002518 | 科士达 | 64.95 | 47.91 | 70.38 | 84.57 | 38.90 | 53.92 | 66.03 | 44.27 |
| 002519 | 银河电子 | 50.12 | 49.69 | 66.69 | 59.96 | 43.92 | 59.07 | 60.64 | 33.82 |
| 002520 | 日发精机 | 63.57 | 49.88 | 61.15 | 64.09 | 44.00 | 60.30 | 59.45 | 39.49 |
| 002521 | 齐峰新材 | 61.27 | 50.56 | 63.00 | 64.17 | 44.82 | 48.28 | 62.09 | 42.71 |
| 002522 | 浙江众成 | 53.54 | 51.55 | 70.38 | 64.09 | 44.46 | 60.21 | 43.57 | 19.36 |
| 002523 | 天桥起重 | 57.11 | 47.50 | 63.00 | 71.33 | 43.90 | 40.90 | 72.22 | 27.88 |
| 002524 | 光正集团 | 60.45 | 51.43 | 61.15 | 64.17 | 47.47 | 30.97 | 37.20 | 26.70 |
| 002526 | 山东矿机 | 59.79 | 47.41 | 63.00 | 64.21 | 38.93 | 47.70 | 30.35 | 28.57 |
| 002527 | 新时达 | 65.58 | 69.54 | 61.15 | 64.10 | 43.98 | 56.53 | 63.44 | 52.19 |
| 002528 | 英飞拓 | 51.63 | 50.90 | 63.00 | 59.95 | 43.97 | 54.17 | 37.90 | 58.19 |
| 002529 | 海源机械 | 58.19 | 51.02 | 66.69 | 64.15 | 44.04 | 48.04 | 50.82 | 24.57 |
| 002530 | 丰东股份 | 56.38 | 34.89 | 63.00 | 64.22 | 39.03 | 60.23 | 18.16 | 14.91 |
| 002531 | 天顺风能 | 60.91 | 52.61 | 66.69 | 64.17 | 39.05 | 59.17 | 44.21 | 35.53 |
| 002532 | 新界泵业 | 64.87 | 51.14 | 64.85 | 64.17 | 44.16 | 60.30 | 42.58 | 26.70 |

续表

| 证券代码 | 证券简称 | 会计信息指数 | | | 外部审计指数 | | | 管理控制指数 | |
|---|---|---|---|---|---|---|---|---|---|
| | | 可靠性 | 相关性 | 信息披露 | 独立性 | 审计质量 | 保障功能 | 成本控制与创新 | 核心竞争力 |
| 002533 | 金杯电工 | 60.40 | 47.85 | 64.85 | 64.16 | 38.93 | 41.38 | 44.94 | 34.06 |
| 002534 | 杭锅股份 | 60.38 | 49.10 | 66.69 | 64.19 | 44.25 | 60.30 | 59.86 | 39.70 |
| 002535 | 林州重机 | 56.51 | 50.04 | 63.00 | 64.20 | 39.28 | 43.34 | 14.80 | 8.32 |
| 002536 | 西泵股份 | 61.24 | 44.09 | 66.69 | 84.51 | 44.02 | 44.11 | 70.00 | 37.58 |
| 002537 | 海立美达 | 54.10 | 51.38 | 70.38 | 64.18 | 43.95 | 47.54 | 40.59 | 19.04 |
| 002538 | 司尔特 | 58.86 | 55.43 | 63.00 | 64.16 | 38.95 | 42.59 | 67.37 | 36.52 |
| 002539 | 新都化工 | 60.32 | 53.50 | 66.69 | 63.64 | 44.02 | 41.74 | 45.29 | 24.24 |
| 002540 | 亚太科技 | 64.54 | 50.73 | 64.85 | 64.15 | 39.07 | 58.87 | 60.71 | 16.59 |
| 002541 | 鸿路钢构 | 54.22 | 49.57 | 66.69 | 60.00 | 44.53 | 43.14 | 33.93 | 9.77 |
| 002542 | 中化岩土 | 57.98 | 47.18 | 64.85 | 63.58 | 43.80 | 52.46 | 49.96 | 42.90 |
| 002543 | 万和电气 | 59.46 | 56.19 | 70.38 | 84.63 | 39.01 | 53.71 | 48.35 | 37.16 |
| 002544 | 杰赛科技 | 63.66 | 55.12 | 68.54 | 71.42 | 39.05 | 55.32 | 74.91 | 43.06 |
| 002545 | 东方铁塔 | 57.64 | 51.14 | 64.85 | 71.36 | 44.39 | 47.19 | 48.23 | 40.63 |
| 002546 | 新联电子 | 58.81 | 49.52 | 63.00 | 64.13 | 38.91 | 59.42 | 47.01 | 47.51 |
| 002547 | 春兴精工 | 53.20 | 50.38 | 61.15 | 60.02 | 40.21 | 59.17 | 56.56 | 28.11 |
| 002548 | 金新农 | 52.28 | 49.69 | 70.38 | 84.54 | 39.42 | 53.71 | 63.96 | 33.92 |
| 002549 | 凯美特气 | 26.61 | 49.69 | 63.00 | 64.15 | 46.41 | 41.60 | 43.49 | 64.38 |
| 002550 | 千红制药 | 64.25 | 51.15 | 66.69 | 64.21 | 38.98 | 58.87 | 52.14 | 52.14 |
| 002551 | 尚荣医疗 | 59.39 | 72.29 | 66.69 | 63.56 | 54.08 | 54.52 | 62.88 | 39.37 |
| 002552 | 宝鼎重工 | 63.77 | 49.49 | 63.00 | 64.14 | 43.97 | 60.21 | 60.24 | 13.21 |
| 002553 | 南方轴承 | 64.86 | 37.71 | 61.15 | 64.23 | 38.96 | 59.42 | 63.10 | 44.04 |
| 002554 | 惠博普 | 48.73 | 52.49 | 68.54 | 64.13 | 55.35 | 52.11 | 73.72 | 45.12 |
| 002555 | 顺荣三七 | 64.98 | 49.69 | 64.85 | 59.96 | 44.01 | 43.41 | 56.86 | 51.19 |
| 002556 | 辉隆股份 | 47.33 | 50.20 | 64.85 | 59.98 | 44.15 | 43.41 | 32.24 | 69.43 |
| 002557 | 洽洽食品 | 47.57 | 48.71 | 64.85 | 60.05 | 40.24 | 43.14 | 44.15 | 43.71 |
| 002558 | 世纪游轮 | 55.55 | 49.69 | 57.46 | 84.67 | 56.57 | 44.53 | 38.53 | 10.99 |
| 002559 | 亚威股份 | 57.86 | 85.80 | 61.15 | 59.98 | 38.98 | 59.07 | 50.95 | 33.40 |

续表

| 证券代码 | 证券简称 | 会计信息指数 | | | 外部审计指数 | | | 管理控制指数 | |
|---|---|---|---|---|---|---|---|---|---|
| | | 可靠性 | 相关性 | 信息披露 | 独立性 | 审计质量 | 保障功能 | 成本控制与创新 | 核心竞争力 |
| 002560 | 通达股份 | 55.09 | 50.78 | 64.85 | 59.97 | 43.85 | 44.39 | 61.01 | 3.20 |
| 002561 | 徐家汇 | 63.16 | 57.60 | 59.31 | 59.97 | 39.03 | 57.69 | 56.08 | 19.07 |
| 002562 | 兄弟科技 | 49.40 | 51.40 | 61.15 | 60.01 | 43.98 | 60.30 | 52.75 | 35.95 |
| 002563 | 森马服饰 | 57.95 | 51.80 | 68.54 | 59.99 | 47.32 | 60.21 | 60.23 | 52.42 |
| 002564 | 天沃科技 | 49.34 | 51.12 | 68.54 | 63.70 | 39.23 | 60.23 | 50.81 | 31.83 |
| 002565 | 上海绿新 | 53.32 | 49.69 | 66.69 | 59.98 | 47.13 | 56.53 | 36.82 | 14.87 |
| 002566 | 益盛药业 | 43.55 | 46.90 | 59.31 | 63.59 | 54.05 | 39.94 | 67.21 | 59.84 |
| 002567 | 唐人神 | 40.18 | 37.62 | 72.23 | 59.96 | 45.24 | 40.45 | 62.69 | 36.87 |
| 002568 | 百润股份 | 64.12 | 43.28 | 66.69 | 60.13 | 43.95 | 56.53 | 87.15 | 49.83 |
| 002569 | 步森股份 | 62.19 | 49.69 | 61.15 | 60.09 | 44.87 | 60.21 | 30.56 | 46.83 |
| 002570 | 贝因美 | 45.89 | 50.36 | 61.15 | 59.97 | 47.90 | 60.30 | 28.82 | 64.29 |
| 002571 | 德力股份 | 53.19 | 49.91 | 61.15 | 60.09 | 43.98 | 42.59 | 7.82 | 41.73 |
| 002572 | 索菲亚 | 64.77 | 52.57 | 64.85 | 59.93 | 50.79 | 54.17 | 59.19 | 48.81 |
| 002573 | 国电清新 | 58.26 | 50.86 | 64.85 | 59.95 | 48.55 | 51.65 | 65.79 | 72.21 |
| 002574 | 明牌珠宝 | 54.37 | 47.19 | 55.62 | 59.99 | 47.62 | 60.30 | 53.33 | 36.74 |
| 002575 | 群兴玩具 | 64.51 | 48.41 | 64.85 | 59.93 | 46.88 | 54.17 | 65.64 | 38.76 |
| 002576 | 通达动力 | 62.07 | 51.88 | 64.85 | 60.00 | 43.97 | 59.07 | 71.94 | 3.49 |
| 002577 | 雷柏科技 | 66.07 | 49.27 | 66.69 | 63.60 | 53.89 | 54.52 | 56.87 | 49.32 |
| 002578 | 闽发铝业 | 65.18 | 46.59 | 64.85 | 63.64 | 44.07 | 48.73 | 47.14 | 29.53 |
| 002579 | 中京电子 | 64.37 | 47.49 | 61.15 | 59.94 | 43.83 | 54.26 | 45.77 | 23.94 |
| 002580 | 圣阳股份 | 52.16 | 85.80 | 66.69 | 59.94 | 43.88 | 47.54 | 68.48 | 33.18 |
| 002581 | 万昌科技 | 61.91 | 38.09 | 59.31 | 59.99 | 43.88 | 48.28 | 46.76 | 45.85 |
| 002582 | 好想你 | 56.21 | 52.41 | 61.15 | 59.94 | 44.71 | 43.84 | 47.39 | 47.05 |
| 002583 | 海能达 | 57.71 | 49.97 | 70.38 | 63.60 | 54.04 | 54.52 | 66.03 | 45.56 |
| 002584 | 西陇化工 | 52.07 | 52.82 | 61.15 | 63.64 | 44.04 | 54.26 | 37.33 | 34.47 |
| 002585 | 双星新材 | 43.24 | 57.85 | 63.00 | 60.04 | 39.68 | 60.23 | 62.75 | 30.17 |
| 002586 | 围海股份 | 60.30 | 47.64 | 63.00 | 59.96 | 43.96 | 60.30 | 54.02 | 34.86 |

续表

| 证券代码 | 证券简称 | 会计信息指数 | | | 外部审计指数 | | | 管理控制指数 | |
|---|---|---|---|---|---|---|---|---|---|
| | | 可靠性 | 相关性 | 信息披露 | 独立性 | 审计质量 | 保障功能 | 成本控制与创新 | 核心竞争力 |
| 002587 | 奥拓电子 | 67.34 | 49.63 | 70.38 | 71.29 | 53.83 | 54.52 | 77.34 | 59.38 |
| 002588 | 史丹利 | 52.75 | 38.00 | 66.69 | 59.98 | 53.97 | 47.99 | 61.53 | 14.32 |
| 002589 | 瑞康医药 | 48.54 | 55.32 | 57.46 | 60.08 | 39.13 | 47.65 | 41.53 | 65.33 |
| 002590 | 万安科技 | 61.80 | 55.00 | 64.85 | 59.95 | 44.11 | 60.21 | 66.17 | 38.76 |
| 002591 | 恒大高新 | 57.46 | 51.19 | 59.31 | 63.68 | 43.94 | 42.68 | 37.59 | 30.06 |
| 002592 | 八菱科技 | 62.07 | 52.35 | 66.69 | 59.93 | 43.93 | 36.20 | 40.05 | 10.97 |
| 002593 | 日上集团 | 50.76 | 45.07 | 61.15 | 71.32 | 43.98 | 48.04 | 55.89 | 7.94 |
| 002594 | 比亚迪 | 58.45 | 20.80 | 68.54 | 59.94 | 54.12 | 53.71 | 55.47 | 59.98 |
| 002595 | 豪迈科技 | 62.87 | 46.40 | 68.54 | 59.97 | 43.95 | 47.54 | 63.16 | 50.25 |
| 002596 | 海南瑞泽 | 52.83 | 49.69 | 66.69 | 63.68 | 44.16 | 36.57 | 27.40 | 36.20 |
| 002597 | 金禾实业 | 57.43 | 50.32 | 68.54 | 60.01 | 38.97 | 43.14 | 36.77 | 31.96 |
| 002598 | 山东章鼓 | 65.24 | 20.80 | 66.69 | 84.55 | 43.83 | 47.19 | 40.51 | 39.18 |
| 002599 | 盛通股份 | 61.47 | 50.71 | 59.31 | 71.31 | 48.65 | 51.76 | 46.08 | 29.03 |
| 002600 | 江粉磁材 | 56.97 | 51.76 | 72.23 | 59.96 | 43.99 | 53.71 | 63.74 | 25.56 |
| 002601 | 佰利联 | 57.86 | 50.34 | 66.69 | 71.35 | 43.91 | 43.75 | 47.98 | 27.51 |
| 002602 | 世纪华通 | 62.55 | 49.69 | 66.69 | 59.95 | 44.21 | 60.30 | 63.83 | 35.73 |
| 002603 | 以岭药业 | 63.11 | 53.26 | 66.69 | 60.10 | 39.14 | 40.12 | 76.30 | 62.48 |
| 002604 | 龙力生物 | 59.33 | 51.49 | 63.00 | 63.58 | 44.90 | 47.65 | 35.10 | 44.32 |
| 002605 | 姚记扑克 | 64.54 | 53.03 | 63.00 | 59.91 | 47.82 | 56.63 | 48.01 | 37.06 |
| 002606 | 大连电瓷 | 64.48 | 54.94 | 70.38 | 59.92 | 43.88 | 47.26 | 66.16 | 44.45 |
| 002607 | 亚夏汽车 | 57.26 | 49.69 | 63.00 | 60.01 | 39.07 | 43.14 | 30.70 | 50.31 |
| 002608 | *ST 舜船 | 0.00 | 50.84 | 66.69 | 84.69 | 39.36 | 59.42 | 4.47 | 27.97 |
| 002609 | 捷顺科技 | 62.94 | 55.61 | 59.31 | 63.60 | 43.97 | 54.26 | 70.10 | 29.90 |
| 002610 | 爱康科技 | 46.52 | 50.53 | 66.69 | 60.00 | 53.99 | 59.42 | 61.02 | 25.59 |
| 002611 | 东方精工 | 60.32 | 83.06 | 68.54 | 63.56 | 44.00 | 54.17 | 59.39 | 37.22 |
| 002612 | 朗姿股份 | 47.46 | 52.30 | 70.38 | 71.30 | 45.20 | 51.76 | 19.49 | 60.80 |
| 002613 | 北玻股份 | 64.86 | 50.35 | 59.31 | 59.99 | 38.90 | 43.49 | 36.91 | 32.95 |

续表

| 证券代码 | 证券简称 | 会计信息指数 | | | 外部审计指数 | | | 管理控制指数 | |
|---|---|---|---|---|---|---|---|---|---|
| | | 可靠性 | 相关性 | 信息披露 | 独立性 | 审计质量 | 保障功能 | 成本控制与创新 | 核心竞争力 |
| 002614 | 蒙发利 | 54.95 | 55.32 | 63.00 | 59.94 | 44.38 | 48.04 | 48.13 | 35.48 |
| 002615 | 哈尔斯 | 63.20 | 46.46 | 63.00 | 60.22 | 44.92 | 60.30 | 55.87 | 31.06 |
| 002616 | 长青集团 | 57.42 | 55.30 | 64.85 | 59.99 | 38.98 | 55.32 | 52.44 | 37.27 |
| 002617 | 露笑科技 | 60.01 | 49.12 | 59.31 | 59.93 | 43.95 | 60.21 | 19.86 | 28.20 |
| 002618 | 丹邦科技 | 62.26 | 48.38 | 61.15 | 63.64 | 43.87 | 53.71 | 74.77 | 49.77 |
| 002619 | 巨龙管业 | 57.99 | 48.10 | 64.85 | 60.08 | 44.40 | 60.30 | 54.52 | 46.26 |
| 002620 | 瑞和股份 | 42.57 | 53.88 | 70.38 | 63.56 | 55.77 | 54.52 | 47.29 | 35.28 |
| 002621 | 大连三垒 | 61.16 | 52.18 | 61.15 | 59.92 | 43.94 | 46.90 | 82.43 | 44.31 |
| 002622 | 永大集团 | 62.89 | 45.09 | 66.69 | 59.97 | 38.84 | 40.74 | 88.12 | 55.11 |
| 002623 | 亚玛顿 | 62.32 | 52.83 | 66.69 | 60.07 | 44.10 | 59.07 | 54.62 | 32.35 |
| 002624 | 完美环球 | 67.92 | 49.69 | 66.69 | 84.56 | 47.96 | 60.21 | 67.66 | 97.37 |
| 002625 | 龙生股份 | 68.41 | 22.11 | 59.31 | 60.16 | 44.03 | 60.30 | 66.06 | 33.93 |
| 002626 | 金达威 | 65.30 | 57.69 | 59.31 | 59.92 | 44.77 | 48.04 | 73.99 | 47.13 |
| 002627 | 宜昌交运 | 52.53 | 43.57 | 64.85 | 71.33 | 44.81 | 42.04 | 57.96 | 16.76 |
| 002628 | 成都路桥 | 47.78 | 50.85 | 63.00 | 63.58 | 43.90 | 41.74 | 36.70 | 36.58 |
| 002629 | 仁智油服 | 53.55 | 48.95 | 64.85 | 63.67 | 39.49 | 42.80 | 47.44 | 40.35 |
| 002630 | 华西能源 | 58.18 | 49.69 | 68.54 | 60.03 | 44.00 | 41.54 | 70.31 | 38.55 |
| 002631 | 德尔家居 | 59.69 | 44.45 | 59.31 | 59.91 | 48.12 | 58.96 | 55.45 | 46.28 |
| 002632 | 道明光学 | 63.90 | 53.01 | 64.85 | 60.02 | 43.97 | 60.30 | 78.37 | 38.71 |
| 002633 | *ST 申科 | 58.57 | 51.26 | 64.85 | 60.11 | 44.14 | 60.30 | 59.64 | 28.08 |
| 002634 | 棒杰股份 | 63.84 | 48.56 | 59.31 | 60.05 | 44.71 | 60.21 | 91.53 | 36.77 |
| 002635 | 安洁科技 | 63.80 | 47.42 | 64.85 | 60.04 | 38.96 | 58.87 | 47.70 | 40.23 |
| 002636 | 金安国纪 | 58.61 | 34.47 | 63.00 | 60.09 | 38.89 | 56.92 | 33.25 | 25.95 |
| 002637 | 赞宇科技 | 55.63 | 49.69 | 59.31 | 59.96 | 44.00 | 60.30 | 66.03 | 28.60 |
| 002638 | 勤上光电 | 60.15 | 50.21 | 64.85 | 63.57 | 54.08 | 54.52 | 47.73 | 38.77 |
| 002639 | 雪人股份 | 56.58 | 50.56 | 63.00 | 59.98 | 39.00 | 48.39 | 39.88 | 24.20 |
| 002640 | 百圆裤业 | 56.53 | 51.78 | 66.69 | 60.06 | 39.05 | 34.84 | 48.64 | 56.07 |

续表

| 证券代码 | 证券简称 | 会计信息指数 | | | 外部审计指数 | | | 管理控制指数 | |
|---|---|---|---|---|---|---|---|---|---|
| | | 可靠性 | 相关性 | 信息披露 | 独立性 | 审计质量 | 保障功能 | 成本控制与创新 | 核心竞争力 |
| 002641 | 永高股份 | 60.55 | 51.68 | 63.00 | 59.95 | 44.76 | 60.30 | 49.84 | 41.01 |
| 002642 | 荣之联 | 67.95 | 52.80 | 66.69 | 60.03 | 39.18 | 51.35 | 55.45 | 52.19 |
| 002643 | 万润股份 | 56.93 | 51.87 | 63.00 | 71.40 | 54.09 | 47.99 | 46.26 | 37.31 |
| 002644 | 佛慈制药 | 65.86 | 52.98 | 57.46 | 59.96 | 53.84 | 30.70 | 69.90 | 38.51 |
| 002645 | 华宏科技 | 62.95 | 49.69 | 61.15 | 59.95 | 38.88 | 58.87 | 42.38 | 38.32 |
| 002646 | 青青稞酒 | 67.66 | 54.67 | 70.38 | 71.31 | 44.65 | 23.42 | 11.30 | 58.32 |
| 002647 | 宏磊股份 | 11.83 | 50.80 | 68.54 | 84.66 | 39.34 | 60.21 | 62.08 | 34.16 |
| 002648 | 卫星石化 | 37.99 | 50.81 | 51.92 | 59.99 | 44.05 | 60.30 | 50.50 | 37.48 |
| 002649 | 博彦科技 | 65.56 | 52.64 | 63.00 | 60.08 | 39.74 | 51.76 | 83.72 | 48.20 |
| 002650 | 加加食品 | 54.83 | 48.78 | 68.54 | 59.95 | 44.98 | 41.00 | 22.57 | 45.99 |
| 002651 | 利君股份 | 66.01 | 53.60 | 63.00 | 59.96 | 43.95 | 41.54 | 43.58 | 28.44 |
| 002652 | 扬子新材 | 48.37 | 75.71 | 64.85 | 71.31 | 54.26 | 59.42 | 37.60 | 14.78 |
| 002653 | 海思科 | 68.98 | 56.15 | 64.85 | 59.98 | 53.98 | 10.56 | 46.60 | 60.83 |
| 002654 | 万润科技 | 55.91 | 46.49 | 64.85 | 63.58 | 43.87 | 54.17 | 63.46 | 43.18 |
| 002655 | 共达电声 | 60.01 | 20.80 | 63.00 | 59.92 | 43.84 | 47.54 | 75.31 | 37.97 |
| 002656 | 卡奴迪路 | 50.58 | 50.76 | 72.23 | 63.71 | 40.23 | 53.71 | 12.80 | 59.86 |
| 002657 | 中科金财 | 55.39 | 54.65 | 63.00 | 63.61 | 44.21 | 51.76 | 84.44 | 39.34 |
| 002658 | 雪迪龙 | 55.06 | 53.43 | 64.85 | 63.60 | 45.73 | 51.76 | 52.38 | 57.72 |
| 002659 | 中泰桥梁 | 61.66 | 49.69 | 61.15 | 63.62 | 38.85 | 59.17 | 77.24 | 33.59 |
| 002660 | 茂硕电源 | 52.65 | 49.69 | 64.85 | 63.58 | 53.90 | 54.52 | 34.73 | 34.19 |
| 002661 | 克明面业 | 57.48 | 51.00 | 68.54 | 63.64 | 44.98 | 41.00 | 46.44 | 38.77 |
| 002662 | 京威股份 | 58.25 | 59.37 | 66.69 | 63.58 | 44.46 | 51.65 | 45.42 | 27.44 |
| 002663 | 普邦园林 | 38.14 | 78.69 | 68.54 | 63.68 | 38.94 | 53.71 | 65.11 | 45.04 |
| 002664 | 信质电机 | 51.51 | 63.24 | 63.00 | 63.57 | 44.03 | 60.57 | 65.02 | 28.22 |
| 002665 | 首航节能 | 52.64 | 49.87 | 64.85 | 63.61 | 53.91 | 52.11 | 54.05 | 41.23 |
| 002666 | 德联集团 | 62.14 | 85.80 | 64.85 | 63.88 | 39.22 | 53.71 | 38.95 | 38.65 |
| 002667 | 鞍重股份 | 63.99 | 49.69 | 59.31 | 63.66 | 38.95 | 46.99 | 18.90 | 26.67 |

续表

| 证券代码 | 证券简称 | 会计信息指数 | | | 外部审计指数 | | | 管理控制指数 | |
|---|---|---|---|---|---|---|---|---|---|
| | | 可靠性 | 相关性 | 信息披露 | 独立性 | 审计质量 | 保障功能 | 成本控制与创新 | 核心竞争力 |
| 002668 | 奥马电器 | 61.13 | 21.00 | 55.62 | 63.62 | 43.91 | 54.53 | 47.08 | 44.87 |
| 002669 | 康达新材 | 64.81 | 54.16 | 61.15 | 63.74 | 43.95 | 57.23 | 69.36 | 45.12 |
| 002670 | 华声股份 | 47.54 | 43.09 | 63.00 | 63.65 | 44.03 | 54.17 | 65.53 | 36.12 |
| 002671 | 龙泉股份 | 61.59 | 51.09 | 51.92 | 63.86 | 34.04 | 47.65 | 60.66 | 47.32 |
| 002672 | 东江环保 | 59.06 | 49.75 | 70.38 | 63.59 | 49.35 | 54.06 | 70.44 | 86.30 |
| 002673 | 西部证券 | 46.74 | 50.45 | 68.54 | 63.56 | 44.74 | 33.17 | 63.53 | 56.88 |
| 002674 | 兴业科技 | 56.76 | 52.60 | 66.69 | 63.60 | 51.81 | 48.73 | 50.29 | 31.40 |
| 002675 | 东诚药业 | 47.99 | 85.80 | 63.00 | 71.31 | 43.94 | 47.19 | 35.73 | 47.17 |
| 002676 | 顺威股份 | 55.26 | 49.69 | 68.54 | 63.85 | 40.19 | 53.71 | 51.12 | 32.31 |
| 002677 | 浙江美大 | 66.70 | 49.90 | 57.46 | 63.61 | 43.93 | 60.30 | 65.08 | 59.34 |
| 002678 | 珠江钢琴 | 62.47 | 52.58 | 57.46 | 63.59 | 49.21 | 54.17 | 37.28 | 41.03 |
| 002679 | 福建金森 | 29.53 | 62.30 | 64.85 | 63.61 | 53.33 | 48.73 | 35.20 | 39.42 |
| 002680 | 黄海机械 | 67.15 | 49.69 | 61.15 | 63.65 | 43.95 | 59.07 | 55.54 | 33.80 |
| 002681 | 奋达科技 | 72.82 | 42.79 | 66.69 | 63.57 | 53.87 | 54.52 | 80.75 | 33.76 |
| 002682 | 龙洲股份 | 38.63 | 50.72 | 57.46 | 63.68 | 45.97 | 47.58 | 53.17 | 13.55 |
| 002683 | 宏大爆破 | 48.81 | 49.34 | 64.85 | 63.57 | 45.18 | 54.17 | 51.66 | 39.50 |
| 002684 | 猛狮科技 | 67.81 | 56.74 | 64.85 | 63.84 | 39.03 | 53.71 | 81.47 | 13.02 |
| 002685 | 华东重机 | 62.72 | 85.80 | 64.85 | 63.55 | 53.95 | 59.42 | 67.36 | 24.51 |
| 002686 | 亿利达 | 67.06 | 50.97 | 63.00 | 63.66 | 38.96 | 59.75 | 64.81 | 45.21 |
| 002687 | 乔治白 | 59.70 | 82.24 | 66.69 | 63.63 | 45.03 | 60.21 | 72.34 | 47.18 |
| 002688 | 金河生物 | 57.75 | 51.10 | 63.00 | 63.56 | 54.00 | 36.35 | 53.84 | 45.72 |
| 002689 | 博林特 | 61.40 | 43.18 | 68.54 | 63.63 | 39.09 | 47.38 | 63.02 | 47.42 |
| 002690 | 美亚光电 | 73.35 | 56.84 | 63.00 | 63.63 | 43.83 | 43.41 | 65.83 | 53.13 |
| 002691 | 石中装备 | 57.68 | 49.69 | 64.85 | 63.61 | 43.94 | 40.47 | 90.42 | 28.15 |
| 002692 | 远程电缆 | 53.98 | 45.86 | 64.85 | 63.67 | 38.90 | 58.87 | 33.19 | 29.33 |
| 002693 | 双成药业 | 69.27 | 50.00 | 55.62 | 63.62 | 43.96 | 36.57 | 42.06 | 57.94 |
| 002694 | 顾地科技 | 45.63 | 50.68 | 66.69 | 63.67 | 39.83 | 41.79 | 35.59 | 38.43 |

续表

| 证券代码 | 证券简称 | 会计信息指数 | | | 外部审计指数 | | | 管理控制指数 | |
|---|---|---|---|---|---|---|---|---|---|
| | | 可靠性 | 相关性 | 信息披露 | 独立性 | 审计质量 | 保障功能 | 成本控制与创新 | 核心竞争力 |
| 002695 | 煌上煌 | 56.08 | 53.65 | 68.54 | 63.58 | 44.42 | 42.04 | 43.11 | 33.27 |
| 002696 | 百洋股份 | 49.95 | 51.18 | 72.23 | 63.56 | 47.92 | 36.20 | 50.72 | 72.34 |
| 002697 | 红旗连锁 | 59.19 | 45.82 | 61.15 | 63.61 | 43.96 | 41.65 | 56.09 | 26.97 |
| 002698 | 博实股份 | 66.07 | 49.69 | 64.85 | 63.61 | 53.88 | 35.65 | 45.68 | 55.73 |
| 002699 | 美盛文化 | 72.01 | 39.45 | 63.00 | 63.73 | 57.52 | 60.30 | 63.46 | 71.78 |
| 002700 | 新疆浩源 | 68.45 | 49.66 | 61.15 | 63.71 | 46.63 | 31.06 | 62.28 | 56.59 |
| 002701 | 奥瑞金 | 63.43 | 50.14 | 61.15 | 63.58 | 55.92 | 51.48 | 63.37 | 42.21 |
| 002702 | 海欣食品 | 62.73 | 54.11 | 63.00 | 63.84 | 39.69 | 47.58 | 50.19 | 43.88 |
| 002703 | 浙江世宝 | 69.00 | 50.47 | 51.92 | 71.28 | 44.03 | 60.30 | 62.66 | 39.12 |
| 002705 | 新宝股份 | 48.61 | 49.69 | 66.69 | 71.32 | 44.09 | 54.17 | 49.95 | 27.76 |
| 002706 | 良信电器 | 63.58 | 49.69 | 55.62 | 71.37 | 43.95 | 56.53 | 64.87 | 49.32 |
| 002707 | 众信旅游 | 61.64 | 49.69 | 68.54 | 71.35 | 39.36 | 51.76 | 53.04 | 70.55 |
| 002708 | 光洋股份 | 61.33 | 49.69 | 64.85 | 71.34 | 43.98 | 58.96 | 57.03 | 44.65 |
| 002709 | 天赐材料 | 67.88 | 49.69 | 66.69 | 71.35 | 43.91 | 54.86 | 53.14 | 43.23 |
| 002711 | 欧浦钢网 | 43.77 | 49.69 | 64.85 | 71.32 | 60.09 | 54.52 | 48.84 | 41.42 |
| 002712 | 思美传媒 | 62.69 | 49.69 | 63.00 | 71.44 | 45.17 | 60.30 | 59.59 | 59.18 |
| 002713 | 东易日盛 | 41.64 | 49.69 | 61.15 | 71.28 | 55.43 | 52.11 | 49.57 | 50.67 |
| 002714 | 牧原股份 | 55.97 | 49.69 | 64.85 | 71.36 | 41.77 | 44.10 | 59.60 | 69.73 |
| 002715 | 登云股份 | 63.72 | 49.69 | 51.92 | 71.49 | 44.03 | 54.06 | 17.39 | 41.28 |
| 002716 | 金贵银业 | 48.57 | 49.69 | 68.54 | 84.52 | 44.10 | 41.00 | 64.93 | 16.22 |
| 002717 | 岭南园林 | 53.70 | 49.69 | 63.00 | 84.68 | 38.91 | 53.71 | 60.55 | 44.34 |
| 002718 | 友邦吊顶 | 71.34 | 49.69 | 53.77 | 71.36 | 45.28 | 60.21 | 59.80 | 59.13 |
| 002719 | 麦趣尔 | 52.36 | 49.69 | 59.31 | 71.28 | 54.35 | 31.31 | 37.40 | 51.64 |
| 002721 | 金一文化 | 46.34 | 49.69 | 63.00 | 71.32 | 57.04 | 52.11 | 61.11 | 5.12 |
| 002722 | 金轮股份 | 69.58 | 49.69 | 63.00 | 71.41 | 43.98 | 59.07 | 21.95 | 30.38 |
| 002723 | 金莱特 | 67.68 | 49.69 | 68.54 | 71.29 | 43.84 | 54.81 | 40.80 | 31.91 |
| 002724 | 海洋王 | 53.70 | 49.69 | 66.69 | 84.50 | 38.93 | 53.94 | 74.63 | 60.68 |

续表

| 证券代码 | 证券简称 | 会计信息指数 | | | 外部审计指数 | | | 管理控制指数 | |
|---|---|---|---|---|---|---|---|---|---|
| | | 可靠性 | 相关性 | 信息披露 | 独立性 | 审计质量 | 保障功能 | 成本控制与创新 | 核心竞争力 |
| 002725 | 跃岭股份 | 68.00 | 49.69 | 66.69 | 67.66 | 39.01 | 60.21 | 15.92 | 41.08 |
| 002726 | 龙大肉食 | 53.70 | 49.69 | 64.85 | 84.62 | 39.35 | 47.65 | 44.38 | 32.11 |
| 002727 | 一心堂 | 53.70 | 49.69 | 64.85 | 84.54 | 39.20 | 34.85 | 49.05 | 60.13 |
| 002728 | 台城制药 | 53.70 | 49.69 | 61.15 | 84.51 | 53.90 | 54.52 | 32.19 | 54.45 |
| 002729 | 好利来 | 53.70 | 49.69 | 59.31 | 84.76 | 43.89 | 48.13 | 59.31 | 48.98 |
| 002730 | 电光科技 | 53.70 | 49.69 | 55.62 | 84.48 | 43.93 | 60.30 | 64.28 | 44.64 |
| 002731 | 萃华珠宝 | 53.70 | 49.69 | 63.00 | 84.54 | 41.96 | 46.99 | 35.01 | 32.14 |
| 002732 | 燕塘乳业 | 53.70 | 49.69 | 63.00 | 84.66 | 39.98 | 53.71 | 48.59 | 42.81 |
| 002733 | 雄韬股份 | 53.70 | 49.69 | 61.15 | 84.67 | 39.10 | 53.92 | 47.31 | 36.74 |
| 002734 | 利民股份 | 53.70 | 49.69 | 64.85 | 84.52 | 53.88 | 59.42 | 66.37 | 35.44 |
| 002735 | 王子新材 | 53.70 | 49.69 | 63.00 | 84.69 | 44.34 | 54.26 | 41.82 | 37.31 |
| 002736 | 国信证券 | 53.70 | 49.69 | 66.69 | 84.49 | 55.68 | 54.52 | 41.41 | 70.09 |
| 002737 | 葵花药业 | 53.70 | 49.69 | 57.46 | 84.49 | 54.34 | 35.65 | 54.32 | 62.22 |
| 002738 | 中矿资源 | 53.70 | 49.69 | 66.69 | 84.59 | 45.94 | 51.76 | 15.49 | 66.38 |
| 002739 | 万达院线 | 53.70 | 49.69 | 64.85 | 84.50 | 62.22 | 52.11 | 41.62 | 53.16 |
| 002740 | 爱迪尔 | 53.70 | 49.69 | 64.85 | 84.56 | 44.55 | 54.17 | 43.99 | 36.98 |
| 002742 | 三圣特材 | 53.70 | 49.69 | 68.54 | 84.50 | 44.28 | 44.28 | 46.78 | 38.52 |
| 002743 | 富煌钢构 | 53.70 | 49.69 | 59.31 | 84.57 | 39.46 | 43.14 | 10.80 | 35.58 |
| 002745 | 木林森 | 53.70 | 49.69 | 57.46 | 84.57 | 54.02 | 54.52 | 48.81 | 36.99 |
| 002747 | 埃斯顿 | 53.70 | 49.69 | 64.85 | 84.71 | 40.19 | 59.07 | 42.61 | 46.35 |
| 300001 | 特锐德 | 64.47 | 49.69 | 50.08 | 67.76 | 33.93 | 47.65 | 64.41 | 41.29 |
| 300002 | 神州泰岳 | 67.42 | 52.11 | 66.69 | 67.66 | 44.49 | 51.76 | 77.06 | 58.86 |
| 300003 | 乐普医疗 | 69.25 | 55.73 | 59.31 | 63.59 | 44.15 | 51.76 | 74.41 | 59.09 |
| 300004 | 南风股份 | 66.13 | 58.83 | 59.31 | 67.74 | 39.12 | 53.71 | 64.37 | 47.09 |
| 300005 | 探路者 | 70.89 | 70.30 | 55.62 | 63.59 | 54.46 | 52.11 | 68.34 | 58.12 |
| 300006 | 莱美药业 | 64.91 | 52.28 | 57.46 | 67.71 | 38.96 | 43.93 | 64.12 | 45.89 |
| 300007 | 汉威电子 | 65.19 | 20.80 | 59.31 | 71.38 | 45.44 | 44.39 | 70.70 | 39.71 |

续表

| 证券代码 | 证券简称 | 会计信息指数 | | | 外部审计指数 | | | 管理控制指数 | |
|---|---|---|---|---|---|---|---|---|---|
| | | 可靠性 | 相关性 | 信息披露 | 独立性 | 审计质量 | 保障功能 | 成本控制与创新 | 核心竞争力 |
| 300008 | 上海佳豪 | 63.93 | 49.69 | 64.85 | 67.67 | 47.27 | 56.53 | 69.44 | 71.31 |
| 300009 | 安科生物 | 62.46 | 85.80 | 64.85 | 67.71 | 38.98 | 43.14 | 66.50 | 59.38 |
| 300010 | 立思辰 | 61.88 | 44.82 | 66.69 | 67.67 | 43.95 | 52.46 | 61.79 | 54.61 |
| 300011 | 鼎汉技术 | 38.34 | 62.28 | 55.62 | 60.03 | 54.20 | 52.11 | 83.94 | 50.26 |
| 300012 | 华测检测 | 62.88 | 37.42 | 61.15 | 67.68 | 47.97 | 54.26 | 63.17 | 100.00 |
| 300013 | 新宁物流 | 50.72 | 75.82 | 53.77 | 67.80 | 50.59 | 59.07 | 51.10 | 45.69 |
| 300014 | 亿纬锂能 | 52.44 | 51.06 | 57.46 | 63.60 | 54.01 | 54.52 | 41.35 | 40.65 |
| 300015 | 爱尔眼科 | 76.29 | 32.78 | 51.92 | 67.63 | 50.32 | 40.45 | 58.61 | 94.51 |
| 300016 | 北陆药业 | 70.14 | 55.30 | 64.85 | 67.56 | 43.88 | 52.46 | 62.25 | 57.24 |
| 300017 | 网宿科技 | 74.67 | 85.80 | 55.62 | 71.32 | 54.18 | 56.88 | 71.38 | 58.29 |
| 300018 | 中元华电 | 64.58 | 53.95 | 57.46 | 67.63 | 53.90 | 42.39 | 62.06 | 58.25 |
| 300019 | 硅宝科技 | 58.10 | 50.39 | 64.85 | 67.68 | 38.87 | 41.39 | 56.42 | 43.41 |
| 300020 | 银江股份 | 60.16 | 50.89 | 50.08 | 71.32 | 44.68 | 60.21 | 61.16 | 44.86 |
| 300021 | 大禹节水 | 55.20 | 61.28 | 59.31 | 67.56 | 54.34 | 30.70 | 46.89 | 42.62 |
| 300022 | 吉峰农机 | 59.39 | 49.69 | 59.31 | 67.73 | 44.47 | 41.54 | 46.68 | 45.98 |
| 300023 | 宝德股份 | 62.61 | 50.37 | 57.46 | 84.73 | 43.98 | 33.29 | 84.08 | 42.48 |
| 300024 | 机器人 | 61.12 | 48.81 | 55.62 | 67.69 | 39.00 | 46.99 | 49.70 | 45.96 |
| 300025 | 华星创业 | 63.10 | 49.69 | 57.46 | 67.66 | 43.95 | 60.30 | 70.64 | 47.79 |
| 300026 | 红日药业 | 59.84 | 45.51 | 64.85 | 71.35 | 53.99 | 50.18 | 57.45 | 62.14 |
| 300027 | 华谊兄弟 | 64.55 | 52.63 | 66.69 | 67.67 | 60.21 | 60.56 | 60.38 | 70.01 |
| 300028 | 金亚科技 | 62.23 | 50.82 | 59.31 | 60.00 | 43.99 | 41.65 | 91.46 | 37.13 |
| 300029 | 天龙光电 | 32.09 | 50.89 | 59.31 | 84.64 | 39.08 | 59.42 | 62.56 | 2.27 |
| 300030 | 阳普医疗 | 68.14 | 40.75 | 59.31 | 59.95 | 43.95 | 54.17 | 64.44 | 53.69 |
| 300031 | 宝通带业 | 61.44 | 51.03 | 59.31 | 67.65 | 39.34 | 59.42 | 31.98 | 44.79 |
| 300032 | 金龙机电 | 60.98 | 61.06 | 57.46 | 63.59 | 44.02 | 60.30 | 70.05 | 43.63 |
| 300033 | 同花顺 | 59.46 | 65.13 | 57.46 | 67.62 | 44.05 | 60.30 | 68.60 | 60.29 |
| 300034 | 钢研高纳 | 70.48 | 55.22 | 59.31 | 84.50 | 43.87 | 51.30 | 55.57 | 44.59 |

续表

| 证券代码 | 证券简称 | 会计信息指数 | | | 外部审计指数 | | | 管理控制指数 | |
|---|---|---|---|---|---|---|---|---|---|
| | | 可靠性 | 相关性 | 信息披露 | 独立性 | 审计质量 | 保障功能 | 成本控制与创新 | 核心竞争力 |
| 300035 | 中科电气 | 59.57 | 47.65 | 51.92 | 63.56 | 53.90 | 41.25 | 49.53 | 40.09 |
| 300036 | 超图软件 | 66.74 | 67.19 | 64.85 | 67.57 | 43.98 | 52.46 | 71.11 | 43.70 |
| 300037 | 新宙邦 | 56.88 | 41.89 | 61.15 | 63.57 | 43.94 | 54.53 | 50.01 | 40.54 |
| 300038 | 梅泰诺 | 36.34 | 49.69 | 61.15 | 64.14 | 43.90 | 52.40 | 60.69 | 44.90 |
| 300039 | 上海凯宝 | 69.02 | 49.41 | 63.00 | 67.64 | 43.88 | 56.53 | 63.57 | 60.88 |
| 300040 | 九洲电气 | 61.66 | 49.69 | 50.08 | 67.57 | 43.91 | 35.39 | 17.41 | 16.88 |
| 300041 | 回天新材 | 62.02 | 49.79 | 61.15 | 67.57 | 53.86 | 42.39 | 64.83 | 44.71 |
| 300042 | 朗科科技 | 58.48 | 51.14 | 59.31 | 63.61 | 43.87 | 54.53 | 94.88 | 5.50 |
| 300043 | 互动娱乐 | 61.11 | 51.54 | 59.31 | 67.74 | 46.29 | 53.71 | 48.45 | 37.63 |
| 300044 | 赛为智能 | 64.82 | 51.17 | 59.31 | 59.93 | 43.98 | 54.53 | 65.15 | 40.95 |
| 300045 | 华力创通 | 70.80 | 61.35 | 57.46 | 59.99 | 44.00 | 52.46 | 82.66 | 57.94 |
| 300046 | 台基股份 | 62.49 | 51.84 | 66.69 | 67.74 | 38.87 | 41.58 | 67.19 | 43.59 |
| 300047 | 天源迪科 | 53.18 | 49.71 | 64.85 | 84.53 | 44.13 | 54.17 | 61.94 | 44.41 |
| 300048 | 合康变频 | 59.48 | 62.00 | 57.46 | 71.30 | 53.91 | 52.11 | 38.78 | 41.61 |
| 300049 | 福瑞股份 | 60.46 | 51.58 | 55.62 | 71.31 | 43.90 | 36.00 | 70.72 | 54.91 |
| 300050 | 世纪鼎利 | 52.59 | 50.74 | 66.69 | 67.66 | 44.07 | 54.26 | 92.82 | 54.59 |
| 300051 | 三五互联 | 60.82 | 63.38 | 63.00 | 71.45 | 44.18 | 48.13 | 51.90 | 41.05 |
| 300052 | 中青宝 | 49.27 | 54.56 | 59.31 | 63.60 | 44.08 | 54.53 | 52.31 | 60.11 |
| 300053 | 欧比特 | 61.36 | 57.21 | 61.15 | 60.00 | 43.87 | 54.53 | 65.19 | 52.42 |
| 300054 | 鼎龙股份 | 58.72 | 54.96 | 61.15 | 67.61 | 43.84 | 42.68 | 57.91 | 46.50 |
| 300055 | 万邦达 | 63.13 | 49.66 | 55.62 | 59.93 | 43.91 | 52.12 | 43.94 | 45.48 |
| 300056 | 三维丝 | 67.94 | 46.61 | 59.31 | 59.92 | 43.89 | 48.04 | 62.42 | 42.80 |
| 300057 | 万顺股份 | 55.30 | 49.45 | 61.15 | 67.60 | 44.10 | 54.81 | 43.36 | 36.51 |
| 300058 | 蓝色光标 | 59.69 | 42.33 | 64.85 | 67.63 | 47.86 | 51.30 | 51.22 | 85.72 |
| 300059 | 东方财富 | 46.63 | 63.72 | 55.62 | 67.78 | 45.73 | 56.53 | 80.09 | 61.13 |
| 300061 | 康耐特 | 62.63 | 51.49 | 59.31 | 64.23 | 46.16 | 57.17 | 58.23 | 23.39 |
| 300062 | 中能电气 | 64.78 | 51.64 | 57.46 | 63.74 | 44.03 | 48.73 | 38.82 | 37.12 |

续表

| 证券代码 | 证券简称 | 会计信息指数 | | | 外部审计指数 | | | 管理控制指数 | |
|---|---|---|---|---|---|---|---|---|---|
| | | 可靠性 | 相关性 | 信息披露 | 独立性 | 审计质量 | 保障功能 | 成本控制与创新 | 核心竞争力 |
| 300063 | 天龙集团 | 59.63 | 42.07 | 59.31 | 59.96 | 53.93 | 54.52 | 60.55 | 34.84 |
| 300064 | 豫金刚石 | 54.93 | 46.27 | 66.69 | 60.15 | 38.94 | 43.49 | 55.13 | 20.67 |
| 300065 | 海兰信 | 58.76 | 49.69 | 66.69 | 64.16 | 43.87 | 51.65 | 60.96 | 35.37 |
| 300066 | 三川股份 | 61.50 | 46.00 | 63.00 | 63.64 | 55.01 | 42.39 | 49.10 | 38.30 |
| 300067 | 安诺其 | 65.63 | 63.05 | 57.46 | 64.19 | 38.91 | 57.69 | 67.95 | 45.66 |
| 300068 | 南都电源 | 60.01 | 49.92 | 61.15 | 64.13 | 44.22 | 60.30 | 49.58 | 34.62 |
| 300069 | 金利华电 | 55.41 | 38.32 | 61.15 | 64.35 | 43.97 | 60.30 | 65.85 | 43.19 |
| 300070 | 碧水源 | 67.02 | 49.38 | 64.85 | 64.17 | 47.48 | 52.40 | 39.59 | 90.59 |
| 300071 | 华谊嘉信 | 46.70 | 46.49 | 61.15 | 71.38 | 55.35 | 52.11 | 30.18 | 51.53 |
| 300072 | 三聚环保 | 55.12 | 51.24 | 61.15 | 71.38 | 38.97 | 51.51 | 63.36 | 48.41 |
| 300073 | 当升科技 | 55.04 | 46.32 | 63.00 | 84.59 | 53.95 | 52.11 | 15.51 | 16.20 |
| 300074 | 华平股份 | 67.61 | 47.27 | 57.46 | 64.15 | 38.98 | 57.69 | 21.44 | 60.18 |
| 300075 | 数字政通 | 62.91 | 42.38 | 55.62 | 64.13 | 54.05 | 52.11 | 73.82 | 55.45 |
| 300076 | GQY 视讯 | 49.91 | 30.73 | 57.46 | 64.12 | 43.90 | 60.21 | 76.00 | 32.29 |
| 300077 | 国民技术 | 57.80 | 20.80 | 59.31 | 84.59 | 43.84 | 54.81 | 58.54 | 45.03 |
| 300078 | 中瑞思创 | 53.91 | 49.69 | 61.15 | 64.09 | 43.89 | 60.30 | 52.36 | 41.73 |
| 300079 | 数码视讯 | 54.69 | 51.13 | 61.15 | 60.04 | 38.82 | 51.35 | 76.98 | 58.91 |
| 300080 | 新大新材 | 53.67 | 48.80 | 59.31 | 71.50 | 44.04 | 44.11 | 66.24 | 13.06 |
| 300081 | 恒信移动 | 55.78 | 49.02 | 63.00 | 63.66 | 43.97 | 40.38 | 61.72 | 45.08 |
| 300082 | 奥克股份 | 45.06 | 52.73 | 59.31 | 63.63 | 53.95 | 47.25 | 58.20 | 17.63 |
| 300083 | 劲胜精密 | 40.14 | 49.69 | 63.00 | 63.69 | 38.96 | 55.32 | 42.70 | 36.02 |
| 300084 | 海默科技 | 60.44 | 47.04 | 63.00 | 71.30 | 54.29 | 30.70 | 67.50 | 51.68 |
| 300085 | 银之杰 | 74.97 | 49.69 | 61.15 | 71.33 | 54.11 | 54.52 | 78.53 | 49.05 |
| 300086 | 康芝药业 | 57.95 | 52.20 | 63.00 | 59.99 | 38.92 | 36.34 | 74.03 | 53.15 |
| 300087 | 荃银高科 | 61.66 | 57.01 | 51.92 | 71.32 | 56.17 | 43.40 | 28.52 | 45.81 |
| 300088 | 长信科技 | 63.20 | 49.33 | 63.00 | 64.24 | 38.87 | 43.14 | 44.49 | 27.33 |
| 300089 | 长城集团 | 62.00 | 56.51 | 59.31 | 64.22 | 39.24 | 53.71 | 74.67 | 44.06 |

续表

| 证券代码 | 证券简称 | 会计信息指数 | | | 外部审计指数 | | | 管理控制指数 | |
|---|---|---|---|---|---|---|---|---|---|
| | | 可靠性 | 相关性 | 信息披露 | 独立性 | 审计质量 | 保障功能 | 成本控制与创新 | 核心竞争力 |
| 300090 | 盛运环保 | 59.20 | 35.10 | 63.00 | 64.22 | 39.11 | 43.52 | 45.29 | 35.73 |
| 300091 | 金通灵 | 64.27 | 55.87 | 63.00 | 63.62 | 38.97 | 59.07 | 60.85 | 34.46 |
| 300092 | 科新机电 | 62.65 | 51.90 | 63.00 | 64.18 | 43.94 | 41.54 | 63.67 | 27.75 |
| 300093 | 金刚玻璃 | 61.60 | 48.70 | 59.31 | 71.40 | 54.04 | 54.52 | 63.07 | 43.17 |
| 300094 | 国联水产 | 42.94 | 51.21 | 57.46 | 71.30 | 58.96 | 54.52 | 51.88 | 72.17 |
| 300095 | 华伍股份 | 52.22 | 49.69 | 61.15 | 59.94 | 43.95 | 42.40 | 69.41 | 19.58 |
| 300096 | 易联众 | 71.28 | 42.98 | 63.00 | 63.64 | 44.11 | 48.73 | 70.44 | 56.46 |
| 300097 | 智云股份 | 66.73 | 49.69 | 55.62 | 64.28 | 38.95 | 46.99 | 12.54 | 45.25 |
| 300098 | 高新兴 | 33.67 | 49.69 | 59.31 | 64.20 | 39.16 | 53.71 | 66.08 | 44.95 |
| 300099 | 尤洛卡 | 65.17 | 50.58 | 51.92 | 59.94 | 53.93 | 47.99 | 34.15 | 58.50 |
| 300100 | 双林股份 | 59.79 | 48.53 | 59.31 | 64.11 | 44.15 | 60.21 | 54.60 | 26.16 |
| 300101 | 振芯科技 | 65.75 | 49.69 | 57.46 | 64.17 | 38.87 | 41.39 | 82.66 | 60.05 |
| 300102 | 乾照光电 | 57.99 | 50.36 | 61.15 | 63.67 | 44.13 | 48.73 | 28.34 | 45.05 |
| 300103 | 达刚路机 | 60.09 | 53.87 | 59.31 | 84.56 | 38.93 | 33.63 | 40.54 | 29.68 |
| 300104 | 乐视网 | 62.70 | 61.28 | 53.77 | 64.36 | 39.96 | 51.85 | 71.20 | 50.55 |
| 300105 | 龙源技术 | 63.35 | 50.60 | 50.08 | 71.36 | 38.91 | 47.19 | 75.56 | 41.17 |
| 300106 | 西部牧业 | 60.74 | 52.27 | 64.85 | 71.28 | 56.51 | 31.31 | 67.46 | 74.35 |
| 300107 | 建新股份 | 63.30 | 54.87 | 61.15 | 71.32 | 53.88 | 40.73 | 70.72 | 39.44 |
| 300108 | 双龙股份 | 46.93 | 21.57 | 55.62 | 64.23 | 39.00 | 39.34 | 70.39 | 47.95 |
| 300109 | 新开源 | 65.82 | 50.56 | 66.69 | 64.19 | 38.82 | 43.49 | 62.48 | 36.37 |
| 300110 | 华仁药业 | 57.47 | 49.69 | 53.77 | 71.37 | 38.98 | 47.99 | 41.89 | 57.53 |
| 300111 | 向日葵 | 58.88 | 20.80 | 59.31 | 64.13 | 44.02 | 60.21 | 72.55 | 20.09 |
| 300112 | 万讯自控 | 62.44 | 55.77 | 63.00 | 63.57 | 54.81 | 54.52 | 55.30 | 54.99 |
| 300113 | 顺网科技 | 61.90 | 48.42 | 53.77 | 71.33 | 55.88 | 60.56 | 60.09 | 61.22 |
| 300114 | 中航电测 | 66.16 | 49.05 | 55.62 | 80.81 | 53.86 | 33.63 | 69.37 | 35.72 |
| 300115 | 长盈精密 | 53.33 | 45.04 | 55.62 | 83.80 | 43.91 | 54.26 | 61.88 | 46.34 |
| 300116 | 坚瑞消防 | 55.96 | 20.80 | 55.62 | 71.31 | 55.50 | 33.63 | 63.37 | 37.96 |

续表

| 证券代码 | 证券简称 | 会计信息指数 | | | 外部审计指数 | | | 管理控制指数 | |
|---|---|---|---|---|---|---|---|---|---|
| | | 可靠性 | 相关性 | 信息披露 | 独立性 | 审计质量 | 保障功能 | 成本控制与创新 | 核心竞争力 |
| 300117 | 嘉寓股份 | 47. 20 | 49. 47 | 53. 77 | 64. 28 | 42. 13 | 51. 51 | 55. 39 | 30. 14 |
| 300118 | 东方日升 | 61. 14 | 20. 80 | 64. 85 | 60. 02 | 44. 02 | 60. 57 | 67. 56 | 9. 13 |
| 300119 | 瑞普生物 | 62. 60 | 52. 27 | 57. 46 | 64. 12 | 53. 98 | 50. 18 | 37. 19 | 57. 58 |
| 300120 | 经纬电材 | 51. 04 | 49. 26 | 59. 31 | 64. 15 | 43. 86 | 49. 72 | 48. 04 | 30. 44 |
| 300121 | 阳谷华泰 | 57. 78 | 36. 11 | 64. 85 | 64. 10 | 43. 88 | 48. 28 | 57. 88 | 29. 15 |
| 300122 | 智飞生物 | 67. 10 | 51. 06 | 61. 15 | 64. 09 | 54. 19 | 44. 53 | 75. 50 | 30. 37 |
| 300123 | 太阳鸟 | 40. 44 | 51. 30 | 59. 31 | 64. 18 | 44. 20 | 41. 00 | 59. 38 | 20. 02 |
| 300124 | 汇川技术 | 70. 14 | 50. 03 | 59. 31 | 59. 98 | 43. 96 | 54. 17 | 66. 91 | 60. 35 |
| 300125 | 易世达 | 58. 27 | 42. 97 | 57. 46 | 64. 13 | 46. 16 | 47. 54 | 50. 21 | 65. 76 |
| 300126 | 锐奇股份 | 63. 82 | 49. 69 | 59. 31 | 64. 13 | 38. 95 | 57. 69 | 62. 06 | 37. 34 |
| 300127 | 银河磁体 | 57. 45 | 48. 76 | 64. 85 | 64. 19 | 38. 83 | 41. 39 | 77. 99 | 43. 70 |
| 300128 | 锦富新材 | 52. 94 | 54. 23 | 55. 62 | 83. 81 | 39. 14 | 59. 42 | 59. 93 | 14. 32 |
| 300129 | 泰胜风能 | 61. 39 | 51. 63 | 63. 00 | 64. 16 | 38. 93 | 56. 12 | 53. 32 | 35. 51 |
| 300130 | 新国都 | 62. 23 | 48. 86 | 55. 62 | 59. 91 | 43. 95 | 54. 53 | 68. 04 | 53. 71 |
| 300131 | 英唐智控 | 39. 59 | 57. 65 | 57. 46 | 63. 60 | 53. 89 | 54. 52 | 74. 04 | 27. 72 |
| 300132 | 青松股份 | 54. 51 | 45. 72 | 59. 31 | 93. 47 | 38. 98 | 47. 58 | 69. 17 | 37. 01 |
| 300133 | 华策影视 | 42. 67 | 53. 20 | 61. 15 | 70. 56 | 50. 00 | 60. 30 | 41. 17 | 85. 99 |
| 300134 | 大富科技 | 58. 09 | 50. 66 | 61. 15 | 63. 62 | 53. 98 | 54. 52 | 78. 12 | 39. 76 |
| 300135 | 宝利沥青 | 39. 24 | 53. 12 | 55. 62 | 63. 56 | 43. 98 | 59. 07 | 62. 98 | 27. 62 |
| 300136 | 信维通信 | 46. 97 | 50. 23 | 63. 00 | 63. 63 | 38. 89 | 55. 32 | 81. 41 | 41. 33 |
| 300137 | 先河环保 | 66. 79 | 52. 51 | 61. 15 | 71. 40 | 39. 70 | 40. 12 | 62. 67 | 55. 40 |
| 300138 | 晨光生物 | 52. 84 | 48. 04 | 57. 46 | 71. 32 | 39. 33 | 39. 92 | 61. 95 | 31. 00 |
| 300139 | 福星晓程 | 45. 70 | 50. 31 | 61. 15 | 90. 54 | 38. 92 | 51. 30 | 51. 18 | 27. 97 |
| 300140 | 启源装备 | 63. 86 | 85. 80 | 55. 62 | 71. 32 | 38. 84 | 33. 03 | 71. 13 | 34. 92 |
| 300141 | 和顺电气 | 58. 01 | 49. 69 | 61. 15 | 64. 24 | 38. 90 | 58. 87 | 72. 44 | 29. 32 |
| 300142 | 沃森生物 | 61. 53 | 50. 87 | 53. 77 | 93. 26 | 44. 19 | 34. 97 | 45. 50 | 51. 80 |
| 300143 | 星河生物 | 44. 96 | 49. 69 | 57. 46 | 59. 99 | 45. 93 | 54. 06 | 60. 21 | 50. 52 |

续表

| 证券代码 | 证券简称 | 会计信息指数 | | | 外部审计指数 | | | 管理控制指数 | |
|---|---|---|---|---|---|---|---|---|---|
| | | 可靠性 | 相关性 | 信息披露 | 独立性 | 审计质量 | 保障功能 | 成本控制与创新 | 核心竞争力 |
| 300144 | 宋城演艺 | 67.76 | 76.32 | 61.15 | 93.53 | 57.52 | 60.21 | 45.30 | 76.08 |
| 300145 | 南方泵业 | 66.55 | 48.60 | 59.31 | 64.11 | 44.15 | 60.30 | 58.53 | 44.35 |
| 300146 | 汤臣倍健 | 70.04 | 50.40 | 59.31 | 64.23 | 40.81 | 53.71 | 52.07 | 60.19 |
| 300147 | 香雪制药 | 57.98 | 85.80 | 63.00 | 63.60 | 44.14 | 54.17 | 51.87 | 49.99 |
| 300148 | 天舟文化 | 60.39 | 47.83 | 63.00 | 64.27 | 44.85 | 40.45 | 71.15 | 84.90 |
| 300149 | 量子高科 | 64.76 | 57.59 | 63.00 | 79.22 | 39.56 | 53.71 | 54.55 | 52.49 |
| 300150 | 世纪瑞尔 | 63.81 | 51.70 | 63.00 | 64.22 | 38.86 | 51.35 | 59.20 | 55.13 |
| 300151 | 昌红科技 | 59.91 | 51.10 | 55.62 | 71.33 | 53.95 | 54.52 | 67.12 | 29.51 |
| 300152 | 燃控科技 | 45.80 | 49.69 | 55.62 | 67.63 | 38.91 | 58.62 | 58.43 | 42.16 |
| 300153 | 科泰电源 | 57.41 | 43.48 | 61.15 | 59.93 | 43.90 | 56.42 | 65.28 | 7.41 |
| 300154 | 瑞凌股份 | 56.42 | 49.11 | 53.77 | 67.60 | 43.96 | 54.17 | 67.88 | 43.70 |
| 300155 | 安居宝 | 64.12 | 51.40 | 59.31 | 59.93 | 43.87 | 54.17 | 60.42 | 53.82 |
| 300156 | 神雾环保 | 44.44 | 50.49 | 59.31 | 84.55 | 44.25 | 52.40 | 79.25 | 39.60 |
| 300157 | 恒泰艾普 | 60.98 | 53.62 | 70.38 | 84.51 | 44.82 | 51.30 | 61.23 | 57.24 |
| 300158 | 振东制药 | 56.85 | 51.32 | 61.15 | 71.34 | 39.23 | 35.77 | 62.00 | 51.98 |
| 300159 | 新研股份 | 56.52 | 51.78 | 53.77 | 70.50 | 43.91 | 30.97 | 66.68 | 49.01 |
| 300160 | 秀强股份 | 59.60 | 85.80 | 51.92 | 70.63 | 39.04 | 59.42 | 66.67 | 24.56 |
| 300161 | 华中数控 | 56.68 | 44.03 | 59.31 | 80.83 | 39.07 | 41.58 | 62.72 | 38.08 |
| 300162 | 雷曼光电 | 62.61 | 49.69 | 61.15 | 63.59 | 43.87 | 54.86 | 79.78 | 19.86 |
| 300163 | 先锋新材 | 60.01 | 45.26 | 61.15 | 93.25 | 41.16 | 59.75 | 47.14 | 45.99 |
| 300164 | 通源石油 | 51.77 | 49.09 | 59.31 | 64.11 | 44.58 | 33.17 | 66.18 | 49.92 |
| 300165 | 天瑞仪器 | 61.44 | 55.64 | 61.15 | 64.22 | 40.73 | 58.87 | 68.27 | 54.70 |
| 300166 | 东方国信 | 57.44 | 55.42 | 59.31 | 64.16 | 39.11 | 51.35 | 73.33 | 58.38 |
| 300167 | 迪威视讯 | 61.13 | 68.83 | 61.15 | 59.94 | 44.11 | 54.53 | 49.21 | 42.99 |
| 300168 | 万达信息 | 67.46 | 34.00 | 57.46 | 93.27 | 44.11 | 56.53 | 75.95 | 49.49 |
| 300169 | 天晟新材 | 47.99 | 50.70 | 57.46 | 59.92 | 44.52 | 59.17 | 75.36 | 26.82 |
| 300170 | 汉得信息 | 61.67 | 53.66 | 55.62 | 83.77 | 44.03 | 56.53 | 64.82 | 52.93 |

续表

| 证券代码 | 证券简称 | 会计信息指数 | | | 外部审计指数 | | | 管理控制指数 | |
|---|---|---|---|---|---|---|---|---|---|
| | | 可靠性 | 相关性 | 信息披露 | 独立性 | 审计质量 | 保障功能 | 成本控制与创新 | 核心竞争力 |
| 300171 | 东富龙 | 57.67 | 48.31 | 59.31 | 82.35 | 44.05 | 56.53 | 63.43 | 57.20 |
| 300172 | 中电环保 | 60.63 | 39.58 | 51.92 | 83.73 | 46.14 | 59.07 | 77.05 | 40.80 |
| 300173 | 智慧松德 | 59.52 | 51.59 | 63.00 | 63.59 | 54.13 | 54.52 | 76.11 | 22.52 |
| 300174 | 元力股份 | 59.59 | 85.80 | 55.62 | 64.50 | 38.95 | 47.58 | 57.30 | 37.97 |
| 300175 | 朗源股份 | 60.21 | 49.89 | 61.15 | 64.21 | 39.42 | 47.19 | 67.10 | 3.96 |
| 300176 | 鸿特精密 | 51.74 | 53.29 | 55.62 | 59.93 | 43.94 | 54.17 | 53.02 | 20.57 |
| 300177 | 中海达 | 66.58 | 51.64 | 53.77 | 64.17 | 38.87 | 53.71 | 53.95 | 59.03 |
| 300178 | 腾邦国际 | 54.72 | 45.50 | 57.46 | 92.31 | 44.66 | 54.26 | 74.35 | 65.42 |
| 300179 | 四方达 | 66.93 | 20.80 | 55.62 | 71.39 | 53.91 | 44.10 | 44.19 | 50.04 |
| 300180 | 华峰超纤 | 52.00 | 56.62 | 61.15 | 82.29 | 44.40 | 56.53 | 51.93 | 15.50 |
| 300181 | 佐力药业 | 59.72 | 37.96 | 66.69 | 64.15 | 38.98 | 60.21 | 70.73 | 60.03 |
| 300182 | 捷成股份 | 58.03 | 48.18 | 64.85 | 84.51 | 44.37 | 52.12 | 66.59 | 55.61 |
| 300183 | 东软载波 | 60.19 | 33.17 | 55.62 | 84.60 | 43.92 | 48.34 | 65.80 | 61.20 |
| 300184 | 力源信息 | 56.13 | 20.80 | 53.77 | 86.30 | 44.05 | 42.68 | 59.73 | 34.58 |
| 300185 | 通裕重工 | 58.44 | 58.59 | 61.15 | 79.21 | 54.13 | 47.99 | 69.01 | 11.59 |
| 300186 | 大华农 | 63.39 | 46.55 | 57.46 | 79.26 | 39.15 | 53.71 | 31.17 | 26.72 |
| 300187 | 永清环保 | 68.06 | 85.80 | 57.46 | 64.10 | 46.14 | 40.45 | 66.81 | 52.79 |
| 300188 | 美亚柏科 | 67.39 | 50.25 | 57.46 | 63.59 | 44.18 | 48.73 | 78.15 | 60.91 |
| 300189 | 神农大丰 | 64.14 | 50.64 | 50.08 | 59.99 | 48.13 | 36.57 | 23.04 | 48.48 |
| 300190 | 维尔利 | 57.83 | 49.74 | 59.31 | 59.92 | 46.57 | 58.96 | 72.19 | 60.79 |
| 300191 | 潜能恒信 | 66.44 | 51.07 | 64.85 | 59.93 | 54.39 | 52.11 | 39.70 | 59.37 |
| 300192 | 科斯伍德 | 58.97 | 49.69 | 55.62 | 60.07 | 43.95 | 59.07 | 53.20 | 38.93 |
| 300193 | 佳士科技 | 61.63 | 50.63 | 55.62 | 71.34 | 43.97 | 53.71 | 67.21 | 36.16 |
| 300194 | 福安药业 | 61.79 | 52.72 | 53.77 | 71.37 | 39.02 | 44.24 | 71.90 | 29.60 |
| 300195 | 长荣股份 | 56.06 | 72.01 | 53.77 | 59.95 | 44.06 | 49.72 | 61.50 | 50.08 |
| 300196 | 长海股份 | 63.52 | 47.58 | 64.85 | 84.61 | 44.04 | 59.17 | 60.42 | 41.72 |
| 300197 | 铁汉生态 | 42.68 | 51.85 | 61.15 | 60.01 | 38.88 | 53.71 | 64.03 | 27.21 |

续表

| 证券代码 | 证券简称 | 会计信息指数 | | | 外部审计指数 | | | 管理控制指数 | |
|---|---|---|---|---|---|---|---|---|---|
| | | 可靠性 | 相关性 | 信息披露 | 独立性 | 审计质量 | 保障功能 | 成本控制与创新 | 核心竞争力 |
| 300198 | 纳川股份 | 57.79 | 50.35 | 63.00 | 60.16 | 39.64 | 47.58 | 59.07 | 34.99 |
| 300199 | 翰宇药业 | 70.59 | 61.39 | 63.00 | 59.93 | 44.06 | 54.17 | 67.35 | 57.67 |
| 300200 | 高盟新材 | 63.33 | 48.02 | 50.08 | 59.98 | 43.88 | 52.40 | 46.41 | 39.56 |
| 300201 | 海伦哲 | 60.43 | 67.88 | 59.31 | 63.63 | 38.98 | 59.42 | 74.39 | 34.51 |
| 300202 | 聚龙股份 | 56.32 | 49.71 | 53.77 | 60.02 | 39.15 | 46.99 | 66.99 | 54.10 |
| 300203 | 聚光科技 | 66.33 | 58.77 | 59.31 | 60.02 | 46.30 | 60.30 | 79.17 | 53.33 |
| 300204 | 舒泰神 | 63.96 | 52.03 | 61.15 | 59.95 | 39.02 | 52.11 | 72.15 | 60.71 |
| 300205 | 天喻信息 | 56.14 | 48.54 | 57.46 | 59.98 | 38.90 | 41.58 | 59.18 | 48.52 |
| 300206 | 理邦仪器 | 63.02 | 53.63 | 59.31 | 59.91 | 43.95 | 54.06 | 55.62 | 53.72 |
| 300207 | 欣旺达 | 54.34 | 50.09 | 63.00 | 59.99 | 43.91 | 54.17 | 66.11 | 37.36 |
| 300208 | 恒顺众昇 | 56.52 | 51.80 | 64.85 | 71.42 | 33.91 | 47.65 | 68.84 | 31.51 |
| 300209 | 天泽信息 | 66.55 | 85.80 | 57.46 | 60.02 | 44.18 | 59.07 | 68.69 | 39.75 |
| 300210 | 森远股份 | 49.79 | 51.38 | 51.92 | 60.07 | 39.13 | 46.99 | 46.30 | 36.34 |
| 300211 | 亿通科技 | 51.30 | 54.23 | 68.54 | 60.03 | 38.84 | 60.23 | 44.86 | 35.45 |
| 300212 | 易华录 | 49.46 | 38.96 | 63.00 | 84.59 | 44.29 | 51.30 | 73.97 | 47.96 |
| 300213 | 佳讯飞鸿 | 60.69 | 49.69 | 51.92 | 71.36 | 38.82 | 51.30 | 68.44 | 45.23 |
| 300214 | 日科化学 | 62.50 | 52.18 | 61.15 | 71.39 | 33.87 | 47.65 | 68.77 | 28.61 |
| 300215 | 电科院 | 60.43 | 48.49 | 48.23 | 59.99 | 41.73 | 59.42 | 27.21 | 92.24 |
| 300216 | 千山药机 | 64.53 | 50.33 | 57.46 | 63.56 | 53.98 | 41.25 | 69.77 | 58.76 |
| 300217 | 东方电热 | 54.40 | 50.53 | 59.31 | 84.49 | 43.93 | 59.43 | 51.58 | 36.21 |
| 300218 | 安利股份 | 56.33 | 47.98 | 53.77 | 59.95 | 44.19 | 43.41 | 50.98 | 33.14 |
| 300219 | 鸿利光电 | 49.65 | 51.90 | 55.62 | 63.58 | 38.93 | 54.17 | 63.43 | 34.92 |
| 300220 | 金运激光 | 66.78 | 51.16 | 57.46 | 60.15 | 43.86 | 42.40 | 67.57 | 26.94 |
| 300221 | 银禧科技 | 64.52 | 49.29 | 61.15 | 59.95 | 44.40 | 54.06 | 51.80 | 34.41 |
| 300222 | 科大智能 | 66.74 | 53.80 | 55.62 | 59.96 | 38.93 | 56.63 | 69.22 | 57.91 |
| 300223 | 北京君正 | 57.72 | 46.62 | 57.46 | 59.94 | 38.87 | 51.35 | 33.74 | 35.57 |
| 300224 | 正海磁材 | 63.36 | 51.16 | 61.15 | 71.48 | 38.91 | 47.99 | 74.76 | 39.25 |

续表

| 证券代码 | 证券简称 | 会计信息指数 | | | 外部审计指数 | | | 管理控制指数 | |
|---|---|---|---|---|---|---|---|---|---|
| | | 可靠性 | 相关性 | 信息披露 | 独立性 | 审计质量 | 保障功能 | 成本控制与创新 | 核心竞争力 |
| 300225 | 金力泰 | 64.88 | 50.19 | 57.46 | 71.30 | 38.84 | 57.69 | 66.39 | 40.53 |
| 300226 | 上海钢联 | 70.58 | 61.34 | 55.62 | 60.04 | 55.20 | 56.88 | 60.97 | 47.86 |
| 300227 | 光韵达 | 67.06 | 53.48 | 63.00 | 71.37 | 53.84 | 54.52 | 69.10 | 56.51 |
| 300228 | 富瑞特装 | 46.57 | 38.14 | 55.62 | 84.60 | 39.02 | 58.87 | 53.91 | 36.33 |
| 300229 | 拓尔思 | 65.15 | 45.10 | 53.77 | 63.63 | 43.98 | 51.76 | 70.61 | 60.35 |
| 300230 | 永利带业 | 64.56 | 46.45 | 61.15 | 60.14 | 44.52 | 56.89 | 57.43 | 54.01 |
| 300231 | 银信科技 | 73.88 | 56.33 | 50.08 | 63.66 | 43.98 | 51.76 | 63.65 | 46.24 |
| 300232 | 洲明科技 | 59.07 | 49.69 | 59.31 | 59.93 | 43.92 | 54.26 | 64.98 | 42.17 |
| 300233 | 金城医药 | 63.80 | 49.69 | 55.62 | 59.95 | 43.96 | 48.28 | 64.84 | 43.81 |
| 300234 | 开尔新材 | 49.48 | 20.80 | 61.15 | 59.95 | 44.10 | 60.21 | 72.42 | 54.22 |
| 300235 | 方直科技 | 74.83 | 49.26 | 57.46 | 60.02 | 43.90 | 54.53 | 60.98 | 60.01 |
| 300236 | 上海新阳 | 52.45 | 44.99 | 57.46 | 63.64 | 38.90 | 57.69 | 69.96 | 47.54 |
| 300237 | 美晨科技 | 62.28 | 49.95 | 55.62 | 71.30 | 44.18 | 48.28 | 64.82 | 43.64 |
| 300238 | 冠昊生物 | 77.60 | 55.14 | 57.46 | 60.03 | 43.93 | 54.17 | 83.67 | 57.41 |
| 300239 | 东宝生物 | 58.00 | 50.39 | 59.31 | 59.99 | 43.87 | 36.36 | 49.85 | 31.50 |
| 300240 | 飞力达 | 51.14 | 55.00 | 59.31 | 60.06 | 47.30 | 58.87 | 54.47 | 48.46 |
| 300241 | 瑞丰光电 | 45.94 | 49.43 | 59.31 | 63.58 | 43.90 | 54.86 | 58.25 | 32.45 |
| 300242 | 明家科技 | 71.53 | 50.69 | 61.15 | 60.29 | 38.87 | 53.71 | 82.58 | 37.49 |
| 300243 | 瑞丰高材 | 49.75 | 42.65 | 46.38 | 60.11 | 38.91 | 48.03 | 64.14 | 33.16 |
| 300244 | 迪安诊断 | 61.82 | 51.06 | 64.85 | 60.22 | 60.73 | 60.21 | 63.70 | 89.26 |
| 300245 | 天玑科技 | 65.77 | 60.03 | 59.31 | 59.91 | 43.97 | 56.53 | 72.44 | 55.51 |
| 300246 | 宝莱特 | 73.08 | 77.65 | 55.62 | 60.10 | 43.94 | 54.53 | 70.32 | 50.38 |
| 300247 | 桑乐金 | 66.03 | 30.91 | 57.46 | 60.06 | 38.91 | 43.14 | 61.13 | 47.79 |
| 300248 | 新开普 | 61.63 | 20.80 | 59.31 | 71.27 | 43.92 | 43.75 | 80.13 | 59.91 |
| 300249 | 依米康 | 61.43 | 54.70 | 61.15 | 59.93 | 43.99 | 41.54 | 68.01 | 38.45 |
| 300250 | 初灵信息 | 67.76 | 50.12 | 57.46 | 60.02 | 38.83 | 60.21 | 60.31 | 24.33 |
| 300251 | 光线传媒 | 45.87 | 51.22 | 55.62 | 60.03 | 42.54 | 51.35 | 59.74 | 91.17 |

续表

| 证券代码 | 证券简称 | 会计信息指数 | | | 外部审计指数 | | | 管理控制指数 | |
|---|---|---|---|---|---|---|---|---|---|
| | | 可靠性 | 相关性 | 信息披露 | 独立性 | 审计质量 | 保障功能 | 成本控制与创新 | 核心竞争力 |
| 300252 | 金信诺 | 44.06 | 51.80 | 57.46 | 63.57 | 38.95 | 54.17 | 65.15 | 32.38 |
| 300253 | 卫宁软件 | 77.91 | 61.47 | 57.46 | 71.33 | 39.08 | 56.63 | 74.42 | 60.84 |
| 300254 | 仟源医药 | 59.42 | 47.43 | 59.31 | 59.98 | 44.02 | 35.30 | 54.48 | 58.22 |
| 300255 | 常山药业 | 57.44 | 47.40 | 61.15 | 60.06 | 38.87 | 39.92 | 59.28 | 60.16 |
| 300256 | 星星科技 | 37.27 | 50.80 | 55.62 | 59.99 | 43.96 | 60.85 | 77.73 | 32.39 |
| 300257 | 开山股份 | 65.78 | 33.35 | 51.92 | 59.94 | 44.53 | 60.30 | 29.85 | 40.10 |
| 300258 | 精锻科技 | 57.24 | 52.49 | 51.92 | 59.93 | 53.91 | 59.42 | 63.95 | 40.71 |
| 300259 | 新天科技 | 68.21 | 44.37 | 50.08 | 60.05 | 39.36 | 43.49 | 62.61 | 44.80 |
| 300260 | 新莱应材 | 53.66 | 48.26 | 61.15 | 60.07 | 44.09 | 59.43 | 35.51 | 40.87 |
| 300261 | 雅本化学 | 59.87 | 76.99 | 57.46 | 84.48 | 43.88 | 59.43 | 71.18 | 33.32 |
| 300262 | 巴安水务 | 36.22 | 39.91 | 55.62 | 60.04 | 38.85 | 57.69 | 45.35 | 51.81 |
| 300263 | 隆华节能 | 63.04 | 47.84 | 55.62 | 84.58 | 38.92 | 43.34 | 58.51 | 42.24 |
| 300264 | 佳创视讯 | 54.72 | 53.82 | 55.62 | 63.63 | 38.98 | 55.32 | 67.73 | 58.90 |
| 300265 | 通光线缆 | 61.29 | 51.89 | 55.62 | 71.31 | 43.91 | 59.07 | 65.79 | 33.87 |
| 300266 | 兴源环境 | 71.27 | 48.83 | 57.46 | 60.05 | 39.21 | 60.21 | 68.22 | 39.94 |
| 300267 | 尔康制药 | 76.93 | 49.26 | 61.15 | 59.95 | 44.02 | 41.00 | 54.89 | 35.02 |
| 300268 | 万福生科 | 33.73 | 50.56 | 53.77 | 71.90 | 39.83 | 40.65 | 52.67 | 0.01 |
| 300269 | 联建光电 | 47.41 | 55.21 | 63.00 | 84.50 | 44.02 | 54.17 | 69.46 | 47.88 |
| 300270 | 中威电子 | 68.78 | 48.94 | 59.31 | 60.03 | 43.87 | 60.30 | 85.32 | 57.24 |
| 300271 | 华宇软件 | 55.60 | 49.69 | 59.31 | 71.37 | 39.05 | 52.24 | 73.06 | 57.00 |
| 300272 | 开能环保 | 70.66 | 58.06 | 59.31 | 84.55 | 53.90 | 56.88 | 65.80 | 51.24 |
| 300273 | 和佳股份 | 37.73 | 85.80 | 59.31 | 71.29 | 54.04 | 54.52 | 69.94 | 55.59 |
| 300274 | 阳光电源 | 57.22 | 41.75 | 55.62 | 60.03 | 38.95 | 43.14 | 65.40 | 43.48 |
| 300275 | 梅安森 | 46.53 | 51.92 | 59.31 | 59.97 | 44.05 | 44.83 | 20.42 | 54.88 |
| 300276 | 三丰智能 | 58.28 | 44.96 | 59.31 | 59.98 | 43.93 | 42.68 | 61.84 | 40.87 |
| 300277 | 海联讯 | 56.83 | 50.99 | 59.31 | 71.69 | 39.30 | 53.92 | 42.83 | 39.72 |
| 300278 | 华昌达 | 60.28 | 58.41 | 61.15 | 59.98 | 44.18 | 42.68 | 78.47 | 43.76 |

续表

| 证券代码 | 证券简称 | 会计信息指数 | | | 外部审计指数 | | | 管理控制指数 | |
|---|---|---|---|---|---|---|---|---|---|
| | | 可靠性 | 相关性 | 信息披露 | 独立性 | 审计质量 | 保障功能 | 成本控制与创新 | 核心竞争力 |
| 300279 | 和晶科技 | 64.42 | 42.22 | 64.85 | 59.95 | 38.85 | 58.87 | 65.52 | 33.54 |
| 300280 | 南通锻压 | 62.97 | 20.80 | 63.00 | 59.99 | 43.97 | 59.07 | 49.82 | 29.36 |
| 300281 | 金明精机 | 50.49 | 52.86 | 55.62 | 60.07 | 39.00 | 53.71 | 58.54 | 38.04 |
| 300282 | 汇冠股份 | 38.91 | 50.11 | 57.46 | 59.92 | 44.00 | 51.76 | 70.36 | 30.14 |
| 300283 | 温州宏丰 | 60.98 | 48.09 | 57.46 | 60.04 | 43.95 | 60.21 | 49.92 | 28.19 |
| 300284 | 苏交科 | 61.33 | 49.11 | 51.92 | 60.01 | 43.15 | 59.42 | 56.03 | 85.63 |
| 300285 | 国瓷材料 | 65.49 | 21.30 | 59.31 | 63.64 | 43.91 | 47.65 | 62.70 | 50.74 |
| 300286 | 安科瑞 | 70.79 | 52.46 | 57.46 | 60.00 | 45.16 | 56.63 | 64.53 | 58.73 |
| 300287 | 飞利信 | 30.26 | 45.72 | 59.31 | 71.31 | 44.37 | 51.76 | 64.37 | 40.26 |
| 300288 | 朗玛信息 | 71.60 | 25.67 | 57.46 | 63.50 | 46.12 | 33.25 | 25.63 | 60.01 |
| 300289 | 利德曼 | 63.73 | 50.67 | 61.15 | 59.96 | 39.00 | 51.85 | 59.78 | 56.49 |
| 300290 | 荣科科技 | 36.16 | 41.93 | 53.77 | 60.09 | 39.08 | 46.99 | 54.85 | 48.67 |
| 300291 | 华录百纳 | 37.56 | 50.74 | 59.31 | 84.59 | 47.46 | 51.30 | 42.87 | 85.50 |
| 300292 | 吴通通讯 | 38.34 | 50.91 | 61.15 | 63.57 | 43.93 | 59.07 | 66.38 | 34.87 |
| 300293 | 蓝英装备 | 30.23 | 51.60 | 51.92 | 63.59 | 53.97 | 47.25 | 43.85 | 46.11 |
| 300294 | 博雅生物 | 66.42 | 53.71 | 59.31 | 63.63 | 38.93 | 41.84 | 51.38 | 56.91 |
| 300295 | 三六五网 | 69.94 | 39.91 | 57.46 | 63.61 | 40.57 | 59.17 | 67.73 | 60.49 |
| 300296 | 利亚德 | 55.92 | 54.84 | 59.31 | 84.52 | 43.90 | 51.76 | 65.68 | 48.11 |
| 300297 | 蓝盾股份 | 65.46 | 49.88 | 63.00 | 63.57 | 44.14 | 54.53 | 71.38 | 53.59 |
| 300298 | 三诺生物 | 69.88 | 50.01 | 57.46 | 63.56 | 43.93 | 40.79 | 55.45 | 58.61 |
| 300299 | 富春通信 | 59.18 | 52.00 | 57.46 | 60.18 | 44.14 | 48.73 | 63.79 | 47.49 |
| 300300 | 汉鼎股份 | 65.81 | 49.69 | 63.00 | 63.59 | 44.18 | 60.21 | 64.47 | 28.49 |
| 300301 | 长方照明 | 59.72 | 53.71 | 50.08 | 63.62 | 43.86 | 54.53 | 75.48 | 33.07 |
| 300302 | 同有科技 | 54.35 | 36.99 | 55.62 | 71.36 | 43.98 | 52.40 | 63.79 | 50.57 |
| 300303 | 聚飞光电 | 65.45 | 77.14 | 61.15 | 63.66 | 38.82 | 53.92 | 67.37 | 42.67 |
| 300304 | 云意电气 | 57.41 | 52.39 | 59.31 | 63.60 | 43.98 | 59.17 | 20.09 | 43.82 |
| 300305 | 裕兴股份 | 61.95 | 48.77 | 63.00 | 71.31 | 44.40 | 58.96 | 48.06 | 24.74 |

续表

| 证券代码 | 证券简称 | 会计信息指数 | | | 外部审计指数 | | | 管理控制指数 | |
|---|---|---|---|---|---|---|---|---|---|
| | | 可靠性 | 相关性 | 信息披露 | 独立性 | 审计质量 | 保障功能 | 成本控制与创新 | 核心竞争力 |
| 300306 | 远方光电 | 63.70 | 85.80 | 53.77 | 63.65 | 44.73 | 60.30 | 49.14 | 51.23 |
| 300307 | 慈星股份 | 60.18 | 51.01 | 55.62 | 63.60 | 44.23 | 60.30 | 49.54 | 30.66 |
| 300308 | 中际装备 | 62.12 | 41.15 | 59.31 | 63.67 | 43.93 | 47.54 | 64.92 | 42.69 |
| 300309 | 吉艾科技 | 66.55 | 49.69 | 53.77 | 63.65 | 45.01 | 51.65 | 41.76 | 59.19 |
| 300310 | 宜通世纪 | 48.33 | 20.80 | 57.46 | 67.12 | 45.85 | 54.17 | 68.95 | 42.35 |
| 300311 | 任子行 | 69.95 | 62.85 | 50.08 | 63.62 | 38.95 | 54.23 | 71.33 | 60.26 |
| 300312 | 邦讯技术 | 65.03 | 49.15 | 64.85 | 63.59 | 39.14 | 51.35 | 82.66 | 58.15 |
| 300313 | 天山生物 | 48.03 | 49.16 | 61.15 | 63.69 | 45.75 | 31.06 | 60.12 | 50.25 |
| 300314 | 戴维医疗 | 71.34 | 55.07 | 53.77 | 63.67 | 43.95 | 60.30 | 36.54 | 53.02 |
| 300315 | 掌趣科技 | 59.89 | 45.25 | 55.62 | 63.70 | 43.98 | 52.12 | 56.08 | 61.19 |
| 300316 | 晶盛机电 | 63.30 | 20.80 | 53.77 | 63.56 | 44.03 | 60.30 | 76.67 | 23.48 |
| 300317 | 珈伟股份 | 61.84 | 50.10 | 55.62 | 63.66 | 44.03 | 54.53 | 37.09 | 30.62 |
| 300318 | 博晖创新 | 68.14 | 41.36 | 57.46 | 71.32 | 53.90 | 52.11 | 20.87 | 48.27 |
| 300319 | 麦捷科技 | 59.23 | 53.98 | 55.62 | 63.84 | 38.88 | 55.32 | 68.55 | 39.09 |
| 300320 | 海达股份 | 60.29 | 49.48 | 55.62 | 63.60 | 39.12 | 58.87 | 54.02 | 32.63 |
| 300321 | 同大股份 | 65.96 | 20.80 | 55.62 | 63.65 | 39.16 | 47.70 | 49.43 | 7.60 |
| 300322 | 硕贝德 | 54.59 | 49.69 | 55.62 | 71.30 | 53.84 | 54.52 | 65.75 | 36.56 |
| 300323 | 华灿光电 | 57.68 | 51.03 | 63.00 | 63.68 | 43.84 | 42.68 | 82.73 | 44.17 |
| 300324 | 旋极信息 | 60.97 | 52.08 | 61.15 | 84.55 | 44.18 | 51.76 | 74.39 | 60.52 |
| 300325 | 德威新材 | 44.93 | 48.15 | 50.08 | 63.57 | 44.58 | 59.07 | 62.49 | 6.03 |
| 300326 | 凯利泰 | 63.32 | 47.17 | 59.31 | 63.61 | 44.03 | 56.53 | 62.99 | 59.96 |
| 300327 | 中颖电子 | 62.67 | 85.80 | 50.08 | 63.62 | 38.83 | 57.69 | 78.53 | 48.89 |
| 300328 | 宜安科技 | 69.74 | 20.80 | 63.00 | 63.69 | 39.43 | 54.64 | 51.02 | 43.56 |
| 300329 | 海伦钢琴 | 67.35 | 60.01 | 57.46 | 63.64 | 46.56 | 60.30 | 69.38 | 22.91 |
| 300330 | 华虹计通 | 50.22 | 50.90 | 55.62 | 63.68 | 44.05 | 56.53 | 7.49 | 35.98 |
| 300331 | 苏大维格 | 68.01 | 60.94 | 59.31 | 63.61 | 43.84 | 59.07 | 55.02 | 39.72 |
| 300332 | 天壕节能 | 51.40 | 56.81 | 57.46 | 63.60 | 45.94 | 51.65 | 49.59 | 95.17 |

续表

| 证券代码 | 证券简称 | 会计信息指数 | | | 外部审计指数 | | | 管理控制指数 | |
|---|---|---|---|---|---|---|---|---|---|
| | | 可靠性 | 相关性 | 信息披露 | 独立性 | 审计质量 | 保障功能 | 成本控制与创新 | 核心竞争力 |
| 300333 | 兆日科技 | 65.69 | 51.61 | 55.62 | 63.59 | 54.05 | 54.52 | 32.09 | 59.46 |
| 300334 | 津膜科技 | 54.92 | 44.63 | 59.31 | 84.55 | 44.03 | 50.53 | 68.86 | 49.55 |
| 300335 | 迪森股份 | 58.20 | 48.67 | 55.62 | 63.79 | 38.98 | 53.71 | 53.55 | 36.62 |
| 300336 | 新文化 | 46.93 | 48.93 | 53.77 | 63.62 | 40.64 | 57.69 | 56.82 | 79.72 |
| 300337 | 银邦股份 | 60.76 | 45.96 | 63.00 | 63.56 | 44.04 | 59.43 | 40.14 | 1.61 |
| 300338 | 开元仪器 | 64.25 | 54.92 | 57.46 | 63.60 | 44.81 | 41.00 | 67.92 | 54.86 |
| 300339 | 润和软件 | 61.21 | 24.02 | 63.00 | 63.65 | 39.33 | 59.17 | 72.59 | 51.06 |
| 300340 | 科恒股份 | 59.74 | 49.76 | 63.00 | 63.70 | 43.97 | 54.17 | 28.25 | 28.93 |
| 300341 | 麦迪电气 | 68.68 | 50.35 | 55.62 | 63.67 | 43.87 | 48.73 | 28.57 | 32.84 |
| 300342 | 天银机电 | 57.30 | 52.17 | 57.46 | 63.61 | 38.88 | 59.07 | 40.89 | 35.72 |
| 300343 | 联创节能 | 54.46 | 51.79 | 57.46 | 63.65 | 43.91 | 47.54 | 49.50 | 2.60 |
| 300344 | 太空板业 | 56.06 | 47.91 | 59.31 | 63.61 | 39.04 | 51.35 | 38.46 | 49.55 |
| 300345 | 红宇新材 | 65.02 | 47.81 | 64.85 | 63.64 | 44.33 | 40.45 | 68.36 | 45.25 |
| 300346 | 南大光电 | 51.23 | 63.43 | 57.46 | 71.34 | 38.84 | 58.84 | 41.72 | 55.88 |
| 300347 | 泰格医药 | 68.98 | 46.08 | 59.31 | 63.68 | 54.55 | 60.21 | 52.59 | 86.36 |
| 300348 | 长亮科技 | 73.02 | 49.69 | 59.31 | 84.54 | 43.98 | 54.86 | 72.79 | 60.25 |
| 300349 | 金卡股份 | 64.34 | 46.14 | 53.77 | 63.62 | 40.10 | 60.21 | 58.10 | 43.00 |
| 300350 | 华鹏飞 | 53.55 | 53.68 | 59.31 | 63.84 | 45.59 | 53.71 | 61.35 | 39.68 |
| 300351 | 永贵电器 | 72.81 | 53.71 | 48.23 | 63.59 | 43.90 | 60.30 | 67.68 | 59.21 |
| 300352 | 北信源 | 64.06 | 49.91 | 59.31 | 63.67 | 54.12 | 52.11 | 66.59 | 53.63 |
| 300353 | 东土科技 | 66.35 | 44.10 | 55.62 | 63.68 | 43.85 | 51.76 | 60.42 | 56.23 |
| 300354 | 东华测试 | 71.25 | 52.51 | 59.31 | 63.56 | 39.30 | 58.66 | 58.98 | 49.98 |
| 300355 | 蒙草抗旱 | 43.50 | 55.06 | 61.15 | 63.60 | 43.96 | 36.00 | 55.42 | 46.47 |
| 300356 | 光一科技 | 60.86 | 49.01 | 59.31 | 63.61 | 38.93 | 60.23 | 48.53 | 44.56 |
| 300357 | 我武生物 | 75.76 | 49.69 | 46.38 | 71.44 | 43.92 | 60.21 | 72.47 | 60.01 |
| 300358 | 楚天科技 | 65.80 | 49.69 | 53.77 | 71.34 | 39.03 | 40.67 | 76.67 | 52.39 |
| 300359 | 全通教育 | 57.08 | 49.69 | 55.62 | 71.87 | 39.18 | 53.71 | 48.56 | 47.28 |

续表

| 证券代码 | 证券简称 | 会计信息指数 | | | 外部审计指数 | | | 管理控制指数 | |
|---|---|---|---|---|---|---|---|---|---|
| | | 可靠性 | 相关性 | 信息披露 | 独立性 | 审计质量 | 保障功能 | 成本控制与创新 | 核心竞争力 |
| 300360 | 炬华科技 | 63.17 | 49.69 | 50.08 | 71.37 | 45.16 | 60.30 | 60.51 | 33.48 |
| 300362 | 天保重装 | 55.24 | 49.69 | 61.15 | 71.33 | 43.92 | 41.54 | 41.77 | 37.18 |
| 300363 | 博腾股份 | 67.69 | 49.69 | 59.31 | 71.31 | 43.98 | 44.28 | 68.94 | 40.02 |
| 300364 | 中文在线 | 53.70 | 49.69 | 51.92 | 84.61 | 44.85 | 51.65 | 50.46 | 71.29 |
| 300365 | 恒华科技 | 38.45 | 49.69 | 53.77 | 71.29 | 38.89 | 51.35 | 44.41 | 56.38 |
| 300366 | 创意信息 | 63.01 | 49.69 | 51.92 | 71.40 | 43.98 | 41.54 | 17.26 | 46.36 |
| 300367 | 东方网力 | 71.18 | 49.69 | 51.92 | 71.33 | 43.86 | 51.30 | 70.19 | 60.27 |
| 300368 | 汇金股份 | 68.86 | 49.69 | 59.31 | 71.39 | 38.94 | 40.12 | 55.86 | 25.23 |
| 300369 | 绿盟科技 | 55.32 | 49.69 | 50.08 | 71.32 | 39.11 | 51.51 | 74.65 | 61.35 |
| 300370 | 安控科技 | 42.97 | 49.69 | 57.46 | 71.47 | 41.01 | 51.85 | 68.64 | 52.02 |
| 300371 | 汇中股份 | 66.78 | 49.69 | 59.31 | 71.36 | 44.87 | 40.38 | 65.91 | 60.01 |
| 300372 | 欣泰电气 | 59.59 | 49.69 | 48.23 | 71.35 | 38.91 | 46.49 | 32.70 | 42.98 |
| 300373 | 扬杰科技 | 70.29 | 49.69 | 55.62 | 71.33 | 43.87 | 59.17 | 55.59 | 43.12 |
| 300375 | 鹏翎股份 | 64.40 | 49.69 | 55.62 | 71.32 | 44.06 | 50.53 | 57.38 | 43.63 |
| 300376 | 易事特 | 59.88 | 49.69 | 53.77 | 71.32 | 43.92 | 54.17 | 64.82 | 40.49 |
| 300377 | 赢时胜 | 61.83 | 49.69 | 55.62 | 71.34 | 43.92 | 53.71 | 54.12 | 59.02 |
| 300378 | 鼎捷软件 | 64.28 | 49.69 | 61.15 | 71.51 | 44.68 | 56.89 | 20.78 | 62.19 |
| 300379 | 东方通 | 61.44 | 49.69 | 57.46 | 84.49 | 44.05 | 51.76 | 71.07 | 60.12 |
| 300380 | 安硕信息 | 69.72 | 49.69 | 55.62 | 71.58 | 44.11 | 57.17 | 41.46 | 56.20 |
| 300381 | 溢多利 | 63.14 | 49.69 | 57.46 | 71.31 | 54.67 | 54.52 | 29.26 | 59.89 |
| 300382 | 斯莱克 | 46.67 | 49.69 | 53.77 | 71.45 | 38.98 | 58.87 | 26.11 | 48.32 |
| 300383 | 光环新网 | 62.93 | 49.69 | 59.31 | 84.58 | 39.96 | 52.11 | 68.63 | 54.33 |
| 300384 | 三联虹普 | 53.70 | 49.69 | 46.38 | 84.51 | 40.50 | 52.11 | 62.58 | 84.90 |
| 300385 | 雪浪环境 | 53.70 | 49.69 | 61.15 | 84.56 | 38.95 | 59.55 | 25.58 | 43.58 |
| 300386 | 飞天诚信 | 53.70 | 49.69 | 59.31 | 84.56 | 53.98 | 52.11 | 60.18 | 53.81 |
| 300387 | 富邦股份 | 53.70 | 49.69 | 64.85 | 84.52 | 38.82 | 41.58 | 30.15 | 40.59 |
| 300388 | 国祯环保 | 53.70 | 49.69 | 61.15 | 84.51 | 58.55 | 43.40 | 57.15 | 61.09 |

续表

| 证券代码 | 证券简称 | 会计信息指数 | | | 外部审计指数 | | | 管理控制指数 | |
|---|---|---|---|---|---|---|---|---|---|
| | | 可靠性 | 相关性 | 信息披露 | 独立性 | 审计质量 | 保障功能 | 成本控制与创新 | 核心竞争力 |
| 300389 | 艾比森 | 53.70 | 49.69 | 59.31 | 84.52 | 43.92 | 54.53 | 49.90 | 47.98 |
| 300390 | 天华超净 | 53.70 | 49.69 | 53.77 | 84.84 | 38.88 | 59.17 | 40.01 | 23.40 |
| 300391 | 康跃科技 | 53.70 | 49.69 | 61.15 | 84.57 | 33.87 | 47.65 | 34.35 | 27.76 |
| 300392 | 腾信股份 | 53.70 | 49.69 | 53.77 | 84.60 | 46.65 | 51.76 | 46.36 | 38.68 |
| 300393 | 中来股份 | 53.70 | 49.69 | 55.62 | 84.54 | 46.16 | 59.17 | 50.46 | 50.40 |
| 300395 | 菲利华 | 53.70 | 49.69 | 51.92 | 84.52 | 39.07 | 41.63 | 32.47 | 56.69 |
| 300396 | 迪瑞医疗 | 53.70 | 49.69 | 51.92 | 84.48 | 53.88 | 39.94 | 49.34 | 59.95 |
| 300397 | 天和防务 | 53.70 | 49.69 | 48.23 | 84.49 | 43.90 | 33.38 | 40.39 | 55.17 |
| 300398 | 飞凯材料 | 53.70 | 49.69 | 55.62 | 84.54 | 43.88 | 56.08 | 73.19 | 55.24 |
| 300399 | 京天利 | 53.70 | 49.69 | 53.77 | 84.49 | 43.86 | 52.12 | 68.84 | 57.78 |
| 300400 | 劲拓股份 | 53.70 | 49.69 | 57.46 | 84.65 | 53.91 | 54.52 | 55.20 | 26.24 |
| 300401 | 花园生物 | 53.70 | 49.69 | 53.77 | 84.65 | 44.98 | 60.57 | 53.18 | 45.63 |
| 300402 | 宝色股份 | 53.70 | 49.69 | 59.31 | 84.52 | 43.88 | 59.07 | 46.90 | 33.59 |
| 300403 | 地尔汉宇 | 53.70 | 49.69 | 57.46 | 84.47 | 53.88 | 54.52 | 59.79 | 48.96 |
| 300405 | 科隆精化 | 53.70 | 49.69 | 53.77 | 84.49 | 43.88 | 47.54 | 65.64 | 32.96 |
| 300406 | 九强生物 | 53.70 | 49.69 | 61.15 | 84.48 | 53.90 | 52.11 | 50.95 | 59.31 |
| 300407 | 凯发电气 | 53.70 | 49.69 | 51.92 | 84.59 | 38.95 | 49.42 | 61.84 | 53.62 |
| 300408 | 三环集团 | 53.70 | 49.69 | 57.46 | 84.56 | 43.99 | 54.17 | 49.17 | 57.73 |
| 300409 | 道氏技术 | 53.70 | 49.69 | 57.46 | 84.50 | 44.02 | 54.17 | 63.60 | 54.84 |
| 300410 | 正业科技 | 53.70 | 49.69 | 57.46 | 84.55 | 54.81 | 54.52 | 60.72 | 47.67 |
| 300411 | 金盾股份 | 53.70 | 49.69 | 48.23 | 84.55 | 43.97 | 60.30 | 51.27 | 50.34 |
| 300412 | 迦南科技 | 53.70 | 49.69 | 57.46 | 84.73 | 38.94 | 60.21 | 62.47 | 55.94 |
| 300413 | 快乐购 | 53.70 | 49.69 | 50.08 | 84.51 | 53.94 | 40.63 | 47.76 | 36.51 |
| 300415 | 伊之密 | 53.70 | 49.69 | 51.92 | 84.51 | 43.98 | 54.26 | 57.83 | 24.24 |
| 300416 | 苏试试验 | 53.70 | 49.69 | 48.23 | 84.92 | 40.73 | 59.42 | 66.49 | 33.52 |
| 300417 | 南华仪器 | 53.70 | 49.69 | 53.77 | 84.78 | 44.59 | 54.06 | 64.13 | 57.17 |
| 300418 | 昆仑万维 | 53.70 | 49.69 | 59.31 | 85.46 | 57.85 | 51.76 | 64.55 | 64.32 |

续表

| 证券代码 | 证券简称 | 会计信息指数 | | | 外部审计指数 | | | 管理控制指数 | |
|---|---|---|---|---|---|---|---|---|---|
| | | 可靠性 | 相关性 | 信息披露 | 独立性 | 审计质量 | 保障功能 | 成本控制与创新 | 核心竞争力 |
| 300419 | 浩丰科技 | 53.70 | 49.69 | 39.00 | 85.25 | 54.28 | 52.11 | 63.29 | 43.26 |
| 300420 | 五洋科技 | 53.70 | 49.69 | 61.15 | 84.79 | 43.92 | 59.17 | 41.11 | 46.77 |
| 300421 | 力星股份 | 53.70 | 49.69 | 53.77 | 86.80 | 45.71 | 59.07 | 57.97 | 34.26 |
| 300425 | 环能科技 | 53.70 | 49.69 | 51.92 | 84.56 | 38.88 | 42.80 | 24.33 | 57.70 |
| 600000 | 浦发银行 | 43.21 | 50.09 | 57.46 | 63.60 | 54.19 | 56.25 | 60.91 | 98.33 |
| 600004 | 白云机场 | 55.04 | 50.62 | 57.46 | 80.91 | 39.73 | 53.71 | 59.42 | 81.48 |
| 600005 | 武钢股份 | 54.36 | 51.47 | 64.85 | 60.10 | 42.04 | 41.63 | 46.46 | 40.01 |
| 600006 | 东风汽车 | 54.55 | 50.47 | 61.15 | 70.59 | 44.33 | 42.04 | 49.95 | 28.37 |
| 600007 | 中国国贸 | 49.95 | 51.20 | 66.69 | 63.56 | 54.08 | 51.48 | 55.91 | 67.00 |
| 600008 | 首创股份 | 52.42 | 51.82 | 64.85 | 85.08 | 48.87 | 52.46 | 61.49 | 63.81 |
| 600009 | 上海机场 | 46.72 | 53.47 | 55.62 | 70.52 | 44.63 | 56.53 | 52.83 | 86.21 |
| 600010 | 包钢股份 | 50.09 | 51.12 | 63.00 | 63.61 | 45.03 | 36.36 | 60.82 | 36.40 |
| 600011 | 华能国际 | 53.99 | 59.99 | 64.85 | 63.99 | 56.97 | 51.51 | 29.62 | 79.68 |
| 600012 | 皖通高速 | 26.09 | 49.75 | 63.00 | 63.57 | 56.15 | 42.77 | 33.87 | 62.07 |
| 600015 | 华夏银行 | 33.84 | 49.90 | 61.15 | 71.31 | 54.03 | 51.49 | 61.91 | 94.25 |
| 600016 | 民生银行 | 51.61 | 51.53 | 59.31 | 60.07 | 44.55 | 51.51 | 58.38 | 94.25 |
| 600017 | 日照港 | 43.78 | 51.01 | 61.15 | 84.66 | 39.52 | 47.39 | 41.78 | 38.14 |
| 600018 | 上港集团 | 35.03 | 49.92 | 59.31 | 67.64 | 48.19 | 56.53 | 69.74 | 76.16 |
| 600019 | 宝钢股份 | 57.61 | 24.08 | 63.00 | 64.16 | 56.62 | 56.26 | 31.34 | 65.90 |
| 600020 | 中原高速 | 43.19 | 50.78 | 68.54 | 67.63 | 45.96 | 44.44 | 74.69 | 71.38 |
| 600021 | 上海电力 | 51.73 | 50.06 | 59.31 | 84.56 | 44.73 | 56.42 | 29.42 | 68.09 |
| 600022 | 山东钢铁 | 51.12 | 50.84 | 59.31 | 71.31 | 54.99 | 47.99 | 31.96 | 40.01 |
| 600023 | 浙能电力 | 57.01 | 51.08 | 59.31 | 73.16 | 45.48 | 60.30 | 38.90 | 49.37 |
| 600026 | 中海发展 | 55.30 | 50.71 | 66.69 | 73.12 | 45.07 | 56.08 | 61.34 | 69.95 |
| 600027 | 华电国际 | 55.20 | 50.35 | 63.00 | 71.36 | 57.20 | 47.37 | 71.23 | 79.07 |
| 600028 | 中国石化 | 50.47 | 51.01 | 57.46 | 71.73 | 77.85 | 51.48 | 42.81 | 66.00 |
| 600029 | 南方航空 | 46.40 | 49.89 | 57.46 | 71.44 | 72.59 | 53.89 | 60.25 | 64.70 |

续表

| 证券代码 | 证券简称 | 会计信息指数 | | | 外部审计指数 | | | 管理控制指数 | |
|---|---|---|---|---|---|---|---|---|---|
| | | 可靠性 | 相关性 | 信息披露 | 独立性 | 审计质量 | 保障功能 | 成本控制与创新 | 核心竞争力 |
| 600030 | 中信证券 | 45.08 | 50.39 | 68.54 | 63.59 | 60.36 | 53.71 | 54.45 | 81.46 |
| 600031 | 三一重工 | 60.16 | 51.48 | 66.69 | 80.89 | 54.82 | 52.11 | 42.05 | 60.69 |
| 600033 | 福建高速 | 55.00 | 56.63 | 59.31 | 83.75 | 45.08 | 48.73 | 72.74 | 70.32 |
| 600035 | 楚天高速 | 25.17 | 49.23 | 66.69 | 63.61 | 39.99 | 41.58 | 41.45 | 44.59 |
| 600036 | 招商银行 | 48.39 | 49.41 | 64.85 | 82.52 | 44.89 | 53.92 | 62.72 | 88.23 |
| 600037 | 歌华有线 | 61.94 | 51.27 | 57.46 | 87.49 | 48.69 | 52.46 | 69.57 | 37.48 |
| 600038 | 中直股份 | 35.56 | 48.13 | 64.85 | 63.78 | 39.68 | 34.84 | 51.39 | 38.46 |
| 600039 | 四川路桥 | 51.01 | 53.16 | 63.00 | 80.83 | 54.45 | 42.00 | 56.07 | 53.96 |
| 600048 | 保利地产 | 53.82 | 50.82 | 61.15 | 73.14 | 44.48 | 54.17 | 60.34 | 86.25 |
| 600050 | 中国联通 | 53.86 | 50.26 | 66.69 | 71.31 | 53.99 | 56.28 | 61.55 | 59.59 |
| 600051 | 宁波联合 | 44.08 | 50.86 | 59.31 | 63.64 | 44.21 | 60.30 | 64.77 | 55.64 |
| 600052 | 浙江广厦 | 53.21 | 50.79 | 64.85 | 63.61 | 44.07 | 60.30 | 15.85 | 43.39 |
| 600053 | 中江地产 | 37.98 | 49.69 | 61.15 | 71.31 | 43.85 | 42.68 | 64.71 | 42.32 |
| 600054 | 黄山旅游 | 63.77 | 51.66 | 55.62 | 75.38 | 42.86 | 43.14 | 70.81 | 82.27 |
| 600055 | 华润万东 | 67.22 | 46.78 | 55.62 | 59.94 | 43.99 | 51.76 | 22.54 | 39.68 |
| 600056 | 中国医药 | 60.37 | 51.17 | 63.00 | 64.32 | 39.14 | 51.51 | 61.65 | 47.42 |
| 600057 | 象屿股份 | 24.14 | 41.56 | 55.62 | 70.61 | 47.68 | 48.73 | 50.10 | 68.51 |
| 600058 | 五矿发展 | 38.06 | 48.69 | 63.00 | 60.05 | 45.67 | 52.12 | 37.92 | 66.82 |
| 600059 | 古越龙山 | 55.05 | 85.80 | 63.00 | 88.55 | 44.72 | 60.30 | 31.56 | 41.90 |
| 600060 | 海信电器 | 51.99 | 51.80 | 63.00 | 67.71 | 53.93 | 47.99 | 46.20 | 32.39 |
| 600061 | 中纺投资 | 55.57 | 85.80 | 59.31 | 64.17 | 44.74 | 56.08 | 49.06 | 31.00 |
| 600062 | 华润双鹤 | 54.00 | 50.32 | 55.62 | 84.50 | 54.25 | 51.49 | 44.09 | 55.82 |
| 600063 | 皖维高新 | 52.63 | 50.26 | 63.00 | 63.66 | 40.91 | 43.14 | 64.45 | 38.80 |
| 600064 | 南京高科 | 49.50 | 51.32 | 61.15 | 59.98 | 43.83 | 59.07 | 37.31 | 53.39 |
| 600066 | 宇通客车 | 57.67 | 50.84 | 59.31 | 67.67 | 44.23 | 44.11 | 55.16 | 34.34 |
| 600067 | 冠城大通 | 47.91 | 50.47 | 61.15 | 71.56 | 39.20 | 48.39 | 55.64 | 64.89 |
| 600068 | 葛洲坝 | 50.27 | 49.11 | 63.00 | 84.55 | 44.18 | 42.04 | 54.89 | 69.28 |

续表

| 证券代码 | 证券简称 | 会计信息指数 | | | 外部审计指数 | | | 管理控制指数 | |
|---|---|---|---|---|---|---|---|---|---|
| | | 可靠性 | 相关性 | 信息披露 | 独立性 | 审计质量 | 保障功能 | 成本控制与创新 | 核心竞争力 |
| 600069 | ＊ST 银鸽 | 58.26 | 51.04 | 64.85 | 71.34 | 45.34 | 43.75 | 10.03 | 29.99 |
| 600070 | 浙江富润 | 52.94 | 50.82 | 59.31 | 91.52 | 44.82 | 60.30 | 9.03 | 24.09 |
| 600071 | ＊ST 光学 | 60.70 | 49.69 | 61.15 | 84.54 | 54.93 | 42.39 | 46.17 | 38.69 |
| 600072 | 钢构工程 | 39.98 | 50.37 | 57.46 | 60.05 | 44.16 | 56.42 | 62.56 | 22.59 |
| 600073 | 上海梅林 | 57.28 | 50.12 | 48.23 | 63.59 | 47.90 | 56.53 | 41.47 | 42.18 |
| 600074 | 保千里 | 37.82 | 50.27 | 59.31 | 60.05 | 43.96 | 59.07 | 64.09 | 16.30 |
| 600075 | 新疆天业 | 36.66 | 50.97 | 57.46 | 64.14 | 44.00 | 31.06 | 71.32 | 30.20 |
| 600076 | 青鸟华光 | 41.76 | 49.69 | 61.15 | 71.44 | 38.90 | 47.99 | 82.22 | 35.48 |
| 600077 | 宋都股份 | 52.03 | 50.82 | 64.85 | 63.62 | 44.07 | 60.30 | 37.54 | 40.92 |
| 600078 | 澄星股份 | 50.05 | 44.17 | 66.69 | 89.68 | 39.06 | 58.87 | 42.84 | 22.77 |
| 600079 | 人福医药 | 59.54 | 47.44 | 63.00 | 88.63 | 44.17 | 42.68 | 56.54 | 56.22 |
| 600080 | 金花股份 | 63.74 | 42.47 | 61.15 | 92.31 | 53.95 | 33.63 | 61.23 | 57.96 |
| 600081 | 东风科技 | 58.44 | 50.79 | 59.31 | 59.96 | 44.08 | 56.53 | 58.86 | 31.87 |
| 600082 | 海泰发展 | 52.68 | 20.80 | 63.00 | 84.49 | 44.84 | 49.72 | 48.03 | 77.30 |
| 600083 | 博信股份 | 72.29 | 49.69 | 39.00 | 63.97 | 43.81 | 54.17 | 50.67 | 42.67 |
| 600084 | 中葡股份 | 55.63 | 29.00 | 61.15 | 88.61 | 39.47 | 31.02 | 51.89 | 30.10 |
| 600085 | 同仁堂 | 64.06 | 53.39 | 63.00 | 64.23 | 44.68 | 52.46 | 58.25 | 60.13 |
| 600086 | 东方金钰 | 30.96 | 49.69 | 48.23 | 85.12 | 47.49 | 42.68 | 33.63 | 33.55 |
| 600088 | 中视传媒 | 45.05 | 40.37 | 63.00 | 91.48 | 55.34 | 56.88 | 39.13 | 78.19 |
| 600089 | 特变电工 | 57.70 | 59.49 | 57.46 | 90.64 | 44.32 | 30.85 | 61.56 | 56.84 |
| 600090 | 啤酒花 | 62.83 | 47.17 | 57.46 | 92.42 | 39.72 | 31.44 | 45.39 | 43.16 |
| 600091 | ＊ST 明科 | 28.34 | 49.69 | 57.46 | 67.61 | 53.93 | 36.35 | 31.77 | 0.01 |
| 600093 | 禾嘉股份 | 61.41 | 47.47 | 48.23 | 88.72 | 38.98 | 41.65 | 65.50 | 30.31 |
| 600094 | 大名城 | 29.25 | 59.74 | 59.31 | 88.57 | 43.98 | 56.08 | 57.17 | 52.73 |
| 600095 | 哈高科 | 60.79 | 51.99 | 61.15 | 64.17 | 39.28 | 35.04 | 38.45 | 20.17 |
| 600096 | 云天化 | 53.18 | 50.80 | 66.69 | 84.74 | 39.88 | 34.85 | 37.49 | 64.04 |
| 600097 | 开创国际 | 61.51 | 27.84 | 57.46 | 86.32 | 49.40 | 56.53 | 37.95 | 67.11 |

续表

| 证券代码 | 证券简称 | 会计信息指数 | | | 外部审计指数 | | | 管理控制指数 | |
|---|---|---|---|---|---|---|---|---|---|
| | | 可靠性 | 相关性 | 信息披露 | 独立性 | 审计质量 | 保障功能 | 成本控制与创新 | 核心竞争力 |
| 600098 | 广州发展 | 57.42 | 49.67 | 59.31 | 63.60 | 44.63 | 54.17 | 60.41 | 69.36 |
| 600099 | 林海股份 | 43.60 | 55.64 | 61.15 | 73.10 | 44.15 | 58.96 | 60.33 | 10.99 |
| 600100 | 同方股份 | 54.68 | 52.86 | 59.31 | 63.76 | 44.59 | 51.65 | 65.16 | 58.39 |
| 600101 | 明星电力 | 51.13 | 50.62 | 61.15 | 63.59 | 54.02 | 42.00 | 56.01 | 35.25 |
| 600103 | 青山纸业 | 61.05 | 52.01 | 63.00 | 89.76 | 40.54 | 47.58 | 36.45 | 22.63 |
| 600104 | 上汽集团 | 52.12 | 49.92 | 63.00 | 88.59 | 57.92 | 56.26 | 54.48 | 63.40 |
| 600105 | 永鼎股份 | 62.32 | 49.72 | 61.15 | 86.26 | 54.01 | 59.42 | 66.00 | 27.02 |
| 600106 | 重庆路桥 | 26.04 | 52.48 | 51.92 | 64.12 | 44.72 | 44.28 | 72.76 | 56.34 |
| 600107 | 美尔雅 | 65.03 | 49.69 | 64.85 | 83.72 | 39.55 | 41.58 | 45.06 | 47.33 |
| 600108 | 亚盛集团 | 59.43 | 50.66 | 61.15 | 85.11 | 57.15 | 30.70 | 1.23 | 69.45 |
| 600109 | 国金证券 | 55.94 | 53.02 | 63.00 | 63.56 | 44.95 | 41.74 | 68.58 | 53.35 |
| 600110 | 中科英华 | 53.98 | 50.94 | 63.00 | 82.58 | 39.25 | 39.34 | 9.35 | 26.82 |
| 600111 | 北方稀土 | 51.69 | 50.89 | 64.85 | 59.98 | 44.41 | 36.36 | 37.66 | 50.38 |
| 600112 | 天成控股 | 63.89 | 62.15 | 53.77 | 77.30 | 54.03 | 33.24 | 46.86 | 46.50 |
| 600113 | 浙江东日 | 67.08 | 76.75 | 48.23 | 63.60 | 44.09 | 60.30 | 60.16 | 29.44 |
| 600114 | 东睦股份 | 59.49 | 50.61 | 61.15 | 70.52 | 44.68 | 60.30 | 63.17 | 37.59 |
| 600115 | 东方航空 | 54.27 | 50.36 | 61.15 | 71.38 | 61.76 | 56.08 | 75.06 | 42.01 |
| 600116 | 三峡水利 | 61.07 | 50.60 | 57.46 | 67.57 | 43.97 | 44.28 | 55.03 | 43.97 |
| 600117 | 西宁特钢 | 45.43 | 49.69 | 55.62 | 63.58 | 54.63 | 23.12 | 69.81 | 23.71 |
| 600118 | 中国卫星 | 50.54 | 46.01 | 61.15 | 75.41 | 53.98 | 52.11 | 38.98 | 37.10 |
| 600119 | 长江投资 | 29.88 | 47.10 | 50.08 | 85.08 | 44.99 | 56.53 | 44.78 | 40.17 |
| 600120 | 浙江东方 | 35.65 | 51.36 | 53.77 | 91.51 | 44.80 | 60.30 | 36.91 | 70.01 |
| 600121 | 郑州煤电 | 57.31 | 49.67 | 51.92 | 89.55 | 39.22 | 43.34 | 55.91 | 29.73 |
| 600122 | 宏图高科 | 57.30 | 51.62 | 61.15 | 85.16 | 39.03 | 59.07 | 61.48 | 64.08 |
| 600123 | 兰花科创 | 48.61 | 50.83 | 61.15 | 87.45 | 39.57 | 34.88 | 46.09 | 40.90 |
| 600125 | 铁龙物流 | 47.37 | 52.41 | 57.46 | 59.93 | 48.54 | 47.60 | 58.13 | 64.04 |
| 600126 | 杭钢股份 | 50.66 | 54.48 | 57.46 | 63.56 | 44.48 | 60.30 | 34.71 | 41.16 |

续表

| 证券代码 | 证券简称 | 会计信息指数 | | | 外部审计指数 | | | 管理控制指数 | |
|---|---|---|---|---|---|---|---|---|---|
| | | 可靠性 | 相关性 | 信息披露 | 独立性 | 审计质量 | 保障功能 | 成本控制与创新 | 核心竞争力 |
| 600127 | 金健米业 | 59.15 | 39.56 | 59.31 | 86.25 | 44.42 | 41.00 | 51.99 | 25.74 |
| 600128 | 弘业股份 | 59.28 | 48.43 | 57.46 | 85.09 | 39.16 | 59.42 | 56.54 | 41.81 |
| 600129 | 太极集团 | 55.20 | 50.14 | 61.15 | 87.53 | 44.12 | 44.28 | 39.35 | 43.87 |
| 600130 | 波导股份 | 55.69 | 59.12 | 55.62 | 86.26 | 43.89 | 60.30 | 50.86 | 2.66 |
| 600131 | 岷江水电 | 53.04 | 50.71 | 61.15 | 71.29 | 53.92 | 42.00 | 63.70 | 40.66 |
| 600132 | 重庆啤酒 | 57.65 | 52.25 | 61.15 | 63.59 | 45.07 | 44.28 | 49.73 | 45.16 |
| 600133 | 东湖高新 | 53.48 | 50.91 | 61.15 | 83.77 | 38.91 | 41.58 | 68.04 | 39.72 |
| 600135 | 乐凯胶片 | 49.04 | 36.12 | 57.46 | 83.73 | 43.90 | 40.38 | 62.40 | 32.57 |
| 600136 | 道博股份 | 70.07 | 85.80 | 55.62 | 82.73 | 40.00 | 41.58 | 68.04 | 40.51 |
| 600137 | 浪莎股份 | 66.03 | 49.90 | 59.31 | 80.96 | 39.41 | 41.39 | 67.44 | 33.53 |
| 600138 | 中青旅 | 59.09 | 51.76 | 61.15 | 83.78 | 44.65 | 52.40 | 61.79 | 78.09 |
| 600139 | 西部资源 | 55.05 | 50.63 | 57.46 | 82.33 | 55.67 | 42.00 | 67.76 | 49.67 |
| 600141 | 兴发集团 | 41.78 | 50.54 | 63.00 | 63.74 | 38.98 | 41.79 | 38.27 | 37.81 |
| 600143 | 金发科技 | 47.38 | 52.03 | 61.15 | 60.01 | 44.95 | 54.17 | 60.54 | 48.22 |
| 600145 | *ST 国创 | 0.00 | 49.69 | 53.77 | 93.81 | 44.22 | 30.97 | 50.92 | 27.06 |
| 600146 | 大元股份 | 43.00 | 50.76 | 59.31 | 64.04 | 38.89 | 34.44 | 58.07 | 0.01 |
| 600148 | 长春一东 | 66.82 | 50.64 | 59.31 | 84.50 | 53.83 | 39.94 | 61.81 | 36.60 |
| 600149 | 廊坊发展 | 53.85 | 50.66 | 59.31 | 71.70 | 39.70 | 40.12 | 77.19 | 13.52 |
| 600150 | 中国船舶 | 34.75 | 62.37 | 59.31 | 60.12 | 44.57 | 56.42 | 47.71 | 45.49 |
| 600151 | 航天机电 | 54.38 | 50.40 | 59.31 | 84.64 | 44.00 | 56.08 | 68.08 | 11.91 |
| 600152 | 维科精华 | 53.11 | 50.48 | 66.69 | 93.25 | 39.99 | 60.56 | 40.14 | 22.11 |
| 600153 | 建发股份 | 48.75 | 51.43 | 57.46 | 67.76 | 46.97 | 48.73 | 60.04 | 69.65 |
| 600155 | 宝硕股份 | 31.40 | 49.69 | 61.15 | 63.67 | 39.40 | 40.12 | 63.13 | 0.63 |
| 600156 | 华升股份 | 46.90 | 50.92 | 53.77 | 83.74 | 44.57 | 41.00 | 80.94 | 23.23 |
| 600157 | 永泰能源 | 53.64 | 51.24 | 55.62 | 88.85 | 34.92 | 35.30 | 68.39 | 51.68 |
| 600158 | 中体产业 | 63.26 | 49.90 | 61.15 | 83.74 | 39.00 | 49.42 | 57.35 | 42.12 |
| 600159 | 大龙地产 | 37.94 | 51.07 | 61.15 | 86.28 | 38.90 | 51.35 | 70.09 | 36.52 |

续表

| 证券代码 | 证券简称 | 会计信息指数 | | | 外部审计指数 | | | 管理控制指数 | |
|---|---|---|---|---|---|---|---|---|---|
| | | 可靠性 | 相关性 | 信息披露 | 独立性 | 审计质量 | 保障功能 | 成本控制与创新 | 核心竞争力 |
| 600160 | 巨化股份 | 53.57 | 49.50 | 61.15 | 89.60 | 44.27 | 60.30 | 22.84 | 8.95 |
| 600161 | 天坛生物 | 61.29 | 50.44 | 64.85 | 85.13 | 44.05 | 51.30 | 35.57 | 53.24 |
| 600162 | 香江控股 | 57.97 | 51.90 | 64.85 | 59.93 | 54.44 | 53.89 | 57.38 | 66.64 |
| 600163 | *ST 南纸 | 44.70 | 50.36 | 57.46 | 85.21 | 40.34 | 47.58 | 54.26 | 24.01 |
| 600165 | 新日恒力 | 62.13 | 51.90 | 53.77 | 64.12 | 44.51 | 34.44 | 29.70 | 28.80 |
| 600166 | 福田汽车 | 58.37 | 50.29 | 64.85 | 91.57 | 44.83 | 52.46 | 17.00 | 48.17 |
| 600167 | 联美控股 | 47.73 | 50.36 | 59.31 | 92.38 | 38.88 | 46.44 | 55.35 | 31.82 |
| 600168 | 武汉控股 | 54.92 | 54.01 | 55.62 | 84.52 | 41.16 | 41.58 | 73.35 | 49.05 |
| 600169 | 太原重工 | 55.45 | 85.80 | 59.31 | 82.41 | 43.98 | 35.99 | 67.79 | 36.56 |
| 600170 | 上海建工 | 51.86 | 51.24 | 61.15 | 71.42 | 46.17 | 56.53 | 53.27 | 68.30 |
| 600171 | 上海贝岭 | 55.01 | 85.80 | 61.15 | 88.56 | 43.86 | 57.17 | 65.08 | 14.98 |
| 600172 | 黄河旋风 | 58.48 | 49.69 | 66.69 | 71.50 | 53.94 | 44.10 | 75.31 | 45.30 |
| 600173 | 卧龙地产 | 57.61 | 50.80 | 66.69 | 59.95 | 43.90 | 60.21 | 65.58 | 53.75 |
| 600175 | 美都能源 | 53.46 | 48.42 | 63.00 | 85.13 | 39.28 | 60.21 | 24.15 | 57.48 |
| 600176 | 中国巨石 | 56.53 | 49.25 | 55.62 | 92.56 | 44.32 | 59.75 | 70.50 | 49.75 |
| 600177 | 雅戈尔 | 47.12 | 50.88 | 63.00 | 91.56 | 46.18 | 60.21 | 44.54 | 61.57 |
| 600178 | 东安动力 | 43.73 | 50.81 | 59.31 | 59.99 | 38.96 | 35.19 | 73.70 | 26.01 |
| 600179 | 黑化股份 | 47.73 | 49.69 | 50.08 | 84.50 | 45.05 | 35.30 | 22.32 | 0.61 |
| 600180 | 瑞茂通 | 26.80 | 65.20 | 59.31 | 71.35 | 54.36 | 47.99 | 36.95 | 71.63 |
| 600182 | S 佳通 | 63.94 | 51.13 | 51.92 | 63.68 | 39.42 | 35.36 | 30.27 | 39.70 |
| 600183 | 生益科技 | 60.53 | 48.84 | 61.15 | 63.79 | 38.95 | 53.71 | 58.79 | 35.04 |
| 600184 | 光电股份 | 54.78 | 50.59 | 63.00 | 83.81 | 38.93 | 41.79 | 70.68 | 31.45 |
| 600185 | 格力地产 | 57.52 | 47.59 | 55.62 | 75.36 | 53.90 | 54.52 | 43.95 | 51.37 |
| 600186 | 莲花味精 | 38.09 | 50.72 | 61.15 | 85.13 | 40.40 | 43.49 | 30.48 | 30.75 |
| 600187 | 国中水务 | 62.53 | 34.97 | 59.31 | 63.71 | 41.51 | 35.04 | 42.56 | 56.09 |
| 600188 | 兖州煤业 | 55.61 | 50.66 | 66.69 | 67.69 | 48.36 | 47.54 | 60.41 | 25.60 |
| 600189 | 吉林森工 | 57.21 | 50.87 | 59.31 | 80.81 | 60.59 | 39.94 | 43.95 | 8.24 |

续表

| 证券代码 | 证券简称 | 会计信息指数 | | | 外部审计指数 | | | 管理控制指数 | |
|---|---|---|---|---|---|---|---|---|---|
| | | 可靠性 | 相关性 | 信息披露 | 独立性 | 审计质量 | 保障功能 | 成本控制与创新 | 核心竞争力 |
| 600190 | 锦州港 | 58.35 | 50.53 | 57.46 | 67.66 | 39.42 | 46.99 | 52.56 | 22.45 |
| 600191 | 华资实业 | 55.43 | 49.69 | 61.15 | 67.71 | 39.28 | 35.75 | 62.86 | 25.15 |
| 600192 | 长城电工 | 59.98 | 52.18 | 53.77 | 75.43 | 38.98 | 30.70 | 48.78 | 35.52 |
| 600193 | 创兴资源 | 47.35 | 50.58 | 61.15 | 83.95 | 43.80 | 56.08 | 25.64 | 30.01 |
| 600195 | 中牧股份 | 60.93 | 50.64 | 61.15 | 89.63 | 39.03 | 51.53 | 45.47 | 42.46 |
| 600196 | 复星医药 | 60.43 | 36.35 | 59.31 | 89.56 | 54.73 | 56.08 | 58.16 | 63.22 |
| 600197 | 伊力特 | 51.31 | 20.80 | 55.62 | 63.59 | 44.51 | 30.51 | 45.70 | 53.21 |
| 600198 | 大唐电信 | 46.35 | 76.89 | 59.31 | 60.04 | 44.07 | 51.76 | 59.94 | 45.27 |
| 600199 | 金种子酒 | 51.22 | 52.10 | 55.62 | 90.59 | 39.30 | 43.14 | 1.99 | 60.36 |
| 600200 | 江苏吴中 | 57.21 | 24.26 | 61.15 | 77.37 | 47.05 | 59.07 | 34.71 | 73.37 |
| 600201 | 金宇集团 | 46.43 | 50.01 | 61.15 | 73.10 | 43.94 | 36.00 | 68.87 | 59.33 |
| 600202 | 哈空调 | 58.11 | 51.48 | 59.31 | 89.58 | 38.93 | 35.07 | 79.12 | 11.72 |
| 600203 | 福日电子 | 57.98 | 45.67 | 61.15 | 73.28 | 39.36 | 47.58 | 56.04 | 44.01 |
| 600206 | 有研新材 | 63.03 | 49.46 | 57.46 | 83.71 | 44.22 | 51.76 | 58.56 | 4.59 |
| 600207 | 安彩高科 | 58.82 | 49.97 | 59.31 | 67.61 | 41.36 | 43.49 | 42.10 | 39.60 |
| 600208 | 新湖中宝 | 56.37 | 52.36 | 59.31 | 63.67 | 44.53 | 60.30 | 61.26 | 76.47 |
| 600209 | 罗顿发展 | 68.37 | 50.51 | 66.69 | 63.62 | 45.43 | 36.66 | 64.66 | 40.19 |
| 600210 | 紫江企业 | 54.05 | 51.25 | 55.62 | 83.78 | 45.50 | 56.53 | 13.77 | 18.08 |
| 600211 | 西藏药业 | 47.42 | 55.07 | 59.31 | 63.63 | 39.01 | 9.96 | 49.60 | 43.55 |
| 600212 | 江泉实业 | 43.07 | 51.87 | 61.15 | 71.44 | 34.70 | 47.65 | 3.79 | 64.54 |
| 600213 | 亚星客车 | 59.75 | 50.92 | 59.31 | 85.15 | 33.88 | 59.07 | 43.74 | 27.85 |
| 600215 | 长春经开 | 57.41 | 57.31 | 57.46 | 59.91 | 54.05 | 39.94 | 63.87 | 40.14 |
| 600216 | 浙江医药 | 57.97 | 51.52 | 70.38 | 83.80 | 44.37 | 60.30 | 26.51 | 42.56 |
| 600217 | *ST 秦岭 | 63.00 | 51.72 | 57.46 | 87.58 | 43.98 | 33.17 | 36.62 | 27.59 |
| 600218 | 全柴动力 | 58.41 | 85.80 | 61.15 | 83.81 | 38.97 | 43.14 | 50.65 | 30.89 |
| 600219 | 南山铝业 | 58.96 | 49.47 | 63.00 | 72.12 | 35.47 | 47.65 | 33.98 | 41.46 |
| 600220 | 江苏阳光 | 62.57 | 51.58 | 55.62 | 60.05 | 44.90 | 59.07 | 46.07 | 31.49 |

续表

| 证券代码 | 证券简称 | 会计信息指数 | | | 外部审计指数 | | | 管理控制指数 | |
|---|---|---|---|---|---|---|---|---|---|
| | | 可靠性 | 相关性 | 信息披露 | 独立性 | 审计质量 | 保障功能 | 成本控制与创新 | 核心竞争力 |
| 600221 | 海南航空 | 57.19 | 53.17 | 61.15 | 75.34 | 59.90 | 36.29 | 60.72 | 48.55 |
| 600222 | 太龙药业 | 59.68 | 85.80 | 55.62 | 87.46 | 39.02 | 43.34 | 49.82 | 33.73 |
| 600223 | 鲁商置业 | 57.08 | 51.30 | 59.31 | 90.59 | 44.04 | 48.28 | 49.47 | 58.89 |
| 600225 | 天津松江 | 48.18 | 49.69 | 61.15 | 63.61 | 54.07 | 50.18 | 56.42 | 39.27 |
| 600226 | 升华拜克 | 51.69 | 49.69 | 64.85 | 86.26 | 44.01 | 60.30 | 49.36 | 30.88 |
| 600227 | 赤天化 | 52.77 | 51.42 | 66.69 | 60.00 | 43.90 | 32.89 | 43.11 | 27.04 |
| 600228 | 昌九生化 | 35.17 | 51.51 | 61.15 | 60.08 | 43.90 | 42.40 | 73.46 | 21.48 |
| 600229 | 青岛碱业 | 39.83 | 49.96 | 57.46 | 71.48 | 33.93 | 47.65 | 39.03 | 37.44 |
| 600230 | 沧州大化 | 53.69 | 50.81 | 57.46 | 71.35 | 53.91 | 40.73 | 34.61 | 27.59 |
| 600231 | 凌钢股份 | 58.76 | 50.80 | 59.31 | 88.60 | 39.93 | 46.99 | 27.04 | 15.02 |
| 600232 | 金鹰股份 | 54.36 | 49.69 | 55.62 | 67.59 | 45.24 | 60.30 | 59.51 | 32.23 |
| 600233 | 大杨创世 | 62.20 | 51.42 | 61.15 | 64.10 | 44.63 | 47.60 | 52.16 | 33.90 |
| 600234 | 山水文化 | 5.95 | 51.00 | 57.46 | 67.91 | 38.87 | 34.84 | 33.26 | 60.01 |
| 600235 | 民丰特纸 | 59.62 | 52.49 | 64.85 | 86.28 | 44.82 | 60.30 | 57.51 | 6.82 |
| 600236 | 桂冠电力 | 58.03 | 50.74 | 59.31 | 70.56 | 44.45 | 35.10 | 76.95 | 76.73 |
| 600237 | 铜峰电子 | 50.54 | 50.70 | 44.54 | 86.34 | 38.91 | 43.14 | 33.14 | 23.89 |
| 600238 | 海南椰岛 | 47.61 | 47.60 | 64.85 | 73.12 | 38.92 | 36.11 | 37.82 | 53.24 |
| 600239 | 云南城投 | 50.62 | 48.44 | 57.46 | 84.57 | 44.14 | 35.44 | 63.92 | 32.16 |
| 600240 | 华业地产 | 48.04 | 49.83 | 63.00 | 63.63 | 43.90 | 52.12 | 7.17 | 64.07 |
| 600241 | 时代万恒 | 63.03 | 50.77 | 59.31 | 64.12 | 54.05 | 47.25 | 21.15 | 39.28 |
| 600242 | *ST 中昌 | 26.31 | 49.69 | 61.15 | 83.79 | 39.42 | 53.71 | 18.94 | 26.32 |
| 600243 | 青海华鼎 | 57.04 | 48.22 | 59.31 | 59.98 | 43.95 | 22.78 | 80.44 | 34.17 |
| 600246 | 万通地产 | 51.77 | 49.69 | 59.31 | 64.10 | 54.40 | 51.48 | 30.35 | 41.83 |
| 600247 | *ST 成城 | 0.00 | 50.71 | 53.77 | 84.64 | 39.13 | 39.34 | 10.06 | 44.39 |
| 600248 | 延长化建 | 60.77 | 52.22 | 59.31 | 63.63 | 38.82 | 33.63 | 64.33 | 35.67 |
| 600249 | 两面针 | 54.92 | 49.20 | 68.54 | 71.34 | 53.93 | 35.91 | 40.98 | 26.87 |
| 600250 | 南纺股份 | 47.15 | 49.69 | 55.62 | 63.63 | 44.44 | 59.71 | 53.01 | 40.36 |

续表

| 证券代码 | 证券简称 | 会计信息指数 | | | 外部审计指数 | | | 管理控制指数 | |
|---|---|---|---|---|---|---|---|---|---|
| | | 可靠性 | 相关性 | 信息披露 | 独立性 | 审计质量 | 保障功能 | 成本控制与创新 | 核心竞争力 |
| 600251 | 冠农股份 | 37.50 | 52.67 | 63.00 | 86.34 | 39.76 | 31.44 | 47.24 | 2.84 |
| 600252 | 中恒集团 | 58.00 | 50.90 | 57.46 | 77.44 | 38.85 | 35.33 | 69.26 | 62.46 |
| 600255 | 鑫科材料 | 55.79 | 50.29 | 61.15 | 88.55 | 39.17 | 43.14 | 63.73 | 33.31 |
| 600256 | 广汇能源 | 44.73 | 52.09 | 63.00 | 59.97 | 44.94 | 31.32 | 51.75 | 20.53 |
| 600257 | 大湖股份 | 46.39 | 50.70 | 57.46 | 63.62 | 48.96 | 41.54 | 71.30 | 75.38 |
| 600258 | 首旅酒店 | 59.20 | 49.69 | 63.00 | 83.79 | 45.53 | 52.46 | 35.19 | 81.55 |
| 600259 | 广晟有色 | 64.36 | 49.31 | 64.85 | 60.09 | 39.86 | 36.11 | 65.34 | 33.15 |
| 600260 | 凯乐科技 | 52.76 | 50.95 | 59.31 | 63.66 | 40.94 | 41.79 | 45.30 | 79.08 |
| 600261 | 阳光照明 | 57.12 | 51.29 | 66.69 | 64.18 | 38.93 | 60.21 | 62.61 | 39.38 |
| 600262 | 北方股份 | 61.66 | 48.89 | 57.46 | 67.67 | 39.00 | 35.75 | 66.52 | 38.75 |
| 600265 | ST 景谷 | 48.78 | 50.70 | 63.00 | 67.85 | 52.53 | 34.97 | 23.18 | 19.87 |
| 600266 | 北京城建 | 43.82 | 51.31 | 64.85 | 84.57 | 44.04 | 52.12 | 50.11 | 77.09 |
| 600267 | 海正药业 | 58.66 | 47.32 | 64.85 | 63.70 | 44.26 | 60.30 | 63.95 | 50.97 |
| 600268 | 国电南自 | 57.13 | 50.41 | 59.31 | 77.39 | 44.01 | 59.07 | 31.30 | 38.90 |
| 600269 | 赣粤高速 | 49.51 | 50.54 | 70.38 | 71.34 | 45.35 | 42.68 | 63.00 | 67.45 |
| 600270 | 外运发展 | 29.02 | 50.25 | 57.46 | 59.96 | 55.24 | 51.49 | 42.41 | 51.39 |
| 600271 | 航天信息 | 48.27 | 56.04 | 63.00 | 75.41 | 44.62 | 51.65 | 50.17 | 54.04 |
| 600272 | 开开实业 | 63.99 | 47.20 | 64.85 | 84.06 | 44.26 | 56.53 | 42.87 | 22.91 |
| 600273 | 嘉化能源 | 29.83 | 50.86 | 61.15 | 84.52 | 44.09 | 60.21 | 69.35 | 37.95 |
| 600275 | 武昌鱼 | 57.53 | 49.69 | 57.46 | 85.73 | 38.97 | 41.79 | 58.04 | 0.01 |
| 600276 | 恒瑞医药 | 68.90 | 58.73 | 61.15 | 85.19 | 39.04 | 59.07 | 63.35 | 66.54 |
| 600277 | 亿利能源 | 51.73 | 61.44 | 63.00 | 63.68 | 44.24 | 36.69 | 33.38 | 38.49 |
| 600278 | 东方创业 | 56.68 | 49.98 | 61.15 | 77.36 | 44.28 | 56.53 | 41.51 | 54.25 |
| 600279 | 重庆港九 | 52.47 | 48.93 | 55.62 | 67.60 | 44.18 | 44.28 | 45.97 | 45.58 |
| 600280 | 中央商场 | 36.54 | 49.69 | 55.62 | 84.59 | 44.24 | 59.71 | 40.18 | 56.26 |
| 600281 | 太化股份 | 47.41 | 50.85 | 59.31 | 77.30 | 45.32 | 35.99 | 62.51 | 29.72 |
| 600282 | 南钢股份 | 54.85 | 50.43 | 61.15 | 63.67 | 40.13 | 59.42 | 62.32 | 56.00 |

续表

| 证券代码 | 证券简称 | 会计信息指数 | | | 外部审计指数 | | | 管理控制指数 | |
|---|---|---|---|---|---|---|---|---|---|
| | | 可靠性 | 相关性 | 信息披露 | 独立性 | 审计质量 | 保障功能 | 成本控制与创新 | 核心竞争力 |
| 600283 | 钱江水利 | 54.21 | 51.76 | 46.38 | 63.57 | 46.16 | 60.30 | 50.60 | 25.04 |
| 600284 | 浦东建设 | 59.45 | 50.63 | 64.85 | 63.64 | 38.82 | 57.69 | 59.67 | 35.29 |
| 600285 | 羚锐制药 | 60.08 | 44.02 | 63.00 | 59.98 | 43.97 | 44.11 | 54.97 | 58.16 |
| 600287 | 江苏舜天 | 60.38 | 51.04 | 61.15 | 92.39 | 39.72 | 59.42 | 59.66 | 51.88 |
| 600288 | 大恒科技 | 46.83 | 43.33 | 57.46 | 63.66 | 38.92 | 51.35 | 69.81 | 27.13 |
| 600289 | 亿阳信通 | 56.77 | 54.48 | 57.46 | 70.56 | 44.37 | 35.99 | 69.05 | 62.38 |
| 600290 | 华仪电气 | 54.41 | 53.13 | 63.00 | 73.11 | 44.03 | 60.30 | 60.07 | 39.60 |
| 600291 | 西水股份 | 55.38 | 52.78 | 61.15 | 68.07 | 34.31 | 36.00 | 49.66 | 69.18 |
| 600292 | 中电远达 | 59.37 | 51.24 | 57.46 | 84.56 | 45.55 | 44.83 | 31.59 | 71.55 |
| 600293 | 三峡新材 | 56.67 | 49.69 | 63.00 | 71.46 | 39.07 | 41.58 | 73.09 | 24.56 |
| 600295 | 鄂尔多斯 | 55.21 | 50.99 | 57.46 | 63.59 | 45.33 | 36.00 | 46.07 | 52.56 |
| 600297 | 美罗药业 | 65.17 | 44.13 | 57.46 | 59.93 | 43.96 | 47.26 | 64.36 | 33.19 |
| 600298 | 安琪酵母 | 56.16 | 45.60 | 61.15 | 86.35 | 45.08 | 42.68 | 60.24 | 44.27 |
| 600299 | 蓝星新材 | 38.70 | 50.81 | 48.23 | 70.52 | 54.86 | 51.48 | 58.88 | 7.72 |
| 600300 | 维维股份 | 59.38 | 49.38 | 59.31 | 79.14 | 46.56 | 59.07 | 72.81 | 30.24 |
| 600301 | *ST 南化 | 46.05 | 50.84 | 50.08 | 83.73 | 53.84 | 35.91 | 73.81 | 0.01 |
| 600302 | 标准股份 | 58.09 | 50.68 | 59.31 | 64.15 | 38.98 | 33.63 | 12.19 | 27.56 |
| 600303 | 曙光股份 | 59.60 | 50.62 | 55.62 | 73.12 | 44.28 | 46.79 | 53.36 | 24.84 |
| 600305 | 恒顺醋业 | 51.15 | 53.42 | 61.15 | 83.75 | 40.29 | 59.42 | 73.59 | 45.33 |
| 600306 | 商业城 | 49.17 | 50.92 | 57.46 | 59.93 | 44.05 | 47.26 | 48.38 | 28.06 |
| 600307 | 酒钢宏兴 | 49.56 | 50.83 | 55.62 | 63.59 | 54.93 | 30.70 | 52.64 | 53.23 |
| 600308 | 华泰股份 | 49.12 | 60.43 | 61.15 | 75.38 | 55.48 | 47.99 | 44.28 | 25.10 |
| 600309 | 万华化学 | 58.17 | 52.07 | 59.31 | 77.36 | 54.52 | 47.37 | 54.40 | 64.46 |
| 600310 | 桂东电力 | 57.05 | 50.79 | 64.85 | 88.53 | 43.88 | 36.20 | 6.82 | 45.02 |
| 600311 | 荣华实业 | 65.09 | 50.71 | 57.46 | 87.52 | 54.70 | 30.70 | 20.58 | 30.01 |
| 600312 | 平高电气 | 47.99 | 50.99 | 59.31 | 73.14 | 53.90 | 44.10 | 70.42 | 34.38 |
| 600313 | 农发种业 | 58.81 | 50.67 | 59.31 | 71.32 | 39.15 | 51.53 | 46.06 | 40.94 |

续表

| 证券代码 | 证券简称 | 会计信息指数 | | | 外部审计指数 | | | 管理控制指数 | |
|---|---|---|---|---|---|---|---|---|---|
| | | 可靠性 | 相关性 | 信息披露 | 独立性 | 审计质量 | 保障功能 | 成本控制与创新 | 核心竞争力 |
| 600315 | 上海家化 | 44.20 | 51.76 | 61.15 | 71.35 | 54.47 | 56.25 | 59.59 | 63.93 |
| 600316 | 洪都航空 | 39.20 | 40.16 | 61.15 | 59.91 | 54.24 | 41.76 | 62.92 | 1.87 |
| 600317 | 营口港 | 59.92 | 51.03 | 63.00 | 64.23 | 39.92 | 46.99 | 54.88 | 44.65 |
| 600318 | 巢东股份 | 60.24 | 77.69 | 64.85 | 75.45 | 39.15 | 43.14 | 59.55 | 44.35 |
| 600319 | 亚星化学 | 42.57 | 50.70 | 59.31 | 63.61 | 53.86 | 47.99 | 76.33 | 19.78 |
| 600320 | 振华重工 | 55.27 | 20.80 | 61.15 | 85.04 | 55.67 | 56.25 | 72.65 | 54.19 |
| 600321 | 国栋建设 | 59.64 | 51.18 | 64.85 | 87.48 | 47.32 | 41.74 | 73.16 | 20.18 |
| 600322 | 天房发展 | 51.58 | 50.92 | 63.00 | 79.31 | 38.93 | 49.38 | 62.53 | 39.28 |
| 600323 | 瀚蓝环境 | 58.08 | 52.53 | 53.77 | 63.76 | 43.59 | 53.71 | 62.08 | 44.70 |
| 600325 | 华发股份 | 50.31 | 50.76 | 61.15 | 60.01 | 44.17 | 54.53 | 26.60 | 58.36 |
| 600326 | 西藏天路 | 56.25 | 50.71 | 66.69 | 77.32 | 38.82 | 9.98 | 36.51 | 42.19 |
| 600327 | 大东方 | 56.65 | 50.72 | 55.62 | 83.85 | 39.06 | 58.87 | 33.90 | 57.94 |
| 600328 | 兰太实业 | 58.98 | 51.29 | 61.15 | 64.17 | 43.98 | 36.00 | 52.21 | 30.86 |
| 600329 | 中新药业 | 63.33 | 54.99 | 63.00 | 71.29 | 54.63 | 50.18 | 61.87 | 50.34 |
| 600330 | 天通股份 | 54.00 | 37.94 | 61.15 | 86.31 | 43.94 | 60.30 | 45.81 | 22.70 |
| 600331 | 宏达股份 | 47.01 | 50.65 | 70.38 | 63.61 | 44.35 | 41.74 | 35.54 | 27.59 |
| 600332 | 白云山 | 57.27 | 53.43 | 61.15 | 71.39 | 44.54 | 54.17 | 57.68 | 61.39 |
| 600333 | 长春燃气 | 55.37 | 53.60 | 55.62 | 84.52 | 45.58 | 39.48 | 35.68 | 36.16 |
| 600335 | 国机汽车 | 42.02 | 48.63 | 59.31 | 84.60 | 44.92 | 49.93 | 49.98 | 68.37 |
| 600336 | 澳柯玛 | 58.24 | 50.79 | 59.31 | 71.33 | 39.09 | 47.99 | 48.60 | 28.70 |
| 600337 | 美克家居 | 63.31 | 53.97 | 61.15 | 63.66 | 44.02 | 31.44 | 43.86 | 55.91 |
| 600338 | 西藏珠峰 | 65.60 | 51.04 | 64.85 | 84.84 | 39.06 | 11.36 | 72.89 | 26.59 |
| 600339 | 天利高新 | 55.40 | 50.73 | 57.46 | 85.11 | 38.88 | 31.44 | 30.51 | 9.48 |
| 600340 | 华夏幸福 | 52.04 | 51.02 | 66.69 | 63.71 | 39.10 | 40.27 | 52.32 | 81.77 |
| 600343 | 航天动力 | 64.98 | 50.74 | 63.00 | 71.37 | 38.93 | 32.83 | 33.89 | 22.59 |
| 600345 | 长江通信 | 52.56 | 50.62 | 63.00 | 79.16 | 38.89 | 41.58 | 57.90 | 25.50 |
| 600346 | 大橡塑 | 58.49 | 50.99 | 57.46 | 59.97 | 43.98 | 47.26 | 37.66 | 32.48 |

续表

| 证券代码 | 证券简称 | 会计信息指数 | | | 外部审计指数 | | | 管理控制指数 | |
|---|---|---|---|---|---|---|---|---|---|
| | | 可靠性 | 相关性 | 信息披露 | 独立性 | 审计质量 | 保障功能 | 成本控制与创新 | 核心竞争力 |
| 600348 | 阳泉煤业 | 51.79 | 51.47 | 57.46 | 71.32 | 45.68 | 35.19 | 37.35 | 8.52 |
| 600350 | 山东高速 | 24.05 | 53.50 | 64.85 | 64.13 | 55.76 | 47.37 | 42.23 | 88.54 |
| 600351 | 亚宝药业 | 60.72 | 51.02 | 55.62 | 84.59 | 38.94 | 35.77 | 58.42 | 59.86 |
| 600352 | 浙江龙盛 | 53.50 | 50.45 | 63.00 | 67.68 | 44.38 | 60.30 | 61.97 | 58.23 |
| 600353 | 旭光股份 | 50.64 | 39.87 | 57.46 | 86.35 | 38.84 | 41.39 | 65.97 | 6.77 |
| 600354 | 敦煌种业 | 49.40 | 50.80 | 59.31 | 63.59 | 58.13 | 30.70 | 28.70 | 81.57 |
| 600355 | 精伦电子 | 61.55 | 50.50 | 63.00 | 73.20 | 38.86 | 41.58 | 90.08 | 23.03 |
| 600356 | 恒丰纸业 | 58.03 | 50.03 | 57.46 | 71.34 | 54.49 | 35.65 | 80.61 | 39.12 |
| 600358 | 国旅联合 | 65.83 | 50.66 | 53.77 | 84.57 | 44.36 | 59.71 | 20.98 | 55.68 |
| 600359 | 新农开发 | 61.55 | 50.02 | 59.31 | 86.27 | 47.15 | 30.85 | 29.68 | 65.18 |
| 600360 | 华微电子 | 57.32 | 53.19 | 59.31 | 63.70 | 38.86 | 40.74 | 72.72 | 37.90 |
| 600361 | 华联综超 | 51.66 | 51.27 | 61.15 | 67.66 | 44.65 | 52.46 | 39.52 | 42.61 |
| 600362 | 江西铜业 | 48.94 | 51.78 | 59.31 | 86.36 | 59.96 | 41.77 | 61.71 | 67.55 |
| 600363 | 联创光电 | 53.38 | 55.18 | 55.62 | 71.40 | 38.88 | 42.52 | 63.06 | 29.53 |
| 600365 | 通葡股份 | 51.16 | 44.41 | 53.77 | 67.74 | 39.37 | 39.34 | 44.04 | 32.14 |
| 600366 | 宁波韵升 | 32.08 | 50.11 | 55.62 | 79.24 | 38.91 | 60.56 | 70.00 | 12.38 |
| 600367 | 红星发展 | 52.01 | 48.22 | 63.00 | 71.31 | 38.91 | 33.24 | 68.00 | 33.69 |
| 600368 | 五洲交通 | 0.00 | 51.28 | 61.15 | 80.80 | 54.56 | 35.91 | 32.26 | 56.14 |
| 600369 | 西南证券 | 57.87 | 49.84 | 59.31 | 73.05 | 45.30 | 44.28 | 53.34 | 58.01 |
| 600370 | 三房巷 | 59.98 | 47.40 | 55.62 | 67.70 | 39.74 | 58.87 | 48.14 | 14.50 |
| 600371 | 万向德农 | 51.11 | 50.73 | 63.00 | 80.91 | 41.42 | 34.84 | 85.43 | 57.46 |
| 600372 | 中航电子 | 41.20 | 61.72 | 57.46 | 71.48 | 44.89 | 52.46 | 76.37 | 38.44 |
| 600373 | 中文传媒 | 50.77 | 50.64 | 68.54 | 85.26 | 46.96 | 41.93 | 34.69 | 67.95 |
| 600375 | 华菱星马 | 49.51 | 50.83 | 59.31 | 63.78 | 39.83 | 43.14 | 33.46 | 10.47 |
| 600376 | 首开股份 | 48.30 | 50.51 | 63.00 | 86.39 | 44.68 | 52.46 | 61.91 | 87.23 |
| 600377 | 宁沪高速 | 26.57 | 51.39 | 61.15 | 87.44 | 57.50 | 58.80 | 37.95 | 80.67 |
| 600378 | 天科股份 | 57.17 | 83.72 | 55.62 | 63.56 | 43.85 | 41.19 | 47.56 | 40.35 |

续表

| 证券代码 | 证券简称 | 会计信息指数 | | | 外部审计指数 | | | 管理控制指数 | |
|---|---|---|---|---|---|---|---|---|---|
| | | 可靠性 | 相关性 | 信息披露 | 独立性 | 审计质量 | 保障功能 | 成本控制与创新 | 核心竞争力 |
| 600379 | 宝光股份 | 71.89 | 20.80 | 59.31 | 67.65 | 43.86 | 33.17 | 65.57 | 13.25 |
| 600380 | 健康元 | 58.75 | 58.49 | 55.62 | 71.40 | 54.10 | 54.52 | 64.94 | 58.35 |
| 600381 | 贤成矿业 | 50.44 | 50.87 | 57.46 | 71.48 | 54.76 | 23.12 | 74.79 | 26.16 |
| 600382 | 广东明珠 | 29.73 | 50.71 | 63.00 | 70.60 | 39.28 | 53.71 | 52.96 | 0.07 |
| 600383 | 金地集团 | 56.84 | 51.38 | 70.38 | 85.08 | 55.06 | 53.89 | 69.62 | 84.09 |
| 600385 | 山东金泰 | 66.92 | 49.38 | 46.38 | 64.41 | 33.83 | 47.65 | 54.28 | 31.22 |
| 600386 | 北巴传媒 | 63.30 | 57.79 | 55.62 | 67.60 | 44.19 | 52.46 | 75.31 | 41.26 |
| 600387 | 海越股份 | 51.52 | 48.18 | 55.62 | 86.33 | 44.32 | 60.30 | 33.85 | 40.83 |
| 600388 | 龙净环保 | 58.46 | 85.80 | 53.77 | 63.65 | 44.87 | 48.73 | 59.36 | 39.10 |
| 600389 | 江山股份 | 54.74 | 50.83 | 61.15 | 83.74 | 53.98 | 59.42 | 37.87 | 37.85 |
| 600390 | 金瑞科技 | 60.01 | 49.88 | 59.31 | 63.60 | 44.20 | 40.45 | 64.59 | 21.97 |
| 600391 | 成发科技 | 39.26 | 20.80 | 61.15 | 71.46 | 39.15 | 41.19 | 52.80 | 30.34 |
| 600392 | 盛和资源 | 38.51 | 49.36 | 63.00 | 71.27 | 53.98 | 35.65 | 40.69 | 26.52 |
| 600393 | 东华实业 | 57.05 | 51.65 | 64.85 | 63.57 | 43.95 | 54.17 | 65.19 | 48.97 |
| 600395 | 盘江股份 | 59.01 | 85.80 | 61.15 | 59.91 | 44.72 | 32.89 | 51.18 | 19.85 |
| 600396 | 金山股份 | 58.42 | 51.09 | 55.62 | 63.58 | 54.12 | 47.25 | 69.14 | 42.57 |
| 600397 | 安源煤业 | 53.58 | 49.81 | 57.46 | 59.96 | 39.42 | 43.19 | 44.69 | 19.89 |
| 600398 | 海澜之家 | 62.60 | 50.74 | 61.15 | 86.47 | 41.67 | 59.42 | 45.19 | 56.40 |
| 600399 | 抚顺特钢 | 60.21 | 42.68 | 57.46 | 82.40 | 39.28 | 46.65 | 41.37 | 33.56 |
| 600400 | 红豆股份 | 45.89 | 53.36 | 57.46 | 73.22 | 39.97 | 58.87 | 69.86 | 34.30 |
| 600401 | *ST 海润 | 42.05 | 51.05 | 57.46 | 60.03 | 44.30 | 59.07 | 35.58 | 8.20 |
| 600403 | 大有能源 | 12.80 | 50.69 | 55.62 | 63.73 | 40.21 | 43.49 | 38.85 | 13.68 |
| 600405 | 动力源 | 60.35 | 54.91 | 57.46 | 71.30 | 53.92 | 52.11 | 65.71 | 47.45 |
| 600406 | 国电南瑞 | 58.87 | 45.15 | 64.85 | 71.44 | 54.14 | 59.42 | 42.67 | 63.25 |
| 600408 | *ST 安泰 | 41.40 | 49.69 | 63.00 | 67.57 | 44.73 | 35.30 | 24.27 | 31.40 |
| 600409 | 三友化工 | 37.45 | 46.21 | 63.00 | 85.33 | 39.09 | 39.92 | 46.06 | 38.89 |
| 600410 | 华胜天成 | 53.01 | 48.34 | 70.38 | 85.14 | 44.68 | 52.46 | 46.54 | 45.84 |

续表

| 证券代码 | 证券简称 | 会计信息指数 | | | 外部审计指数 | | | 管理控制指数 | |
|---|---|---|---|---|---|---|---|---|---|
| | | 可靠性 | 相关性 | 信息披露 | 独立性 | 审计质量 | 保障功能 | 成本控制与创新 | 核心竞争力 |
| 600415 | 小商品城 | 54.72 | 52.23 | 63.00 | 80.77 | 56.66 | 59.75 | 30.04 | 63.21 |
| 600416 | 湘电股份 | 58.93 | 85.80 | 64.85 | 71.41 | 54.00 | 41.25 | 69.02 | 39.78 |
| 600418 | 江淮汽车 | 52.10 | 50.84 | 63.00 | 70.72 | 39.46 | 43.14 | 48.60 | 36.11 |
| 600419 | 天润乳业 | 49.25 | 50.32 | 63.00 | 71.54 | 39.67 | 31.31 | 62.30 | 30.40 |
| 600420 | 现代制药 | 61.79 | 53.00 | 61.15 | 77.38 | 44.02 | 56.08 | 53.51 | 55.71 |
| 600421 | 仰帆控股 | 62.79 | 51.55 | 53.77 | 69.26 | 43.92 | 42.04 | 39.85 | 47.15 |
| 600422 | 昆药集团 | 62.05 | 50.45 | 55.62 | 67.65 | 39.02 | 34.85 | 50.84 | 45.41 |
| 600423 | 柳化股份 | 51.94 | 52.16 | 59.31 | 67.65 | 43.89 | 36.20 | 76.93 | 30.83 |
| 600425 | 青松建化 | 56.73 | 50.84 | 61.15 | 83.91 | 44.77 | 30.97 | 45.31 | 13.51 |
| 600426 | 华鲁恒升 | 54.85 | 50.43 | 59.31 | 71.54 | 33.95 | 47.65 | 61.04 | 42.29 |
| 600428 | 中远航运 | 51.47 | 49.69 | 61.15 | 71.31 | 55.65 | 54.52 | 40.42 | 39.43 |
| 600429 | 三元股份 | 58.14 | 50.77 | 63.00 | 59.96 | 55.60 | 52.11 | 61.35 | 35.79 |
| 600432 | 吉恩镍业 | 54.55 | 51.02 | 57.46 | 59.99 | 44.41 | 39.95 | 39.04 | 25.94 |
| 600433 | 冠豪高新 | 64.77 | 48.62 | 59.31 | 83.75 | 45.04 | 54.17 | 38.36 | 40.54 |
| 600435 | 北方导航 | 62.73 | 49.19 | 61.15 | 71.38 | 53.91 | 52.11 | 65.56 | 35.84 |
| 600436 | 片仔癀 | 66.06 | 20.80 | 64.85 | 88.59 | 43.94 | 48.73 | 39.36 | 58.42 |
| 600438 | 通威股份 | 53.65 | 49.69 | 63.00 | 83.98 | 40.24 | 41.39 | 43.07 | 44.61 |
| 600439 | 瑞贝卡 | 53.07 | 47.78 | 57.46 | 86.44 | 43.04 | 43.29 | 62.53 | 42.53 |
| 600444 | *ST 国通 | 38.00 | 51.97 | 63.00 | 86.38 | 44.13 | 43.41 | 36.84 | 23.18 |
| 600446 | 金证股份 | 73.04 | 53.90 | 59.31 | 59.96 | 44.17 | 54.53 | 73.53 | 38.78 |
| 600448 | 华纺股份 | 62.04 | 48.02 | 53.77 | 71.39 | 54.57 | 47.99 | 41.57 | 18.26 |
| 600449 | 宁夏建材 | 59.50 | 51.76 | 51.92 | 83.92 | 44.22 | 34.44 | 26.84 | 45.17 |
| 600452 | 涪陵电力 | 66.99 | 49.08 | 57.46 | 71.38 | 53.89 | 44.53 | 66.45 | 33.88 |
| 600455 | 博通股份 | 61.97 | 50.81 | 57.46 | 60.06 | 44.70 | 33.17 | 32.74 | 84.12 |
| 600456 | 宝钛股份 | 54.54 | 20.80 | 61.15 | 73.09 | 44.01 | 33.38 | 72.97 | 15.90 |
| 600458 | 时代新材 | 61.06 | 52.20 | 61.15 | 84.68 | 54.46 | 40.63 | 52.25 | 22.78 |
| 600459 | 贵研铂业 | 62.77 | 50.22 | 61.15 | 84.50 | 53.98 | 35.43 | 54.80 | 35.02 |

续表

| 证券代码 | 证券简称 | 会计信息指数 | | | 外部审计指数 | | | 管理控制指数 | |
|---|---|---|---|---|---|---|---|---|---|
| | | 可靠性 | 相关性 | 信息披露 | 独立性 | 审计质量 | 保障功能 | 成本控制与创新 | 核心竞争力 |
| 600460 | 士兰微 | 59.82 | 52.51 | 57.46 | 83.79 | 43.97 | 60.30 | 67.05 | 43.38 |
| 600461 | 洪城水业 | 54.69 | 49.69 | 53.77 | 71.38 | 49.05 | 42.68 | 50.99 | 48.17 |
| 600462 | 石岘纸业 | 43.00 | 44.34 | 59.31 | 73.39 | 39.71 | 39.34 | 70.83 | 29.84 |
| 600463 | 空港股份 | 49.70 | 50.74 | 63.00 | 86.27 | 38.83 | 51.35 | 32.23 | 26.68 |
| 600466 | 蓝光发展 | 71.00 | 46.20 | 61.15 | 85.40 | 44.15 | 41.74 | 57.33 | 56.84 |
| 600467 | 好当家 | 45.02 | 51.05 | 59.31 | 71.54 | 40.71 | 47.65 | 31.02 | 71.84 |
| 600468 | 百利电气 | 66.79 | 59.85 | 57.46 | 63.62 | 44.01 | 49.84 | 72.09 | 35.11 |
| 600469 | 风神股份 | 47.08 | 46.57 | 59.31 | 71.36 | 44.71 | 43.75 | 39.94 | 36.52 |
| 600470 | 六国化工 | 46.82 | 50.67 | 53.77 | 63.69 | 38.99 | 43.14 | 20.48 | 16.71 |
| 600475 | 华光股份 | 57.72 | 59.06 | 63.00 | 77.49 | 39.31 | 58.87 | 40.37 | 38.18 |
| 600476 | 湘邮科技 | 70.59 | 50.70 | 55.62 | 73.38 | 44.05 | 40.45 | 51.46 | 24.03 |
| 600477 | 杭萧钢构 | 56.63 | 56.46 | 63.00 | 60.00 | 46.28 | 60.57 | 31.17 | 29.43 |
| 600478 | 科力远 | 64.14 | 44.73 | 57.46 | 85.05 | 43.95 | 41.00 | 47.04 | 20.69 |
| 600479 | 千金药业 | 60.79 | 50.18 | 66.69 | 59.97 | 43.96 | 40.45 | 52.47 | 55.50 |
| 600480 | 凌云股份 | 58.65 | 51.10 | 59.31 | 59.96 | 54.33 | 40.73 | 64.99 | 29.03 |
| 600481 | 双良节能 | 54.14 | 46.33 | 59.31 | 63.69 | 39.13 | 59.42 | 45.78 | 33.26 |
| 600482 | 风帆股份 | 62.60 | 46.73 | 57.46 | 63.63 | 43.91 | 40.38 | 55.95 | 33.86 |
| 600483 | 福能股份 | 55.78 | 54.82 | 57.46 | 84.50 | 44.30 | 48.04 | 50.93 | 69.89 |
| 600485 | 信威集团 | 43.00 | 50.53 | 59.31 | 84.64 | 44.24 | 52.46 | 64.90 | 60.76 |
| 600486 | 扬农化工 | 39.11 | 52.62 | 61.15 | 87.50 | 39.09 | 59.07 | 48.18 | 39.51 |
| 600487 | 亨通光电 | 60.93 | 51.56 | 59.31 | 70.58 | 44.26 | 59.07 | 66.17 | 43.34 |
| 600488 | 天药股份 | 63.26 | 54.64 | 55.62 | 80.86 | 38.97 | 50.31 | 61.58 | 26.62 |
| 600489 | 中金黄金 | 59.81 | 48.35 | 57.46 | 71.37 | 58.26 | 52.11 | 64.04 | 32.98 |
| 600490 | 鹏欣资源 | 56.28 | 53.22 | 66.69 | 63.63 | 39.41 | 56.30 | 36.76 | 41.24 |
| 600491 | 龙元建设 | 54.13 | 49.74 | 61.15 | 63.60 | 44.03 | 60.21 | 45.25 | 45.99 |
| 600493 | 凤竹纺织 | 64.20 | 41.60 | 57.46 | 83.86 | 39.74 | 47.58 | 56.44 | 21.72 |
| 600495 | 晋西车轴 | 43.52 | 53.86 | 57.46 | 83.84 | 54.52 | 35.65 | 59.93 | 2.88 |

续表

| 证券代码 | 证券简称 | 会计信息指数 | | | 外部审计指数 | | | 管理控制指数 | |
|---|---|---|---|---|---|---|---|---|---|
| | | 可靠性 | 相关性 | 信息披露 | 独立性 | 审计质量 | 保障功能 | 成本控制与创新 | 核心竞争力 |
| 600496 | 精工钢构 | 58.42 | 55.93 | 61.15 | 63.63 | 48.32 | 43.05 | 42.48 | 39.23 |
| 600497 | 驰宏锌锗 | 58.26 | 50.46 | 61.15 | 84.58 | 56.16 | 35.43 | 31.45 | 32.76 |
| 600498 | 烽火通信 | 60.57 | 52.38 | 61.15 | 67.72 | 43.93 | 41.58 | 68.53 | 42.43 |
| 600499 | 科达洁能 | 56.46 | 47.87 | 55.62 | 77.51 | 39.03 | 53.71 | 61.76 | 44.48 |
| 600500 | 中化国际 | 45.43 | 49.70 | 61.15 | 59.97 | 55.72 | 56.08 | 30.56 | 66.13 |
| 600501 | 航天晨光 | 60.97 | 50.73 | 57.46 | 59.97 | 44.01 | 59.07 | 82.89 | 35.89 |
| 600502 | 安徽水利 | 57.75 | 51.80 | 63.00 | 70.60 | 38.90 | 43.14 | 63.23 | 41.84 |
| 600503 | 华丽家族 | 39.64 | 49.69 | 59.31 | 85.04 | 43.96 | 56.53 | 50.88 | 44.28 |
| 600505 | 西昌电力 | 61.94 | 63.58 | 64.85 | 73.09 | 43.93 | 41.54 | 66.23 | 40.90 |
| 600506 | 香梨股份 | 72.77 | 50.75 | 55.62 | 77.42 | 39.71 | 31.44 | 27.26 | 11.34 |
| 600507 | 方大特钢 | 59.95 | 67.11 | 57.46 | 71.32 | 39.53 | 42.39 | 35.17 | 42.17 |
| 600508 | 上海能源 | 57.82 | 51.23 | 63.00 | 67.56 | 54.22 | 56.25 | 35.26 | 27.05 |
| 600509 | 天富能源 | 56.51 | 50.70 | 59.31 | 63.58 | 44.21 | 30.97 | 46.22 | 42.27 |
| 600510 | 黑牡丹 | 48.85 | 50.05 | 59.31 | 82.44 | 38.97 | 58.87 | 53.96 | 50.40 |
| 600511 | 国药股份 | 59.59 | 52.86 | 61.15 | 83.70 | 54.36 | 51.48 | 56.70 | 69.83 |
| 600512 | 腾达建设 | 58.26 | 50.51 | 53.77 | 67.60 | 43.85 | 60.30 | 63.51 | 34.41 |
| 600513 | 联环药业 | 67.40 | 50.46 | 61.15 | 71.50 | 38.98 | 59.42 | 53.04 | 58.74 |
| 600515 | 海岛建设 | 60.83 | 28.18 | 55.62 | 80.84 | 39.00 | 36.34 | 58.27 | 15.97 |
| 600516 | 方大炭素 | 60.59 | 49.69 | 59.31 | 82.52 | 54.04 | 30.70 | 39.82 | 14.69 |
| 600517 | 置信电气 | 60.65 | 51.86 | 63.00 | 84.55 | 53.99 | 56.88 | 55.81 | 33.39 |
| 600518 | 康美药业 | 58.90 | 46.79 | 57.46 | 79.68 | 40.06 | 53.71 | 59.84 | 56.20 |
| 600519 | 贵州茅台 | 58.35 | 49.09 | 61.15 | 60.02 | 44.86 | 32.89 | 44.49 | 82.04 |
| 600520 | 中发科技 | 65.00 | 50.24 | 50.08 | 63.63 | 38.88 | 42.63 | 19.29 | 18.26 |
| 600521 | 华海药业 | 59.78 | 48.16 | 63.00 | 63.65 | 44.02 | 60.30 | 47.73 | 53.31 |
| 600522 | 中天科技 | 58.08 | 49.69 | 61.15 | 82.44 | 39.17 | 59.42 | 57.88 | 41.30 |
| 600523 | 贵航股份 | 55.09 | 40.99 | 63.00 | 84.54 | 39.18 | 32.43 | 47.76 | 10.40 |
| 600525 | 长园集团 | 61.77 | 51.30 | 59.31 | 60.01 | 44.17 | 54.53 | 64.43 | 52.06 |

续表

| 证券代码 | 证券简称 | 会计信息指数 | | | 外部审计指数 | | | 管理控制指数 | |
|---|---|---|---|---|---|---|---|---|---|
| | | 可靠性 | 相关性 | 信息披露 | 独立性 | 审计质量 | 保障功能 | 成本控制与创新 | 核心竞争力 |
| 600526 | 菲达环保 | 61.78 | 56.45 | 57.46 | 70.54 | 44.33 | 60.30 | 62.65 | 35.49 |
| 600527 | 江南高纤 | 63.03 | 49.73 | 59.31 | 75.29 | 45.04 | 59.07 | 24.17 | 32.86 |
| 600528 | 中铁二局 | 55.07 | 51.77 | 59.31 | 63.57 | 54.38 | 41.37 | 39.25 | 67.74 |
| 600529 | 山东药玻 | 59.03 | 33.25 | 51.92 | 75.56 | 39.04 | 48.03 | 52.09 | 35.03 |
| 600530 | 交大昂立 | 34.99 | 72.54 | 57.46 | 82.35 | 43.98 | 56.53 | 82.90 | 30.01 |
| 600531 | 豫光金铅 | 58.00 | 50.74 | 66.69 | 80.87 | 39.00 | 43.49 | 38.55 | 25.50 |
| 600532 | 宏达矿业 | 40.67 | 59.90 | 61.15 | 71.29 | 57.95 | 47.99 | 37.35 | 37.56 |
| 600533 | 栖霞建设 | 46.94 | 50.71 | 64.85 | 71.37 | 38.93 | 59.07 | 61.39 | 36.47 |
| 600535 | 天士力 | 55.84 | 51.09 | 59.31 | 82.42 | 44.27 | 49.93 | 60.96 | 59.84 |
| 600536 | 中国软件 | 60.26 | 54.80 | 53.77 | 70.62 | 44.22 | 52.40 | 75.55 | 52.51 |
| 600537 | 亿晶光电 | 46.45 | 47.72 | 53.77 | 59.98 | 44.08 | 60.10 | 69.48 | 39.66 |
| 600538 | 国发股份 | 58.28 | 51.40 | 63.00 | 71.37 | 43.93 | 35.65 | 14.13 | 25.81 |
| 600539 | *ST 狮头 | 0.00 | 50.86 | 61.15 | 83.89 | 38.91 | 34.84 | 43.98 | 15.47 |
| 600540 | 新赛股份 | 61.07 | 50.91 | 64.85 | 84.62 | 41.91 | 31.31 | 28.75 | 45.43 |
| 600543 | 莫高股份 | 59.91 | 50.81 | 59.31 | 84.49 | 54.22 | 30.70 | 84.66 | 55.12 |
| 600545 | 新疆城建 | 57.57 | 57.05 | 57.46 | 83.77 | 38.93 | 31.44 | 66.33 | 35.59 |
| 600546 | 山煤国际 | 47.40 | 50.71 | 66.69 | 64.20 | 45.45 | 35.30 | 45.23 | 68.40 |
| 600547 | 山东黄金 | 52.76 | 52.65 | 55.62 | 84.21 | 41.96 | 47.65 | 60.61 | 38.75 |
| 600548 | 深高速 | 24.95 | 50.74 | 66.69 | 93.18 | 60.32 | 53.89 | 52.70 | 45.73 |
| 600549 | 厦门钨业 | 44.45 | 51.50 | 61.15 | 71.36 | 45.04 | 48.73 | 50.61 | 44.00 |
| 600550 | 保变电气 | 51.98 | 50.83 | 59.31 | 60.01 | 44.03 | 41.02 | 98.31 | 26.19 |
| 600551 | 时代出版 | 62.36 | 48.70 | 59.31 | 63.86 | 42.28 | 43.14 | 60.57 | 69.59 |
| 600552 | 方兴科技 | 57.23 | 44.83 | 51.92 | 71.45 | 44.04 | 43.05 | 75.35 | 12.22 |
| 600555 | 九龙山 | 59.37 | 40.48 | 64.85 | 83.89 | 54.41 | 56.25 | 6.37 | 6.76 |
| 600556 | 慧球科技 | 43.00 | 50.99 | 63.00 | 74.99 | 43.85 | 36.20 | 60.22 | 14.20 |
| 600557 | 康缘药业 | 61.99 | 56.55 | 66.69 | 60.01 | 43.92 | 59.07 | 70.54 | 61.46 |
| 600558 | 大西洋 | 63.80 | 49.69 | 53.77 | 80.89 | 39.41 | 41.39 | 46.58 | 23.70 |

续表

| 证券代码 | 证券简称 | 会计信息指数 | | | 外部审计指数 | | | 管理控制指数 | |
|---|---|---|---|---|---|---|---|---|---|
| | | 可靠性 | 相关性 | 信息披露 | 独立性 | 审计质量 | 保障功能 | 成本控制与创新 | 核心竞争力 |
| 600559 | 老白干酒 | 49.23 | 36.67 | 55.62 | 71.33 | 39.44 | 40.12 | 40.12 | 58.50 |
| 600560 | 金自天正 | 58.31 | 49.90 | 61.15 | 84.54 | 38.90 | 51.30 | 56.62 | 35.90 |
| 600561 | 江西长运 | 40.34 | 53.52 | 64.85 | 63.59 | 40.13 | 41.81 | 53.07 | 14.63 |
| 600562 | 国睿科技 | 71.88 | 53.25 | 50.08 | 60.01 | 43.99 | 59.43 | 90.73 | 45.56 |
| 600563 | 法拉电子 | 63.91 | 47.26 | 53.77 | 83.79 | 43.85 | 48.73 | 69.63 | 43.25 |
| 600565 | 迪马股份 | 54.00 | 51.25 | 61.15 | 82.36 | 44.22 | 44.19 | 63.88 | 70.64 |
| 600566 | 济川药业 | 62.71 | 51.40 | 55.62 | 71.36 | 43.96 | 42.04 | 63.24 | 61.85 |
| 600567 | 山鹰纸业 | 42.41 | 51.03 | 63.00 | 60.02 | 47.64 | 43.14 | 49.84 | 33.60 |
| 600568 | 中珠控股 | 60.71 | 51.79 | 57.46 | 85.12 | 43.93 | 42.04 | 60.08 | 37.94 |
| 600569 | 安阳钢铁 | 50.01 | 62.24 | 59.31 | 85.04 | 44.93 | 43.75 | 41.36 | 50.15 |
| 600570 | 恒生电子 | 70.23 | 20.80 | 61.15 | 85.06 | 44.47 | 60.30 | 49.15 | 61.76 |
| 600571 | 信雅达 | 58.65 | 62.39 | 53.77 | 63.60 | 44.18 | 60.30 | 65.22 | 56.66 |
| 600572 | 康恩贝 | 47.37 | 52.28 | 63.00 | 75.37 | 44.33 | 60.30 | 66.11 | 57.69 |
| 600573 | 惠泉啤酒 | 56.52 | 48.55 | 66.69 | 75.37 | 44.58 | 48.73 | 44.62 | 41.29 |
| 600575 | 皖江物流 | 0.00 | 49.69 | 61.15 | 84.51 | 45.02 | 43.14 | 24.54 | 68.83 |
| 600576 | 万好万家 | 72.42 | 46.46 | 50.08 | 79.29 | 44.13 | 60.21 | 7.68 | 7.19 |
| 600577 | 精达股份 | 54.61 | 50.30 | 55.62 | 63.69 | 39.09 | 43.14 | 36.38 | 37.04 |
| 600578 | 京能电力 | 55.30 | 50.15 | 50.08 | 63.63 | 39.04 | 51.35 | 48.91 | 83.05 |
| 600579 | 天华院 | 53.29 | 50.33 | 57.46 | 71.38 | 44.13 | 47.65 | 78.18 | 40.38 |
| 600580 | 卧龙电气 | 59.97 | 50.29 | 59.31 | 59.99 | 44.15 | 60.21 | 65.76 | 33.79 |
| 600581 | 八一钢铁 | 55.62 | 50.80 | 59.31 | 71.30 | 54.79 | 31.31 | 17.73 | 42.43 |
| 600582 | 天地科技 | 47.43 | 51.24 | 63.00 | 84.59 | 54.45 | 52.11 | 57.97 | 55.57 |
| 600583 | 海油工程 | 61.67 | 50.65 | 64.85 | 63.68 | 46.31 | 49.72 | 58.19 | 49.48 |
| 600584 | 长电科技 | 50.73 | 49.99 | 59.31 | 63.80 | 38.99 | 58.87 | 72.67 | 42.28 |
| 600585 | 海螺水泥 | 56.82 | 51.30 | 61.15 | 73.13 | 46.43 | 42.79 | 53.40 | 74.29 |
| 600586 | 金晶科技 | 59.65 | 50.82 | 57.46 | 70.73 | 44.47 | 48.28 | 27.00 | 25.67 |
| 600587 | 新华医疗 | 61.55 | 51.05 | 57.46 | 67.87 | 39.33 | 48.03 | 59.90 | 39.71 |

续表

| 证券代码 | 证券简称 | 会计信息指数 | | | 外部审计指数 | | | 管理控制指数 | |
|---|---|---|---|---|---|---|---|---|---|
| | | 可靠性 | 相关性 | 信息披露 | 独立性 | 审计质量 | 保障功能 | 成本控制与创新 | 核心竞争力 |
| 600588 | 用友网络 | 60.09 | 46.43 | 63.00 | 82.30 | 55.03 | 51.30 | 73.03 | 60.87 |
| 600589 | 广东榕泰 | 45.93 | 49.69 | 59.31 | 79.26 | 39.09 | 53.71 | 29.45 | 8.17 |
| 600590 | 泰豪科技 | 55.42 | 52.58 | 59.31 | 71.37 | 43.99 | 42.68 | 76.35 | 30.53 |
| 600592 | 龙溪股份 | 62.60 | 54.08 | 63.00 | 80.84 | 44.05 | 48.73 | 52.67 | 16.19 |
| 600593 | 大连圣亚 | 49.16 | 60.41 | 57.46 | 67.64 | 45.54 | 47.26 | 71.86 | 41.11 |
| 600594 | 益佰制药 | 55.76 | 44.60 | 63.00 | 92.52 | 39.01 | 32.89 | 47.71 | 62.70 |
| 600595 | 中孚实业 | 51.27 | 50.75 | 51.92 | 92.41 | 39.23 | 43.34 | 69.93 | 8.42 |
| 600596 | 新安股份 | 33.04 | 50.80 | 59.31 | 82.35 | 44.44 | 60.30 | 54.27 | 29.77 |
| 600597 | 光明乳业 | 57.12 | 49.69 | 57.46 | 63.57 | 58.31 | 56.26 | 54.09 | 64.11 |
| 600598 | 北大荒 | 25.99 | 51.96 | 45.62 | 71.32 | 64.68 | 35.65 | 54.57 | 70.01 |
| 600599 | 熊猫金控 | 50.41 | 49.69 | 50.08 | 60.04 | 43.94 | 41.00 | 39.34 | 39.45 |
| 600600 | 青岛啤酒 | 62.22 | 53.56 | 63.00 | 64.19 | 63.06 | 47.37 | 67.65 | 70.90 |
| 600601 | 方正科技 | 36.31 | 50.33 | 59.31 | 63.87 | 39.00 | 56.92 | 61.57 | 32.34 |
| 600602 | 仪电电子 | 50.88 | 53.06 | 61.15 | 70.53 | 44.04 | 56.53 | 53.68 | 32.06 |
| 600603 | 大洲兴业 | 35.41 | 50.84 | 51.92 | 71.67 | 54.97 | 48.39 | 47.48 | 43.04 |
| 600604 | 市北高新 | 31.72 | 51.27 | 59.31 | 67.56 | 43.98 | 56.53 | 24.61 | 60.16 |
| 600605 | 汇通能源 | 55.75 | 63.71 | 53.77 | 85.17 | 39.09 | 56.92 | 34.64 | 34.51 |
| 600606 | 金丰投资 | 55.24 | 50.97 | 53.77 | 70.51 | 53.99 | 56.08 | 28.29 | 30.06 |
| 600608 | *ST 沪科 | 77.01 | 54.96 | 63.00 | 84.89 | 38.96 | 56.30 | 62.78 | 14.14 |
| 600609 | 金杯汽车 | 43.75 | 51.01 | 53.77 | 92.49 | 39.58 | 48.05 | 45.24 | 30.34 |
| 600610 | 中毅达 | 67.49 | 49.38 | 61.15 | 84.55 | 38.95 | 56.28 | 53.05 | 0.01 |
| 600611 | 大众交通 | 27.07 | 31.37 | 55.62 | 63.57 | 46.15 | 56.53 | 55.76 | 24.10 |
| 600612 | 老凤祥 | 59.53 | 54.77 | 63.00 | 92.51 | 44.92 | 57.69 | 59.82 | 28.84 |
| 600613 | 神奇制药 | 66.01 | 50.18 | 61.15 | 59.94 | 44.19 | 56.53 | 57.60 | 60.20 |
| 600614 | 鼎立股份 | 56.52 | 49.69 | 64.85 | 84.68 | 39.06 | 56.59 | 57.52 | 6.81 |
| 600615 | 丰华股份 | 67.94 | 43.25 | 63.00 | 71.46 | 44.39 | 56.63 | 30.68 | 7.21 |
| 600616 | 金枫酒业 | 58.07 | 50.16 | 59.31 | 67.57 | 44.58 | 56.53 | 29.41 | 57.26 |

续表

| 证券代码 | 证券简称 | 会计信息指数 | | | 外部审计指数 | | | 管理控制指数 | |
|---|---|---|---|---|---|---|---|---|---|
| | | 可靠性 | 相关性 | 信息披露 | 独立性 | 审计质量 | 保障功能 | 成本控制与创新 | 核心竞争力 |
| 600617 | 国新能源 | 60.28 | 49.10 | 61.15 | 71.31 | 51.63 | 35.30 | 59.07 | 48.74 |
| 600618 | 氯碱化工 | 50.08 | 50.86 | 63.00 | 59.97 | 44.05 | 56.53 | 20.20 | 29.55 |
| 600619 | 海立股份 | 59.88 | 42.32 | 63.00 | 79.18 | 54.22 | 56.26 | 49.29 | 19.47 |
| 600620 | 天宸股份 | 52.72 | 50.88 | 59.31 | 63.74 | 45.11 | 56.53 | 72.72 | 10.12 |
| 600621 | 华鑫股份 | 52.51 | 51.00 | 59.31 | 89.58 | 38.95 | 57.69 | 37.80 | 34.32 |
| 600622 | 嘉宝集团 | 50.57 | 50.55 | 59.31 | 73.14 | 38.89 | 57.69 | 32.57 | 57.15 |
| 600623 | 双钱股份 | 56.98 | 58.65 | 64.85 | 80.86 | 45.80 | 56.53 | 43.21 | 42.45 |
| 600624 | 复旦复华 | 55.77 | 20.80 | 61.15 | 87.62 | 46.77 | 56.53 | 41.49 | 73.45 |
| 600626 | 申达股份 | 53.64 | 51.56 | 61.15 | 83.73 | 44.35 | 56.53 | 48.47 | 60.09 |
| 600628 | 新世界 | 59.75 | 49.69 | 59.31 | 84.69 | 39.05 | 56.92 | 45.86 | 55.58 |
| 600629 | 棱光实业 | 60.08 | 52.09 | 59.31 | 70.63 | 39.16 | 57.69 | 59.64 | 24.88 |
| 600630 | 龙头股份 | 60.03 | 50.07 | 59.31 | 64.14 | 45.41 | 56.53 | 85.58 | 33.72 |
| 600633 | 浙报传媒 | 57.87 | 47.30 | 63.00 | 60.12 | 47.33 | 60.30 | 53.39 | 88.86 |
| 600634 | 中技控股 | 57.95 | 51.58 | 57.46 | 71.56 | 39.56 | 57.69 | 69.58 | 7.74 |
| 600635 | 大众公用 | 58.02 | 51.99 | 57.46 | 64.12 | 49.78 | 56.53 | 59.40 | 45.38 |
| 600636 | 三爱富 | 49.98 | 50.40 | 55.62 | 67.61 | 43.98 | 56.53 | 70.23 | 28.84 |
| 600637 | 百视通 | 69.30 | 35.13 | 63.00 | 67.30 | 47.49 | 56.53 | 43.25 | 57.40 |
| 600638 | 新黄浦 | 59.45 | 50.58 | 57.46 | 63.60 | 44.10 | 56.53 | 45.17 | 30.20 |
| 600639 | 浦东金桥 | 60.25 | 50.08 | 57.46 | 59.93 | 54.06 | 56.26 | 57.29 | 65.87 |
| 600640 | 号百控股 | 58.89 | 85.80 | 63.00 | 79.14 | 40.44 | 56.08 | 64.42 | 51.35 |
| 600641 | 万业企业 | 54.58 | 50.86 | 59.31 | 73.14 | 38.93 | 57.69 | 34.66 | 53.84 |
| 600642 | 申能股份 | 51.10 | 50.58 | 57.46 | 77.49 | 42.47 | 56.92 | 29.09 | 70.77 |
| 600643 | 爱建股份 | 29.79 | 51.02 | 61.15 | 67.57 | 64.38 | 56.53 | 55.70 | 22.53 |
| 600644 | *ST 乐电 | 39.02 | 50.88 | 63.00 | 84.55 | 44.04 | 41.19 | 24.71 | 44.60 |
| 600645 | 中源协和 | 69.88 | 49.69 | 51.92 | 71.27 | 98.00 | 50.18 | 79.68 | 79.39 |
| 600647 | 同达创业 | 57.60 | 50.96 | 57.46 | 67.75 | 53.86 | 56.88 | 23.27 | 18.14 |
| 600648 | 外高桥 | 53.86 | 49.94 | 57.46 | 67.68 | 45.06 | 56.08 | 51.49 | 75.36 |

续表

| 证券代码 | 证券简称 | 会计信息指数 | | | 外部审计指数 | | | 管理控制指数 | |
|---|---|---|---|---|---|---|---|---|---|
| | | 可靠性 | 相关性 | 信息披露 | 独立性 | 审计质量 | 保障功能 | 成本控制与创新 | 核心竞争力 |
| 600649 | 城投控股 | 59.78 | 49.69 | 59.31 | 63.59 | 54.78 | 56.25 | 58.45 | 43.82 |
| 600650 | 锦江投资 | 32.13 | 55.29 | 59.31 | 73.13 | 56.03 | 56.26 | 52.96 | 37.80 |
| 600651 | 飞乐音响 | 57.99 | 53.02 | 59.31 | 63.79 | 39.04 | 56.92 | 67.46 | 30.96 |
| 600652 | 游久游戏 | 48.35 | 51.15 | 57.46 | 71.32 | 54.62 | 56.88 | 32.79 | 14.01 |
| 600653 | 申华控股 | 50.60 | 50.61 | 59.31 | 63.73 | 39.56 | 57.69 | 52.50 | 53.07 |
| 600654 | 中安消 | 31.22 | 20.80 | 66.69 | 84.57 | 53.94 | 56.88 | 77.13 | 41.43 |
| 600655 | 豫园商城 | 56.44 | 85.80 | 55.62 | 89.85 | 39.29 | 56.92 | 38.84 | 64.22 |
| 600656 | *ST 博元 | 0.00 | 49.69 | 39.31 | 86.82 | 44.10 | 54.53 | 48.78 | 0.01 |
| 600657 | 信达地产 | 39.12 | 54.13 | 59.31 | 71.32 | 54.50 | 51.49 | 39.55 | 35.78 |
| 600658 | 电子城 | 53.62 | 47.40 | 61.15 | 63.61 | 38.97 | 51.53 | 37.18 | 62.92 |
| 600660 | 福耀玻璃 | 57.18 | 51.84 | 64.85 | 67.59 | 55.48 | 47.76 | 56.42 | 55.07 |
| 600661 | 新南洋 | 67.41 | 51.73 | 63.00 | 63.55 | 93.80 | 56.53 | 59.24 | 81.38 |
| 600662 | 强生控股 | 60.41 | 48.97 | 59.31 | 63.58 | 44.90 | 56.89 | 62.99 | 58.46 |
| 600663 | 陆家嘴 | 58.09 | 47.95 | 59.31 | 87.44 | 54.42 | 56.08 | 54.65 | 48.77 |
| 600664 | 哈药股份 | 59.56 | 56.36 | 63.00 | 73.21 | 39.06 | 34.88 | 63.54 | 55.93 |
| 600665 | 天地源 | 42.95 | 50.19 | 61.15 | 63.69 | 38.90 | 56.88 | 61.08 | 56.10 |
| 600666 | 西南药业 | 61.69 | 46.05 | 53.77 | 79.13 | 44.02 | 44.28 | 52.34 | 47.62 |
| 600667 | 太极实业 | 44.00 | 49.69 | 63.00 | 73.23 | 38.89 | 58.87 | 69.82 | 32.91 |
| 600668 | 尖峰集团 | 53.52 | 49.75 | 68.54 | 83.88 | 44.22 | 60.30 | 63.86 | 38.22 |
| 600671 | 天目药业 | 62.47 | 85.80 | 55.62 | 60.37 | 38.92 | 60.69 | 50.15 | 32.16 |
| 600673 | 东阳光科 | 55.86 | 40.86 | 61.15 | 80.86 | 44.92 | 54.26 | 61.00 | 22.18 |
| 600674 | 川投能源 | 29.32 | 50.66 | 63.00 | 89.56 | 44.06 | 41.54 | 65.12 | 52.00 |
| 600675 | 中华企业 | 55.66 | 50.85 | 64.85 | 89.60 | 44.55 | 56.53 | 22.17 | 54.32 |
| 600676 | 交运股份 | 48.65 | 54.64 | 57.46 | 83.89 | 40.35 | 56.92 | 49.91 | 63.80 |
| 600677 | 航天通信 | 55.78 | 49.69 | 59.31 | 59.96 | 44.82 | 60.21 | 36.54 | 52.54 |
| 600678 | 四川金顶 | 57.11 | 54.57 | 63.00 | 70.68 | 38.98 | 41.65 | 37.90 | 7.23 |
| 600679 | 金山开发 | 40.80 | 48.28 | 57.46 | 84.74 | 39.68 | 56.92 | 31.46 | 9.15 |

续表

| 证券代码 | 证券简称 | 会计信息指数 | | | 外部审计指数 | | | 管理控制指数 | |
|---|---|---|---|---|---|---|---|---|---|
| | | 可靠性 | 相关性 | 信息披露 | 独立性 | 审计质量 | 保障功能 | 成本控制与创新 | 核心竞争力 |
| 600680 | 上海普天 | 37. 16 | 41. 86 | 57. 46 | 84. 57 | 38. 97 | 56. 08 | 53. 03 | 10. 18 |
| 600681 | 万鸿集团 | 72. 67 | 50. 59 | 55. 62 | 68. 28 | 40. 09 | 41. 58 | 34. 18 | 8. 39 |
| 600682 | 南京新百 | 52. 16 | 51. 06 | 64. 85 | 60. 05 | 39. 01 | 59. 07 | 46. 56 | 65. 24 |
| 600683 | 京投银泰 | 22. 89 | 51. 06 | 57. 46 | 84. 57 | 44. 00 | 59. 75 | 67. 66 | 55. 93 |
| 600684 | 珠江实业 | 57. 53 | 51. 10 | 61. 15 | 59. 98 | 43. 83 | 54. 53 | 5. 42 | 61. 44 |
| 600685 | 广船国际 | 27. 43 | 45. 90 | 59. 31 | 60. 11 | 44. 78 | 54. 06 | 52. 02 | 25. 98 |
| 600686 | 金龙汽车 | 55. 70 | 53. 67 | 59. 31 | 67. 68 | 44. 48 | 48. 73 | 55. 18 | 40. 58 |
| 600687 | 刚泰控股 | 30. 66 | 53. 74 | 59. 31 | 71. 39 | 42. 04 | 31. 50 | 49. 32 | 34. 45 |
| 600688 | 上海石化 | 42. 72 | 50. 92 | 61. 15 | 71. 33 | 66. 42 | 56. 25 | 53. 28 | 70. 37 |
| 600689 | 上海三毛 | 51. 62 | 51. 34 | 53. 77 | 88. 67 | 45. 15 | 56. 53 | 43. 02 | 21. 36 |
| 600690 | 青岛海尔 | 54. 95 | 53. 20 | 61. 15 | 72. 52 | 35. 21 | 47. 65 | 48. 02 | 80. 16 |
| 600691 | *ST 阳化 | 53. 11 | 53. 37 | 53. 77 | 84. 61 | 44. 27 | 41. 54 | 31. 11 | 39. 77 |
| 600692 | 亚通股份 | 48. 09 | 52. 86 | 64. 85 | 64. 12 | 39. 11 | 57. 69 | 56. 18 | 28. 90 |
| 600693 | 东百集团 | 25. 91 | 50. 38 | 64. 85 | 75. 57 | 39. 19 | 47. 58 | 27. 47 | 11. 39 |
| 600694 | 大商股份 | 57. 02 | 44. 11 | 55. 62 | 60. 02 | 44. 42 | 47. 26 | 39. 08 | 44. 48 |
| 600695 | 绿庭投资 | 38. 97 | 50. 68 | 57. 46 | 87. 80 | 45. 00 | 56. 53 | 64. 24 | 8. 17 |
| 600696 | 多伦股份 | 16. 00 | 49. 44 | 43. 77 | 60. 11 | 38. 93 | 56. 08 | 37. 08 | 53. 05 |
| 600697 | 欧亚集团 | 58. 76 | 50. 56 | 59. 31 | 60. 02 | 44. 05 | 39. 48 | 42. 75 | 42. 16 |
| 600698 | 湖南天雁 | 64. 43 | 50. 60 | 63. 00 | 67. 61 | 43. 96 | 41. 54 | 43. 72 | 24. 30 |
| 600699 | 均胜电子 | 57. 71 | 47. 62 | 61. 15 | 59. 95 | 54. 88 | 60. 56 | 58. 24 | 24. 22 |
| 600701 | 工大高新 | 55. 42 | 49. 69 | 64. 85 | 79. 26 | 40. 53 | 35. 04 | 18. 18 | 58. 78 |
| 600702 | 沱牌舍得 | 56. 88 | 20. 80 | 64. 85 | 75. 35 | 44. 44 | 41. 54 | 60. 89 | 48. 65 |
| 600703 | 三安光电 | 48. 22 | 52. 71 | 59. 31 | 91. 61 | 39. 07 | 41. 58 | 65. 51 | 26. 37 |
| 600704 | 物产中大 | 47. 46 | 51. 09 | 63. 00 | 91. 57 | 45. 71 | 60. 30 | 33. 46 | 64. 81 |
| 600705 | 中航资本 | 43. 37 | 51. 69 | 61. 15 | 59. 99 | 52. 51 | 35. 99 | 44. 20 | 32. 32 |
| 600706 | 曲江文旅 | 56. 64 | 51. 14 | 61. 15 | 63. 63 | 41. 06 | 33. 63 | 32. 44 | 67. 36 |
| 600707 | 彩虹股份 | 39. 79 | 50. 75 | 57. 46 | 83. 82 | 43. 93 | 33. 17 | 27. 06 | 0. 01 |

续表

| 证券代码 | 证券简称 | 会计信息指数 | | | 外部审计指数 | | | 管理控制指数 | |
|---|---|---|---|---|---|---|---|---|---|
| | | 可靠性 | 相关性 | 信息披露 | 独立性 | 审计质量 | 保障功能 | 成本控制与创新 | 核心竞争力 |
| 600708 | 海博股份 | 35.86 | 50.85 | 61.15 | 90.50 | 45.17 | 56.53 | 52.21 | 53.19 |
| 600710 | ＊ST 常林 | 14.60 | 49.57 | 63.00 | 90.53 | 44.03 | 58.96 | 69.38 | 19.07 |
| 600711 | 盛屯矿业 | 57.74 | 45.51 | 57.46 | 91.60 | 39.86 | 48.04 | 58.18 | 32.63 |
| 600712 | 南宁百货 | 62.11 | 85.80 | 57.46 | 91.54 | 38.91 | 35.31 | 57.29 | 21.90 |
| 600713 | 南京医药 | 55.52 | 50.05 | 63.00 | 63.72 | 39.42 | 59.42 | 66.43 | 68.89 |
| 600714 | 金瑞矿业 | 62.10 | 36.97 | 53.77 | 71.38 | 39.08 | 22.83 | 46.22 | 41.93 |
| 600715 | ＊ST 松辽 | 66.63 | 50.68 | 64.85 | 71.84 | 53.88 | 47.25 | 30.14 | 0.01 |
| 600716 | 凤凰股份 | 55.58 | 48.53 | 68.54 | 63.61 | 43.90 | 59.07 | 54.57 | 56.50 |
| 600717 | 天津港 | 36.09 | 51.73 | 53.77 | 83.79 | 39.72 | 50.31 | 60.35 | 50.45 |
| 600718 | 东软集团 | 62.32 | 50.48 | 64.85 | 80.90 | 44.56 | 46.90 | 61.27 | 55.55 |
| 600719 | 大连热电 | 40.37 | 49.69 | 50.08 | 60.08 | 38.95 | 46.65 | 38.77 | 32.60 |
| 600720 | 祁连山 | 59.68 | 46.45 | 57.46 | 91.66 | 44.28 | 30.24 | 54.38 | 47.85 |
| 600721 | 百花村 | 56.88 | 50.94 | 61.15 | 70.56 | 40.32 | 31.44 | 3.87 | 23.17 |
| 600722 | ＊ST 金化 | 43.32 | 49.69 | 53.77 | 59.98 | 43.91 | 41.07 | 32.86 | 9.09 |
| 600723 | 首商股份 | 60.32 | 41.74 | 59.31 | 77.34 | 44.59 | 52.46 | 45.06 | 63.92 |
| 600724 | 宁波富达 | 45.11 | 51.22 | 55.62 | 84.67 | 39.00 | 60.56 | 50.57 | 71.39 |
| 600725 | 云维股份 | 53.20 | 50.57 | 55.62 | 84.56 | 46.37 | 35.44 | 33.44 | 13.61 |
| 600726 | 华电能源 | 56.73 | 51.73 | 59.31 | 79.14 | 44.61 | 35.30 | 81.36 | 65.61 |
| 600727 | 鲁北化工 | 61.12 | 42.23 | 50.08 | 71.39 | 38.98 | 47.39 | 45.43 | 2.89 |
| 600728 | 佳都科技 | 52.66 | 69.69 | 59.31 | 75.32 | 44.46 | 53.71 | 57.87 | 41.15 |
| 600729 | 重庆百货 | 52.78 | 50.45 | 61.15 | 70.59 | 44.50 | 44.28 | 1.23 | 55.65 |
| 600730 | 中国高科 | 37.45 | 51.01 | 55.62 | 71.33 | 38.84 | 51.51 | 71.14 | 52.70 |
| 600731 | 湖南海利 | 59.73 | 71.00 | 66.69 | 71.30 | 53.88 | 41.25 | 70.42 | 37.87 |
| 600732 | ＊ST 新梅 | 68.18 | 60.18 | 63.00 | 63.75 | 38.93 | 57.69 | 72.66 | 40.97 |
| 600733 | S 前锋 | 62.17 | 53.16 | 57.46 | 64.38 | 38.87 | 41.39 | 46.36 | 59.43 |
| 600734 | 实达集团 | 57.33 | 50.49 | 63.00 | 71.46 | 39.32 | 48.39 | 50.01 | 46.13 |
| 600735 | 新华锦 | 63.55 | 47.91 | 59.31 | 84.57 | 49.65 | 47.19 | 72.93 | 38.33 |

续表

| 证券代码 | 证券简称 | 会计信息指数 | | | 外部审计指数 | | | 管理控制指数 | |
|---|---|---|---|---|---|---|---|---|---|
| | | 可靠性 | 相关性 | 信息披露 | 独立性 | 审计质量 | 保障功能 | 成本控制与创新 | 核心竞争力 |
| 600736 | 苏州高新 | 53.44 | 49.86 | 61.15 | 63.62 | 44.44 | 59.07 | 47.28 | 55.56 |
| 600737 | 中粮屯河 | 58.19 | 52.78 | 63.00 | 70.64 | 45.65 | 30.51 | 56.89 | 22.62 |
| 600738 | 兰州民百 | 55.48 | 46.90 | 59.31 | 83.70 | 44.01 | 30.44 | 54.96 | 33.60 |
| 600739 | 辽宁成大 | 53.87 | 55.99 | 57.46 | 85.21 | 39.68 | 46.99 | 30.30 | 72.86 |
| 600740 | 山西焦化 | 35.39 | 20.80 | 51.92 | 89.59 | 46.37 | 35.99 | 34.40 | 30.50 |
| 600741 | 华域汽车 | 56.97 | 46.83 | 61.15 | 91.46 | 55.74 | 56.26 | 52.11 | 52.19 |
| 600742 | 一汽富维 | 55.06 | 50.23 | 55.62 | 71.37 | 53.86 | 39.94 | 55.74 | 31.36 |
| 600743 | 华远地产 | 51.16 | 50.77 | 64.85 | 90.56 | 44.04 | 51.76 | 56.03 | 67.64 |
| 600744 | 华银电力 | 56.00 | 50.60 | 57.46 | 67.61 | 44.16 | 40.45 | 54.88 | 46.95 |
| 600745 | 中茵股份 | 51.78 | 49.43 | 59.31 | 91.46 | 44.07 | 42.04 | 54.32 | 37.13 |
| 600746 | 江苏索普 | 67.77 | 50.78 | 57.46 | 63.66 | 38.85 | 59.42 | 49.20 | 18.50 |
| 600747 | 大连控股 | 34.24 | 49.69 | 50.08 | 92.37 | 38.93 | 46.65 | 69.31 | 29.34 |
| 600748 | 上实发展 | 44.77 | 52.02 | 55.62 | 79.39 | 39.10 | 56.92 | 27.05 | 60.44 |
| 600749 | 西藏旅游 | 58.94 | 50.17 | 55.62 | 67.57 | 45.80 | 10.10 | 27.12 | 45.19 |
| 600750 | 江中药业 | 63.60 | 51.05 | 63.00 | 71.38 | 43.94 | 42.68 | 44.25 | 60.98 |
| 600751 | 天津海运 | 40.12 | 49.94 | 57.46 | 84.53 | 54.72 | 49.55 | 60.56 | 23.19 |
| 600753 | 东方银星 | 36.60 | 44.12 | 57.46 | 84.87 | 43.97 | 43.64 | 69.54 | 0.40 |
| 600754 | 锦江股份 | 59.71 | 41.07 | 51.92 | 67.56 | 67.78 | 56.26 | 40.56 | 100.00 |
| 600755 | 厦门国贸 | 51.87 | 51.37 | 61.15 | 75.44 | 46.20 | 48.73 | 48.78 | 70.01 |
| 600756 | 浪潮软件 | 56.58 | 49.69 | 59.31 | 86.34 | 44.02 | 48.28 | 49.67 | 45.73 |
| 600757 | 长江传媒 | 61.40 | 50.21 | 61.15 | 60.14 | 45.72 | 42.13 | 44.66 | 71.72 |
| 600758 | 红阳能源 | 64.65 | 48.19 | 63.00 | 71.36 | 53.86 | 47.25 | 8.27 | 23.79 |
| 600759 | 洲际油气 | 53.51 | 85.80 | 64.85 | 67.95 | 39.68 | 36.11 | 22.14 | 64.27 |
| 600760 | 中航黑豹 | 44.31 | 50.78 | 59.31 | 71.41 | 39.01 | 47.65 | 38.04 | 22.15 |
| 600761 | 安徽合力 | 59.90 | 52.92 | 59.31 | 89.65 | 39.05 | 43.14 | 44.69 | 41.12 |
| 600763 | 通策医疗 | 77.94 | 74.53 | 55.62 | 79.38 | 54.39 | 60.30 | 40.66 | 86.82 |
| 600764 | 中电广通 | 60.38 | 51.61 | 55.62 | 89.58 | 44.02 | 52.40 | 66.07 | 26.00 |

续表

| 证券代码 | 证券简称 | 会计信息指数 | | | 外部审计指数 | | | 管理控制指数 | |
|---|---|---|---|---|---|---|---|---|---|
| | | 可靠性 | 相关性 | 信息披露 | 独立性 | 审计质量 | 保障功能 | 成本控制与创新 | 核心竞争力 |
| 600765 | 中航重机 | 60.57 | 61.39 | 63.00 | 71.45 | 39.42 | 32.43 | 36.25 | 35.68 |
| 600766 | 园城黄金 | 53.89 | 51.14 | 59.31 | 90.01 | 39.30 | 47.19 | 66.87 | 11.19 |
| 600767 | 运盛实业 | 60.87 | 50.38 | 63.00 | 84.83 | 43.97 | 56.89 | 50.73 | 47.00 |
| 600768 | 宁波富邦 | 56.74 | 50.12 | 53.77 | 73.12 | 43.92 | 60.30 | 34.43 | 26.13 |
| 600769 | 祥龙电业 | 43.00 | 50.76 | 42.69 | 90.49 | 38.84 | 41.58 | 84.66 | 36.43 |
| 600770 | 综艺股份 | 38.35 | 51.09 | 59.31 | 67.65 | 44.81 | 59.07 | 73.17 | 30.44 |
| 600771 | 广誉远 | 71.68 | 54.76 | 53.77 | 71.34 | 38.83 | 22.52 | 59.76 | 48.47 |
| 600773 | 西藏城投 | 55.06 | 49.90 | 63.00 | 75.34 | 44.00 | 10.21 | 59.74 | 37.78 |
| 600774 | 汉商集团 | 60.67 | 49.68 | 55.62 | 67.60 | 38.91 | 41.58 | 32.36 | 13.26 |
| 600775 | 南京熊猫 | 61.02 | 44.06 | 64.85 | 79.23 | 43.89 | 58.62 | 59.20 | 29.12 |
| 600776 | 东方通信 | 43.43 | 41.78 | 55.62 | 71.35 | 53.96 | 60.56 | 48.87 | 22.35 |
| 600777 | 新潮实业 | 55.66 | 49.69 | 55.62 | 79.14 | 39.92 | 48.80 | 41.58 | 81.88 |
| 600778 | 友好集团 | 58.45 | 50.88 | 64.85 | 71.36 | 54.08 | 31.31 | 38.13 | 64.88 |
| 600779 | *ST 水井 | 5.73 | 49.69 | 57.46 | 84.61 | 45.36 | 41.39 | 43.82 | 55.26 |
| 600780 | 通宝能源 | 55.10 | 50.43 | 63.00 | 59.94 | 44.06 | 35.66 | 64.66 | 68.66 |
| 600781 | 辅仁药业 | 58.93 | 51.65 | 63.00 | 77.29 | 53.90 | 44.10 | 42.24 | 53.87 |
| 600782 | 新钢股份 | 49.66 | 50.85 | 64.85 | 59.95 | 44.53 | 42.40 | 29.86 | 29.80 |
| 600783 | 鲁信创投 | 59.94 | 48.53 | 61.15 | 71.34 | 57.33 | 47.99 | 39.57 | 71.96 |
| 600784 | 鲁银投资 | 41.44 | 51.80 | 59.31 | 64.10 | 45.25 | 48.28 | 34.94 | 70.92 |
| 600785 | 新华百货 | 61.27 | 51.32 | 61.15 | 77.37 | 43.94 | 34.44 | 29.43 | 41.18 |
| 600787 | 中储股份 | 26.92 | 51.44 | 55.62 | 71.44 | 67.61 | 50.18 | 44.56 | 69.53 |
| 600789 | 鲁抗医药 | 49.29 | 50.82 | 61.15 | 77.51 | 39.00 | 48.03 | 65.54 | 33.70 |
| 600790 | 轻纺城 | 48.60 | 48.30 | 57.46 | 77.36 | 44.99 | 60.30 | 68.52 | 38.54 |
| 600791 | 京能置业 | 35.13 | 49.97 | 59.31 | 77.34 | 53.88 | 52.11 | 45.51 | 66.32 |
| 600792 | 云煤能源 | 56.16 | 52.79 | 66.69 | 84.53 | 55.58 | 35.43 | 52.06 | 33.02 |
| 600793 | ST 宜纸 | 57.62 | 37.60 | 55.62 | 67.69 | 39.38 | 41.39 | 17.27 | 17.39 |
| 600794 | 保税科技 | 42.52 | 51.82 | 57.46 | 75.53 | 43.44 | 59.07 | 52.38 | 49.29 |

续表

| 证券代码 | 证券简称 | 会计信息指数 | | | 外部审计指数 | | | 管理控制指数 | |
|---|---|---|---|---|---|---|---|---|---|
| | | 可靠性 | 相关性 | 信息披露 | 独立性 | 审计质量 | 保障功能 | 成本控制与创新 | 核心竞争力 |
| 600795 | 国电电力 | 54.74 | 51.34 | 59.31 | 71.37 | 56.17 | 47.25 | 58.60 | 71.20 |
| 600796 | 钱江生化 | 55.64 | 50.79 | 53.77 | 73.19 | 44.01 | 60.30 | 55.42 | 31.78 |
| 600797 | 浙大网新 | 54.33 | 49.69 | 64.85 | 75.36 | 44.75 | 60.30 | 30.75 | 42.63 |
| 600798 | 宁波海运 | 38.47 | 60.56 | 61.15 | 84.50 | 44.29 | 60.21 | 48.35 | 43.77 |
| 600800 | 天津磁卡 | 26.60 | 53.21 | 57.46 | 84.56 | 53.87 | 50.18 | 36.54 | 8.74 |
| 600801 | 华新水泥 | 55.87 | 50.52 | 64.85 | 73.06 | 55.78 | 41.76 | 39.51 | 58.27 |
| 600802 | 福建水泥 | 58.67 | 52.56 | 63.00 | 73.44 | 39.22 | 47.58 | 61.73 | 35.55 |
| 600803 | 新奥股份 | 52.05 | 49.00 | 57.46 | 73.38 | 39.17 | 39.92 | 69.14 | 34.46 |
| 600804 | 鹏博士 | 46.97 | 47.87 | 61.15 | 84.85 | 41.03 | 41.39 | 52.58 | 73.51 |
| 600805 | 悦达投资 | 49.26 | 52.05 | 59.31 | 73.08 | 40.94 | 58.84 | 50.98 | 55.43 |
| 600806 | 昆明机床 | 57.19 | 49.69 | 57.46 | 60.29 | 45.37 | 34.83 | 29.09 | 36.52 |
| 600807 | 天业股份 | 61.16 | 52.47 | 59.31 | 73.06 | 53.93 | 47.99 | 55.73 | 46.62 |
| 600808 | 马钢股份 | 57.50 | 44.94 | 51.92 | 64.16 | 58.72 | 42.59 | 37.83 | 58.04 |
| 600809 | 山西汾酒 | 53.41 | 51.10 | 59.31 | 73.13 | 44.22 | 35.30 | 42.65 | 58.87 |
| 600810 | 神马股份 | 55.32 | 50.25 | 59.31 | 64.21 | 40.56 | 43.49 | 37.02 | 5.79 |
| 600811 | 东方集团 | 55.59 | 60.83 | 57.46 | 60.02 | 44.80 | 35.66 | 31.45 | 54.89 |
| 600812 | 华北制药 | 56.74 | 54.85 | 51.92 | 84.67 | 44.47 | 39.92 | 39.66 | 38.85 |
| 600814 | 杭州解百 | 53.42 | 51.49 | 59.31 | 75.33 | 44.19 | 60.30 | 60.95 | 49.48 |
| 600815 | 厦工股份 | 49.47 | 50.61 | 66.69 | 63.66 | 44.40 | 48.73 | 64.22 | 27.70 |
| 600816 | 安信信托 | 59.14 | 50.75 | 55.62 | 64.09 | 52.12 | 56.53 | 57.57 | 61.36 |
| 600817 | ST 宏盛 | 68.15 | 49.69 | 53.77 | 64.51 | 45.39 | 33.29 | 39.75 | 64.00 |
| 600818 | 中路股份 | 53.00 | 56.78 | 57.46 | 63.65 | 44.36 | 56.53 | 57.72 | 12.47 |
| 600819 | 耀皮玻璃 | 60.97 | 51.10 | 61.15 | 71.56 | 39.43 | 57.69 | 54.57 | 32.32 |
| 600820 | 隧道股份 | 55.02 | 50.96 | 51.92 | 64.17 | 44.79 | 56.53 | 55.67 | 55.97 |
| 600821 | 津劝业 | 49.67 | 48.73 | 59.31 | 63.59 | 39.03 | 50.31 | 60.00 | 25.06 |
| 600822 | 上海物贸 | 43.81 | 44.42 | 59.31 | 63.61 | 44.84 | 56.53 | 36.84 | 69.54 |
| 600823 | 世茂股份 | 50.04 | 50.90 | 57.46 | 64.44 | 39.19 | 56.92 | 61.94 | 92.57 |

续表

| 证券代码 | 证券简称 | 会计信息指数 | | | 外部审计指数 | | | 管理控制指数 | |
|---|---|---|---|---|---|---|---|---|---|
| | | 可靠性 | 相关性 | 信息披露 | 独立性 | 审计质量 | 保障功能 | 成本控制与创新 | 核心竞争力 |
| 600824 | 益民集团 | 64.82 | 49.23 | 57.46 | 64.10 | 44.08 | 56.53 | 66.86 | 32.46 |
| 600825 | 新华传媒 | 58.83 | 44.78 | 63.00 | 70.65 | 48.45 | 56.53 | 19.44 | 57.31 |
| 600826 | 兰生股份 | 61.22 | 50.74 | 59.31 | 64.25 | 39.07 | 56.92 | 46.13 | 28.94 |
| 600827 | 百联股份 | 51.97 | 20.80 | 57.46 | 63.67 | 44.88 | 56.53 | 25.33 | 64.02 |
| 600828 | 成商集团 | 62.91 | 51.54 | 57.46 | 71.32 | 54.19 | 42.00 | 43.52 | 14.12 |
| 600829 | 人民同泰 | 52.40 | 59.32 | 63.00 | 59.99 | 44.02 | 35.99 | 56.11 | 59.90 |
| 600830 | 香溢融通 | 51.52 | 51.49 | 63.00 | 63.63 | 38.96 | 60.21 | 61.02 | 7.43 |
| 600831 | 广电网络 | 58.47 | 66.15 | 59.31 | 76.88 | 40.95 | 33.63 | 58.54 | 51.86 |
| 600833 | 第一医药 | 62.63 | 57.01 | 57.46 | 64.11 | 43.92 | 56.53 | 61.13 | 22.09 |
| 600834 | 申通地铁 | 63.44 | 52.84 | 57.46 | 73.11 | 39.36 | 56.92 | 26.57 | 38.38 |
| 600835 | 上海机电 | 56.57 | 62.62 | 57.46 | 84.58 | 54.54 | 56.25 | 63.62 | 52.95 |
| 600836 | 界龙实业 | 53.21 | 50.72 | 59.31 | 64.11 | 52.81 | 56.53 | 68.98 | 24.75 |
| 600837 | 海通证券 | 42.79 | 51.52 | 64.85 | 64.11 | 47.92 | 56.53 | 56.56 | 76.11 |
| 600838 | 上海九百 | 62.73 | 43.35 | 55.62 | 64.19 | 44.01 | 56.53 | 52.40 | 38.16 |
| 600839 | 四川长虹 | 55.90 | 50.86 | 51.92 | 75.47 | 44.23 | 41.54 | 42.14 | 58.94 |
| 600841 | 上柴股份 | 60.71 | 50.27 | 61.15 | 73.09 | 54.21 | 56.08 | 31.48 | 32.00 |
| 600843 | 上工申贝 | 63.05 | 50.71 | 53.77 | 67.58 | 44.10 | 56.53 | 59.74 | 35.22 |
| 600844 | 丹化科技 | 53.86 | 50.88 | 59.31 | 73.12 | 38.91 | 56.88 | 86.84 | 42.84 |
| 600845 | 宝信软件 | 63.32 | 53.92 | 61.15 | 71.40 | 54.21 | 56.88 | 65.71 | 52.32 |
| 600846 | 同济科技 | 38.40 | 51.57 | 64.85 | 67.64 | 38.88 | 57.69 | 66.45 | 38.08 |
| 600847 | 万里股份 | 59.28 | 49.91 | 57.46 | 64.13 | 43.88 | 44.28 | 66.45 | 6.51 |
| 600848 | 自仪股份 | 47.06 | 51.67 | 64.85 | 75.28 | 56.38 | 56.26 | 21.93 | 31.83 |
| 600849 | 上药转换 | 53.70 | 49.69 | 53.77 | 71.10 | 45.45 | 49.12 | 66.13 | 0.01 |
| 600850 | 华东电脑 | 64.53 | 20.80 | 59.31 | 71.41 | 39.23 | 56.08 | 57.42 | 49.46 |
| 600851 | 海欣股份 | 59.18 | 50.39 | 57.46 | 64.33 | 40.74 | 57.69 | 45.21 | 14.92 |
| 600853 | 龙建股份 | 55.32 | 39.72 | 57.46 | 70.55 | 38.87 | 35.07 | 27.20 | 33.82 |
| 600854 | 春兰股份 | 59.47 | 51.16 | 57.46 | 64.16 | 38.95 | 59.07 | 54.59 | 12.89 |

续表

| 证券代码 | 证券简称 | 会计信息指数 | | | 外部审计指数 | | | 管理控制指数 | |
|---|---|---|---|---|---|---|---|---|---|
| | | 可靠性 | 相关性 | 信息披露 | 独立性 | 审计质量 | 保障功能 | 成本控制与创新 | 核心竞争力 |
| 600855 | 航天长峰 | 70.21 | 53.90 | 55.62 | 71.28 | 54.00 | 52.11 | 43.59 | 37.36 |
| 600856 | 长百集团 | 66.51 | 48.68 | 59.31 | 71.32 | 43.82 | 40.23 | 21.88 | 6.29 |
| 600857 | 宁波中百 | 69.93 | 42.00 | 61.15 | 64.19 | 43.94 | 60.21 | 44.56 | 35.49 |
| 600858 | 银座股份 | 51.93 | 48.00 | 61.15 | 84.61 | 44.28 | 47.19 | 28.24 | 51.24 |
| 600859 | 王府井 | 58.46 | 49.57 | 63.00 | 64.19 | 44.67 | 51.65 | 34.66 | 62.38 |
| 600860 | 京城股份 | 52.15 | 51.54 | 64.85 | 63.61 | 44.25 | 51.65 | 59.00 | 17.12 |
| 600861 | 北京城乡 | 40.40 | 45.93 | 53.77 | 73.11 | 44.03 | 52.46 | 35.22 | 38.75 |
| 600862 | 南通科技 | 55.67 | 50.62 | 63.00 | 63.59 | 54.00 | 59.42 | 64.20 | 34.03 |
| 600863 | 内蒙华电 | 56.74 | 50.87 | 59.31 | 60.14 | 39.24 | 36.00 | 76.05 | 78.61 |
| 600864 | 哈投股份 | 50.25 | 51.73 | 63.00 | 59.93 | 44.02 | 35.66 | 54.16 | 30.61 |
| 600865 | 百大集团 | 38.91 | 47.96 | 59.31 | 64.12 | 43.92 | 60.30 | 70.24 | 13.47 |
| 600866 | 星湖科技 | 58.52 | 49.69 | 59.31 | 59.95 | 44.98 | 54.53 | 14.86 | 27.84 |
| 600867 | 通化东宝 | 70.24 | 49.38 | 61.15 | 63.74 | 39.06 | 39.34 | 70.08 | 57.16 |
| 600868 | 梅雁吉祥 | 58.60 | 51.53 | 59.31 | 73.22 | 39.10 | 53.71 | 10.03 | 18.43 |
| 600869 | 智慧能源 | 55.23 | 48.86 | 53.77 | 70.76 | 39.28 | 22.58 | 55.87 | 44.94 |
| 600870 | *ST 厦华 | 33.00 | 49.69 | 55.62 | 69.39 | 38.96 | 47.58 | 54.22 | 8.57 |
| 600871 | 石化油服 | 57.93 | 50.39 | 64.85 | 84.82 | 57.87 | 59.77 | 34.78 | 44.07 |
| 600872 | 中炬高新 | 55.06 | 51.09 | 59.31 | 75.37 | 44.88 | 53.71 | 51.29 | 19.80 |
| 600873 | 梅花生物 | 57.78 | 49.93 | 63.00 | 60.04 | 45.40 | 10.57 | 53.15 | 40.31 |
| 600874 | 创业环保 | 60.47 | 51.95 | 68.54 | 75.31 | 68.31 | 49.55 | 71.25 | 30.23 |
| 600875 | 东方电气 | 55.69 | 50.80 | 53.77 | 64.28 | 44.89 | 41.54 | 50.21 | 68.90 |
| 600876 | 洛阳玻璃 | 54.13 | 50.51 | 66.69 | 73.44 | 44.76 | 44.39 | 68.21 | 22.93 |
| 600877 | 中国嘉陵 | 39.36 | 50.63 | 61.15 | 84.57 | 44.47 | 44.19 | 69.06 | 26.48 |
| 600879 | 航天电子 | 61.52 | 51.13 | 59.31 | 77.51 | 39.13 | 42.04 | 71.04 | 38.10 |
| 600880 | 博瑞传播 | 63.67 | 49.31 | 64.85 | 84.82 | 40.77 | 41.39 | 36.16 | 70.96 |
| 600881 | 亚泰集团 | 48.04 | 49.82 | 61.15 | 60.16 | 45.57 | 39.59 | 50.33 | 44.65 |
| 600882 | 华联矿业 | 58.84 | 51.36 | 61.15 | 64.20 | 42.95 | 48.03 | 41.41 | 22.21 |

续表

| 证券代码 | 证券简称 | 会计信息指数 | | | 外部审计指数 | | | 管理控制指数 | |
|---|---|---|---|---|---|---|---|---|---|
| | | 可靠性 | 相关性 | 信息披露 | 独立性 | 审计质量 | 保障功能 | 成本控制与创新 | 核心竞争力 |
| 600883 | 博闻科技 | 64.26 | 51.10 | 57.46 | 67.56 | 54.01 | 35.43 | 29.48 | 14.61 |
| 600884 | 杉杉股份 | 52.44 | 50.48 | 55.62 | 83.78 | 44.17 | 60.21 | 32.86 | 38.10 |
| 600885 | 宏发股份 | 63.59 | 53.02 | 53.77 | 89.56 | 44.23 | 42.40 | 57.25 | 40.46 |
| 600886 | 国投电力 | 52.84 | 50.72 | 63.00 | 59.97 | 44.71 | 51.76 | 68.28 | 97.24 |
| 600887 | 伊利股份 | 61.12 | 53.72 | 53.77 | 63.70 | 46.13 | 36.36 | 47.04 | 78.62 |
| 600888 | 新疆众和 | 53.83 | 50.80 | 63.00 | 88.64 | 38.83 | 31.44 | 66.92 | 28.75 |
| 600889 | 南京化纤 | 53.49 | 49.48 | 63.00 | 59.98 | 40.04 | 58.87 | 49.76 | 7.22 |
| 600890 | 中房股份 | 62.53 | 53.97 | 57.46 | 71.51 | 53.85 | 52.11 | 33.70 | 0.01 |
| 600891 | 秋林集团 | 46.69 | 51.97 | 63.00 | 71.28 | 53.91 | 35.65 | 34.66 | 13.55 |
| 600892 | 宝诚股份 | 61.97 | 26.86 | 57.46 | 90.19 | 38.97 | 53.71 | 52.22 | 0.01 |
| 600893 | 中航动力 | 25.54 | 51.32 | 63.00 | 71.48 | 56.89 | 33.63 | 35.48 | 52.72 |
| 600894 | 广日股份 | 50.10 | 50.52 | 59.31 | 89.62 | 44.19 | 54.17 | 64.17 | 40.57 |
| 600895 | 张江高科 | 56.67 | 48.98 | 57.46 | 63.56 | 48.11 | 56.53 | 72.53 | 85.97 |
| 600896 | 中海海盛 | 49.51 | 50.94 | 63.00 | 73.08 | 44.13 | 36.11 | 72.72 | 35.27 |
| 600897 | 厦门空港 | 59.40 | 44.88 | 61.15 | 89.58 | 44.57 | 48.73 | 46.36 | 50.94 |
| 600898 | 三联商社 | 64.05 | 49.86 | 61.15 | 84.61 | 43.91 | 47.19 | 69.20 | 5.07 |
| 600900 | 长江电力 | 54.47 | 51.11 | 66.69 | 60.00 | 44.61 | 52.12 | 68.03 | 89.28 |
| 600917 | 重庆燃气 | 53.70 | 49.69 | 64.85 | 84.50 | 50.05 | 44.08 | 41.57 | 59.49 |
| 600960 | 渤海活塞 | 56.85 | 51.86 | 61.15 | 71.35 | 38.96 | 47.99 | 38.98 | 24.82 |
| 600961 | 株冶集团 | 55.03 | 47.76 | 57.46 | 67.60 | 44.29 | 40.45 | 36.79 | 41.52 |
| 600962 | *ST 中鲁 | 41.26 | 51.27 | 51.92 | 75.31 | 44.55 | 51.30 | 30.95 | 32.53 |
| 600963 | 岳阳林纸 | 58.39 | 48.49 | 63.00 | 67.67 | 46.13 | 41.00 | 10.43 | 20.59 |
| 600965 | 福成五丰 | 61.22 | 50.88 | 61.15 | 79.36 | 43.03 | 40.44 | 36.27 | 49.37 |
| 600966 | 博汇纸业 | 57.08 | 50.84 | 63.00 | 84.82 | 35.69 | 47.65 | 54.71 | 32.69 |
| 600967 | 北方创业 | 43.10 | 51.43 | 61.15 | 60.08 | 44.10 | 36.36 | 54.91 | 29.94 |
| 600969 | 郴电国际 | 52.26 | 69.35 | 59.31 | 79.12 | 44.16 | 40.45 | 45.14 | 35.96 |
| 600970 | 中材国际 | 56.38 | 53.10 | 59.31 | 70.63 | 44.53 | 58.96 | 61.25 | 52.56 |

续表

| 证券代码 | 证券简称 | 会计信息指数 | | | 外部审计指数 | | | 管理控制指数 | |
|---|---|---|---|---|---|---|---|---|---|
| | | 可靠性 | 相关性 | 信息披露 | 独立性 | 审计质量 | 保障功能 | 成本控制与创新 | 核心竞争力 |
| 600971 | 恒源煤电 | 59.52 | 50.71 | 53.77 | 77.32 | 45.61 | 43.05 | 52.62 | 5.60 |
| 600973 | 宝胜股份 | 30.48 | 51.82 | 59.31 | 60.00 | 43.99 | 59.07 | 65.73 | 24.64 |
| 600975 | 新五丰 | 58.87 | 51.08 | 63.00 | 77.31 | 45.96 | 41.00 | 58.60 | 29.96 |
| 600976 | 健民集团 | 59.95 | 53.86 | 61.15 | 77.32 | 38.98 | 41.58 | 44.55 | 48.46 |
| 600978 | 宜华木业 | 60.06 | 85.80 | 59.31 | 77.60 | 52.84 | 53.71 | 52.31 | 50.90 |
| 600979 | 广安爱众 | 46.35 | 50.76 | 64.85 | 63.56 | 54.06 | 42.00 | 55.25 | 25.46 |
| 600980 | 北矿磁材 | 50.74 | 50.53 | 61.15 | 84.70 | 53.82 | 52.11 | 12.98 | 26.27 |
| 600981 | 汇鸿股份 | 55.35 | 50.80 | 63.00 | 77.38 | 39.56 | 59.42 | 64.18 | 68.91 |
| 600982 | 宁波热电 | 63.29 | 50.77 | 61.15 | 77.32 | 38.86 | 60.56 | 63.42 | 6.90 |
| 600983 | 惠而浦 | 55.64 | 50.32 | 59.31 | 77.45 | 39.14 | 43.14 | 47.71 | 45.07 |
| 600984 | *ST 建机 | 58.74 | 50.52 | 63.00 | 77.39 | 38.95 | 33.63 | 43.41 | 30.53 |
| 600985 | 雷鸣科化 | 52.15 | 48.06 | 59.31 | 77.50 | 39.07 | 43.14 | 45.72 | 48.71 |
| 600986 | 科达股份 | 45.78 | 54.26 | 63.00 | 77.48 | 38.94 | 47.65 | 73.21 | 34.53 |
| 600987 | 航民股份 | 57.03 | 51.16 | 63.00 | 77.42 | 45.41 | 60.30 | 65.56 | 44.78 |
| 600988 | 赤峰黄金 | 56.84 | 50.75 | 61.15 | 64.15 | 39.70 | 35.77 | 30.18 | 59.63 |
| 600990 | 四创电子 | 58.54 | 47.95 | 63.00 | 60.03 | 43.82 | 43.41 | 72.70 | 9.33 |
| 600992 | 贵绳股份 | 62.53 | 85.80 | 57.46 | 67.61 | 44.19 | 32.98 | 44.35 | 27.59 |
| 600993 | 马应龙 | 64.01 | 42.83 | 57.46 | 75.32 | 39.16 | 41.58 | 56.97 | 58.62 |
| 600995 | 文山电力 | 53.38 | 51.20 | 51.92 | 71.29 | 53.97 | 35.43 | 72.87 | 47.08 |
| 600997 | 开滦股份 | 53.34 | 50.93 | 66.69 | 71.38 | 39.92 | 40.12 | 55.15 | 45.14 |
| 600998 | 九州通 | 60.48 | 58.50 | 64.85 | 75.42 | 39.58 | 41.58 | 43.46 | 69.31 |
| 600999 | 招商证券 | 23.29 | 50.45 | 64.85 | 63.60 | 47.06 | 54.06 | 57.81 | 64.97 |
| 601000 | 唐山港 | 51.41 | 50.76 | 59.31 | 73.09 | 44.32 | 40.27 | 66.76 | 75.71 |
| 601001 | 大同煤业 | 48.31 | 50.73 | 59.31 | 63.60 | 45.57 | 35.19 | 48.93 | 44.83 |
| 601002 | 晋亿实业 | 68.19 | 45.57 | 55.62 | 73.13 | 44.08 | 60.30 | 51.24 | 23.32 |
| 601003 | 柳钢股份 | 52.94 | 52.06 | 57.46 | 84.53 | 39.23 | 36.04 | 40.53 | 31.60 |
| 601005 | 重庆钢铁 | 56.18 | 50.79 | 63.00 | 73.10 | 47.44 | 43.93 | 55.52 | 40.11 |

续表

| 证券代码 | 证券简称 | 会计信息指数 | | | 外部审计指数 | | | 管理控制指数 | |
|---|---|---|---|---|---|---|---|---|---|
| | | 可靠性 | 相关性 | 信息披露 | 独立性 | 审计质量 | 保障功能 | 成本控制与创新 | 核心竞争力 |
| 601006 | 大秦铁路 | 50.23 | 50.58 | 64.85 | 63.63 | 91.58 | 35.02 | 58.06 | 77.24 |
| 601007 | 金陵饭店 | 60.91 | 48.40 | 64.85 | 73.35 | 42.37 | 59.42 | 47.33 | 90.24 |
| 601008 | 连云港 | 26.89 | 50.83 | 64.85 | 73.15 | 39.11 | 59.46 | 8.03 | 46.87 |
| 601009 | 南京银行 | 33.01 | 51.19 | 59.31 | 63.57 | 53.95 | 58.79 | 59.83 | 68.56 |
| 601010 | 文峰股份 | 58.65 | 60.44 | 59.31 | 59.99 | 44.10 | 58.96 | 39.01 | 55.75 |
| 601011 | 宝泰隆 | 56.29 | 51.75 | 61.15 | 59.97 | 54.79 | 35.65 | 58.75 | 27.04 |
| 601012 | 隆基股份 | 57.99 | 51.11 | 59.31 | 71.48 | 54.16 | 33.63 | 72.21 | 39.33 |
| 601015 | 陕西黑猫 | 53.70 | 49.69 | 61.15 | 84.56 | 46.11 | 33.98 | 55.21 | 33.75 |
| 601016 | 节能风电 | 53.70 | 49.69 | 61.15 | 84.58 | 39.02 | 51.51 | 54.54 | 58.70 |
| 601018 | 宁波港 | 44.91 | 28.13 | 59.31 | 64.16 | 57.69 | 59.93 | 45.78 | 79.03 |
| 601021 | 春秋航空 | 53.70 | 49.69 | 64.85 | 84.48 | 54.73 | 56.25 | 53.28 | 54.08 |
| 601028 | 玉龙股份 | 49.46 | 48.11 | 59.31 | 60.04 | 39.53 | 58.87 | 35.80 | 10.82 |
| 601038 | 一拖股份 | 55.48 | 51.33 | 63.00 | 84.58 | 44.44 | 43.64 | 40.50 | 21.29 |
| 601058 | 赛轮金宇 | 54.09 | 51.83 | 63.00 | 71.42 | 39.40 | 47.99 | 43.89 | 17.36 |
| 601069 | 西部黄金 | 53.70 | 49.69 | 61.15 | 84.52 | 39.62 | 31.44 | 29.07 | 35.30 |
| 601088 | 中国神华 | 52.69 | 51.03 | 66.69 | 71.37 | 62.63 | 51.49 | 54.60 | 60.36 |
| 601098 | 中南传媒 | 59.33 | 49.57 | 61.15 | 71.50 | 59.20 | 41.25 | 63.03 | 83.04 |
| 601099 | 太平洋 | 45.11 | 49.56 | 57.46 | 63.57 | 45.47 | 35.08 | 65.09 | 60.93 |
| 601100 | 恒立油缸 | 64.41 | 50.74 | 64.85 | 60.02 | 39.08 | 59.17 | 20.56 | 37.83 |
| 601101 | 昊华能源 | 57.51 | 51.06 | 63.00 | 71.31 | 55.61 | 52.11 | 44.40 | 8.82 |
| 601106 | 中国一重 | 53.00 | 33.31 | 57.46 | 71.39 | 54.28 | 35.65 | 36.60 | 25.13 |
| 601107 | 四川成渝 | 24.29 | 34.88 | 59.31 | 63.61 | 45.24 | 41.54 | 46.18 | 78.72 |
| 601111 | 中国国航 | 54.71 | 50.71 | 66.69 | 71.43 | 54.33 | 51.51 | 60.08 | 65.21 |
| 601113 | 华鼎股份 | 56.11 | 50.27 | 66.69 | 59.91 | 46.27 | 60.21 | 24.64 | 27.08 |
| 601116 | 三江购物 | 60.98 | 52.08 | 63.00 | 84.48 | 44.01 | 59.96 | 32.34 | 38.57 |
| 601117 | 中国化学 | 57.12 | 46.32 | 61.15 | 60.02 | 44.27 | 52.12 | 63.75 | 72.25 |
| 601118 | 海南橡胶 | 59.07 | 50.57 | 61.15 | 64.23 | 43.62 | 36.34 | 25.53 | 14.33 |

续表

| 证券代码 | 证券简称 | 会计信息指数 | | | 外部审计指数 | | | 管理控制指数 | |
|---|---|---|---|---|---|---|---|---|---|
| | | 可靠性 | 相关性 | 信息披露 | 独立性 | 审计质量 | 保障功能 | 成本控制与创新 | 核心竞争力 |
| 601126 | 四方股份 | 50.37 | 53.48 | 64.85 | 84.70 | 39.15 | 51.76 | 65.72 | 51.29 |
| 601137 | 博威合金 | 37.62 | 52.57 | 61.15 | 64.09 | 44.10 | 60.30 | 52.24 | 32.57 |
| 601139 | 深圳燃气 | 61.13 | 56.37 | 59.31 | 67.57 | 61.10 | 53.89 | 61.82 | 77.65 |
| 601158 | 重庆水务 | 59.32 | 52.68 | 63.00 | 84.52 | 45.99 | 44.19 | 23.69 | 43.00 |
| 601166 | 兴业银行 | 46.84 | 50.87 | 59.31 | 59.98 | 54.25 | 47.76 | 61.31 | 97.26 |
| 601168 | 西部矿业 | 53.65 | 45.21 | 63.00 | 73.08 | 59.23 | 22.32 | 72.24 | 26.46 |
| 601169 | 北京银行 | 51.69 | 50.21 | 59.31 | 84.52 | 54.04 | 51.30 | 63.52 | 100.00 |
| 601177 | 杭齿前进 | 58.64 | 60.52 | 59.31 | 64.17 | 44.12 | 60.30 | 24.15 | 24.06 |
| 601179 | 中国西电 | 59.63 | 49.09 | 63.00 | 63.61 | 55.83 | 32.83 | 65.34 | 37.29 |
| 601186 | 中国铁建 | 55.12 | 48.37 | 68.54 | 70.85 | 60.81 | 51.30 | 55.99 | 70.72 |
| 601188 | 龙江交通 | 28.20 | 50.64 | 61.15 | 64.15 | 39.45 | 35.36 | 55.20 | 62.06 |
| 601199 | 江南水务 | 56.91 | 47.71 | 63.00 | 59.97 | 40.47 | 58.87 | 55.13 | 59.26 |
| 601208 | 东材科技 | 57.27 | 49.81 | 61.15 | 63.68 | 38.96 | 41.19 | 75.84 | 20.54 |
| 601216 | 内蒙君正 | 44.82 | 49.69 | 59.31 | 60.01 | 44.06 | 36.36 | 56.51 | 48.56 |
| 601218 | 吉鑫科技 | 55.65 | 51.51 | 57.46 | 71.36 | 39.08 | 59.42 | 59.37 | 25.23 |
| 601222 | 林洋电子 | 61.73 | 45.60 | 63.00 | 60.04 | 46.58 | 59.07 | 63.51 | 42.63 |
| 601225 | 陕西煤业 | 54.95 | 49.69 | 61.15 | 70.84 | 41.10 | 33.63 | 16.49 | 50.92 |
| 601226 | 华电重工 | 53.70 | 49.69 | 66.69 | 84.59 | 45.94 | 52.40 | 71.82 | 74.14 |
| 601231 | 环旭电子 | 48.47 | 51.09 | 61.15 | 59.92 | 54.39 | 56.26 | 49.85 | 47.77 |
| 601233 | 桐昆股份 | 51.70 | 41.41 | 63.00 | 63.62 | 49.04 | 60.30 | 52.09 | 25.28 |
| 601238 | 广汽集团 | 56.06 | 50.43 | 53.77 | 63.66 | 44.15 | 54.17 | 61.84 | 53.74 |
| 601258 | 庞大集团 | 36.36 | 47.93 | 59.31 | 60.00 | 55.58 | 39.92 | 40.46 | 52.87 |
| 601288 | 农业银行 | 48.55 | 50.19 | 66.69 | 72.45 | 62.79 | 51.48 | 61.33 | 95.95 |
| 601311 | 骆驼股份 | 61.48 | 49.50 | 46.38 | 60.01 | 39.04 | 41.58 | 62.88 | 42.21 |
| 601313 | 江南嘉捷 | 58.65 | 52.79 | 59.31 | 60.00 | 39.09 | 59.42 | 59.16 | 46.15 |
| 601318 | 中国平安 | 42.91 | 50.59 | 63.00 | 71.94 | 80.59 | 53.89 | 64.69 | 75.52 |
| 601328 | 交通银行 | 47.09 | 49.62 | 55.62 | 84.66 | 55.16 | 56.25 | 56.62 | 96.62 |

续表

| 证券代码 | 证券简称 | 会计信息指数 | | | 外部审计指数 | | | 管理控制指数 | |
|---|---|---|---|---|---|---|---|---|---|
| | | 可靠性 | 相关性 | 信息披露 | 独立性 | 审计质量 | 保障功能 | 成本控制与创新 | 核心竞争力 |
| 601333 | 广深铁路 | 45.98 | 51.42 | 61.15 | 75.30 | 61.14 | 53.89 | 37.83 | 45.64 |
| 601336 | 新华保险 | 40.27 | 49.98 | 61.15 | 84.59 | 57.34 | 51.30 | 29.94 | 70.01 |
| 601339 | 百隆东方 | 60.60 | 61.02 | 61.15 | 63.74 | 45.24 | 60.30 | 55.84 | 24.63 |
| 601369 | 陕鼓动力 | 53.92 | 50.84 | 63.00 | 64.28 | 38.99 | 33.63 | 68.94 | 44.73 |
| 601377 | 兴业证券 | 45.49 | 48.62 | 63.00 | 59.92 | 56.43 | 47.76 | 58.46 | 59.82 |
| 601388 | 怡球资源 | 53.07 | 48.15 | 55.62 | 63.67 | 44.73 | 59.43 | 41.07 | 33.00 |
| 601390 | 中国中铁 | 52.19 | 46.79 | 64.85 | 63.98 | 63.07 | 51.49 | 55.28 | 67.56 |
| 601398 | 工商银行 | 49.80 | 50.04 | 59.31 | 73.55 | 54.78 | 51.51 | 60.74 | 89.86 |
| 601515 | 东风股份 | 47.66 | 49.87 | 59.31 | 63.66 | 45.69 | 54.17 | 60.55 | 55.71 |
| 601518 | 吉林高速 | 18.67 | 49.15 | 63.00 | 63.59 | 44.18 | 39.68 | 54.58 | 62.74 |
| 601519 | 大智慧 | 63.18 | 50.80 | 66.69 | 63.63 | 44.30 | 56.53 | 22.93 | 57.90 |
| 601555 | 东吴证券 | 58.58 | 49.03 | 66.69 | 63.61 | 40.30 | 59.42 | 54.79 | 56.94 |
| 601558 | 华锐风电 | 36.88 | 50.72 | 59.31 | 84.66 | 39.50 | 51.76 | 86.77 | 36.42 |
| 601566 | 九牧王 | 62.39 | 51.67 | 59.31 | 63.64 | 45.36 | 48.73 | 28.00 | 58.99 |
| 601567 | 三星电气 | 57.83 | 49.39 | 61.15 | 63.70 | 46.87 | 60.21 | 64.19 | 47.29 |
| 601579 | 会稽山 | 53.70 | 49.69 | 61.15 | 84.49 | 44.65 | 60.30 | 45.33 | 49.06 |
| 601588 | 北辰实业 | 53.49 | 49.80 | 64.85 | 63.59 | 54.95 | 51.48 | 44.48 | 80.48 |
| 601599 | 鹿港科技 | 56.52 | 50.10 | 59.31 | 63.77 | 40.24 | 58.87 | 61.43 | 17.37 |
| 601600 | 中国铝业 | 54.11 | 50.83 | 66.69 | 63.83 | 67.55 | 51.30 | 44.74 | 0.01 |
| 601601 | 中国太保 | 43.19 | 50.01 | 55.62 | 84.58 | 58.00 | 56.25 | 30.08 | 70.01 |
| 601607 | 上海医药 | 56.36 | 53.20 | 66.69 | 60.12 | 62.96 | 56.25 | 61.50 | 71.19 |
| 601608 | 中信重工 | 58.84 | 49.69 | 63.00 | 63.79 | 39.28 | 43.81 | 63.63 | 49.80 |
| 601616 | 广电电气 | 61.98 | 49.35 | 61.15 | 64.14 | 43.95 | 56.89 | 52.43 | 29.06 |
| 601618 | 中国中冶 | 46.57 | 50.44 | 66.69 | 84.72 | 59.03 | 51.49 | 68.84 | 70.26 |
| 601628 | 中国人寿 | 47.55 | 49.83 | 64.85 | 71.77 | 69.06 | 51.30 | 29.73 | 71.56 |
| 601633 | 长城汽车 | 61.71 | 43.74 | 63.00 | 59.94 | 55.07 | 40.10 | 48.90 | 81.71 |
| 601636 | 旗滨集团 | 47.39 | 50.93 | 63.00 | 71.53 | 39.10 | 41.38 | 60.52 | 25.26 |

续表

| 证券代码 | 证券简称 | 会计信息指数 | | | 外部审计指数 | | | 管理控制指数 | |
|---|---|---|---|---|---|---|---|---|---|
| | | 可靠性 | 相关性 | 信息披露 | 独立性 | 审计质量 | 保障功能 | 成本控制与创新 | 核心竞争力 |
| 601666 | 平煤股份 | 28.23 | 50.84 | 61.15 | 73.17 | 39.72 | 43.49 | 52.22 | 10.43 |
| 601668 | 中国建筑 | 54.43 | 50.14 | 64.85 | 67.88 | 61.96 | 51.48 | 67.16 | 3.54 |
| 601669 | 中国电建 | 54.72 | 85.80 | 61.15 | 85.00 | 45.92 | 51.30 | 48.40 | 70.12 |
| 601677 | 明泰铝业 | 53.64 | 50.49 | 63.00 | 59.96 | 43.92 | 44.11 | 42.96 | 31.32 |
| 601678 | 滨化股份 | 47.37 | 51.22 | 57.46 | 71.64 | 34.13 | 47.65 | 60.37 | 39.81 |
| 601688 | 华泰证券 | 28.15 | 50.29 | 63.00 | 84.50 | 47.22 | 58.82 | 73.23 | 59.98 |
| 601699 | 潞安环能 | 56.50 | 50.00 | 59.31 | 71.34 | 45.81 | 35.19 | 73.48 | 45.15 |
| 601700 | 风范股份 | 46.95 | 29.26 | 66.69 | 64.16 | 44.33 | 59.07 | 48.60 | 31.37 |
| 601717 | 郑煤机 | 45.07 | 50.74 | 53.77 | 64.19 | 44.07 | 43.75 | 52.52 | 26.09 |
| 601718 | 际华集团 | 60.61 | 49.45 | 70.38 | 64.20 | 48.72 | 51.76 | 38.76 | 46.70 |
| 601727 | 上海电气 | 54.19 | 48.27 | 68.54 | 84.68 | 60.76 | 56.25 | 49.53 | 64.13 |
| 601766 | 中国南车 | 33.02 | 54.39 | 68.54 | 84.60 | 66.59 | 51.49 | 50.65 | 73.92 |
| 601777 | 力帆股份 | 48.79 | 48.30 | 64.85 | 64.20 | 44.58 | 44.28 | 61.69 | 43.80 |
| 601788 | 光大证券 | 46.93 | 50.93 | 59.31 | 71.29 | 46.35 | 56.28 | 71.55 | 55.16 |
| 601789 | 宁波建工 | 57.24 | 48.80 | 61.15 | 59.96 | 43.96 | 60.85 | 49.79 | 43.40 |
| 601798 | 蓝科高新 | 62.70 | 46.32 | 53.77 | 84.52 | 44.00 | 30.35 | 48.03 | 42.77 |
| 601799 | 星宇股份 | 62.95 | 49.99 | 59.31 | 64.16 | 39.03 | 59.42 | 66.43 | 18.93 |
| 601800 | 中国交建 | 53.82 | 49.85 | 64.85 | 60.09 | 58.57 | 51.48 | 46.99 | 97.49 |
| 601801 | 皖新传媒 | 59.30 | 50.43 | 57.46 | 64.39 | 41.71 | 43.14 | 59.79 | 71.45 |
| 601808 | 中海油服 | 58.54 | 46.53 | 66.69 | 71.45 | 79.35 | 49.56 | 50.94 | 50.58 |
| 601818 | 光大银行 | 52.75 | 50.27 | 66.69 | 64.20 | 44.34 | 51.51 | 30.88 | 96.94 |
| 601857 | 中国石油 | 49.82 | 52.14 | 63.00 | 72.02 | 68.47 | 51.51 | 52.43 | 72.61 |
| 601866 | 中海集运 | 46.58 | 50.65 | 63.00 | 73.20 | 49.23 | 56.08 | 68.69 | 69.81 |
| 601872 | 招商轮船 | 41.55 | 50.74 | 64.85 | 73.10 | 44.64 | 56.42 | 53.62 | 52.07 |
| 601877 | 正泰电器 | 50.84 | 47.90 | 66.69 | 64.18 | 44.56 | 60.30 | 63.34 | 50.52 |
| 601880 | 大连港 | 49.13 | 51.07 | 59.31 | 84.54 | 56.45 | 46.62 | 42.55 | 54.87 |
| 601886 | 江河创建 | 58.34 | 52.76 | 59.31 | 60.10 | 42.13 | 51.85 | 67.51 | 50.09 |

续表

| 证券代码 | 证券简称 | 会计信息指数 | | | 外部审计指数 | | | 管理控制指数 | |
|---|---|---|---|---|---|---|---|---|---|
| | | 可靠性 | 相关性 | 信息披露 | 独立性 | 审计质量 | 保障功能 | 成本控制与创新 | 核心竞争力 |
| 601888 | 中国国旅 | 60.73 | 49.69 | 61.15 | 67.60 | 59.66 | 52.11 | 58.85 | 74.28 |
| 601890 | 亚星锚链 | 37.73 | 52.07 | 61.15 | 64.31 | 39.57 | 58.87 | 55.43 | 27.95 |
| 601898 | 中煤能源 | 55.84 | 50.98 | 66.69 | 70.53 | 58.77 | 51.48 | 43.27 | 53.87 |
| 601899 | 紫金矿业 | 50.14 | 50.04 | 70.38 | 70.58 | 65.79 | 47.58 | 46.29 | 42.23 |
| 601901 | 方正证券 | 30.23 | 49.28 | 63.00 | 59.92 | 45.13 | 41.00 | 72.66 | 53.38 |
| 601908 | 京运通 | 52.71 | 49.76 | 55.62 | 71.36 | 53.95 | 52.11 | 82.66 | 25.10 |
| 601918 | 国投新集 | 57.49 | 50.92 | 55.62 | 73.21 | 39.62 | 43.05 | 16.24 | 3.99 |
| 601919 | 中国远洋 | 27.24 | 51.19 | 64.85 | 71.44 | 67.31 | 50.18 | 62.06 | 70.01 |
| 601928 | 凤凰传媒 | 62.38 | 50.01 | 70.38 | 84.84 | 43.95 | 59.42 | 60.72 | 70.26 |
| 601929 | 吉视传媒 | 60.78 | 50.11 | 59.31 | 75.05 | 56.47 | 39.94 | 55.85 | 56.08 |
| 601933 | 永辉超市 | 50.77 | 51.07 | 61.15 | 64.21 | 44.77 | 48.73 | 49.57 | 55.64 |
| 601939 | 建设银行 | 49.21 | 49.67 | 64.85 | 61.08 | 62.79 | 51.48 | 60.90 | 92.26 |
| 601958 | 金钼股份 | 62.21 | 57.64 | 63.00 | 84.57 | 54.70 | 33.63 | 1.11 | 25.35 |
| 601965 | 中国汽研 | 59.42 | 33.90 | 63.00 | 63.62 | 43.98 | 44.54 | 35.61 | 39.72 |
| 601969 | 海南矿业 | 53.70 | 49.69 | 61.15 | 71.09 | 45.45 | 49.12 | 25.15 | 34.33 |
| 601988 | 中国银行 | 45.22 | 50.01 | 61.15 | 73.61 | 67.38 | 51.30 | 61.53 | 87.69 |
| 601989 | 中国重工 | 33.29 | 50.63 | 64.85 | 71.54 | 61.80 | 52.11 | 78.66 | 63.40 |
| 601991 | 大唐发电 | 54.66 | 51.03 | 63.00 | 71.47 | 60.50 | 52.11 | 26.94 | 81.03 |
| 601992 | 金隅股份 | 48.92 | 49.88 | 64.85 | 64.21 | 59.56 | 51.30 | 38.31 | 72.30 |
| 601996 | 丰林集团 | 59.05 | 51.25 | 61.15 | 71.32 | 47.64 | 36.20 | 54.54 | 32.76 |
| 601998 | 中信银行 | 48.97 | 48.79 | 66.69 | 73.17 | 44.40 | 51.51 | 59.48 | 93.40 |
| 601999 | 出版传媒 | 62.51 | 34.55 | 63.00 | 71.40 | 56.21 | 47.25 | 65.97 | 61.77 |
| 603000 | 人民网 | 72.52 | 49.10 | 61.15 | 71.43 | 56.80 | 52.11 | 49.08 | 63.47 |
| 603001 | 奥康国际 | 58.85 | 59.16 | 63.00 | 63.59 | 63.11 | 60.30 | 59.24 | 46.25 |
| 603002 | 宏昌电子 | 44.54 | 50.24 | 61.15 | 71.28 | 43.88 | 54.17 | 49.34 | 30.53 |
| 603003 | 龙宇燃油 | 41.03 | 55.19 | 59.31 | 63.60 | 44.27 | 56.53 | 62.67 | 52.50 |
| 603005 | 晶方科技 | 65.13 | 49.69 | 53.77 | 70.61 | 38.84 | 59.17 | 61.20 | 59.96 |

续表

| 证券代码 | 证券简称 | 会计信息指数 | | | 外部审计指数 | | | 管理控制指数 | |
|---|---|---|---|---|---|---|---|---|---|
| | | 可靠性 | 相关性 | 信息披露 | 独立性 | 审计质量 | 保障功能 | 成本控制与创新 | 核心竞争力 |
| 603006 | 联明股份 | 53.70 | 49.69 | 59.31 | 84.49 | 43.86 | 56.53 | 51.17 | 39.83 |
| 603008 | 喜临门 | 55.79 | 51.60 | 59.31 | 63.59 | 49.02 | 60.30 | 44.44 | 47.52 |
| 603009 | 北特科技 | 53.70 | 49.69 | 59.31 | 84.55 | 43.96 | 56.08 | 61.50 | 34.41 |
| 603010 | 万盛股份 | 53.70 | 49.69 | 59.31 | 84.58 | 43.88 | 60.21 | 43.81 | 38.00 |
| 603011 | 合锻股份 | 53.70 | 49.69 | 63.00 | 84.67 | 39.07 | 43.14 | 42.22 | 25.31 |
| 603017 | 园区设计 | 53.70 | 49.69 | 66.69 | 84.49 | 45.50 | 59.07 | 67.67 | 86.07 |
| 603018 | 设计股份 | 53.70 | 49.69 | 63.00 | 84.51 | 47.53 | 59.77 | 61.84 | 90.24 |
| 603019 | 中科曙光 | 53.70 | 49.69 | 59.31 | 84.54 | 43.96 | 49.84 | 72.80 | 40.78 |
| 603077 | 和邦股份 | 43.64 | 50.11 | 57.46 | 63.75 | 38.95 | 41.39 | 59.81 | 37.96 |
| 603088 | 宁波精达 | 53.70 | 49.69 | 57.46 | 84.61 | 43.93 | 60.21 | 59.43 | 49.20 |
| 603099 | 长白山 | 53.70 | 49.69 | 59.31 | 84.54 | 45.80 | 39.48 | 61.50 | 64.35 |
| 603100 | 川仪股份 | 53.70 | 49.69 | 59.31 | 84.58 | 47.75 | 44.28 | 65.63 | 42.73 |
| 603111 | 康尼机电 | 53.70 | 49.69 | 53.77 | 84.60 | 39.36 | 59.07 | 68.24 | 22.33 |
| 603123 | 翠微股份 | 45.73 | 52.34 | 64.85 | 63.56 | 54.19 | 51.49 | 40.91 | 50.84 |
| 603126 | 中材节能 | 53.70 | 49.69 | 61.15 | 84.54 | 55.72 | 50.18 | 35.91 | 76.04 |
| 603128 | 华贸物流 | 28.94 | 58.13 | 59.31 | 71.31 | 75.44 | 56.89 | 31.63 | 70.01 |
| 603166 | 福达股份 | 53.70 | 49.69 | 53.77 | 84.56 | 39.13 | 35.65 | 42.07 | 24.56 |
| 603167 | 渤海轮渡 | 60.32 | 54.23 | 61.15 | 63.58 | 43.98 | 47.65 | 2.67 | 44.90 |
| 603168 | 莎普爱思 | 53.70 | 49.69 | 55.62 | 84.57 | 43.96 | 60.30 | 55.96 | 60.17 |
| 603169 | 兰石重装 | 53.70 | 49.69 | 57.46 | 84.56 | 53.98 | 30.70 | 60.38 | 34.43 |
| 603188 | 亚邦股份 | 53.70 | 49.69 | 61.15 | 84.55 | 39.06 | 59.42 | 68.04 | 61.68 |
| 603222 | 济民制药 | 53.70 | 49.69 | 61.15 | 84.76 | 44.02 | 60.30 | 54.32 | 56.81 |
| 603288 | 海天味业 | 67.96 | 49.69 | 63.00 | 70.52 | 48.06 | 53.92 | 64.96 | 56.99 |
| 603306 | 华懋科技 | 53.70 | 49.69 | 51.92 | 84.48 | 43.88 | 48.04 | 58.94 | 45.27 |
| 603308 | 应流股份 | 61.93 | 49.69 | 57.46 | 64.14 | 44.18 | 43.14 | 37.44 | 30.57 |
| 603328 | 依顿电子 | 53.70 | 49.69 | 59.31 | 84.58 | 43.99 | 54.53 | 62.04 | 44.39 |
| 603333 | 明星电缆 | 55.93 | 51.07 | 57.46 | 71.31 | 53.99 | 42.00 | 58.57 | 27.95 |

续表

| 证券代码 | 证券简称 | 会计信息指数 | | | 外部审计指数 | | | 管理控制指数 | |
|---|---|---|---|---|---|---|---|---|---|
| | | 可靠性 | 相关性 | 信息披露 | 独立性 | 审计质量 | 保障功能 | 成本控制与创新 | 核心竞争力 |
| 603366 | 日出东方 | 61.15 | 53.40 | 55.62 | 63.62 | 44.06 | 59.77 | 33.09 | 24.63 |
| 603368 | 柳州医药 | 53.70 | 49.69 | 63.00 | 84.59 | 39.13 | 35.31 | 48.73 | 55.44 |
| 603369 | 今世缘 | 53.70 | 49.69 | 64.85 | 84.56 | 39.79 | 59.07 | 44.57 | 58.64 |
| 603399 | 新华龙 | 28.36 | 43.80 | 61.15 | 71.27 | 44.04 | 46.90 | 37.79 | 31.87 |
| 603456 | 九洲药业 | 53.70 | 49.69 | 61.15 | 63.58 | 44.04 | 60.30 | 28.10 | 19.61 |
| 603518 | 维格娜丝 | 53.70 | 49.69 | 55.62 | 84.55 | 39.38 | 58.87 | 46.53 | 59.84 |
| 603555 | 贵人鸟 | 48.30 | 49.69 | 64.85 | 84.57 | 44.71 | 48.13 | 45.52 | 53.66 |
| 603558 | 健盛集团 | 53.70 | 49.69 | 61.15 | 84.55 | 44.70 | 60.30 | 44.84 | 41.89 |
| 603588 | 高能环境 | 53.70 | 49.69 | 57.46 | 84.59 | 51.39 | 52.46 | 9.57 | 61.00 |
| 603600 | 永艺股份 | 53.70 | 49.69 | 63.00 | 84.80 | 49.02 | 60.30 | 54.28 | 6.55 |
| 603601 | 再升科技 | 53.70 | 49.69 | 55.62 | 84.73 | 43.94 | 43.73 | 52.28 | 50.57 |
| 603606 | 东方电缆 | 53.70 | 49.69 | 66.69 | 84.57 | 44.06 | 60.30 | 60.27 | 34.37 |
| 603609 | 禾丰牧业 | 53.70 | 49.69 | 57.46 | 84.60 | 39.90 | 46.90 | 53.42 | 37.66 |
| 603611 | 诺力股份 | 53.70 | 49.69 | 66.69 | 84.65 | 44.09 | 60.30 | 76.37 | 31.88 |
| 603636 | 南威软件 | 53.70 | 49.69 | 61.15 | 84.66 | 39.11 | 47.58 | 54.49 | 55.05 |
| 603678 | 火炬电子 | 53.70 | 49.69 | 61.15 | 84.84 | 44.10 | 48.73 | 46.61 | 43.87 |
| 603686 | 龙马环卫 | 53.70 | 49.69 | 64.85 | 84.61 | 44.08 | 48.13 | 59.74 | 41.29 |
| 603688 | 石英股份 | 53.70 | 49.69 | 61.15 | 84.61 | 39.01 | 59.07 | 61.09 | 46.93 |
| 603698 | 航天工程 | 53.70 | 49.69 | 61.15 | 84.52 | 48.37 | 52.12 | 57.01 | 93.60 |
| 603699 | 纽威股份 | 67.04 | 49.69 | 55.62 | 71.31 | 54.50 | 58.80 | 50.07 | 56.03 |
| 603766 | 隆鑫通用 | 38.50 | 48.04 | 61.15 | 63.72 | 44.62 | 44.08 | 47.10 | 41.05 |
| 603788 | 宁波高发 | 53.70 | 49.69 | 57.46 | 84.67 | 43.96 | 60.21 | 61.95 | 43.64 |
| 603799 | 华友钴业 | 53.70 | 49.69 | 61.15 | 84.51 | 44.66 | 60.30 | 58.04 | 39.27 |
| 603806 | 福斯特 | 53.70 | 49.69 | 59.31 | 84.54 | 44.71 | 60.30 | 53.22 | 38.43 |
| 603899 | 晨光文具 | 53.70 | 49.69 | 66.69 | 84.53 | 47.19 | 56.53 | 59.13 | 44.15 |
| 603969 | 银龙股份 | 53.70 | 49.69 | 59.31 | 84.57 | 44.64 | 49.84 | 38.53 | 31.24 |
| 603988 | 中电电机 | 53.70 | 49.69 | 63.00 | 84.52 | 43.86 | 59.17 | 28.74 | 49.54 |

续表

| 证券代码 | 证券简称 | 会计信息指数 | | | 外部审计指数 | | | 管理控制指数 | |
|---|---|---|---|---|---|---|---|---|---|
| | | 可靠性 | 相关性 | 信息披露 | 独立性 | 审计质量 | 保障功能 | 成本控制与创新 | 核心竞争力 |
| 603993 | 洛阳钼业 | 60.47 | 50.69 | 57.46 | 84.50 | 57.45 | 43.47 | 61.70 | 41.88 |
| 603997 | 继峰股份 | 52.17 | 49.69 | 55.62 | 84.50 | 38.91 | 60.21 | 47.66 | 43.70 |
| 603998 | 方盛制药 | 52.17 | 49.69 | 63.00 | 84.49 | 43.90 | 41.00 | 50.10 | 54.05 |

# 附表三　内部控制和财务运行三级指数

| 证券代码 | 证券简称 | 内部控制指数 | | | | | 财务运行指数 | | | |
|---|---|---|---|---|---|---|---|---|---|---|
| | | 人文环境 | 治理结构 | 信息沟通 | 业务控制 | 外部监督 | 投资质量 | 筹资质量 | 资金运营质量 | 股利分配 |
| 000001 | 平安银行 | 25.00 | 52.01 | 70 | 98.59 | 60 | 67.45 | 55.49 | 31.00 | 34.71 |
| 000002 | 万科 A | 50.13 | 63.86 | 80 | 100.00 | 60 | 75.27 | 64.39 | 56.52 | 42.04 |
| 000004 | 国农科技 | 1.07 | 66.73 | 80 | 100.00 | 50 | 71.76 | 79.50 | 38.05 | 30.42 |
| 000005 | 世纪星源 | 0.13 | 44.28 | 80 | 90.00 | 50 | 11.71 | 28.47 | 33.23 | 34.80 |
| 000006 | 深振业 A | 26.61 | 43.87 | 80 | 90.00 | 50 | 85.48 | 73.89 | 65.99 | 48.81 |
| 000007 | 零七股份 | 0.00 | 47.56 | 50 | 53.00 | 0 | 29.08 | 75.57 | 40.63 | 34.80 |
| 000008 | 神州高铁 | 25.00 | 61.34 | 80 | 99.63 | 50 | 55.97 | 26.17 | 71.75 | 12.56 |
| 000009 | 中国宝安 | 50.67 | 36.10 | 80 | 90.00 | 40 | 50.35 | 47.03 | 63.41 | 39.90 |
| 000010 | 深华新 | 25.71 | 53.38 | 80 | 90.00 | 40 | 68.64 | 82.47 | 52.21 | 12.56 |
| 000011 | 深物业 A | 52.64 | 58.45 | 80 | 90.00 | 40 | 75.39 | 39.96 | 80.05 | 34.36 |
| 000012 | 南玻 A | 50.91 | 63.61 | 70 | 99.92 | 60 | 48.00 | 82.46 | 44.11 | 57.39 |
| 000014 | 沙河股份 | 25.56 | 48.92 | 80 | 100.00 | 50 | 85.73 | 85.69 | 67.79 | 32.06 |
| 000016 | 深康佳 A | 51.21 | 40.38 | 80 | 89.46 | 50 | 69.42 | 63.35 | 56.05 | 25.38 |
| 000017 | 深中华 A | 0.34 | 59.79 | 80 | 100.00 | 35 | 44.40 | 26.10 | 70.01 | 12.56 |
| 000018 | 中冠 A | 0.32 | 51.62 | 80 | 100.00 | 50 | 78.46 | 82.33 | 71.92 | 32.75 |
| 000019 | 深深宝 A | 1.04 | 53.46 | 80 | 89.37 | 50 | 52.97 | 46.88 | 67.82 | 43.16 |
| 000020 | 深华发 A | 0.04 | 42.05 | 80 | 70.58 | 50 | 67.54 | 25.78 | 53.47 | 12.56 |
| 000021 | 深科技 | 51.18 | 51.08 | 80 | 99.77 | 50 | 70.75 | 30.74 | 69.18 | 63.43 |
| 000022 | 深赤湾 A | 26.83 | 64.80 | 80 | 98.41 | 60 | 64.88 | 81.68 | 66.96 | 59.99 |
| 000023 | 深天地 A | 26.01 | 46.89 | 80 | 98.62 | 50 | 75.16 | 65.18 | 48.23 | 44.36 |
| 000024 | 招商地产 | 53.19 | 44.55 | 80 | 99.95 | 50 | 80.68 | 84.51 | 69.66 | 41.83 |
| 000025 | 特力 A | 26.46 | 39.58 | 80 | 100.00 | 50 | 28.36 | 20.61 | 53.88 | 34.80 |
| 000026 | 飞亚达 A | 27.40 | 36.62 | 80 | 98.27 | 50 | 60.42 | 72.65 | 64.85 | 60.60 |
| 000027 | 深圳能源 | 52.39 | 60.52 | 70 | 99.99 | 60 | 69.38 | 34.64 | 50.30 | 41.06 |
| 000028 | 国药一致 | 51.42 | 40.34 | 80 | 82.01 | 60 | 70.93 | 66.36 | 74.12 | 44.06 |

续表

| 证券代码 | 证券简称 | 内部控制指数 | | | | | 财务运行指数 | | | |
|---|---|---|---|---|---|---|---|---|---|---|
| | | 人文环境 | 治理结构 | 信息沟通 | 业务控制 | 外部监督 | 投资质量 | 筹资质量 | 资金运营质量 | 股利分配 |
| 000029 | 深深房 A | 27.61 | 72.10 | 70 | 99.96 | 50 | 69.62 | 48.76 | 81.32 | 34.80 |
| 000030 | 富奥股份 | 26.21 | 50.83 | 80 | 65.29 | 50 | 50.66 | 79.92 | 65.25 | 19.60 |
| 000031 | 中粮地产 | 51.18 | 63.92 | 70 | 100.00 | 50 | 80.98 | 82.37 | 72.61 | 36.53 |
| 000032 | 深桑达 A | 25.47 | 50.48 | 80 | 92.85 | 50 | 68.78 | 30.29 | 73.25 | 38.44 |
| 000033 | *ST 新都 | 0.02 | 36.63 | 30 | 8.64 | 0 | 48.53 | 67.45 | 47.90 | 34.80 |
| 000034 | 深信泰丰 | 26.45 | 37.98 | 80 | 90.00 | 50 | 65.01 | 27.50 | 50.86 | 34.80 |
| 000035 | 中国天楹 | 25.98 | 52.40 | 80 | 99.91 | 35 | 17.13 | 39.61 | 29.02 | 34.80 |
| 000036 | 华联控股 | 0.44 | 46.60 | 70 | 100.00 | 50 | 55.58 | 71.15 | 28.59 | 34.80 |
| 000037 | 深南电 A | 25.98 | 66.49 | 60 | 100.00 | 50 | 55.85 | 13.28 | 37.59 | 15.98 |
| 000038 | 深大通 | 0.15 | 38.43 | 70 | 90.00 | 35 | 74.72 | 32.20 | 61.57 | 34.80 |
| 000039 | 中集集团 | 50.48 | 56.04 | 80 | 97.67 | 60 | 22.79 | 25.45 | 44.51 | 29.36 |
| 000040 | 宝安地产 | 25.77 | 53.70 | 70 | 90.00 | 50 | 78.28 | 45.30 | 65.18 | 35.12 |
| 000042 | 中洲控股 | 50.76 | 43.66 | 80 | 90.00 | 50 | 80.54 | 79.48 | 68.05 | 40.99 |
| 000043 | 中航地产 | 52.18 | 53.85 | 80 | 92.67 | 50 | 66.39 | 81.68 | 63.16 | 39.83 |
| 000045 | 深纺织 A | 26.12 | 59.23 | 80 | 89.87 | 40 | 30.92 | 86.79 | 51.27 | 34.80 |
| 000046 | 泛海控股 | 50.98 | 52.11 | 80 | 69.19 | 50 | 79.58 | 17.43 | 57.35 | 66.49 |
| 000048 | 康达尔 | 50.59 | 53.01 | 60 | 89.20 | 35 | 53.31 | 84.76 | 57.94 | 32.75 |
| 000049 | 德赛电池 | 53.45 | 50.33 | 80 | 99.84 | 50 | 63.53 | 84.82 | 52.60 | 30.16 |
| 000050 | 深天马 A | 50.78 | 53.31 | 80 | 88.24 | 60 | 81.41 | 63.48 | 57.54 | 24.38 |
| 000055 | 方大集团 | 25.22 | 50.36 | 80 | 100.00 | 50 | 72.45 | 82.16 | 38.83 | 63.13 |
| 000056 | 深国商 | 25.24 | 44.96 | 80 | 86.90 | 50 | 14.29 | 84.96 | 42.22 | 34.80 |
| 000058 | 深赛格 | 26.63 | 58.57 | 60 | 100.00 | 50 | 61.18 | 34.03 | 39.45 | 34.80 |
| 000059 | *ST 华锦 | 25.72 | 37.69 | 80 | 53.03 | 50 | 51.22 | 56.08 | 61.08 | 30.42 |
| 000060 | 中金岭南 | 51.29 | 51.02 | 80 | 99.63 | 50 | 66.72 | 46.15 | 52.08 | 20.99 |
| 000061 | 农产品 | 50.89 | 61.68 | 80 | 99.96 | 50 | 17.74 | 67.29 | 35.39 | 80.14 |
| 000062 | 深圳华强 | 25.96 | 36.63 | 80 | 99.70 | 50 | 54.08 | 74.52 | 71.85 | 51.12 |
| 000063 | 中兴通讯 | 60.37 | 41.93 | 80 | 78.49 | 60 | 69.00 | 32.37 | 45.31 | 17.50 |

续表

| 证券代码 | 证券简称 | 内部控制指数 | | | | | 财务运行指数 | | | |
|---|---|---|---|---|---|---|---|---|---|---|
| | | 人文环境 | 治理结构 | 信息沟通 | 业务控制 | 外部监督 | 投资质量 | 筹资质量 | 资金运营质量 | 股利分配 |
| 000065 | 北方国际 | 1.07 | 41.92 | 80 | 90.92 | 50 | 62.83 | 38.31 | 50.68 | 29.85 |
| 000066 | 长城电脑 | 50.11 | 40.99 | 80 | 86.80 | 35 | 74.05 | 55.30 | 55.12 | 12.56 |
| 000068 | *ST 华赛 | 25.15 | 48.28 | 80 | 74.90 | 50 | 67.89 | 29.07 | 27.77 | 12.56 |
| 000069 | 华侨城 A | 50.96 | 62.83 | 80 | 99.83 | 50 | 22.82 | 26.10 | 49.02 | 43.34 |
| 000070 | 特发信息 | 51.28 | 44.50 | 80 | 86.91 | 50 | 74.80 | 78.59 | 56.15 | 20.05 |
| 000078 | 海王生物 | 25.22 | 55.25 | 80 | 99.67 | 50 | 64.10 | 52.57 | 52.43 | 34.80 |
| 000088 | 盐田港 | 27.30 | 40.31 | 80 | 100.00 | 50 | 51.05 | 82.15 | 56.89 | 41.13 |
| 000089 | 深圳机场 | 32.14 | 48.47 | 80 | 89.54 | 50 | 61.24 | 80.75 | 71.97 | 29.55 |
| 000090 | 天健集团 | 26.98 | 66.45 | 80 | 100.00 | 50 | 75.45 | 76.30 | 70.98 | 44.79 |
| 000096 | 广聚能源 | 25.43 | 48.47 | 65 | 89.91 | 50 | 53.10 | 35.82 | 60.36 | 55.39 |
| 000099 | 中信海直 | 2.59 | 45.50 | 80 | 100.00 | 40 | 84.68 | 73.46 | 58.07 | 40.70 |
| 000100 | TCL 集团 | 50.56 | 60.13 | 80 | 99.66 | 50 | 57.58 | 25.86 | 52.17 | 25.30 |
| 000150 | 宜华健康 | 0.29 | 39.47 | 80 | 100.00 | 50 | 58.02 | 38.18 | 43.26 | 34.80 |
| 000151 | 中成股份 | 50.29 | 62.09 | 60 | 99.30 | 50 | 61.73 | 29.22 | 82.35 | 83.21 |
| 000153 | 丰原药业 | 26.02 | 48.47 | 80 | 98.76 | 40 | 54.56 | 83.26 | 52.94 | 55.95 |
| 000155 | *ST 川化 | 50.18 | 55.38 | 30 | 95.30 | 25 | 43.82 | 0.00 | 29.73 | 30.42 |
| 000156 | 华数传媒 | 50.92 | 44.09 | 80 | 97.70 | 50 | 44.54 | 25.20 | 48.69 | 17.40 |
| 000157 | 中联重科 | 50.83 | 54.28 | 80 | 98.71 | 50 | 64.89 | 25.93 | 36.42 | 33.63 |
| 000158 | 常山股份 | 0.48 | 38.50 | 80 | 99.02 | 40 | 56.86 | 83.29 | 40.68 | 32.75 |
| 000159 | 国际实业 | 25.69 | 27.55 | 60 | 99.48 | 40 | 45.84 | 74.73 | 31.56 | 76.85 |
| 000166 | 申万宏源 | 25.59 | 59.87 | 60 | 98.63 | 34 | 40.46 | 55.49 | 31.00 | 34.80 |
| 000301 | 东方市场 | 50.48 | 42.90 | 80 | 99.92 | 40 | 55.64 | 30.91 | 21.65 | 43.84 |
| 000333 | 美的集团 | 50.38 | 38.48 | 80 | 100.00 | 50 | 39.72 | 57.42 | 38.48 | 26.59 |
| 000338 | 潍柴动力 | 50.53 | 39.14 | 80 | 88.93 | 32 | 65.46 | 25.92 | 60.40 | 20.32 |
| 000400 | 许继电气 | 26.13 | 38.64 | 80 | 60.30 | 50 | 51.55 | 81.27 | 64.87 | 16.94 |
| 000401 | 冀东水泥 | 50.45 | 57.46 | 40 | 92.14 | 36 | 79.23 | 25.68 | 44.22 | 38.63 |
| 000402 | 金融街 | 51.05 | 55.10 | 80 | 99.98 | 50 | 83.03 | 84.99 | 71.50 | 45.32 |

续表

| 证券代码 | 证券简称 | 内部控制指数 | | | | | 财务运行指数 | | | |
|---|---|---|---|---|---|---|---|---|---|---|
| | | 人文环境 | 治理结构 | 信息沟通 | 业务控制 | 外部监督 | 投资质量 | 筹资质量 | 资金运营质量 | 股利分配 |
| 000403 | ST 生化 | 25.01 | 59.45 | 20 | 35.00 | 0 | 71.13 | 74.18 | 39.57 | 30.42 |
| 000404 | 华意压缩 | 50.41 | 52.61 | 60 | 80.78 | 50 | 84.94 | 66.14 | 55.33 | 15.01 |
| 000407 | 胜利股份 | 26.74 | 41.01 | 65 | 97.41 | 50 | 53.12 | 74.74 | 47.41 | 30.42 |
| 000408 | 金谷源 | 0.17 | 37.75 | 60 | 56.00 | 0 | 56.87 | 68.03 | 24.70 | 34.80 |
| 000409 | 山东地矿 | 50.63 | 73.28 | 70 | 95.89 | 50 | 50.71 | 54.56 | 36.22 | 7.84 |
| 000410 | 沈阳机床 | 51.33 | 37.96 | 80 | 99.31 | 42 | 60.20 | 25.57 | 33.21 | 24.11 |
| 000411 | 英特集团 | 51.09 | 50.35 | 80 | 99.95 | 50 | 62.24 | 45.02 | 73.31 | 34.80 |
| 000413 | 东旭光电 | 25.10 | 47.58 | 70 | 64.79 | 40 | 38.79 | 32.99 | 42.61 | 16.27 |
| 000415 | 渤海租赁 | 50.13 | 66.72 | 80 | 99.54 | 50 | 13.92 | 17.54 | 41.24 | 28.52 |
| 000416 | 民生控股 | 0.42 | 61.51 | 80 | 84.13 | 12 | 24.66 | 26.10 | 44.90 | 27.76 |
| 000417 | 合肥百货 | 50.56 | 45.96 | 80 | 100.00 | 50 | 62.39 | 68.09 | 76.29 | 54.89 |
| 000418 | 小天鹅 A | 51.10 | 62.96 | 80 | 87.91 | 40 | 79.42 | 28.21 | 51.04 | 37.04 |
| 000419 | 通程控股 | 0.36 | 30.03 | 60 | 100.00 | 50 | 77.45 | 47.38 | 61.42 | 67.33 |
| 000420 | 吉林化纤 | 31.71 | 65.78 | 80 | 87.81 | 25 | 64.23 | 55.45 | 20.38 | 30.42 |
| 000421 | 南京中北 | 52.25 | 34.12 | 80 | 97.44 | 40 | 46.66 | 31.44 | 44.48 | 27.63 |
| 000422 | 湖北宜化 | 25.28 | 35.32 | 80 | 97.24 | 50 | 61.98 | 15.59 | 32.10 | 33.61 |
| 000423 | 东阿阿胶 | 50.52 | 43.49 | 60 | 94.01 | 60 | 76.87 | 34.89 | 58.11 | 48.30 |
| 000425 | 徐工机械 | 51.22 | 44.71 | 80 | 88.88 | 40 | 62.14 | 47.24 | 52.45 | 23.33 |
| 000426 | 兴业矿业 | 25.06 | 42.62 | 60 | 100.00 | 40 | 60.66 | 53.17 | 47.58 | 15.73 |
| 000428 | 华天酒店 | 25.34 | 40.53 | 80 | 85.02 | 50 | 39.45 | 0.00 | 24.09 | 24.06 |
| 000429 | 粤高速 A | 1.56 | 44.76 | 80 | 99.11 | 40 | 56.86 | 52.55 | 61.41 | 59.27 |
| 000430 | 张家界 | 26.48 | 50.47 | 70 | 89.79 | 50 | 36.54 | 78.99 | 52.27 | 34.80 |
| 000488 | 晨鸣纸业 | 50.61 | 59.16 | 80 | 99.24 | 50 | 57.30 | 15.51 | 26.64 | 82.47 |
| 000498 | 山东路桥 | 26.44 | 51.10 | 80 | 54.45 | 40 | 73.33 | 84.08 | 56.16 | 21.46 |
| 000501 | 鄂武商 A | 51.95 | 56.25 | 60 | 90.00 | 40 | 17.32 | 37.74 | 47.09 | 26.82 |
| 000502 | 绿景控股 | 0.31 | 58.84 | 80 | 98.25 | 50 | 32.40 | 26.10 | 45.26 | 34.80 |
| 000503 | 海虹控股 | 25.49 | 37.79 | 60 | 100.00 | 50 | 50.93 | 26.77 | 52.90 | 34.80 |

续表

| 证券代码 | 证券简称 | 内部控制指数 | | | | | 财务运行指数 | | | |
|---|---|---|---|---|---|---|---|---|---|---|
| | | 人文环境 | 治理结构 | 信息沟通 | 业务控制 | 外部监督 | 投资质量 | 筹资质量 | 资金运营质量 | 股利分配 |
| 000504 | 南华生物 | 0.03 | 46.24 | 80 | 81.00 | 0 | 25.33 | 64.94 | 43.24 | 17.40 |
| 000505 | ＊ST 珠江 | 25.72 | 30.89 | 60 | 100.00 | 31 | 71.67 | 0.00 | 31.64 | 34.80 |
| 000506 | 中润资源 | 25.04 | 66.54 | 80 | 100.00 | 40 | 51.29 | 32.76 | 40.72 | 23.19 |
| 000507 | 珠海港 | 26.68 | 38.65 | 80 | 95.77 | 50 | 56.26 | 71.44 | 49.80 | 49.68 |
| 000509 | 华塑控股 | 25.17 | 57.38 | 80 | 72.00 | 0 | 42.05 | 26.29 | 17.35 | 30.42 |
| 000510 | ＊ST 金路 | 26.01 | 51.84 | 80 | 98.68 | 50 | 57.59 | 81.96 | 51.41 | 30.42 |
| 000511 | 烯碳新材 | 0.16 | 19.60 | 20 | 89.89 | 0 | 84.71 | 69.99 | 44.69 | 14.58 |
| 000513 | 丽珠集团 | 50.27 | 55.12 | 80 | 97.55 | 50 | 43.71 | 82.17 | 55.65 | 39.99 |
| 000514 | 渝开发 | 25.78 | 44.37 | 80 | 88.53 | 50 | 58.71 | 72.86 | 69.75 | 44.57 |
| 000516 | 国际医学 | 50.80 | 41.79 | 80 | 100.00 | 32 | 80.68 | 80.99 | 63.59 | 44.32 |
| 000517 | 荣安地产 | 25.67 | 43.59 | 80 | 99.32 | 40 | 82.40 | 49.92 | 61.27 | 19.24 |
| 000518 | 四环生物 | 0.26 | 37.69 | 80 | 100.00 | 50 | 24.93 | 29.60 | 40.54 | 30.42 |
| 000519 | 江南红箭 | 26.28 | 44.04 | 80 | 97.09 | 50 | 63.13 | 43.37 | 67.72 | 12.72 |
| 000520 | ＊ST 凤凰 | 30.75 | 47.11 | 80 | 75.41 | 50 | 24.37 | 40.23 | 71.18 | 21.97 |
| 000521 | 美菱电器 | 50.27 | 53.14 | 80 | 69.33 | 50 | 68.55 | 76.31 | 66.04 | 23.39 |
| 000523 | 广州浪奇 | 25.56 | 47.54 | 80 | 97.41 | 50 | 73.43 | 58.61 | 48.89 | 44.38 |
| 000524 | 东方宾馆 | 26.08 | 52.64 | 80 | 85.37 | 50 | 37.80 | 80.28 | 83.76 | 43.53 |
| 000525 | 红太阳 | 0.61 | 58.34 | 80 | 99.25 | 42 | 64.72 | 63.72 | 27.08 | 34.87 |
| 000526 | 银润投资 | 0.05 | 39.45 | 60 | 87.99 | 40 | 16.39 | 26.29 | 38.87 | 34.80 |
| 000528 | 柳工 | 51.07 | 53.76 | 80 | 81.51 | 50 | 77.61 | 40.56 | 54.72 | 64.65 |
| 000529 | 广弘控股 | 26.47 | 58.77 | 60 | 86.12 | 50 | 61.70 | 73.20 | 86.38 | 32.75 |
| 000530 | 大冷股份 | 50.93 | 47.55 | 80 | 87.69 | 50 | 81.09 | 51.90 | 59.53 | 36.22 |
| 000531 | 穗恒运 A | 1.49 | 76.62 | 80 | 99.98 | 50 | 43.03 | 71.40 | 79.08 | 36.62 |
| 000532 | 力合股份 | 26.02 | 51.46 | 80 | 76.62 | 50 | 26.43 | 39.81 | 68.57 | 61.72 |
| 000533 | 万家乐 | 51.12 | 57.63 | 80 | 100.00 | 50 | 76.14 | 64.83 | 66.37 | 23.04 |
| 000534 | 万泽股份 | 25.36 | 40.56 | 65 | 89.24 | 50 | 81.97 | 47.00 | 59.77 | 63.76 |
| 000536 | 华映科技 | 50.15 | 52.47 | 40 | 52.19 | 32 | 73.65 | 79.66 | 62.08 | 24.95 |

续表

| 证券代码 | 证券简称 | 内部控制指数 | | | | | 财务运行指数 | | | |
|---|---|---|---|---|---|---|---|---|---|---|
| | | 人文环境 | 治理结构 | 信息沟通 | 业务控制 | 外部监督 | 投资质量 | 筹资质量 | 资金运营质量 | 股利分配 |
| 000537 | 广宇发展 | 1.01 | 48.43 | 80 | 100.00 | 50 | 71.18 | 26.21 | 73.32 | 34.80 |
| 000538 | 云南白药 | 51.50 | 51.19 | 80 | 89.97 | 50 | 62.28 | 85.96 | 56.17 | 38.73 |
| 000539 | 粤电力 A | 52.44 | 59.29 | 80 | 79.56 | 60 | 67.03 | 76.26 | 60.41 | 34.14 |
| 000540 | 中天城投 | 50.42 | 40.65 | 80 | 100.00 | 50 | 51.58 | 81.83 | 65.76 | 49.28 |
| 000541 | 佛山照明 | 51.03 | 69.56 | 80 | 87.64 | 40 | 62.12 | 54.89 | 70.32 | 55.21 |
| 000543 | 皖能电力 | 36.09 | 45.02 | 60 | 99.75 | 50 | 63.46 | 77.16 | 61.14 | 26.99 |
| 000544 | 中原环保 | 26.71 | 42.02 | 80 | 100.00 | 50 | 12.67 | 39.68 | 39.87 | 17.96 |
| 000545 | 金浦钛业 | 25.88 | 43.18 | 70 | 99.70 | 42 | 48.88 | 84.92 | 46.91 | 30.42 |
| 000546 | 金圆股份 | 25.39 | 45.41 | 70 | 89.41 | 34 | 21.40 | 63.76 | 38.31 | 12.56 |
| 000547 | 闽福发 A | 0.29 | 47.12 | 80 | 98.75 | 40 | 72.83 | 67.78 | 23.15 | 18.78 |
| 000548 | 湖南投资 | 1.37 | 55.74 | 80 | 100.00 | 50 | 67.53 | 26.10 | 12.45 | 61.30 |
| 000550 | 江铃汽车 | 50.56 | 51.93 | 80 | 82.99 | 60 | 70.05 | 55.92 | 72.07 | 35.79 |
| 000551 | 创元科技 | 25.75 | 43.64 | 70 | 99.97 | 40 | 58.51 | 41.14 | 70.36 | 20.30 |
| 000552 | 靖远煤电 | 54.25 | 48.44 | 80 | 79.41 | 50 | 80.75 | 50.75 | 54.98 | 15.23 |
| 000553 | 沙隆达 A | 25.29 | 41.77 | 80 | 98.09 | 50 | 63.54 | 74.97 | 81.96 | 37.76 |
| 000554 | 泰山石油 | 1.33 | 30.26 | 80 | 100.00 | 40 | 27.16 | 35.41 | 76.75 | 39.63 |
| 000555 | 神州信息 | 50.90 | 59.95 | 80 | 87.64 | 50 | 41.62 | 70.56 | 53.50 | 12.61 |
| 000557 | *ST 广夏 | 0.15 | 41.59 | 60 | 89.22 | 50 | 73.54 | 34.39 | 41.54 | 32.75 |
| 000558 | 莱茵置业 | 0.12 | 48.53 | 80 | 100.00 | 40 | 65.46 | 57.02 | 75.04 | 3.19 |
| 000559 | 万向钱潮 | 50.77 | 46.80 | 80 | 95.11 | 35 | 77.86 | 50.01 | 62.64 | 51.05 |
| 000560 | 昆百大 A | 0.76 | 50.28 | 80 | 100.00 | 50 | 59.89 | 44.66 | 41.28 | 41.09 |
| 000561 | 烽火电子 | 50.44 | 47.52 | 80 | 97.86 | 40 | 74.14 | 86.48 | 53.44 | 12.56 |
| 000563 | 陕国投 A | 26.00 | 62.93 | 70 | 90.00 | 40 | 26.88 | 86.41 | 16.70 | 30.80 |
| 000564 | 西安民生 | 50.41 | 49.26 | 80 | 99.95 | 50 | 72.95 | 67.02 | 61.57 | 56.16 |
| 000565 | 渝三峡 A | 25.75 | 39.12 | 60 | 99.53 | 50 | 82.69 | 76.28 | 57.91 | 39.10 |
| 000566 | 海南海药 | 25.57 | 65.77 | 70 | 97.95 | 50 | 55.85 | 63.20 | 50.52 | 40.10 |
| 000567 | 海德股份 | 0.02 | 45.90 | 80 | 100.00 | 50 | 42.20 | 26.10 | 39.12 | 34.80 |

续表

| 证券代码 | 证券简称 | 内部控制指数 | | | | | 财务运行指数 | | | |
|---|---|---|---|---|---|---|---|---|---|---|
| | | 人文环境 | 治理结构 | 信息沟通 | 业务控制 | 外部监督 | 投资质量 | 筹资质量 | 资金运营质量 | 股利分配 |
| 000568 | 泸州老窖 | 25.38 | 49.16 | 40 | 88.94 | 25 | 40.19 | 32.23 | 67.37 | 68.15 |
| 000570 | 苏常柴 A | 51.31 | 36.02 | 60 | 100.00 | 40 | 80.08 | 86.95 | 66.96 | 22.57 |
| 000571 | 新大洲 A | 25.90 | 45.46 | 80 | 92.06 | 50 | 10.84 | 55.85 | 43.67 | 18.74 |
| 000572 | 海马汽车 | 25.79 | 38.27 | 80 | 75.40 | 50 | 67.84 | 41.57 | 58.37 | 12.56 |
| 000573 | 粤宏远 A | 25.07 | 42.75 | 80 | 100.00 | 40 | 69.08 | 48.64 | 73.05 | 34.80 |
| 000576 | 广东甘化 | 25.86 | 44.58 | 60 | 100.00 | 8 | 56.53 | 73.54 | 56.30 | 30.42 |
| 000581 | 威孚高科 | 50.74 | 72.88 | 70 | 79.26 | 40 | 58.49 | 64.13 | 57.93 | 26.94 |
| 000582 | 北部湾港 | 26.09 | 67.28 | 80 | 93.57 | 50 | 43.69 | 66.24 | 48.09 | 18.09 |
| 000584 | 友利控股 | 0.44 | 54.06 | 80 | 96.48 | 5 | 50.92 | 69.97 | 54.02 | 41.91 |
| 000585 | 东北电器 | 0.41 | 51.09 | 60 | 90.00 | 50 | 73.71 | 70.26 | 68.37 | 12.56 |
| 000586 | 汇源通信 | 0.59 | 55.54 | 60 | 99.79 | 50 | 65.97 | 79.58 | 63.99 | 12.56 |
| 000587 | 金叶珠宝 | 25.59 | 37.85 | 60 | 100.00 | 50 | 56.35 | 8.54 | 66.82 | 4.56 |
| 000589 | 黔轮胎 A | 26.00 | 68.68 | 60 | 98.34 | 40 | 60.98 | 74.07 | 40.66 | 38.59 |
| 000590 | *ST 古汉 | 25.36 | 66.05 | 80 | 90.00 | 50 | 20.18 | 62.05 | 29.96 | 37.13 |
| 000591 | 桐君阁 | 25.79 | 44.74 | 80 | 88.23 | 50 | 66.39 | 76.27 | 56.13 | 33.52 |
| 000592 | 平潭发展 | 0.46 | 37.02 | 80 | 90.00 | 43 | 74.60 | 40.09 | 57.13 | 34.80 |
| 000593 | 大通燃气 | 1.08 | 38.76 | 80 | 100.00 | 40 | 48.98 | 26.52 | 61.20 | 79.14 |
| 000594 | *ST 国恒 | 25.26 | 36.13 | 60 | 7.00 | 0 | 49.07 | 70.63 | 23.81 | 34.80 |
| 000595 | 西北轴承 | 50.64 | 47.05 | 80 | 97.79 | 50 | 72.86 | 70.19 | 35.40 | 12.56 |
| 000596 | 古井贡酒 | 51.00 | 42.39 | 80 | 99.86 | 50 | 80.65 | 41.23 | 47.56 | 45.56 |
| 000597 | 东北制药 | 25.92 | 49.65 | 80 | 100.00 | 50 | 72.65 | 58.89 | 47.39 | 30.42 |
| 000598 | 兴蓉投资 | 27.11 | 48.46 | 80 | 99.19 | 50 | 30.09 | 50.33 | 66.36 | 25.76 |
| 000599 | 青岛双星 | 50.97 | 53.01 | 80 | 100.00 | 50 | 81.66 | 70.87 | 44.97 | 38.69 |
| 000600 | 建投能源 | 51.03 | 62.50 | 80 | 97.31 | 40 | 64.80 | 81.38 | 58.96 | 37.95 |
| 000601 | 韶能股份 | 26.26 | 43.17 | 80 | 100.00 | 40 | 46.47 | 77.10 | 65.06 | 42.81 |
| 000603 | 盛达矿业 | 25.00 | 49.53 | 80 | 94.56 | 28 | 18.39 | 30.39 | 82.42 | 24.65 |
| 000605 | 渤海股份 | 0.34 | 56.61 | 60 | 76.24 | 34 | 18.19 | 75.60 | 44.54 | 15.98 |

续表

| 证券代码 | 证券简称 | 内部控制指数 | | | | | 财务运行指数 | | | |
|---|---|---|---|---|---|---|---|---|---|---|
| | | 人文环境 | 治理结构 | 信息沟通 | 业务控制 | 外部监督 | 投资质量 | 筹资质量 | 资金运营质量 | 股利分配 |
| 000606 | 青海明胶 | 26.15 | 46.85 | 70 | 99.72 | 50 | 71.67 | 82.22 | 48.91 | 36.16 |
| 000607 | 华媒控股 | 26.11 | 39.96 | 60 | 91.12 | 34 | 58.71 | 30.08 | 60.90 | 17.40 |
| 000608 | 阳光股份 | 26.63 | 50.17 | 80 | 99.58 | 60 | 55.31 | 84.97 | 62.08 | 22.56 |
| 000609 | 绵世股份 | 25.34 | 56.35 | 80 | 100.00 | 50 | 67.26 | 30.28 | 48.11 | 34.80 |
| 000610 | 西安旅游 | 27.50 | 38.62 | 80 | 99.52 | 32 | 54.51 | 30.40 | 46.51 | 40.75 |
| 000611 | *ST 蒙发 | 0.02 | 35.34 | 40 | 81.43 | 0 | 25.42 | 26.10 | 24.04 | 32.75 |
| 000612 | 焦作万方 | 27.14 | 47.03 | 80 | 72.02 | 40 | 78.60 | 47.83 | 44.55 | 22.63 |
| 000613 | 大东海 A | 25.50 | 38.07 | 80 | 99.81 | 50 | 82.45 | 86.47 | 67.31 | 34.80 |
| 000615 | 湖北金环 | 0.30 | 49.41 | 80 | 71.71 | 40 | 81.27 | 85.80 | 33.94 | 30.42 |
| 000616 | 海航投资 | 25.52 | 39.72 | 80 | 99.99 | 50 | 77.76 | 68.40 | 58.24 | 43.85 |
| 000617 | 石油济柴 | 0.97 | 45.85 | 70 | 82.41 | 40 | 50.24 | 68.57 | 34.08 | 12.56 |
| 000619 | 海螺型材 | 50.44 | 63.54 | 70 | 99.78 | 50 | 82.82 | 65.40 | 68.33 | 40.49 |
| 000620 | 新华联 | 50.38 | 49.52 | 80 | 97.36 | 50 | 76.95 | 18.86 | 61.24 | 19.77 |
| 000622 | 恒立实业 | 25.21 | 46.81 | 80 | 100.00 | 5 | 60.91 | 63.37 | 48.79 | 12.56 |
| 000623 | 吉林敖东 | 50.46 | 37.73 | 60 | 97.11 | 50 | 66.35 | 47.47 | 68.23 | 35.60 |
| 000625 | 长安汽车 | 51.01 | 59.83 | 60 | 85.54 | 60 | 74.57 | 67.28 | 52.98 | 21.33 |
| 000626 | 如意集团 | 50.34 | 44.07 | 80 | 99.95 | 40 | 31.22 | 72.91 | 73.81 | 34.80 |
| 000627 | 天茂集团 | 0.98 | 26.86 | 80 | 100.00 | 50 | 38.79 | 45.87 | 32.76 | 30.42 |
| 000628 | 高新发展 | 51.25 | 43.58 | 70 | 98.39 | 40 | 52.76 | 27.18 | 33.40 | 21.46 |
| 000629 | 攀钢钒钛 | 25.92 | 47.79 | 80 | 50.00 | 42 | 46.18 | 6.25 | 47.90 | 3.44 |
| 000630 | 铜陵有色 | 51.47 | 69.52 | 60 | 97.72 | 40 | 77.25 | 51.92 | 49.74 | 26.48 |
| 000631 | 顺发恒业 | 25.93 | 50.05 | 80 | 99.93 | 50 | 66.84 | 72.80 | 76.81 | 37.07 |
| 000632 | 三木集团 | 25.21 | 50.26 | 50 | 90.93 | 0 | 64.88 | 29.73 | 55.00 | 34.80 |
| 000633 | 合金投资 | 0.45 | 40.91 | 80 | 90.00 | 50 | 48.58 | 65.59 | 46.01 | 12.56 |
| 000635 | 英力特 | 1.51 | 59.29 | 80 | 99.03 | 40 | 60.73 | 36.19 | 74.62 | 45.44 |
| 000636 | 风华高科 | 25.58 | 59.04 | 80 | 99.88 | 50 | 69.79 | 85.55 | 76.29 | 20.39 |
| 000637 | 茂化实华 | 25.68 | 37.35 | 80 | 50.00 | 31 | 59.64 | 34.12 | 63.19 | 52.18 |

续表

| 证券代码 | 证券简称 | 内部控制指数 | | | | | 财务运行指数 | | | |
|---|---|---|---|---|---|---|---|---|---|---|
| | | 人文环境 | 治理结构 | 信息沟通 | 业务控制 | 外部监督 | 投资质量 | 筹资质量 | 资金运营质量 | 股利分配 |
| 000638 | 万方发展 | 25.01 | 45.53 | 80 | 98.96 | 50 | 69.53 | 17.89 | 31.73 | 34.80 |
| 000639 | 西王食品 | 25.00 | 53.87 | 70 | 88.02 | 18 | 57.57 | 39.90 | 72.21 | 43.68 |
| 000650 | 仁和药业 | 25.64 | 49.23 | 70 | 99.90 | 50 | 68.23 | 32.26 | 75.83 | 38.39 |
| 000651 | 格力电器 | 50.65 | 49.93 | 80 | 93.43 | 50 | 66.42 | 86.87 | 60.59 | 40.63 |
| 000652 | 泰达股份 | 25.24 | 35.77 | 20 | 91.81 | 0 | 50.91 | 19.31 | 36.25 | 27.43 |
| 000655 | 金岭矿业 | 25.87 | 31.89 | 80 | 74.73 | 50 | 64.33 | 32.77 | 64.28 | 10.15 |
| 000656 | 金科股份 | 51.31 | 51.46 | 60 | 99.89 | 50 | 70.04 | 78.76 | 67.19 | 36.26 |
| 000657 | 中钨高新 | 26.73 | 50.50 | 80 | 81.74 | 50 | 77.60 | 70.36 | 67.67 | 12.56 |
| 000659 | *ST 中富 | 51.08 | 43.50 | 80 | 99.35 | 60 | 47.63 | 47.06 | 50.27 | 30.42 |
| 000661 | 长春高新 | 51.04 | 61.34 | 80 | 100.00 | 50 | 50.97 | 73.94 | 66.49 | 35.42 |
| 000662 | 索芙特 | 0.26 | 63.17 | 80 | 99.17 | 50 | 64.26 | 26.10 | 63.01 | 30.42 |
| 000663 | 永安林业 | 25.58 | 41.90 | 80 | 97.21 | 42 | 40.45 | 26.10 | 52.17 | 34.80 |
| 000665 | 湖北广电 | 50.71 | 49.98 | 80 | 98.69 | 40 | 25.61 | 85.56 | 52.53 | 21.22 |
| 000666 | 经纬纺机 | 50.69 | 45.26 | 80 | 85.79 | 50 | 70.54 | 79.07 | 45.09 | 13.75 |
| 000667 | 美好集团 | 25.47 | 60.46 | 60 | 95.32 | 50 | 78.14 | 82.24 | 59.68 | 8.88 |
| 000668 | 荣丰控股 | 0.18 | 61.45 | 20 | 61.00 | 0 | 75.69 | 85.64 | 14.54 | 30.64 |
| 000669 | 金鸿能源 | 25.14 | 53.49 | 70 | 76.97 | 50 | 30.89 | 36.41 | 68.97 | 21.74 |
| 000670 | 盈方微 | 0.06 | 41.58 | 70 | 89.37 | 50 | 38.77 | 57.24 | 40.28 | 12.56 |
| 000671 | 阳光城 | 50.30 | 58.27 | 80 | 100.00 | 40 | 68.69 | 77.94 | 62.04 | 39.82 |
| 000672 | 上峰水泥 | 25.31 | 53.97 | 80 | 99.69 | 50 | 75.15 | 57.06 | 49.89 | 17.44 |
| 000673 | 当代东方 | 26.37 | 38.46 | 40 | 100.00 | 50 | 14.35 | 0.00 | 27.63 | 17.40 |
| 000676 | 智度投资 | 25.41 | 57.12 | 80 | 89.61 | 40 | 61.76 | 74.41 | 49.25 | 12.56 |
| 000677 | *ST 海龙 | 25.33 | 42.87 | 80 | 87.55 | 50 | 70.77 | 56.04 | 42.11 | 30.42 |
| 000678 | 襄阳轴承 | 27.95 | 49.34 | 80 | 99.82 | 40 | 62.14 | 80.87 | 53.82 | 12.56 |
| 000679 | 大连友谊 | 25.44 | 41.43 | 70 | 90.00 | 50 | 54.90 | 43.66 | 53.06 | 56.87 |
| 000680 | 山推股份 | 50.73 | 63.28 | 80 | 93.25 | 50 | 73.38 | 38.39 | 57.32 | 12.56 |
| 000681 | 视觉中国 | 25.03 | 50.14 | 80 | 90.00 | 42 | 73.55 | 26.41 | 66.85 | 17.40 |

续表

| 证券代码 | 证券简称 | 内部控制指数 | | | | | 财务运行指数 | | | |
|---|---|---|---|---|---|---|---|---|---|---|
| | | 人文环境 | 治理结构 | 信息沟通 | 业务控制 | 外部监督 | 投资质量 | 筹资质量 | 资金运营质量 | 股利分配 |
| 000682 | 东方电子 | 50.89 | 63.82 | 80 | 99.50 | 40 | 64.39 | 75.98 | 55.14 | 14.80 |
| 000683 | 远兴能源 | 50.85 | 44.79 | 60 | 99.15 | 50 | 57.30 | 64.05 | 40.50 | 32.72 |
| 000685 | 中山公用 | 51.44 | 61.51 | 80 | 88.58 | 40 | 66.18 | 44.31 | 32.38 | 37.14 |
| 000686 | 东北证券 | 25.31 | 37.27 | 80 | 100.00 | 50 | 43.06 | 55.49 | 31.00 | 51.92 |
| 000687 | 恒天天鹅 | 26.12 | 45.99 | 80 | 99.56 | 50 | 81.19 | 78.46 | 38.19 | 30.42 |
| 000688 | 建新矿业 | 0.97 | 57.68 | 60 | 91.83 | 42 | 1.43 | 33.24 | 60.72 | 7.84 |
| 000690 | 宝新能源 | 0.84 | 47.42 | 80 | 99.76 | 40 | 57.86 | 62.57 | 67.74 | 66.60 |
| 000691 | 亚太实业 | 0.02 | 40.49 | 60 | 90.00 | 35 | 80.17 | 64.44 | 66.09 | 34.80 |
| 000692 | 惠天热电 | 2.16 | 36.70 | 70 | 99.49 | 50 | 61.10 | 20.75 | 37.37 | 44.61 |
| 000693 | 华泽钴镍 | 0.10 | 60.86 | 60 | 89.96 | 50 | 14.75 | 22.59 | 61.81 | 7.84 |
| 000695 | 滨海能源 | 26.41 | 30.48 | 80 | 99.95 | 50 | 56.73 | 65.77 | 51.69 | 15.98 |
| 000697 | 炼石有色 | 0.21 | 47.93 | 80 | 100.00 | 50 | 25.21 | 21.40 | 27.18 | 9.86 |
| 000698 | 沈阳化工 | 0.86 | 36.42 | 80 | 99.58 | 60 | 60.42 | 73.25 | 43.54 | 30.42 |
| 000700 | 模塑科技 | 25.59 | 42.19 | 80 | 76.45 | 40 | 76.72 | 72.40 | 51.22 | 20.61 |
| 000701 | 厦门信达 | 50.69 | 52.86 | 70 | 89.99 | 32 | 59.85 | 76.07 | 67.20 | 45.86 |
| 000702 | 正虹科技 | 26.39 | 64.67 | 80 | 100.00 | 50 | 81.46 | 82.21 | 61.34 | 32.75 |
| 000703 | 恒逸石化 | 25.94 | 39.85 | 60 | 96.59 | 14 | 51.87 | 73.45 | 41.03 | 37.50 |
| 000705 | 浙江震元 | 50.84 | 40.94 | 80 | 99.86 | 50 | 34.37 | 36.35 | 66.87 | 22.67 |
| 000707 | 双环科技 | 25.03 | 29.02 | 80 | 96.49 | 50 | 72.99 | 44.54 | 21.10 | 59.09 |
| 000708 | 大冶特钢 | 25.57 | 70.05 | 70 | 75.24 | 60 | 69.76 | 29.79 | 71.75 | 26.81 |
| 000709 | 河北钢铁 | 51.39 | 43.49 | 70 | 49.87 | 40 | 72.63 | 57.78 | 40.14 | 40.87 |
| 000710 | 天兴仪表 | 0.17 | 46.51 | 70 | 80.53 | 40 | 47.76 | 74.10 | 49.64 | 12.56 |
| 000711 | *ST 京蓝 | 25.27 | 39.63 | 80 | 100.00 | 40 | 53.86 | 72.70 | 42.19 | 34.80 |
| 000712 | 锦龙股份 | 0.30 | 46.77 | 80 | 99.03 | 50 | 68.10 | 26.10 | 37.08 | 72.34 |
| 000713 | 丰乐种业 | 50.69 | 36.55 | 60 | 100.00 | 50 | 73.41 | 34.36 | 75.30 | 39.26 |
| 000715 | 中兴商业 | 50.66 | 47.44 | 80 | 89.92 | 41 | 85.33 | 78.02 | 66.55 | 51.61 |
| 000716 | 黑芝麻 | 25.17 | 33.27 | 80 | 99.37 | 15 | 23.72 | 30.14 | 74.77 | 42.32 |

续表

| 证券代码 | 证券简称 | 内部控制指数 | | | | | 财务运行指数 | | | |
|---|---|---|---|---|---|---|---|---|---|---|
| | | 人文环境 | 治理结构 | 信息沟通 | 业务控制 | 外部监督 | 投资质量 | 筹资质量 | 资金运营质量 | 股利分配 |
| 000717 | 韶钢松山 | 28.19 | 43.47 | 80 | 61.43 | 50 | 70.78 | 43.11 | 50.12 | 12.56 |
| 000718 | 苏宁环球 | 0.16 | 46.15 | 80 | 99.52 | 40 | 70.99 | 62.73 | 64.95 | 50.65 |
| 000719 | 大地传媒 | 26.03 | 40.69 | 60 | 99.89 | 25 | 22.85 | 78.30 | 79.95 | 22.59 |
| 000720 | 新能泰山 | 43.90 | 45.94 | 80 | 84.83 | 50 | 36.17 | 60.66 | 54.08 | 15.98 |
| 000721 | 西安饮食 | 28.95 | 42.44 | 60 | 99.20 | 40 | 77.54 | 86.67 | 80.20 | 46.79 |
| 000722 | 湖南发展 | 26.01 | 42.45 | 60 | 100.00 | 50 | 82.99 | 33.04 | 47.42 | 15.98 |
| 000723 | 美锦能源 | 25.06 | 63.60 | 60 | 87.27 | 32 | 70.25 | 26.10 | 60.09 | 31.05 |
| 000725 | 京东方A | 50.66 | 66.07 | 80 | 98.68 | 60 | 18.13 | 36.38 | 71.54 | 12.56 |
| 000726 | 鲁泰A | 51.62 | 65.11 | 80 | 98.69 | 50 | 55.64 | 57.42 | 72.30 | 52.30 |
| 000727 | 华东科技 | 0.29 | 38.25 | 70 | 40.00 | 50 | 44.56 | 74.78 | 59.12 | 12.56 |
| 000728 | 国元证券 | 0.48 | 71.12 | 80 | 88.96 | 24 | 31.24 | 55.49 | 31.00 | 44.79 |
| 000729 | 燕京啤酒 | 26.41 | 49.94 | 40 | 99.55 | 50 | 66.51 | 37.98 | 60.00 | 48.79 |
| 000731 | 四川美丰 | 52.36 | 49.21 | 80 | 83.92 | 50 | 51.14 | 79.13 | 57.37 | 39.99 |
| 000732 | 泰禾集团 | 50.65 | 55.84 | 80 | 90.00 | 50 | 69.99 | 4.40 | 63.71 | 6.43 |
| 000733 | 振华科技 | 2.20 | 43.75 | 60 | 99.48 | 50 | 46.82 | 81.32 | 74.93 | 18.58 |
| 000735 | 罗牛山 | 25.38 | 50.24 | 40 | 98.91 | 35 | 57.75 | 8.71 | 68.78 | 30.81 |
| 000736 | 中房地产 | 25.95 | 53.90 | 80 | 69.43 | 50 | 47.59 | 86.62 | 38.49 | 21.43 |
| 000737 | 南风化工 | 50.83 | 58.38 | 40 | 95.48 | 50 | 47.87 | 22.05 | 31.41 | 30.42 |
| 000738 | 中航动控 | 28.13 | 79.79 | 70 | 50.82 | 50 | 52.94 | 79.45 | 58.35 | 21.49 |
| 000739 | 普洛药业 | 50.25 | 51.80 | 70 | 96.58 | 40 | 66.22 | 82.45 | 50.59 | 35.36 |
| 000748 | 长城信息 | 51.04 | 39.56 | 60 | 92.17 | 50 | 53.82 | 57.73 | 72.55 | 28.49 |
| 000750 | 国海证券 | 0.65 | 43.52 | 80 | 99.98 | 38 | 39.91 | 55.49 | 31.00 | 61.99 |
| 000751 | 锌业股份 | 0.75 | 32.59 | 80 | 98.23 | 40 | 30.46 | 75.17 | 69.94 | 12.56 |
| 000752 | 西藏发展 | 0.00 | 60.64 | 80 | 100.00 | 50 | 71.94 | 30.82 | 74.98 | 35.05 |
| 000753 | 漳州发展 | 25.95 | 49.62 | 70 | 98.20 | 40 | 57.02 | 73.92 | 62.57 | 32.13 |
| 000755 | 山西三维 | 50.63 | 51.12 | 70 | 97.16 | 50 | 60.74 | 55.65 | 50.96 | 30.42 |
| 000756 | 新华制药 | 26.02 | 47.50 | 80 | 96.52 | 50 | 62.78 | 66.22 | 56.73 | 38.57 |

续表

| 证券代码 | 证券简称 | 内部控制指数 | | | | | 财务运行指数 | | | |
|---|---|---|---|---|---|---|---|---|---|---|
| | | 人文环境 | 治理结构 | 信息沟通 | 业务控制 | 外部监督 | 投资质量 | 筹资质量 | 资金运营质量 | 股利分配 |
| 000757 | 浩物股份 | 0.88 | 53.68 | 80 | 89.63 | 50 | 81.53 | 76.05 | 72.83 | 12.56 |
| 000758 | 中色股份 | 26.15 | 40.13 | 80 | 98.46 | 40 | 63.19 | 80.05 | 50.14 | 18.26 |
| 000759 | 中百集团 | 1.17 | 47.74 | 60 | 99.99 | 40 | 53.28 | 79.99 | 60.06 | 73.97 |
| 000760 | 斯太尔 | 25.22 | 41.43 | 80 | 95.83 | 40 | 27.90 | 46.83 | 47.32 | 12.56 |
| 000761 | 本钢板材 | 2.04 | 43.19 | 80 | 78.80 | 50 | 83.80 | 84.88 | 54.59 | 50.60 |
| 000762 | 西藏矿业 | 25.54 | 54.13 | 80 | 98.98 | 50 | 50.46 | 28.54 | 57.77 | 7.91 |
| 000766 | 通化金马 | 0.57 | 36.31 | 80 | 100.00 | 40 | 20.03 | 69.36 | 27.49 | 30.42 |
| 000767 | 漳泽电力 | 35.51 | 49.41 | 60 | 87.23 | 50 | 80.68 | 36.75 | 49.73 | 15.98 |
| 000768 | 中航飞机 | 54.90 | 63.57 | 60 | 50.96 | 33 | 85.82 | 83.71 | 42.10 | 47.41 |
| 000776 | 广发证券 | 50.53 | 59.66 | 80 | 82.68 | 60 | 53.13 | 55.19 | 31.00 | 54.42 |
| 000777 | 中核科技 | 26.02 | 44.99 | 80 | 92.10 | 50 | 66.96 | 72.64 | 69.47 | 33.27 |
| 000778 | 新兴铸管 | 52.42 | 38.32 | 80 | 99.53 | 50 | 74.86 | 45.91 | 47.80 | 24.15 |
| 000779 | 三毛派神 | 26.44 | 52.47 | 80 | 99.69 | 40 | 24.39 | 26.10 | 54.14 | 32.75 |
| 000780 | 平庄能源 | 3.02 | 41.62 | 60 | 89.06 | 40 | 40.46 | 26.67 | 50.12 | 25.85 |
| 000782 | 美达股份 | 26.22 | 57.87 | 70 | 90.00 | 50 | 62.13 | 31.89 | 57.66 | 65.20 |
| 000783 | 长江证券 | 25.40 | 69.37 | 60 | 99.99 | 40 | 52.66 | 55.49 | 31.00 | 77.30 |
| 000785 | 武汉中商 | 25.43 | 55.89 | 60 | 100.00 | 32 | 59.26 | 65.87 | 61.86 | 30.85 |
| 000786 | 北新建材 | 51.24 | 53.46 | 60 | 99.93 | 36 | 67.61 | 86.37 | 43.40 | 24.21 |
| 000788 | 北大医药 | 25.62 | 40.76 | 60 | 63.00 | 35 | 52.77 | 48.08 | 32.04 | 32.74 |
| 000789 | 万年青 | 50.63 | 51.17 | 70 | 99.61 | 50 | 76.31 | 53.61 | 53.46 | 21.45 |
| 000790 | 华神集团 | 25.41 | 40.61 | 80 | 100.00 | 50 | 53.69 | 55.78 | 51.47 | 29.35 |
| 000791 | 甘肃电投 | 20.06 | 43.45 | 80 | 100.00 | 50 | 68.38 | 40.28 | 46.31 | 35.11 |
| 000792 | 盐湖股份 | 52.42 | 51.10 | 80 | 85.22 | 50 | 43.36 | 22.13 | 18.53 | 34.84 |
| 000793 | 华闻传媒 | 25.99 | 51.30 | 70 | 96.77 | 50 | 55.85 | 62.75 | 67.02 | 22.03 |
| 000795 | 太原刚玉 | 25.76 | 55.55 | 80 | 94.07 | 40 | 51.67 | 26.10 | 53.87 | 12.56 |
| 000796 | 易食股份 | 50.76 | 36.56 | 80 | 69.51 | 50 | 42.19 | 73.71 | 72.72 | 34.80 |
| 000797 | 中国武夷 | 50.41 | 48.37 | 60 | 80.01 | 32 | 69.97 | 86.09 | 67.80 | 25.28 |

续表

| 证券代码 | 证券简称 | 内部控制指数 | | | | | 财务运行指数 | | | |
|---|---|---|---|---|---|---|---|---|---|---|
| | | 人文环境 | 治理结构 | 信息沟通 | 业务控制 | 外部监督 | 投资质量 | 筹资质量 | 资金运营质量 | 股利分配 |
| 000798 | 中水渔业 | 50.27 | 49.55 | 80 | 94.37 | 50 | 57.44 | 33.93 | 44.77 | 47.61 |
| 000799 | *ST 酒鬼 | 25.82 | 52.35 | 80 | 85.41 | 40 | 35.59 | 34.71 | 41.67 | 34.33 |
| 000800 | 一汽轿车 | 25.78 | 46.73 | 80 | 80.84 | 50 | 83.72 | 86.71 | 62.50 | 14.01 |
| 000801 | 四川九洲 | 51.06 | 47.38 | 80 | 98.76 | 42 | 55.64 | 55.80 | 58.11 | 18.22 |
| 000802 | 北京文化 | 0.51 | 38.29 | 80 | 100.00 | 40 | 58.12 | 60.39 | 46.81 | 46.99 |
| 000803 | 金宇车城 | 0.27 | 38.00 | 50 | 90.00 | 40 | 46.35 | 48.60 | 28.11 | 32.75 |
| 000806 | 银河投资 | 1.10 | 25.46 | 70 | 98.53 | 40 | 66.09 | 76.40 | 34.89 | 12.56 |
| 000807 | 云铝股份 | 51.46 | 41.62 | 80 | 96.69 | 50 | 72.96 | 25.58 | 46.69 | 41.83 |
| 000809 | 铁岭新城 | 0.40 | 46.02 | 80 | 99.90 | 40 | 21.62 | 50.68 | 27.85 | 52.20 |
| 000810 | 创维数字 | 51.23 | 40.07 | 80 | 99.96 | 34 | 52.91 | 79.32 | 71.07 | 24.72 |
| 000811 | 烟台冰轮 | 51.51 | 56.90 | 80 | 95.79 | 50 | 69.21 | 74.80 | 57.80 | 24.03 |
| 000812 | 陕西金叶 | 25.51 | 46.51 | 80 | 66.35 | 50 | 72.65 | 85.19 | 50.70 | 35.60 |
| 000813 | 天山纺织 | 26.08 | 65.47 | 80 | 100.00 | 40 | 67.85 | 73.61 | 63.58 | 7.84 |
| 000815 | *ST 美利 | 25.11 | 37.19 | 70 | 79.15 | 35 | 64.01 | 0.00 | 28.11 | 30.42 |
| 000816 | 江淮动力 | 53.05 | 40.79 | 80 | 99.99 | 50 | 57.67 | 78.45 | 48.32 | 24.10 |
| 000818 | 方大化工 | 51.07 | 36.01 | 80 | 98.53 | 50 | 48.61 | 39.67 | 57.54 | 30.42 |
| 000819 | 岳阳兴长 | 25.69 | 63.67 | 80 | 50.00 | 40 | 61.09 | 43.34 | 73.75 | 45.59 |
| 000820 | 金城股份 | 25.00 | 46.04 | 60 | 90.00 | 0 | 39.86 | 26.10 | 40.63 | 30.42 |
| 000821 | 京山轻机 | 26.00 | 41.78 | 80 | 97.13 | 40 | 63.12 | 80.36 | 49.32 | 16.40 |
| 000822 | 山东海化 | 52.55 | 37.54 | 80 | 78.83 | 50 | 40.60 | 75.18 | 63.21 | 30.42 |
| 000823 | 超声电子 | 51.17 | 45.25 | 80 | 100.00 | 50 | 46.87 | 77.26 | 72.35 | 28.32 |
| 000825 | 太钢不锈 | 25.72 | 41.01 | 80 | 85.03 | 50 | 60.99 | 38.50 | 55.59 | 23.82 |
| 000826 | 桑德环境 | 50.14 | 42.18 | 80 | 97.18 | 50 | 51.28 | 65.60 | 67.02 | 44.54 |
| 000828 | 东莞控股 | 25.56 | 47.15 | 80 | 65.67 | 40 | 51.12 | 86.29 | 59.72 | 66.37 |
| 000829 | 天音控股 | 25.50 | 38.01 | 70 | 89.85 | 12 | 79.08 | 54.37 | 71.42 | 34.80 |
| 000830 | 鲁西化工 | 53.65 | 38.16 | 60 | 99.93 | 50 | 55.22 | 54.03 | 45.95 | 48.32 |
| 000831 | 五矿稀土 | 25.77 | 63.09 | 80 | 52.39 | 42 | 81.36 | 29.23 | 26.10 | 12.56 |

续表

| 证券代码 | 证券简称 | 内部控制指数 | | | | | 财务运行指数 | | | |
|---|---|---|---|---|---|---|---|---|---|---|
| | | 人文环境 | 治理结构 | 信息沟通 | 业务控制 | 外部监督 | 投资质量 | 筹资质量 | 资金运营质量 | 股利分配 |
| 000833 | 贵糖股份 | 27.42 | 39.67 | 80 | 99.81 | 50 | 32.68 | 86.27 | 69.79 | 30.42 |
| 000835 | 长城动漫 | 1.62 | 57.80 | 65 | 84.54 | 50 | 85.42 | 26.10 | 34.61 | 30.42 |
| 000836 | 鑫茂科技 | 25.29 | 44.59 | 80 | 90.00 | 50 | 66.30 | 58.17 | 44.94 | 13.42 |
| 000837 | 秦川机床 | 52.08 | 55.12 | 80 | 89.97 | 25 | 62.28 | 79.01 | 58.51 | 12.56 |
| 000838 | 国兴地产 | 25.65 | 67.00 | 80 | 100.00 | 34 | 52.52 | 70.13 | 73.95 | 53.78 |
| 000839 | 中信国安 | 52.17 | 50.99 | 80 | 88.64 | 50 | 73.55 | 36.46 | 33.50 | 83.19 |
| 000848 | 承德露露 | 25.38 | 73.25 | 80 | 96.74 | 50 | 40.03 | 59.78 | 80.78 | 51.40 |
| 000850 | 华茂股份 | 25.98 | 46.60 | 60 | 89.00 | 40 | 72.62 | 45.26 | 38.26 | 41.39 |
| 000851 | 高鸿股份 | 25.49 | 40.45 | 80 | 99.01 | 50 | 70.22 | 43.81 | 62.52 | 58.21 |
| 000852 | 江钻股份 | 27.39 | 40.46 | 80 | 83.82 | 38 | 74.90 | 30.18 | 52.69 | 27.37 |
| 000856 | 冀东装备 | 1.47 | 43.49 | 60 | 63.13 | 50 | 64.98 | 78.24 | 40.45 | 12.56 |
| 000858 | 五粮液 | 51.15 | 45.41 | 80 | 97.94 | 40 | 69.20 | 31.19 | 53.14 | 48.70 |
| 000859 | 国风塑业 | 25.45 | 56.27 | 80 | 100.00 | 50 | 64.59 | 68.94 | 60.70 | 30.42 |
| 000860 | 顺鑫农业 | 25.68 | 33.31 | 60 | 99.83 | 40 | 45.93 | 39.31 | 55.07 | 39.97 |
| 000861 | 海印股份 | 0.23 | 64.50 | 80 | 89.99 | 40 | 21.18 | 23.96 | 28.44 | 35.77 |
| 000862 | 银星能源 | 1.70 | 46.46 | 80 | 82.11 | 50 | 60.73 | 22.94 | 44.63 | 15.98 |
| 000863 | 三湘股份 | 0.27 | 61.52 | 80 | 96.68 | 50 | 56.33 | 79.92 | 57.35 | 8.07 |
| 000868 | 安凯客车 | 25.93 | 64.15 | 80 | 89.82 | 50 | 76.75 | 70.65 | 52.13 | 18.88 |
| 000869 | 张裕 A | 50.68 | 46.87 | 70 | 97.82 | 60 | 31.96 | 83.28 | 73.82 | 50.13 |
| 000875 | 吉电股份 | 7.82 | 47.75 | 80 | 92.11 | 50 | 55.79 | 47.01 | 35.47 | 15.98 |
| 000876 | 新希望 | 51.06 | 59.91 | 80 | 99.20 | 40 | 66.26 | 84.52 | 52.28 | 40.22 |
| 000877 | 天山股份 | 51.58 | 55.35 | 80 | 93.97 | 50 | 69.34 | 39.03 | 45.67 | 26.65 |
| 000878 | 云南铜业 | 51.52 | 50.16 | 60 | 78.89 | 50 | 72.05 | 26.10 | 56.71 | 12.56 |
| 000880 | 潍柴重机 | 50.97 | 46.44 | 80 | 80.78 | 40 | 61.59 | 85.31 | 52.81 | 14.20 |
| 000881 | 大连国际 | 50.55 | 54.60 | 60 | 100.00 | 40 | 52.85 | 48.96 | 63.83 | 29.49 |
| 000882 | 华联股份 | 26.18 | 47.65 | 80 | 99.68 | 50 | 20.71 | 51.18 | 44.22 | 85.78 |
| 000883 | 湖北能源 | 52.06 | 67.81 | 70 | 99.53 | 50 | 66.44 | 51.47 | 44.63 | 38.27 |

续表

| 证券代码 | 证券简称 | 内部控制指数 | | | | | 财务运行指数 | | | |
|---|---|---|---|---|---|---|---|---|---|---|
| | | 人文环境 | 治理结构 | 信息沟通 | 业务控制 | 外部监督 | 投资质量 | 筹资质量 | 资金运营质量 | 股利分配 |
| 000885 | 同力水泥 | 25.54 | 57.03 | 80 | 99.28 | 50 | 77.88 | 77.69 | 45.48 | 14.23 |
| 000886 | 海南高速 | 25.66 | 69.16 | 80 | 100.00 | 50 | 52.33 | 26.24 | 29.90 | 8.23 |
| 000887 | 中鼎股份 | 50.81 | 52.14 | 80 | 98.38 | 40 | 78.08 | 80.04 | 63.05 | 35.69 |
| 000888 | 峨眉山 A | 25.98 | 60.47 | 80 | 99.26 | 50 | 13.96 | 27.69 | 73.19 | 56.41 |
| 000889 | 茂业物流 | 26.20 | 46.56 | 60 | 99.98 | 40 | 31.51 | 28.42 | 75.83 | 42.42 |
| 000890 | 法尔胜 | 0.79 | 43.40 | 80 | 91.09 | 40 | 77.94 | 57.70 | 43.77 | 37.71 |
| 000892 | *ST 星美 | 0.09 | 38.47 | 70 | 50.00 | 27 | 20.27 | 26.10 | 56.28 | 34.80 |
| 000893 | 东凌粮油 | 0.66 | 43.98 | 80 | 99.99 | 40 | 32.70 | 30.93 | 58.38 | 53.59 |
| 000895 | 双汇发展 | 52.31 | 51.52 | 80 | 96.78 | 50 | 56.36 | 30.44 | 60.76 | 65.17 |
| 000897 | 津滨发展 | 25.82 | 34.45 | 60 | 90.00 | 50 | 69.90 | 41.82 | 66.77 | 34.80 |
| 000898 | 鞍钢股份 | 51.73 | 58.53 | 80 | 75.28 | 50 | 56.81 | 79.12 | 52.07 | 23.48 |
| 000899 | 赣能股份 | 1.93 | 47.04 | 80 | 99.99 | 42 | 32.82 | 82.76 | 57.66 | 18.38 |
| 000900 | 现代投资 | 26.53 | 45.40 | 80 | 99.84 | 50 | 54.13 | 53.30 | 45.15 | 35.16 |
| 000901 | 航天科技 | 1.08 | 56.65 | 80 | 81.12 | 50 | 63.44 | 83.54 | 68.42 | 19.66 |
| 000902 | 新洋丰 | 26.21 | 61.95 | 80 | 100.00 | 42 | 7.03 | 71.61 | 52.54 | 30.42 |
| 000903 | 云内动力 | 26.35 | 41.92 | 80 | 99.43 | 50 | 81.25 | 60.68 | 55.06 | 40.62 |
| 000905 | 厦门港务 | 52.64 | 43.21 | 80 | 98.47 | 50 | 51.44 | 83.09 | 71.04 | 29.82 |
| 000906 | 物产中拓 | 25.68 | 46.17 | 80 | 88.84 | 50 | 80.42 | 78.55 | 66.14 | 66.75 |
| 000908 | 景峰医药 | 0.53 | 46.78 | 80 | 99.81 | 34 | 36.75 | 80.09 | 58.77 | 12.56 |
| 000909 | 数源科技 | 26.09 | 56.93 | 80 | 98.92 | 50 | 42.93 | 0.00 | 48.21 | 27.69 |
| 000910 | 大亚科技 | 50.58 | 40.58 | 80 | 99.72 | 50 | 53.16 | 20.89 | 53.07 | 34.05 |
| 000911 | 南宁糖业 | 50.87 | 58.02 | 60 | 96.19 | 50 | 27.98 | 26.10 | 49.96 | 32.75 |
| 000912 | *ST 天化 | 50.55 | 45.35 | 30 | 85.75 | 0 | 58.54 | 11.24 | 42.43 | 30.42 |
| 000913 | 钱江摩托 | 25.67 | 63.05 | 80 | 99.99 | 50 | 72.21 | 76.11 | 63.49 | 14.58 |
| 000915 | 山大华特 | 26.40 | 61.30 | 80 | 100.00 | 50 | 51.08 | 30.18 | 71.37 | 33.26 |
| 000916 | 华北高速 | 26.89 | 48.63 | 60 | 97.53 | 50 | 20.52 | 74.42 | 28.51 | 57.24 |
| 000917 | 电广传媒 | 50.49 | 65.54 | 80 | 99.91 | 50 | 55.39 | 66.63 | 42.90 | 25.37 |

续表

| 证券代码 | 证券简称 | 内部控制指数 | | | | | 财务运行指数 | | | |
|---|---|---|---|---|---|---|---|---|---|---|
| | | 人文环境 | 治理结构 | 信息沟通 | 业务控制 | 外部监督 | 投资质量 | 筹资质量 | 资金运营质量 | 股利分配 |
| 000918 | 嘉凯城 | 25.52 | 48.10 | 60 | 99.89 | 50 | 64.69 | 77.39 | 66.45 | 33.73 |
| 000919 | 金陵药业 | 51.36 | 68.81 | 80 | 93.89 | 40 | 67.30 | 35.24 | 64.89 | 48.36 |
| 000920 | 南方汇通 | 1.54 | 41.33 | 60 | 96.83 | 43 | 52.13 | 71.11 | 75.73 | 12.56 |
| 000921 | 海信科龙 | 51.22 | 72.99 | 80 | 92.79 | 50 | 59.72 | 80.57 | 53.12 | 12.56 |
| 000922 | 佳电股份 | 26.09 | 39.89 | 80 | 99.51 | 50 | 70.55 | 84.90 | 52.19 | 14.34 |
| 000923 | 河北宣工 | 26.43 | 42.49 | 80 | 98.67 | 40 | 64.12 | 80.71 | 23.53 | 19.99 |
| 000925 | 众合科技 | 50.33 | 57.22 | 80 | 87.80 | 50 | 69.65 | 51.03 | 41.88 | 12.56 |
| 000926 | 福星股份 | 25.28 | 37.77 | 80 | 99.87 | 50 | 59.30 | 82.48 | 52.06 | 38.71 |
| 000927 | *ST 夏利 | 50.78 | 55.61 | 80 | 87.80 | 50 | 71.44 | 48.75 | 43.82 | 18.74 |
| 000928 | 中钢国际 | 26.27 | 50.82 | 60 | 99.26 | 34 | 20.71 | 26.13 | 56.70 | 34.80 |
| 000929 | 兰州黄河 | 25.79 | 60.40 | 60 | 94.23 | 50 | 72.67 | 50.86 | 69.43 | 36.90 |
| 000930 | 中粮生化 | 50.93 | 38.17 | 60 | 85.23 | 50 | 68.37 | 74.88 | 55.34 | 64.17 |
| 000931 | 中关村 | 26.94 | 50.19 | 80 | 79.80 | 50 | 67.83 | 61.56 | 68.21 | 45.42 |
| 000932 | 华菱钢铁 | 52.07 | 47.91 | 60 | 91.35 | 50 | 65.48 | 47.05 | 50.36 | 14.58 |
| 000933 | 神火股份 | 54.38 | 74.73 | 80 | 95.00 | 50 | 61.63 | 25.55 | 34.97 | 39.74 |
| 000935 | 四川双马 | 27.54 | 52.68 | 80 | 99.31 | 60 | 79.74 | 80.09 | 64.67 | 19.36 |
| 000936 | 华西股份 | 0.02 | 55.84 | 80 | 98.94 | 40 | 83.03 | 80.06 | 57.18 | 50.64 |
| 000937 | 冀中能源 | 27.11 | 47.49 | 80 | 87.39 | 50 | 73.37 | 78.40 | 55.65 | 17.53 |
| 000938 | 紫光股份 | 25.20 | 52.34 | 80 | 99.89 | 40 | 66.99 | 84.94 | 64.75 | 19.35 |
| 000939 | 凯迪电力 | 26.88 | 37.48 | 80 | 98.75 | 40 | 53.04 | 5.10 | 26.78 | 20.76 |
| 000948 | 南天信息 | 26.24 | 53.91 | 80 | 99.90 | 50 | 68.95 | 58.66 | 52.38 | 67.29 |
| 000949 | 新乡化纤 | 27.29 | 40.11 | 80 | 97.15 | 50 | 51.20 | 85.03 | 57.75 | 34.11 |
| 000950 | 建峰化工 | 27.01 | 51.38 | 70 | 90.62 | 50 | 66.14 | 13.46 | 45.09 | 42.24 |
| 000951 | 中国重汽 | 50.00 | 55.83 | 80 | 65.51 | 60 | 67.20 | 68.32 | 64.09 | 28.88 |
| 000952 | 广济药业 | 25.33 | 40.77 | 80 | 99.87 | 50 | 75.82 | 38.50 | 25.50 | 30.81 |
| 000953 | 河池化工 | 1.67 | 37.10 | 80 | 97.64 | 50 | 59.73 | 74.27 | 19.15 | 30.81 |
| 000955 | 欣龙控股 | 0.32 | 30.46 | 65 | 90.00 | 42 | 35.87 | 80.92 | 58.09 | 42.18 |

续表

| 证券代码 | 证券简称 | 内部控制指数 | | | | | 财务运行指数 | | | |
|---|---|---|---|---|---|---|---|---|---|---|
| | | 人文环境 | 治理结构 | 信息沟通 | 业务控制 | 外部监督 | 投资质量 | 筹资质量 | 资金运营质量 | 股利分配 |
| 000957 | 中通客车 | 26.37 | 49.09 | 80 | 95.10 | 50 | 76.68 | 68.68 | 49.78 | 21.02 |
| 000958 | 东方能源 | 0.00 | 51.54 | 60 | 79.13 | 50 | 15.70 | 85.56 | 45.47 | 31.96 |
| 000959 | 首钢股份 | 26.26 | 52.57 | 80 | 44.23 | 50 | 19.75 | 39.49 | 53.34 | 14.58 |
| 000960 | 锡业股份 | 51.66 | 51.70 | 70 | 93.44 | 50 | 50.87 | 46.44 | 53.25 | 16.96 |
| 000961 | 中南建设 | 50.06 | 59.20 | 80 | 98.98 | 40 | 66.60 | 58.40 | 43.68 | 26.77 |
| 000962 | 东方钽业 | 0.38 | 48.35 | 80 | 86.88 | 40 | 68.51 | 72.57 | 62.80 | 62.85 |
| 000963 | 华东医药 | 26.51 | 61.97 | 80 | 99.64 | 50 | 62.14 | 83.49 | 70.76 | 50.91 |
| 000965 | 天保基建 | 0.76 | 48.24 | 65 | 99.15 | 50 | 85.23 | 26.10 | 56.63 | 34.87 |
| 000966 | 长源电力 | 32.93 | 52.76 | 80 | 90.27 | 40 | 43.02 | 68.75 | 48.89 | 5.71 |
| 000967 | 上风高科 | 25.32 | 49.77 | 80 | 80.78 | 50 | 63.65 | 77.81 | 68.41 | 25.76 |
| 000968 | 煤气化 | 28.33 | 40.87 | 80 | 91.43 | 50 | 57.59 | 22.52 | 23.78 | 48.09 |
| 000969 | 安泰科技 | 50.73 | 39.10 | 80 | 90.41 | 40 | 62.25 | 63.91 | 63.21 | 20.94 |
| 000970 | 中科三环 | 50.23 | 47.00 | 70 | 90.84 | 50 | 78.63 | 36.36 | 64.28 | 25.51 |
| 000971 | 蓝鼎控股 | 0.27 | 40.63 | 80 | 96.89 | 40 | 26.54 | 26.10 | 37.45 | 84.40 |
| 000972 | 新中基 | 35.92 | 64.45 | 80 | 36.18 | 0 | 53.78 | 69.34 | 12.70 | 84.40 |
| 000973 | 佛塑科技 | 50.64 | 38.03 | 80 | 96.51 | 40 | 58.61 | 43.07 | 53.16 | 36.05 |
| 000975 | 银泰资源 | 25.03 | 49.23 | 80 | 98.70 | 40 | 80.66 | 26.25 | 28.99 | 51.27 |
| 000976 | *ST 春晖 | 50.70 | 44.80 | 80 | 100.00 | 40 | 72.18 | 26.10 | 54.82 | 82.23 |
| 000977 | 浪潮信息 | 25.42 | 35.74 | 80 | 90.58 | 40 | 65.10 | 26.94 | 56.62 | 22.02 |
| 000978 | 桂林旅游 | 26.00 | 41.48 | 70 | 99.40 | 50 | 67.84 | 72.03 | 54.38 | 44.87 |
| 000979 | 中弘股份 | 29.43 | 48.52 | 80 | 100.00 | 50 | 76.71 | 83.44 | 63.67 | 31.55 |
| 000980 | 金马股份 | 50.05 | 38.80 | 80 | 81.10 | 40 | 71.20 | 31.25 | 60.92 | 16.94 |
| 000981 | 银亿股份 | 50.52 | 54.28 | 80 | 100.00 | 50 | 55.05 | 80.06 | 68.24 | 33.54 |
| 000982 | 中银绒业 | 0.84 | 42.37 | 80 | 99.91 | 35 | 5.53 | 23.39 | 29.63 | 33.46 |
| 000983 | 西山煤电 | 51.37 | 40.46 | 60 | 82.71 | 42 | 47.32 | 59.28 | 52.42 | 5.64 |
| 000985 | 大庆华科 | 0.95 | 75.20 | 80 | 57.77 | 50 | 49.03 | 86.83 | 79.42 | 30.89 |
| 000987 | 广州友谊 | 27.18 | 42.00 | 80 | 100.00 | 40 | 76.49 | 28.99 | 54.24 | 68.04 |

续表

| 证券代码 | 证券简称 | 内部控制指数 | | | | | 财务运行指数 | | | |
|---|---|---|---|---|---|---|---|---|---|---|
| | | 人文环境 | 治理结构 | 信息沟通 | 业务控制 | 外部监督 | 投资质量 | 筹资质量 | 资金运营质量 | 股利分配 |
| 000988 | 华工科技 | 25.60 | 48.91 | 80 | 99.29 | 40 | 65.45 | 42.53 | 58.06 | 19.59 |
| 000989 | 九芝堂 | 26.39 | 37.75 | 80 | 99.65 | 50 | 61.61 | 44.10 | 71.20 | 43.46 |
| 000990 | 诚志股份 | 25.28 | 54.38 | 80 | 99.98 | 50 | 66.70 | 49.54 | 58.78 | 46.88 |
| 000993 | 闽东电力 | 25.89 | 43.60 | 50 | 88.18 | 50 | 55.18 | 54.32 | 49.71 | 19.31 |
| 000995 | *ST 皇台 | 0.07 | 46.50 | 80 | 90.00 | 40 | 72.77 | 24.23 | 22.32 | 51.50 |
| 000996 | 中国中期 | 0.59 | 57.08 | 80 | 100.00 | 34 | 67.49 | 66.54 | 64.38 | 20.43 |
| 000997 | 新大陆 | 50.83 | 39.55 | 80 | 99.31 | 50 | 44.27 | 24.83 | 44.23 | 65.61 |
| 000998 | 隆平高科 | 50.59 | 43.30 | 80 | 99.98 | 50 | 52.40 | 64.60 | 59.10 | 39.57 |
| 000999 | 华润三九 | 50.96 | 61.13 | 80 | 94.02 | 60 | 61.65 | 82.93 | 56.99 | 42.63 |
| 001696 | 宗申动力 | 25.35 | 43.84 | 80 | 88.92 | 40 | 58.60 | 68.95 | 52.24 | 62.80 |
| 001896 | 豫能控股 | 27.85 | 51.43 | 80 | 93.29 | 50 | 25.51 | 66.61 | 62.50 | 52.20 |
| 002001 | 新和成 | 51.67 | 47.00 | 80 | 97.63 | 50 | 66.64 | 41.85 | 68.00 | 52.12 |
| 002002 | 鸿达兴业 | 50.96 | 49.66 | 80 | 98.45 | 34 | 49.51 | 36.14 | 26.23 | 82.24 |
| 002003 | 伟星股份 | 50.29 | 44.30 | 80 | 99.58 | 34 | 74.98 | 26.82 | 79.75 | 84.48 |
| 002004 | 华邦颖泰 | 50.71 | 38.65 | 80 | 95.34 | 40 | 64.47 | 52.81 | 49.23 | 82.32 |
| 002005 | 德豪润达 | 50.05 | 39.78 | 80 | 87.90 | 29 | 60.98 | 55.79 | 48.28 | 63.07 |
| 002006 | 精功科技 | 25.75 | 50.87 | 80 | 99.32 | 34 | 63.65 | 35.18 | 53.39 | 14.58 |
| 002007 | 华兰生物 | 0.34 | 41.99 | 80 | 100.00 | 50 | 67.74 | 26.10 | 23.78 | 47.96 |
| 002008 | 大族激光 | 50.03 | 37.68 | 80 | 99.77 | 34 | 62.86 | 77.53 | 66.97 | 25.11 |
| 002009 | 天奇股份 | 50.19 | 42.46 | 80 | 87.91 | 50 | 55.49 | 77.76 | 39.29 | 33.25 |
| 002010 | 传化股份 | 50.64 | 67.36 | 80 | 97.06 | 34 | 54.98 | 61.98 | 72.83 | 81.94 |
| 002011 | 盾安环境 | 50.24 | 40.86 | 80 | 88.42 | 50 | 68.07 | 35.22 | 45.78 | 22.53 |
| 002012 | 凯恩股份 | 25.40 | 41.84 | 80 | 100.00 | 34 | 63.81 | 35.99 | 64.35 | 30.78 |
| 002013 | 中航机电 | 51.57 | 65.02 | 60 | 72.72 | 40 | 66.19 | 37.38 | 40.78 | 18.43 |
| 002014 | 永新股份 | 25.64 | 48.19 | 80 | 98.03 | 40 | 73.99 | 46.68 | 67.20 | 56.40 |
| 002015 | *ST 霞客 | 25.81 | 52.98 | 60 | 56.00 | 0 | 63.89 | 0.00 | 57.70 | 34.35 |
| 002016 | 世荣兆业 | 26.97 | 37.70 | 80 | 94.94 | 50 | 41.84 | 86.59 | 56.99 | 55.05 |

续表

| 证券代码 | 证券简称 | 内部控制指数 | | | | | 财务运行指数 | | | |
|---|---|---|---|---|---|---|---|---|---|---|
| | | 人文环境 | 治理结构 | 信息沟通 | 业务控制 | 外部监督 | 投资质量 | 筹资质量 | 资金运营质量 | 股利分配 |
| 002017 | 东信和平 | 50.87 | 47.05 | 80 | 99.93 | 50 | 77.29 | 68.92 | 69.36 | 28.55 |
| 002018 | 华信国际 | 25.54 | 42.36 | 80 | 90.00 | 34 | 46.29 | 41.92 | 60.34 | 48.35 |
| 002019 | 亿帆鑫富 | 25.46 | 45.91 | 80 | 89.96 | 50 | 39.12 | 35.53 | 54.10 | 82.23 |
| 002020 | 京新药业 | 25.67 | 43.29 | 80 | 100.00 | 50 | 77.33 | 57.81 | 45.12 | 52.93 |
| 002021 | 中捷资源 | 25.68 | 37.78 | 80 | 99.48 | 43 | 64.90 | 27.46 | 33.10 | 14.20 |
| 002022 | 科华生物 | 1.30 | 47.42 | 80 | 100.00 | 34 | 64.85 | 31.13 | 62.15 | 60.52 |
| 002023 | 海特高新 | 25.24 | 52.37 | 80 | 99.16 | 50 | 20.24 | 35.72 | 62.33 | 27.99 |
| 002024 | 苏宁云商 | 50.53 | 57.91 | 80 | 99.95 | 60 | 51.65 | 71.50 | 64.11 | 32.11 |
| 002025 | 航天电器 | 26.09 | 49.79 | 70 | 92.53 | 50 | 75.65 | 86.42 | 59.62 | 39.52 |
| 002026 | 山东威达 | 25.41 | 48.47 | 80 | 92.36 | 50 | 46.15 | 28.28 | 41.18 | 27.51 |
| 002027 | 七喜控股 | 0.00 | 56.71 | 70 | 95.48 | 34 | 26.76 | 26.10 | 56.97 | 31.49 |
| 002028 | 思源电气 | 50.50 | 60.46 | 80 | 99.97 | 34 | 56.07 | 35.78 | 56.65 | 24.38 |
| 002029 | 七匹狼 | 50.94 | 53.87 | 80 | 99.86 | 34 | 52.24 | 40.76 | 52.79 | 57.16 |
| 002030 | 达安基因 | 25.45 | 70.26 | 80 | 94.96 | 50 | 61.82 | 52.19 | 45.32 | 82.24 |
| 002031 | 巨轮股份 | 25.11 | 46.25 | 80 | 99.50 | 50 | 70.69 | 54.64 | 55.33 | 19.80 |
| 002032 | 苏泊尔 | 53.39 | 49.09 | 80 | 84.30 | 34 | 64.19 | 30.32 | 62.58 | 28.72 |
| 002033 | 丽江旅游 | 25.86 | 47.48 | 80 | 97.55 | 50 | 17.03 | 84.27 | 58.26 | 31.79 |
| 002034 | 美欣达 | 26.27 | 49.12 | 80 | 95.40 | 34 | 56.88 | 85.40 | 50.27 | 76.66 |
| 002035 | 华帝股份 | 50.86 | 49.29 | 80 | 86.13 | 40 | 54.46 | 32.01 | 57.16 | 30.84 |
| 002036 | 汉麻产业 | 25.83 | 30.99 | 80 | 86.64 | 34 | 50.35 | 29.81 | 53.53 | 55.03 |
| 002037 | 久联发展 | 26.49 | 39.70 | 60 | 99.27 | 50 | 51.95 | 51.11 | 27.08 | 44.27 |
| 002038 | 双鹭药业 | 0.35 | 53.22 | 80 | 98.07 | 50 | 69.14 | 30.76 | 27.83 | 36.06 |
| 002039 | 黔源电力 | 3.93 | 66.13 | 60 | 100.00 | 50 | 66.83 | 25.24 | 60.46 | 10.67 |
| 002040 | 南京港 | 1.47 | 52.64 | 80 | 92.04 | 34 | 31.25 | 69.95 | 78.23 | 53.44 |
| 002041 | 登海种业 | 25.16 | 47.54 | 80 | 99.93 | 34 | 49.38 | 49.66 | 50.75 | 36.06 |
| 002042 | 华孚色纺 | 50.82 | 40.67 | 50 | 88.28 | 50 | 60.77 | 51.33 | 51.67 | 48.22 |
| 002043 | 兔宝宝 | 50.27 | 37.65 | 80 | 91.23 | 50 | 71.41 | 58.93 | 61.23 | 58.39 |

续表

| 证券代码 | 证券简称 | 内部控制指数 | | | | | 财务运行指数 | | | |
|---|---|---|---|---|---|---|---|---|---|---|
| | | 人文环境 | 治理结构 | 信息沟通 | 业务控制 | 外部监督 | 投资质量 | 筹资质量 | 资金运营质量 | 股利分配 |
| 002044 | 江苏三友 | 25.24 | 42.78 | 80 | 99.20 | 34 | 73.86 | 80.73 | 65.55 | 76.30 |
| 002045 | 国光电器 | 25.80 | 53.13 | 80 | 99.65 | 34 | 64.19 | 72.06 | 58.99 | 23.33 |
| 002046 | 轴研科技 | 26.32 | 36.58 | 60 | 95.76 | 50 | 64.57 | 71.95 | 46.31 | 29.55 |
| 002047 | 宝鹰股份 | 25.23 | 53.40 | 80 | 90.00 | 50 | 50.44 | 25.39 | 73.60 | 34.80 |
| 002048 | 宁波华翔 | 50.68 | 44.55 | 80 | 97.23 | 50 | 58.65 | 76.43 | 64.58 | 22.48 |
| 002049 | 同方国芯 | 25.59 | 42.10 | 80 | 99.52 | 40 | 69.88 | 73.49 | 58.03 | 60.23 |
| 002050 | 三花股份 | 50.19 | 48.06 | 80 | 89.63 | 50 | 79.75 | 86.32 | 56.98 | 28.78 |
| 002051 | 中工国际 | 25.63 | 47.24 | 80 | 97.78 | 50 | 75.15 | 34.17 | 70.93 | 37.24 |
| 002052 | 同洲电子 | 50.06 | 46.43 | 80 | 99.49 | 35 | 48.29 | 46.30 | 41.84 | 18.62 |
| 002053 | 云南盐化 | 26.12 | 51.15 | 80 | 85.72 | 50 | 59.93 | 20.56 | 49.87 | 33.02 |
| 002054 | 德美化工 | 26.03 | 54.96 | 80 | 96.19 | 34 | 73.99 | 81.01 | 64.81 | 39.90 |
| 002055 | 得润电子 | 25.41 | 50.82 | 80 | 99.97 | 34 | 78.58 | 82.81 | 55.66 | 29.83 |
| 002056 | 横店东磁 | 51.29 | 52.12 | 80 | 99.38 | 34 | 64.26 | 72.10 | 59.88 | 1.87 |
| 002057 | 中钢天源 | 26.44 | 47.88 | 80 | 98.56 | 34 | 67.10 | 53.33 | 61.06 | 0.06 |
| 002058 | 威尔泰 | 0.56 | 58.53 | 80 | 100.00 | 34 | 59.80 | 86.47 | 60.53 | 54.44 |
| 002059 | 云南旅游 | 26.92 | 60.84 | 80 | 99.85 | 50 | 55.66 | 80.26 | 38.10 | 28.56 |
| 002060 | 粤水电 | 2.69 | 38.65 | 80 | 93.22 | 50 | 39.18 | 19.75 | 46.21 | 56.98 |
| 002061 | 江山化工 | 25.45 | 60.21 | 80 | 99.53 | 50 | 62.52 | 45.66 | 51.67 | 53.12 |
| 002062 | 宏润建设 | 25.46 | 57.14 | 80 | 99.56 | 34 | 77.76 | 65.37 | 62.79 | 62.80 |
| 002063 | 远光软件 | 50.69 | 59.38 | 80 | 96.72 | 34 | 55.28 | 81.26 | 68.88 | 36.42 |
| 002064 | 华峰氨纶 | 50.44 | 43.65 | 80 | 99.95 | 34 | 24.93 | 79.47 | 64.56 | 82.27 |
| 002065 | 东华软件 | 0.28 | 60.47 | 80 | 100.00 | 24 | 48.38 | 44.26 | 68.63 | 32.79 |
| 002066 | 瑞泰科技 | 0.66 | 38.13 | 80 | 93.83 | 50 | 57.83 | 71.53 | 47.50 | 48.96 |
| 002067 | 景兴纸业 | 25.98 | 45.25 | 60 | 99.96 | 50 | 43.93 | 66.74 | 57.99 | 82.23 |
| 002068 | 黑猫股份 | 26.05 | 46.51 | 80 | 95.98 | 34 | 72.42 | 49.03 | 46.97 | 82.25 |
| 002069 | 獐子岛 | 51.22 | 50.19 | 40 | 89.96 | 26 | 54.15 | 20.86 | 56.77 | 24.94 |
| 002070 | 众和股份 | 25.04 | 57.20 | 60 | 99.46 | 26 | 55.56 | 20.95 | 42.18 | 35.90 |

续表

| 证券代码 | 证券简称 | 内部控制指数 | | | | | 财务运行指数 | | | |
|---|---|---|---|---|---|---|---|---|---|---|
| | | 人文环境 | 治理结构 | 信息沟通 | 业务控制 | 外部监督 | 投资质量 | 筹资质量 | 资金运营质量 | 股利分配 |
| 002071 | 长城影视 | 0.09 | 61.75 | 80 | 99.58 | 50 | 49.76 | 28.24 | 50.79 | 34.80 |
| 002072 | 凯瑞德 | 25.28 | 44.71 | 80 | 100.00 | 34 | 13.06 | 21.71 | 27.70 | 57.72 |
| 002073 | 软控股份 | 25.67 | 51.49 | 80 | 99.87 | 40 | 68.12 | 76.93 | 37.09 | 19.67 |
| 002074 | 东源电器 | 25.23 | 44.79 | 70 | 100.00 | 34 | 61.11 | 56.59 | 53.11 | 43.29 |
| 002075 | 沙钢股份 | 26.50 | 52.51 | 80 | 75.12 | 34 | 53.34 | 35.89 | 58.82 | 62.74 |
| 002076 | 雪莱特 | 25.88 | 43.38 | 80 | 99.91 | 50 | 60.86 | 58.57 | 70.94 | 64.36 |
| 002077 | 大港股份 | 25.11 | 57.72 | 80 | 96.23 | 50 | 40.91 | 83.18 | 59.36 | 64.85 |
| 002078 | 太阳纸业 | 50.16 | 44.42 | 80 | 90.30 | 34 | 55.75 | 59.36 | 49.45 | 40.31 |
| 002079 | 苏州固锝 | 0.24 | 57.72 | 80 | 99.77 | 34 | 61.94 | 35.97 | 67.60 | 63.03 |
| 002080 | 中材科技 | 50.78 | 50.96 | 60 | 95.12 | 34 | 77.89 | 67.67 | 43.05 | 24.12 |
| 002081 | 金螳螂 | 50.19 | 56.43 | 80 | 100.00 | 40 | 47.50 | 48.47 | 66.57 | 25.04 |
| 002082 | 栋梁新材 | 25.57 | 75.67 | 80 | 100.00 | 34 | 67.27 | 36.15 | 72.73 | 17.10 |
| 002083 | 孚日股份 | 50.41 | 48.93 | 80 | 99.55 | 26 | 75.81 | 79.26 | 45.84 | 84.73 |
| 002084 | 海鸥卫浴 | 25.44 | 56.63 | 70 | 96.92 | 34 | 65.03 | 84.06 | 61.82 | 62.86 |
| 002085 | 万丰奥威 | 25.77 | 57.56 | 80 | 99.97 | 34 | 58.76 | 61.54 | 65.85 | 42.23 |
| 002086 | 东方海洋 | 1.08 | 48.60 | 80 | 100.00 | 34 | 48.36 | 71.27 | 51.10 | 52.20 |
| 002087 | 新野纺织 | 52.90 | 48.15 | 80 | 99.60 | 40 | 47.20 | 21.95 | 52.08 | 58.68 |
| 002088 | 鲁阳股份 | 25.90 | 52.36 | 80 | 100.00 | 40 | 82.44 | 36.04 | 73.28 | 29.37 |
| 002089 | 新海宜 | 25.02 | 55.30 | 60 | 99.58 | 40 | 37.10 | 79.78 | 33.38 | 62.77 |
| 002090 | 金智科技 | 0.31 | 54.48 | 80 | 98.44 | 40 | 46.99 | 84.40 | 56.97 | 62.80 |
| 002091 | 江苏国泰 | 25.46 | 53.36 | 80 | 98.87 | 34 | 67.82 | 38.99 | 65.67 | 56.31 |
| 002092 | 中泰化学 | 28.03 | 50.58 | 80 | 86.71 | 50 | 65.46 | 17.39 | 31.92 | 52.70 |
| 002093 | 国脉科技 | 25.09 | 64.85 | 80 | 99.72 | 34 | 75.70 | 21.80 | 48.47 | 65.38 |
| 002094 | 青岛金王 | 0.66 | 55.49 | 80 | 99.85 | 34 | 59.17 | 64.70 | 62.07 | 82.25 |
| 002095 | 生意宝 | 25.81 | 55.23 | 70 | 100.00 | 50 | 56.12 | 31.20 | 83.63 | 66.16 |
| 002096 | 南岭民爆 | 51.40 | 58.53 | 60 | 87.31 | 50 | 65.19 | 66.78 | 64.80 | 82.29 |
| 002097 | 山河智能 | 27.39 | 47.31 | 80 | 90.00 | 32 | 58.75 | 78.24 | 33.29 | 63.87 |

续表

| 证券代码 | 证券简称 | 内部控制指数 | | | | | 财务运行指数 | | | |
|---|---|---|---|---|---|---|---|---|---|---|
| | | 人文环境 | 治理结构 | 信息沟通 | 业务控制 | 外部监督 | 投资质量 | 筹资质量 | 资金运营质量 | 股利分配 |
| 002098 | 浔兴股份 | 50.40 | 68.14 | 80 | 99.91 | 40 | 71.63 | 50.32 | 53.49 | 52.63 |
| 002099 | 海翔药业 | 25.33 | 32.21 | 80 | 99.94 | 34 | 72.80 | 52.69 | 47.94 | 82.28 |
| 002100 | 天康生物 | 25.77 | 54.40 | 80 | 97.27 | 40 | 63.54 | 79.74 | 60.49 | 84.42 |
| 002101 | 广东鸿图 | 51.07 | 56.48 | 80 | 99.99 | 34 | 73.08 | 83.36 | 59.47 | 28.69 |
| 002102 | 冠福股份 | 25.58 | 55.78 | 80 | 89.73 | 8 | 53.39 | 47.48 | 43.94 | 62.74 |
| 002103 | 广博股份 | 26.06 | 55.38 | 60 | 98.05 | 34 | 52.28 | 26.73 | 48.59 | 82.41 |
| 002104 | 恒宝股份 | 0.16 | 56.60 | 80 | 100.00 | 34 | 58.41 | 29.51 | 65.75 | 54.47 |
| 002105 | 信隆实业 | 50.65 | 49.52 | 80 | 87.44 | 50 | 55.73 | 80.41 | 59.84 | 61.28 |
| 002106 | 莱宝高科 | 25.17 | 61.88 | 80 | 99.33 | 34 | 63.39 | 86.99 | 67.00 | 63.24 |
| 002107 | 沃华医药 | 0.73 | 45.14 | 80 | 96.40 | 34 | 80.22 | 30.40 | 58.27 | 82.24 |
| 002108 | 沧州明珠 | 26.95 | 58.39 | 80 | 99.84 | 40 | 65.98 | 80.26 | 69.50 | 41.05 |
| 002109 | 兴化股份 | 26.47 | 48.75 | 80 | 81.00 | 50 | 60.89 | 82.44 | 46.76 | 47.54 |
| 002110 | 三钢闽光 | 28.35 | 53.40 | 80 | 71.64 | 34 | 42.28 | 41.56 | 55.84 | 15.36 |
| 002111 | 威海广泰 | 25.39 | 43.51 | 80 | 98.75 | 50 | 53.96 | 86.41 | 39.99 | 28.82 |
| 002112 | 三变科技 | 25.74 | 49.15 | 80 | 100.00 | 34 | 56.67 | 40.32 | 47.87 | 23.62 |
| 002113 | 天润控股 | 25.46 | 52.47 | 80 | 100.00 | 40 | 85.84 | 26.10 | 52.82 | 34.80 |
| 002114 | 罗平锌电 | 25.18 | 55.93 | 50 | 98.15 | 50 | 67.83 | 83.36 | 53.18 | 12.56 |
| 002115 | 三维通信 | 25.84 | 58.76 | 80 | 100.00 | 50 | 67.58 | 45.24 | 50.42 | 17.65 |
| 002116 | 中国海诚 | 27.37 | 52.40 | 60 | 87.97 | 34 | 22.60 | 48.77 | 64.30 | 52.20 |
| 002117 | 东港股份 | 25.34 | 47.86 | 80 | 99.96 | 50 | 68.61 | 37.85 | 53.20 | 51.99 |
| 002118 | 紫鑫药业 | 0.34 | 45.21 | 80 | 81.09 | 1 | 48.27 | 80.02 | 37.24 | 36.27 |
| 002119 | 康强电子 | 0.55 | 64.32 | 80 | 99.58 | 34 | 67.57 | 84.04 | 59.60 | 33.14 |
| 002120 | 新海股份 | 51.20 | 55.63 | 80 | 100.00 | 34 | 66.38 | 25.88 | 58.89 | 35.98 |
| 002121 | 科陆电子 | 50.00 | 44.55 | 80 | 100.00 | 50 | 0.80 | 21.21 | 23.80 | 36.62 |
| 002122 | 天马股份 | 50.56 | 47.41 | 80 | 99.32 | 50 | 79.11 | 77.87 | 41.21 | 43.81 |
| 002123 | 荣信股份 | 0.44 | 41.50 | 80 | 99.01 | 18 | 60.56 | 48.76 | 45.11 | 13.52 |
| 002124 | 天邦股份 | 25.44 | 66.59 | 80 | 100.00 | 50 | 37.47 | 29.42 | 53.58 | 56.29 |

续表

| 证券代码 | 证券简称 | 内部控制指数 | | | | | 财务运行指数 | | | |
|---|---|---|---|---|---|---|---|---|---|---|
| | | 人文环境 | 治理结构 | 信息沟通 | 业务控制 | 外部监督 | 投资质量 | 筹资质量 | 资金运营质量 | 股利分配 |
| 002125 | 湘潭电化 | 26.45 | 36.41 | 80 | 99.72 | 50 | 32.05 | 27.81 | 25.60 | 30.42 |
| 002126 | 银轮股份 | 25.35 | 41.56 | 60 | 99.67 | 50 | 69.32 | 55.66 | 59.39 | 20.53 |
| 002127 | 新民科技 | 25.83 | 58.25 | 80 | 99.69 | 1 | 68.99 | 27.78 | 68.71 | 30.42 |
| 002128 | 露天煤业 | 1.42 | 52.29 | 80 | 67.01 | 50 | 65.75 | 77.58 | 61.63 | 19.34 |
| 002129 | 中环股份 | 25.23 | 57.13 | 80 | 99.05 | 34 | 49.53 | 41.55 | 44.39 | 34.80 |
| 002130 | 沃尔核材 | 25.45 | 48.35 | 80 | 86.38 | 50 | 66.63 | 84.59 | 53.37 | 25.32 |
| 002131 | 利欧股份 | 50.51 | 50.91 | 80 | 89.95 | 34 | 60.64 | 77.67 | 54.30 | 25.55 |
| 002132 | 恒星科技 | 25.81 | 52.54 | 60 | 100.00 | 34 | 51.10 | 61.75 | 53.58 | 26.10 |
| 002133 | 广宇集团 | 25.50 | 55.17 | 80 | 50.00 | 50 | 49.19 | 84.69 | 66.09 | 42.48 |
| 002134 | 天津普林 | 25.00 | 57.98 | 80 | 98.71 | 34 | 83.46 | 59.93 | 68.02 | 12.56 |
| 002135 | 东南网架 | 25.51 | 52.70 | 80 | 99.01 | 50 | 53.90 | 81.16 | 49.34 | 35.29 |
| 002136 | 安纳达 | 2.31 | 58.66 | 80 | 96.00 | 34 | 77.05 | 36.00 | 53.29 | 30.42 |
| 002137 | 实益达 | 25.10 | 57.08 | 80 | 99.91 | 34 | 54.10 | 31.53 | 81.56 | 14.51 |
| 002138 | 顺络电子 | 25.47 | 61.38 | 80 | 89.50 | 34 | 40.51 | 86.13 | 66.49 | 28.43 |
| 002139 | 拓邦股份 | 25.00 | 44.49 | 80 | 99.09 | 50 | 76.49 | 34.66 | 67.15 | 49.57 |
| 002140 | 东华科技 | 25.94 | 49.17 | 70 | 77.34 | 50 | 50.68 | 26.10 | 47.13 | 29.75 |
| 002141 | 蓉胜超微 | 1.07 | 45.15 | 80 | 100.00 | 28 | 66.58 | 38.45 | 68.18 | 48.49 |
| 002142 | 宁波银行 | 0.00 | 57.33 | 80 | 100.00 | 60 | 57.58 | 55.49 | 31.00 | 43.74 |
| 002143 | 印纪传媒 | 26.12 | 51.15 | 80 | 90.00 | 50 | 54.43 | 61.78 | 57.73 | 3.86 |
| 002144 | 宏达高科 | 25.51 | 50.98 | 80 | 99.99 | 18 | 52.00 | 84.13 | 51.22 | 48.28 |
| 002145 | 中核钛白 | 26.04 | 51.41 | 50 | 100.00 | 27 | 70.80 | 65.61 | 35.43 | 30.42 |
| 002146 | 荣盛发展 | 25.96 | 63.68 | 80 | 98.05 | 50 | 46.41 | 84.74 | 57.74 | 41.29 |
| 002147 | 方圆支承 | 25.38 | 39.35 | 80 | 99.94 | 50 | 75.03 | 34.90 | 46.72 | 62.74 |
| 002148 | 北纬通信 | 0.01 | 43.50 | 80 | 99.56 | 40 | 6.46 | 26.10 | 55.62 | 45.48 |
| 002149 | 西部材料 | 25.94 | 70.44 | 80 | 98.34 | 40 | 49.40 | 26.20 | 51.82 | 13.68 |
| 002150 | 通润装备 | 25.90 | 47.29 | 80 | 97.73 | 50 | 50.74 | 26.54 | 74.77 | 41.06 |
| 002151 | 北斗星通 | 25.39 | 54.20 | 80 | 99.95 | 50 | 69.82 | 81.39 | 64.26 | 32.39 |

续表

| 证券代码 | 证券简称 | 内部控制指数 | | | | | 财务运行指数 | | | |
|---|---|---|---|---|---|---|---|---|---|---|
| | | 人文环境 | 治理结构 | 信息沟通 | 业务控制 | 外部监督 | 投资质量 | 筹资质量 | 资金运营质量 | 股利分配 |
| 002152 | 广电运通 | 50.56 | 65.77 | 80 | 99.38 | 50 | 51.57 | 34.16 | 63.49 | 35.17 |
| 002153 | 石基信息 | 25.30 | 49.59 | 80 | 100.00 | 40 | 29.45 | 49.33 | 64.57 | 37.61 |
| 002154 | 报喜鸟 | 51.56 | 66.40 | 80 | 100.00 | 34 | 37.49 | 59.23 | 67.80 | 42.53 |
| 002155 | 湖南黄金 | 50.78 | 49.65 | 80 | 91.00 | 50 | 34.28 | 73.45 | 60.07 | 12.57 |
| 002156 | 通富微电 | 25.08 | 58.05 | 80 | 94.26 | 50 | 43.61 | 74.33 | 60.96 | 27.22 |
| 002157 | 正邦科技 | 25.08 | 62.68 | 80 | 89.05 | 30 | 15.74 | 19.18 | 52.13 | 0.22 |
| 002158 | 汉钟精机 | 26.65 | 51.16 | 80 | 96.50 | 50 | 68.47 | 28.04 | 52.02 | 44.80 |
| 002159 | 三特索道 | 1.25 | 57.12 | 80 | 99.98 | 40 | 61.53 | 77.49 | 48.52 | 27.05 |
| 002160 | 常铝股份 | 0.44 | 50.03 | 60 | 95.33 | 34 | 86.23 | 52.03 | 52.44 | 12.56 |
| 002161 | 远望谷 | 25.00 | 50.73 | 60 | 98.96 | 40 | 66.31 | 34.47 | 62.44 | 20.99 |
| 002162 | 斯米克 | 25.86 | 51.28 | 80 | 99.99 | 50 | 45.01 | 60.93 | 39.52 | 12.56 |
| 002163 | 中航三鑫 | 0.67 | 51.53 | 65 | 88.65 | 34 | 72.95 | 50.35 | 47.28 | 21.46 |
| 002164 | 宁波东力 | 25.15 | 48.87 | 80 | 100.00 | 34 | 75.26 | 43.43 | 35.41 | 47.14 |
| 002165 | 红宝丽 | 25.07 | 59.25 | 80 | 99.59 | 40 | 67.45 | 65.35 | 61.54 | 55.45 |
| 002166 | 莱茵生物 | 0.58 | 45.67 | 80 | 100.00 | 42 | 37.28 | 27.19 | 30.71 | 30.42 |
| 002167 | 东方锆业 | 25.19 | 43.71 | 80 | 99.09 | 34 | 55.69 | 57.48 | 37.50 | 30.42 |
| 002168 | 深圳惠程 | 0.86 | 61.00 | 60 | 99.02 | 34 | 48.04 | 75.42 | 41.50 | 24.62 |
| 002169 | 智光电气 | 0.79 | 51.73 | 80 | 99.75 | 34 | 56.39 | 48.48 | 47.00 | 22.02 |
| 002170 | 芭田股份 | 25.00 | 49.25 | 80 | 100.00 | 34 | 19.13 | 70.09 | 55.40 | 53.71 |
| 002171 | 精诚铜业 | 50.17 | 42.88 | 80 | 100.00 | 40 | 65.65 | 51.34 | 69.93 | 20.42 |
| 002172 | 澳洋科技 | 25.84 | 51.30 | 80 | 99.59 | 40 | 71.72 | 69.60 | 53.56 | 30.42 |
| 002173 | 千足珍珠 | 25.03 | 59.12 | 80 | 99.96 | 34 | 46.40 | 47.82 | 25.69 | 5.37 |
| 002174 | 游族网络 | 0.00 | 43.09 | 80 | 100.00 | 50 | 20.76 | 26.32 | 50.09 | 33.90 |
| 002175 | 广陆数测 | 25.94 | 52.12 | 80 | 94.52 | 34 | 3.50 | 78.50 | 27.88 | 21.84 |
| 002176 | 江特电机 | 1.60 | 35.99 | 80 | 99.83 | 42 | 51.05 | 65.98 | 50.47 | 18.73 |
| 002177 | 御银股份 | 25.23 | 40.11 | 80 | 98.69 | 34 | 58.94 | 63.09 | 56.97 | 17.48 |
| 002178 | 延华智能 | 0.18 | 42.69 | 80 | 98.50 | 34 | 54.46 | 32.92 | 61.21 | 47.47 |

续表

| 证券代码 | 证券简称 | 内部控制指数 | | | | | 财务运行指数 | | | |
|---|---|---|---|---|---|---|---|---|---|---|
| | | 人文环境 | 治理结构 | 信息沟通 | 业务控制 | 外部监督 | 投资质量 | 筹资质量 | 资金运营质量 | 股利分配 |
| 002179 | 中航光电 | 51.53 | 46.08 | 80 | 91.80 | 34 | 65.54 | 61.48 | 67.25 | 20.70 |
| 002180 | 艾派克 | 25.47 | 42.83 | 80 | 88.82 | 50 | 57.07 | 33.97 | 60.40 | 63.34 |
| 002181 | 粤传媒 | 54.07 | 56.35 | 80 | 95.08 | 40 | 65.85 | 30.01 | 36.91 | 46.60 |
| 002182 | 云海金属 | 26.39 | 54.26 | 80 | 89.96 | 24 | 67.03 | 81.39 | 55.69 | 63.51 |
| 002183 | 怡亚通 | 50.07 | 48.37 | 60 | 100.00 | 50 | 57.35 | 48.82 | 63.67 | 40.91 |
| 002184 | 海得控制 | 0.14 | 69.84 | 80 | 91.33 | 34 | 72.42 | 35.26 | 69.10 | 63.56 |
| 002185 | 华天科技 | 50.22 | 49.55 | 80 | 96.65 | 50 | 58.77 | 78.33 | 60.65 | 23.27 |
| 002186 | 全聚德 | 26.70 | 49.80 | 80 | 99.66 | 50 | 24.63 | 86.53 | 59.71 | 71.95 |
| 002187 | 广百股份 | 2.41 | 49.70 | 80 | 99.88 | 34 | 59.13 | 47.68 | 71.54 | 71.50 |
| 002188 | 新嘉联 | 25.11 | 51.56 | 80 | 90.00 | 34 | 74.04 | 26.10 | 27.47 | 12.56 |
| 002189 | 利达光电 | 0.45 | 59.47 | 80 | 90.34 | 50 | 70.19 | 80.52 | 81.53 | 30.56 |
| 002190 | 成飞集成 | 1.31 | 49.09 | 70 | 77.50 | 40 | 49.98 | 76.42 | 50.66 | 49.98 |
| 002191 | 劲嘉股份 | 25.23 | 48.53 | 80 | 96.55 | 34 | 61.89 | 57.03 | 62.10 | 38.87 |
| 002192 | *ST 路翔 | 0.18 | 50.29 | 70 | 99.74 | 10 | 38.68 | 71.61 | 38.56 | 30.42 |
| 002193 | 山东如意 | 0.64 | 61.88 | 80 | 80.72 | 50 | 47.63 | 84.33 | 22.56 | 34.80 |
| 002194 | 武汉凡谷 | 50.44 | 68.67 | 70 | 99.74 | 34 | 51.98 | 28.65 | 65.89 | 63.94 |
| 002195 | 海隆软件 | 26.31 | 42.01 | 80 | 99.24 | 34 | 71.42 | 26.22 | 48.40 | 46.30 |
| 002196 | 方正电机 | 25.95 | 48.81 | 80 | 99.81 | 34 | 74.68 | 48.28 | 56.92 | 64.14 |
| 002197 | 证通电子 | 25.00 | 48.78 | 80 | 91.77 | 50 | 55.19 | 84.19 | 63.70 | 28.36 |
| 002198 | 嘉应制药 | 25.18 | 60.54 | 80 | 100.00 | 2 | 74.41 | 52.61 | 69.84 | 44.51 |
| 002199 | 东晶电子 | 0.53 | 58.71 | 70 | 100.00 | 41 | 64.21 | 47.10 | 22.31 | 12.56 |
| 002200 | 云投生态 | 25.31 | 55.28 | 80 | 84.64 | 40 | 25.15 | 74.00 | 35.06 | 34.80 |
| 002201 | 九鼎新材 | 26.82 | 44.30 | 80 | 84.68 | 50 | 47.56 | 25.39 | 48.22 | 20.16 |
| 002202 | 金风科技 | 50.71 | 62.10 | 80 | 87.76 | 60 | 67.61 | 26.05 | 47.53 | 50.85 |
| 002203 | 海亮股份 | 51.34 | 65.00 | 80 | 99.86 | 50 | 60.97 | 25.70 | 60.00 | 29.54 |
| 002204 | 大连重工 | 50.41 | 50.63 | 80 | 99.46 | 50 | 42.67 | 79.05 | 31.69 | 62.96 |
| 002205 | 国统股份 | 25.22 | 38.49 | 60 | 99.68 | 50 | 70.15 | 74.58 | 62.26 | 35.91 |

续表

| 证券代码 | 证券简称 | 内部控制指数 | | | | | 财务运行指数 | | | |
|---|---|---|---|---|---|---|---|---|---|---|
| | | 人文环境 | 治理结构 | 信息沟通 | 业务控制 | 外部监督 | 投资质量 | 筹资质量 | 资金运营质量 | 股利分配 |
| 002206 | 海利得 | 25.57 | 49.22 | 80 | 90.00 | 34 | 66.17 | 44.89 | 59.00 | 72.26 |
| 002207 | 准油股份 | 30.32 | 54.20 | 80 | 99.94 | 34 | 57.70 | 26.10 | 59.45 | 36.57 |
| 002208 | 合肥城建 | 25.22 | 52.10 | 80 | 95.37 | 34 | 45.74 | 46.67 | 64.84 | 39.42 |
| 002209 | 达意隆 | 26.53 | 57.35 | 80 | 99.99 | 40 | 57.36 | 82.74 | 51.22 | 22.57 |
| 002210 | 飞马国际 | 0.09 | 43.31 | 60 | 100.00 | 34 | 47.12 | 15.60 | 59.51 | 57.86 |
| 002211 | 宏达新材 | 0.34 | 47.01 | 80 | 89.97 | 5 | 81.73 | 32.33 | 39.33 | 30.42 |
| 002212 | 南洋股份 | 0.67 | 50.66 | 80 | 100.00 | 34 | 69.23 | 47.99 | 73.37 | 25.71 |
| 002213 | 特尔佳 | 0.91 | 56.12 | 60 | 100.00 | 18 | 71.73 | 33.58 | 69.73 | 30.27 |
| 002214 | 大立科技 | 0.39 | 46.93 | 80 | 100.00 | 12 | 70.47 | 72.13 | 17.48 | 41.36 |
| 002215 | 诺普信 | 50.87 | 52.07 | 50 | 98.11 | 34 | 42.93 | 28.77 | 62.84 | 49.05 |
| 002216 | 三全食品 | 50.37 | 54.93 | 60 | 100.00 | 42 | 61.58 | 82.92 | 52.17 | 42.56 |
| 002217 | 合力泰 | 26.09 | 58.26 | 80 | 100.00 | 50 | 19.77 | 72.74 | 51.10 | 31.58 |
| 002218 | 拓日新能 | 25.66 | 52.06 | 80 | 100.00 | 34 | 67.74 | 57.02 | 23.48 | 14.58 |
| 002219 | 恒康医疗 | 25.11 | 37.23 | 80 | 97.41 | 27 | 37.78 | 40.08 | 33.53 | 33.90 |
| 002220 | 天宝股份 | 25.00 | 42.00 | 80 | 100.00 | 34 | 65.43 | 26.10 | 47.15 | 39.62 |
| 002221 | 东华能源 | 25.21 | 59.32 | 80 | 99.91 | 34 | 25.50 | 46.60 | 69.21 | 42.04 |
| 002222 | 福晶科技 | 25.67 | 46.11 | 80 | 99.45 | 34 | 66.91 | 66.24 | 58.40 | 39.19 |
| 002223 | 鱼跃医疗 | 0.38 | 49.22 | 80 | 99.93 | 50 | 74.63 | 44.02 | 58.56 | 19.82 |
| 002224 | 三力士 | 26.35 | 40.51 | 80 | 100.00 | 34 | 82.79 | 26.10 | 58.07 | 43.54 |
| 002225 | 濮耐股份 | 26.15 | 57.63 | 60 | 99.37 | 40 | 50.12 | 78.33 | 50.31 | 30.61 |
| 002226 | 江南化工 | 50.71 | 47.50 | 60 | 93.03 | 34 | 72.24 | 70.32 | 63.18 | 53.85 |
| 002227 | 奥特迅 | 25.81 | 46.04 | 80 | 99.22 | 34 | 78.20 | 39.40 | 56.38 | 29.31 |
| 002228 | 合兴包装 | 0.46 | 37.78 | 80 | 100.00 | 34 | 70.69 | 71.97 | 60.24 | 45.08 |
| 002229 | 鸿博股份 | 25.30 | 54.12 | 80 | 89.81 | 50 | 75.51 | 27.61 | 45.76 | 37.23 |
| 002230 | 科大讯飞 | 50.48 | 51.22 | 80 | 93.50 | 34 | 21.24 | 59.75 | 54.49 | 39.59 |
| 002231 | 奥维通信 | 0.49 | 44.28 | 80 | 99.63 | 34 | 68.13 | 51.35 | 48.83 | 25.70 |
| 002232 | 启明信息 | 0.66 | 38.96 | 80 | 69.24 | 50 | 62.29 | 80.07 | 59.26 | 36.03 |

续表

| 证券代码 | 证券简称 | 内部控制指数 | | | | | 财务运行指数 | | | |
|---|---|---|---|---|---|---|---|---|---|---|
| | | 人文环境 | 治理结构 | 信息沟通 | 业务控制 | 外部监督 | 投资质量 | 筹资质量 | 资金运营质量 | 股利分配 |
| 002233 | 塔牌集团 | 51.02 | 59.07 | 65 | 98.26 | 34 | 83.34 | 63.64 | 69.90 | 35.46 |
| 002234 | 民和股份 | 25.39 | 48.74 | 80 | 100.00 | 34 | 23.71 | 74.04 | 45.42 | 34.80 |
| 002235 | 安妮股份 | 0.22 | 53.92 | 60 | 89.66 | 34 | 55.78 | 40.93 | 45.85 | 82.23 |
| 002236 | 大华股份 | 50.86 | 53.72 | 80 | 99.99 | 34 | 42.68 | 85.06 | 65.25 | 18.90 |
| 002237 | 恒邦股份 | 25.49 | 60.48 | 80 | 96.59 | 31 | 52.18 | 59.09 | 51.73 | 18.03 |
| 002238 | 天威视讯 | 25.73 | 55.75 | 80 | 94.80 | 2 | 43.89 | 40.14 | 69.56 | 46.29 |
| 002239 | 金飞达 | 25.67 | 40.66 | 80 | 100.00 | 34 | 68.00 | 26.10 | 57.37 | 40.70 |
| 002240 | 威华股份 | 25.34 | 40.94 | 80 | 99.77 | 34 | 69.30 | 80.30 | 55.37 | 30.42 |
| 002241 | 歌尔声学 | 50.32 | 59.90 | 80 | 89.77 | 50 | 80.05 | 47.49 | 75.26 | 22.03 |
| 002242 | 九阳股份 | 51.12 | 48.44 | 80 | 95.55 | 50 | 55.81 | 36.23 | 76.18 | 54.69 |
| 002243 | 通产丽星 | 50.96 | 58.95 | 80 | 100.00 | 50 | 43.42 | 46.98 | 60.30 | 34.37 |
| 002244 | 滨江集团 | 50.67 | 47.62 | 80 | 99.94 | 34 | 48.67 | 70.92 | 69.42 | 31.68 |
| 002245 | 澳洋顺昌 | 0.13 | 56.30 | 80 | 89.93 | 50 | 49.03 | 84.41 | 36.53 | 32.20 |
| 002246 | 北化股份 | 1.19 | 52.97 | 60 | 75.91 | 34 | 53.88 | 67.24 | 70.18 | 37.68 |
| 002247 | 帝龙新材 | 25.91 | 48.58 | 80 | 99.94 | 34 | 68.08 | 84.65 | 55.51 | 42.85 |
| 002248 | 华东数控 | 26.93 | 49.45 | 60 | 90.00 | 19 | 62.85 | 76.43 | 17.47 | 12.56 |
| 002249 | 大洋电机 | 50.57 | 59.05 | 80 | 99.86 | 50 | 60.13 | 86.21 | 52.68 | 49.16 |
| 002250 | 联化科技 | 0.77 | 50.91 | 80 | 100.00 | 50 | 48.96 | 77.85 | 58.01 | 37.35 |
| 002251 | 步步高 | 50.56 | 47.37 | 80 | 99.69 | 50 | 45.02 | 85.64 | 48.93 | 84.23 |
| 002252 | 上海莱士 | 25.31 | 60.04 | 80 | 98.17 | 34 | 55.26 | 67.25 | 37.34 | 42.10 |
| 002253 | 川大智胜 | 27.35 | 58.22 | 80 | 99.99 | 40 | 21.47 | 50.11 | 47.44 | 39.13 |
| 002254 | 泰和新材 | 25.60 | 56.13 | 80 | 97.65 | 34 | 79.75 | 42.54 | 61.58 | 32.77 |
| 002255 | 海陆重工 | 50.27 | 50.47 | 80 | 99.87 | 50 | 68.13 | 56.71 | 40.79 | 21.66 |
| 002256 | 彩虹精化 | 25.00 | 63.44 | 80 | 100.00 | 19 | 60.72 | 25.56 | 24.86 | 34.80 |
| 002258 | 利尔化学 | 25.99 | 63.62 | 80 | 99.03 | 50 | 43.21 | 79.70 | 66.45 | 36.19 |
| 002259 | 升达林业 | 28.01 | 46.39 | 80 | 95.41 | 40 | 52.83 | 85.78 | 34.60 | 37.44 |
| 002260 | 伊立浦 | 25.00 | 48.47 | 80 | 100.00 | 34 | 27.66 | 86.57 | 61.87 | 51.18 |

续表

| 证券代码 | 证券简称 | 内部控制指数 | | | | | 财务运行指数 | | | |
|---|---|---|---|---|---|---|---|---|---|---|
| | | 人文环境 | 治理结构 | 信息沟通 | 业务控制 | 外部监督 | 投资质量 | 筹资质量 | 资金运营质量 | 股利分配 |
| 002261 | 拓维信息 | 25.21 | 49.62 | 80 | 99.98 | 50 | 64.24 | 65.31 | 75.93 | 43.45 |
| 002262 | 恩华药业 | 0.82 | 60.69 | 80 | 100.00 | 34 | 59.15 | 48.20 | 66.77 | 35.60 |
| 002263 | 大东南 | 0.12 | 43.94 | 80 | 98.74 | 30 | 65.90 | 49.57 | 34.34 | 30.42 |
| 002264 | 新华都 | 26.34 | 45.69 | 80 | 100.00 | 34 | 49.53 | 26.78 | 49.53 | 23.82 |
| 002265 | 西仪股份 | 2.91 | 47.82 | 80 | 81.55 | 34 | 70.05 | 37.60 | 65.74 | 17.44 |
| 002266 | 浙富控股 | 26.02 | 60.78 | 80 | 100.00 | 50 | 72.96 | 75.26 | 27.84 | 26.47 |
| 002267 | 陕天然气 | 51.98 | 54.12 | 70 | 94.14 | 43 | 68.24 | 74.34 | 72.28 | 59.44 |
| 002268 | 卫士通 | 25.41 | 48.87 | 80 | 85.87 | 40 | 56.49 | 59.16 | 59.98 | 27.58 |
| 002269 | 美邦服饰 | 51.17 | 47.00 | 80 | 99.12 | 60 | 47.04 | 63.18 | 64.58 | 69.57 |
| 002270 | 法因数控 | 26.11 | 61.65 | 80 | 100.00 | 50 | 60.67 | 81.73 | 62.29 | 42.32 |
| 002271 | 东方雨虹 | 25.70 | 50.13 | 80 | 100.00 | 50 | 62.76 | 57.40 | 80.11 | 25.63 |
| 002272 | 川润股份 | 26.33 | 70.46 | 80 | 100.00 | 34 | 68.62 | 81.55 | 59.93 | 19.36 |
| 002273 | 水晶光电 | 26.74 | 39.70 | 60 | 99.99 | 34 | 17.28 | 82.33 | 74.72 | 32.49 |
| 002274 | 华昌化工 | 51.14 | 53.99 | 80 | 99.68 | 40 | 38.88 | 64.59 | 37.48 | 45.99 |
| 002275 | 桂林三金 | 1.45 | 59.14 | 80 | 99.70 | 34 | 76.32 | 61.83 | 54.73 | 67.35 |
| 002276 | 万马股份 | 25.71 | 48.43 | 80 | 99.99 | 34 | 63.31 | 80.88 | 78.53 | 25.62 |
| 002277 | 友阿股份 | 26.27 | 45.94 | 80 | 100.00 | 40 | 24.80 | 86.86 | 58.51 | 47.14 |
| 002278 | 神开股份 | 25.51 | 63.52 | 30 | 100.00 | 13 | 79.12 | 75.37 | 54.93 | 53.02 |
| 002279 | 久其软件 | 50.15 | 59.28 | 80 | 99.99 | 50 | 76.51 | 27.28 | 70.31 | 64.09 |
| 002280 | 联络互动 | 25.05 | 51.99 | 80 | 90.00 | 50 | 41.35 | 52.47 | 56.73 | 47.42 |
| 002281 | 光迅科技 | 50.84 | 41.61 | 80 | 93.73 | 50 | 67.04 | 57.36 | 69.00 | 37.31 |
| 002282 | 博深工具 | 0.37 | 52.79 | 80 | 100.00 | 40 | 72.67 | 57.13 | 69.96 | 64.22 |
| 002283 | 天润曲轴 | 0.15 | 51.62 | 80 | 99.94 | 34 | 67.84 | 34.22 | 48.07 | 19.26 |
| 002284 | 亚太股份 | 25.77 | 53.56 | 80 | 94.95 | 50 | 63.80 | 45.42 | 44.49 | 26.59 |
| 002285 | 世联行 | 50.26 | 50.36 | 80 | 99.83 | 36 | 48.98 | 27.01 | 55.60 | 33.05 |
| 002286 | 保龄宝 | 2.32 | 47.06 | 80 | 97.25 | 34 | 8.22 | 60.13 | 53.50 | 50.34 |
| 002287 | 奇正藏药 | 50.04 | 55.30 | 70 | 99.97 | 34 | 71.78 | 58.61 | 30.40 | 60.67 |

续表

| 证券代码 | 证券简称 | 内部控制指数 | | | | | 财务运行指数 | | | |
|---|---|---|---|---|---|---|---|---|---|---|
| | | 人文环境 | 治理结构 | 信息沟通 | 业务控制 | 外部监督 | 投资质量 | 筹资质量 | 资金运营质量 | 股利分配 |
| 002288 | 超华科技 | 26.22 | 50.22 | 80 | 100.00 | 35 | 58.46 | 37.09 | 53.04 | 25.01 |
| 002289 | 宇顺电子 | 25.39 | 54.00 | 50 | 100.00 | 12 | 73.48 | 83.83 | 54.33 | 12.56 |
| 002290 | 禾盛新材 | 0.41 | 50.89 | 80 | 100.00 | 50 | 81.96 | 44.80 | 64.04 | 28.95 |
| 002291 | 星期六 | 25.27 | 60.82 | 80 | 99.69 | 50 | 50.04 | 85.30 | 60.65 | 47.42 |
| 002292 | 奥飞动漫 | 50.46 | 50.70 | 80 | 99.83 | 40 | 42.38 | 71.34 | 63.98 | 37.74 |
| 002293 | 罗莱家纺 | 51.47 | 64.58 | 80 | 99.80 | 34 | 41.95 | 29.16 | 54.19 | 52.91 |
| 002294 | 信立泰 | 51.33 | 51.28 | 80 | 100.00 | 34 | 55.92 | 32.43 | 68.54 | 51.28 |
| 002295 | 精艺股份 | 25.58 | 43.71 | 80 | 100.00 | 32 | 63.59 | 29.85 | 75.39 | 12.56 |
| 002296 | 辉煌科技 | 25.31 | 59.89 | 60 | 100.00 | 34 | 65.89 | 76.87 | 47.13 | 27.80 |
| 002297 | 博云新材 | 1.24 | 57.35 | 80 | 93.79 | 34 | 64.56 | 86.23 | 53.38 | 17.03 |
| 002298 | 鑫龙电器 | 25.50 | 47.63 | 80 | 100.00 | 50 | 60.94 | 81.18 | 54.24 | 16.34 |
| 002299 | 圣农发展 | 51.23 | 43.66 | 80 | 94.42 | 50 | 25.53 | 67.05 | 54.01 | 34.80 |
| 002300 | 太阳电缆 | 1.06 | 65.63 | 80 | 99.98 | 40 | 56.58 | 80.57 | 64.82 | 57.70 |
| 002301 | 齐心集团 | 25.39 | 34.24 | 80 | 100.00 | 50 | 60.84 | 26.10 | 49.22 | 39.99 |
| 002302 | 西部建设 | 51.79 | 48.60 | 70 | 72.99 | 50 | 69.36 | 62.70 | 60.43 | 19.89 |
| 002303 | 美盈森 | 0.01 | 60.96 | 80 | 99.77 | 50 | 62.49 | 28.00 | 67.58 | 38.35 |
| 002304 | 洋河股份 | 25.47 | 70.26 | 70 | 99.89 | 34 | 55.99 | 47.31 | 59.54 | 53.09 |
| 002305 | 南国置业 | 2.24 | 69.97 | 80 | 97.07 | 50 | 39.20 | 82.20 | 64.45 | 47.97 |
| 002306 | *ST 云网 | 0.44 | 45.99 | 80 | 99.54 | 7 | 55.13 | 0.00 | 47.86 | 8.32 |
| 002307 | 北新路桥 | 26.89 | 47.36 | 80 | 98.13 | 12 | 55.79 | 19.77 | 49.74 | 21.46 |
| 002308 | 威创股份 | 50.80 | 53.47 | 80 | 100.00 | 40 | 77.98 | 35.96 | 51.55 | 41.38 |
| 002309 | 中利科技 | 50.20 | 49.36 | 80 | 97.94 | 40 | 36.33 | 25.04 | 54.74 | 24.24 |
| 002310 | 东方园林 | 25.84 | 37.59 | 80 | 99.51 | 50 | 51.52 | 85.37 | 26.10 | 32.50 |
| 002311 | 海大集团 | 50.21 | 44.64 | 80 | 99.95 | 40 | 78.90 | 66.49 | 67.80 | 50.83 |
| 002312 | 三泰控股 | 32.62 | 51.47 | 60 | 99.70 | 26 | 37.44 | 62.68 | 54.46 | 34.59 |
| 002313 | 日海通讯 | 25.01 | 43.15 | 80 | 100.00 | 34 | 58.34 | 39.17 | 47.28 | 20.63 |
| 002314 | 雅致股份 | 51.45 | 50.76 | 80 | 99.35 | 18 | 48.79 | 69.19 | 47.74 | 35.47 |

续表

| 证券代码 | 证券简称 | 内部控制指数 | | | | | 财务运行指数 | | | |
|---|---|---|---|---|---|---|---|---|---|---|
| | | 人文环境 | 治理结构 | 信息沟通 | 业务控制 | 外部监督 | 投资质量 | 筹资质量 | 资金运营质量 | 股利分配 |
| 002315 | 焦点科技 | 25. 40 | 57. 30 | 80 | 100. 00 | 34 | 58. 82 | 33. 98 | 51. 36 | 86. 16 |
| 002316 | 键桥通讯 | 0. 05 | 35. 85 | 80 | 100. 00 | 30 | 66. 03 | 50. 17 | 24. 74 | 30. 18 |
| 002317 | 众生药业 | 26. 81 | 52. 18 | 80 | 100. 00 | 40 | 63. 07 | 42. 11 | 45. 35 | 51. 49 |
| 002318 | 久立特材 | 0. 72 | 51. 76 | 80 | 99. 90 | 50 | 55. 93 | 85. 36 | 76. 99 | 28. 59 |
| 002319 | 乐通股份 | 25. 62 | 44. 54 | 80 | 100. 00 | 50 | 83. 45 | 80. 97 | 56. 02 | 43. 99 |
| 002320 | 海峡股份 | 27. 83 | 43. 60 | 60 | 99. 34 | 50 | 21. 06 | 61. 22 | 59. 38 | 38. 09 |
| 002321 | 华英农业 | 50. 07 | 46. 62 | 80 | 100. 00 | 50 | 63. 98 | 86. 36 | 54. 15 | 34. 80 |
| 002322 | 理工监测 | 25. 15 | 59. 14 | 80 | 100. 00 | 50 | 73. 98 | 38. 96 | 40. 04 | 36. 47 |
| 002323 | 中联电气 | 0. 53 | 48. 69 | 80 | 100. 00 | 50 | 70. 94 | 38. 33 | 39. 31 | 37. 81 |
| 002324 | 普利特 | 25. 71 | 43. 69 | 80 | 100. 00 | 60 | 52. 81 | 36. 84 | 69. 25 | 39. 08 |
| 002325 | 洪涛股份 | 25. 20 | 52. 82 | 80 | 100. 00 | 27 | 84. 07 | 26. 10 | 30. 42 | 37. 06 |
| 002326 | 永太科技 | 25. 22 | 49. 29 | 80 | 100. 00 | 50 | 71. 41 | 52. 03 | 44. 46 | 41. 01 |
| 002327 | 富安娜 | 25. 37 | 56. 05 | 80 | 89. 87 | 50 | 61. 89 | 37. 99 | 65. 54 | 39. 14 |
| 002328 | 新朋股份 | 50. 97 | 48. 39 | 80 | 99. 94 | 34 | 72. 03 | 86. 03 | 55. 97 | 23. 77 |
| 002329 | 皇氏集团 | 25. 64 | 41. 94 | 80 | 100. 00 | 34 | 78. 51 | 43. 33 | 54. 57 | 56. 89 |
| 002330 | 得利斯 | 25. 15 | 65. 99 | 80 | 99. 44 | 18 | 70. 70 | 27. 95 | 63. 86 | 45. 21 |
| 002331 | 皖通科技 | 25. 70 | 56. 85 | 80 | 100. 00 | 50 | 53. 22 | 26. 43 | 59. 10 | 35. 01 |
| 002332 | 仙琚制药 | 26. 24 | 53. 02 | 80 | 98. 96 | 50 | 50. 92 | 74. 71 | 56. 17 | 54. 21 |
| 002333 | 罗普斯金 | 25. 63 | 58. 66 | 80 | 100. 00 | 34 | 56. 97 | 26. 10 | 59. 34 | 62. 43 |
| 002334 | 英威腾 | 50. 21 | 39. 76 | 80 | 99. 64 | 50 | 76. 87 | 39. 38 | 40. 34 | 30. 74 |
| 002335 | 科华恒盛 | 26. 27 | 52. 60 | 80 | 99. 92 | 34 | 63. 70 | 86. 50 | 62. 65 | 27. 95 |
| 002336 | 人人乐 | 25. 43 | 56. 03 | 30 | 89. 98 | 50 | 46. 01 | 44. 36 | 58. 88 | 34. 80 |
| 002337 | 赛象科技 | 25. 22 | 49. 81 | 80 | 99. 97 | 50 | 64. 76 | 33. 64 | 51. 21 | 63. 33 |
| 002338 | 奥普光电 | 0. 74 | 52. 54 | 80 | 85. 89 | 50 | 52. 51 | 81. 44 | 45. 39 | 58. 80 |
| 002339 | 积成电子 | 25. 71 | 65. 27 | 80 | 100. 00 | 50 | 64. 21 | 65. 42 | 65. 22 | 22. 45 |
| 002340 | 格林美 | 50. 17 | 39. 90 | 80 | 98. 97 | 50 | 6. 00 | 21. 96 | 34. 95 | 25. 99 |
| 002341 | 新纶科技 | 25. 55 | 51. 19 | 60 | 99. 71 | 34 | 40. 50 | 80. 77 | 38. 09 | 39. 42 |

续表

| 证券代码 | 证券简称 | 内部控制指数 | | | | | 财务运行指数 | | | |
|---|---|---|---|---|---|---|---|---|---|---|
| | | 人文环境 | 治理结构 | 信息沟通 | 业务控制 | 外部监督 | 投资质量 | 筹资质量 | 资金运营质量 | 股利分配 |
| 002342 | 巨力索具 | 51.94 | 60.91 | 60 | 99.56 | 34 | 63.58 | 77.18 | 57.39 | 24.18 |
| 002343 | 禾欣股份 | 25.70 | 51.58 | 80 | 99.44 | 50 | 72.13 | 26.50 | 52.14 | 52.78 |
| 002344 | 海宁皮城 | 25.61 | 41.29 | 80 | 89.99 | 50 | 51.70 | 82.80 | 43.57 | 47.89 |
| 002345 | 潮宏基 | 29.77 | 56.64 | 80 | 100.00 | 40 | 59.30 | 62.61 | 35.79 | 55.41 |
| 002346 | 柘中股份 | 0.28 | 40.15 | 80 | 90.00 | 34 | 61.55 | 85.82 | 43.44 | 29.06 |
| 002347 | 泰尔重工 | 25.93 | 52.52 | 80 | 99.82 | 50 | 64.48 | 53.59 | 51.94 | 28.97 |
| 002348 | 高乐股份 | 0.18 | 60.25 | 80 | 100.00 | 50 | 24.59 | 26.82 | 45.25 | 49.12 |
| 002349 | 精华制药 | 26.20 | 46.12 | 80 | 100.00 | 32 | 56.94 | 63.57 | 63.86 | 46.09 |
| 002350 | 北京科锐 | 25.32 | 59.29 | 80 | 99.97 | 50 | 71.35 | 26.80 | 71.47 | 33.52 |
| 002351 | 漫步者 | 25.26 | 57.16 | 80 | 100.00 | 50 | 78.68 | 26.13 | 34.80 | 49.20 |
| 002352 | 鼎泰新材 | 0.17 | 59.02 | 80 | 100.00 | 50 | 62.59 | 85.28 | 65.69 | 55.60 |
| 002353 | 杰瑞股份 | 51.19 | 56.86 | 80 | 98.70 | 40 | 65.81 | 31.14 | 53.10 | 22.21 |
| 002354 | 天神娱乐 | 25.00 | 54.67 | 80 | 100.00 | 40 | 47.18 | 54.19 | 77.69 | 35.88 |
| 002355 | 兴民钢圈 | 0.19 | 41.00 | 80 | 99.74 | 34 | 82.92 | 55.65 | 59.74 | 19.02 |
| 002356 | 浩宁达 | 25.63 | 56.93 | 80 | 100.00 | 40 | 72.39 | 75.51 | 26.67 | 77.06 |
| 002357 | 富临运业 | 27.10 | 51.86 | 80 | 95.61 | 50 | 54.56 | 36.35 | 57.21 | 47.27 |
| 002358 | 森源电气 | 25.14 | 46.71 | 70 | 50.00 | 50 | 23.55 | 67.32 | 40.75 | 27.08 |
| 002359 | 齐星铁塔 | 25.33 | 58.51 | 80 | 99.30 | 34 | 76.85 | 85.06 | 50.58 | 62.74 |
| 002360 | 同德化工 | 25.64 | 40.71 | 80 | 98.86 | 50 | 70.22 | 86.34 | 86.04 | 38.92 |
| 002361 | 神剑股份 | 26.00 | 36.79 | 80 | 100.00 | 2 | 45.23 | 31.80 | 63.55 | 45.82 |
| 002362 | 汉王科技 | 26.16 | 60.14 | 80 | 88.07 | 50 | 16.34 | 38.87 | 52.76 | 12.56 |
| 002363 | 隆基机械 | 25.09 | 45.37 | 80 | 98.55 | 40 | 72.73 | 62.88 | 56.42 | 23.71 |
| 002364 | 中恒电气 | 25.51 | 42.12 | 80 | 99.54 | 34 | 66.25 | 85.35 | 52.45 | 24.02 |
| 002365 | 永安药业 | 25.59 | 51.68 | 80 | 100.00 | 34 | 69.58 | 45.48 | 34.80 | 46.77 |
| 002366 | 丹甫股份 | 25.38 | 29.76 | 80 | 90.00 | 34 | 81.03 | 28.90 | 65.59 | 58.33 |
| 002367 | 康力电梯 | 26.44 | 52.59 | 80 | 100.00 | 34 | 71.81 | 71.29 | 41.94 | 39.15 |
| 002368 | 太极股份 | 25.68 | 42.22 | 80 | 98.23 | 40 | 52.34 | 34.66 | 50.74 | 52.54 |

续表

| 证券代码 | 证券简称 | 内部控制指数 | | | | | 财务运行指数 | | | |
|---|---|---|---|---|---|---|---|---|---|---|
| | | 人文环境 | 治理结构 | 信息沟通 | 业务控制 | 外部监督 | 投资质量 | 筹资质量 | 资金运营质量 | 股利分配 |
| 002369 | 卓翼科技 | 25.10 | 57.09 | 80 | 100.00 | 34 | 69.82 | 45.14 | 59.29 | 25.57 |
| 002370 | 亚太药业 | 28.06 | 53.20 | 80 | 100.00 | 34 | 44.92 | 26.63 | 54.81 | 48.95 |
| 002371 | 七星电子 | 51.27 | 46.84 | 60 | 91.90 | 42 | 66.06 | 31.55 | 54.52 | 18.58 |
| 002372 | 伟星新材 | 50.63 | 41.46 | 80 | 99.63 | 50 | 68.67 | 32.00 | 65.55 | 66.48 |
| 002373 | 千方科技 | 25.33 | 51.30 | 80 | 98.82 | 36 | 41.64 | 30.43 | 42.33 | 13.49 |
| 002374 | 丽鹏股份 | 26.17 | 55.19 | 80 | 100.00 | 34 | 54.84 | 53.59 | 36.30 | 30.16 |
| 002375 | 亚厦股份 | 50.38 | 44.70 | 80 | 100.00 | 34 | 42.42 | 61.74 | 63.29 | 32.65 |
| 002376 | 新北洋 | 25.29 | 76.46 | 80 | 98.07 | 34 | 63.32 | 83.62 | 75.28 | 26.45 |
| 002377 | 国创高新 | 0.09 | 49.99 | 80 | 98.27 | 32 | 48.70 | 70.24 | 48.28 | 82.23 |
| 002378 | 章源钨业 | 26.47 | 52.71 | 80 | 99.28 | 34 | 45.64 | 80.67 | 69.97 | 27.79 |
| 002379 | 鲁丰环保 | 0.17 | 51.86 | 80 | 96.55 | 41 | 65.82 | 29.03 | 22.88 | 23.03 |
| 002380 | 科远股份 | 25.02 | 59.62 | 80 | 100.00 | 34 | 69.49 | 35.14 | 50.11 | 31.76 |
| 002381 | 双箭股份 | 25.00 | 56.22 | 80 | 100.00 | 34 | 85.20 | 26.10 | 64.54 | 47.90 |
| 002382 | 蓝帆医疗 | 26.40 | 43.49 | 80 | 91.21 | 34 | 67.30 | 31.00 | 59.98 | 54.20 |
| 002383 | 合众思壮 | 25.20 | 48.98 | 80 | 90.27 | 40 | 50.22 | 84.65 | 55.85 | 12.56 |
| 002384 | 东山精密 | 50.14 | 50.29 | 80 | 100.00 | 50 | 57.46 | 66.12 | 45.66 | 16.71 |
| 002385 | 大北农 | 52.66 | 49.31 | 80 | 100.00 | 50 | 74.17 | 79.40 | 68.16 | 42.75 |
| 002386 | 天原集团 | 50.76 | 47.56 | 80 | 99.31 | 34 | 30.56 | 44.41 | 49.35 | 42.89 |
| 002387 | 黑牛食品 | 0.14 | 55.63 | 80 | 100.00 | 50 | 8.07 | 51.43 | 47.35 | 43.04 |
| 002388 | 新亚制程 | 0.00 | 37.50 | 80 | 99.36 | 34 | 32.49 | 30.95 | 60.43 | 37.74 |
| 002389 | 南洋科技 | 25.08 | 49.74 | 80 | 99.93 | 34 | 12.22 | 36.67 | 43.91 | 29.13 |
| 002390 | 信邦制药 | 0.65 | 57.96 | 80 | 85.36 | 34 | 39.11 | 37.51 | 27.18 | 42.24 |
| 002391 | 长青股份 | 25.32 | 46.57 | 80 | 100.00 | 50 | 14.20 | 73.52 | 41.86 | 48.27 |
| 002392 | 北京利尔 | 25.09 | 56.76 | 80 | 99.41 | 34 | 67.42 | 28.21 | 52.25 | 23.29 |
| 002393 | 力生制药 | 26.17 | 50.61 | 80 | 88.36 | 34 | 59.60 | 48.17 | 54.16 | 52.30 |
| 002394 | 联发股份 | 51.58 | 47.70 | 80 | 99.99 | 50 | 57.01 | 53.86 | 49.71 | 49.23 |
| 002395 | 双象股份 | 0.00 | 58.58 | 80 | 99.47 | 50 | 67.04 | 32.63 | 65.18 | 82.40 |

续表

| 证券代码 | 证券简称 | 内部控制指数 | | | | | 财务运行指数 | | | |
|---|---|---|---|---|---|---|---|---|---|---|
| | | 人文环境 | 治理结构 | 信息沟通 | 业务控制 | 外部监督 | 投资质量 | 筹资质量 | 资金运营质量 | 股利分配 |
| 002396 | 星网锐捷 | 50.39 | 59.18 | 80 | 99.83 | 34 | 51.76 | 34.96 | 77.56 | 24.38 |
| 002397 | 梦洁家纺 | 1.71 | 62.97 | 80 | 100.00 | 34 | 56.66 | 52.40 | 68.49 | 64.77 |
| 002398 | 建研集团 | 25.54 | 57.59 | 80 | 100.00 | 50 | 42.90 | 74.48 | 52.11 | 39.40 |
| 002399 | 海普瑞 | 50.52 | 61.50 | 80 | 95.74 | 50 | 73.76 | 79.66 | 32.58 | 64.37 |
| 002400 | 省广股份 | 26.33 | 54.63 | 80 | 100.00 | 50 | 46.56 | 74.09 | 61.81 | 47.53 |
| 002401 | 中海科技 | 1.52 | 52.10 | 80 | 98.97 | 50 | 62.73 | 26.10 | 46.93 | 31.70 |
| 002402 | 和而泰 | 25.02 | 52.68 | 70 | 100.00 | 50 | 72.16 | 26.10 | 67.87 | 49.87 |
| 002403 | 爱仕达 | 51.06 | 44.64 | 80 | 99.99 | 34 | 77.20 | 70.79 | 63.55 | 43.78 |
| 002404 | 嘉欣丝绸 | 0.50 | 56.73 | 80 | 99.49 | 34 | 69.62 | 72.39 | 61.47 | 61.76 |
| 002405 | 四维图新 | 50.48 | 65.51 | 80 | 95.98 | 50 | 29.77 | 25.57 | 79.16 | 48.73 |
| 002406 | 远东传动 | 0.47 | 29.42 | 80 | 95.70 | 50 | 75.67 | 33.45 | 39.51 | 43.04 |
| 002407 | 多氟多 | 25.81 | 54.01 | 60 | 99.84 | 34 | 68.45 | 80.29 | 43.16 | 82.51 |
| 002408 | 齐翔腾达 | 25.46 | 60.36 | 70 | 90.00 | 50 | 56.45 | 69.93 | 61.47 | 39.41 |
| 002409 | 雅克科技 | 0.14 | 55.44 | 80 | 100.00 | 34 | 75.04 | 31.17 | 49.05 | 44.01 |
| 002410 | 广联达 | 51.08 | 48.09 | 80 | 99.73 | 18 | 41.31 | 39.46 | 81.36 | 65.26 |
| 002411 | 九九久 | 26.09 | 50.53 | 80 | 100.00 | 40 | 60.21 | 44.25 | 50.78 | 46.13 |
| 002412 | 汉森制药 | 27.06 | 52.65 | 80 | 100.00 | 50 | 61.36 | 38.87 | 70.72 | 40.04 |
| 002413 | 常发股份 | 25.03 | 61.40 | 80 | 98.23 | 34 | 63.25 | 27.68 | 80.92 | 37.25 |
| 002414 | 高德红外 | 26.43 | 54.41 | 80 | 100.00 | 50 | 70.31 | 34.95 | 24.26 | 28.87 |
| 002415 | 海康威视 | 50.98 | 70.62 | 80 | 99.12 | 34 | 48.24 | 46.14 | 63.34 | 31.15 |
| 002416 | 爱施德 | 50.95 | 58.11 | 80 | 99.98 | 42 | 44.19 | 25.36 | 71.62 | 23.12 |
| 002417 | *ST 元达 | 25.56 | 53.99 | 80 | 90.00 | 34 | 74.40 | 26.10 | 37.79 | 12.56 |
| 002418 | 康盛股份 | 25.00 | 62.50 | 80 | 99.96 | 2 | 62.71 | 72.57 | 62.89 | 14.49 |
| 002419 | 天虹商场 | 53.64 | 66.63 | 80 | 89.38 | 50 | 60.07 | 35.01 | 60.05 | 76.25 |
| 002420 | 毅昌股份 | 51.27 | 64.32 | 80 | 89.93 | 42 | 72.37 | 71.23 | 46.01 | 33.83 |
| 002421 | 达实智能 | 25.45 | 53.89 | 60 | 98.43 | 26 | 70.65 | 65.29 | 43.71 | 38.22 |
| 002422 | 科伦药业 | 25.90 | 68.95 | 80 | 50.95 | 0 | 47.40 | 64.81 | 46.36 | 36.40 |

续表

| 证券代码 | 证券简称 | 内部控制指数 | | | | | 财务运行指数 | | | |
|---|---|---|---|---|---|---|---|---|---|---|
| | | 人文环境 | 治理结构 | 信息沟通 | 业务控制 | 外部监督 | 投资质量 | 筹资质量 | 资金运营质量 | 股利分配 |
| 002423 | 中原特钢 | 26.46 | 53.72 | 60 | 97.43 | 35 | 38.91 | 79.21 | 43.56 | 34.52 |
| 002424 | 贵州百灵 | 25.56 | 42.62 | 80 | 100.00 | 50 | 60.98 | 38.36 | 49.12 | 52.30 |
| 002425 | 凯撒股份 | 0.03 | 49.89 | 80 | 100.00 | 26 | 67.80 | 32.00 | 26.82 | 84.49 |
| 002426 | 胜利精密 | 25.62 | 56.02 | 80 | 99.59 | 40 | 23.38 | 77.55 | 64.71 | 42.95 |
| 002427 | 尤夫股份 | 25.16 | 49.07 | 80 | 100.00 | 34 | 50.83 | 81.32 | 49.18 | 48.23 |
| 002428 | 云南锗业 | 0.10 | 41.73 | 80 | 100.00 | 50 | 54.04 | 42.11 | 60.87 | 27.97 |
| 002429 | 兆驰股份 | 25.01 | 49.29 | 70 | 100.00 | 50 | 65.86 | 69.15 | 58.53 | 17.50 |
| 002430 | 杭氧股份 | 50.72 | 42.48 | 80 | 97.46 | 34 | 64.91 | 36.16 | 51.25 | 22.05 |
| 002431 | 棕榈园林 | 0.23 | 49.79 | 80 | 99.18 | 50 | 46.28 | 78.05 | 54.76 | 28.47 |
| 002432 | 九安医疗 | 25.00 | 41.28 | 80 | 100.00 | 27 | 57.79 | 29.13 | 48.44 | 27.90 |
| 002433 | 太安堂 | 0.38 | 44.18 | 80 | 100.00 | 34 | 65.46 | 55.37 | 34.05 | 35.62 |
| 002434 | 万里扬 | 25.52 | 44.72 | 80 | 99.67 | 34 | 61.87 | 49.39 | 44.67 | 32.76 |
| 002435 | 长江润发 | 27.34 | 67.44 | 80 | 99.13 | 40 | 69.27 | 26.04 | 54.14 | 34.06 |
| 002436 | 兴森科技 | 25.27 | 40.79 | 80 | 98.39 | 27 | 71.32 | 38.14 | 57.96 | 35.42 |
| 002437 | 誉衡药业 | 0.38 | 58.91 | 80 | 100.00 | 34 | 76.91 | 83.41 | 61.82 | 49.84 |
| 002438 | 江苏神通 | 25.93 | 74.41 | 80 | 100.00 | 34 | 59.03 | 86.15 | 45.31 | 22.43 |
| 002439 | 启明星辰 | 50.32 | 48.47 | 80 | 99.68 | 50 | 53.17 | 40.99 | 40.61 | 38.58 |
| 002440 | 闰土股份 | 50.34 | 44.68 | 80 | 99.57 | 18 | 69.53 | 28.99 | 58.43 | 46.24 |
| 002441 | 众业达 | 25.63 | 56.90 | 80 | 99.95 | 34 | 57.79 | 28.58 | 66.88 | 62.95 |
| 002442 | 龙星化工 | 0.63 | 62.29 | 60 | 100.00 | 50 | 64.72 | 82.43 | 47.15 | 45.31 |
| 002443 | 金洲管道 | 27.17 | 41.42 | 80 | 97.72 | 34 | 64.12 | 29.20 | 65.57 | 40.02 |
| 002444 | 巨星科技 | 50.29 | 46.39 | 80 | 97.14 | 50 | 78.36 | 60.32 | 59.72 | 33.54 |
| 002445 | 中南重工 | 25.66 | 33.68 | 80 | 100.00 | 40 | 50.67 | 26.10 | 33.01 | 25.48 |
| 002446 | 盛路通信 | 25.59 | 52.81 | 80 | 100.00 | 34 | 54.82 | 26.97 | 61.00 | 33.60 |
| 002447 | 壹桥海参 | 25.57 | 48.30 | 80 | 100.00 | 50 | 14.66 | 49.48 | 72.58 | 39.25 |
| 002448 | 中原内配 | 25.31 | 53.83 | 80 | 99.31 | 50 | 68.79 | 66.75 | 66.21 | 28.04 |
| 002449 | 国星光电 | 25.30 | 61.18 | 80 | 100.00 | 19 | 54.96 | 59.52 | 59.13 | 51.84 |

续表

| 证券代码 | 证券简称 | 内部控制指数 | | | | | 财务运行指数 | | | |
|---|---|---|---|---|---|---|---|---|---|---|
| | | 人文环境 | 治理结构 | 信息沟通 | 业务控制 | 外部监督 | 投资质量 | 筹资质量 | 资金运营质量 | 股利分配 |
| 002450 | 康得新 | 25.14 | 51.78 | 60 | 99.93 | 26 | 51.99 | 39.61 | 66.63 | 35.69 |
| 002451 | 摩恩电气 | 0.47 | 55.79 | 80 | 100.00 | 50 | 66.27 | 71.19 | 45.22 | 46.66 |
| 002452 | 长高集团 | 0.28 | 49.03 | 80 | 100.00 | 40 | 65.01 | 36.11 | 44.43 | 32.01 |
| 002453 | 天马精化 | 0.29 | 43.71 | 60 | 99.95 | 34 | 64.88 | 27.45 | 39.16 | 46.96 |
| 002454 | 松芝股份 | 25.89 | 39.11 | 80 | 89.26 | 36 | 73.33 | 68.05 | 65.40 | 26.64 |
| 002455 | 百川股份 | 0.05 | 58.17 | 80 | 100.00 | 34 | 53.62 | 74.57 | 49.75 | 61.38 |
| 002456 | 欧菲光 | 50.09 | 57.28 | 80 | 90.00 | 50 | 73.03 | 57.61 | 65.35 | 21.44 |
| 002457 | 青龙管业 | 25.39 | 40.93 | 80 | 100.00 | 34 | 69.06 | 36.28 | 62.52 | 20.22 |
| 002458 | 益生股份 | 25.03 | 42.41 | 80 | 99.48 | 50 | 49.57 | 77.93 | 48.87 | 34.80 |
| 002459 | 天业通联 | 0.13 | 35.24 | 70 | 47.50 | 34 | 54.29 | 57.76 | 41.40 | 12.56 |
| 002460 | 赣锋锂业 | 26.09 | 49.91 | 80 | 100.00 | 16 | 61.15 | 86.71 | 69.66 | 37.07 |
| 002461 | 珠江啤酒 | 26.32 | 55.79 | 80 | 89.12 | 34 | 63.24 | 40.29 | 60.19 | 42.96 |
| 002462 | 嘉事堂 | 0.62 | 56.85 | 80 | 98.09 | 43 | 52.70 | 26.10 | 66.94 | 50.81 |
| 002463 | 沪电股份 | 50.40 | 56.45 | 80 | 99.12 | 34 | 33.72 | 61.18 | 48.07 | 42.09 |
| 002464 | 金利科技 | 25.38 | 40.74 | 80 | 88.42 | 15 | 55.55 | 24.23 | 46.84 | 46.46 |
| 002465 | 海格通信 | 25.43 | 52.68 | 80 | 99.12 | 50 | 50.75 | 72.92 | 54.51 | 30.71 |
| 002466 | 天齐锂业 | 50.50 | 46.24 | 80 | 99.98 | 34 | 69.41 | 66.92 | 51.58 | 35.33 |
| 002467 | 二六三 | 25.04 | 44.49 | 80 | 99.91 | 50 | 58.06 | 29.83 | 65.58 | 61.74 |
| 002468 | 艾迪西 | 25.30 | 71.37 | 80 | 100.00 | 34 | 50.80 | 69.40 | 60.64 | 30.20 |
| 002469 | 三维工程 | 25.59 | 39.19 | 80 | 100.00 | 50 | 49.29 | 24.13 | 39.31 | 41.55 |
| 002470 | 金正大 | 50.65 | 51.79 | 80 | 100.00 | 50 | 70.17 | 82.65 | 54.15 | 37.64 |
| 002471 | 中超电缆 | 26.06 | 53.02 | 80 | 99.72 | 34 | 45.25 | 66.78 | 57.36 | 39.45 |
| 002472 | 双环传动 | 26.20 | 45.48 | 60 | 99.99 | 34 | 55.28 | 84.99 | 58.99 | 28.81 |
| 002473 | 圣莱达 | 0.00 | 55.73 | 80 | 90.00 | 34 | 74.82 | 26.10 | 61.76 | 62.95 |
| 002474 | 榕基软件 | 25.07 | 48.64 | 80 | 96.93 | 34 | 30.38 | 45.12 | 56.71 | 48.45 |
| 002475 | 立讯精密 | 50.20 | 34.61 | 80 | 100.00 | 50 | 61.36 | 86.14 | 63.00 | 17.90 |
| 002476 | 宝莫股份 | 0.59 | 46.79 | 80 | 94.57 | 34 | 73.74 | 27.28 | 51.62 | 47.27 |

续表

| 证券代码 | 证券简称 | 内部控制指数 | | | | | 财务运行指数 | | | |
|---|---|---|---|---|---|---|---|---|---|---|
| | | 人文环境 | 治理结构 | 信息沟通 | 业务控制 | 外部监督 | 投资质量 | 筹资质量 | 资金运营质量 | 股利分配 |
| 002477 | 雏鹰农牧 | 25.60 | 54.59 | 60 | 80.86 | 43 | 51.65 | 45.28 | 39.03 | 29.65 |
| 002478 | 常宝股份 | 0.29 | 58.74 | 80 | 100.00 | 34 | 69.94 | 26.10 | 70.16 | 30.21 |
| 002479 | 富春环保 | 50.00 | 45.18 | 80 | 99.95 | 50 | 67.11 | 36.30 | 66.13 | 39.68 |
| 002480 | 新筑股份 | 26.50 | 55.74 | 80 | 100.00 | 34 | 69.05 | 63.17 | 47.84 | 12.56 |
| 002481 | 双塔食品 | 2.60 | 51.98 | 80 | 99.95 | 50 | 55.70 | 86.26 | 67.90 | 37.74 |
| 002482 | 广田股份 | 51.91 | 43.51 | 80 | 99.89 | 50 | 59.81 | 62.81 | 67.80 | 38.30 |
| 002483 | 润邦股份 | 50.32 | 45.45 | 80 | 62.82 | 43 | 70.40 | 57.17 | 67.71 | 33.89 |
| 002484 | 江海股份 | 0.98 | 41.99 | 80 | 83.01 | 40 | 71.85 | 34.25 | 65.39 | 26.22 |
| 002485 | 希努尔 | 25.92 | 69.60 | 80 | 99.35 | 34 | 65.13 | 65.75 | 64.58 | 42.71 |
| 002486 | 嘉麟杰 | 0.98 | 39.55 | 80 | 99.66 | 34 | 27.72 | 54.84 | 72.69 | 50.08 |
| 002487 | 大金重工 | 1.93 | 55.43 | 80 | 100.00 | 50 | 53.12 | 82.22 | 9.95 | 19.87 |
| 002488 | 金固股份 | 25.30 | 52.07 | 80 | 99.96 | 34 | 80.72 | 73.34 | 52.61 | 42.18 |
| 002489 | 浙江永强 | 51.37 | 54.46 | 80 | 99.84 | 34 | 65.27 | 32.37 | 29.61 | 68.38 |
| 002490 | 山东墨龙 | 25.60 | 53.15 | 65 | 99.83 | 50 | 80.70 | 73.25 | 47.28 | 16.11 |
| 002491 | 通鼎互联 | 50.79 | 41.40 | 80 | 99.66 | 34 | 46.21 | 67.56 | 55.69 | 29.82 |
| 002492 | 恒基达鑫 | 26.32 | 38.89 | 80 | 96.37 | 43 | 70.55 | 84.92 | 69.79 | 35.42 |
| 002493 | 荣盛石化 | 51.07 | 58.59 | 80 | 97.93 | 34 | 62.74 | 66.88 | 37.59 | 38.61 |
| 002494 | 华斯股份 | 0.13 | 45.28 | 80 | 100.00 | 34 | 74.73 | 56.80 | 62.62 | 40.32 |
| 002495 | 佳隆股份 | 0.17 | 60.65 | 80 | 100.00 | 34 | 53.93 | 26.10 | 31.16 | 66.42 |
| 002496 | 辉丰股份 | 25.67 | 35.83 | 80 | 99.82 | 50 | 51.38 | 40.49 | 39.50 | 44.62 |
| 002497 | 雅化集团 | 50.90 | 53.78 | 80 | 94.16 | 34 | 57.64 | 43.34 | 56.77 | 46.98 |
| 002498 | 汉缆股份 | 25.43 | 48.75 | 80 | 99.99 | 34 | 63.19 | 33.34 | 67.12 | 43.53 |
| 002499 | 科林环保 | 25.39 | 62.94 | 80 | 99.93 | 50 | 72.33 | 84.15 | 62.93 | 31.42 |
| 002500 | 山西证券 | 0.00 | 51.51 | 60 | 99.92 | 60 | 69.43 | 55.49 | 31.00 | 75.66 |
| 002501 | 利源精制 | 0.00 | 50.38 | 80 | 100.00 | 50 | 37.49 | 46.85 | 75.36 | 24.78 |
| 002502 | 骅威股份 | 25.95 | 45.00 | 80 | 100.00 | 34 | 63.12 | 26.10 | 49.30 | 48.22 |
| 002503 | 搜于特 | 25.12 | 53.15 | 80 | 100.00 | 34 | 69.16 | 73.02 | 49.48 | 51.80 |

续表

| 证券代码 | 证券简称 | 内部控制指数 | | | | | 财务运行指数 | | | |
|---|---|---|---|---|---|---|---|---|---|---|
| | | 人文环境 | 治理结构 | 信息沟通 | 业务控制 | 外部监督 | 投资质量 | 筹资质量 | 资金运营质量 | 股利分配 |
| 002504 | 东光微电 | 0.45 | 61.09 | 80 | 99.96 | 18 | 60.54 | 25.16 | 74.61 | 32.85 |
| 002505 | 大康牧业 | 0.53 | 61.09 | 80 | 94.87 | 34 | 45.81 | 85.84 | 30.10 | 34.80 |
| 002506 | ＊ST 集成 | 25.20 | 52.72 | 40 | 30.00 | 31 | 78.75 | 47.05 | 39.73 | 12.56 |
| 002507 | 涪陵榨菜 | 27.92 | 58.93 | 80 | 100.00 | 50 | 79.56 | 83.42 | 58.97 | 45.55 |
| 002508 | 老板电器 | 26.21 | 38.13 | 80 | 99.64 | 50 | 68.36 | 29.02 | 81.04 | 30.41 |
| 002509 | 天广消防 | 25.44 | 57.29 | 80 | 99.83 | 50 | 55.71 | 28.07 | 63.59 | 22.16 |
| 002510 | 天汽模 | 3.77 | 56.63 | 80 | 96.01 | 18 | 59.84 | 73.35 | 47.62 | 29.30 |
| 002511 | 中顺洁柔 | 25.52 | 60.08 | 70 | 98.68 | 34 | 76.72 | 51.59 | 64.94 | 34.01 |
| 002512 | 达华智能 | 25.73 | 42.78 | 80 | 100.00 | 50 | 71.02 | 61.05 | 61.86 | 15.90 |
| 002513 | 蓝丰生化 | 0.66 | 67.28 | 80 | 94.54 | 34 | 60.84 | 66.11 | 40.46 | 38.67 |
| 002514 | 宝馨科技 | 0.44 | 56.02 | 80 | 99.17 | 34 | 55.77 | 28.30 | 67.75 | 40.90 |
| 002515 | 金字火腿 | 0.31 | 47.74 | 80 | 100.00 | 34 | 64.72 | 42.81 | 44.77 | 52.43 |
| 002516 | 江苏旷达 | 25.97 | 38.80 | 80 | 99.27 | 50 | 55.38 | 72.99 | 46.55 | 44.18 |
| 002517 | 泰亚股份 | 0.48 | 58.15 | 80 | 100.00 | 40 | 66.23 | 85.73 | 55.01 | 32.75 |
| 002518 | 科士达 | 25.10 | 37.65 | 80 | 99.71 | 40 | 51.06 | 44.52 | 46.31 | 27.76 |
| 002519 | 银河电子 | 26.22 | 44.65 | 80 | 100.00 | 34 | 64.01 | 31.82 | 67.77 | 61.80 |
| 002520 | 日发精机 | 25.39 | 37.88 | 80 | 96.49 | 50 | 53.97 | 84.34 | 50.41 | 52.85 |
| 002521 | 齐峰新材 | 25.73 | 39.36 | 80 | 100.00 | 34 | 68.92 | 69.11 | 55.61 | 51.70 |
| 002522 | 浙江众成 | 0.54 | 48.74 | 80 | 99.90 | 34 | 61.58 | 33.11 | 48.57 | 75.13 |
| 002523 | 天桥起重 | 25.73 | 52.31 | 80 | 95.82 | 50 | 66.49 | 29.96 | 30.87 | 62.69 |
| 002524 | 光正集团 | 25.61 | 29.14 | 80 | 99.08 | 34 | 30.57 | 85.40 | 48.72 | 13.63 |
| 002526 | 山东矿机 | 25.04 | 44.49 | 80 | 97.21 | 40 | 60.15 | 39.34 | 37.63 | 30.06 |
| 002527 | 新时达 | 25.81 | 42.95 | 60 | 99.86 | 50 | 68.43 | 40.60 | 66.45 | 30.54 |
| 002528 | 英飞拓 | 50.00 | 60.94 | 80 | 100.00 | 34 | 81.15 | 55.92 | 38.52 | 63.72 |
| 002529 | 海源机械 | 1.29 | 61.69 | 80 | 88.26 | 34 | 48.71 | 49.71 | 32.91 | 36.56 |
| 002530 | 丰东股份 | 25.56 | 59.40 | 80 | 97.68 | 34 | 63.57 | 85.84 | 68.74 | 28.82 |
| 002531 | 天顺风能 | 25.38 | 50.70 | 80 | 99.75 | 40 | 74.96 | 28.01 | 47.70 | 30.98 |

续表

| 证券代码 | 证券简称 | 内部控制指数 | | | | | 财务运行指数 | | | |
|---|---|---|---|---|---|---|---|---|---|---|
| | | 人文环境 | 治理结构 | 信息沟通 | 业务控制 | 外部监督 | 投资质量 | 筹资质量 | 资金运营质量 | 股利分配 |
| 002532 | 新界泵业 | 25.93 | 42.45 | 80 | 99.79 | 34 | 80.56 | 33.85 | 67.92 | 21.84 |
| 002533 | 金杯电工 | 25.98 | 46.78 | 60 | 100.00 | 40 | 63.17 | 54.51 | 78.02 | 34.44 |
| 002534 | 杭锅股份 | 50.81 | 62.10 | 80 | 99.43 | 34 | 50.06 | 57.22 | 39.26 | 37.28 |
| 002535 | 林州重机 | 25.46 | 47.11 | 80 | 90.52 | 7 | 49.52 | 79.31 | 22.87 | 25.17 |
| 002536 | 西泵股份 | 25.18 | 58.35 | 80 | 99.83 | 34 | 66.63 | 84.44 | 50.56 | 36.90 |
| 002537 | 海立美达 | 25.78 | 59.65 | 80 | 99.50 | 34 | 55.78 | 37.26 | 62.79 | 21.73 |
| 002538 | 司尔特 | 25.19 | 50.40 | 80 | 100.00 | 34 | 70.02 | 79.74 | 41.21 | 40.05 |
| 002539 | 新都化工 | 25.62 | 62.13 | 80 | 99.91 | 34 | 47.89 | 51.33 | 39.58 | 51.43 |
| 002540 | 亚太科技 | 25.67 | 51.88 | 80 | 99.96 | 34 | 70.86 | 34.70 | 32.87 | 31.03 |
| 002541 | 鸿路钢构 | 52.07 | 56.11 | 80 | 99.87 | 50 | 41.25 | 86.51 | 42.45 | 18.35 |
| 002542 | 中化岩土 | 25.36 | 56.89 | 60 | 99.98 | 50 | 6.63 | 28.32 | 56.69 | 47.88 |
| 002543 | 万和电气 | 51.00 | 62.61 | 80 | 99.98 | 34 | 74.71 | 54.93 | 77.89 | 35.75 |
| 002544 | 杰赛科技 | 52.60 | 67.04 | 80 | 95.70 | 40 | 43.05 | 36.57 | 46.43 | 40.90 |
| 002545 | 东方铁塔 | 27.98 | 60.93 | 80 | 99.15 | 34 | 62.60 | 26.87 | 38.29 | 25.34 |
| 002546 | 新联电子 | 25.30 | 60.11 | 80 | 99.98 | 40 | 53.05 | 41.48 | 37.79 | 38.42 |
| 002547 | 春兴精工 | 25.63 | 37.11 | 80 | 100.00 | 40 | 53.31 | 83.84 | 60.49 | 17.95 |
| 002548 | 金新农 | 25.24 | 42.26 | 80 | 97.37 | 40 | 71.32 | 29.61 | 72.39 | 70.98 |
| 002549 | 凯美特气 | 0.35 | 59.70 | 80 | 98.10 | 42 | 64.24 | 51.43 | 45.67 | 19.66 |
| 002550 | 千红制药 | 26.04 | 59.17 | 80 | 100.00 | 40 | 77.60 | 37.76 | 25.11 | 50.53 |
| 002551 | 尚荣医疗 | 25.29 | 48.33 | 80 | 70.70 | 50 | 62.65 | 84.43 | 61.29 | 37.64 |
| 002552 | 宝鼎重工 | 1.46 | 57.29 | 80 | 100.00 | 34 | 68.64 | 47.87 | 60.69 | 39.03 |
| 002553 | 南方轴承 | 1.32 | 54.52 | 80 | 99.85 | 21 | 73.78 | 26.10 | 30.90 | 42.90 |
| 002554 | 惠博普 | 25.74 | 63.83 | 80 | 100.00 | 50 | 39.14 | 24.90 | 55.25 | 18.37 |
| 002555 | 顺荣三七 | 27.00 | 60.56 | 80 | 89.92 | 50 | 59.40 | 26.98 | 53.25 | 63.67 |
| 002556 | 辉隆股份 | 25.10 | 42.49 | 80 | 93.75 | 50 | 46.78 | 48.44 | 52.23 | 79.76 |
| 002557 | 洽洽食品 | 25.09 | 56.03 | 80 | 89.95 | 40 | 70.83 | 49.18 | 51.21 | 69.42 |
| 002558 | 世纪游轮 | 0.00 | 47.50 | 30 | 100.00 | 31 | 33.00 | 26.10 | 63.75 | 54.07 |

续表

| 证券代码 | 证券简称 | 内部控制指数 | | | | | 财务运行指数 | | | |
|---|---|---|---|---|---|---|---|---|---|---|
| | | 人文环境 | 治理结构 | 信息沟通 | 业务控制 | 外部监督 | 投资质量 | 筹资质量 | 资金运营质量 | 股利分配 |
| 002559 | 亚威股份 | 27.44 | 47.11 | 80 | 99.92 | 40 | 82.43 | 85.89 | 72.38 | 42.00 |
| 002560 | 通达股份 | 0.44 | 50.16 | 80 | 100.00 | 50 | 52.17 | 27.45 | 47.24 | 31.26 |
| 002561 | 徐家汇 | 0.55 | 60.83 | 80 | 100.00 | 40 | 62.15 | 48.93 | 42.33 | 86.04 |
| 002562 | 兄弟科技 | 25.75 | 54.22 | 80 | 89.83 | 50 | 67.46 | 27.51 | 61.43 | 38.26 |
| 002563 | 森马服饰 | 51.60 | 62.06 | 80 | 99.85 | 50 | 43.65 | 72.83 | 58.21 | 68.91 |
| 002564 | 天沃科技 | 50.67 | 43.43 | 60 | 100.00 | 34 | 66.34 | 64.84 | 41.37 | 17.03 |
| 002565 | 上海绿新 | 25.56 | 32.92 | 30 | 98.13 | 50 | 61.79 | 84.39 | 49.90 | 35.87 |
| 002566 | 益盛药业 | 26.15 | 50.99 | 80 | 100.00 | 50 | 63.20 | 40.93 | 41.24 | 36.59 |
| 002567 | 唐人神 | 25.50 | 54.53 | 80 | 99.92 | 43 | 79.99 | 72.31 | 51.73 | 48.64 |
| 002568 | 百润股份 | 0.00 | 60.90 | 80 | 98.55 | 50 | 86.35 | 28.61 | 56.21 | 66.73 |
| 002569 | 步森股份 | 26.01 | 52.07 | 80 | 99.92 | 31 | 53.04 | 26.10 | 63.41 | 35.96 |
| 002570 | 贝因美 | 52.20 | 37.15 | 80 | 98.25 | 50 | 67.53 | 31.14 | 63.08 | 59.07 |
| 002571 | 德力股份 | 25.21 | 46.90 | 80 | 100.00 | 34 | 66.82 | 64.12 | 65.21 | 14.82 |
| 002572 | 索菲亚 | 25.99 | 58.50 | 70 | 98.58 | 50 | 47.90 | 40.23 | 79.48 | 50.53 |
| 002573 | 国电清新 | 50.87 | 44.37 | 70 | 100.00 | 34 | 37.90 | 65.31 | 37.72 | 82.89 |
| 002574 | 明牌珠宝 | 25.04 | 41.06 | 80 | 98.42 | 50 | 57.19 | 43.12 | 54.84 | 50.39 |
| 002575 | 群兴玩具 | 0.07 | 51.80 | 80 | 100.00 | 50 | 58.19 | 27.24 | 65.05 | 67.75 |
| 002576 | 通达动力 | 25.40 | 60.44 | 60 | 100.00 | 34 | 71.13 | 26.10 | 62.72 | 25.93 |
| 002577 | 雷柏科技 | 25.06 | 56.58 | 80 | 99.98 | 50 | 68.72 | 26.29 | 68.15 | 49.31 |
| 002578 | 闽发铝业 | 0.88 | 64.74 | 80 | 100.00 | 34 | 34.46 | 63.37 | 76.25 | 29.77 |
| 002579 | 中京电子 | 0.00 | 53.36 | 80 | 100.00 | 34 | 16.09 | 86.53 | 49.89 | 33.75 |
| 002580 | 圣阳股份 | 26.37 | 56.23 | 80 | 100.00 | 50 | 61.19 | 64.10 | 70.67 | 27.57 |
| 002581 | 万昌科技 | 1.35 | 49.22 | 80 | 100.00 | 50 | 61.52 | 27.74 | 56.62 | 51.66 |
| 002582 | 好想你 | 26.35 | 63.28 | 80 | 100.00 | 50 | 14.97 | 44.08 | 68.23 | 41.79 |
| 002583 | 海能达 | 50.32 | 47.16 | 80 | 99.86 | 50 | 71.59 | 68.57 | 61.89 | 29.78 |
| 002584 | 西陇化工 | 0.42 | 61.45 | 80 | 99.97 | 34 | 63.23 | 38.58 | 72.92 | 47.16 |
| 002585 | 双星新材 | 25.20 | 46.50 | 80 | 100.00 | 40 | 45.69 | 26.10 | 48.72 | 39.76 |

续表

| 证券代码 | 证券简称 | 内部控制指数 | | | | | 财务运行指数 | | | |
|---|---|---|---|---|---|---|---|---|---|---|
| | | 人文环境 | 治理结构 | 信息沟通 | 业务控制 | 外部监督 | 投资质量 | 筹资质量 | 资金运营质量 | 股利分配 |
| 002586 | 围海股份 | 0.79 | 38.98 | 80 | 100.00 | 34 | 41.38 | 72.96 | 70.00 | 61.00 |
| 002587 | 奥拓电子 | 25.20 | 54.73 | 80 | 99.99 | 50 | 56.92 | 42.00 | 48.94 | 39.07 |
| 002588 | 史丹利 | 51.09 | 50.38 | 60 | 100.00 | 50 | 61.86 | 84.50 | 69.15 | 40.64 |
| 002589 | 瑞康医药 | 25.24 | 57.88 | 80 | 100.00 | 34 | 59.93 | 26.10 | 66.50 | 43.75 |
| 002590 | 万安科技 | 25.17 | 53.39 | 80 | 89.56 | 50 | 50.81 | 72.21 | 53.67 | 30.51 |
| 002591 | 恒大高新 | 0.91 | 62.72 | 80 | 89.80 | 50 | 65.18 | 40.84 | 35.69 | 39.50 |
| 002592 | 八菱科技 | 25.10 | 57.31 | 80 | 90.11 | 50 | 51.43 | 50.44 | 63.20 | 35.76 |
| 002593 | 日上集团 | 1.00 | 41.43 | 80 | 100.00 | 34 | 48.31 | 80.88 | 41.25 | 36.70 |
| 002594 | 比亚迪 | 51.12 | 46.37 | 80 | 89.23 | 60 | 68.74 | 47.29 | 45.87 | 13.51 |
| 002595 | 豪迈科技 | 53.66 | 54.13 | 60 | 97.08 | 34 | 43.16 | 32.92 | 54.12 | 39.38 |
| 002596 | 海南瑞泽 | 0.48 | 57.96 | 80 | 99.82 | 34 | 77.00 | 66.86 | 72.38 | 23.69 |
| 002597 | 金禾实业 | 51.01 | 40.73 | 80 | 99.03 | 34 | 58.82 | 76.46 | 67.01 | 51.14 |
| 002598 | 山东章鼓 | 0.87 | 51.87 | 80 | 94.63 | 34 | 57.67 | 67.13 | 61.77 | 49.23 |
| 002599 | 盛通股份 | 1.61 | 72.21 | 60 | 100.00 | 50 | 40.17 | 72.19 | 39.74 | 40.55 |
| 002600 | 江粉磁材 | 51.24 | 46.58 | 60 | 96.59 | 35 | 64.61 | 40.86 | 48.38 | 16.25 |
| 002601 | 佰利联 | 25.94 | 54.58 | 80 | 99.78 | 34 | 61.57 | 62.87 | 31.72 | 43.97 |
| 002602 | 世纪华通 | 25.15 | 47.75 | 80 | 90.00 | 50 | 32.92 | 26.10 | 74.66 | 21.81 |
| 002603 | 以岭药业 | 25.79 | 49.63 | 80 | 99.83 | 9 | 53.83 | 52.84 | 44.64 | 40.68 |
| 002604 | 龙力生物 | 25.38 | 41.18 | 80 | 100.00 | 50 | 18.38 | 83.99 | 76.35 | 41.32 |
| 002605 | 姚记扑克 | 28.22 | 62.35 | 80 | 100.00 | 50 | 33.71 | 33.80 | 38.21 | 42.41 |
| 002606 | 大连电瓷 | 0.77 | 64.35 | 70 | 100.00 | 50 | 60.89 | 77.45 | 56.04 | 50.04 |
| 002607 | 亚夏汽车 | 0.69 | 54.88 | 80 | 99.96 | 25 | 72.00 | 59.12 | 55.33 | 43.37 |
| 002608 | *ST 舜船 | 0.54 | 63.11 | 30 | 90.00 | 34 | 56.47 | 22.62 | 16.47 | 20.25 |
| 002609 | 捷顺科技 | 50.00 | 47.66 | 80 | 100.00 | 50 | 62.52 | 61.96 | 77.67 | 37.33 |
| 002610 | 爱康科技 | 25.50 | 51.17 | 80 | 91.54 | 50 | 43.36 | 27.43 | 41.65 | 12.56 |
| 002611 | 东方精工 | 25.19 | 46.07 | 80 | 99.69 | 50 | 28.76 | 50.86 | 71.18 | 30.88 |
| 002612 | 朗姿股份 | 0.21 | 56.77 | 80 | 100.00 | 34 | 51.94 | 74.28 | 32.31 | 64.18 |

续表

| 证券代码 | 证券简称 | 内部控制指数 | | | | | 财务运行指数 | | | |
|---|---|---|---|---|---|---|---|---|---|---|
| | | 人文环境 | 治理结构 | 信息沟通 | 业务控制 | 外部监督 | 投资质量 | 筹资质量 | 资金运营质量 | 股利分配 |
| 002613 | 北玻股份 | 26.69 | 47.57 | 60 | 90.00 | 40 | 73.34 | 35.94 | 57.07 | 18.75 |
| 002614 | 蒙发利 | 50.14 | 56.99 | 80 | 100.00 | 50 | 59.68 | 85.36 | 57.22 | 38.79 |
| 002615 | 哈尔斯 | 25.31 | 49.96 | 80 | 100.00 | 34 | 56.48 | 26.84 | 82.19 | 41.24 |
| 002616 | 长青集团 | 25.30 | 66.69 | 80 | 99.88 | 33 | 64.61 | 72.39 | 68.08 | 52.23 |
| 002617 | 露笑科技 | 25.06 | 46.83 | 40 | 95.51 | 50 | 38.65 | 48.56 | 66.73 | 22.00 |
| 002618 | 丹邦科技 | 25.00 | 51.07 | 80 | 99.92 | 50 | 30.91 | 67.74 | 50.86 | 18.47 |
| 002619 | 巨龙管业 | 0.48 | 55.38 | 80 | 98.19 | 34 | 82.98 | 43.23 | 43.96 | 63.17 |
| 002620 | 瑞和股份 | 0.19 | 47.63 | 80 | 97.90 | 50 | 80.86 | 26.14 | 63.61 | 40.70 |
| 002621 | 大连三垒 | 1.04 | 49.09 | 80 | 100.00 | 34 | 85.71 | 26.10 | 31.54 | 21.35 |
| 002622 | 永大集团 | 0.42 | 61.37 | 80 | 100.00 | 40 | 42.63 | 27.15 | 61.82 | 62.83 |
| 002623 | 亚玛顿 | 1.23 | 53.94 | 80 | 99.81 | 50 | 52.87 | 41.16 | 59.92 | 19.09 |
| 002624 | 完美环球 | 25.01 | 49.02 | 80 | 98.49 | 50 | 78.25 | 39.38 | 54.59 | 26.49 |
| 002625 | 龙生股份 | 0.97 | 59.32 | 80 | 100.00 | 50 | 30.28 | 28.26 | 65.42 | 19.94 |
| 002626 | 金达威 | 25.35 | 52.56 | 80 | 88.77 | 50 | 68.99 | 51.76 | 52.78 | 62.69 |
| 002627 | 宜昌交运 | 1.45 | 47.73 | 80 | 100.00 | 50 | 57.16 | 83.10 | 66.99 | 58.74 |
| 002628 | 成都路桥 | 0.51 | 55.17 | 80 | 89.51 | 34 | 53.04 | 81.31 | 31.90 | 46.87 |
| 002629 | 仁智油服 | 26.36 | 39.92 | 80 | 100.00 | 40 | 28.22 | 24.92 | 48.55 | 32.72 |
| 002630 | 华西能源 | 25.51 | 50.25 | 60 | 84.43 | 34 | 55.46 | 65.27 | 35.60 | 23.30 |
| 002631 | 德尔家居 | 25.37 | 36.40 | 80 | 100.00 | 50 | 71.38 | 26.10 | 46.15 | 38.21 |
| 002632 | 道明光学 | 25.11 | 36.17 | 80 | 100.00 | 50 | 48.68 | 53.42 | 66.02 | 45.99 |
| 002633 | *ST 申科 | 25.66 | 45.33 | 80 | 99.35 | 50 | 61.28 | 70.12 | 47.74 | 12.56 |
| 002634 | 棒杰股份 | 25.56 | 53.80 | 60 | 100.00 | 34 | 80.00 | 35.35 | 75.64 | 64.23 |
| 002635 | 安洁科技 | 25.16 | 49.31 | 80 | 100.00 | 40 | 72.82 | 85.44 | 47.70 | 29.52 |
| 002636 | 金安国纪 | 25.24 | 38.40 | 80 | 100.00 | 40 | 82.03 | 34.70 | 52.17 | 19.36 |
| 002637 | 赞宇科技 | 25.37 | 53.07 | 80 | 100.00 | 50 | 76.92 | 54.62 | 63.03 | 65.16 |
| 002638 | 勤上光电 | 25.00 | 38.21 | 60 | 99.95 | 26 | 62.30 | 67.62 | 51.39 | 15.50 |
| 002639 | 雪人股份 | 25.40 | 52.13 | 80 | 100.00 | 40 | 34.08 | 82.02 | 42.18 | 8.59 |

续表

| 证券代码 | 证券简称 | 内部控制指数 | | | | | 财务运行指数 | | | |
|---|---|---|---|---|---|---|---|---|---|---|
| | | 人文环境 | 治理结构 | 信息沟通 | 业务控制 | 外部监督 | 投资质量 | 筹资质量 | 资金运营质量 | 股利分配 |
| 002640 | 百圆裤业 | 25.78 | 59.13 | 80 | 99.54 | 40 | 66.92 | 28.34 | 38.76 | 47.04 |
| 002641 | 永高股份 | 51.21 | 47.07 | 80 | 99.42 | 50 | 54.03 | 86.17 | 61.00 | 38.15 |
| 002642 | 荣之联 | 0.19 | 58.32 | 80 | 100.00 | 40 | 58.79 | 41.13 | 54.66 | 40.30 |
| 002643 | 万润股份 | 26.09 | 63.80 | 80 | 97.64 | 34 | 54.01 | 37.51 | 69.39 | 51.56 |
| 002644 | 佛慈制药 | 0.37 | 41.16 | 80 | 100.00 | 50 | 41.23 | 74.68 | 56.19 | 34.59 |
| 002645 | 华宏科技 | 25.28 | 60.94 | 80 | 99.90 | 40 | 68.67 | 40.48 | 42.48 | 26.62 |
| 002646 | 青青稞酒 | 26.06 | 51.37 | 80 | 99.75 | 50 | 77.95 | 38.98 | 53.36 | 50.36 |
| 002647 | 宏磊股份 | 0.60 | 64.72 | 60 | 28.00 | 0 | 56.82 | 84.46 | 57.77 | 19.32 |
| 002648 | 卫星石化 | 25.13 | 55.09 | 80 | 100.00 | 50 | 75.34 | 60.07 | 39.35 | 38.70 |
| 002649 | 博彦科技 | 50.62 | 64.12 | 80 | 99.63 | 50 | 72.94 | 66.65 | 37.61 | 52.28 |
| 002650 | 加加食品 | 26.02 | 46.83 | 80 | 99.97 | 34 | 61.97 | 43.72 | 63.82 | 62.63 |
| 002651 | 利君股份 | 25.67 | 61.50 | 80 | 90.00 | 34 | 52.51 | 34.32 | 56.39 | 64.15 |
| 002652 | 扬子新材 | 0.12 | 59.49 | 80 | 98.57 | 34 | 57.74 | 26.10 | 63.41 | 32.76 |
| 002653 | 海思科 | 25.36 | 50.00 | 80 | 100.00 | 34 | 53.19 | 41.88 | 58.68 | 55.57 |
| 002654 | 万润科技 | 25.26 | 57.32 | 80 | 100.00 | 50 | 61.14 | 70.36 | 53.95 | 27.49 |
| 002655 | 共达电声 | 25.40 | 56.75 | 60 | 99.98 | 50 | 81.36 | 42.95 | 58.79 | 24.69 |
| 002656 | 卡奴迪路 | 0.00 | 45.64 | 80 | 100.00 | 40 | 56.44 | 61.37 | 62.59 | 68.08 |
| 002657 | 中科金财 | 25.54 | 58.94 | 80 | 99.94 | 50 | 49.63 | 69.20 | 59.14 | 38.59 |
| 002658 | 雪迪龙 | 51.43 | 47.16 | 80 | 100.00 | 34 | 64.32 | 65.69 | 47.54 | 42.57 |
| 002659 | 中泰桥梁 | 0.23 | 48.50 | 80 | 100.00 | 15 | 76.98 | 81.56 | 51.23 | 26.18 |
| 002660 | 茂硕电源 | 25.02 | 37.67 | 80 | 91.29 | 34 | 26.34 | 36.74 | 58.52 | 20.46 |
| 002661 | 克明面业 | 26.24 | 51.78 | 80 | 98.83 | 50 | 67.80 | 83.71 | 61.05 | 59.37 |
| 002662 | 京威股份 | 26.49 | 54.63 | 80 | 97.92 | 34 | 52.13 | 37.78 | 61.52 | 44.76 |
| 002663 | 普邦园林 | 1.04 | 57.19 | 80 | 99.96 | 19 | 70.43 | 73.40 | 50.82 | 38.51 |
| 002664 | 信质电机 | 26.64 | 43.91 | 80 | 99.69 | 50 | 60.72 | 26.13 | 69.16 | 26.04 |
| 002665 | 首航节能 | 25.43 | 60.61 | 80 | 100.00 | 50 | 79.51 | 26.10 | 53.29 | 24.38 |
| 002666 | 德联集团 | 0.42 | 53.27 | 80 | 99.68 | 34 | 57.92 | 28.17 | 63.55 | 47.02 |

续表

| 证券代码 | 证券简称 | 内部控制指数 | | | | | 财务运行指数 | | | |
|---|---|---|---|---|---|---|---|---|---|---|
| | | 人文环境 | 治理结构 | 信息沟通 | 业务控制 | 外部监督 | 投资质量 | 筹资质量 | 资金运营质量 | 股利分配 |
| 002667 | 鞍重股份 | 1.18 | 47.11 | 80 | 50.00 | 34 | 59.05 | 51.61 | 32.40 | 18.72 |
| 002668 | 奥马电器 | 25.43 | 40.26 | 80 | 100.00 | 50 | 83.48 | 40.99 | 57.28 | 22.37 |
| 002669 | 康达新材 | 25.69 | 63.54 | 80 | 98.28 | 9 | 60.48 | 27.78 | 65.43 | 52.06 |
| 002670 | 华声股份 | 25.38 | 63.51 | 80 | 100.00 | 50 | 57.88 | 57.69 | 72.67 | 57.09 |
| 002671 | 龙泉股份 | 25.18 | 38.34 | 80 | 100.00 | 18 | 83.15 | 75.14 | 75.31 | 32.64 |
| 002672 | 东江环保 | 25.59 | 49.62 | 60 | 95.56 | 50 | 67.39 | 64.38 | 64.31 | 59.63 |
| 002673 | 西部证券 | 25.16 | 60.51 | 60 | 99.96 | 50 | 59.41 | 55.49 | 31.00 | 57.49 |
| 002674 | 兴业科技 | 26.24 | 57.67 | 80 | 97.78 | 34 | 66.57 | 25.92 | 70.86 | 48.50 |
| 002675 | 东诚药业 | 25.12 | 55.04 | 80 | 100.00 | 40 | 70.88 | 32.76 | 52.13 | 41.18 |
| 002676 | 顺威股份 | 25.84 | 52.26 | 80 | 99.95 | 34 | 75.25 | 59.24 | 56.22 | 49.72 |
| 002677 | 浙江美大 | 25.21 | 44.76 | 80 | 100.00 | 50 | 81.72 | 28.47 | 43.99 | 50.49 |
| 002678 | 珠江钢琴 | 50.84 | 41.57 | 80 | 100.00 | 50 | 69.13 | 73.42 | 66.89 | 46.91 |
| 002679 | 福建金森 | 25.70 | 38.60 | 80 | 100.00 | 34 | 20.03 | 41.11 | 31.00 | 48.22 |
| 002680 | 黄海机械 | 0.75 | 70.83 | 80 | 90.00 | 34 | 62.00 | 39.89 | 9.53 | 28.71 |
| 002681 | 奋达科技 | 25.00 | 51.97 | 60 | 90.00 | 34 | 66.94 | 35.09 | 64.66 | 33.94 |
| 002682 | 龙洲股份 | 25.91 | 49.71 | 80 | 99.14 | 50 | 12.35 | 78.85 | 53.73 | 42.82 |
| 002683 | 宏大爆破 | 26.52 | 50.88 | 80 | 99.80 | 34 | 44.73 | 37.45 | 69.21 | 34.19 |
| 002684 | 猛狮科技 | 0.45 | 48.05 | 80 | 100.00 | 19 | 69.12 | 77.17 | 52.07 | 14.52 |
| 002685 | 华东重机 | 25.56 | 42.20 | 80 | 92.72 | 50 | 68.46 | 26.10 | 61.38 | 34.40 |
| 002686 | 亿利达 | 26.50 | 63.04 | 80 | 100.00 | 40 | 69.06 | 49.66 | 72.35 | 25.59 |
| 002687 | 乔治白 | 26.74 | 41.51 | 80 | 100.00 | 34 | 58.21 | 42.58 | 66.74 | 67.42 |
| 002688 | 金河生物 | 25.88 | 48.04 | 80 | 100.00 | 35 | 17.32 | 69.15 | 62.78 | 48.05 |
| 002689 | 博林特 | 1.80 | 57.29 | 80 | 99.26 | 40 | 44.04 | 77.58 | 59.07 | 58.99 |
| 002690 | 美亚光电 | 25.30 | 55.58 | 80 | 100.00 | 34 | 65.59 | 52.89 | 32.61 | 31.95 |
| 002691 | 石中装备 | 25.03 | 39.16 | 80 | 98.03 | 34 | 64.11 | 58.27 | 30.90 | 18.88 |
| 002692 | 远程电缆 | 25.31 | 59.62 | 80 | 100.00 | 34 | 53.42 | 27.79 | 65.71 | 26.69 |
| 002693 | 双成药业 | 1.08 | 48.97 | 80 | 100.00 | 34 | 52.36 | 48.35 | 27.57 | 54.65 |

续表

| 证券代码 | 证券简称 | 内部控制指数 | | | | | 财务运行指数 | | | |
|---|---|---|---|---|---|---|---|---|---|---|
| | | 人文环境 | 治理结构 | 信息沟通 | 业务控制 | 外部监督 | 投资质量 | 筹资质量 | 资金运营质量 | 股利分配 |
| 002694 | 顾地科技 | 25.18 | 36.31 | 50 | 79.99 | 0 | 63.43 | 82.04 | 43.80 | 82.30 |
| 002695 | 煌上煌 | 0.10 | 49.36 | 80 | 99.83 | 34 | 65.66 | 35.03 | 55.21 | 46.35 |
| 002696 | 百洋股份 | 25.00 | 49.67 | 70 | 99.41 | 34 | 44.76 | 26.50 | 69.91 | 49.27 |
| 002697 | 红旗连锁 | 25.29 | 37.13 | 80 | 99.99 | 50 | 55.77 | 26.10 | 70.31 | 54.44 |
| 002698 | 博实股份 | 25.54 | 47.56 | 80 | 99.42 | 34 | 53.63 | 45.61 | 25.02 | 26.57 |
| 002699 | 美盛文化 | 0.01 | 44.68 | 80 | 100.00 | 50 | 52.95 | 73.93 | 45.86 | 49.38 |
| 002700 | 新疆浩源 | 0.78 | 66.41 | 80 | 100.00 | 18 | 64.65 | 26.10 | 50.03 | 33.03 |
| 002701 | 奥瑞金 | 50.70 | 57.70 | 80 | 63.94 | 34 | 56.16 | 65.27 | 69.53 | 46.60 |
| 002702 | 海欣食品 | 25.75 | 62.06 | 80 | 100.00 | 34 | 63.47 | 27.43 | 61.00 | 56.67 |
| 002703 | 浙江世宝 | 25.73 | 42.32 | 80 | 100.00 | 50 | 73.83 | 52.77 | 71.63 | 44.80 |
| 002705 | 新宝股份 | 50.43 | 57.66 | 80 | 99.80 | 50 | 50.84 | 26.05 | 59.99 | 30.73 |
| 002706 | 良信电器 | 25.82 | 54.72 | 80 | 100.00 | 50 | 72.58 | 63.27 | 62.56 | 33.96 |
| 002707 | 众信旅游 | 26.89 | 61.50 | 80 | 99.99 | 40 | 12.02 | 21.60 | 67.98 | 26.06 |
| 002708 | 光洋股份 | 25.46 | 62.39 | 80 | 100.00 | 50 | 76.33 | 46.44 | 55.96 | 24.98 |
| 002709 | 天赐材料 | 25.21 | 54.28 | 80 | 99.33 | 16 | 66.01 | 29.80 | 65.52 | 36.83 |
| 002711 | 欧浦钢网 | 25.59 | 47.57 | 80 | 89.93 | 50 | 41.28 | 80.45 | 65.08 | 26.96 |
| 002712 | 思美传媒 | 1.59 | 41.90 | 80 | 100.00 | 50 | 46.85 | 26.10 | 53.98 | 32.14 |
| 002713 | 东易日盛 | 26.40 | 61.85 | 80 | 90.00 | 34 | 81.46 | 26.10 | 49.45 | 60.88 |
| 002714 | 牧原股份 | 51.90 | 45.08 | 80 | 95.09 | 40 | 68.54 | 54.92 | 60.38 | 23.67 |
| 002715 | 登云股份 | 3.63 | 59.51 | 80 | 100.00 | 34 | 44.41 | 37.58 | 62.38 | 20.42 |
| 002716 | 金贵银业 | 25.06 | 41.42 | 80 | 100.00 | 50 | 43.81 | 34.12 | 58.17 | 18.95 |
| 002717 | 岭南园林 | 25.33 | 56.11 | 80 | 100.00 | 40 | 62.13 | 19.71 | 62.29 | 8.26 |
| 002718 | 友邦吊顶 | 25.66 | 62.50 | 80 | 100.00 | 50 | 60.08 | 32.43 | 52.21 | 26.77 |
| 002719 | 麦趣尔 | 3.82 | 55.55 | 80 | 98.94 | 34 | 32.65 | 26.10 | 48.57 | 38.06 |
| 002721 | 金一文化 | 0.00 | 49.66 | 80 | 100.00 | 50 | 15.08 | 24.53 | 48.92 | 22.51 |
| 002722 | 金轮股份 | 26.40 | 47.54 | 80 | 99.89 | 36 | 44.86 | 29.45 | 65.50 | 20.54 |
| 002723 | 金莱特 | 2.39 | 55.04 | 80 | 100.00 | 35 | 58.89 | 41.36 | 69.60 | 38.40 |

续表

| 证券代码 | 证券简称 | 内部控制指数 | | | | | 财务运行指数 | | | |
|---|---|---|---|---|---|---|---|---|---|---|
| | | 人文环境 | 治理结构 | 信息沟通 | 业务控制 | 外部监督 | 投资质量 | 筹资质量 | 资金运营质量 | 股利分配 |
| 002724 | 海洋王 | 50.03 | 66.83 | 80 | 100.00 | 50 | 59.26 | 26.04 | 65.82 | 18.34 |
| 002725 | 跃岭股份 | 25.28 | 45.14 | 80 | 100.00 | 50 | 55.55 | 27.71 | 77.16 | 27.50 |
| 002726 | 龙大肉食 | 25.11 | 67.03 | 80 | 98.81 | 40 | 61.15 | 41.58 | 63.03 | 37.32 |
| 002727 | 一心堂 | 52.45 | 49.32 | 60 | 99.90 | 50 | 57.82 | 27.07 | 57.15 | 33.13 |
| 002728 | 台城制药 | 1.05 | 41.58 | 80 | 100.00 | 50 | 67.89 | 32.90 | 47.84 | 32.84 |
| 002729 | 好利来 | 25.77 | 43.93 | 60 | 99.99 | 34 | 64.07 | 71.94 | 32.34 | 18.03 |
| 002730 | 电光科技 | 25.21 | 64.87 | 80 | 100.00 | 50 | 58.92 | 34.61 | 68.24 | 17.66 |
| 002731 | 萃华珠宝 | 0.93 | 55.98 | 80 | 100.00 | 40 | 75.09 | 35.70 | 63.91 | 1.85 |
| 002732 | 燕塘乳业 | 26.93 | 40.44 | 80 | 99.95 | 40 | 57.94 | 39.26 | 85.23 | 38.66 |
| 002733 | 雄韬股份 | 26.42 | 54.53 | 80 | 99.44 | 34 | 76.37 | 66.20 | 76.69 | 16.42 |
| 002734 | 利民股份 | 25.26 | 54.45 | 80 | 98.11 | 34 | 68.52 | 84.09 | 56.93 | 57.99 |
| 002735 | 王子新材 | 0.49 | 47.38 | 80 | 99.80 | 50 | 63.17 | 26.10 | 65.91 | 33.02 |
| 002736 | 国信证券 | 50.39 | 75.83 | 80 | 82.55 | 38 | 44.10 | 55.49 | 31.00 | 1.14 |
| 002737 | 葵花药业 | 25.44 | 54.27 | 60 | 99.96 | 50 | 68.91 | 77.49 | 82.29 | 32.35 |
| 002738 | 中矿资源 | 25.05 | 54.54 | 80 | 96.63 | 34 | 73.90 | 84.36 | 57.41 | 8.28 |
| 002739 | 万达院线 | 50.78 | 66.66 | 80 | 96.44 | 50 | 60.25 | 29.65 | 68.28 | 59.55 |
| 002740 | 爱迪尔 | 25.83 | 57.86 | 60 | 100.00 | 34 | 67.15 | 29.06 | 77.10 | 40.76 |
| 002742 | 三圣特材 | 0.18 | 59.21 | 80 | 100.00 | 34 | 68.02 | 86.99 | 57.44 | 22.53 |
| 002743 | 富煌钢构 | 25.07 | 72.45 | 80 | 99.97 | 34 | 60.96 | 76.83 | 41.83 | 22.14 |
| 002745 | 木林森 | 50.35 | 58.88 | 70 | 100.00 | 50 | 63.14 | 48.16 | 46.74 | 23.31 |
| 002747 | 埃斯顿 | 25.54 | 51.14 | 60 | 99.99 | 34 | 60.36 | 84.78 | 53.60 | 31.74 |
| 300001 | 特锐德 | 26.18 | 40.44 | 80 | 99.94 | 40 | 66.74 | 26.09 | 54.81 | 26.39 |
| 300002 | 神州泰岳 | 50.07 | 48.60 | 80 | 99.91 | 35 | 62.60 | 31.11 | 77.48 | 50.61 |
| 300003 | 乐普医疗 | 26.00 | 43.17 | 80 | 99.97 | 50 | 61.58 | 31.39 | 70.20 | 30.00 |
| 300004 | 南风股份 | 0.37 | 42.64 | 80 | 100.00 | 40 | 40.21 | 63.58 | 61.70 | 25.30 |
| 300005 | 探路者 | 50.44 | 42.18 | 60 | 100.00 | 50 | 25.36 | 35.97 | 79.98 | 50.78 |
| 300006 | 莱美药业 | 25.64 | 38.72 | 80 | 99.80 | 40 | 59.88 | 75.51 | 37.02 | 66.88 |

续表

| 证券代码 | 证券简称 | 内部控制指数 | | | | | 财务运行指数 | | | |
|---|---|---|---|---|---|---|---|---|---|---|
| | | 人文环境 | 治理结构 | 信息沟通 | 业务控制 | 外部监督 | 投资质量 | 筹资质量 | 资金运营质量 | 股利分配 |
| 300007 | 汉威电子 | 25.60 | 46.64 | 80 | 100.00 | 50 | 54.87 | 77.49 | 35.66 | 41.11 |
| 300008 | 上海佳豪 | 25.30 | 40.59 | 80 | 65.51 | 50 | 18.21 | 22.80 | 71.80 | 73.68 |
| 300009 | 安科生物 | 25.97 | 35.36 | 80 | 100.00 | 40 | 61.52 | 27.79 | 74.44 | 54.07 |
| 300010 | 立思辰 | 26.63 | 40.03 | 80 | 99.84 | 50 | 73.18 | 79.54 | 55.51 | 34.00 |
| 300011 | 鼎汉技术 | 25.02 | 47.57 | 60 | 100.00 | 50 | 60.55 | 84.77 | 47.17 | 26.32 |
| 300012 | 华测检测 | 50.22 | 50.02 | 80 | 100.00 | 50 | 9.24 | 83.84 | 69.15 | 44.83 |
| 300013 | 新宁物流 | 25.52 | 38.64 | 80 | 100.00 | 50 | 58.88 | 44.96 | 55.44 | 44.36 |
| 300014 | 亿纬锂能 | 25.76 | 35.23 | 80 | 90.00 | 50 | 55.67 | 67.83 | 69.44 | 20.31 |
| 300015 | 爱尔眼科 | 51.11 | 45.54 | 80 | 100.00 | 40 | 54.77 | 26.10 | 34.33 | 51.22 |
| 300016 | 北陆药业 | 0.98 | 48.81 | 80 | 100.00 | 34 | 76.51 | 86.99 | 72.12 | 47.67 |
| 300017 | 网宿科技 | 50.54 | 41.83 | 80 | 100.00 | 34 | 80.58 | 47.08 | 66.01 | 35.78 |
| 300018 | 中元华电 | 0.31 | 47.88 | 80 | 89.80 | 50 | 60.44 | 26.10 | 45.51 | 29.33 |
| 300019 | 硅宝科技 | 25.75 | 51.01 | 80 | 98.33 | 34 | 46.76 | 82.00 | 71.32 | 49.72 |
| 300020 | 银江股份 | 25.43 | 40.01 | 80 | 99.98 | 43 | 32.58 | 31.30 | 37.23 | 35.47 |
| 300021 | 大禹节水 | 0.20 | 39.75 | 80 | 100.00 | 50 | 45.52 | 75.48 | 27.70 | 44.54 |
| 300022 | 吉峰农机 | 25.34 | 38.82 | 80 | 100.00 | 50 | 49.52 | 47.90 | 55.99 | 34.80 |
| 300023 | 宝德股份 | 0.52 | 42.69 | 80 | 100.00 | 15 | 65.69 | 81.03 | 44.78 | 12.56 |
| 300024 | 机器人 | 0.79 | 42.73 | 80 | 99.95 | 40 | 67.37 | 67.76 | 63.32 | 20.32 |
| 300025 | 华星创业 | 26.64 | 46.26 | 80 | 100.00 | 18 | 54.18 | 78.99 | 42.91 | 29.04 |
| 300026 | 红日药业 | 50.65 | 45.64 | 80 | 100.00 | 50 | 62.63 | 31.78 | 75.42 | 35.54 |
| 300027 | 华谊兄弟 | 25.61 | 66.50 | 80 | 99.93 | 50 | 38.91 | 64.63 | 48.24 | 34.13 |
| 300028 | 金亚科技 | 0.00 | 42.03 | 60 | 99.53 | 34 | 7.33 | 57.50 | 64.44 | 38.03 |
| 300029 | 天龙光电 | 0.39 | 34.18 | 80 | 99.46 | 21 | 69.16 | 39.34 | 28.17 | 12.56 |
| 300030 | 阳普医疗 | 0.45 | 37.75 | 80 | 100.00 | 50 | 49.67 | 86.89 | 73.18 | 22.27 |
| 300031 | 宝通带业 | 0.62 | 35.97 | 80 | 100.00 | 40 | 55.12 | 31.21 | 51.12 | 45.21 |
| 300032 | 金龙机电 | 25.34 | 36.53 | 80 | 100.00 | 50 | 57.69 | 85.37 | 43.23 | 30.53 |
| 300033 | 同花顺 | 25.19 | 54.18 | 80 | 90.00 | 50 | 61.19 | 32.17 | 44.41 | 54.10 |

续表

| 证券代码 | 证券简称 | 内部控制指数 | | | | | 财务运行指数 | | | |
|---|---|---|---|---|---|---|---|---|---|---|
| | | 人文环境 | 治理结构 | 信息沟通 | 业务控制 | 外部监督 | 投资质量 | 筹资质量 | 资金运营质量 | 股利分配 |
| 300034 | 钢研高纳 | 25.00 | 40.66 | 80 | 99.06 | 40 | 61.36 | 84.92 | 60.60 | 38.68 |
| 300035 | 中科电气 | 0.27 | 42.64 | 80 | 100.00 | 50 | 65.86 | 77.72 | 26.08 | 30.57 |
| 300036 | 超图软件 | 26.09 | 59.82 | 80 | 100.00 | 35 | 83.73 | 52.10 | 62.26 | 31.44 |
| 300037 | 新宙邦 | 25.51 | 50.40 | 80 | 99.97 | 34 | 72.55 | 34.95 | 45.89 | 40.30 |
| 300038 | 梅泰诺 | 0.31 | 34.05 | 80 | 94.23 | 50 | 58.16 | 53.47 | 42.61 | 19.36 |
| 300039 | 上海凯宝 | 0.15 | 41.09 | 80 | 100.00 | 50 | 67.47 | 34.15 | 48.31 | 50.48 |
| 300040 | 九洲电气 | 0.14 | 56.63 | 80 | 100.00 | 50 | 56.41 | 85.62 | 19.50 | 41.85 |
| 300041 | 回天新材 | 25.43 | 42.92 | 80 | 90.00 | 50 | 56.16 | 47.42 | 60.20 | 44.73 |
| 300042 | 朗科科技 | 0.03 | 39.30 | 80 | 90.00 | 42 | 63.95 | 26.10 | 58.53 | 41.12 |
| 300043 | 互动娱乐 | 25.66 | 44.85 | 80 | 99.56 | 40 | 58.05 | 43.21 | 43.21 | 38.94 |
| 300044 | 赛为智能 | 0.11 | 40.47 | 80 | 100.00 | 50 | 73.07 | 49.57 | 55.40 | 34.51 |
| 300045 | 华力创通 | 25.07 | 47.75 | 80 | 100.00 | 34 | 60.42 | 85.12 | 48.11 | 23.34 |
| 300046 | 台基股份 | 1.07 | 45.70 | 80 | 99.76 | 40 | 79.10 | 34.54 | 50.63 | 64.54 |
| 300047 | 天源迪科 | 25.17 | 59.24 | 80 | 99.93 | 35 | 69.53 | 35.38 | 55.27 | 32.69 |
| 300048 | 合康变频 | 25.43 | 45.77 | 80 | 100.00 | 50 | 82.42 | 34.03 | 45.49 | 33.43 |
| 300049 | 福瑞股份 | 26.17 | 46.08 | 80 | 90.00 | 50 | 72.36 | 80.01 | 71.69 | 34.70 |
| 300050 | 世纪鼎利 | 50.76 | 45.74 | 80 | 99.58 | 34 | 49.19 | 32.64 | 67.86 | 31.99 |
| 300051 | 三五互联 | 25.64 | 35.04 | 80 | 89.97 | 18 | 4.78 | 48.63 | 69.13 | 75.67 |
| 300052 | 中青宝 | 25.04 | 37.20 | 80 | 98.42 | 50 | 48.11 | 69.18 | 48.64 | 27.18 |
| 300053 | 欧比特 | 0.25 | 37.08 | 80 | 100.00 | 34 | 41.92 | 46.69 | 51.11 | 23.66 |
| 300054 | 鼎龙股份 | 25.61 | 53.44 | 80 | 100.00 | 50 | 71.21 | 32.68 | 69.51 | 42.98 |
| 300055 | 万邦达 | 0.36 | 43.93 | 80 | 98.30 | 50 | 7.54 | 37.44 | 38.05 | 42.22 |
| 300056 | 三维丝 | 25.44 | 35.71 | 80 | 99.96 | 50 | 61.89 | 77.84 | 51.08 | 34.53 |
| 300057 | 万顺股份 | 0.01 | 36.69 | 80 | 90.00 | 50 | 56.62 | 84.32 | 52.34 | 22.29 |
| 300058 | 蓝色光标 | 51.68 | 43.25 | 80 | 99.99 | 50 | 57.16 | 44.38 | 59.07 | 50.05 |
| 300059 | 东方财富 | 25.54 | 39.78 | 80 | 100.00 | 32 | 64.95 | 20.87 | 14.72 | 75.62 |
| 300061 | 康耐特 | 25.10 | 38.29 | 80 | 100.00 | 50 | 60.23 | 86.88 | 53.02 | 20.30 |

续表

| 证券代码 | 证券简称 | 内部控制指数 | | | | | 财务运行指数 | | | |
|---|---|---|---|---|---|---|---|---|---|---|
| | | 人文环境 | 治理结构 | 信息沟通 | 业务控制 | 外部监督 | 投资质量 | 筹资质量 | 资金运营质量 | 股利分配 |
| 300062 | 中能电气 | 25.19 | 55.73 | 80 | 100.00 | 34 | 66.68 | 38.17 | 57.41 | 27.66 |
| 300063 | 天龙集团 | 0.37 | 36.97 | 80 | 100.00 | 50 | 63.76 | 38.03 | 55.33 | 67.36 |
| 300064 | 豫金刚石 | 25.63 | 41.22 | 80 | 99.99 | 40 | 75.33 | 83.93 | 37.93 | 20.56 |
| 300065 | 海兰信 | 0.78 | 41.25 | 80 | 100.00 | 50 | 68.75 | 75.68 | 45.77 | 24.53 |
| 300066 | 三川股份 | 25.72 | 41.25 | 60 | 99.38 | 34 | 64.74 | 70.47 | 75.82 | 39.40 |
| 300067 | 安诺其 | 26.15 | 39.26 | 80 | 100.00 | 34 | 52.25 | 26.30 | 60.19 | 46.09 |
| 300068 | 南都电源 | 25.67 | 46.57 | 80 | 100.00 | 34 | 75.91 | 79.74 | 73.13 | 45.91 |
| 300069 | 金利华电 | 1.04 | 53.03 | 80 | 100.00 | 34 | 71.04 | 45.57 | 54.75 | 54.84 |
| 300070 | 碧水源 | 25.16 | 50.25 | 80 | 97.22 | 50 | 53.29 | 77.64 | 60.62 | 33.97 |
| 300071 | 华谊嘉信 | 25.00 | 44.14 | 80 | 100.00 | 50 | 37.75 | 74.83 | 71.26 | 45.39 |
| 300072 | 三聚环保 | 0.47 | 45.44 | 80 | 100.00 | 40 | 62.10 | 65.06 | 45.52 | 36.10 |
| 300073 | 当升科技 | 0.09 | 40.18 | 80 | 99.76 | 50 | 85.37 | 48.17 | 68.86 | 26.74 |
| 300074 | 华平股份 | 0.21 | 46.48 | 70 | 99.72 | 34 | 14.21 | 29.28 | 49.56 | 26.84 |
| 300075 | 数字政通 | 25.00 | 42.14 | 80 | 98.89 | 50 | 65.43 | 42.63 | 67.56 | 42.77 |
| 300076 | GQY 视讯 | 0.04 | 39.48 | 80 | 99.97 | 34 | 77.23 | 33.52 | 50.65 | 53.37 |
| 300077 | 国民技术 | 25.55 | 54.91 | 80 | 100.00 | 50 | 66.29 | 31.90 | 39.74 | 46.71 |
| 300078 | 中瑞思创 | 25.60 | 44.80 | 80 | 90.00 | 50 | 45.57 | 26.10 | 54.02 | 56.99 |
| 300079 | 数码视讯 | 25.34 | 39.12 | 60 | 98.26 | 40 | 32.36 | 36.73 | 40.74 | 22.92 |
| 300080 | 新大新材 | 25.84 | 45.72 | 80 | 86.14 | 18 | 69.78 | 36.18 | 51.18 | 20.78 |
| 300081 | 恒信移动 | 0.15 | 36.91 | 60 | 99.88 | 34 | 35.54 | 26.58 | 53.71 | 31.45 |
| 300082 | 奥克股份 | 26.34 | 37.07 | 80 | 99.01 | 34 | 42.37 | 68.75 | 52.51 | 63.92 |
| 300083 | 劲胜精密 | 50.10 | 41.95 | 80 | 100.00 | 34 | 28.21 | 84.78 | 49.10 | 22.12 |
| 300084 | 海默科技 | 0.01 | 46.20 | 60 | 98.89 | 50 | 17.63 | 78.44 | 41.12 | 10.53 |
| 300085 | 银之杰 | 0.07 | 48.56 | 80 | 98.56 | 34 | 50.93 | 31.00 | 60.95 | 59.03 |
| 300086 | 康芝药业 | 25.62 | 33.86 | 60 | 85.40 | 0 | 56.77 | 30.28 | 52.48 | 82.36 |
| 300087 | 荃银高科 | 25.32 | 49.07 | 80 | 100.00 | 34 | 67.77 | 33.72 | 68.84 | 10.81 |
| 300088 | 长信科技 | 25.09 | 48.37 | 80 | 100.00 | 40 | 70.40 | 85.22 | 54.01 | 27.38 |

续表

| 证券代码 | 证券简称 | 内部控制指数 | | | | | 财务运行指数 | | | |
|---|---|---|---|---|---|---|---|---|---|---|
| | | 人文环境 | 治理结构 | 信息沟通 | 业务控制 | 外部监督 | 投资质量 | 筹资质量 | 资金运营质量 | 股利分配 |
| 300089 | 长城集团 | 0.11 | 38.84 | 80 | 100.00 | 34 | 79.59 | 25.96 | 69.20 | 17.53 |
| 300090 | 盛运环保 | 25.26 | 45.03 | 80 | 87.85 | 34 | 55.01 | 27.28 | 24.96 | 12.70 |
| 300091 | 金通灵 | 26.07 | 43.65 | 80 | 99.76 | 50 | 66.51 | 66.41 | 47.54 | 26.68 |
| 300092 | 科新机电 | 26.29 | 47.98 | 60 | 99.91 | 50 | 71.96 | 81.42 | 64.28 | 58.22 |
| 300093 | 金刚玻璃 | 0.10 | 37.58 | 80 | 87.87 | 50 | 69.13 | 62.85 | 73.05 | 20.26 |
| 300094 | 国联水产 | 25.37 | 44.91 | 80 | 100.00 | 34 | 57.36 | 47.77 | 70.52 | 34.80 |
| 300095 | 华伍股份 | 0.68 | 45.51 | 80 | 95.15 | 34 | 65.67 | 32.09 | 69.61 | 25.72 |
| 300096 | 易联众 | 25.69 | 39.80 | 80 | 100.00 | 34 | 72.81 | 30.81 | 65.78 | 39.87 |
| 300097 | 智云股份 | 1.11 | 35.13 | 70 | 100.00 | 34 | 58.53 | 31.40 | 50.08 | 23.30 |
| 300098 | 高新兴 | 25.96 | 41.11 | 80 | 100.00 | 34 | 51.02 | 59.65 | 42.54 | 23.82 |
| 300099 | 尤洛卡 | 0.01 | 43.41 | 80 | 100.00 | 34 | 70.35 | 26.10 | 26.06 | 63.51 |
| 300100 | 双林股份 | 26.05 | 36.01 | 80 | 99.73 | 34 | 53.72 | 78.77 | 48.34 | 38.30 |
| 300101 | 振芯科技 | 25.02 | 40.93 | 80 | 98.64 | 34 | 56.65 | 78.11 | 68.14 | 25.25 |
| 300102 | 乾照光电 | 25.85 | 49.41 | 80 | 100.00 | 34 | 27.60 | 64.24 | 45.56 | 37.78 |
| 300103 | 达刚路机 | 0.09 | 50.95 | 80 | 100.00 | 40 | 67.67 | 26.10 | 44.34 | 26.69 |
| 300104 | 乐视网 | 0.00 | 40.86 | 80 | 98.95 | 40 | 3.24 | 40.07 | 46.58 | 35.43 |
| 300105 | 龙源技术 | 25.48 | 58.22 | 80 | 75.30 | 34 | 54.56 | 35.10 | 58.99 | 21.47 |
| 300106 | 西部牧业 | 1.14 | 42.82 | 80 | 85.31 | 50 | 64.51 | 66.49 | 58.52 | 38.80 |
| 300107 | 建新股份 | 0.27 | 41.87 | 80 | 100.00 | 34 | 43.83 | 30.36 | 40.78 | 44.91 |
| 300108 | 双龙股份 | 0.37 | 42.37 | 80 | 100.00 | 40 | 49.25 | 74.01 | 35.01 | 44.45 |
| 300109 | 新开源 | 0.64 | 47.15 | 80 | 100.00 | 34 | 53.62 | 38.49 | 74.04 | 46.47 |
| 300110 | 华仁药业 | 1.68 | 41.51 | 80 | 100.00 | 34 | 67.89 | 35.66 | 33.93 | 44.74 |
| 300111 | 向日葵 | 25.01 | 46.21 | 80 | 98.72 | 34 | 71.31 | 61.74 | 47.57 | 12.56 |
| 300112 | 万讯自控 | 25.04 | 48.45 | 60 | 97.94 | 50 | 78.10 | 63.88 | 69.80 | 50.10 |
| 300113 | 顺网科技 | 50.21 | 37.78 | 80 | 100.00 | 34 | 42.22 | 31.34 | 20.35 | 47.05 |
| 300114 | 中航电测 | 26.17 | 43.16 | 80 | 90.30 | 50 | 60.70 | 52.52 | 69.92 | 23.09 |
| 300115 | 长盈精密 | 50.00 | 36.13 | 80 | 99.95 | 50 | 8.11 | 73.01 | 56.99 | 20.63 |

续表

| 证券代码 | 证券简称 | 内部控制指数 | | | | | 财务运行指数 | | | |
|---|---|---|---|---|---|---|---|---|---|---|
| | | 人文环境 | 治理结构 | 信息沟通 | 业务控制 | 外部监督 | 投资质量 | 筹资质量 | 资金运营质量 | 股利分配 |
| 300116 | 坚瑞消防 | 25.01 | 39.62 | 80 | 100.00 | 34 | 60.92 | 50.71 | 21.29 | 16.27 |
| 300117 | 嘉寓股份 | 25.82 | 41.01 | 60 | 88.88 | 40 | 54.04 | 83.74 | 57.04 | 37.40 |
| 300118 | 东方日升 | 25.86 | 37.72 | 80 | 90.00 | 50 | 65.53 | 84.45 | 48.41 | 12.56 |
| 300119 | 瑞普生物 | 26.44 | 42.51 | 80 | 100.00 | 34 | 57.12 | 55.85 | 52.69 | 59.03 |
| 300120 | 经纬电材 | 25.57 | 50.31 | 80 | 100.00 | 34 | 73.56 | 75.31 | 72.35 | 63.90 |
| 300121 | 阳谷华泰 | 0.67 | 50.77 | 80 | 100.00 | 50 | 60.23 | 60.54 | 36.05 | 44.51 |
| 300122 | 智飞生物 | 25.79 | 46.49 | 80 | 99.91 | 42 | 38.51 | 63.78 | 41.34 | 56.01 |
| 300123 | 太阳鸟 | 26.55 | 35.65 | 80 | 94.98 | 34 | 64.99 | 40.46 | 45.13 | 18.57 |
| 300124 | 汇川技术 | 50.36 | 43.52 | 80 | 99.99 | 50 | 59.80 | 39.67 | 55.27 | 51.16 |
| 300125 | 易世达 | 0.85 | 42.12 | 80 | 87.10 | 34 | 16.80 | 48.29 | 43.49 | 36.54 |
| 300126 | 锐奇股份 | 26.74 | 41.56 | 70 | 98.26 | 34 | 80.56 | 30.37 | 62.85 | 22.04 |
| 300127 | 银河磁体 | 25.17 | 56.66 | 80 | 100.00 | 40 | 66.40 | 28.65 | 55.12 | 60.95 |
| 300128 | 锦富新材 | 25.24 | 33.01 | 40 | 89.52 | 34 | 66.25 | 33.12 | 61.85 | 25.29 |
| 300129 | 泰胜风能 | 25.29 | 46.76 | 80 | 100.00 | 40 | 79.90 | 45.38 | 59.81 | 29.07 |
| 300130 | 新国都 | 25.26 | 42.93 | 80 | 99.85 | 34 | 51.88 | 35.47 | 63.21 | 19.22 |
| 300131 | 英唐智控 | 0.00 | 40.86 | 70 | 94.71 | 34 | 71.58 | 82.30 | 51.03 | 17.73 |
| 300132 | 青松股份 | 25.74 | 46.42 | 80 | 100.00 | 34 | 54.29 | 54.06 | 56.38 | 47.71 |
| 300133 | 华策影视 | 25.42 | 54.66 | 80 | 99.27 | 34 | 59.26 | 76.69 | 54.66 | 26.17 |
| 300134 | 大富科技 | 25.01 | 41.27 | 80 | 100.00 | 50 | 23.19 | 45.48 | 74.93 | 22.01 |
| 300135 | 宝利沥青 | 0.15 | 43.92 | 80 | 100.00 | 50 | 60.64 | 80.09 | 54.09 | 47.07 |
| 300136 | 信维通信 | 25.28 | 49.15 | 80 | 99.91 | 40 | 59.80 | 26.10 | 63.58 | 14.76 |
| 300137 | 先河环保 | 25.00 | 35.37 | 80 | 100.00 | 34 | 80.59 | 54.56 | 50.82 | 23.54 |
| 300138 | 晨光生物 | 0.50 | 50.06 | 80 | 100.00 | 40 | 45.77 | 82.83 | 63.65 | 42.40 |
| 300139 | 福星晓程 | 0.56 | 43.63 | 80 | 99.85 | 34 | 32.46 | 26.10 | 24.03 | 22.41 |
| 300140 | 启源装备 | 25.90 | 45.25 | 80 | 81.62 | 34 | 42.65 | 30.41 | 55.42 | 47.73 |
| 300141 | 和顺电气 | 0.28 | 39.96 | 80 | 100.00 | 34 | 55.62 | 26.10 | 45.89 | 28.05 |
| 300142 | 沃森生物 | 25.27 | 43.27 | 70 | 88.90 | 34 | 51.27 | 64.82 | 21.73 | 62.66 |

续表

| 证券代码 | 证券简称 | 内部控制指数 | | | | | 财务运行指数 | | | |
|---|---|---|---|---|---|---|---|---|---|---|
| | | 人文环境 | 治理结构 | 信息沟通 | 业务控制 | 外部监督 | 投资质量 | 筹资质量 | 资金运营质量 | 股利分配 |
| 300143 | 星河生物 | 25.11 | 48.16 | 80 | 100.00 | 34 | 48.73 | 20.37 | 57.07 | 34.80 |
| 300144 | 宋城演艺 | 50.32 | 47.73 | 80 | 99.64 | 34 | 6.32 | 27.82 | 76.91 | 39.05 |
| 300145 | 南方泵业 | 50.99 | 45.39 | 80 | 100.00 | 50 | 53.65 | 47.42 | 83.51 | 21.94 |
| 300146 | 汤臣倍健 | 52.27 | 42.62 | 80 | 100.00 | 34 | 63.86 | 31.73 | 58.62 | 64.53 |
| 300147 | 香雪制药 | 25.53 | 37.59 | 80 | 96.41 | 34 | 57.35 | 71.94 | 47.66 | 48.93 |
| 300148 | 天舟文化 | 0.41 | 50.73 | 80 | 89.98 | 34 | 65.89 | 27.69 | 59.49 | 43.93 |
| 300149 | 量子高科 | 25.87 | 47.01 | 60 | 99.85 | 34 | 39.63 | 27.23 | 49.26 | 47.38 |
| 300150 | 世纪瑞尔 | 25.00 | 44.50 | 80 | 97.72 | 40 | 56.83 | 27.12 | 53.83 | 78.55 |
| 300151 | 昌红科技 | 25.00 | 45.11 | 80 | 100.00 | 34 | 50.34 | 79.17 | 68.98 | 32.92 |
| 300152 | 燃控科技 | 25.20 | 36.36 | 80 | 100.00 | 34 | 59.70 | 43.69 | 34.94 | 20.07 |
| 300153 | 科泰电源 | 0.80 | 44.34 | 80 | 100.00 | 34 | 73.11 | 32.41 | 66.36 | 64.45 |
| 300154 | 瑞凌股份 | 25.09 | 49.05 | 80 | 100.00 | 50 | 78.26 | 27.61 | 52.77 | 44.77 |
| 300155 | 安居宝 | 25.49 | 49.12 | 80 | 99.14 | 34 | 70.12 | 62.53 | 59.28 | 35.84 |
| 300156 | 神雾环保 | 0.95 | 42.89 | 60 | 40.00 | 50 | 68.15 | 86.70 | 35.41 | 19.92 |
| 300157 | 恒泰艾普 | 25.58 | 43.24 | 80 | 98.45 | 34 | 49.75 | 26.26 | 55.95 | 7.65 |
| 300158 | 振东制药 | 25.69 | 40.45 | 80 | 89.40 | 26 | 76.30 | 78.70 | 58.44 | 51.24 |
| 300159 | 新研股份 | 26.02 | 41.86 | 70 | 90.00 | 34 | 80.74 | 43.05 | 47.81 | 28.83 |
| 300160 | 秀强股份 | 25.39 | 50.95 | 80 | 100.00 | 40 | 76.99 | 72.41 | 65.17 | 32.12 |
| 300161 | 华中数控 | 25.21 | 41.94 | 80 | 98.94 | 34 | 70.19 | 83.06 | 60.49 | 21.40 |
| 300162 | 雷曼光电 | 25.00 | 57.11 | 80 | 97.41 | 50 | 66.10 | 35.55 | 64.12 | 58.94 |
| 300163 | 先锋新材 | 25.41 | 35.44 | 80 | 100.00 | 40 | 62.60 | 46.99 | 69.97 | 54.24 |
| 300164 | 通源石油 | 26.39 | 43.04 | 60 | 97.30 | 31 | 62.22 | 40.83 | 35.22 | 28.33 |
| 300165 | 天瑞仪器 | 25.03 | 47.38 | 80 | 100.00 | 34 | 76.52 | 67.43 | 44.81 | 51.99 |
| 300166 | 东方国信 | 25.64 | 44.94 | 80 | 100.00 | 40 | 57.06 | 28.10 | 58.57 | 24.45 |
| 300167 | 迪威视讯 | 25.00 | 34.27 | 70 | 97.00 | 0 | 79.31 | 71.78 | 30.92 | 30.10 |
| 300168 | 万达信息 | 0.37 | 45.20 | 80 | 100.00 | 34 | 71.60 | 44.79 | 46.97 | 44.35 |
| 300169 | 天晟新材 | 26.25 | 50.58 | 80 | 100.00 | 34 | 54.92 | 80.23 | 54.41 | 30.42 |

续表

| 证券代码 | 证券简称 | 内部控制指数 | | | | | 财务运行指数 | | | |
|---|---|---|---|---|---|---|---|---|---|---|
| | | 人文环境 | 治理结构 | 信息沟通 | 业务控制 | 外部监督 | 投资质量 | 筹资质量 | 资金运营质量 | 股利分配 |
| 300170 | 汉得信息 | 50.01 | 51.59 | 80 | 100.00 | 34 | 59.59 | 29.18 | 63.22 | 33.51 |
| 300171 | 东富龙 | 0.62 | 41.28 | 80 | 100.00 | 34 | 54.75 | 46.82 | 64.82 | 37.11 |
| 300172 | 中电环保 | 0.09 | 50.31 | 80 | 99.68 | 34 | 17.42 | 31.12 | 60.97 | 59.79 |
| 300173 | 智慧松德 | 0.02 | 45.10 | 80 | 100.00 | 34 | 62.62 | 44.64 | 48.17 | 20.60 |
| 300174 | 元力股份 | 25.91 | 41.37 | 80 | 100.00 | 40 | 79.99 | 37.96 | 74.50 | 70.61 |
| 300175 | 朗源股份 | 0.00 | 54.95 | 80 | 100.00 | 34 | 46.49 | 49.90 | 51.67 | 42.00 |
| 300176 | 鸿特精密 | 0.64 | 48.12 | 80 | 99.88 | 34 | 49.26 | 27.11 | 45.18 | 30.93 |
| 300177 | 中海达 | 25.58 | 44.47 | 80 | 100.00 | 40 | 80.42 | 39.64 | 58.19 | 17.12 |
| 300178 | 腾邦国际 | 25.02 | 43.81 | 60 | 99.91 | 34 | 79.04 | 20.01 | 44.00 | 45.35 |
| 300179 | 四方达 | 0.58 | 39.23 | 80 | 99.96 | 50 | 76.07 | 71.94 | 31.20 | 41.42 |
| 300180 | 华峰超纤 | 25.19 | 49.92 | 80 | 100.00 | 34 | 11.61 | 82.84 | 68.25 | 37.41 |
| 300181 | 佐力药业 | 26.77 | 38.91 | 80 | 97.85 | 34 | 70.80 | 83.42 | 71.27 | 56.05 |
| 300182 | 捷成股份 | 0.18 | 39.53 | 80 | 99.86 | 50 | 33.50 | 20.21 | 58.73 | 49.74 |
| 300183 | 东软载波 | 25.29 | 57.13 | 80 | 100.00 | 34 | 72.06 | 31.75 | 60.56 | 54.85 |
| 300184 | 力源信息 | 25.00 | 41.39 | 80 | 99.91 | 34 | 1.00 | 29.07 | 64.38 | 69.64 |
| 300185 | 通裕重工 | 51.26 | 46.01 | 80 | 97.29 | 50 | 58.51 | 80.51 | 44.00 | 50.33 |
| 300186 | 大华农 | 25.09 | 50.61 | 80 | 83.65 | 40 | 66.49 | 35.23 | 52.35 | 72.75 |
| 300187 | 永清环保 | 25.56 | 38.09 | 60 | 99.97 | 34 | 60.74 | 26.10 | 61.29 | 25.08 |
| 300188 | 美亚柏科 | 50.44 | 57.34 | 80 | 99.83 | 34 | 68.79 | 41.89 | 64.58 | 33.82 |
| 300189 | 神农大丰 | 0.64 | 52.86 | 80 | 100.00 | 50 | 73.39 | 67.80 | 54.82 | 24.26 |
| 300190 | 维尔利 | 0.00 | 45.03 | 80 | 100.00 | 50 | 41.35 | 32.31 | 55.39 | 61.03 |
| 300191 | 潜能恒信 | 0.09 | 40.64 | 80 | 100.00 | 50 | 63.38 | 13.25 | 26.10 | 15.17 |
| 300192 | 科斯伍德 | 25.24 | 47.39 | 80 | 100.00 | 50 | 44.48 | 26.10 | 64.80 | 38.26 |
| 300193 | 佳士科技 | 25.37 | 57.13 | 80 | 96.97 | 50 | 80.08 | 31.93 | 40.67 | 34.34 |
| 300194 | 福安药业 | 25.80 | 42.70 | 80 | 100.00 | 40 | 69.86 | 37.02 | 39.74 | 59.07 |
| 300195 | 长荣股份 | 25.79 | 48.10 | 80 | 100.00 | 50 | 51.11 | 46.16 | 50.32 | 32.68 |
| 300196 | 长海股份 | 25.74 | 45.33 | 80 | 94.20 | 50 | 57.19 | 78.81 | 65.12 | 18.34 |

续表

| 证券代码 | 证券简称 | 内部控制指数 | | | | | 财务运行指数 | | | |
|---|---|---|---|---|---|---|---|---|---|---|
| | | 人文环境 | 治理结构 | 信息沟通 | 业务控制 | 外部监督 | 投资质量 | 筹资质量 | 资金运营质量 | 股利分配 |
| 300197 | 铁汉生态 | 25.79 | 44.67 | 80 | 100.00 | 34 | 59.55 | 72.67 | 49.81 | 38.77 |
| 300198 | 纳川股份 | 25.28 | 44.79 | 80 | 99.80 | 16 | 68.77 | 24.51 | 60.32 | 39.61 |
| 300199 | 翰宇药业 | 25.00 | 56.18 | 80 | 99.40 | 50 | 61.50 | 77.99 | 49.36 | 37.47 |
| 300200 | 高盟新材 | 0.50 | 50.72 | 80 | 99.13 | 50 | 68.95 | 36.54 | 42.59 | 67.26 |
| 300201 | 海伦哲 | 25.40 | 47.08 | 80 | 100.00 | 40 | 60.14 | 33.34 | 53.83 | 20.07 |
| 300202 | 聚龙股份 | 0.51 | 50.20 | 80 | 99.35 | 40 | 49.95 | 29.97 | 64.96 | 20.88 |
| 300203 | 聚光科技 | 50.50 | 48.99 | 80 | 99.86 | 50 | 64.93 | 76.97 | 50.57 | 35.36 |
| 300204 | 舒泰神 | 25.00 | 59.35 | 80 | 99.52 | 40 | 68.31 | 45.19 | 61.76 | 44.20 |
| 300205 | 天喻信息 | 51.17 | 55.41 | 50 | 89.71 | 26 | 71.36 | 44.76 | 70.68 | 31.23 |
| 300206 | 理邦仪器 | 0.20 | 46.42 | 80 | 90.00 | 50 | 40.84 | 84.72 | 52.85 | 64.10 |
| 300207 | 欣旺达 | 50.04 | 41.03 | 80 | 100.00 | 50 | 65.29 | 67.47 | 58.03 | 24.33 |
| 300208 | 恒顺众昇 | 0.16 | 40.94 | 80 | 99.90 | 24 | 30.60 | 52.15 | 64.57 | 20.45 |
| 300209 | 天泽信息 | 0.13 | 49.05 | 80 | 98.88 | 50 | 63.49 | 27.23 | 50.00 | 54.17 |
| 300210 | 森远股份 | 0.42 | 46.57 | 80 | 100.00 | 34 | 63.22 | 78.30 | 49.66 | 20.28 |
| 300211 | 亿通科技 | 1.24 | 50.85 | 60 | 100.00 | 34 | 57.83 | 26.10 | 58.69 | 30.06 |
| 300212 | 易华录 | 1.68 | 45.87 | 80 | 98.47 | 12 | 50.79 | 53.20 | 34.04 | 35.93 |
| 300213 | 佳讯飞鸿 | 0.78 | 53.70 | 80 | 100.00 | 40 | 67.72 | 75.34 | 72.70 | 27.96 |
| 300214 | 日科化学 | 0.21 | 49.74 | 80 | 90.00 | 40 | 70.86 | 29.70 | 63.84 | 41.96 |
| 300215 | 电科院 | 26.28 | 54.56 | 80 | 100.00 | 40 | 37.15 | 26.10 | 42.46 | 49.60 |
| 300216 | 千山药机 | 25.71 | 40.20 | 80 | 82.34 | 50 | 57.69 | 33.46 | 55.52 | 23.12 |
| 300217 | 东方电热 | 25.78 | 61.46 | 80 | 99.99 | 50 | 51.42 | 45.11 | 66.12 | 26.12 |
| 300218 | 安利股份 | 25.52 | 49.24 | 80 | 100.00 | 50 | 59.70 | 84.18 | 61.99 | 42.75 |
| 300219 | 鸿利光电 | 25.95 | 48.06 | 60 | 98.46 | 34 | 55.59 | 78.80 | 61.90 | 18.88 |
| 300220 | 金运激光 | 25.20 | 36.56 | 80 | 100.00 | 50 | 61.94 | 72.27 | 47.03 | 25.95 |
| 300221 | 银禧科技 | 0.36 | 49.92 | 80 | 99.87 | 50 | 61.15 | 54.07 | 57.04 | 52.04 |
| 300222 | 科大智能 | 25.17 | 49.14 | 80 | 100.00 | 40 | 55.92 | 37.16 | 67.10 | 26.91 |
| 300223 | 北京君正 | 0.56 | 49.09 | 80 | 100.00 | 40 | 77.53 | 28.07 | 47.89 | 32.29 |

续表

| 证券代码 | 证券简称 | 内部控制指数 | | | | | 财务运行指数 | | | |
|---|---|---|---|---|---|---|---|---|---|---|
| | | 人文环境 | 治理结构 | 信息沟通 | 业务控制 | 外部监督 | 投资质量 | 筹资质量 | 资金运营质量 | 股利分配 |
| 300224 | 正海磁材 | 26.13 | 42.20 | 80 | 99.89 | 40 | 62.59 | 37.77 | 64.93 | 26.18 |
| 300225 | 金力泰 | 0.51 | 49.22 | 80 | 99.16 | 40 | 71.04 | 42.52 | 65.22 | 53.11 |
| 300226 | 上海钢联 | 0.28 | 37.81 | 80 | 99.30 | 50 | 55.79 | 74.59 | 42.90 | 39.73 |
| 300227 | 光韵达 | 0.04 | 34.92 | 80 | 98.98 | 34 | 18.91 | 80.84 | 57.01 | 29.64 |
| 300228 | 富瑞特装 | 50.75 | 47.93 | 80 | 99.95 | 40 | 55.87 | 80.50 | 50.24 | 19.93 |
| 300229 | 拓尔思 | 0.29 | 42.53 | 80 | 98.54 | 50 | 76.94 | 40.65 | 64.99 | 39.49 |
| 300230 | 永利带业 | 0.96 | 38.03 | 80 | 100.00 | 50 | 72.83 | 53.86 | 57.08 | 43.38 |
| 300231 | 银信科技 | 25.78 | 41.39 | 40 | 100.00 | 34 | 47.33 | 82.50 | 70.28 | 50.87 |
| 300232 | 洲明科技 | 25.17 | 37.93 | 80 | 99.91 | 50 | 80.71 | 59.37 | 56.48 | 15.86 |
| 300233 | 金城医药 | 25.43 | 47.52 | 80 | 100.00 | 50 | 66.78 | 83.74 | 62.86 | 47.81 |
| 300234 | 开尔新材 | 26.31 | 54.79 | 80 | 100.00 | 50 | 67.07 | 44.37 | 67.70 | 18.71 |
| 300235 | 方直科技 | 50.00 | 53.85 | 80 | 90.00 | 34 | 63.50 | 37.62 | 35.90 | 37.96 |
| 300236 | 上海新阳 | 25.28 | 49.42 | 80 | 100.00 | 40 | 70.67 | 41.31 | 49.23 | 43.63 |
| 300237 | 美晨科技 | 25.40 | 47.38 | 80 | 94.52 | 50 | 54.02 | 65.47 | 29.20 | 22.27 |
| 300238 | 冠昊生物 | 25.41 | 40.69 | 80 | 99.80 | 50 | 78.53 | 81.63 | 60.90 | 29.64 |
| 300239 | 东宝生物 | 2.22 | 40.40 | 80 | 99.65 | 50 | 59.22 | 70.46 | 47.02 | 54.48 |
| 300240 | 飞力达 | 25.35 | 56.49 | 80 | 99.61 | 40 | 49.52 | 67.39 | 62.89 | 48.33 |
| 300241 | 瑞丰光电 | 25.08 | 35.54 | 80 | 92.03 | 50 | 32.87 | 71.89 | 53.10 | 33.64 |
| 300242 | 明家科技 | 0.01 | 40.42 | 80 | 100.00 | 40 | 68.30 | 26.10 | 71.55 | 23.39 |
| 300243 | 瑞丰高材 | 0.72 | 55.07 | 80 | 100.00 | 34 | 61.68 | 53.39 | 59.97 | 33.88 |
| 300244 | 迪安诊断 | 25.55 | 44.30 | 80 | 99.38 | 50 | 78.77 | 69.03 | 28.36 | 23.53 |
| 300245 | 天玑科技 | 25.26 | 47.76 | 80 | 100.00 | 50 | 40.29 | 31.03 | 72.86 | 46.98 |
| 300246 | 宝莱特 | 0.25 | 44.37 | 80 | 99.58 | 34 | 59.31 | 53.74 | 70.71 | 28.52 |
| 300247 | 桑乐金 | 1.08 | 44.84 | 80 | 100.00 | 40 | 70.78 | 32.44 | 69.15 | 45.36 |
| 300248 | 新开普 | 1.83 | 45.31 | 80 | 100.00 | 50 | 49.06 | 38.10 | 69.09 | 49.61 |
| 300249 | 依米康 | 26.16 | 49.41 | 80 | 99.93 | 50 | 63.06 | 40.41 | 39.89 | 18.39 |
| 300250 | 初灵信息 | 0.22 | 37.81 | 80 | 99.78 | 50 | 57.49 | 26.10 | 51.20 | 27.89 |

续表

| 证券代码 | 证券简称 | 内部控制指数 | | | | | 财务运行指数 | | | |
|---|---|---|---|---|---|---|---|---|---|---|
| | | 人文环境 | 治理结构 | 信息沟通 | 业务控制 | 外部监督 | 投资质量 | 筹资质量 | 资金运营质量 | 股利分配 |
| 300251 | 光线传媒 | 0.84 | 37.24 | 80 | 90.00 | 40 | 44.90 | 83.34 | 38.96 | 40.21 |
| 300252 | 金信诺 | 25.02 | 47.20 | 80 | 99.56 | 34 | 71.98 | 37.56 | 57.95 | 30.66 |
| 300253 | 卫宁软件 | 25.62 | 49.01 | 80 | 100.00 | 40 | 54.92 | 79.11 | 56.24 | 42.34 |
| 300254 | 仟源医药 | 26.55 | 50.53 | 60 | 100.00 | 50 | 30.45 | 82.33 | 64.38 | 45.77 |
| 300255 | 常山药业 | 25.28 | 52.35 | 80 | 100.00 | 40 | 67.19 | 40.22 | 46.34 | 34.86 |
| 300256 | 星星科技 | 25.37 | 50.77 | 80 | 99.39 | 50 | 31.93 | 84.51 | 50.85 | 12.56 |
| 300257 | 开山股份 | 0.63 | 47.76 | 80 | 92.99 | 50 | 73.14 | 27.52 | 67.18 | 42.44 |
| 300258 | 精锻科技 | 26.38 | 41.56 | 80 | 99.93 | 50 | 38.02 | 80.41 | 57.15 | 25.83 |
| 300259 | 新天科技 | 25.81 | 44.40 | 80 | 100.00 | 32 | 64.01 | 86.06 | 67.95 | 44.81 |
| 300260 | 新莱应材 | 25.43 | 46.04 | 80 | 100.00 | 50 | 64.90 | 26.10 | 64.41 | 22.11 |
| 300261 | 雅本化学 | 0.36 | 37.97 | 80 | 91.49 | 50 | 16.62 | 79.70 | 31.50 | 47.42 |
| 300262 | 巴安水务 | 0.54 | 35.03 | 80 | 100.00 | 40 | 35.77 | 40.78 | 45.33 | 33.76 |
| 300263 | 隆华节能 | 25.49 | 48.19 | 80 | 100.00 | 40 | 53.95 | 29.67 | 49.35 | 24.91 |
| 300264 | 佳创视讯 | 0.08 | 42.36 | 80 | 100.00 | 40 | 59.26 | 29.35 | 42.61 | 66.52 |
| 300265 | 通光线缆 | 25.35 | 43.16 | 80 | 99.74 | 34 | 67.26 | 41.50 | 69.79 | 30.60 |
| 300266 | 兴源环境 | 25.66 | 35.87 | 80 | 100.00 | 34 | 50.13 | 83.94 | 65.35 | 21.94 |
| 300267 | 尔康制药 | 25.33 | 40.33 | 80 | 100.00 | 34 | 15.45 | 82.80 | 73.17 | 36.97 |
| 300268 | 万福生科 | 0.32 | 45.36 | 80 | 90.00 | 40 | 12.54 | 85.39 | 53.25 | 32.75 |
| 300269 | 联建光电 | 25.00 | 43.15 | 80 | 100.00 | 34 | 72.83 | 31.84 | 71.61 | 34.11 |
| 300270 | 中威电子 | 0.20 | 37.88 | 80 | 100.00 | 34 | 43.65 | 66.56 | 50.83 | 23.45 |
| 300271 | 华宇软件 | 1.83 | 39.35 | 80 | 100.00 | 40 | 58.72 | 34.98 | 53.33 | 38.18 |
| 300272 | 开能环保 | 0.33 | 43.28 | 80 | 99.58 | 50 | 59.53 | 39.46 | 39.93 | 43.47 |
| 300273 | 和佳股份 | 26.51 | 42.42 | 80 | 100.00 | 42 | 43.99 | 65.08 | 41.44 | 28.66 |
| 300274 | 阳光电源 | 0.73 | 39.06 | 80 | 90.00 | 40 | 57.71 | 52.67 | 53.15 | 23.04 |
| 300275 | 梅安森 | 0.96 | 38.33 | 80 | 100.00 | 50 | 69.77 | 31.70 | 53.67 | 42.03 |
| 300276 | 三丰智能 | 25.05 | 45.99 | 80 | 100.00 | 34 | 76.00 | 52.55 | 60.70 | 20.72 |
| 300277 | 海联讯 | 25.15 | 47.84 | 70 | 37.00 | 0 | 75.99 | 29.93 | 52.26 | 49.63 |

续表

| 证券代码 | 证券简称 | 内部控制指数 | | | | | 财务运行指数 | | | |
|---|---|---|---|---|---|---|---|---|---|---|
| | | 人文环境 | 治理结构 | 信息沟通 | 业务控制 | 外部监督 | 投资质量 | 筹资质量 | 资金运营质量 | 股利分配 |
| 300278 | 华昌达 | 26.33 | 50.09 | 80 | 100.00 | 50 | 70.81 | 41.41 | 40.51 | 15.69 |
| 300279 | 和晶科技 | 0.31 | 50.33 | 80 | 100.00 | 40 | 34.16 | 82.59 | 56.38 | 36.19 |
| 300280 | 南通锻压 | 0.65 | 40.82 | 80 | 100.00 | 50 | 70.44 | 30.25 | 70.35 | 49.81 |
| 300281 | 金明精机 | 0.26 | 44.90 | 80 | 100.00 | 40 | 65.45 | 85.03 | 69.50 | 20.49 |
| 300282 | 汇冠股份 | 25.33 | 47.43 | 80 | 100.00 | 34 | 15.48 | 67.45 | 52.31 | 19.96 |
| 300283 | 温州宏丰 | 25.22 | 45.68 | 60 | 100.00 | 50 | 72.44 | 50.93 | 71.24 | 36.82 |
| 300284 | 苏交科 | 50.87 | 48.72 | 80 | 99.61 | 34 | 42.72 | 86.54 | 65.56 | 43.29 |
| 300285 | 国瓷材料 | 0.15 | 51.45 | 80 | 100.00 | 50 | 57.19 | 35.59 | 52.80 | 39.46 |
| 300286 | 安科瑞 | 25.17 | 51.60 | 80 | 100.00 | 50 | 54.35 | 86.06 | 74.02 | 58.22 |
| 300287 | 飞利信 | 25.66 | 44.84 | 80 | 100.00 | 50 | 30.07 | 33.19 | 23.39 | 44.57 |
| 300288 | 朗玛信息 | 25.46 | 49.35 | 80 | 100.00 | 50 | 75.36 | 76.42 | 67.66 | 13.36 |
| 300289 | 利德曼 | 25.14 | 43.62 | 80 | 96.64 | 34 | 52.28 | 86.10 | 41.16 | 38.86 |
| 300290 | 荣科科技 | 0.65 | 40.56 | 80 | 100.00 | 40 | 58.73 | 26.02 | 56.08 | 45.36 |
| 300291 | 华录百纳 | 25.06 | 48.41 | 80 | 99.99 | 40 | 55.85 | 26.10 | 18.86 | 39.03 |
| 300292 | 吴通通讯 | 25.20 | 44.57 | 80 | 99.12 | 34 | 65.13 | 71.14 | 65.74 | 44.92 |
| 300293 | 蓝英装备 | 0.87 | 40.99 | 80 | 100.00 | 50 | 44.22 | 50.67 | 22.29 | 43.76 |
| 300294 | 博雅生物 | 25.64 | 49.36 | 80 | 100.00 | 34 | 56.06 | 31.24 | 56.63 | 50.81 |
| 300295 | 三六五网 | 26.27 | 49.90 | 80 | 99.98 | 34 | 57.01 | 26.10 | 71.09 | 57.96 |
| 300296 | 利亚德 | 0.35 | 38.35 | 80 | 100.00 | 34 | 61.62 | 72.92 | 61.74 | 26.79 |
| 300297 | 蓝盾股份 | 25.14 | 46.89 | 80 | 100.00 | 34 | 60.15 | 63.70 | 46.56 | 31.67 |
| 300298 | 三诺生物 | 25.69 | 48.08 | 80 | 100.00 | 34 | 79.36 | 54.58 | 46.80 | 37.41 |
| 300299 | 富春通信 | 26.13 | 39.63 | 80 | 100.00 | 50 | 79.60 | 26.10 | 57.00 | 50.42 |
| 300300 | 汉鼎股份 | 25.44 | 39.26 | 80 | 98.43 | 34 | 58.01 | 26.33 | 47.35 | 39.11 |
| 300301 | 长方照明 | 25.00 | 53.91 | 80 | 100.00 | 14 | 40.04 | 66.94 | 45.61 | 28.67 |
| 300302 | 同有科技 | 1.02 | 50.82 | 80 | 100.00 | 50 | 78.64 | 48.72 | 67.85 | 41.52 |
| 300303 | 聚飞光电 | 25.75 | 54.55 | 80 | 98.85 | 40 | 78.53 | 55.72 | 71.23 | 32.87 |
| 300304 | 云意电气 | 0.44 | 43.43 | 80 | 100.00 | 34 | 65.93 | 48.38 | 31.10 | 40.79 |

续表

| 证券代码 | 证券简称 | 内部控制指数 | | | | | 财务运行指数 | | | |
|---|---|---|---|---|---|---|---|---|---|---|
| | | 人文环境 | 治理结构 | 信息沟通 | 业务控制 | 外部监督 | 投资质量 | 筹资质量 | 资金运营质量 | 股利分配 |
| 300305 | 裕兴股份 | 0.58 | 55.09 | 80 | 99.38 | 50 | 80.51 | 42.98 | 54.10 | 41.28 |
| 300306 | 远方光电 | 25.60 | 54.41 | 80 | 100.00 | 34 | 74.06 | 26.10 | 40.46 | 49.38 |
| 300307 | 慈星股份 | 26.00 | 46.41 | 70 | 99.77 | 34 | 73.56 | 47.71 | 37.18 | 31.41 |
| 300308 | 中际装备 | 0.71 | 44.15 | 80 | 100.00 | 34 | 58.98 | 86.25 | 54.49 | 25.70 |
| 300309 | 吉艾科技 | 0.43 | 46.73 | 80 | 99.85 | 50 | 53.45 | 28.39 | 14.22 | 44.92 |
| 300310 | 宜通世纪 | 26.04 | 49.00 | 80 | 100.00 | 50 | 58.20 | 30.92 | 62.34 | 47.22 |
| 300311 | 任子行 | 25.08 | 40.54 | 60 | 100.00 | 34 | 40.49 | 74.51 | 72.58 | 46.82 |
| 300312 | 邦讯技术 | 0.57 | 43.93 | 80 | 100.00 | 40 | 67.55 | 26.10 | 31.10 | 39.12 |
| 300313 | 天山生物 | 0.58 | 45.51 | 60 | 99.90 | 34 | 24.79 | 43.26 | 72.40 | 67.85 |
| 300314 | 戴维医疗 | 25.70 | 51.21 | 80 | 99.91 | 34 | 70.80 | 26.10 | 59.65 | 32.33 |
| 300315 | 掌趣科技 | 26.41 | 44.17 | 80 | 90.00 | 50 | 66.97 | 72.58 | 63.54 | 43.32 |
| 300316 | 晶盛机电 | 25.56 | 37.65 | 80 | 100.00 | 34 | 14.68 | 26.86 | 21.91 | 48.92 |
| 300317 | 珈伟股份 | 25.03 | 50.75 | 80 | 100.00 | 50 | 58.87 | 75.04 | 54.60 | 63.56 |
| 300318 | 博晖创新 | 0.00 | 49.45 | 60 | 100.00 | 50 | 65.36 | 34.21 | 47.85 | 22.68 |
| 300319 | 麦捷科技 | 0.63 | 48.62 | 80 | 100.00 | 26 | 43.79 | 63.28 | 62.68 | 47.93 |
| 300320 | 海达股份 | 26.14 | 45.50 | 80 | 100.00 | 40 | 54.67 | 33.04 | 64.08 | 43.45 |
| 300321 | 同大股份 | 0.43 | 44.48 | 80 | 100.00 | 12 | 66.78 | 74.96 | 71.39 | 44.12 |
| 300322 | 硕贝德 | 25.20 | 45.07 | 80 | 100.00 | 34 | 37.41 | 67.39 | 58.43 | 31.20 |
| 300323 | 华灿光电 | 25.91 | 51.79 | 80 | 96.37 | 50 | 16.34 | 36.61 | 25.88 | 15.02 |
| 300324 | 旋极信息 | 25.94 | 38.06 | 80 | 99.87 | 34 | 61.27 | 25.85 | 58.27 | 52.20 |
| 300325 | 德威新材 | 0.35 | 44.83 | 80 | 100.00 | 50 | 54.91 | 78.15 | 48.15 | 39.52 |
| 300326 | 凯利泰 | 25.80 | 51.04 | 80 | 97.86 | 34 | 66.01 | 85.14 | 63.84 | 33.63 |
| 300327 | 中颖电子 | 25.00 | 58.95 | 80 | 100.00 | 34 | 72.75 | 26.73 | 56.93 | 63.84 |
| 300328 | 宜安科技 | 25.01 | 41.50 | 80 | 94.70 | 34 | 61.63 | 70.07 | 74.28 | 31.03 |
| 300329 | 海伦钢琴 | 25.96 | 45.08 | 80 | 99.83 | 50 | 68.04 | 26.10 | 58.22 | 45.24 |
| 300330 | 华虹计通 | 0.78 | 45.19 | 70 | 97.86 | 34 | 70.52 | 32.99 | 45.14 | 65.88 |
| 300331 | 苏大维格 | 0.08 | 51.77 | 80 | 93.63 | 34 | 76.06 | 73.72 | 61.79 | 56.69 |

续表

| 证券代码 | 证券简称 | 内部控制指数 | | | | | 财务运行指数 | | | |
|---|---|---|---|---|---|---|---|---|---|---|
| | | 人文环境 | 治理结构 | 信息沟通 | 业务控制 | 外部监督 | 投资质量 | 筹资质量 | 资金运营质量 | 股利分配 |
| 300332 | 天壕节能 | 25.68 | 36.86 | 80 | 100.00 | 50 | 57.93 | 53.72 | 36.94 | 46.24 |
| 300333 | 兆日科技 | 25.01 | 35.24 | 80 | 100.00 | 34 | 79.26 | 26.10 | 55.76 | 63.71 |
| 300334 | 津膜科技 | 0.02 | 53.49 | 80 | 99.43 | 50 | 73.87 | 40.85 | 55.26 | 20.52 |
| 300335 | 迪森股份 | 25.73 | 47.07 | 80 | 100.00 | 40 | 66.49 | 24.32 | 38.60 | 54.75 |
| 300336 | 新文化 | 0.30 | 44.18 | 80 | 100.00 | 34 | 63.44 | 74.92 | 31.96 | 51.64 |
| 300337 | 银邦股份 | 0.89 | 45.29 | 80 | 99.97 | 34 | 60.71 | 81.25 | 65.17 | 25.80 |
| 300338 | 开元仪器 | 50.70 | 51.38 | 60 | 87.28 | 34 | 51.66 | 32.38 | 60.11 | 56.21 |
| 300339 | 润和软件 | 27.03 | 40.57 | 80 | 100.00 | 34 | 1.22 | 49.82 | 58.49 | 57.32 |
| 300340 | 科恒股份 | 0.33 | 35.14 | 70 | 99.14 | 34 | 67.01 | 31.56 | 45.58 | 25.99 |
| 300341 | 麦迪电气 | 25.62 | 39.17 | 80 | 99.82 | 34 | 73.04 | 34.21 | 53.73 | 26.37 |
| 300342 | 天银机电 | 0.89 | 46.32 | 80 | 100.00 | 34 | 61.34 | 37.51 | 51.25 | 42.72 |
| 300343 | 联创节能 | 0.32 | 43.46 | 80 | 97.34 | 34 | 66.65 | 84.52 | 61.04 | 44.07 |
| 300344 | 太空板业 | 0.33 | 45.42 | 80 | 100.00 | 40 | 73.04 | 28.93 | 40.33 | 18.23 |
| 300345 | 红宇新材 | 0.77 | 46.28 | 80 | 96.70 | 50 | 75.08 | 35.14 | 63.46 | 40.06 |
| 300346 | 南大光电 | 0.36 | 48.73 | 80 | 99.87 | 34 | 63.40 | 60.86 | 16.32 | 41.09 |
| 300347 | 泰格医药 | 0.60 | 46.53 | 70 | 99.81 | 34 | 23.79 | 22.18 | 22.63 | 52.20 |
| 300348 | 长亮科技 | 25.00 | 44.30 | 80 | 100.00 | 34 | 61.73 | 73.56 | 77.94 | 46.86 |
| 300349 | 金卡股份 | 26.44 | 46.28 | 80 | 100.00 | 34 | 47.61 | 30.96 | 64.52 | 39.22 |
| 300350 | 华鹏飞 | 0.72 | 44.15 | 80 | 100.00 | 34 | 22.47 | 25.96 | 63.08 | 23.09 |
| 300351 | 永贵电器 | 26.12 | 49.82 | 80 | 90.00 | 34 | 40.04 | 28.11 | 47.71 | 45.10 |
| 300352 | 北信源 | 0.52 | 37.24 | 80 | 100.00 | 34 | 77.77 | 26.10 | 56.33 | 44.62 |
| 300353 | 东土科技 | 1.38 | 36.99 | 80 | 93.29 | 50 | 66.40 | 26.10 | 69.64 | 24.90 |
| 300354 | 东华测试 | 0.64 | 48.97 | 80 | 100.00 | 34 | 62.14 | 85.22 | 23.96 | 53.33 |
| 300355 | 蒙草抗旱 | 0.55 | 54.44 | 80 | 99.99 | 50 | 47.80 | 51.89 | 53.29 | 40.63 |
| 300356 | 光一科技 | 25.52 | 41.71 | 80 | 100.00 | 34 | 62.75 | 86.83 | 45.42 | 28.96 |
| 300357 | 我武生物 | 1.03 | 35.35 | 80 | 100.00 | 50 | 58.76 | 27.81 | 44.89 | 43.99 |
| 300358 | 楚天科技 | 50.67 | 36.64 | 80 | 99.48 | 50 | 47.74 | 59.65 | 61.92 | 20.16 |

续表

| 证券代码 | 证券简称 | 内部控制指数 | | | | | 财务运行指数 | | | |
|---|---|---|---|---|---|---|---|---|---|---|
| | | 人文环境 | 治理结构 | 信息沟通 | 业务控制 | 外部监督 | 投资质量 | 筹资质量 | 资金运营质量 | 股利分配 |
| 300359 | 全通教育 | 26.10 | 45.72 | 80 | 100.00 | 40 | 41.85 | 29.08 | 64.11 | 27.72 |
| 300360 | 炬华科技 | 25.58 | 46.38 | 80 | 100.00 | 34 | 0.80 | 86.31 | 47.38 | 26.60 |
| 300362 | 天保重装 | 0.49 | 46.75 | 80 | 77.74 | 50 | 42.16 | 48.56 | 32.29 | 27.18 |
| 300363 | 博腾股份 | 25.75 | 49.34 | 65 | 100.00 | 50 | 6.53 | 83.78 | 41.35 | 33.29 |
| 300364 | 中文在线 | 1.39 | 42.99 | 80 | 99.70 | 50 | 55.45 | 45.98 | 60.41 | 28.32 |
| 300365 | 恒华科技 | 25.00 | 55.04 | 80 | 100.00 | 40 | 35.26 | 37.97 | 45.85 | 24.89 |
| 300366 | 创意信息 | 0.55 | 46.10 | 80 | 100.00 | 50 | 35.28 | 32.79 | 52.35 | 25.54 |
| 300367 | 东方网力 | 0.67 | 45.75 | 80 | 100.00 | 50 | 37.31 | 76.34 | 54.58 | 15.84 |
| 300368 | 汇金股份 | 0.13 | 46.52 | 80 | 90.00 | 40 | 48.21 | 71.69 | 73.04 | 23.74 |
| 300369 | 绿盟科技 | 50.00 | 44.85 | 80 | 99.98 | 40 | 43.16 | 55.06 | 72.42 | 29.82 |
| 300370 | 安控科技 | 1.46 | 38.75 | 80 | 100.00 | 40 | 52.14 | 25.93 | 31.31 | 27.17 |
| 300371 | 汇中股份 | 0.76 | 48.44 | 80 | 100.00 | 50 | 2.50 | 54.36 | 59.86 | 24.67 |
| 300372 | 欣泰电气 | 0.61 | 47.91 | 80 | 100.00 | 40 | 32.65 | 49.35 | 57.45 | 19.74 |
| 300373 | 扬杰科技 | 26.87 | 41.97 | 80 | 100.00 | 50 | 58.69 | 41.56 | 51.56 | 19.70 |
| 300375 | 鹏翎股份 | 25.24 | 41.50 | 80 | 90.00 | 50 | 65.99 | 85.82 | 70.37 | 38.06 |
| 300376 | 易事特 | 25.05 | 36.65 | 80 | 100.00 | 50 | 38.42 | 71.96 | 51.95 | 19.37 |
| 300377 | 赢时胜 | 25.00 | 58.84 | 60 | 100.00 | 34 | 17.51 | 43.53 | 56.05 | 38.26 |
| 300378 | 鼎捷软件 | 50.12 | 48.31 | 80 | 99.18 | 50 | 23.02 | 26.83 | 76.36 | 39.75 |
| 300379 | 东方通 | 0.55 | 46.85 | 80 | 100.00 | 34 | 27.13 | 28.23 | 58.44 | 30.07 |
| 300380 | 安硕信息 | 25.14 | 53.19 | 80 | 99.92 | 50 | 43.87 | 26.10 | 71.04 | 35.14 |
| 300381 | 溢多利 | 25.48 | 38.10 | 80 | 100.00 | 34 | 73.94 | 66.88 | 54.75 | 44.37 |
| 300382 | 斯莱克 | 25.45 | 43.07 | 80 | 90.00 | 40 | 40.49 | 26.85 | 38.03 | 34.02 |
| 300383 | 光环新网 | 25.66 | 43.18 | 80 | 100.00 | 40 | 19.76 | 29.30 | 63.16 | 33.33 |
| 300384 | 三联虹普 | 0.21 | 45.28 | 80 | 100.00 | 40 | 77.17 | 38.42 | 54.26 | 9.07 |
| 300385 | 雪浪环境 | 25.33 | 39.99 | 80 | 100.00 | 40 | 68.84 | 38.99 | 54.81 | 13.94 |
| 300386 | 飞天诚信 | 25.00 | 52.95 | 80 | 98.81 | 34 | 68.84 | 38.54 | 65.28 | 15.45 |
| 300387 | 富邦股份 | 0.01 | 64.08 | 80 | 98.56 | 40 | 75.82 | 30.01 | 36.00 | 33.02 |

续表

| 证券代码 | 证券简称 | 内部控制指数 | | | | | 财务运行指数 | | | |
|---|---|---|---|---|---|---|---|---|---|---|
| | | 人文环境 | 治理结构 | 信息沟通 | 业务控制 | 外部监督 | 投资质量 | 筹资质量 | 资金运营质量 | 股利分配 |
| 300388 | 国祯环保 | 26.55 | 49.03 | 80 | 99.86 | 50 | 53.82 | 0.00 | 40.98 | 7.41 |
| 300389 | 艾比森 | 25.00 | 49.74 | 80 | 100.00 | 34 | 65.83 | 85.15 | 55.07 | 15.47 |
| 300390 | 天华超净 | 0.05 | 44.57 | 80 | 100.00 | 34 | 59.47 | 26.90 | 75.49 | 17.87 |
| 300391 | 康跃科技 | 1.51 | 42.61 | 80 | 99.86 | 40 | 77.83 | 61.68 | 48.47 | 16.45 |
| 300392 | 腾信股份 | 25.96 | 46.80 | 80 | 100.00 | 50 | 74.19 | 27.45 | 74.12 | 12.61 |
| 300393 | 中来股份 | 0.81 | 50.37 | 80 | 100.00 | 50 | 67.70 | 65.09 | 50.45 | 4.10 |
| 300395 | 菲利华 | 0.70 | 59.94 | 80 | 100.00 | 40 | 63.64 | 71.18 | 51.93 | 15.08 |
| 300396 | 迪瑞医疗 | 25.82 | 41.11 | 80 | 98.15 | 34 | 66.62 | 77.50 | 52.22 | 16.46 |
| 300397 | 天和防务 | 1.14 | 40.73 | 80 | 100.00 | 34 | 64.16 | 36.27 | 19.17 | 14.59 |
| 300398 | 飞凯材料 | 25.75 | 41.29 | 80 | 100.00 | 50 | 71.58 | 56.61 | 66.94 | 32.70 |
| 300399 | 京天利 | 0.98 | 54.64 | 80 | 99.97 | 34 | 63.83 | 26.10 | 40.53 | 13.76 |
| 300400 | 劲拓股份 | 0.00 | 48.88 | 80 | 100.00 | 34 | 69.27 | 54.94 | 63.67 | 15.45 |
| 300401 | 花园生物 | 0.04 | 57.50 | 80 | 91.25 | 50 | 59.08 | 37.30 | 18.61 | 36.15 |
| 300402 | 宝色股份 | 26.03 | 53.57 | 80 | 86.59 | 34 | 72.36 | 71.42 | 51.19 | 14.13 |
| 300403 | 地尔汉宇 | 26.57 | 45.55 | 80 | 90.00 | 34 | 61.49 | 39.18 | 58.17 | 20.55 |
| 300405 | 科隆精化 | 0.70 | 40.80 | 80 | 100.00 | 34 | 56.42 | 78.08 | 60.82 | 35.38 |
| 300406 | 九强生物 | 0.00 | 48.96 | 80 | 99.99 | 50 | 72.23 | 31.84 | 47.54 | 34.47 |
| 300407 | 凯发电气 | 25.50 | 47.84 | 80 | 99.62 | 40 | 59.00 | 53.12 | 61.59 | 13.24 |
| 300408 | 三环集团 | 50.12 | 48.31 | 80 | 100.00 | 50 | 56.39 | 85.56 | 39.20 | 17.00 |
| 300409 | 道氏技术 | 25.52 | 40.33 | 80 | 100.00 | 34 | 57.06 | 85.69 | 70.38 | 19.34 |
| 300410 | 正业科技 | 0.00 | 44.41 | 80 | 100.00 | 34 | 69.98 | 63.69 | 69.49 | 2.18 |
| 300411 | 金盾股份 | 0.30 | 53.29 | 80 | 100.00 | 34 | 62.77 | 74.42 | 60.96 | 14.42 |
| 300412 | 迦南科技 | 0.06 | 49.03 | 80 | 100.00 | 34 | 53.15 | 26.10 | 72.67 | 17.87 |
| 300413 | 快乐购 | 26.25 | 43.40 | 80 | 100.00 | 34 | 44.30 | 26.10 | 66.49 | 50.22 |
| 300415 | 伊之密 | 51.25 | 51.89 | 80 | 100.00 | 34 | 66.39 | 43.34 | 56.64 | 50.45 |
| 300416 | 苏试试验 | 25.37 | 46.76 | 80 | 100.00 | 34 | 68.90 | 79.90 | 50.44 | 32.86 |
| 300417 | 南华仪器 | 26.09 | 59.51 | 80 | 100.00 | 34 | 59.46 | 26.42 | 71.57 | 31.12 |

续表

| 证券代码 | 证券简称 | 内部控制指数 | | | | | 财务运行指数 | | | |
|---|---|---|---|---|---|---|---|---|---|---|
| | | 人文环境 | 治理结构 | 信息沟通 | 业务控制 | 外部监督 | 投资质量 | 筹资质量 | 资金运营质量 | 股利分配 |
| 300418 | 昆仑万维 | 50.00 | 54.65 | 80 | 100.00 | 50 | 66.70 | 28.26 | 31.30 | 33.38 |
| 300419 | 浩丰科技 | 0.02 | 36.24 | 80 | 100.00 | 34 | 68.10 | 29.25 | 57.85 | 29.12 |
| 300420 | 五洋科技 | 0.21 | 65.30 | 80 | 98.17 | 34 | 65.14 | 26.06 | 68.73 | 29.60 |
| 300421 | 力星股份 | 0.65 | 53.62 | 80 | 100.00 | 34 | 76.75 | 83.25 | 59.28 | 38.33 |
| 300425 | 环能科技 | 25.55 | 49.99 | 80 | 100.00 | 40 | 54.58 | 86.57 | 58.79 | 31.11 |
| 600000 | 浦发银行 | 0.00 | 59.04 | 80 | 99.93 | 60 | 85.96 | 55.49 | 31.00 | 55.01 |
| 600004 | 白云机场 | 28.30 | 61.70 | 80 | 98.82 | 40 | 37.01 | 41.22 | 77.55 | 58.67 |
| 600005 | 武钢股份 | 26.84 | 48.88 | 80 | 77.05 | 40 | 75.33 | 83.33 | 50.79 | 63.51 |
| 600006 | 东风汽车 | 50.85 | 61.57 | 60 | 88.13 | 42 | 58.36 | 85.68 | 55.10 | 18.02 |
| 600007 | 中国国贸 | 29.30 | 41.34 | 80 | 99.51 | 60 | 55.31 | 73.31 | 59.80 | 61.03 |
| 600008 | 首创股份 | 51.06 | 41.31 | 80 | 100.00 | 50 | 64.14 | 64.40 | 29.50 | 59.75 |
| 600009 | 上海机场 | 29.30 | 54.01 | 80 | 98.83 | 52 | 70.91 | 85.25 | 58.87 | 52.11 |
| 600010 | 包钢股份 | 53.83 | 39.87 | 80 | 89.93 | 50 | 62.61 | 26.10 | 18.66 | 33.05 |
| 600011 | 华能国际 | 52.19 | 50.55 | 80 | 91.17 | 60 | 81.05 | 74.40 | 56.56 | 57.27 |
| 600012 | 皖通高速 | 27.80 | 53.03 | 80 | 99.56 | 60 | 45.13 | 82.03 | 52.07 | 61.69 |
| 600015 | 华夏银行 | 25.00 | 60.66 | 65 | 100.00 | 60 | 75.48 | 55.49 | 31.00 | 47.22 |
| 600016 | 民生银行 | 25.00 | 55.53 | 80 | 99.97 | 60 | 86.12 | 55.49 | 31.00 | 35.59 |
| 600017 | 日照港 | 56.03 | 55.33 | 80 | 82.25 | 40 | 79.50 | 75.41 | 75.32 | 21.35 |
| 600018 | 上港集团 | 51.50 | 62.49 | 80 | 99.18 | 50 | 46.91 | 81.70 | 63.57 | 67.81 |
| 600019 | 宝钢股份 | 51.40 | 42.24 | 80 | 78.54 | 60 | 45.70 | 80.12 | 48.11 | 31.20 |
| 600020 | 中原高速 | 55.68 | 42.92 | 80 | 40.00 | 50 | 55.48 | 25.72 | 45.64 | 53.55 |
| 600021 | 上海电力 | 26.87 | 63.58 | 80 | 93.52 | 50 | 72.93 | 63.86 | 52.22 | 41.98 |
| 600022 | 山东钢铁 | 51.21 | 49.28 | 70 | 48.71 | 50 | 48.34 | 62.57 | 51.06 | 12.56 |
| 600023 | 浙能电力 | 52.11 | 43.65 | 80 | 88.79 | 50 | 68.11 | 84.18 | 65.96 | 30.58 |
| 600026 | 中海发展 | 27.77 | 61.23 | 70 | 78.55 | 50 | 48.76 | 38.75 | 54.51 | 9.84 |
| 600027 | 华电国际 | 52.26 | 51.50 | 80 | 93.64 | 60 | 81.81 | 52.96 | 45.24 | 43.57 |
| 600028 | 中国石化 | 25.00 | 60.17 | 80 | 91.02 | 60 | 46.76 | 82.34 | 55.81 | 36.08 |

续表

| 证券代码 | 证券简称 | 内部控制指数 | | | | | 财务运行指数 | | | |
|---|---|---|---|---|---|---|---|---|---|---|
| | | 人文环境 | 治理结构 | 信息沟通 | 业务控制 | 外部监督 | 投资质量 | 筹资质量 | 资金运营质量 | 股利分配 |
| 600029 | 南方航空 | 55.69 | 46.44 | 80 | 98.50 | 60 | 49.29 | 26.10 | 54.70 | 34.98 |
| 600030 | 中信证券 | 50.00 | 56.87 | 60 | 88.73 | 60 | 55.93 | 29.39 | 31.00 | 59.04 |
| 600031 | 三一重工 | 50.39 | 53.51 | 80 | 97.43 | 50 | 57.68 | 26.10 | 58.22 | 33.67 |
| 600033 | 福建高速 | 53.00 | 60.39 | 80 | 99.60 | 50 | 34.47 | 69.10 | 39.84 | 59.62 |
| 600035 | 楚天高速 | 26.60 | 50.83 | 80 | 92.04 | 40 | 54.94 | 51.35 | 53.77 | 53.11 |
| 600036 | 招商银行 | 25.00 | 60.00 | 60 | 99.52 | 60 | 81.33 | 55.49 | 31.00 | 55.24 |
| 600037 | 歌华有线 | 53.44 | 46.12 | 80 | 99.04 | 50 | 56.41 | 26.10 | 82.03 | 52.73 |
| 600038 | 中直股份 | 26.53 | 49.81 | 80 | 50.00 | 40 | 72.67 | 80.15 | 44.03 | 32.28 |
| 600039 | 四川路桥 | 27.71 | 68.61 | 80 | 69.65 | 50 | 66.90 | 34.49 | 39.37 | 39.93 |
| 600048 | 保利地产 | 50.00 | 41.25 | 80 | 99.86 | 50 | 62.74 | 85.06 | 72.17 | 45.31 |
| 600050 | 中国联通 | 51.74 | 59.24 | 70 | 98.90 | 60 | 38.75 | 82.50 | 46.23 | 38.78 |
| 600051 | 宁波联合 | 25.53 | 41.32 | 80 | 99.99 | 50 | 56.04 | 59.86 | 54.43 | 77.74 |
| 600052 | 浙江广厦 | 26.81 | 39.11 | 80 | 99.98 | 50 | 64.59 | 71.41 | 60.06 | 65.80 |
| 600053 | 中江地产 | 1.32 | 38.48 | 80 | 90.00 | 50 | 73.70 | 26.73 | 69.57 | 56.88 |
| 600054 | 黄山旅游 | 50.76 | 38.61 | 80 | 95.16 | 32 | 49.75 | 39.28 | 58.85 | 37.90 |
| 600055 | 华润万东 | 26.56 | 49.35 | 80 | 99.75 | 50 | 75.06 | 86.03 | 52.04 | 30.08 |
| 600056 | 中国医药 | 50.70 | 43.08 | 60 | 88.79 | 40 | 41.71 | 69.10 | 60.45 | 42.52 |
| 600057 | 象屿股份 | 50.69 | 50.17 | 80 | 89.94 | 50 | 67.05 | 57.31 | 50.27 | 34.80 |
| 600058 | 五矿发展 | 50.54 | 39.64 | 60 | 95.75 | 50 | 76.70 | 67.55 | 64.19 | 31.41 |
| 600059 | 古越龙山 | 26.60 | 36.36 | 80 | 99.24 | 50 | 73.44 | 30.69 | 38.37 | 50.74 |
| 600060 | 海信电器 | 50.38 | 40.50 | 80 | 67.57 | 50 | 80.43 | 34.95 | 72.66 | 29.89 |
| 600061 | 中纺投资 | 51.40 | 44.66 | 80 | 94.68 | 50 | 60.19 | 26.10 | 19.59 | 32.75 |
| 600062 | 华润双鹤 | 52.42 | 31.36 | 60 | 95.63 | 60 | 75.08 | 39.80 | 56.82 | 37.98 |
| 600063 | 皖维高新 | 25.17 | 36.71 | 60 | 97.15 | 40 | 56.18 | 80.91 | 53.90 | 34.10 |
| 600064 | 南京高科 | 50.58 | 40.11 | 70 | 97.89 | 50 | 67.15 | 45.53 | 58.05 | 38.92 |
| 600066 | 宇通客车 | 51.13 | 39.53 | 80 | 88.32 | 50 | 67.51 | 83.58 | 63.08 | 36.18 |
| 600067 | 冠城大通 | 25.94 | 40.67 | 80 | 99.99 | 40 | 74.48 | 86.94 | 81.09 | 31.18 |

续表

| 证券代码 | 证券简称 | 内部控制指数 | | | | | 财务运行指数 | | | |
|---|---|---|---|---|---|---|---|---|---|---|
| | | 人文环境 | 治理结构 | 信息沟通 | 业务控制 | 外部监督 | 投资质量 | 筹资质量 | 资金运营质量 | 股利分配 |
| 600068 | 葛洲坝 | 51.76 | 44.38 | 80 | 98.64 | 24 | 50.86 | 61.36 | 60.89 | 50.44 |
| 600069 | *ST 银鸽 | 50.52 | 42.16 | 80 | 97.94 | 50 | 61.46 | 26.10 | 38.89 | 30.42 |
| 600070 | 浙江富润 | 26.61 | 36.37 | 60 | 98.83 | 50 | 74.59 | 67.85 | 57.31 | 35.82 |
| 600071 | *ST 光学 | 51.37 | 40.24 | 80 | 98.87 | 50 | 14.43 | 84.90 | 46.22 | 34.80 |
| 600072 | 钢构工程 | 26.26 | 39.53 | 60 | 52.73 | 50 | 61.32 | 83.89 | 51.12 | 18.49 |
| 600073 | 上海梅林 | 26.16 | 41.64 | 80 | 97.19 | 42 | 57.03 | 84.56 | 58.23 | 51.13 |
| 600074 | 保千里 | 0.24 | 45.57 | 60 | 89.52 | 34 | 35.81 | 42.72 | 45.60 | 12.56 |
| 600075 | 新疆天业 | 29.35 | 39.09 | 60 | 66.30 | 50 | 63.01 | 27.43 | 57.72 | 30.42 |
| 600076 | 青鸟华光 | 0.00 | 44.50 | 80 | 100.00 | 40 | 61.59 | 43.00 | 42.42 | 12.56 |
| 600077 | 宋都股份 | 25.48 | 42.29 | 80 | 99.85 | 50 | 66.16 | 85.50 | 66.46 | 33.83 |
| 600078 | 澄星股份 | 25.23 | 47.06 | 80 | 99.20 | 40 | 75.27 | 79.69 | 42.84 | 41.18 |
| 600079 | 人福医药 | 25.55 | 47.32 | 80 | 99.82 | 50 | 66.09 | 71.07 | 47.21 | 35.16 |
| 600080 | 金花股份 | 26.65 | 64.11 | 80 | 99.96 | 50 | 68.53 | 33.63 | 47.43 | 36.41 |
| 600081 | 东风科技 | 51.16 | 40.42 | 80 | 65.39 | 50 | 67.46 | 55.93 | 55.86 | 24.08 |
| 600082 | 海泰发展 | 0.33 | 40.39 | 80 | 97.44 | 50 | 75.82 | 58.10 | 47.73 | 34.80 |
| 600083 | 博信股份 | 0.34 | 48.63 | 80 | 50.00 | 50 | 48.65 | 47.06 | 54.05 | 12.56 |
| 600084 | 中葡股份 | 0.63 | 46.95 | 70 | 98.56 | 40 | 55.70 | 78.53 | 46.22 | 32.75 |
| 600085 | 同仁堂 | 51.21 | 47.73 | 60 | 95.79 | 50 | 75.01 | 84.13 | 64.98 | 43.07 |
| 600086 | 东方金钰 | 25.07 | 39.81 | 80 | 100.00 | 35 | 36.18 | 72.80 | 42.53 | 34.80 |
| 600088 | 中视传媒 | 25.35 | 39.62 | 80 | 70.20 | 50 | 58.63 | 26.10 | 69.62 | 45.71 |
| 600089 | 特变电工 | 50.75 | 52.84 | 60 | 87.18 | 50 | 62.89 | 43.25 | 50.79 | 30.68 |
| 600090 | 啤酒花 | 27.86 | 34.09 | 80 | 99.85 | 50 | 70.64 | 50.95 | 70.21 | 32.75 |
| 600091 | *ST 明科 | 25.01 | 44.39 | 80 | 100.00 | 27 | 72.24 | 26.10 | 21.13 | 30.42 |
| 600093 | 禾嘉股份 | 1.64 | 47.87 | 50 | 100.00 | 30 | 54.34 | 36.78 | 52.78 | 12.56 |
| 600094 | 大名城 | 25.10 | 38.17 | 80 | 100.00 | 50 | 69.91 | 86.49 | 69.01 | 3.08 |
| 600095 | 哈高科 | 0.62 | 33.06 | 80 | 97.71 | 40 | 50.15 | 71.44 | 47.32 | 47.35 |
| 600096 | 云天化 | 50.77 | 43.53 | 60 | 97.52 | 50 | 46.68 | 26.08 | 41.29 | 33.51 |

续表

| 证券代码 | 证券简称 | 内部控制指数 | | | | | 财务运行指数 | | | |
|---|---|---|---|---|---|---|---|---|---|---|
| | | 人文环境 | 治理结构 | 信息沟通 | 业务控制 | 外部监督 | 投资质量 | 筹资质量 | 资金运营质量 | 股利分配 |
| 600097 | 开创国际 | 26.97 | 71.27 | 40 | 99.55 | 50 | 62.99 | 46.80 | 53.86 | 46.84 |
| 600098 | 广州发展 | 51.83 | 42.70 | 80 | 95.85 | 50 | 63.95 | 86.21 | 72.03 | 45.77 |
| 600099 | 林海股份 | 0.39 | 46.80 | 70 | 77.95 | 50 | 58.90 | 26.10 | 68.78 | 62.74 |
| 600100 | 同方股份 | 51.19 | 50.92 | 80 | 99.29 | 50 | 62.00 | 43.70 | 45.54 | 24.87 |
| 600101 | 明星电力 | 27.28 | 52.77 | 80 | 70.95 | 50 | 53.92 | 36.11 | 71.69 | 29.63 |
| 600103 | 青山纸业 | 25.47 | 44.83 | 80 | 99.93 | 40 | 64.27 | 45.29 | 58.81 | 30.42 |
| 600104 | 上汽集团 | 50.05 | 62.04 | 80 | 64.07 | 60 | 78.81 | 75.84 | 52.58 | 30.66 |
| 600105 | 永鼎股份 | 0.85 | 34.11 | 80 | 98.90 | 42 | 74.15 | 49.75 | 69.64 | 56.04 |
| 600106 | 重庆路桥 | 25.39 | 46.52 | 80 | 100.00 | 50 | 19.14 | 51.80 | 45.33 | 51.73 |
| 600107 | 美尔雅 | 25.15 | 49.45 | 80 | 96.85 | 40 | 39.93 | 65.56 | 40.48 | 32.75 |
| 600108 | 亚盛集团 | 50.17 | 42.12 | 40 | 88.87 | 50 | 70.16 | 60.75 | 62.31 | 37.20 |
| 600109 | 国金证券 | 25.00 | 51.45 | 80 | 96.98 | 42 | 32.96 | 55.49 | 31.00 | 40.01 |
| 600110 | 中科英华 | 25.49 | 46.81 | 60 | 89.59 | 40 | 65.17 | 26.90 | 31.62 | 12.56 |
| 600111 | 北方稀土 | 50.50 | 39.16 | 80 | 94.57 | 50 | 70.42 | 55.27 | 48.94 | 49.92 |
| 600112 | 天成控股 | 0.18 | 37.00 | 80 | 99.22 | 50 | 67.90 | 72.21 | 18.55 | 22.18 |
| 600113 | 浙江东日 | 25.08 | 52.49 | 80 | 100.00 | 50 | 76.10 | 76.17 | 40.86 | 27.47 |
| 600114 | 东睦股份 | 0.97 | 44.66 | 70 | 99.89 | 50 | 73.78 | 85.03 | 69.59 | 38.75 |
| 600115 | 东方航空 | 54.67 | 58.34 | 65 | 98.14 | 60 | 54.67 | 26.10 | 32.65 | 21.97 |
| 600116 | 三峡水利 | 26.58 | 53.87 | 60 | 89.80 | 50 | 72.20 | 70.42 | 57.84 | 62.19 |
| 600117 | 西宁特钢 | 0.56 | 34.86 | 80 | 100.00 | 23 | 54.95 | 26.02 | 39.26 | 12.58 |
| 600118 | 中国卫星 | 27.15 | 38.86 | 60 | 75.98 | 50 | 73.99 | 69.54 | 63.21 | 27.83 |
| 600119 | 长江投资 | 25.82 | 37.20 | 80 | 100.00 | 50 | 33.41 | 85.40 | 57.19 | 66.28 |
| 600120 | 浙江东方 | 51.75 | 32.63 | 80 | 99.93 | 50 | 70.30 | 77.84 | 63.60 | 47.19 |
| 600121 | 郑州煤电 | 28.01 | 50.85 | 80 | 96.92 | 40 | 43.74 | 56.52 | 60.27 | 4.89 |
| 600122 | 宏图高科 | 25.54 | 42.81 | 80 | 99.96 | 40 | 71.87 | 76.90 | 61.76 | 42.94 |
| 600123 | 兰花科创 | 1.55 | 50.94 | 80 | 98.39 | 40 | 77.23 | 67.31 | 49.44 | 34.80 |
| 600125 | 铁龙物流 | 28.25 | 67.72 | 80 | 98.83 | 50 | 53.30 | 83.12 | 43.74 | 31.23 |

续表

| 证券代码 | 证券简称 | 内部控制指数 | | | | | 财务运行指数 | | | |
|---|---|---|---|---|---|---|---|---|---|---|
| | | 人文环境 | 治理结构 | 信息沟通 | 业务控制 | 外部监督 | 投资质量 | 筹资质量 | 资金运营质量 | 股利分配 |
| 600126 | 杭钢股份 | 1.12 | 59.97 | 80 | 50.00 | 50 | 58.71 | 58.39 | 72.50 | 18.92 |
| 600127 | 金健米业 | 25.82 | 42.87 | 80 | 96.02 | 50 | 63.88 | 84.77 | 63.90 | 32.75 |
| 600128 | 弘业股份 | 26.49 | 45.49 | 60 | 89.29 | 40 | 67.39 | 33.81 | 60.87 | 60.00 |
| 600129 | 太极集团 | 51.42 | 39.06 | 60 | 95.79 | 50 | 45.06 | 65.38 | 31.15 | 30.42 |
| 600130 | 波导股份 | 25.60 | 43.06 | 80 | 100.00 | 50 | 85.53 | 35.85 | 56.00 | 12.56 |
| 600131 | 岷江水电 | 27.80 | 52.58 | 80 | 60.75 | 50 | 71.79 | 65.23 | 61.83 | 24.47 |
| 600132 | 重庆啤酒 | 50.89 | 43.60 | 70 | 89.69 | 40 | 69.12 | 66.25 | 54.67 | 34.35 |
| 600133 | 东湖高新 | 1.14 | 48.25 | 80 | 64.06 | 40 | 75.00 | 26.10 | 60.33 | 21.46 |
| 600135 | 乐凯胶片 | 26.40 | 37.30 | 60 | 89.56 | 50 | 53.15 | 26.10 | 60.98 | 42.69 |
| 600136 | 道博股份 | 0.16 | 40.35 | 80 | 72.79 | 40 | 77.77 | 36.96 | 49.87 | 17.40 |
| 600137 | 浪莎股份 | 25.01 | 44.32 | 80 | 89.74 | 40 | 72.78 | 35.02 | 67.65 | 32.75 |
| 600138 | 中青旅 | 50.18 | 44.13 | 80 | 89.96 | 50 | 54.09 | 39.19 | 64.03 | 26.77 |
| 600139 | 西部资源 | 26.53 | 44.51 | 80 | 100.00 | 50 | 49.56 | 41.97 | 22.02 | 29.31 |
| 600141 | 兴发集团 | 51.04 | 44.17 | 60 | 84.56 | 40 | 62.13 | 45.41 | 48.05 | 47.54 |
| 600143 | 金发科技 | 50.47 | 51.80 | 80 | 100.00 | 50 | 57.97 | 86.88 | 65.57 | 53.65 |
| 600145 | *ST 国创 | 25.00 | 46.93 | 50 | 0.00 | 0 | 25.01 | 0.00 | 56.81 | 12.56 |
| 600146 | 大元股份 | 25.27 | 53.68 | 40 | 75.00 | 0 | 18.99 | 49.56 | 5.16 | 30.42 |
| 600148 | 长春一东 | 1.37 | 47.20 | 80 | 74.03 | 50 | 67.64 | 77.04 | 59.99 | 19.52 |
| 600149 | 廊坊发展 | 0.00 | 59.50 | 65 | 98.55 | 40 | 48.59 | 26.10 | 33.36 | 34.80 |
| 600150 | 中国船舶 | 51.07 | 51.20 | 80 | 69.93 | 40 | 73.07 | 29.95 | 57.49 | 14.80 |
| 600151 | 航天机电 | 25.77 | 40.79 | 80 | 82.13 | 40 | 16.26 | 40.94 | 40.39 | 15.11 |
| 600152 | 维科精华 | 26.18 | 52.05 | 80 | 93.10 | 40 | 39.90 | 41.40 | 36.64 | 52.75 |
| 600153 | 建发股份 | 52.97 | 40.76 | 80 | 99.90 | 50 | 57.96 | 46.33 | 65.93 | 37.43 |
| 600155 | 宝硕股份 | 0.33 | 38.21 | 80 | 68.12 | 0 | 33.03 | 26.17 | 33.26 | 30.42 |
| 600156 | 华升股份 | 50.86 | 36.20 | 70 | 100.00 | 35 | 50.81 | 86.29 | 63.19 | 32.75 |
| 600157 | 永泰能源 | 26.52 | 37.54 | 80 | 100.00 | 32 | 49.76 | 33.26 | 32.77 | 31.14 |
| 600158 | 中体产业 | 50.51 | 31.89 | 60 | 89.92 | 32 | 59.88 | 41.84 | 71.51 | 48.23 |

续表

| 证券代码 | 证券简称 | 内部控制指数 | | | | | 财务运行指数 | | | |
|---|---|---|---|---|---|---|---|---|---|---|
| | | 人文环境 | 治理结构 | 信息沟通 | 业务控制 | 外部监督 | 投资质量 | 筹资质量 | 资金运营质量 | 股利分配 |
| 600159 | 大龙地产 | 0.66 | 38.92 | 80 | 98.14 | 40 | 76.83 | 26.10 | 58.77 | 6.99 |
| 600160 | 巨化股份 | 51.29 | 47.52 | 80 | 86.42 | 50 | 18.97 | 39.70 | 68.96 | 73.91 |
| 600161 | 天坛生物 | 50.85 | 47.28 | 80 | 88.32 | 50 | 73.31 | 55.23 | 51.13 | 30.42 |
| 600162 | 香江控股 | 25.21 | 60.52 | 80 | 89.76 | 60 | 51.99 | 85.44 | 64.29 | 45.11 |
| 600163 | *ST 南纸 | 50.42 | 36.08 | 80 | 99.24 | 40 | 51.81 | 26.10 | 38.06 | 30.42 |
| 600165 | 新日恒力 | 26.72 | 44.40 | 80 | 90.00 | 50 | 68.03 | 76.83 | 50.86 | 12.56 |
| 600166 | 福田汽车 | 51.39 | 41.00 | 80 | 86.42 | 50 | 58.63 | 77.31 | 40.81 | 32.07 |
| 600167 | 联美控股 | 0.55 | 44.06 | 70 | 100.00 | 40 | 49.61 | 73.88 | 64.99 | 28.33 |
| 600168 | 武汉控股 | 27.89 | 42.06 | 80 | 72.41 | 18 | 70.55 | 68.23 | 64.62 | 37.07 |
| 600169 | 太原重工 | 51.50 | 39.11 | 80 | 98.44 | 50 | 59.89 | 26.05 | 27.92 | 28.43 |
| 600170 | 上海建工 | 51.19 | 40.90 | 60 | 99.15 | 50 | 55.99 | 60.92 | 72.23 | 63.80 |
| 600171 | 上海贝岭 | 0.68 | 37.53 | 50 | 74.37 | 50 | 49.61 | 62.24 | 39.91 | 30.24 |
| 600172 | 黄河旋风 | 25.46 | 40.26 | 80 | 94.77 | 50 | 50.46 | 55.55 | 52.00 | 19.91 |
| 600173 | 卧龙地产 | 25.04 | 44.68 | 80 | 99.11 | 50 | 83.36 | 82.36 | 70.58 | 46.06 |
| 600175 | 美都能源 | 25.19 | 46.36 | 70 | 100.00 | 50 | 16.77 | 45.92 | 55.45 | 40.57 |
| 600176 | 中国巨石 | 25.87 | 47.93 | 60 | 93.96 | 50 | 84.75 | 26.10 | 47.99 | 30.67 |
| 600177 | 雅戈尔 | 51.31 | 38.32 | 80 | 98.91 | 50 | 46.79 | 68.92 | 35.49 | 62.33 |
| 600178 | 东安动力 | 26.23 | 46.53 | 80 | 70.18 | 40 | 41.77 | 73.20 | 44.56 | 12.56 |
| 600179 | 黑化股份 | 25.18 | 37.70 | 80 | 99.94 | 50 | 43.89 | 26.10 | 17.74 | 30.42 |
| 600180 | 瑞茂通 | 0.22 | 53.13 | 80 | 100.00 | 43 | 45.57 | 70.11 | 55.73 | 26.26 |
| 600182 | S 佳通 | 53.19 | 45.56 | 80 | 50.00 | 40 | 60.93 | 84.10 | 75.93 | 42.42 |
| 600183 | 生益科技 | 51.66 | 54.14 | 80 | 96.67 | 40 | 60.75 | 84.13 | 64.66 | 57.90 |
| 600184 | 光电股份 | 51.42 | 46.72 | 70 | 47.15 | 33 | 74.04 | 83.15 | 40.97 | 12.56 |
| 600185 | 格力地产 | 26.62 | 39.56 | 80 | 99.92 | 50 | 66.04 | 82.69 | 54.89 | 32.87 |
| 600186 | 莲花味精 | 50.30 | 48.48 | 80 | 67.84 | 0 | 60.06 | 70.91 | 32.14 | 32.75 |
| 600187 | 国中水务 | 0.82 | 40.07 | 80 | 100.00 | 40 | 27.59 | 37.48 | 15.51 | 15.98 |
| 600188 | 兖州煤业 | 50.00 | 55.32 | 80 | 83.76 | 50 | 81.80 | 26.10 | 67.77 | 20.52 |

续表

| 证券代码 | 证券简称 | 内部控制指数 | | | | | 财务运行指数 | | | |
|---|---|---|---|---|---|---|---|---|---|---|
| | | 人文环境 | 治理结构 | 信息沟通 | 业务控制 | 外部监督 | 投资质量 | 筹资质量 | 资金运营质量 | 股利分配 |
| 600189 | 吉林森工 | 51. 28 | 40. 10 | 80 | 96. 53 | 50 | 75. 42 | 42. 85 | 34. 41 | 82. 47 |
| 600190 | 锦州港 | 26. 05 | 48. 23 | 80 | 83. 45 | 40 | 72. 57 | 72. 14 | 37. 22 | 50. 82 |
| 600191 | 华资实业 | 0. 08 | 56. 71 | 80 | 98. 65 | 8 | 82. 29 | 76. 84 | 45. 55 | 59. 39 |
| 600192 | 长城电工 | 25. 50 | 51. 78 | 60 | 96. 96 | 40 | 65. 19 | 72. 75 | 47. 60 | 18. 03 |
| 600193 | 创兴资源 | 0. 01 | 41. 85 | 80 | 100. 00 | 25 | 38. 53 | 73. 16 | 32. 96 | 3. 64 |
| 600195 | 中牧股份 | 51. 38 | 48. 32 | 80 | 98. 71 | 40 | 43. 49 | 36. 54 | 57. 55 | 44. 21 |
| 600196 | 复星医药 | 50. 41 | 54. 18 | 60 | 96. 16 | 60 | 70. 92 | 69. 24 | 51. 87 | 42. 14 |
| 600197 | 伊力特 | 52. 13 | 42. 71 | 70 | 99. 85 | 50 | 49. 78 | 43. 70 | 76. 44 | 51. 90 |
| 600198 | 大唐电信 | 25. 69 | 60. 74 | 60 | 87. 47 | 50 | 59. 79 | 26. 10 | 56. 17 | 12. 56 |
| 600199 | 金种子酒 | 25. 32 | 43. 59 | 80 | 98. 73 | 40 | 75. 81 | 85. 31 | 52. 73 | 48. 15 |
| 600200 | 江苏吴中 | 25. 08 | 38. 64 | 70 | 100. 00 | 50 | 51. 97 | 77. 06 | 63. 36 | 51. 36 |
| 600201 | 金宇集团 | 50. 48 | 49. 69 | 60 | 100. 00 | 50 | 69. 41 | 41. 16 | 73. 89 | 43. 56 |
| 600202 | 哈空调 | 0. 67 | 31. 95 | 80 | 97. 07 | 42 | 66. 06 | 57. 41 | 37. 61 | 23. 60 |
| 600203 | 福日电子 | 25. 30 | 46. 20 | 70 | 89. 99 | 40 | 78. 98 | 85. 82 | 54. 49 | 29. 86 |
| 600206 | 有研新材 | 27. 00 | 41. 23 | 70 | 97. 35 | 50 | 35. 52 | 39. 90 | 40. 76 | 12. 56 |
| 600207 | 安彩高科 | 0. 74 | 44. 02 | 80 | 87. 44 | 28 | 44. 78 | 87. 00 | 60. 15 | 15. 98 |
| 600208 | 新湖中宝 | 25. 69 | 53. 31 | 80 | 99. 66 | 50 | 70. 10 | 85. 86 | 72. 40 | 47. 90 |
| 600209 | 罗顿发展 | 0. 04 | 42. 35 | 60 | 87. 18 | 50 | 16. 24 | 27. 29 | 45. 85 | 32. 54 |
| 600210 | 紫江企业 | 50. 50 | 38. 32 | 80 | 98. 92 | 50 | 60. 63 | 70. 78 | 52. 18 | 56. 39 |
| 600211 | 西藏药业 | 25. 65 | 50. 65 | 35 | 80. 21 | 9 | 63. 09 | 71. 04 | 76. 84 | 65. 70 |
| 600212 | 江泉实业 | 25. 03 | 44. 50 | 80 | 68. 94 | 40 | 38. 83 | 22. 79 | 79. 41 | 34. 80 |
| 600213 | 亚星客车 | 1. 02 | 42. 04 | 70 | 86. 98 | 40 | 68. 06 | 26. 10 | 41. 73 | 12. 56 |
| 600215 | 长春经开 | 25. 91 | 40. 66 | 80 | 94. 89 | 50 | 53. 52 | 29. 59 | 73. 11 | 53. 38 |
| 600216 | 浙江医药 | 50. 87 | 58. 17 | 80 | 97. 68 | 50 | 35. 21 | 38. 73 | 67. 99 | 44. 59 |
| 600217 | *ST 秦岭 | 50. 28 | 37. 60 | 40 | 82. 25 | 50 | 60. 10 | 26. 10 | 53. 66 | 12. 56 |
| 600218 | 全柴动力 | 25. 48 | 35. 96 | 70 | 95. 88 | 40 | 72. 44 | 87. 00 | 58. 67 | 46. 17 |
| 600219 | 南山铝业 | 51. 65 | 36. 39 | 60 | 81. 75 | 40 | 6. 62 | 60. 04 | 65. 71 | 30. 11 |

续表

| 证券代码 | 证券简称 | 内部控制指数 | | | | | 财务运行指数 | | | |
|---|---|---|---|---|---|---|---|---|---|---|
| | | 人文环境 | 治理结构 | 信息沟通 | 业务控制 | 外部监督 | 投资质量 | 筹资质量 | 资金运营质量 | 股利分配 |
| 600220 | 江苏阳光 | 50.18 | 46.39 | 70 | 84.58 | 50 | 65.61 | 85.63 | 47.54 | 32.75 |
| 600221 | 海南航空 | 26.87 | 45.81 | 80 | 95.48 | 60 | 57.65 | 25.19 | 56.17 | 30.90 |
| 600222 | 太龙药业 | 25.84 | 41.71 | 80 | 96.95 | 40 | 65.43 | 83.61 | 56.29 | 35.52 |
| 600223 | 鲁商置业 | 25.59 | 59.44 | 80 | 99.49 | 50 | 54.01 | 83.78 | 54.23 | 34.80 |
| 600225 | 天津松江 | 0.63 | 46.85 | 80 | 99.59 | 35 | 53.60 | 26.10 | 62.24 | 34.80 |
| 600226 | 升华拜克 | 25.61 | 34.37 | 80 | 96.92 | 50 | 63.15 | 77.32 | 42.96 | 59.38 |
| 600227 | 赤天化 | 50.36 | 39.90 | 80 | 96.53 | 50 | 64.39 | 53.61 | 30.25 | 37.05 |
| 600228 | 昌九生化 | 0.47 | 48.30 | 70 | 89.80 | 16 | 86.13 | 75.69 | 42.38 | 30.42 |
| 600229 | 青岛碱业 | 50.82 | 37.97 | 80 | 96.52 | 40 | 54.66 | 77.25 | 50.16 | 30.42 |
| 600230 | 沧州大化 | 25.92 | 39.46 | 80 | 98.20 | 50 | 76.69 | 34.97 | 66.00 | 33.74 |
| 600231 | 凌钢股份 | 26.29 | 37.99 | 80 | 86.09 | 40 | 60.72 | 40.80 | 52.62 | 31.96 |
| 600232 | 金鹰股份 | 26.23 | 43.48 | 80 | 99.00 | 50 | 65.34 | 32.77 | 67.25 | 84.55 |
| 600233 | 大杨创世 | 50.44 | 45.83 | 80 | 95.55 | 35 | 52.65 | 27.83 | 39.33 | 45.56 |
| 600234 | 山水文化 | 0.06 | 49.88 | 20 | 45.00 | 0 | 44.68 | 26.10 | 6.64 | 12.56 |
| 600235 | 民丰特纸 | 0.57 | 38.36 | 60 | 96.64 | 50 | 51.99 | 77.94 | 51.36 | 82.23 |
| 600236 | 桂冠电力 | 27.86 | 44.34 | 60 | 98.61 | 35 | 44.38 | 34.30 | 75.16 | 42.34 |
| 600237 | 铜峰电子 | 25.84 | 37.44 | 80 | 94.87 | 40 | 23.09 | 39.11 | 59.92 | 26.83 |
| 600238 | 海南椰岛 | 26.31 | 43.71 | 70 | 84.86 | 40 | 52.84 | 27.89 | 77.95 | 30.73 |
| 600239 | 云南城投 | 25.51 | 39.36 | 80 | 86.16 | 50 | 53.32 | 24.26 | 65.07 | 38.66 |
| 600240 | 华业地产 | 0.16 | 58.32 | 60 | 99.59 | 50 | 69.56 | 79.81 | 74.09 | 7.81 |
| 600241 | 时代万恒 | 25.31 | 36.91 | 70 | 95.38 | 50 | 64.24 | 76.92 | 53.99 | 31.58 |
| 600242 | *ST 中昌 | 1.44 | 49.49 | 80 | 100.00 | 40 | 28.99 | 26.10 | 7.17 | 21.97 |
| 600243 | 青海华鼎 | 25.82 | 37.32 | 70 | 98.36 | 50 | 55.92 | 41.46 | 45.50 | 12.56 |
| 600246 | 万通地产 | 50.45 | 39.53 | 80 | 99.25 | 60 | 70.35 | 86.56 | 61.23 | 32.45 |
| 600247 | *ST 成城 | 0.21 | 43.57 | 40 | 0.00 | 0 | 77.15 | 27.52 | 12.45 | 34.80 |
| 600248 | 延长化建 | 28.05 | 45.44 | 80 | 68.29 | 40 | 74.33 | 25.90 | 78.21 | 55.05 |
| 600249 | 两面针 | 50.75 | 55.10 | 80 | 99.69 | 50 | 63.10 | 81.12 | 42.17 | 39.84 |

续表

| 证券代码 | 证券简称 | 内部控制指数 | | | | | 财务运行指数 | | | |
|---|---|---|---|---|---|---|---|---|---|---|
| | | 人文环境 | 治理结构 | 信息沟通 | 业务控制 | 外部监督 | 投资质量 | 筹资质量 | 资金运营质量 | 股利分配 |
| 600250 | 南纺股份 | 25. 18 | 42. 73 | 60 | 70. 76 | 0 | 8. 39 | 41. 16 | 50. 55 | 34. 80 |
| 600251 | 冠农股份 | 26. 48 | 51. 11 | 80 | 94. 28 | 40 | 29. 13 | 67. 84 | 36. 22 | 49. 83 |
| 600252 | 中恒集团 | 25. 70 | 29. 45 | 80 | 100. 00 | 50 | 74. 93 | 84. 21 | 76. 09 | 45. 93 |
| 600255 | 鑫科材料 | 26. 52 | 25. 89 | 80 | 99. 11 | 40 | 64. 85 | 33. 17 | 64. 01 | 12. 56 |
| 600256 | 广汇能源 | 26. 43 | 51. 51 | 80 | 89. 56 | 50 | 52. 81 | 47. 43 | 37. 15 | 11. 38 |
| 600257 | 大湖股份 | 50. 30 | 32. 24 | 80 | 96. 53 | 50 | 49. 36 | 84. 60 | 58. 34 | 4. 26 |
| 600258 | 首旅酒店 | 25. 89 | 34. 22 | 80 | 99. 34 | 50 | 66. 72 | 75. 95 | 55. 04 | 66. 28 |
| 600259 | 广晟有色 | 25. 80 | 41. 53 | 80 | 94. 95 | 40 | 56. 18 | 68. 55 | 55. 03 | 7. 84 |
| 600260 | 凯乐科技 | 25. 17 | 49. 22 | 70 | 100. 00 | 40 | 65. 49 | 54. 88 | 62. 01 | 36. 23 |
| 600261 | 阳光照明 | 50. 25 | 49. 47 | 70 | 100. 00 | 50 | 76. 09 | 55. 41 | 72. 30 | 37. 42 |
| 600262 | 北方股份 | 51. 01 | 60. 47 | 80 | 67. 74 | 40 | 60. 25 | 76. 92 | 46. 09 | 34. 38 |
| 600265 | ST 景谷 | 50. 02 | 48. 41 | 60 | 85. 21 | 50 | 27. 56 | 26. 10 | 28. 20 | 34. 80 |
| 600266 | 北京城建 | 26. 30 | 44. 07 | 60 | 87. 79 | 50 | 70. 56 | 86. 43 | 70. 25 | 50. 42 |
| 600267 | 海正药业 | 50. 64 | 45. 85 | 80 | 99. 54 | 42 | 35. 62 | 63. 66 | 55. 60 | 41. 12 |
| 600268 | 国电南自 | 0. 88 | 57. 65 | 80 | 84. 54 | 50 | 51. 75 | 71. 36 | 31. 81 | 18. 19 |
| 600269 | 赣粤高速 | 52. 15 | 49. 17 | 80 | 84. 03 | 50 | 73. 49 | 59. 14 | 54. 77 | 54. 67 |
| 600270 | 外运发展 | 1. 72 | 47. 33 | 80 | 96. 84 | 60 | 73. 65 | 37. 27 | 49. 57 | 60. 80 |
| 600271 | 航天信息 | 51. 27 | 39. 47 | 80 | 99. 06 | 50 | 64. 20 | 45. 79 | 71. 56 | 32. 20 |
| 600272 | 开开实业 | 25. 78 | 56. 19 | 80 | 79. 78 | 50 | 60. 82 | 61. 97 | 75. 35 | 50. 00 |
| 600273 | 嘉化能源 | 25. 34 | 41. 47 | 60 | 84. 39 | 34 | 52. 04 | 55. 55 | 61. 74 | 39. 08 |
| 600275 | 武昌鱼 | 0. 05 | 35. 86 | 60 | 90. 00 | 34 | 29. 33 | 27. 75 | 38. 73 | 34. 80 |
| 600276 | 恒瑞医药 | 0. 22 | 68. 72 | 80 | 100. 00 | 40 | 76. 39 | 32. 97 | 49. 69 | 34. 56 |
| 600277 | 亿利能源 | 50. 56 | 40. 12 | 60 | 97. 44 | 50 | 59. 09 | 72. 88 | 39. 12 | 43. 42 |
| 600278 | 东方创业 | 26. 28 | 39. 13 | 80 | 89. 82 | 50 | 69. 36 | 86. 57 | 69. 58 | 57. 85 |
| 600279 | 重庆港九 | 1. 91 | 55. 66 | 60 | 94. 32 | 50 | 21. 26 | 80. 95 | 61. 55 | 41. 21 |
| 600280 | 中央商场 | 25. 52 | 52. 65 | 80 | 89. 94 | 35 | 37. 51 | 26. 10 | 48. 63 | 56. 95 |
| 600281 | 太化股份 | 51. 41 | 38. 89 | 80 | 90. 17 | 50 | 53. 22 | 45. 68 | 41. 00 | 30. 42 |

续表

| 证券代码 | 证券简称 | 内部控制指数 | | | | | 财务运行指数 | | | |
|---|---|---|---|---|---|---|---|---|---|---|
| | | 人文环境 | 治理结构 | 信息沟通 | 业务控制 | 外部监督 | 投资质量 | 筹资质量 | 资金运营质量 | 股利分配 |
| 600282 | 南钢股份 | 50.82 | 57.05 | 60 | 87.31 | 40 | 48.92 | 26.08 | 50.08 | 12.56 |
| 600283 | 钱江水利 | 1.36 | 54.44 | 60 | 100.00 | 50 | 61.13 | 67.72 | 45.44 | 52.80 |
| 600284 | 浦东建设 | 0.79 | 45.31 | 80 | 96.01 | 40 | 75.86 | 85.67 | 26.06 | 43.31 |
| 600285 | 羚锐制药 | 51.67 | 65.75 | 65 | 89.96 | 50 | 73.37 | 85.88 | 54.36 | 52.60 |
| 600287 | 江苏舜天 | 26.08 | 43.05 | 70 | 99.29 | 40 | 40.80 | 31.26 | 49.18 | 57.12 |
| 600288 | 大恒科技 | 25.44 | 38.32 | 80 | 99.74 | 40 | 56.15 | 35.45 | 69.38 | 40.55 |
| 600289 | 亿阳信通 | 0.05 | 48.26 | 80 | 100.00 | 50 | 65.39 | 22.78 | 47.87 | 54.77 |
| 600290 | 华仪电气 | 25.77 | 41.23 | 80 | 90.54 | 50 | 76.35 | 65.28 | 41.02 | 31.07 |
| 600291 | 西水股份 | 100.00 | 41.08 | 80 | 100.00 | 40 | 72.88 | 67.30 | 24.83 | 12.05 |
| 600292 | 中电远达 | 51.30 | 55.32 | 80 | 69.42 | 38 | 26.71 | 64.29 | 50.00 | 63.32 |
| 600293 | 三峡新材 | 25.73 | 45.41 | 80 | 59.00 | 0 | 67.02 | 69.82 | 29.51 | 30.49 |
| 600295 | 鄂尔多斯 | 50.73 | 31.26 | 80 | 95.82 | 50 | 60.69 | 26.06 | 29.30 | 19.12 |
| 600297 | 美罗药业 | 0.41 | 34.18 | 60 | 92.33 | 50 | 75.70 | 64.38 | 53.02 | 38.96 |
| 600298 | 安琪酵母 | 51.40 | 51.34 | 80 | 99.88 | 50 | 76.47 | 69.73 | 49.25 | 44.44 |
| 600299 | 蓝星新材 | 25.83 | 37.50 | 80 | 93.02 | 60 | 53.08 | 26.10 | 38.74 | 30.42 |
| 600300 | 维维股份 | 25.37 | 48.57 | 80 | 99.92 | 50 | 64.14 | 73.75 | 44.41 | 61.00 |
| 600301 | *ST南化 | 25.45 | 46.53 | 80 | 87.45 | 35 | 39.40 | 26.10 | 42.67 | 30.42 |
| 600302 | 标准股份 | 26.09 | 42.30 | 80 | 99.95 | 40 | 78.49 | 29.23 | 64.20 | 12.56 |
| 600303 | 曙光股份 | 25.62 | 35.58 | 60 | 99.14 | 50 | 69.60 | 65.84 | 43.77 | 16.85 |
| 600305 | 恒顺醋业 | 25.88 | 39.27 | 70 | 94.47 | 40 | 60.19 | 72.61 | 49.84 | 41.01 |
| 600306 | 商业城 | 0.19 | 39.36 | 70 | 99.51 | 50 | 68.39 | 56.88 | 58.34 | 34.80 |
| 600307 | 酒钢宏兴 | 26.35 | 51.81 | 80 | 95.39 | 40 | 64.84 | 56.58 | 61.26 | 15.57 |
| 600308 | 华泰股份 | 50.14 | 49.43 | 80 | 94.97 | 50 | 57.26 | 63.82 | 47.05 | 49.93 |
| 600309 | 万华化学 | 50.67 | 37.18 | 80 | 97.36 | 60 | 22.29 | 25.14 | 41.28 | 46.92 |
| 600310 | 桂东电力 | 26.38 | 43.73 | 40 | 89.14 | 50 | 52.57 | 82.39 | 57.80 | 34.80 |
| 600311 | 荣华实业 | 25.03 | 30.10 | 80 | 100.00 | 50 | 42.18 | 26.66 | 39.91 | 7.84 |
| 600312 | 平高电气 | 26.51 | 37.56 | 80 | 55.19 | 50 | 62.08 | 26.60 | 49.18 | 35.26 |

续表

| 证券代码 | 证券简称 | 内部控制指数 | | | | | 财务运行指数 | | | |
|---|---|---|---|---|---|---|---|---|---|---|
| | | 人文环境 | 治理结构 | 信息沟通 | 业务控制 | 外部监督 | 投资质量 | 筹资质量 | 资金运营质量 | 股利分配 |
| 600313 | 农发种业 | 25.11 | 57.12 | 60 | 88.14 | 50 | 51.56 | 86.52 | 49.54 | 24.51 |
| 600315 | 上海家化 | 50.33 | 35.22 | 80 | 99.16 | 25 | 52.70 | 53.45 | 75.83 | 50.98 |
| 600316 | 洪都航空 | 55.58 | 62.94 | 80 | 50.00 | 60 | 43.29 | 57.32 | 40.82 | 20.56 |
| 600317 | 营口港 | 27.74 | 48.54 | 60 | 90.50 | 32 | 58.66 | 72.57 | 80.61 | 48.05 |
| 600318 | 巢东股份 | 25.37 | 45.14 | 60 | 94.71 | 34 | 64.25 | 68.09 | 59.12 | 16.64 |
| 600319 | 亚星化学 | 25.49 | 41.49 | 80 | 77.41 | 35 | 43.29 | 86.91 | 43.46 | 30.42 |
| 600320 | 振华重工 | 50.46 | 37.22 | 80 | 82.80 | 60 | 64.88 | 43.70 | 32.43 | 12.56 |
| 600321 | 国栋建设 | 0.00 | 31.33 | 60 | 61.41 | 42 | 78.62 | 42.51 | 36.01 | 82.40 |
| 600322 | 天房发展 | 0.48 | 38.28 | 70 | 96.73 | 40 | 78.76 | 85.79 | 65.03 | 45.34 |
| 600323 | 瀚蓝环境 | 26.69 | 47.52 | 80 | 100.00 | 40 | 12.25 | 75.65 | 39.67 | 39.23 |
| 600325 | 华发股份 | 26.42 | 36.26 | 80 | 99.74 | 50 | 26.16 | 83.62 | 57.40 | 37.52 |
| 600326 | 西藏天路 | 0.95 | 40.76 | 80 | 90.19 | 42 | 11.01 | 42.28 | 41.32 | 13.97 |
| 600327 | 大东方 | 25.43 | 36.67 | 60 | 99.93 | 40 | 61.13 | 85.70 | 62.09 | 63.56 |
| 600328 | 兰太实业 | 52.03 | 45.14 | 80 | 90.26 | 50 | 49.44 | 24.58 | 34.02 | 30.79 |
| 600329 | 中新药业 | 51.47 | 49.30 | 80 | 88.22 | 50 | 55.33 | 58.12 | 62.40 | 44.27 |
| 600330 | 天通股份 | 26.06 | 39.81 | 80 | 97.17 | 50 | 58.31 | 85.93 | 49.11 | 12.56 |
| 600331 | 宏达股份 | 25.97 | 42.03 | 80 | 99.42 | 50 | 63.06 | 82.44 | 33.08 | 12.56 |
| 600332 | 白云山 | 51.27 | 50.97 | 50 | 86.85 | 50 | 68.67 | 43.28 | 65.24 | 39.14 |
| 600333 | 长春燃气 | 26.94 | 36.93 | 80 | 100.00 | 50 | 31.05 | 69.57 | 33.37 | 36.66 |
| 600335 | 国机汽车 | 50.51 | 43.71 | 80 | 99.60 | 50 | 58.01 | 70.31 | 66.31 | 45.40 |
| 600336 | 澳柯玛 | 25.46 | 50.69 | 70 | 84.42 | 40 | 52.77 | 80.38 | 53.86 | 12.56 |
| 600337 | 美克家居 | 54.18 | 44.07 | 80 | 99.98 | 40 | 66.20 | 66.63 | 61.80 | 58.80 |
| 600338 | 西藏珠峰 | 0.30 | 32.60 | 65 | 83.09 | 40 | 53.30 | 82.01 | 36.95 | 12.56 |
| 600339 | 天利高新 | 51.47 | 51.49 | 70 | 98.42 | 40 | 58.50 | 70.34 | 55.14 | 30.42 |
| 600340 | 华夏幸福 | 50.02 | 50.91 | 80 | 100.00 | 40 | 43.34 | 86.87 | 60.17 | 35.17 |
| 600343 | 航天动力 | 25.82 | 55.49 | 60 | 93.09 | 40 | 62.85 | 74.64 | 67.36 | 17.84 |
| 600345 | 长江通信 | 26.35 | 61.06 | 80 | 87.37 | 40 | 64.83 | 37.40 | 74.68 | 29.56 |

续表

| 证券代码 | 证券简称 | 内部控制指数 | | | | | 财务运行指数 | | | |
|---|---|---|---|---|---|---|---|---|---|---|
| | | 人文环境 | 治理结构 | 信息沟通 | 业务控制 | 外部监督 | 投资质量 | 筹资质量 | 资金运营质量 | 股利分配 |
| 600346 | 大橡塑 | 25.67 | 42.35 | 80 | 100.00 | 50 | 62.99 | 26.10 | 30.93 | 12.56 |
| 600348 | 阳泉煤业 | 52.28 | 43.10 | 80 | 52.87 | 50 | 29.01 | 85.12 | 53.10 | 19.56 |
| 600350 | 山东高速 | 1.01 | 52.85 | 80 | 97.11 | 60 | 48.55 | 66.82 | 26.96 | 54.19 |
| 600351 | 亚宝药业 | 50.67 | 42.35 | 80 | 100.00 | 40 | 61.99 | 84.43 | 53.33 | 51.88 |
| 600352 | 浙江龙盛 | 50.15 | 43.85 | 80 | 99.11 | 50 | 66.78 | 82.94 | 46.71 | 43.63 |
| 600353 | 旭光股份 | 25.55 | 50.25 | 80 | 100.00 | 40 | 64.82 | 30.99 | 47.15 | 30.31 |
| 600354 | 敦煌种业 | 25.26 | 42.01 | 80 | 100.00 | 50 | 41.68 | 30.05 | 57.33 | 34.80 |
| 600355 | 精伦电子 | 25.09 | 48.62 | 80 | 98.59 | 32 | 56.87 | 40.14 | 68.34 | 12.56 |
| 600356 | 恒丰纸业 | 1.29 | 46.39 | 80 | 93.71 | 50 | 70.80 | 80.66 | 56.20 | 43.92 |
| 600358 | 国旅联合 | 0.02 | 47.50 | 80 | 100.00 | 50 | 74.35 | 7.77 | 37.25 | 34.80 |
| 600359 | 新农开发 | 26.67 | 40.72 | 60 | 85.40 | 50 | 21.09 | 44.65 | 52.37 | 34.80 |
| 600360 | 华微电子 | 25.07 | 46.39 | 80 | 98.69 | 40 | 70.95 | 71.52 | 57.96 | 39.25 |
| 600361 | 华联综超 | 2.98 | 43.79 | 80 | 89.97 | 50 | 64.26 | 81.37 | 67.46 | 84.79 |
| 600362 | 江西铜业 | 51.29 | 51.51 | 80 | 96.77 | 60 | 69.33 | 75.37 | 66.33 | 32.64 |
| 600363 | 联创光电 | 26.10 | 39.65 | 80 | 89.65 | 40 | 76.52 | 48.31 | 61.85 | 17.74 |
| 600365 | 通葡股份 | 0.31 | 38.29 | 80 | 99.97 | 40 | 7.43 | 26.10 | 22.35 | 32.75 |
| 600366 | 宁波韵升 | 50.60 | 53.42 | 60 | 99.62 | 40 | 79.33 | 83.81 | 38.07 | 30.92 |
| 600367 | 红星发展 | 25.92 | 64.24 | 80 | 85.02 | 40 | 75.14 | 27.13 | 53.93 | 45.08 |
| 600368 | 五洲交通 | 25.68 | 51.18 | 40 | 90.00 | 6 | 10.08 | 25.58 | 52.93 | 17.07 |
| 600369 | 西南证券 | 25.45 | 60.89 | 60 | 99.86 | 50 | 61.17 | 55.49 | 31.00 | 72.73 |
| 600370 | 三房巷 | 25.02 | 40.62 | 50 | 91.20 | 40 | 59.59 | 26.10 | 56.17 | 48.81 |
| 600371 | 万向德农 | 0.17 | 39.34 | 80 | 100.00 | 40 | 48.77 | 51.12 | 66.21 | 58.20 |
| 600372 | 中航电子 | 51.84 | 51.01 | 80 | 99.88 | 50 | 50.02 | 72.45 | 43.90 | 20.75 |
| 600373 | 中文传媒 | 50.48 | 40.09 | 70 | 89.93 | 50 | 61.42 | 84.54 | 57.32 | 32.93 |
| 600375 | 华菱星马 | 0.34 | 49.01 | 80 | 100.00 | 40 | 71.26 | 76.19 | 44.12 | 41.11 |
| 600376 | 首开股份 | 50.57 | 65.76 | 80 | 99.95 | 50 | 67.10 | 84.76 | 62.40 | 52.18 |
| 600377 | 宁沪高速 | 2.72 | 61.23 | 80 | 99.47 | 60 | 39.56 | 50.67 | 51.99 | 73.54 |

续表

| 证券代码 | 证券简称 | 内部控制指数 | | | | | 财务运行指数 | | | |
|---|---|---|---|---|---|---|---|---|---|---|
| | | 人文环境 | 治理结构 | 信息沟通 | 业务控制 | 外部监督 | 投资质量 | 筹资质量 | 资金运营质量 | 股利分配 |
| 600378 | 天科股份 | 50.37 | 55.42 | 80 | 95.82 | 50 | 63.12 | 27.20 | 63.02 | 46.62 |
| 600379 | 宝光股份 | 26.04 | 45.84 | 80 | 88.32 | 50 | 72.14 | 81.60 | 78.85 | 16.36 |
| 600380 | 健康元 | 50.27 | 57.82 | 60 | 98.66 | 50 | 59.25 | 73.09 | 59.00 | 37.46 |
| 600381 | 贤成矿业 | 25.00 | 43.64 | 60 | 13.00 | 0 | 39.98 | 0.00 | 18.73 | 12.56 |
| 600382 | 广东明珠 | 0.42 | 35.01 | 70 | 99.63 | 25 | 81.80 | 26.10 | 25.34 | 31.82 |
| 600383 | 金地集团 | 51.68 | 48.42 | 80 | 99.99 | 60 | 76.09 | 86.59 | 73.96 | 36.58 |
| 600385 | 山东金泰 | 25.73 | 38.40 | 60 | 90.00 | 25 | 41.23 | 26.10 | 70.77 | 30.42 |
| 600386 | 北巴传媒 | 0.95 | 46.90 | 60 | 97.81 | 50 | 65.11 | 72.30 | 70.74 | 86.50 |
| 600387 | 海越股份 | 25.14 | 41.12 | 60 | 99.84 | 50 | 23.67 | 25.97 | 49.60 | 82.20 |
| 600388 | 龙净环保 | 50.42 | 44.56 | 80 | 100.00 | 18 | 56.17 | 58.84 | 45.50 | 30.05 |
| 600389 | 江山股份 | 50.87 | 61.02 | 80 | 95.38 | 50 | 43.78 | 86.49 | 55.12 | 53.21 |
| 600390 | 金瑞科技 | 26.25 | 36.65 | 80 | 97.02 | 50 | 56.77 | 77.04 | 50.59 | 12.56 |
| 600391 | 成发科技 | 27.67 | 32.71 | 80 | 72.55 | 40 | 74.41 | 63.19 | 46.80 | 28.83 |
| 600392 | 盛和资源 | 26.17 | 48.92 | 80 | 90.78 | 50 | 76.09 | 59.62 | 65.62 | 12.56 |
| 600393 | 东华实业 | 25.13 | 54.60 | 70 | 89.95 | 34 | 69.51 | 86.09 | 69.41 | 75.05 |
| 600395 | 盘江股份 | 27.24 | 46.37 | 80 | 81.78 | 50 | 66.66 | 86.07 | 64.93 | 57.46 |
| 600396 | 金山股份 | 26.66 | 53.82 | 70 | 77.33 | 50 | 44.58 | 31.98 | 43.51 | 33.27 |
| 600397 | 安源煤业 | 30.59 | 43.12 | 80 | 94.79 | 40 | 44.99 | 74.35 | 58.07 | 54.80 |
| 600398 | 海澜之家 | 50.03 | 48.84 | 60 | 99.81 | 40 | 0.73 | 44.54 | 56.80 | 84.53 |
| 600399 | 抚顺特钢 | 1.37 | 36.79 | 80 | 71.78 | 40 | 55.09 | 54.16 | 34.77 | 50.26 |
| 600400 | 红豆股份 | 25.11 | 40.09 | 80 | 97.27 | 40 | 32.73 | 26.10 | 44.75 | 53.25 |
| 600401 | *ST 海润 | 25.54 | 43.17 | 80 | 99.38 | 35 | 70.21 | 26.10 | 30.53 | 14.58 |
| 600403 | 大有能源 | 27.71 | 42.72 | 25 | 37.19 | 0 | 69.34 | 65.51 | 64.72 | 28.66 |
| 600405 | 动力源 | 25.42 | 44.93 | 80 | 100.00 | 50 | 69.58 | 84.40 | 44.47 | 19.36 |
| 600406 | 国电南瑞 | 51.87 | 40.88 | 80 | 62.26 | 50 | 34.06 | 29.78 | 42.33 | 44.39 |
| 600408 | *ST 安泰 | 50.14 | 29.96 | 20 | 53.46 | 0 | 67.83 | 25.69 | 37.47 | 12.56 |
| 600409 | 三友化工 | 51.14 | 39.77 | 70 | 95.42 | 40 | 39.59 | 46.44 | 52.23 | 45.03 |

续表

| 证券代码 | 证券简称 | 内部控制指数 | | | | | 财务运行指数 | | | |
|---|---|---|---|---|---|---|---|---|---|---|
| | | 人文环境 | 治理结构 | 信息沟通 | 业务控制 | 外部监督 | 投资质量 | 筹资质量 | 资金运营质量 | 股利分配 |
| 600410 | 华胜天成 | 51.37 | 34.87 | 80 | 99.95 | 50 | 63.37 | 26.10 | 50.79 | 60.06 |
| 600415 | 小商品城 | 51.05 | 55.71 | 80 | 90.00 | 60 | 64.38 | 63.78 | 32.98 | 77.72 |
| 600416 | 湘电股份 | 52.21 | 50.83 | 70 | 92.08 | 50 | 46.26 | 26.08 | 32.99 | 26.07 |
| 600418 | 江淮汽车 | 50.41 | 40.54 | 60 | 91.28 | 40 | 69.24 | 63.38 | 52.55 | 29.80 |
| 600419 | 天润乳业 | 26.01 | 47.24 | 60 | 98.75 | 40 | 66.44 | 47.93 | 69.32 | 32.75 |
| 600420 | 现代制药 | 51.16 | 40.26 | 80 | 90.87 | 35 | 67.02 | 26.10 | 64.91 | 33.53 |
| 600421 | 仰帆控股 | 0.45 | 49.36 | 80 | 73.27 | 35 | 41.23 | 80.55 | 37.75 | 30.42 |
| 600422 | 昆药集团 | 51.63 | 43.13 | 80 | 99.73 | 50 | 69.30 | 49.44 | 69.62 | 47.80 |
| 600423 | 柳化股份 | 26.42 | 38.97 | 30 | 77.08 | 0 | 65.31 | 52.91 | 38.18 | 74.71 |
| 600425 | 青松建化 | 26.18 | 46.11 | 80 | 95.77 | 50 | 70.21 | 47.13 | 39.27 | 62.92 |
| 600426 | 华鲁恒升 | 26.43 | 38.18 | 65 | 99.05 | 40 | 63.32 | 52.30 | 63.24 | 40.10 |
| 600428 | 中远航运 | 52.47 | 37.04 | 60 | 96.76 | 50 | 29.50 | 50.79 | 56.78 | 5.65 |
| 600429 | 三元股份 | 26.04 | 51.99 | 60 | 87.99 | 50 | 34.82 | 41.67 | 42.48 | 32.75 |
| 600432 | 吉恩镍业 | 25.24 | 56.13 | 70 | 97.41 | 50 | 64.62 | 26.10 | 46.28 | 44.01 |
| 600433 | 冠豪高新 | 1.63 | 45.14 | 80 | 96.83 | 12 | 55.69 | 72.68 | 28.37 | 44.69 |
| 600435 | 北方导航 | 51.46 | 51.80 | 80 | 88.61 | 50 | 78.34 | 63.53 | 51.20 | 63.70 |
| 600436 | 片仔癀 | 25.94 | 42.07 | 80 | 77.84 | 50 | 64.19 | 83.39 | 42.42 | 46.32 |
| 600438 | 通威股份 | 52.00 | 47.29 | 80 | 98.59 | 40 | 80.50 | 52.54 | 62.21 | 67.21 |
| 600439 | 瑞贝卡 | 50.56 | 45.19 | 70 | 100.00 | 32 | 46.41 | 73.61 | 51.38 | 51.34 |
| 600444 | *ST 国通 | 0.60 | 48.09 | 80 | 98.98 | 50 | 27.34 | 26.10 | 42.99 | 30.42 |
| 600446 | 金证股份 | 50.09 | 47.78 | 60 | 99.84 | 42 | 47.30 | 52.00 | 52.24 | 37.01 |
| 600448 | 华纺股份 | 1.37 | 46.55 | 80 | 99.26 | 50 | 52.07 | 77.53 | 51.59 | 32.75 |
| 600449 | 宁夏建材 | 50.83 | 46.52 | 80 | 95.78 | 50 | 70.67 | 68.66 | 53.86 | 27.08 |
| 600452 | 涪陵电力 | 28.36 | 38.78 | 70 | 65.04 | 50 | 79.79 | 26.10 | 73.50 | 14.81 |
| 600455 | 博通股份 | 0.26 | 43.71 | 70 | 99.85 | 50 | 40.73 | 87.00 | 45.02 | 34.80 |
| 600456 | 宝钛股份 | 25.32 | 42.50 | 80 | 76.66 | 50 | 79.78 | 55.94 | 67.67 | 64.68 |
| 600458 | 时代新材 | 50.93 | 43.18 | 80 | 91.27 | 60 | 63.96 | 26.10 | 37.38 | 44.87 |

续表

| 证券代码 | 证券简称 | 内部控制指数 | | | | | 财务运行指数 | | | |
|---|---|---|---|---|---|---|---|---|---|---|
| | | 人文环境 | 治理结构 | 信息沟通 | 业务控制 | 外部监督 | 投资质量 | 筹资质量 | 资金运营质量 | 股利分配 |
| 600459 | 贵研铂业 | 25.44 | 45.11 | 60 | 99.79 | 50 | 52.39 | 83.86 | 83.17 | 28.37 |
| 600460 | 士兰微 | 50.84 | 38.31 | 80 | 96.13 | 50 | 54.82 | 77.19 | 57.03 | 14.19 |
| 600461 | 洪城水业 | 26.54 | 39.26 | 65 | 94.35 | 50 | 66.72 | 74.02 | 58.95 | 49.64 |
| 600462 | 石岘纸业 | 26.62 | 43.37 | 80 | 89.40 | 40 | 67.02 | 55.71 | 61.37 | 30.42 |
| 600463 | 空港股份 | 0.90 | 34.83 | 80 | 99.05 | 40 | 49.07 | 82.05 | 43.36 | 66.25 |
| 600466 | 蓝光发展 | 0.91 | 37.51 | 60 | 90.00 | 50 | 27.58 | 85.28 | 58.35 | 55.34 |
| 600467 | 好当家 | 50.04 | 37.87 | 80 | 83.56 | 40 | 44.88 | 56.44 | 47.15 | 49.87 |
| 600468 | 百利电气 | 25.80 | 39.99 | 80 | 99.72 | 50 | 60.62 | 69.17 | 59.82 | 26.94 |
| 600469 | 风神股份 | 25.72 | 43.53 | 80 | 97.03 | 50 | 59.19 | 73.33 | 57.87 | 36.79 |
| 600470 | 六国化工 | 26.08 | 44.50 | 60 | 97.84 | 40 | 51.84 | 63.97 | 47.60 | 30.95 |
| 600475 | 华光股份 | 50.58 | 59.33 | 80 | 72.24 | 40 | 47.00 | 85.10 | 44.64 | 26.24 |
| 600476 | 湘邮科技 | 0.49 | 52.73 | 60 | 90.00 | 50 | 45.83 | 36.58 | 41.16 | 34.80 |
| 600477 | 杭萧钢构 | 27.98 | 39.29 | 80 | 89.59 | 50 | 50.57 | 39.52 | 55.29 | 40.07 |
| 600478 | 科力远 | 25.32 | 34.89 | 70 | 99.89 | 50 | 30.31 | 77.92 | 41.45 | 12.56 |
| 600479 | 千金药业 | 26.09 | 43.61 | 80 | 99.77 | 50 | 73.06 | 70.25 | 57.46 | 53.31 |
| 600480 | 凌云股份 | 51.31 | 39.66 | 80 | 98.83 | 50 | 77.46 | 52.85 | 60.38 | 22.44 |
| 600481 | 双良节能 | 25.19 | 43.58 | 80 | 99.23 | 40 | 68.91 | 44.28 | 55.52 | 75.56 |
| 600482 | 风帆股份 | 26.70 | 32.52 | 80 | 98.34 | 50 | 75.00 | 50.74 | 75.17 | 31.32 |
| 600483 | 福能股份 | 27.58 | 39.81 | 80 | 95.30 | 50 | 18.26 | 72.21 | 51.52 | 63.43 |
| 600485 | 信威集团 | 25.27 | 38.80 | 80 | 95.28 | 50 | 52.28 | 84.01 | 48.17 | 10.72 |
| 600486 | 扬农化工 | 50.65 | 49.71 | 80 | 94.68 | 40 | 66.98 | 27.26 | 52.71 | 37.79 |
| 600487 | 亨通光电 | 50.47 | 40.24 | 70 | 98.45 | 50 | 63.40 | 82.91 | 55.55 | 17.74 |
| 600488 | 天药股份 | 1.28 | 39.83 | 80 | 88.34 | 40 | 73.98 | 81.50 | 47.59 | 41.62 |
| 600489 | 中金黄金 | 50.89 | 38.90 | 70 | 85.02 | 50 | 48.13 | 67.35 | 56.00 | 17.79 |
| 600490 | 鹏欣资源 | 25.03 | 51.66 | 80 | 99.85 | 43 | 62.03 | 77.66 | 72.24 | 12.56 |
| 600491 | 龙元建设 | 50.41 | 47.43 | 80 | 70.00 | 42 | 64.42 | 84.93 | 57.89 | 47.23 |
| 600493 | 凤竹纺织 | 26.59 | 38.86 | 60 | 95.50 | 40 | 49.51 | 42.15 | 53.55 | 55.04 |

续表

| 证券代码 | 证券简称 | 内部控制指数 | | | | | 财务运行指数 | | | |
|---|---|---|---|---|---|---|---|---|---|---|
| | | 人文环境 | 治理结构 | 信息沟通 | 业务控制 | 外部监督 | 投资质量 | 筹资质量 | 资金运营质量 | 股利分配 |
| 600495 | 晋西车轴 | 0.66 | 45.11 | 70 | 80.96 | 50 | 61.30 | 37.52 | 58.11 | 28.40 |
| 600496 | 精工钢构 | 25.89 | 49.46 | 70 | 97.87 | 50 | 62.40 | 37.91 | 65.50 | 34.06 |
| 600497 | 驰宏锌锗 | 51.75 | 54.87 | 70 | 99.25 | 50 | 60.35 | 52.66 | 53.69 | 56.57 |
| 600498 | 烽火通信 | 50.46 | 38.91 | 80 | 96.06 | 50 | 68.26 | 66.83 | 59.05 | 30.33 |
| 600499 | 科达洁能 | 50.07 | 42.24 | 50 | 100.00 | 40 | 57.59 | 82.20 | 36.62 | 31.69 |
| 600500 | 中化国际 | 53.09 | 42.91 | 80 | 99.40 | 60 | 65.61 | 60.19 | 59.65 | 44.50 |
| 600501 | 航天晨光 | 25.85 | 47.11 | 60 | 99.39 | 35 | 55.65 | 79.66 | 53.29 | 29.59 |
| 600502 | 安徽水利 | 25.86 | 37.03 | 70 | 95.48 | 33 | 62.40 | 55.03 | 53.41 | 33.47 |
| 600503 | 华丽家族 | 0.00 | 43.81 | 70 | 100.00 | 33 | 67.56 | 30.31 | 26.33 | 47.47 |
| 600505 | 西昌电力 | 27.49 | 46.71 | 80 | 85.34 | 50 | 71.01 | 57.99 | 67.21 | 31.91 |
| 600506 | 香梨股份 | 0.55 | 37.90 | 80 | 99.99 | 50 | 24.97 | 54.90 | 44.33 | 34.80 |
| 600507 | 方大特钢 | 51.07 | 49.60 | 80 | 99.83 | 40 | 42.52 | 47.98 | 59.97 | 63.91 |
| 600508 | 上海能源 | 4.72 | 39.68 | 80 | 97.65 | 60 | 38.21 | 82.28 | 56.28 | 6.95 |
| 600509 | 天富能源 | 26.66 | 41.90 | 60 | 98.42 | 50 | 54.62 | 57.31 | 18.10 | 62.61 |
| 600510 | 黑牡丹 | 50.98 | 42.06 | 80 | 99.91 | 40 | 46.55 | 86.90 | 64.70 | 49.13 |
| 600511 | 国药股份 | 26.48 | 39.68 | 80 | 82.22 | 60 | 64.02 | 86.68 | 75.22 | 50.33 |
| 600512 | 腾达建设 | 25.58 | 47.56 | 80 | 99.97 | 50 | 41.05 | 85.44 | 55.57 | 61.99 |
| 600513 | 联环药业 | 0.93 | 46.13 | 80 | 98.66 | 40 | 62.30 | 26.10 | 63.51 | 44.36 |
| 600515 | 海岛建设 | 25.75 | 44.66 | 60 | 85.45 | 50 | 67.19 | 24.11 | 75.97 | 34.80 |
| 600516 | 方大炭素 | 50.48 | 34.59 | 80 | 86.74 | 35 | 70.57 | 65.32 | 60.70 | 34.46 |
| 600517 | 置信电气 | 1.18 | 48.37 | 80 | 62.54 | 50 | 51.43 | 78.21 | 60.13 | 36.62 |
| 600518 | 康美药业 | 25.28 | 31.40 | 60 | 99.93 | 40 | 55.07 | 80.92 | 68.66 | 44.19 |
| 600519 | 贵州茅台 | 50.66 | 42.94 | 80 | 99.39 | 50 | 67.00 | 26.54 | 65.84 | 49.91 |
| 600520 | 中发科技 | 0.39 | 47.30 | 80 | 98.38 | 40 | 67.85 | 86.60 | 63.35 | 12.56 |
| 600521 | 华海药业 | 50.41 | 47.71 | 80 | 99.89 | 50 | 65.30 | 36.28 | 57.44 | 48.63 |
| 600522 | 中天科技 | 50.77 | 36.73 | 80 | 90.90 | 40 | 57.55 | 85.10 | 71.08 | 17.16 |
| 600523 | 贵航股份 | 28.25 | 41.33 | 60 | 95.33 | 40 | 63.27 | 36.62 | 62.97 | 28.64 |

续表

| 证券代码 | 证券简称 | 内部控制指数 | | | | | 财务运行指数 | | | |
|---|---|---|---|---|---|---|---|---|---|---|
| | | 人文环境 | 治理结构 | 信息沟通 | 业务控制 | 外部监督 | 投资质量 | 筹资质量 | 资金运营质量 | 股利分配 |
| 600525 | 长园集团 | 50.35 | 46.04 | 80 | 89.86 | 50 | 77.10 | 76.48 | 54.65 | 30.14 |
| 600526 | 菲达环保 | 25.85 | 39.25 | 80 | 99.08 | 50 | 70.71 | 68.61 | 40.13 | 61.36 |
| 600527 | 江南高纤 | 0.00 | 37.74 | 70 | 100.00 | 50 | 72.23 | 33.05 | 57.21 | 74.70 |
| 600528 | 中铁二局 | 26.52 | 51.22 | 80 | 82.88 | 60 | 53.76 | 76.03 | 50.73 | 48.85 |
| 600529 | 山东药玻 | 27.11 | 45.19 | 80 | 98.59 | 40 | 57.26 | 26.10 | 69.99 | 30.71 |
| 600530 | 交大昂立 | 0.43 | 56.26 | 80 | 99.96 | 50 | 79.41 | 86.87 | 38.57 | 54.24 |
| 600531 | 豫光金铅 | 26.50 | 38.99 | 60 | 95.52 | 40 | 65.71 | 26.10 | 51.43 | 22.93 |
| 600532 | 宏达矿业 | 25.19 | 39.95 | 80 | 71.11 | 50 | 24.68 | 73.88 | 56.63 | 12.68 |
| 600533 | 栖霞建设 | 26.10 | 42.69 | 80 | 99.06 | 50 | 69.50 | 85.49 | 67.02 | 59.97 |
| 600535 | 天士力 | 50.79 | 36.84 | 80 | 89.39 | 50 | 61.27 | 78.27 | 52.56 | 41.31 |
| 600536 | 中国软件 | 25.26 | 39.47 | 80 | 97.78 | 50 | 72.22 | 86.11 | 51.13 | 42.96 |
| 600537 | 亿晶光电 | 25.50 | 45.11 | 70 | 90.00 | 50 | 72.09 | 48.57 | 46.56 | 29.55 |
| 600538 | 国发股份 | 25.23 | 35.26 | 60 | 100.00 | 50 | 45.73 | 36.76 | 61.49 | 30.42 |
| 600539 | *ST 狮头 | 25.11 | 55.54 | 80 | 67.36 | 25 | 22.67 | 81.26 | 2.27 | 12.56 |
| 600540 | 新赛股份 | 26.29 | 39.08 | 80 | 95.25 | 13 | 38.16 | 79.78 | 48.35 | 34.80 |
| 600543 | 莫高股份 | 0.15 | 50.29 | 60 | 99.99 | 50 | 14.31 | 63.60 | 39.90 | 35.61 |
| 600545 | 新疆城建 | 25.94 | 36.43 | 60 | 93.06 | 40 | 68.74 | 76.63 | 59.04 | 51.24 |
| 600546 | 山煤国际 | 50.76 | 42.21 | 60 | 89.18 | 35 | 63.23 | 61.76 | 44.27 | 35.77 |
| 600547 | 山东黄金 | 25.81 | 45.93 | 80 | 99.23 | 40 | 71.39 | 74.78 | 36.82 | 15.65 |
| 600548 | 深高速 | 53.67 | 52.27 | 80 | 98.63 | 60 | 12.77 | 65.47 | 65.65 | 63.11 |
| 600549 | 厦门钨业 | 51.53 | 54.70 | 80 | 94.80 | 50 | 59.76 | 79.62 | 49.85 | 23.31 |
| 600550 | 保变电气 | 51.18 | 48.59 | 80 | 46.35 | 50 | 25.01 | 25.98 | 45.69 | 12.56 |
| 600551 | 时代出版 | 26.11 | 39.44 | 80 | 89.57 | 40 | 60.94 | 69.27 | 61.35 | 47.35 |
| 600552 | 方兴科技 | 0.17 | 41.81 | 80 | 96.32 | 50 | 22.58 | 87.00 | 66.51 | 15.78 |
| 600555 | 九龙山 | 25.07 | 54.14 | 80 | 40.00 | 60 | 78.24 | 34.42 | 29.00 | 34.80 |
| 600556 | 慧球科技 | 0.67 | 42.68 | 80 | 68.18 | 0 | 40.98 | 26.10 | 47.01 | 30.42 |
| 600557 | 康缘药业 | 0.46 | 37.73 | 80 | 96.69 | 35 | 74.47 | 76.23 | 57.59 | 37.09 |

续表

| 证券代码 | 证券简称 | 内部控制指数 | | | | | 财务运行指数 | | | |
|---|---|---|---|---|---|---|---|---|---|---|
| | | 人文环境 | 治理结构 | 信息沟通 | 业务控制 | 外部监督 | 投资质量 | 筹资质量 | 资金运营质量 | 股利分配 |
| 600558 | 大西洋 | 26.00 | 48.51 | 80 | 97.84 | 40 | 65.00 | 56.53 | 66.88 | 28.81 |
| 600559 | 老白干酒 | 0.36 | 43.23 | 80 | 99.82 | 40 | 55.19 | 69.94 | 53.06 | 51.87 |
| 600560 | 金自天正 | 25.60 | 39.18 | 80 | 94.92 | 50 | 55.06 | 61.74 | 27.05 | 29.36 |
| 600561 | 江西长运 | 50.00 | 40.78 | 80 | 100.00 | 34 | 63.62 | 73.03 | 45.36 | 43.05 |
| 600562 | 国睿科技 | 0.52 | 49.25 | 80 | 79.99 | 50 | 58.76 | 54.01 | 66.30 | 25.57 |
| 600563 | 法拉电子 | 26.30 | 49.86 | 80 | 100.00 | 50 | 84.90 | 32.02 | 37.90 | 42.62 |
| 600565 | 迪马股份 | 25.40 | 44.30 | 80 | 99.91 | 50 | 56.86 | 81.12 | 73.69 | 35.54 |
| 600566 | 济川药业 | 51.34 | 37.16 | 80 | 99.99 | 42 | 77.68 | 34.70 | 65.39 | 39.07 |
| 600567 | 山鹰纸业 | 50.37 | 38.01 | 60 | 89.80 | 35 | 78.12 | 62.94 | 41.43 | 40.77 |
| 600568 | 中珠控股 | 0.24 | 38.01 | 80 | 90.00 | 50 | 65.60 | 82.37 | 47.71 | 34.84 |
| 600569 | 安阳钢铁 | 0.34 | 37.81 | 80 | 90.31 | 50 | 63.72 | 43.29 | 52.95 | 12.56 |
| 600570 | 恒生电子 | 52.18 | 40.62 | 80 | 99.80 | 42 | 63.53 | 51.43 | 40.56 | 51.54 |
| 600571 | 信雅达 | 50.24 | 52.77 | 80 | 100.00 | 50 | 45.77 | 26.10 | 44.76 | 51.26 |
| 600572 | 康恩贝 | 26.03 | 43.59 | 80 | 98.37 | 34 | 74.25 | 70.32 | 60.60 | 42.39 |
| 600573 | 惠泉啤酒 | 2.96 | 38.25 | 60 | 98.79 | 50 | 72.06 | 30.00 | 61.62 | 42.78 |
| 600575 | 皖江物流 | 26.21 | 45.85 | 30 | 84.41 | 0 | 23.35 | 72.49 | 79.47 | 10.36 |
| 600576 | 万好万家 | 0.04 | 36.58 | 80 | 100.00 | 50 | 68.08 | 72.96 | 19.07 | 34.80 |
| 600577 | 精达股份 | 50.44 | 47.82 | 80 | 99.99 | 40 | 60.07 | 30.33 | 68.97 | 27.32 |
| 600578 | 京能电力 | 26.77 | 43.07 | 80 | 91.46 | 40 | 71.59 | 84.14 | 62.16 | 36.69 |
| 600579 | 天华院 | 0.40 | 47.72 | 80 | 98.94 | 50 | 59.64 | 55.29 | 55.37 | 12.56 |
| 600580 | 卧龙电气 | 50.07 | 44.81 | 70 | 99.76 | 50 | 70.55 | 53.93 | 59.65 | 25.71 |
| 600581 | 八一钢铁 | 26.34 | 45.09 | 60 | 52.10 | 50 | 40.65 | 26.10 | 45.32 | 25.10 |
| 600582 | 天地科技 | 50.98 | 40.93 | 70 | 99.76 | 50 | 60.09 | 76.09 | 57.89 | 18.09 |
| 600583 | 海油工程 | 51.01 | 58.51 | 65 | 50.82 | 50 | 68.39 | 65.36 | 60.38 | 18.52 |
| 600584 | 长电科技 | 50.26 | 43.38 | 60 | 98.58 | 40 | 56.32 | 66.50 | 56.65 | 17.03 |
| 600585 | 海螺水泥 | 50.56 | 48.91 | 60 | 98.10 | 60 | 62.18 | 64.98 | 72.88 | 25.80 |
| 600586 | 金晶科技 | 25.52 | 46.77 | 60 | 99.31 | 50 | 56.33 | 64.81 | 44.57 | 12.56 |

续表

| 证券代码 | 证券简称 | 内部控制指数 | | | | | 财务运行指数 | | | |
|---|---|---|---|---|---|---|---|---|---|---|
| | | 人文环境 | 治理结构 | 信息沟通 | 业务控制 | 外部监督 | 投资质量 | 筹资质量 | 资金运营质量 | 股利分配 |
| 600587 | 新华医疗 | 50.45 | 40.99 | 60 | 97.62 | 40 | 71.24 | 82.23 | 57.96 | 17.76 |
| 600588 | 用友网络 | 50.06 | 47.30 | 80 | 99.91 | 50 | 66.04 | 67.50 | 54.15 | 67.30 |
| 600589 | 广东榕泰 | 0.11 | 45.30 | 60 | 100.00 | 40 | 77.07 | 66.37 | 62.19 | 44.32 |
| 600590 | 泰豪科技 | 0.66 | 59.14 | 80 | 99.60 | 50 | 70.89 | 76.29 | 43.13 | 46.61 |
| 600592 | 龙溪股份 | 26.56 | 66.95 | 80 | 100.00 | 50 | 67.77 | 77.32 | 38.31 | 64.04 |
| 600593 | 大连圣亚 | 25.85 | 54.06 | 80 | 99.19 | 50 | 34.73 | 64.75 | 60.20 | 13.14 |
| 600594 | 益佰制药 | 25.65 | 36.20 | 80 | 100.00 | 40 | 51.76 | 86.69 | 60.19 | 35.75 |
| 600595 | 中孚实业 | 50.19 | 43.88 | 80 | 86.80 | 12 | 59.95 | 25.98 | 33.23 | 15.89 |
| 600596 | 新安股份 | 50.94 | 43.72 | 80 | 99.75 | 42 | 45.74 | 86.41 | 51.86 | 60.47 |
| 600597 | 光明乳业 | 51.56 | 53.35 | 80 | 96.24 | 60 | 43.81 | 64.36 | 56.32 | 61.26 |
| 600598 | 北大荒 | 50.54 | 41.51 | 80 | 73.17 | 31 | 57.08 | 26.10 | 64.62 | 16.25 |
| 600599 | 熊猫金控 | 25.06 | 40.17 | 80 | 100.00 | 50 | 81.92 | 26.10 | 51.43 | 45.03 |
| 600600 | 青岛啤酒 | 52.76 | 65.84 | 80 | 93.18 | 60 | 71.84 | 72.65 | 58.90 | 47.32 |
| 600601 | 方正科技 | 50.59 | 39.06 | 60 | 98.37 | 40 | 27.13 | 83.57 | 54.52 | 26.03 |
| 600602 | 仪电电子 | 25.71 | 38.50 | 80 | 93.93 | 50 | 40.11 | 41.54 | 59.52 | 12.56 |
| 600603 | 大洲兴业 | 0.16 | 46.05 | 70 | 74.53 | 50 | 13.78 | 20.30 | 36.21 | 34.80 |
| 600604 | 市北高新 | 0.36 | 37.93 | 80 | 82.97 | 42 | 56.99 | 84.29 | 33.42 | 33.56 |
| 600605 | 汇通能源 | 0.21 | 52.84 | 80 | 100.00 | 40 | 46.17 | 77.35 | 80.94 | 63.55 |
| 600606 | 金丰投资 | 25.86 | 48.73 | 80 | 99.53 | 48 | 77.53 | 36.11 | 36.02 | 31.28 |
| 600608 | *ST 沪科 | 0.95 | 64.81 | 80 | 100.00 | 50 | 38.56 | 26.10 | 60.13 | 12.56 |
| 600609 | 金杯汽车 | 25.70 | 52.34 | 80 | 55.43 | 40 | 71.25 | 29.44 | 54.98 | 12.56 |
| 600610 | 中毅达 | 3.55 | 50.66 | 60 | 90.00 | 34 | 73.70 | 30.23 | 25.16 | 12.56 |
| 600611 | 大众交通 | 26.75 | 52.78 | 80 | 98.47 | 50 | 64.86 | 66.29 | 53.70 | 48.45 |
| 600612 | 老凤祥 | 0.86 | 39.39 | 60 | 100.00 | 40 | 48.01 | 84.28 | 65.40 | 58.11 |
| 600613 | 神奇制药 | 0.24 | 47.06 | 80 | 89.77 | 4 | 58.23 | 26.30 | 50.18 | 32.44 |
| 600614 | 鼎立股份 | 25.78 | 41.01 | 80 | 99.95 | 32 | 68.62 | 81.29 | 18.38 | 45.83 |
| 600615 | 丰华股份 | 0.22 | 49.03 | 80 | 96.59 | 50 | 71.18 | 61.08 | 14.63 | 12.56 |

续表

| 证券代码 | 证券简称 | 内部控制指数 | | | | | 财务运行指数 | | | |
|---|---|---|---|---|---|---|---|---|---|---|
| | | 人文环境 | 治理结构 | 信息沟通 | 业务控制 | 外部监督 | 投资质量 | 筹资质量 | 资金运营质量 | 股利分配 |
| 600616 | 金枫酒业 | 26.03 | 59.19 | 80 | 90.56 | 35 | 75.52 | 45.32 | 36.75 | 53.08 |
| 600617 | 国新能源 | 28.13 | 69.57 | 80 | 60.43 | 50 | 25.51 | 27.31 | 53.71 | 15.98 |
| 600618 | 氯碱化工 | 25.48 | 38.15 | 80 | 97.36 | 50 | 52.74 | 58.59 | 56.58 | 33.46 |
| 600619 | 海立股份 | 25.73 | 38.23 | 80 | 97.01 | 60 | 82.01 | 47.50 | 55.08 | 38.75 |
| 600620 | 天宸股份 | 25.91 | 44.21 | 80 | 89.54 | 50 | 75.19 | 26.58 | 50.47 | 81.89 |
| 600621 | 华鑫股份 | 1.57 | 40.48 | 80 | 89.53 | 40 | 79.29 | 50.27 | 79.11 | 55.17 |
| 600622 | 嘉宝集团 | 25.50 | 66.96 | 70 | 100.00 | 40 | 76.79 | 75.21 | 66.00 | 52.87 |
| 600623 | 双钱股份 | 26.26 | 42.46 | 80 | 99.60 | 50 | 67.25 | 69.40 | 53.34 | 43.61 |
| 600624 | 复旦复华 | 0.04 | 46.65 | 80 | 89.88 | 42 | 47.01 | 65.41 | 74.42 | 71.94 |
| 600626 | 申达股份 | 25.73 | 45.45 | 80 | 97.62 | 50 | 58.55 | 34.53 | 67.53 | 68.26 |
| 600628 | 新世界 | 25.47 | 36.62 | 80 | 100.00 | 40 | 70.55 | 33.85 | 48.94 | 63.24 |
| 600629 | 棱光实业 | 0.47 | 41.47 | 80 | 99.99 | 24 | 55.59 | 84.77 | 52.86 | 12.56 |
| 600630 | 龙头股份 | 26.36 | 45.64 | 60 | 99.49 | 50 | 73.82 | 26.69 | 66.68 | 37.05 |
| 600633 | 浙报传媒 | 51.11 | 53.03 | 70 | 99.84 | 23 | 54.18 | 61.83 | 73.73 | 62.37 |
| 600634 | 中技控股 | 25.55 | 37.77 | 80 | 90.00 | 40 | 71.70 | 77.70 | 34.03 | 12.56 |
| 600635 | 大众公用 | 51.03 | 50.02 | 80 | 57.24 | 50 | 69.53 | 82.58 | 59.79 | 39.53 |
| 600636 | 三爱富 | 25.75 | 36.30 | 40 | 91.72 | 50 | 57.07 | 46.46 | 57.36 | 37.43 |
| 600637 | 百视通 | 50.63 | 51.01 | 80 | 98.16 | 50 | 38.91 | 32.30 | 59.83 | 27.65 |
| 600638 | 新黄浦 | 26.67 | 45.62 | 80 | 97.28 | 50 | 71.87 | 73.80 | 63.16 | 52.78 |
| 600639 | 浦东金桥 | 50.71 | 52.26 | 80 | 99.76 | 60 | 66.73 | 70.64 | 56.82 | 51.75 |
| 600640 | 号百控股 | 25.77 | 52.68 | 80 | 84.75 | 40 | 31.36 | 26.65 | 38.29 | 35.81 |
| 600641 | 万业企业 | 25.34 | 50.19 | 70 | 89.88 | 40 | 83.42 | 49.85 | 66.83 | 53.08 |
| 600642 | 申能股份 | 26.10 | 46.79 | 80 | 52.80 | 40 | 57.41 | 31.94 | 81.78 | 43.15 |
| 600643 | 爱建股份 | 0.91 | 51.13 | 80 | 95.82 | 50 | 20.81 | 43.56 | 27.04 | 0.00 |
| 600644 | *ST 乐电 | 51.69 | 43.37 | 70 | 81.44 | 40 | 35.91 | 84.42 | 80.03 | 31.96 |
| 600645 | 中源协和 | 50.22 | 36.68 | 60 | 98.62 | 50 | 77.38 | 86.03 | 39.09 | 34.80 |
| 600647 | 同达创业 | 26.05 | 38.90 | 80 | 96.48 | 50 | 76.34 | 30.22 | 58.69 | 24.97 |

续表

| 证券代码 | 证券简称 | 内部控制指数 | | | | | 财务运行指数 | | | |
|---|---|---|---|---|---|---|---|---|---|---|
| | | 人文环境 | 治理结构 | 信息沟通 | 业务控制 | 外部监督 | 投资质量 | 筹资质量 | 资金运营质量 | 股利分配 |
| 600648 | 外高桥 | 26.72 | 50.93 | 60 | 99.23 | 50 | 49.85 | 72.96 | 44.67 | 58.77 |
| 600649 | 城投控股 | 50.93 | 47.43 | 80 | 97.82 | 60 | 39.34 | 74.50 | 64.57 | 55.13 |
| 600650 | 锦江投资 | 52.10 | 58.66 | 80 | 99.73 | 60 | 62.99 | 47.88 | 81.92 | 73.62 |
| 600651 | 飞乐音响 | 26.04 | 65.93 | 80 | 99.08 | 40 | 79.94 | 74.99 | 48.14 | 28.02 |
| 600652 | 游久游戏 | 51.93 | 42.59 | 80 | 100.00 | 50 | 83.02 | 23.49 | 35.60 | 20.53 |
| 600653 | 申华控股 | 25.68 | 43.72 | 80 | 50.00 | 40 | 81.07 | 64.62 | 48.05 | 34.80 |
| 600654 | 中安消 | 25.31 | 40.01 | 80 | 99.37 | 50 | 76.32 | 86.11 | 42.92 | 36.02 |
| 600655 | 豫园商城 | 25.83 | 52.74 | 80 | 99.94 | 60 | 67.64 | 79.29 | 74.04 | 60.83 |
| 600656 | *ST 博元 | 0.06 | 46.00 | 80 | 90.00 | 30 | 56.01 | 26.10 | 37.51 | 34.80 |
| 600657 | 信达地产 | 51.06 | 54.27 | 80 | 89.52 | 60 | 72.86 | 83.44 | 61.44 | 43.81 |
| 600658 | 电子城 | 25.77 | 41.12 | 80 | 98.31 | 50 | 74.53 | 26.89 | 70.28 | 55.00 |
| 600660 | 福耀玻璃 | 50.23 | 43.76 | 80 | 98.61 | 60 | 42.61 | 73.24 | 53.93 | 48.76 |
| 600661 | 新南洋 | 25.40 | 59.41 | 60 | 99.70 | 50 | 58.71 | 55.49 | 12.89 | 0.00 |
| 600662 | 强生控股 | 51.37 | 37.85 | 65 | 89.72 | 50 | 61.18 | 39.36 | 63.22 | 72.19 |
| 600663 | 陆家嘴 | 25.77 | 51.10 | 60 | 99.67 | 40 | 59.83 | 86.33 | 58.98 | 50.95 |
| 600664 | 哈药股份 | 50.80 | 41.29 | 80 | 99.78 | 40 | 69.20 | 87.00 | 56.22 | 43.96 |
| 600665 | 天地源 | 51.33 | 44.60 | 80 | 99.21 | 40 | 78.45 | 83.45 | 61.59 | 55.22 |
| 600666 | 西南药业 | 26.06 | 38.30 | 80 | 85.53 | 50 | 53.44 | 31.38 | 33.34 | 35.22 |
| 600667 | 太极实业 | 27.09 | 42.52 | 60 | 100.00 | 40 | 61.54 | 56.62 | 62.90 | 18.52 |
| 600668 | 尖峰集团 | 26.02 | 34.27 | 60 | 89.68 | 50 | 60.72 | 57.18 | 64.42 | 28.30 |
| 600671 | 天目药业 | 0.66 | 45.18 | 25 | 15.00 | 0 | 82.13 | 63.46 | 43.06 | 30.42 |
| 600673 | 东阳光科 | 50.08 | 44.33 | 80 | 92.00 | 50 | 43.89 | 31.54 | 57.04 | 33.36 |
| 600674 | 川投能源 | 26.39 | 39.30 | 80 | 94.93 | 50 | 60.96 | 49.94 | 65.21 | 30.34 |
| 600675 | 中华企业 | 25.86 | 38.69 | 80 | 72.10 | 50 | 80.80 | 82.69 | 62.20 | 31.21 |
| 600676 | 交运股份 | 26.22 | 49.35 | 80 | 99.73 | 40 | 76.21 | 77.95 | 72.45 | 50.02 |
| 600677 | 航天通信 | 25.60 | 40.70 | 25 | 50.03 | 0 | 63.73 | 79.75 | 56.96 | 40.39 |
| 600678 | 四川金顶 | 25.75 | 42.51 | 80 | 90.00 | 42 | 54.93 | 48.70 | 43.01 | 12.56 |

续表

| 证券代码 | 证券简称 | 内部控制指数 | | | | | 财务运行指数 | | | |
|---|---|---|---|---|---|---|---|---|---|---|
| | | 人文环境 | 治理结构 | 信息沟通 | 业务控制 | 外部监督 | 投资质量 | 筹资质量 | 资金运营质量 | 股利分配 |
| 600679 | 金山开发 | 25.77 | 57.32 | 70 | 97.57 | 40 | 74.20 | 77.31 | 56.55 | 12.56 |
| 600680 | 上海普天 | 0.65 | 36.96 | 80 | 97.99 | 40 | 68.30 | 69.04 | 42.67 | 12.56 |
| 600681 | 万鸿集团 | 25.00 | 48.49 | 80 | 54.37 | 40 | 73.14 | 66.55 | 55.89 | 21.46 |
| 600682 | 南京新百 | 50.54 | 45.32 | 60 | 99.91 | 34 | 82.33 | 26.10 | 52.97 | 50.73 |
| 600683 | 京投银泰 | 50.15 | 58.71 | 80 | 99.97 | 50 | 68.81 | 24.07 | 51.63 | 52.68 |
| 600684 | 珠江实业 | 26.21 | 39.49 | 80 | 84.87 | 50 | 71.47 | 85.76 | 58.11 | 34.92 |
| 600685 | 广船国际 | 25.87 | 40.77 | 60 | 80.03 | 50 | 77.02 | 25.82 | 48.66 | 63.14 |
| 600686 | 金龙汽车 | 51.49 | 53.07 | 60 | 98.04 | 28 | 76.24 | 82.31 | 51.80 | 18.23 |
| 600687 | 刚泰控股 | 0.00 | 48.50 | 80 | 98.61 | 40 | 73.67 | 49.64 | 55.41 | 40.42 |
| 600688 | 上海石化 | 53.70 | 71.66 | 80 | 50.00 | 60 | 65.52 | 85.30 | 63.57 | 36.75 |
| 600689 | 上海三毛 | 0.31 | 51.04 | 45 | 100.00 | 15 | 74.30 | 67.76 | 42.22 | 32.75 |
| 600690 | 青岛海尔 | 50.51 | 52.93 | 80 | 77.12 | 40 | 58.51 | 77.53 | 67.08 | 25.83 |
| 600691 | *ST 阳化 | 51.10 | 49.79 | 80 | 78.92 | 50 | 42.56 | 23.90 | 26.94 | 30.42 |
| 600692 | 亚通股份 | 0.41 | 34.38 | 80 | 100.00 | 40 | 30.34 | 58.43 | 41.44 | 21.97 |
| 600693 | 东百集团 | 26.52 | 45.07 | 80 | 89.22 | 40 | 83.98 | 47.74 | 45.76 | 37.60 |
| 600694 | 大商股份 | 50.39 | 52.38 | 70 | 97.70 | 18 | 68.08 | 82.31 | 77.25 | 59.67 |
| 600695 | 绿庭投资 | 0.25 | 43.87 | 60 | 100.00 | 50 | 42.78 | 80.80 | 59.85 | 32.75 |
| 600696 | 多伦股份 | 0.02 | 40.80 | 30 | 38.00 | 0 | 67.06 | 26.41 | 35.90 | 34.80 |
| 600697 | 欧亚集团 | 25.15 | 45.65 | 80 | 100.00 | 50 | 20.00 | 67.32 | 49.11 | 46.54 |
| 600698 | 湖南天雁 | 26.21 | 36.12 | 60 | 99.85 | 33 | 73.05 | 86.76 | 69.90 | 12.56 |
| 600699 | 均胜电子 | 50.08 | 45.72 | 80 | 100.00 | 50 | 46.75 | 42.16 | 60.17 | 14.46 |
| 600701 | 工大高新 | 0.58 | 40.07 | 80 | 89.97 | 40 | 5.98 | 31.70 | 41.83 | 41.41 |
| 600702 | 沱牌舍得 | 51.30 | 49.76 | 80 | 86.02 | 50 | 68.06 | 28.07 | 47.17 | 54.93 |
| 600703 | 三安光电 | 25.15 | 45.79 | 80 | 96.74 | 40 | 49.84 | 62.02 | 50.90 | 31.65 |
| 600704 | 物产中大 | 51.42 | 41.09 | 80 | 88.27 | 50 | 45.54 | 62.32 | 67.31 | 50.33 |
| 600705 | 中航资本 | 52.13 | 39.64 | 60 | 87.86 | 50 | 87.00 | 26.10 | 31.18 | 27.04 |
| 600706 | 曲江文旅 | 26.14 | 48.35 | 60 | 88.45 | 40 | 24.73 | 81.89 | 48.21 | 34.80 |

续表

| 证券代码 | 证券简称 | 内部控制指数 | | | | | 财务运行指数 | | | |
|---|---|---|---|---|---|---|---|---|---|---|
| | | 人文环境 | 治理结构 | 信息沟通 | 业务控制 | 外部监督 | 投资质量 | 筹资质量 | 资金运营质量 | 股利分配 |
| 600707 | 彩虹股份 | 50.62 | 47.76 | 60 | 81.42 | 50 | 80.91 | 26.03 | 23.54 | 12.56 |
| 600708 | 海博股份 | 26.26 | 53.69 | 80 | 85.26 | 50 | 74.75 | 30.66 | 49.26 | 47.14 |
| 600710 | *ST 常林 | 26.07 | 38.12 | 80 | 91.60 | 35 | 44.69 | 69.82 | 59.44 | 37.62 |
| 600711 | 盛屯矿业 | 0.13 | 45.78 | 80 | 99.50 | 40 | 68.46 | 77.83 | 56.65 | 4.48 |
| 600712 | 南宁百货 | 25.78 | 41.70 | 70 | 100.00 | 50 | 77.26 | 26.10 | 51.19 | 61.92 |
| 600713 | 南京医药 | 50.89 | 51.55 | 80 | 81.40 | 0 | 64.13 | 86.21 | 68.50 | 34.80 |
| 600714 | 金瑞矿业 | 0.33 | 56.24 | 70 | 65.62 | 40 | 46.94 | 60.71 | 49.66 | 7.84 |
| 600715 | *ST 松辽 | 0.06 | 41.35 | 80 | 90.00 | 50 | 67.02 | 26.10 | 23.56 | 12.56 |
| 600716 | 凤凰股份 | 0.54 | 42.35 | 70 | 99.22 | 50 | 57.29 | 86.71 | 74.51 | 35.08 |
| 600717 | 天津港 | 51.18 | 47.29 | 80 | 97.15 | 40 | 65.63 | 75.66 | 73.81 | 42.79 |
| 600718 | 东软集团 | 50.42 | 49.59 | 80 | 92.55 | 50 | 59.73 | 83.49 | 54.14 | 54.60 |
| 600719 | 大连热电 | 0.40 | 42.26 | 80 | 91.46 | 40 | 73.08 | 0.00 | 55.96 | 56.70 |
| 600720 | 祁连山 | 50.89 | 44.96 | 60 | 65.26 | 50 | 74.90 | 46.94 | 50.46 | 25.82 |
| 600721 | 百花村 | 26.05 | 52.12 | 30 | 98.64 | 25 | 48.61 | 47.13 | 31.17 | 30.42 |
| 600722 | *ST 金化 | 25.80 | 49.39 | 80 | 87.93 | 50 | 30.16 | 35.93 | 41.30 | 30.42 |
| 600723 | 首商股份 | 50.67 | 44.69 | 80 | 99.90 | 50 | 75.65 | 36.95 | 83.32 | 53.49 |
| 600724 | 宁波富达 | 25.93 | 50.42 | 70 | 100.00 | 40 | 64.16 | 86.28 | 72.79 | 53.55 |
| 600725 | 云维股份 | 50.70 | 37.47 | 70 | 90.92 | 50 | 42.60 | 26.10 | 21.60 | 30.42 |
| 600726 | 华电能源 | 36.48 | 45.22 | 80 | 98.29 | 42 | 58.37 | 26.10 | 38.04 | 15.98 |
| 600727 | 鲁北化工 | 25.12 | 39.56 | 80 | 96.50 | 40 | 66.62 | 26.10 | 49.90 | 30.42 |
| 600728 | 佳都科技 | 25.78 | 56.46 | 60 | 89.94 | 50 | 62.66 | 71.02 | 46.77 | 34.80 |
| 600729 | 重庆百货 | 52.54 | 59.12 | 60 | 89.77 | 50 | 60.20 | 36.48 | 66.00 | 61.94 |
| 600730 | 中国高科 | 25.31 | 45.17 | 60 | 99.83 | 40 | 72.27 | 53.27 | 59.24 | 6.54 |
| 600731 | 湖南海利 | 26.39 | 47.65 | 80 | 100.00 | 50 | 75.71 | 65.86 | 44.92 | 30.42 |
| 600732 | *ST 新梅 | 0.04 | 45.45 | 20 | 100.00 | 40 | 60.91 | 39.42 | 54.27 | 52.20 |
| 600733 | S 前锋 | 0.73 | 45.79 | 60 | 100.00 | 16 | 67.83 | 26.16 | 47.54 | 34.80 |
| 600734 | 实达集团 | 25.15 | 54.02 | 80 | 97.16 | 40 | 55.50 | 24.84 | 47.40 | 34.80 |

续表

| 证券代码 | 证券简称 | 内部控制指数 | | | | | 财务运行指数 | | | |
|---|---|---|---|---|---|---|---|---|---|---|
| | | 人文环境 | 治理结构 | 信息沟通 | 业务控制 | 外部监督 | 投资质量 | 筹资质量 | 资金运营质量 | 股利分配 |
| 600735 | 新华锦 | 27.21 | 42.68 | 80 | 99.96 | 40 | 61.50 | 45.94 | 76.46 | 32.75 |
| 600736 | 苏州高新 | 50.80 | 38.98 | 80 | 99.99 | 42 | 68.27 | 85.04 | 64.31 | 50.47 |
| 600737 | 中粮屯河 | 51.06 | 49.07 | 80 | 97.10 | 50 | 82.40 | 72.36 | 41.57 | 84.61 |
| 600738 | 兰州民百 | 25.77 | 46.07 | 60 | 99.98 | 50 | 79.92 | 27.36 | 76.85 | 56.29 |
| 600739 | 辽宁成大 | 51.32 | 43.33 | 70 | 100.00 | 40 | 32.06 | 81.13 | 65.16 | 26.84 |
| 600740 | 山西焦化 | 27.61 | 44.03 | 80 | 74.08 | 50 | 78.64 | 64.78 | 36.30 | 30.42 |
| 600741 | 华域汽车 | 50.02 | 50.95 | 80 | 56.24 | 60 | 73.22 | 69.80 | 63.41 | 23.79 |
| 600742 | 一汽富维 | 26.12 | 41.60 | 60 | 50.00 | 50 | 65.36 | 73.26 | 68.44 | 24.16 |
| 600743 | 华远地产 | 26.81 | 56.61 | 70 | 89.46 | 50 | 61.04 | 85.50 | 74.77 | 42.71 |
| 600744 | 华银电力 | 29.37 | 39.63 | 65 | 77.04 | 35 | 44.46 | 26.10 | 40.18 | 15.98 |
| 600745 | 中茵股份 | 25.18 | 48.43 | 80 | 99.89 | 18 | 63.22 | 46.59 | 72.66 | 34.80 |
| 600746 | 江苏索普 | 3.70 | 40.05 | 60 | 92.48 | 40 | 80.53 | 44.85 | 62.06 | 34.62 |
| 600747 | 大连控股 | 25.61 | 37.40 | 60 | 60.65 | 25 | 63.01 | 25.33 | 34.80 | 34.80 |
| 600748 | 上实发展 | 0.82 | 42.65 | 80 | 100.00 | 40 | 77.94 | 85.88 | 70.45 | 38.32 |
| 600749 | 西藏旅游 | 0.34 | 44.43 | 80 | 99.85 | 50 | 74.66 | 29.27 | 28.03 | 14.65 |
| 600750 | 江中药业 | 51.66 | 36.28 | 80 | 96.63 | 50 | 68.93 | 76.60 | 66.15 | 49.41 |
| 600751 | 天津海运 | 25.51 | 45.55 | 60 | 88.03 | 40 | 54.00 | 26.06 | 53.89 | 21.97 |
| 600753 | 东方银星 | 3.03 | 52.93 | 60 | 59.76 | 27 | 76.71 | 26.10 | 18.75 | 34.80 |
| 600754 | 锦江股份 | 50.09 | 60.14 | 80 | 99.14 | 60 | 43.54 | 86.95 | 71.01 | 85.94 |
| 600755 | 厦门国贸 | 53.00 | 37.49 | 80 | 95.37 | 50 | 64.28 | 83.72 | 64.40 | 53.84 |
| 600756 | 浪潮软件 | 25.08 | 45.49 | 80 | 99.67 | 50 | 69.83 | 59.62 | 34.84 | 42.59 |
| 600757 | 长江传媒 | 25.76 | 39.40 | 50 | 98.92 | 50 | 42.50 | 50.04 | 52.08 | 3.99 |
| 600758 | 红阳能源 | 0.67 | 46.48 | 80 | 90.52 | 50 | 61.55 | 85.01 | 55.39 | 50.19 |
| 600759 | 洲际油气 | 25.01 | 43.78 | 80 | 99.57 | 40 | 73.81 | 67.85 | 41.79 | 41.20 |
| 600760 | 中航黑豹 | 26.99 | 40.15 | 70 | 98.73 | 40 | 58.31 | 62.51 | 42.17 | 12.56 |
| 600761 | 安徽合力 | 26.18 | 45.44 | 80 | 99.15 | 40 | 81.60 | 49.31 | 69.72 | 29.63 |
| 600763 | 通策医疗 | 25.57 | 42.75 | 80 | 98.86 | 50 | 24.82 | 2.07 | 50.92 | 34.80 |

续表

| 证券代码 | 证券简称 | 内部控制指数 | | | | | 财务运行指数 | | | |
|---|---|---|---|---|---|---|---|---|---|---|
| | | 人文环境 | 治理结构 | 信息沟通 | 业务控制 | 外部监督 | 投资质量 | 筹资质量 | 资金运营质量 | 股利分配 |
| 600764 | 中电广通 | 0.34 | 47.40 | 70 | 76.51 | 50 | 75.60 | 66.31 | 44.38 | 39.77 |
| 600765 | 中航重机 | 51.13 | 51.16 | 80 | 63.34 | 40 | 56.89 | 26.04 | 44.18 | 23.85 |
| 600766 | 园城黄金 | 0.00 | 43.96 | 60 | 90.00 | 40 | 19.26 | 38.51 | 15.18 | 7.84 |
| 600767 | 运盛实业 | 0.01 | 31.24 | 80 | 100.00 | 50 | 34.98 | 30.35 | 67.69 | 34.80 |
| 600768 | 宁波富邦 | 0.78 | 39.46 | 70 | 89.92 | 50 | 43.69 | 25.48 | 59.25 | 12.56 |
| 600769 | 祥龙电业 | 0.01 | 44.65 | 80 | 49.76 | 40 | 33.43 | 26.10 | 38.26 | 30.42 |
| 600770 | 综艺股份 | 25.06 | 45.16 | 70 | 92.96 | 50 | 1.22 | 61.76 | 45.39 | 17.36 |
| 600771 | 广誉远 | 26.72 | 40.93 | 80 | 88.05 | 40 | 30.68 | 78.01 | 24.74 | 30.42 |
| 600773 | 西藏城投 | 0.24 | 41.62 | 80 | 99.59 | 50 | 62.96 | 85.09 | 61.29 | 39.58 |
| 600774 | 汉商集团 | 0.17 | 55.26 | 80 | 100.00 | 40 | 82.42 | 78.64 | 39.67 | 33.19 |
| 600775 | 南京熊猫 | 25.50 | 59.85 | 80 | 76.15 | 50 | 53.77 | 30.37 | 60.97 | 30.44 |
| 600776 | 东方通信 | 50.87 | 44.66 | 60 | 99.58 | 50 | 63.14 | 31.05 | 63.71 | 37.97 |
| 600777 | 新潮实业 | 0.04 | 38.89 | 70 | 100.00 | 50 | 60.46 | 37.41 | 46.42 | 34.80 |
| 600778 | 友好集团 | 25.51 | 44.13 | 60 | 98.96 | 50 | 67.93 | 26.10 | 54.64 | 44.43 |
| 600779 | *ST 水井 | 25.73 | 50.82 | 80 | 63.58 | 0 | 47.54 | 82.82 | 47.74 | 37.56 |
| 600780 | 通宝能源 | 51.25 | 51.49 | 70 | 88.79 | 50 | 51.28 | 56.87 | 67.91 | 47.18 |
| 600781 | 辅仁药业 | 25.10 | 61.43 | 80 | 95.81 | 50 | 23.72 | 43.07 | 48.86 | 30.42 |
| 600782 | 新钢股份 | 50.62 | 51.40 | 80 | 95.28 | 50 | 52.94 | 32.21 | 64.07 | 12.56 |
| 600783 | 鲁信创投 | 25.69 | 40.24 | 80 | 90.00 | 50 | 66.09 | 74.17 | 38.82 | 79.63 |
| 600784 | 鲁银投资 | 26.91 | 45.44 | 70 | 91.81 | 50 | 48.30 | 53.72 | 65.21 | 49.42 |
| 600785 | 新华百货 | 26.80 | 41.54 | 80 | 99.64 | 50 | 55.32 | 84.05 | 56.03 | 42.98 |
| 600787 | 中储股份 | 51.33 | 51.43 | 80 | 89.73 | 50 | 54.19 | 72.98 | 54.13 | 31.48 |
| 600789 | 鲁抗医药 | 26.08 | 48.91 | 80 | 98.82 | 40 | 67.99 | 62.21 | 41.81 | 30.42 |
| 600790 | 轻纺城 | 26.03 | 41.15 | 80 | 99.64 | 50 | 79.29 | 39.81 | 33.78 | 57.28 |
| 600791 | 京能置业 | 25.57 | 50.26 | 80 | 100.00 | 50 | 69.40 | 85.80 | 71.87 | 32.54 |
| 600792 | 云煤能源 | 26.70 | 41.37 | 80 | 72.54 | 50 | 70.26 | 78.29 | 47.48 | 30.42 |
| 600793 | ST 宜纸 | 36.86 | 41.91 | 60 | 99.93 | 25 | 24.93 | 26.10 | 23.75 | 30.42 |

续表

| 证券代码 | 证券简称 | 内部控制指数 | | | | | 财务运行指数 | | | |
|---|---|---|---|---|---|---|---|---|---|---|
| | | 人文环境 | 治理结构 | 信息沟通 | 业务控制 | 外部监督 | 投资质量 | 筹资质量 | 资金运营质量 | 股利分配 |
| 600794 | 保税科技 | 0.62 | 34.62 | 80 | 100.00 | 40 | 41.00 | 79.68 | 49.39 | 53.28 |
| 600795 | 国电电力 | 55.33 | 40.49 | 80 | 86.54 | 50 | 67.29 | 63.52 | 33.96 | 44.47 |
| 600796 | 钱江生化 | 0.84 | 29.70 | 60 | 99.42 | 50 | 63.29 | 72.92 | 36.85 | 33.81 |
| 600797 | 浙大网新 | 50.47 | 40.05 | 80 | 99.15 | 50 | 67.10 | 78.97 | 45.42 | 12.79 |
| 600798 | 宁波海运 | 2.64 | 54.11 | 70 | 79.90 | 50 | 37.19 | 38.87 | 61.84 | 34.80 |
| 600800 | 天津磁卡 | 25.48 | 45.51 | 80 | 65.21 | 0 | 37.58 | 46.53 | 16.20 | 12.56 |
| 600801 | 华新水泥 | 51.92 | 63.57 | 80 | 88.67 | 60 | 60.76 | 36.83 | 56.12 | 23.00 |
| 600802 | 福建水泥 | 25.99 | 41.29 | 60 | 89.54 | 40 | 72.77 | 70.33 | 50.14 | 28.43 |
| 600803 | 新奥股份 | 52.06 | 49.56 | 65 | 93.67 | 40 | 58.48 | 67.17 | 61.25 | 32.61 |
| 600804 | 鹏博士 | 50.15 | 47.15 | 80 | 100.00 | 23 | 20.13 | 40.54 | 41.73 | 53.31 |
| 600805 | 悦达投资 | 51.52 | 31.26 | 80 | 99.96 | 50 | 62.65 | 42.98 | 48.87 | 43.63 |
| 600806 | 昆明机床 | 26.09 | 44.75 | 20 | 98.41 | 0 | 59.80 | 59.36 | 36.76 | 12.56 |
| 600807 | 天业股份 | 25.14 | 40.72 | 60 | 100.00 | 50 | 74.06 | 82.55 | 61.78 | 33.57 |
| 600808 | 马钢股份 | 52.96 | 54.00 | 40 | 93.46 | 50 | 71.87 | 51.81 | 55.97 | 12.56 |
| 600809 | 山西汾酒 | 51.62 | 40.45 | 80 | 90.47 | 50 | 72.93 | 26.10 | 67.03 | 45.50 |
| 600810 | 神马股份 | 51.44 | 46.43 | 80 | 88.66 | 40 | 65.88 | 76.44 | 57.56 | 30.42 |
| 600811 | 东方集团 | 0.31 | 54.38 | 80 | 99.89 | 50 | 82.21 | 79.39 | 56.54 | 29.05 |
| 600812 | 华北制药 | 50.96 | 54.32 | 80 | 97.66 | 40 | 62.84 | 72.88 | 35.94 | 82.23 |
| 600814 | 杭州解百 | 25.55 | 32.77 | 60 | 98.62 | 34 | 62.19 | 28.71 | 73.47 | 57.06 |
| 600815 | 厦工股份 | 26.11 | 50.22 | 80 | 87.76 | 50 | 56.37 | 45.50 | 46.68 | 18.18 |
| 600816 | 安信信托 | 25.60 | 38.67 | 80 | 100.00 | 50 | 45.95 | 55.49 | 31.00 | 57.15 |
| 600817 | ST 宏盛 | 0.00 | 44.21 | 60 | 90.00 | 34 | 73.92 | 57.36 | 71.05 | 34.80 |
| 600818 | 中路股份 | 0.01 | 55.13 | 80 | 100.00 | 50 | 63.19 | 26.10 | 50.44 | 29.28 |
| 600819 | 耀皮玻璃 | 50.69 | 59.64 | 80 | 99.73 | 40 | 54.00 | 70.42 | 32.42 | 55.54 |
| 600820 | 隧道股份 | 26.52 | 41.28 | 80 | 97.51 | 50 | 20.70 | 56.93 | 55.78 | 58.76 |
| 600821 | 津劝业 | 0.44 | 50.64 | 60 | 97.01 | 40 | 71.36 | 36.85 | 40.72 | 34.80 |
| 600822 | 上海物贸 | 0.62 | 36.71 | 60 | 86.41 | 35 | 55.68 | 82.96 | 59.34 | 34.80 |

续表

| 证券代码 | 证券简称 | 内部控制指数 | | | | | 财务运行指数 | | | |
|---|---|---|---|---|---|---|---|---|---|---|
| | | 人文环境 | 治理结构 | 信息沟通 | 业务控制 | 外部监督 | 投资质量 | 筹资质量 | 资金运营质量 | 股利分配 |
| 600823 | 世茂股份 | 25.44 | 68.86 | 70 | 99.79 | 40 | 53.60 | 65.29 | 55.08 | 36.44 |
| 600824 | 益民集团 | 25.59 | 48.78 | 80 | 89.43 | 50 | 74.70 | 29.37 | 77.46 | 61.16 |
| 600825 | 新华传媒 | 26.90 | 61.78 | 80 | 99.24 | 50 | 71.16 | 72.56 | 36.29 | 48.97 |
| 600826 | 兰生股份 | 0.34 | 33.09 | 80 | 100.00 | 40 | 61.45 | 79.71 | 64.11 | 64.63 |
| 600827 | 百联股份 | 51.11 | 39.42 | 80 | 99.60 | 50 | 54.67 | 85.50 | 67.02 | 64.04 |
| 600828 | 成商集团 | 27.36 | 44.55 | 80 | 100.00 | 50 | 84.32 | 81.04 | 47.08 | 45.83 |
| 600829 | 人民同泰 | 51.00 | 35.22 | 80 | 66.64 | 31 | 68.59 | 86.92 | 35.37 | 30.81 |
| 600830 | 香溢融通 | 25.37 | 47.64 | 80 | 88.26 | 50 | 63.49 | 44.00 | 49.54 | 56.64 |
| 600831 | 广电网络 | 50.45 | 35.15 | 60 | 99.35 | 40 | 16.90 | 26.10 | 38.04 | 31.63 |
| 600833 | 第一医药 | 1.40 | 50.00 | 20 | 100.00 | 50 | 78.24 | 84.19 | 74.94 | 62.03 |
| 600834 | 申通地铁 | 0.52 | 48.87 | 50 | 100.00 | 40 | 24.75 | 85.36 | 60.90 | 52.30 |
| 600835 | 上海机电 | 50.28 | 40.79 | 80 | 91.79 | 60 | 66.36 | 65.86 | 54.91 | 22.46 |
| 600836 | 界龙实业 | 51.23 | 59.45 | 80 | 95.69 | 50 | 55.71 | 49.37 | 27.10 | 53.13 |
| 600837 | 海通证券 | 50.53 | 60.73 | 80 | 99.97 | 50 | 30.76 | 55.49 | 34.80 | 54.76 |
| 600838 | 上海九百 | 0.60 | 41.83 | 80 | 100.00 | 18 | 66.82 | 26.65 | 56.51 | 61.78 |
| 600839 | 四川长虹 | 50.36 | 37.79 | 80 | 96.78 | 50 | 59.05 | 75.57 | 57.48 | 17.20 |
| 600841 | 上柴股份 | 50.64 | 52.82 | 80 | 88.31 | 60 | 70.86 | 86.73 | 68.66 | 29.44 |
| 600843 | 上工申贝 | 50.47 | 35.42 | 100 | 97.98 | 50 | 46.58 | 69.89 | 57.19 | 12.56 |
| 600844 | 丹化科技 | 25.12 | 48.49 | 60 | 84.47 | 40 | 62.23 | 60.05 | 29.69 | 30.42 |
| 600845 | 宝信软件 | 51.69 | 40.95 | 50 | 76.88 | 50 | 68.61 | 54.73 | 61.84 | 51.88 |
| 600846 | 同济科技 | 0.57 | 42.09 | 80 | 52.75 | 40 | 50.95 | 55.98 | 53.55 | 38.63 |
| 600847 | 万里股份 | 0.77 | 40.86 | 95 | 98.74 | 50 | 29.45 | 85.58 | 63.48 | 12.56 |
| 600848 | 自仪股份 | 1.34 | 40.81 | 50 | 83.78 | 60 | 50.68 | 26.10 | 44.25 | 34.80 |
| 600849 | 上药转换 | 26.47 | 48.33 | 75.22 | 94.66 | 41.73 | 0.00 | 0.00 | 0.00 | 0.00 |
| 600850 | 华东电脑 | 50.34 | 43.72 | 80 | 97.92 | 40 | 48.06 | 31.59 | 53.10 | 50.68 |
| 600851 | 海欣股份 | 50.45 | 54.42 | 80 | 99.55 | 40 | 56.76 | 69.17 | 63.59 | 39.17 |
| 600853 | 龙建股份 | 50.74 | 37.39 | 80 | 94.07 | 50 | 74.59 | 45.29 | 50.12 | 56.63 |

续表

| 证券代码 | 证券简称 | 内部控制指数 | | | | | 财务运行指数 | | | |
|---|---|---|---|---|---|---|---|---|---|---|
| | | 人文环境 | 治理结构 | 信息沟通 | 业务控制 | 外部监督 | 投资质量 | 筹资质量 | 资金运营质量 | 股利分配 |
| 600854 | 春兰股份 | 0.27 | 51.63 | 80 | 76.01 | 40 | 68.03 | 86.95 | 46.45 | 17.22 |
| 600855 | 航天长峰 | 26.28 | 48.35 | 70 | 80.93 | 50 | 59.42 | 38.11 | 46.57 | 17.62 |
| 600856 | 长百集团 | 0.27 | 44.98 | 60 | 100.00 | 50 | 61.65 | 29.26 | 55.47 | 34.80 |
| 600857 | 宁波中百 | 26.17 | 46.33 | 80 | 90.00 | 50 | 75.54 | 27.98 | 72.46 | 63.49 |
| 600858 | 银座股份 | 50.97 | 47.93 | 80 | 91.57 | 40 | 74.36 | 74.24 | 56.28 | 45.80 |
| 600859 | 王府井 | 51.22 | 44.48 | 80 | 99.95 | 50 | 82.58 | 72.72 | 82.57 | 65.41 |
| 600860 | 京城股份 | 26.77 | 51.82 | 80 | 96.17 | 50 | 61.14 | 83.31 | 59.27 | 12.56 |
| 600861 | 北京城乡 | 25.82 | 35.07 | 80 | 100.00 | 50 | 70.73 | 66.19 | 42.53 | 74.03 |
| 600862 | 南通科技 | 0.61 | 66.04 | 60 | 89.99 | 50 | 73.96 | 85.75 | 53.94 | 4.82 |
| 600863 | 内蒙华电 | 96.06 | 40.21 | 60 | 84.89 | 40 | 83.15 | 81.13 | 47.98 | 59.65 |
| 600864 | 哈投股份 | 25.68 | 44.87 | 80 | 87.88 | 50 | 65.13 | 48.40 | 64.64 | 59.37 |
| 600865 | 百大集团 | 25.52 | 42.33 | 80 | 99.81 | 50 | 79.97 | 81.22 | 34.80 | 27.23 |
| 600866 | 星湖科技 | 0.71 | 46.89 | 80 | 99.99 | 50 | 70.65 | 55.60 | 71.96 | 32.75 |
| 600867 | 通化东宝 | 25.29 | 37.14 | 80 | 85.47 | 40 | 67.27 | 82.18 | 65.26 | 82.47 |
| 600868 | 梅雁吉祥 | 25.92 | 44.61 | 60 | 94.90 | 40 | 54.37 | 37.60 | 51.06 | 12.65 |
| 600869 | 智慧能源 | 50.61 | 39.76 | 80 | 89.41 | 40 | 56.15 | 62.30 | 58.14 | 15.60 |
| 600870 | *ST 厦华 | 0.53 | 51.20 | 30 | 97.91 | 17 | 44.02 | 26.10 | 59.40 | 12.56 |
| 600871 | 石化油服 | 50.00 | 52.77 | 60 | 71.69 | 34 | 6.45 | 35.54 | 50.53 | 7.84 |
| 600872 | 中炬高新 | 50.77 | 53.50 | 60 | 100.00 | 50 | 55.57 | 63.85 | 65.19 | 47.57 |
| 600873 | 梅花生物 | 50.64 | 55.20 | 70 | 89.08 | 14 | 65.60 | 78.78 | 36.38 | 70.53 |
| 600874 | 创业环保 | 25.00 | 52.64 | 80 | 87.71 | 60 | 73.05 | 73.70 | 33.19 | 48.73 |
| 600875 | 东方电气 | 50.05 | 44.23 | 60 | 95.02 | 50 | 62.67 | 80.86 | 38.40 | 19.84 |
| 600876 | 洛阳玻璃 | 50.17 | 53.02 | 80 | 78.58 | 50 | 43.95 | 26.10 | 37.20 | 12.56 |
| 600877 | 中国嘉陵 | 1.73 | 37.62 | 60 | 91.80 | 50 | 38.09 | 79.25 | 35.62 | 12.56 |
| 600879 | 航天电子 | 52.01 | 41.51 | 80 | 93.95 | 40 | 73.03 | 82.42 | 49.64 | 18.12 |
| 600880 | 博瑞传播 | 25.80 | 55.50 | 80 | 89.15 | 40 | 43.08 | 85.42 | 67.23 | 54.17 |
| 600881 | 亚泰集团 | 50.74 | 32.83 | 70 | 99.98 | 43 | 62.26 | 26.10 | 27.29 | 35.45 |

续表

| 证券代码 | 证券简称 | 内部控制指数 | | | | | 财务运行指数 | | | |
|---|---|---|---|---|---|---|---|---|---|---|
| | | 人文环境 | 治理结构 | 信息沟通 | 业务控制 | 外部监督 | 投资质量 | 筹资质量 | 资金运营质量 | 股利分配 |
| 600882 | 华联矿业 | 25.77 | 67.05 | 80 | 89.94 | 40 | 73.48 | 35.81 | 66.01 | 50.32 |
| 600883 | 博闻科技 | 0.42 | 54.33 | 80 | 94.34 | 50 | 68.94 | 84.09 | 8.46 | 32.90 |
| 600884 | 杉杉股份 | 25.66 | 40.43 | 80 | 89.59 | 50 | 65.48 | 42.61 | 56.33 | 20.81 |
| 600885 | 宏发股份 | 50.86 | 56.99 | 70 | 89.99 | 50 | 53.67 | 39.51 | 76.54 | 15.82 |
| 600886 | 国投电力 | 52.35 | 49.69 | 80 | 96.50 | 50 | 84.07 | 34.59 | 59.92 | 32.26 |
| 600887 | 伊利股份 | 51.04 | 39.74 | 80 | 99.87 | 50 | 55.95 | 80.00 | 63.12 | 55.30 |
| 600888 | 新疆众和 | 2.96 | 44.52 | 60 | 96.66 | 40 | 66.35 | 26.10 | 58.88 | 25.54 |
| 600889 | 南京化纤 | 0.74 | 37.95 | 80 | 93.25 | 40 | 46.43 | 80.42 | 43.68 | 35.73 |
| 600890 | 中房股份 | 0.10 | 46.51 | 80 | 100.00 | 50 | 66.63 | 26.10 | 62.36 | 34.80 |
| 600891 | 秋林集团 | 0.29 | 43.54 | 80 | 89.99 | 50 | 64.98 | 36.62 | 58.40 | 61.00 |
| 600892 | 宝诚股份 | 0.21 | 34.42 | 80 | 100.00 | 40 | 60.57 | 83.37 | 47.51 | 34.80 |
| 600893 | 中航动力 | 53.01 | 48.47 | 80 | 68.94 | 50 | 13.69 | 78.19 | 49.99 | 29.47 |
| 600894 | 广日股份 | 50.64 | 55.27 | 80 | 70.06 | 50 | 53.97 | 80.66 | 69.33 | 12.97 |
| 600895 | 张江高科 | 26.16 | 43.19 | 80 | 89.53 | 50 | 76.09 | 73.48 | 53.61 | 73.26 |
| 600896 | 中海海盛 | 1.75 | 37.09 | 60 | 86.24 | 50 | 42.28 | 71.03 | 49.34 | 7.87 |
| 600897 | 厦门空港 | 27.47 | 63.58 | 80 | 92.42 | 50 | 11.80 | 26.10 | 59.01 | 50.72 |
| 600898 | 三联商社 | 25.02 | 46.54 | 80 | 88.17 | 40 | 72.45 | 35.82 | 52.97 | 22.14 |
| 600900 | 长江电力 | 28.51 | 47.81 | 80 | 98.58 | 50 | 60.67 | 70.56 | 59.03 | 67.99 |
| 600917 | 重庆燃气 | 27.92 | 60.89 | 60 | 99.63 | 34 | 52.77 | 80.44 | 67.35 | 18.94 |
| 600960 | 渤海活塞 | 1.36 | 58.18 | 80 | 100.00 | 40 | 61.54 | 69.64 | 59.03 | 18.89 |
| 600961 | 株冶集团 | 50.92 | 49.10 | 60 | 85.06 | 50 | 50.58 | 57.17 | 48.29 | 12.56 |
| 600962 | *ST 中鲁 | 25.50 | 40.30 | 80 | 91.19 | 50 | 86.46 | 28.44 | 45.29 | 36.39 |
| 600963 | 岳阳林纸 | 25.57 | 37.96 | 70 | 91.31 | 50 | 40.93 | 56.94 | 29.07 | 39.80 |
| 600965 | 福成五丰 | 26.08 | 57.33 | 50 | 99.81 | 40 | 38.18 | 26.10 | 76.14 | 51.51 |
| 600966 | 博汇纸业 | 50.29 | 29.73 | 70 | 40.73 | 0 | 50.13 | 70.86 | 42.94 | 31.28 |
| 600967 | 北方创业 | 1.43 | 42.60 | 70 | 61.20 | 50 | 68.09 | 26.10 | 77.77 | 20.36 |
| 600969 | 郴电国际 | 26.53 | 41.55 | 80 | 96.92 | 50 | 78.78 | 77.98 | 54.98 | 34.86 |

续表

| 证券代码 | 证券简称 | 内部控制指数 | | | | | 财务运行指数 | | | |
|---|---|---|---|---|---|---|---|---|---|---|
| | | 人文环境 | 治理结构 | 信息沟通 | 业务控制 | 外部监督 | 投资质量 | 筹资质量 | 资金运营质量 | 股利分配 |
| 600970 | 中材国际 | 50.55 | 41.77 | 80 | 97.63 | 50 | 54.99 | 50.84 | 43.24 | 41.04 |
| 600971 | 恒源煤电 | 28.62 | 49.88 | 60 | 99.35 | 35 | 68.81 | 76.22 | 60.92 | 18.62 |
| 600973 | 宝胜股份 | 25.42 | 33.63 | 80 | 99.10 | 50 | 57.58 | 59.75 | 60.18 | 31.41 |
| 600975 | 新五丰 | 25.86 | 35.15 | 60 | 98.60 | 50 | 62.07 | 47.97 | 71.50 | 10.28 |
| 600976 | 健民集团 | 25.95 | 53.48 | 60 | 99.64 | 40 | 67.27 | 36.79 | 53.40 | 85.20 |
| 600978 | 宜华木业 | 25.04 | 48.21 | 80 | 99.92 | 40 | 77.13 | 56.04 | 51.37 | 44.28 |
| 600979 | 广安爱众 | 26.69 | 68.89 | 60 | 99.04 | 42 | 57.73 | 64.62 | 46.10 | 43.79 |
| 600980 | 北矿磁材 | 0.25 | 49.79 | 80 | 94.34 | 50 | 44.74 | 84.12 | 82.35 | 12.56 |
| 600981 | 汇鸿股份 | 0.74 | 47.98 | 80 | 100.00 | 40 | 39.06 | 34.53 | 62.36 | 72.63 |
| 600982 | 宁波热电 | 1.26 | 45.25 | 65 | 98.38 | 40 | 71.38 | 32.89 | 32.84 | 35.44 |
| 600983 | 惠而浦 | 50.38 | 37.87 | 80 | 97.81 | 40 | 58.81 | 55.85 | 67.16 | 18.90 |
| 600984 | *ST 建机 | 25.73 | 50.05 | 80 | 96.19 | 40 | 61.18 | 26.08 | 40.14 | 12.56 |
| 600985 | 雷鸣科化 | 26.43 | 46.27 | 60 | 93.16 | 40 | 72.91 | 46.92 | 71.87 | 44.27 |
| 600986 | 科达股份 | 25.19 | 37.67 | 80 | 99.52 | 40 | 45.56 | 75.38 | 36.35 | 34.80 |
| 600987 | 航民股份 | 51.64 | 47.62 | 80 | 99.85 | 50 | 61.90 | 77.77 | 72.39 | 45.53 |
| 600988 | 赤峰黄金 | 25.92 | 45.15 | 60 | 100.00 | 2 | 26.12 | 68.45 | 64.32 | 7.84 |
| 600990 | 四创电子 | 26.31 | 37.84 | 80 | 78.33 | 50 | 62.37 | 83.67 | 48.97 | 19.61 |
| 600992 | 贵绳股份 | 29.64 | 54.03 | 80 | 98.13 | 50 | 72.43 | 86.91 | 80.08 | 36.28 |
| 600993 | 马应龙 | 1.05 | 57.61 | 80 | 100.00 | 40 | 53.56 | 30.53 | 45.26 | 49.50 |
| 600995 | 文山电力 | 28.08 | 46.79 | 80 | 63.77 | 50 | 72.55 | 67.58 | 69.05 | 47.32 |
| 600997 | 开滦股份 | 2.12 | 57.73 | 80 | 94.24 | 40 | 66.42 | 37.08 | 62.77 | 41.21 |
| 600998 | 九州通 | 25.76 | 60.38 | 80 | 99.74 | 40 | 70.79 | 80.28 | 68.88 | 27.57 |
| 600999 | 招商证券 | 50.26 | 64.84 | 80 | 99.59 | 50 | 60.39 | 55.49 | 31.00 | 40.89 |
| 601000 | 唐山港 | 51.17 | 62.99 | 80 | 99.06 | 50 | 68.50 | 74.02 | 51.73 | 18.33 |
| 601001 | 大同煤业 | 29.03 | 37.61 | 60 | 80.27 | 42 | 51.15 | 74.31 | 65.25 | 4.54 |
| 601002 | 晋亿实业 | 25.19 | 37.21 | 80 | 99.82 | 50 | 76.55 | 80.33 | 69.46 | 40.30 |
| 601003 | 柳钢股份 | 25.88 | 39.15 | 20 | 44.82 | 0 | 47.36 | 26.10 | 62.21 | 27.40 |

续表

| 证券代码 | 证券简称 | 内部控制指数 | | | | | 财务运行指数 | | | |
|---|---|---|---|---|---|---|---|---|---|---|
| | | 人文环境 | 治理结构 | 信息沟通 | 业务控制 | 外部监督 | 投资质量 | 筹资质量 | 资金运营质量 | 股利分配 |
| 601005 | 重庆钢铁 | 25.00 | 51.03 | 80 | 78.88 | 60 | 76.84 | 26.02 | 14.01 | 12.56 |
| 601006 | 大秦铁路 | 54.26 | 58.51 | 80 | 87.66 | 60 | 54.88 | 55.08 | 64.76 | 71.54 |
| 601007 | 金陵饭店 | 50.67 | 41.06 | 80 | 98.56 | 40 | 20.87 | 78.60 | 58.04 | 58.93 |
| 601008 | 连云港 | 26.78 | 39.63 | 80 | 50.00 | 40 | 60.30 | 79.58 | 47.65 | 53.57 |
| 601009 | 南京银行 | 0.00 | 60.18 | 80 | 100.00 | 60 | 55.75 | 55.49 | 31.00 | 27.60 |
| 601010 | 文峰股份 | 25.89 | 43.49 | 80 | 99.61 | 50 | 59.25 | 34.23 | 65.13 | 86.10 |
| 601011 | 宝泰隆 | 25.46 | 35.96 | 80 | 99.87 | 50 | 68.16 | 67.74 | 47.13 | 38.78 |
| 601012 | 隆基股份 | 50.87 | 43.58 | 80 | 99.91 | 50 | 61.57 | 72.23 | 56.00 | 23.44 |
| 601015 | 陕西黑猫 | 51.45 | 47.78 | 80 | 99.80 | 50 | 63.94 | 70.95 | 33.44 | 33.83 |
| 601016 | 节能风电 | 1.34 | 48.75 | 60 | 95.51 | 34 | 61.89 | 52.43 | 25.90 | 12.01 |
| 601018 | 宁波港 | 25.00 | 64.41 | 80 | 95.03 | 60 | 40.02 | 85.28 | 55.76 | 57.70 |
| 601021 | 春秋航空 | 25.21 | 43.36 | 60 | 91.08 | 34 | 65.48 | 51.91 | 63.19 | 19.98 |
| 601028 | 玉龙股份 | 0.38 | 53.77 | 80 | 100.00 | 40 | 58.62 | 30.77 | 65.38 | 48.07 |
| 601038 | 一拖股份 | 50.98 | 43.56 | 80 | 93.33 | 50 | 74.46 | 57.54 | 54.19 | 27.59 |
| 601058 | 赛轮金宇 | 50.57 | 60.01 | 80 | 100.00 | 25 | 72.53 | 84.11 | 46.02 | 46.47 |
| 601069 | 西部黄金 | 26.27 | 41.41 | 70 | 96.16 | 34 | 55.34 | 83.56 | 55.88 | 31.04 |
| 601088 | 中国神华 | 50.00 | 56.34 | 80 | 89.14 | 60 | 70.20 | 77.15 | 56.50 | 29.81 |
| 601098 | 中南传媒 | 51.18 | 39.78 | 80 | 99.71 | 50 | 53.81 | 38.67 | 73.69 | 49.89 |
| 601099 | 太平洋 | 0.00 | 47.95 | 60 | 100.00 | 50 | 69.59 | 55.49 | 31.00 | 58.53 |
| 601100 | 恒立油缸 | 50.86 | 49.26 | 70 | 100.00 | 40 | 41.15 | 82.23 | 46.49 | 34.28 |
| 601101 | 昊华能源 | 27.75 | 48.34 | 80 | 96.83 | 50 | 62.60 | 81.95 | 50.99 | 27.34 |
| 601106 | 中国一重 | 51.46 | 59.32 | 80 | 99.93 | 50 | 53.07 | 36.62 | 34.39 | 33.95 |
| 601107 | 四川成渝 | 53.10 | 71.91 | 80 | 82.86 | 50 | 58.19 | 55.26 | 66.41 | 42.76 |
| 601111 | 中国国航 | 50.01 | 52.23 | 65 | 97.26 | 50 | 54.06 | 31.11 | 42.02 | 36.38 |
| 601113 | 华鼎股份 | 25.08 | 59.06 | 80 | 99.82 | 42 | 39.03 | 80.84 | 45.68 | 42.58 |
| 601116 | 三江购物 | 25.00 | 52.20 | 80 | 100.00 | 60 | 55.24 | 30.81 | 80.06 | 84.52 |
| 601117 | 中国化学 | 51.03 | 50.62 | 40 | 99.69 | 35 | 78.67 | 79.57 | 60.70 | 35.25 |

续表

| 证券代码 | 证券简称 | 内部控制指数 | | | | | 财务运行指数 | | | |
|---|---|---|---|---|---|---|---|---|---|---|
| | | 人文环境 | 治理结构 | 信息沟通 | 业务控制 | 外部监督 | 投资质量 | 筹资质量 | 资金运营质量 | 股利分配 |
| 601118 | 海南橡胶 | 57.27 | 52.94 | 80 | 98.78 | 50 | 77.40 | 41.75 | 71.03 | 50.56 |
| 601126 | 四方股份 | 51.51 | 41.06 | 80 | 99.52 | 40 | 67.62 | 61.52 | 66.49 | 31.06 |
| 601137 | 博威合金 | 25.05 | 50.74 | 80 | 99.88 | 50 | 60.98 | 85.70 | 76.45 | 34.39 |
| 601139 | 深圳燃气 | 57.29 | 68.03 | 80 | 99.71 | 60 | 62.29 | 57.26 | 61.26 | 58.48 |
| 601158 | 重庆水务 | 50.82 | 48.54 | 80 | 98.11 | 50 | 44.01 | 42.50 | 23.99 | 67.07 |
| 601166 | 兴业银行 | 25.00 | 51.80 | 80 | 100.00 | 60 | 68.54 | 55.49 | 31.00 | 45.56 |
| 601168 | 西部矿业 | 51.00 | 41.48 | 80 | 99.55 | 60 | 40.30 | 70.64 | 64.78 | 22.14 |
| 601169 | 北京银行 | 0.00 | 61.43 | 60 | 99.93 | 51 | 54.92 | 55.49 | 31.00 | 34.88 |
| 601177 | 杭齿前进 | 25.89 | 43.70 | 60 | 99.93 | 50 | 58.22 | 56.86 | 50.79 | 30.09 |
| 601179 | 中国西电 | 50.99 | 44.74 | 80 | 97.63 | 60 | 65.16 | 85.96 | 59.49 | 53.38 |
| 601186 | 中国铁建 | 50.00 | 42.64 | 70 | 99.83 | 60 | 76.31 | 64.73 | 64.73 | 40.29 |
| 601188 | 龙江交通 | 1.17 | 43.38 | 80 | 100.00 | 40 | 51.07 | 30.43 | 42.03 | 40.01 |
| 601199 | 江南水务 | 26.19 | 57.59 | 80 | 99.73 | 40 | 61.28 | 26.11 | 52.42 | 48.44 |
| 601208 | 东材科技 | 0.71 | 51.30 | 80 | 99.23 | 40 | 41.58 | 78.94 | 64.66 | 63.15 |
| 601216 | 内蒙君正 | 26.28 | 46.97 | 80 | 100.00 | 50 | 63.05 | 74.09 | 22.91 | 36.56 |
| 601218 | 吉鑫科技 | 25.25 | 53.07 | 80 | 100.00 | 40 | 79.43 | 29.70 | 55.57 | 16.78 |
| 601222 | 林洋电子 | 50.51 | 35.24 | 80 | 96.37 | 42 | 33.97 | 41.48 | 50.11 | 26.36 |
| 601225 | 陕西煤业 | 51.39 | 53.06 | 60 | 84.38 | 34 | 24.16 | 73.86 | 54.90 | 10.17 |
| 601226 | 华电重工 | 0.32 | 76.05 | 80 | 81.91 | 50 | 73.66 | 75.82 | 66.95 | 5.88 |
| 601231 | 环旭电子 | 50.23 | 45.49 | 80 | 99.44 | 60 | 59.60 | 34.94 | 71.99 | 30.22 |
| 601233 | 桐昆股份 | 25.10 | 47.23 | 80 | 99.71 | 31 | 65.76 | 78.46 | 45.19 | 42.50 |
| 601238 | 广汽集团 | 50.00 | 51.94 | 80 | 82.51 | 50 | 82.39 | 75.50 | 58.61 | 37.75 |
| 601258 | 庞大集团 | 50.24 | 52.36 | 80 | 95.26 | 60 | 36.62 | 72.72 | 46.70 | 34.80 |
| 601288 | 农业银行 | 50.00 | 53.17 | 80 | 99.29 | 60 | 71.65 | 55.49 | 31.00 | 58.77 |
| 601311 | 骆驼股份 | 25.53 | 49.55 | 80 | 97.96 | 12 | 72.35 | 70.06 | 53.98 | 26.20 |
| 601313 | 江南嘉捷 | 25.90 | 43.58 | 80 | 100.00 | 40 | 60.09 | 26.40 | 60.15 | 41.46 |
| 601318 | 中国平安 | 50.00 | 69.88 | 80 | 99.91 | 60 | 51.29 | 55.49 | 31.00 | 37.80 |

续表

| 证券代码 | 证券简称 | 内部控制指数 | | | | | 财务运行指数 | | | |
|---|---|---|---|---|---|---|---|---|---|---|
| | | 人文环境 | 治理结构 | 信息沟通 | 业务控制 | 外部监督 | 投资质量 | 筹资质量 | 资金运营质量 | 股利分配 |
| 601328 | 交通银行 | 25.00 | 55.45 | 80 | 99.92 | 60 | 78.47 | 55.49 | 31.00 | 55.58 |
| 601333 | 广深铁路 | 28.50 | 62.13 | 70 | 82.47 | 60 | 64.09 | 27.22 | 78.40 | 66.78 |
| 601336 | 新华保险 | 0.00 | 48.98 | 80 | 99.98 | 60 | 37.45 | 55.49 | 31.00 | 28.28 |
| 601339 | 百隆东方 | 50.10 | 60.50 | 80 | 91.34 | 50 | 57.57 | 85.76 | 47.51 | 48.30 |
| 601369 | 陕鼓动力 | 50.80 | 52.66 | 80 | 97.76 | 40 | 50.32 | 76.73 | 21.76 | 50.63 |
| 601377 | 兴业证券 | 25.00 | 67.78 | 80 | 78.93 | 52 | 57.67 | 55.49 | 31.00 | 42.27 |
| 601388 | 怡球资源 | 0.19 | 47.36 | 60 | 100.00 | 50 | 72.32 | 35.61 | 61.85 | 29.97 |
| 601390 | 中国中铁 | 50.00 | 56.30 | 60 | 99.05 | 60 | 60.06 | 60.37 | 60.10 | 38.22 |
| 601398 | 工商银行 | 50.00 | 62.69 | 80 | 99.97 | 60 | 81.31 | 55.49 | 31.00 | 58.86 |
| 601515 | 东风股份 | 50.44 | 43.41 | 80 | 96.83 | 40 | 40.20 | 26.84 | 45.29 | 48.26 |
| 601518 | 吉林高速 | 25.43 | 41.84 | 80 | 100.00 | 35 | 25.35 | 69.13 | 55.87 | 48.08 |
| 601519 | 大智慧 | 0.57 | 37.82 | 80 | 98.62 | 50 | 59.50 | 28.81 | 45.42 | 34.80 |
| 601555 | 东吴证券 | 25.00 | 52.85 | 80 | 99.90 | 28 | 56.57 | 55.49 | 31.00 | 55.59 |
| 601558 | 华锐风电 | 0.40 | 46.44 | 20 | 88.89 | 0 | 84.25 | 84.43 | 42.24 | 12.56 |
| 601566 | 九牧王 | 51.20 | 55.28 | 80 | 97.60 | 50 | 45.20 | 27.95 | 34.59 | 81.07 |
| 601567 | 三星电气 | 50.77 | 46.10 | 80 | 99.74 | 50 | 63.58 | 62.20 | 21.62 | 53.71 |
| 601579 | 会稽山 | 25.00 | 65.74 | 80 | 99.87 | 50 | 69.57 | 59.31 | 53.00 | 38.56 |
| 601588 | 北辰实业 | 50.86 | 58.15 | 80 | 100.00 | 60 | 63.03 | 84.97 | 70.63 | 54.76 |
| 601599 | 鹿港科技 | 25.43 | 50.27 | 80 | 100.00 | 40 | 50.11 | 58.27 | 50.25 | 80.90 |
| 601600 | 中国铝业 | 50.00 | 67.79 | 60 | 94.18 | 60 | 67.20 | 26.09 | 45.63 | 12.56 |
| 601601 | 中国太保 | 25.00 | 60.15 | 80 | 97.35 | 60 | 47.35 | 55.49 | 31.00 | 66.78 |
| 601607 | 上海医药 | 51.19 | 75.61 | 80 | 97.59 | 60 | 62.28 | 53.64 | 73.11 | 58.07 |
| 601608 | 中信重工 | 50.79 | 44.19 | 60 | 94.47 | 40 | 47.79 | 35.71 | 39.48 | 30.29 |
| 601616 | 广电电气 | 0.91 | 42.51 | 60 | 88.54 | 50 | 63.50 | 35.84 | 33.41 | 64.25 |
| 601618 | 中国中冶 | 50.00 | 52.36 | 80 | 99.46 | 60 | 61.18 | 63.42 | 53.39 | 36.01 |
| 601628 | 中国人寿 | 25.00 | 66.53 | 60 | 99.99 | 60 | 50.15 | 55.49 | 31.00 | 59.48 |
| 601633 | 长城汽车 | 50.82 | 57.81 | 60 | 99.71 | 60 | 81.32 | 77.84 | 56.93 | 30.35 |

续表

| 证券代码 | 证券简称 | 内部控制指数 | | | | | 财务运行指数 | | | |
|---|---|---|---|---|---|---|---|---|---|---|
| | | 人文环境 | 治理结构 | 信息沟通 | 业务控制 | 外部监督 | 投资质量 | 筹资质量 | 资金运营质量 | 股利分配 |
| 601636 | 旗滨集团 | 0.51 | 60.27 | 70 | 97.89 | 40 | 65.53 | 26.53 | 54.66 | 24.75 |
| 601666 | 平煤股份 | 28.88 | 39.06 | 80 | 74.09 | 40 | 31.85 | 70.96 | 53.04 | 26.40 |
| 601668 | 中国建筑 | 50.00 | 56.61 | 80 | 99.92 | 60 | 65.54 | 62.20 | 73.57 | 38.60 |
| 601669 | 中国电建 | 52.26 | 50.21 | 60 | 99.57 | 40 | 52.19 | 25.89 | 59.08 | 48.57 |
| 601677 | 明泰铝业 | 25.50 | 49.53 | 70 | 99.94 | 50 | 77.15 | 27.83 | 51.68 | 39.75 |
| 601678 | 滨化股份 | 50.64 | 59.27 | 80 | 96.85 | 40 | 36.86 | 74.03 | 54.96 | 44.91 |
| 601688 | 华泰证券 | 50.00 | 71.61 | 80 | 95.52 | 48 | 70.00 | 55.49 | 31.00 | 70.25 |
| 601699 | 潞安环能 | 51.64 | 46.45 | 80 | 82.25 | 50 | 64.34 | 73.27 | 41.35 | 13.31 |
| 601700 | 风范股份 | 25.39 | 44.80 | 60 | 100.00 | 18 | 68.88 | 26.10 | 64.95 | 59.15 |
| 601717 | 郑煤机 | 50.54 | 43.40 | 80 | 98.30 | 50 | 63.29 | 29.94 | 59.01 | 30.92 |
| 601718 | 际华集团 | 51.57 | 39.99 | 80 | 99.64 | 50 | 65.93 | 75.13 | 63.45 | 40.02 |
| 601727 | 上海电气 | 50.00 | 50.75 | 80 | 96.23 | 60 | 49.17 | 81.86 | 40.34 | 23.32 |
| 601766 | 中国南车 | 51.26 | 53.77 | 80 | 98.49 | 60 | 55.26 | 64.80 | 48.40 | 21.35 |
| 601777 | 力帆股份 | 25.36 | 49.30 | 60 | 99.08 | 43 | 55.27 | 58.91 | 48.58 | 49.88 |
| 601788 | 光大证券 | 25.00 | 61.56 | 80 | 99.57 | 60 | 54.91 | 55.49 | 31.00 | 39.51 |
| 601789 | 宁波建工 | 26.08 | 51.01 | 80 | 99.36 | 50 | 34.68 | 45.08 | 67.46 | 58.59 |
| 601798 | 蓝科高新 | 25.95 | 41.50 | 80 | 97.88 | 50 | 65.15 | 86.94 | 56.16 | 27.03 |
| 601799 | 星宇股份 | 26.43 | 51.40 | 70 | 100.00 | 40 | 81.38 | 58.46 | 45.98 | 58.00 |
| 601800 | 中国交建 | 50.99 | 44.98 | 80 | 98.27 | 60 | 44.90 | 50.52 | 45.51 | 49.07 |
| 601801 | 皖新传媒 | 27.21 | 45.62 | 60 | 99.52 | 40 | 51.32 | 29.91 | 58.99 | 47.60 |
| 601808 | 中海油服 | 56.80 | 71.83 | 80 | 65.11 | 60 | 67.65 | 70.88 | 62.64 | 28.40 |
| 601818 | 光大银行 | 25.00 | 54.43 | 80 | 100.00 | 60 | 55.73 | 55.49 | 31.00 | 38.34 |
| 601857 | 中国石油 | 50.00 | 59.10 | 80 | 87.57 | 60 | 30.72 | 78.71 | 52.96 | 35.04 |
| 601866 | 中海集运 | 51.52 | 44.73 | 80 | 92.45 | 50 | 62.76 | 64.65 | 74.98 | 21.97 |
| 601872 | 招商轮船 | 25.00 | 46.87 | 80 | 97.29 | 50 | 18.22 | 60.15 | 48.91 | 30.13 |
| 601877 | 正泰电器 | 51.26 | 48.07 | 80 | 98.93 | 50 | 33.74 | 66.69 | 72.64 | 44.50 |
| 601880 | 大连港 | 51.66 | 43.73 | 80 | 95.90 | 60 | 18.82 | 68.09 | 68.80 | 52.37 |

续表

| 证券代码 | 证券简称 | 内部控制指数 | | | | | 财务运行指数 | | | |
|---|---|---|---|---|---|---|---|---|---|---|
| | | 人文环境 | 治理结构 | 信息沟通 | 业务控制 | 外部监督 | 投资质量 | 筹资质量 | 资金运营质量 | 股利分配 |
| 601886 | 江河创建 | 50.66 | 46.46 | 60 | 97.32 | 40 | 66.71 | 65.54 | 71.22 | 55.27 |
| 601888 | 中国国旅 | 50.82 | 45.26 | 60 | 97.00 | 50 | 59.72 | 28.02 | 66.67 | 60.81 |
| 601890 | 亚星锚链 | 25.70 | 50.52 | 80 | 100.00 | 12 | 67.73 | 80.14 | 42.64 | 34.52 |
| 601898 | 中煤能源 | 25.00 | 50.88 | 80 | 91.97 | 60 | 55.57 | 49.69 | 59.07 | 25.33 |
| 601899 | 紫金矿业 | 51.08 | 47.21 | 70 | 98.41 | 60 | 63.99 | 70.27 | 57.70 | 42.80 |
| 601901 | 方正证券 | 25.00 | 60.15 | 40 | 99.64 | 35 | 69.65 | 55.49 | 31.00 | 3.57 |
| 601908 | 京运通 | 0.24 | 35.50 | 80 | 100.00 | 50 | 22.13 | 78.49 | 28.99 | 32.74 |
| 601918 | 国投新集 | 31.56 | 45.45 | 80 | 91.42 | 24 | 64.42 | 26.10 | 22.73 | 26.84 |
| 601919 | 中国远洋 | 51.23 | 42.66 | 40 | 98.44 | 50 | 28.80 | 26.10 | 79.04 | 21.97 |
| 601928 | 凤凰传媒 | 51.10 | 56.21 | 65 | 97.19 | 40 | 46.09 | 77.91 | 64.13 | 67.74 |
| 601929 | 吉视传媒 | 25.98 | 43.96 | 60 | 99.61 | 50 | 39.13 | 26.10 | 54.73 | 43.21 |
| 601933 | 永辉超市 | 50.91 | 56.52 | 80 | 99.86 | 50 | 67.85 | 39.16 | 58.86 | 77.30 |
| 601939 | 建设银行 | 50.00 | 58.89 | 80 | 99.86 | 60 | 78.73 | 55.49 | 31.00 | 58.78 |
| 601958 | 金钼股份 | 26.28 | 49.20 | 70 | 97.31 | 50 | 45.92 | 46.84 | 63.23 | 59.00 |
| 601965 | 中国汽研 | 25.91 | 57.90 | 50 | 98.86 | 42 | 60.92 | 64.63 | 49.03 | 25.31 |
| 601969 | 海南矿业 | 51.15 | 52.47 | 80 | 97.94 | 34 | 56.61 | 38.26 | 57.94 | 14.85 |
| 601988 | 中国银行 | 50.00 | 57.66 | 80 | 100.00 | 60 | 82.72 | 55.49 | 31.00 | 57.39 |
| 601989 | 中国重工 | 51.07 | 54.78 | 60 | 88.54 | 50 | 56.94 | 26.10 | 41.14 | 29.98 |
| 601991 | 大唐发电 | 50.00 | 53.77 | 60 | 98.17 | 50 | 66.05 | 24.48 | 37.77 | 54.82 |
| 601992 | 金隅股份 | 50.80 | 59.72 | 80 | 99.75 | 60 | 41.92 | 33.80 | 41.58 | 18.11 |
| 601996 | 丰林集团 | 0.33 | 38.26 | 80 | 99.93 | 50 | 65.85 | 43.04 | 56.54 | 44.87 |
| 601998 | 中信银行 | 25.00 | 57.11 | 80 | 99.45 | 60 | 69.89 | 55.49 | 31.00 | 24.42 |
| 601999 | 出版传媒 | 25.86 | 49.36 | 80 | 98.23 | 50 | 66.05 | 61.41 | 55.66 | 47.64 |
| 603000 | 人民网 | 25.73 | 53.42 | 80 | 98.47 | 50 | 48.31 | 29.96 | 71.56 | 57.05 |
| 603001 | 奥康国际 | 25.23 | 58.15 | 80 | 100.00 | 50 | 63.35 | 26.10 | 50.09 | 55.38 |
| 603002 | 宏昌电子 | 25.99 | 38.37 | 80 | 95.95 | 50 | 46.24 | 26.10 | 41.64 | 47.84 |
| 603003 | 龙宇燃油 | 0.02 | 43.71 | 70 | 100.00 | 50 | 58.73 | 26.10 | 75.70 | 37.23 |

续表

| 证券代码 | 证券简称 | 内部控制指数 | | | | | 财务运行指数 | | | |
|---|---|---|---|---|---|---|---|---|---|---|
| | | 人文环境 | 治理结构 | 信息沟通 | 业务控制 | 外部监督 | 投资质量 | 筹资质量 | 资金运营质量 | 股利分配 |
| 603005 | 晶方科技 | 25.57 | 51.42 | 80 | 90.96 | 40 | 59.93 | 85.95 | 72.02 | 14.61 |
| 603006 | 联明股份 | 0.14 | 40.79 | 80 | 100.00 | 50 | 74.33 | 46.80 | 78.81 | 15.26 |
| 603008 | 喜临门 | 0.23 | 62.14 | 65 | 100.00 | 50 | 47.17 | 26.20 | 50.90 | 40.93 |
| 603009 | 北特科技 | 0.00 | 45.28 | 60 | 84.98 | 34 | 69.38 | 81.09 | 53.52 | 20.65 |
| 603010 | 万盛股份 | 25.10 | 48.05 | 60 | 100.00 | 34 | 70.85 | 53.16 | 70.79 | 34.68 |
| 603011 | 合锻股份 | 0.82 | 42.28 | 60 | 100.00 | 34 | 72.97 | 85.28 | 51.07 | 22.82 |
| 603017 | 园区设计 | 51.12 | 38.91 | 80 | 100.00 | 34 | 73.43 | 26.10 | 64.82 | 7.08 |
| 603018 | 设计股份 | 51.00 | 48.60 | 80 | 99.81 | 34 | 74.27 | 30.44 | 61.52 | 4.06 |
| 603019 | 中科曙光 | 26.09 | 53.46 | 80 | 99.89 | 50 | 63.28 | 57.64 | 59.82 | 14.52 |
| 603077 | 和邦股份 | 25.13 | 42.88 | 60 | 94.52 | 40 | 49.74 | 78.11 | 28.55 | 44.12 |
| 603088 | 宁波精达 | 25.57 | 45.55 | 80 | 98.37 | 34 | 56.17 | 56.75 | 68.16 | 18.91 |
| 603099 | 长白山 | 51.14 | 42.55 | 80 | 99.50 | 50 | 68.72 | 28.54 | 60.90 | 11.18 |
| 603100 | 川仪股份 | 51.74 | 47.31 | 80 | 92.86 | 34 | 67.66 | 72.61 | 45.68 | 6.14 |
| 603111 | 康尼机电 | 25.94 | 52.02 | 80 | 99.96 | 40 | 69.31 | 49.89 | 66.02 | 16.59 |
| 603123 | 翠微股份 | 26.31 | 64.07 | 70 | 100.00 | 60 | 59.42 | 28.47 | 71.05 | 72.74 |
| 603126 | 中材节能 | 25.51 | 43.32 | 80 | 89.41 | 50 | 69.96 | 76.65 | 62.89 | 4.96 |
| 603128 | 华贸物流 | 50.63 | 64.47 | 60 | 99.65 | 50 | 0.66 | 25.99 | 67.06 | 61.73 |
| 603166 | 福达股份 | 25.20 | 36.32 | 60 | 100.00 | 34 | 66.68 | 45.76 | 41.93 | 22.19 |
| 603167 | 渤海轮渡 | 27.17 | 43.11 | 80 | 99.76 | 50 | 33.17 | 82.15 | 73.59 | 55.33 |
| 603168 | 莎普爱思 | 25.79 | 48.20 | 60 | 100.00 | 34 | 65.10 | 38.57 | 62.52 | 35.45 |
| 603169 | 兰石重装 | 51.32 | 46.78 | 80 | 95.58 | 34 | 63.36 | 71.43 | 19.17 | 14.55 |
| 603188 | 亚邦股份 | 50.43 | 41.58 | 80 | 99.29 | 34 | 51.13 | 28.20 | 51.84 | 36.94 |
| 603222 | 济民制药 | 26.03 | 63.70 | 80 | 95.56 | 34 | 68.57 | 26.53 | 70.03 | 48.98 |
| 603288 | 海天味业 | 50.47 | 58.31 | 80 | 55.90 | 60 | 39.58 | 55.92 | 74.98 | 46.06 |
| 603306 | 华懋科技 | 26.81 | 49.96 | 80 | 99.98 | 50 | 67.45 | 39.30 | 58.73 | 14.08 |
| 603308 | 应流股份 | 50.27 | 71.16 | 80 | 100.00 | 50 | 59.90 | 73.17 | 46.25 | 19.30 |
| 603328 | 依顿电子 | 50.04 | 34.66 | 80 | 100.00 | 34 | 62.35 | 27.99 | 65.15 | 16.64 |

续表

| 证券代码 | 证券简称 | 内部控制指数 | | | | | 财务运行指数 | | | |
|---|---|---|---|---|---|---|---|---|---|---|
| | | 人文环境 | 治理结构 | 信息沟通 | 业务控制 | 外部监督 | 投资质量 | 筹资质量 | 资金运营质量 | 股利分配 |
| 603333 | 明星电缆 | 26.43 | 42.02 | 80 | 100.00 | 35 | 77.88 | 65.11 | 54.28 | 23.73 |
| 603366 | 日出东方 | 50.88 | 40.99 | 30 | 99.88 | 50 | 72.83 | 46.66 | 55.51 | 48.63 |
| 603368 | 柳州医药 | 25.84 | 43.09 | 60 | 100.00 | 34 | 58.43 | 86.03 | 71.58 | 23.27 |
| 603369 | 今世缘 | 25.15 | 67.08 | 60 | 99.52 | 34 | 58.14 | 26.08 | 58.76 | 37.13 |
| 603399 | 新华龙 | 0.85 | 44.73 | 80 | 100.00 | 50 | 55.66 | 84.21 | 60.35 | 21.80 |
| 603456 | 九洲药业 | 25.78 | 51.44 | 80 | 94.89 | 34 | 51.13 | 47.43 | 49.64 | 34.59 |
| 603518 | 维格娜丝 | 51.38 | 56.31 | 80 | 100.00 | 40 | 56.91 | 26.10 | 56.80 | 34.80 |
| 603555 | 贵人鸟 | 25.35 | 43.13 | 80 | 100.00 | 34 | 21.91 | 47.88 | 57.38 | 52.57 |
| 603558 | 健盛集团 | 30.77 | 41.36 | 60 | 100.00 | 34 | 69.91 | 87.00 | 50.54 | 55.11 |
| 603588 | 高能环境 | 25.87 | 61.13 | 80 | 100.00 | 34 | 71.52 | 32.50 | 52.89 | 5.20 |
| 603600 | 永艺股份 | 27.27 | 44.08 | 60 | 100.00 | 34 | 61.52 | 29.39 | 61.38 | 48.44 |
| 603601 | 再升科技 | 3.18 | 50.96 | 60 | 100.00 | 50 | 65.58 | 86.64 | 79.91 | 33.24 |
| 603606 | 东方电缆 | 25.64 | 41.64 | 80 | 99.59 | 34 | 70.12 | 35.73 | 65.54 | 14.79 |
| 603609 | 禾丰牧业 | 25.51 | 52.91 | 80 | 98.39 | 40 | 59.26 | 80.99 | 74.19 | 33.95 |
| 603611 | 诺力股份 | 25.38 | 43.66 | 80 | 99.50 | 34 | 66.99 | 83.50 | 69.09 | 39.63 |
| 603636 | 南威软件 | 25.54 | 39.31 | 80 | 99.99 | 34 | 69.13 | 28.94 | 61.76 | 13.97 |
| 603678 | 火炬电子 | 0.59 | 50.56 | 60 | 100.00 | 34 | 61.15 | 40.38 | 74.00 | 23.56 |
| 603686 | 龙马环卫 | 25.34 | 43.75 | 80 | 99.70 | 34 | 68.63 | 29.79 | 65.01 | 32.54 |
| 603688 | 石英股份 | 0.09 | 46.52 | 80 | 99.91 | 50 | 71.29 | 41.99 | 50.36 | 44.42 |
| 603698 | 航天工程 | 25.66 | 48.08 | 60 | 99.57 | 34 | 75.27 | 83.92 | 56.57 | 19.83 |
| 603699 | 纽威股份 | 50.97 | 47.20 | 80 | 99.54 | 34 | 47.15 | 50.47 | 51.21 | 32.62 |
| 603766 | 隆鑫通用 | 51.04 | 35.18 | 70 | 99.57 | 50 | 63.85 | 57.10 | 65.60 | 29.41 |
| 603788 | 宁波高发 | 25.32 | 54.14 | 60 | 100.00 | 34 | 61.92 | 26.86 | 70.63 | 40.72 |
| 603799 | 华友钴业 | 25.32 | 45.57 | 60 | 100.00 | 34 | 63.68 | 59.70 | 43.29 | 33.62 |
| 603806 | 福斯特 | 25.53 | 46.15 | 80 | 100.00 | 34 | 71.69 | 29.71 | 16.53 | 36.32 |
| 603899 | 晨光文具 | 50.00 | 47.64 | 60 | 97.31 | 34 | 57.81 | 38.31 | 76.35 | 61.66 |
| 603969 | 银龙股份 | 0.21 | 53.63 | 60 | 99.91 | 34 | 67.30 | 55.28 | 77.92 | 24.85 |

续表

| 证券代码 | 证券简称 | 内部控制指数 | | | | | 财务运行指数 | | | |
|---|---|---|---|---|---|---|---|---|---|---|
| | | 人文环境 | 治理结构 | 信息沟通 | 业务控制 | 外部监督 | 投资质量 | 筹资质量 | 资金运营质量 | 股利分配 |
| 603988 | 中电电机 | 25.76 | 53.99 | 60 | 100.00 | 50 | 61.25 | 26.10 | 62.66 | 16.30 |
| 603993 | 洛阳钼业 | 51.01 | 52.95 | 80 | 99.80 | 60 | 30.14 | 63.80 | 45.55 | 44.86 |
| 603997 | 继峰股份 | 25.69 | 45.78 | 60 | 98.98 | 34 | 62.67 | 30.70 | 76.82 | 29.54 |
| 603998 | 方盛制药 | 0.00 | 38.12 | 80 | 100.00 | 50 | 54.75 | 54.18 | 58.26 | 32.32 |

**图书在版编目（CIP）数据**

中国上市公司会计投资者保护评价报告．2015／谢志华等著．
—北京：经济科学出版社，2016.6
（会计与投资者保护系列丛书）
ISBN 978 - 7 - 5141 - 6990 - 4

Ⅰ.①中…　Ⅱ.①谢…　Ⅲ.①上市公司 - 会计分析 - 研究报告 - 中国 - 2015　Ⅳ.①F279.246

中国版本图书馆 CIP 数据核字（2016）第 125446 号

责任编辑：齐伟娜
责任校对：郑淑艳
责任印制：李　鹏

**中国上市公司会计投资者保护评价报告（2015）**
谢志华　张宏亮　王峰娟　穆林娟　等/著
经济科学出版社出版、发行　新华书店经销
社址：北京市海淀区阜成路甲 28 号　邮编：100142
总编部电话：010 - 88191217　发行部电话：010 - 88191540
网址：www.esp.com.cn
电子邮件：esp@esp.com.cn
天猫网店：经济科学出版社旗舰店
网址：http://jjkxcbs.tmall.com
北京季蜂印刷有限公司印装
787×1092　16 开　25.25 印张　510000 字
2016 年 7 月第 1 版　2016 年 7 月第 1 次印刷
ISBN 978 - 7 - 5141 - 6990 - 4　定价：58.00 元
**（图书出现印装问题，本社负责调换。电话：010 - 88191502）**